211

西南财经大学“十五”“211工程”建设项目

任治君 主编

对外经济关系论

DUIWAI JINGJI GUANXILUN

西南财经大学出版社

编者序

经济全球化是这一时代世界经济的主要特征，是各国国民经济生存、运行、发展的外部环境。以跨国公司为主要载体的要素的国际流动，将各国经济日益紧密地联系在一起。这种相互联系、相互依赖的关系在国际贸易领域、国际金融领域、生态环境领域、国际经济协调领域得到了充分展现。一个国民经济只是世界经济的一个有机组成部分，自我封闭起来，孤立于世界经济之外，其发展速度必然受到影响，甚至难以生存和发展。

在国际经济一体化和经济全球化条件下，国际经济关系已经不再像第二次世界大战前那样，可以简单地定义为各国之间的经济关系或各国民经济之间的关系。国际经济关系是一张纵横交错的复杂网络，并且有其特定的结构。从国际行为主体的角度粗略地分析，除了国家以外，企业如跨国公司和超国家组织如世界贸易组织、世界银行、国际货币基金组织、区域经济一体化组织等，它们也是国际经济关系的一级决策中心。同国家一样，它们的决策和行为，同样制约着国际经济关系的走向和发展。特别是其中的大型跨国公司，它们主宰着世界经济，控制着国际分工的格局、国际贸易的走向以及国际资本包括生产要素的流向，从而也决定着国际经济利益的分配。发达国家与发展中国家之间相互联系、相互依赖的关系是一种极不平衡的关系，并由此决定着国际经济关系的不平等性与不公正性。

经济全球化是科学技术进步和生产力发展的结果，我们必须正视它、承认它、接受它。在一个被国际垄断资本极度扭曲的世界上，国际分工极不合理，国际利益分配极不公正，经济全球化带来的利益也不会在世界各国之间平均分享，一些发展中国家的经济利益甚至在经济全球化过程中遭受损害。但我们不能据此认为经济全球化本身是一把双刃剑。正如自由贸易成为问题一样，经济全球化成为问题，完全是因为它置根于一个失去公平与公正的国际经济关系之中；不是自由贸易和经济全球化扭曲了国际经济关系，而是现存的国际经济关系扭曲了自由贸易和经济全球化；不是自由贸易和经济全球化给发展中国家带来消极影响，而是国际经济旧秩序通过自由贸易和经济全球化给发展中国家造成了损害。

只要不利于发展中国家的国际经济旧秩序继续存在，我国的对外开放和国民经济的发展，就会处于这样一种绝非只有积极影响而没有消极影响的国际经济环境之中。因此，在积极参与国际经济一体化和经济全球化的同时，作为一个实施对外开放政策的发展中国家的大国，我们应该有一个主动的、正确的政策选择。本书试图在我国改革开放二十多年来已有的理论成果和丰富的实践经验的基础上进行大胆探索，以期为我国的对外开放和经济发展提供有益的思路，为我国的和平崛起服务。

本书围绕我国对外开放这一主题展开，分三篇十六章。三篇的题目分别是对外开放理论探讨、对外开放中的主体与途径探讨和与开放有关问题的探讨。

第一篇对外开放理论探讨分为五章。第一章题为马克思主义经典作家的对外开放思想。这一章力图较为详尽、较为系统地考察、发掘马克思、恩格斯、列宁的对外开放理论，包括参与国际分工的重要性、开展对外贸易、加强与西方先进国家经济联系的必要性，以及落后国家在国际分工和国际贸易利益分配格局中的不利地位。对当代西方马克思主义经济学家如何处理发展中国家与发达国家之间的经济关系也进行必要的研究、分析和评述。第二章题为我国对外开放思想的演进。这部分研究以邓小平对外经济开放思想为核心，历史地考察、探讨自新中国成立以来我国对外开放思想的形成和发展过程，以及在这一过程中国内外政治经济环境变化所产生的影响。第三章以西方经济学和发展经济学有关开放的理论为题，希望在研究马克思主义对外开放理论的同时，能够从众多的西方经济学和发展经济学著述中吸取有关发展中国家对外开放理论的营养。第四章为国际分工理论。国际分工理论是对外开放理论的重要组成部分。这一章的重点是阐释迄今为止的主要国际分工理论，但也不能忘记经济全球化带来的影响和我国的具体国情。在资本国际化条件下，虽然国际分工理论依然有着一定的解释力，但传统意义上的国际分工已大为削弱，国际分工的性质已在很大程度上为国际垄断资本所改变。第五章为经济全球化时代的相互依赖。在前四章理论分析的基础上，这一章尝试在理论方面以及理论和实践的结合方面进行综合分析。资本的国际化意味着劳资对立的国际化，资本主义生产关系的国际化。要素的国际流动能够增进世界的福利水平，但也同时从根本上改变着国际经济关系的性质。但即使这样，我国的对外开放仍然是必须的。经济全球化使各国之间相互联系、相互依赖的关系已经发展到各国无法摆脱也无须摆脱的程度，我国经济的发展已经深深融入世界经济的发展之中。我国的对外开放政策不应该是一种权宜之计，而是一个希望经济快速、持续、稳定、健康发展国家的必然选择。

第二篇对外开放中的主体与途径探讨分为五章。第六章涉及对外开放环境。对外开放的环境分为国内外政治经济环境两个方面，影响着对外开放的广度和深度。随着经济全球化的不断发展和经济体制改革的逐步推行，我们所面对的外部和内部环境也在不断发生变化，只有正确认识和深刻把握当前的环境，我国才能充分利用国际经济发展的机遇，制定有效的对外开放政策，最大限度地实现国家利益。第七章探讨对外开放的目标与内容。对外开放的目标包括发展经济、缓解就业压力、解决两缺口问题以及引进国外先进技术等,对外开放的内容则主要包括产业开放、贸易开放、金融开放和技术开放。在经济发展的不同阶段,对外开放的目标和内容都会做出适应性调整,但无论如何,防止经济上对发达资本主义国家的过度依附,将内源性经济发展潜力的培养作为主要目标,是我们应该加以密切关注的目标。另外,对于开放度的研究与评述,也是本章的重要内容之一。在第七章对外开放的内容与目标研究的基础上,为了达到上述目标,第八章、第九章和第十章分别探讨对外开放过程中的国际经济行为主体选择和相应的各种对外开放的途径或形式选择。第八章以对外开放目标与行为主体选择为题,具体探讨在与发达国家、发展中国家、国家集团、跨国公司等行为主体经济交往中可能存在的正面和负面影响,只有综合考虑政治与经济影响,才能保护我们的国家利益,促进我国经济建设健康发展。在对外开放的形式选择方面,第九章侧重于国际贸易和要素的国际流动,而第十章则侧重于国际金融、双边与多边协定以及首脑会议一类。加深对这些形式或途径的了解和认识,对于加速对外开放的进程,促进对外贸易和生产要素的国际流动,实现经济发展和社会进步的对外开放目标,捍卫我国的经济利益,具有重要的意义。

第三篇着重探讨与开放有关的问题,分为六章。第十一章题为国际贸易与国际贸易利益分配。李嘉图的比较优势理论和我国对外开放的实践,都能够说明国际分工和国际贸易可以给世界带来巨大的经济利益。但是,发展中国家与发达国家之间的贫富差距却在不断扩大。本章着重探讨其中的原因,特别是以跨国公司为代表的国际垄断资本的影响。第十二章探讨汇率与国际贸易利益分配之间的关系。本章主要从汇率这个视角来探讨国际经济利益分配不公的问题,即探讨财富国际转移的原因或汇率与国际经济利益分配之间的关系,说明货币贬值必然引起贸易条件的恶化,从而造成财富的国际转移。但是,贬值是相对于长期汇率来说的,因此,本章进一步论证购买力平价的科学性,指出其理论基础是马克思的劳动价值论,以及在经济全球化条件下劳动生产率对长期汇率会产生越来越大的影响。第十三章以吸引外资与自力更生为主题,研究两者之间的关系。引进外资既可能损害也可能增强我国自力更生和独立自主的能力,但究竟是前者还是后者,取决于国家的政策选择。将引进外资从以数量为主转变到以质量为主上来,是解决这对矛盾的关键。第十四章以对外投资与国际贸易为题,探讨对外投资与国际贸易的相互替代性、投资地区和投资方向选择、引进外资与对外投资的相互关系。处理好这些关系的前提是利用外资、对外投资、对外贸易这三类政策措施的正确搭配。第十五章的题目是对外开放与可持续发展。贸易发展可能抑制也可能促进环境改善,而环境因素反过来也可能促进和抑制贸易发展。关键是如何协调环境改善和贸易发展,不切实际地要求不同经济发展水平的国家实施统一环境高标准,将可能损害发展中国家的贸易利益和经济发展能力,反过来又可能进一步抑制发展中国家对环境的改善能力。可持续的对外开放发展战略应以可持续发展为中心，通过依靠科技进步、强化管理及促进国际合作，实现经济效益、生态效益和社会效益三者的协调统一。最后一章第十六章以和平崛起与共同发展为题，兼有对全书总结概括的意义。面对我国二十多年来改革开放取得的举世瞩目的成就，西方有意无意的“中国威胁论”不时泛起。本章以事实为依据，力图阐明中国经济的发展需要一个和平的世界，同时，中国发展自己的经济也有助于实现、巩固和稳定世界的和平。包括中国在内的发展中国家谋求建立国际经济新秩序，目的不是让发达国家和发展中国家换位，而是希望在所有国家之间建立起公平、公正的利益分配关系。资本国际化，资本主义在全球的扩张，也为包括我国在内的发展中国家的经济发展设置了重重障碍。不过，正如互相联系、互相依赖的关系一样，共同发展也是历史发展的必然趋势，并且已经成为多数国家的共识，我国有充分的条件并有坚定的信心走和平崛起和共同发展的道路。

《对外经济关系论》如果有一点新意，如果有一点启示作用，那么，我们会感到非常满足。但是，我们也很清楚，即使要有这么一点新意、一点启示作用，也必然会困难重重。以第二次世界大战后国际经济一体化为基础的80年代以来的经济全球化，使得西方传统经济理论的解释力普遍下降，甚至出现了失效的情况。世界经济发生了极大的变化，国际经济关系也发生了极大的变化，确实有太多的问题需要我们去探讨，但也确实需要我们以新的视角并以新的方法去研究。我们试图回归马克思主义，以马克思主义基础理论为指导，去观察经济全球化，去研究世界经济和国际经济关系的变动，去分析我国的对外开放。我们试着这样做了，一开始就力图让《对外经济关系论》解决我们所面临的问题。我们在其中谈论了许多问题，但实际上并没有也不可能完全解决，有些问题甚至仅仅是被提出来而已。我们以后还会继续努力，但我们更期望有兴致的人们都来探讨这些问题。

最后需要说明的是，这是一项集体的研究成果。作为一本书，应该有其自身的体系，有共同的指导思想，有共同的研究方法，有一致的分析逻辑。为此，每一章我们都进行过多次讨论，甚至在后期进行了大量的修改，以期取得一致。但是，既然有很多人参与，自然就会有不同的思路、不同的研究方法、不同的语言表述风格甚至不同的认识。因此，如果读者发现书中有前言不搭后语的地方，我们敬请读者谅解。同时，我们也热切希望读者批评指正书中可能出现的不当与谬误，并在此先行致谢。

任治君

2006年5月

目 录

第二篇　对外开放中的主体与途径探讨

第三篇 与开放有关问题的探讨

第一篇　对外开放理论探讨

新中国成立以来的前 30 年，我国大致处于一种闭关锁国的状态，这主要是由于帝国主义的全面封锁而造成的。但是，凡事都是相对的，帝国主义国家在封锁包括我国在内的社会主义国家的同时，它们也在封锁自己。随着科学技术的不断进步、生产力水平的逐步提高和国际分工的一步步深化，特别是由于国际垄断资本扩张的需要，一个分裂的世界难以为继，世界各国都需要开放或进一步开放。以邓小平为核心的党中央第二代领导集体抓住这一时机，制定实施对外开放战略。我国实施改革开放战略近三十年，成就斐然。经济理论的发展常常落后于经济本身的发展，在对外开放方面也是如此。为此，在国内外已有的有关对外开放理论研究成果的基础上，我们试图较为全面、系统地研究、探讨与对外开放相关的理论与思想，阐述对外开放的必要性和可能性。本篇共分为五章，分别探讨马克思列宁对外开放思想、我国对外开放思想的演进、西方经济学和发展经济学有关开放的理论、国际分工理论以及经济全球化时代的相互依赖。

第一章
马克思主义经典作家的对外开放思想

一个有生命力的体系才是一个好的体系，一个好的体系必定也是一个开放的体系，而一个开放的体系至少应该具备两个基本特质：一是它具有吸纳包容能力，二是它具有开拓、启示创新的能力。马克思主义经济理论体系就是一个开放的体系，一个有生命力的体系。马克思以其罕有的洞察力和坚定的批判精神，兼收并蓄古典经济学中一切优秀的理论成果，对资本主义生产方式进行了极为深入、细微、透彻、精到的全面研究和历史剖析，尤其是一直到今天，马克思的经济理论已经成为而且仍然是后世取之不尽的开拓创新的思想和理论源泉。

第二次世界大战以后，随着生产国际化和资本国际化的发展，资本奔走于世界各地，其他生产要素也随之在各国之间愈益频繁流动，国际分工和国际贸易的形式与内涵发生了并发生着很大的变化。这是一种人类历史上从未出现过的情况，不仅在流通领域，而且在生产领域，不仅在贸易领域，而且在金融领域，各国社会经济活动交织在一起，他们的经济发展相互联系、彼此依赖。20 世纪 80 年代初的新技术革命，极大地推动了生产力的发展，为要素国际流动提供了新的条件，国际经济一体化得到了更为广泛、更为深入的发展，经济全球化终于出现在人们面前。世界越来越开放，这对我们来说是一次重要的机遇，我国自身也需要向世界打开大门。20 世纪 70 年代末，我国抓住了这一历史机遇，毅然实施改革开放，经济获得了持续、快速、稳定的发展；但与此同时，我们也面临着一些发展中的重大理论和实践问题。

我们无意对马克思主义经济理论体系进行一次哲学式的评价。但是，我们认为，我国正处在一个国际经济一体化和经济全球化的时代，我国的社会主义经济建设正处在一个越来越开放的国际经济环境中。尽管马克思从未描述过更未系统描述过一个社会主义国家在这样一个时代、在这样一个日益开放的国际环境中如何进行经济建设，如何实施对外开放，但开放的马克思主义经济理论体系，特别是其中极其深刻的历史唯物主义和辩证法思想，仍然能够给我们提供不尽的启迪和无限的思维空间。

本章尝试着在马克思、恩格斯的对外开放思想，列宁、斯大林的对外开放思想，西方马克思主义者的对开放的思考三个方面进行一些探讨。

一、马克思、恩格斯对外开放经济思想

由于客观条件的制约，马克思、恩格斯没有也不可能对社会主义国家如何利用资本主义的肯定成果来建设社会主义做出具体探讨并得出相应的结论。但是，马克思、恩格斯提出利用资本主义建设社会主义的观点可以作为社会主义经济思想史上对外开放思想的萌芽。

（一）国际分工、世界市场与世界历史发展中的对外开放

一般而言，对外开放是通过世界市场来进行的，而世界市场的形成是由于国际分工，国际分工则是生产力发展的结果。在马克思看来，由“生产力—国际分工—世界市场”可以逻辑推导出“世界历史”范畴，并且对外开放在“世界历史”背景下成为可能。

1. 生产力发展、国际分工与世界市场的形成

国际分工是生产力发展到一定阶段的必然产物，同时又是促进生产力进一步发展的必要条件。当生产力水平不断提高，生产技术和生产工具不断进步，生产和贸易范围不断扩大之时，国际分工在国际经济活动领域扮演着重要的角色。

第一，马克思在考察人类社会发展历史的过程中，就指出国际市场的形成是生产力推动分工，进而促使分工国际化的必然结果。在由于生产力水平低下的原始社会，以自然分工为基础的氏族部落之间只有简单的商品交换。生产力的进一步发展提供了充足的社会剩余，以之为基础的社会内部分工自然而然地发生了，商品生产和商品交换就成为经常性的活动，这种趋势的发展导致国内市场的最终形成；随着生产力的进一步发展，商品经济的规模日渐扩大，社会内部分工已经无法满足更加广阔的市场纷繁复杂的需求。当国内市场无法满足人们日益增长的产品需求时，国际市场形成了；当国内分工已经不能满足国际市场需求时，国际分工就必然地产生了。

第二，马克思尤其注意到近代科学技术进步对生产力的巨大推动，进而在引起分工国际化从而促使世界市场形成中所起的关键作用。他特别强调工业革命对国际分工，进而对世界市场产生的巨大影响。马克思论说：“在英国，机器发明之后，分工才有了巨大的进步，这点无须再来提醒。例如，过去的织布工人多半是至今我们还可以在落后国家里看到的那些农民。机器的发明完成了工场劳动同农业劳动的分属。从前结合在一个家庭里的织布工人和纺织工人被机器分开了。由于有了机器，现在纺织工人可以住在英国，而织布工人却住在东印度。在机器发明以前，一个国家的工业主要是用本地的原料来加工。例如，英国加工的是羊毛，德国加工的是麻，法国加工的是丝和麻，东印度和列万特加工的则是棉花，等等。由于机器和蒸汽的应用，分工的规模已使大工业脱离了本国基地，完全依赖于世界市场、国际交换和国际分工。总之，机器对分工起着极大的影响，只要一种物品在生产中有

可能用机器制造它的某一部分,生产就立即分为两个独立的部门。”①

在这里,马克思认为工业革命对国际分工产生巨大影响的一个表现就是生产部门的细化和一些新兴生产部门的诞生,对此,马克思指出:“机器生产用相对少量的工人所提供的原料、半成品、工具等的数量日益增加了,与此相适应,对这些原料和半成品的加工就越分越细,因而社会生产部门也就越来越多样化。机器生产同工厂手工业相比,使社会分工获得无比广阔的发展,因为它使其所占领的行业的生产力得到无比巨大的增加。”②此外,“在工人人数相对减少的情况下,生产资料和生活资料的增加,使那些生产在较远的将来才能收效的产品的工业部门中的劳动扩大了。一些全新的生产部门,从而一些新的劳动领域,或者直接在机器生产的基础上,或者在与机器生产相适应的一般工业变革的基础上形成起来。……这类工业主要有煤气业、电报业、照相业、轮船业和铁路业。”③而且,“采取机器的直接结果是增加了剩余价值,同时也增加了体现这些剩余价值的产品量,……社会产品中有较大的部分变成剩余产品,而剩余产品中又有较大的部分和多样的形式在生产出来和消费掉。……大工业造成的新的世界市场的关系也引起产品的精致和多样化。不仅有更多的外国消费品同本国的产品相交换,而且还有更多的外国原料、材料、半成品等作为生产资料进入本国工业。”④由此可见,工业革命极大地丰富了国际市场上商品的种类,这也是国际分工发展的必然结果。

第三,马克思指出,由于分工的国际化,最终促进了世界市场形成及资本主义生产方式的发展,这样“资产阶级,由于开拓了世界市场,使一切国家的生产和消费都成为世界性的了。……古老的民族工业被消灭了,并且每天都还在被消灭。过去那种地方和民族的自给自足和闭关自守状态,被各民族的各方面的互相往来和各方面的互相依赖所代替了。物质的生产是如此,精神的生产也是如此。各民族的精神产品成了公共的财产。民族的片面性和局限性日益成为不可能,于是,由许多种民族的和地方的文学形成了一种世界的文学”⑤。“资产阶级,由于一切生产工具的迅速改进,由于交通的极其便利,把一切民族甚至最野蛮的民族都卷到文明中来了。……它迫使一切民族——如果它们不想灭亡的话——采用资产阶级的生产方式;它迫使它们在自己那里推行所谓文明制度,即变成资产者。一句话,它按照自己的面貌为自己创造出一个世界”⑥。

---

① 马克思．哲学的贫困(1847)．马克思恩格斯全集．第4卷．北京:人民出版社,1958. 168~169

② 马克思．资本论．第1卷．北京:人民出版社,1975. 487

③ 马克思．资本论．第1卷．北京:人民出版社,1975. 487~488

④ 马克思．资本论．第1卷．北京:人民出版社,1975. 487

⑤ 马克思恩格斯选集．第1卷．北京:人民出版社,1995. 276

⑥ 马克思恩格斯选集．第1卷．北京:人民出版社,1995. 276

值得注意的是,马克思在这里虽然直接论述的是资本主义凭借其强大的经济力量和军事力量不断向世界各地的扩张活动,对人类社会从封闭向开放的转变起了极为重要的作用,由于资本的扩张,最终形成了世界市场和国际分工、国际贸易体系,也随之形成了国际关系格局。但从整个逻辑体系来看,他实质上把世界市场形成及由此而来的各个国家的对外开放,看成是生产力发展到一定阶段的历史必然趋势。根据马克思辩证唯物主义的历史观,每一个国家要求的经济的发展和生活的富足,必须顺应生产力发展的这种客观要求,在不断深化的国际分工体系中,积极主动地打开国门,在互相联系、彼此依赖、相互影响的国际经济大系统中找到自己的角色。只可惜在马克思所处的那个国际经济关系被扭曲的时代,本可以造福于全人类的国际分工变成了先进国家奴役、掠夺后进国家的一个重要途径。同时,马克思指出了非常重要的一点,即使在那样一个国际经济关系被扭曲的时代,落后国家和民族,如果拒绝对外开放,甚至有着被灭亡的危险,从而将一个国家对外开放提高到了涉及其生死存亡的高度。

2. 世界历史发展的潮流与对外开放的必然性

如前所述,生产力发展有力地推动了西欧工场手工业的发展和资本原始积累的进行,促使了封建生产方式向资本主义生产方式的转变。到 18 世纪后半期,主要资本主义国家相继开展工业革命,推动了国际贸易迅速发展,最终形成了在国际分工基础上的世界市场。大工业生产需要国外市场提供原料;同时,工业产品也需要在世界各地消费,从而导致广大落后的亚非拉国家或地区的自然经济逐步解体,使这些国家变为工业国的原料产地和商品销售地,由此形成了新的国际分工体系,即一部分国家或地区主要从事农业生产,而另一部分国家或地区主要从事工业生产。这样,“世界贸易和世界市场在 16 世纪揭开了资本的近代生活史”①,历史由孤立的、民族的、地区性的历史转变为世界历史。

基于这种认识,马克思提出了世界历史概念,即“……世界历史使每个文明国家以及这些国家中的每一个人的需要的满足都依赖于整个世界,因为这消灭了以往自然形成的各国的孤立状态”②,“过去那种地方的和民族的自给自足和闭关自守状态,被各民族的各方面的互相往来和各方面的互相依赖所代替了。物质生产是如此,精神生产也是如此。”③

在他看来,历史转变为世界历史的经济基础是“由于机器和蒸汽的应用,分工的规模已使脱离了本国基地的大工业完全依赖于世界市场、国际交换和国际分工。”④他还指出,“历史向世界历史的转变,不是‘自我意识’、宇宙精神或者某个形

① 马克思恩格斯全集. 第 23 卷. 北京:人民出版社,1972. 167
② 马克思恩格斯选集. 第 1 卷. 北京:人民出版社,1995. 114
③ 马克思恩格斯选集. 第 1 卷. 北京:人民出版社,1995. 276
④ 马克思恩格斯选集. 第 1 卷. 北京:人民出版社,1995. 166

而上学怪影的某种纯粹的抽象行为，而是完全物质的、可以通过经验证明的行动，每一个过着实际生活的，需要吃、喝、穿的个人都可以证明这种行动”①。马克思和恩格斯还详细考察了中世纪历史向世界历史转变的过程。在他们看来，随着生产力发展，首先是“城市彼此建立了联系，新的劳动工具从一个城市运往另一个城市，生产和交往间的分工随即引起了各城市间在生产上的新的分工，不久每个城市都设立一个占优势的工业部门。最初的地域局限性开始逐渐消失”②，并导致不同城市之间工场手工业飞速发展。到17世纪中叶，由于巨大的国外市场需求刺激，英国工场手工业领域诱发了“大工业把自然力用于工业目的，采用机器生产以及实行最广泛的分工”③，从而最终“消灭了各国以往自然形成的闭关自守的状态”，“使每个文明国家以及这些国家中的每一个人的需要的满足都依赖于整个世界”，“首次开创了世界历史”④。

在此基础之上，马克思和恩格斯还深刻地指出，“世界历史”形成和发展的内在动力和根源在于生产力和交往形式之间的结构性矛盾。随着生产力的不断发展，“已成为桎梏的旧的交往形式被适应于比较发达的生产力，因而也适应于更进步的个人自主活动方式的新的交往形式所代替；新的交往形式又会成为桎梏，然后又为别的交往形式所代替”⑤。各民族的原始闭关自守状态也由于这种“日益完善的生产方式、交往以及因交往而自然形成的不同民族之间的分工消灭得愈是彻底，历史也就越是成为世界历史”⑥。

随着历史转变为世界历史，无论是资本主义还是社会主义，都已成为世界历史性的存在，并且“是以生产力的普遍发展和与此相联系的世界交往为前提的”。那么，我们必须在世界的总体联系中考察社会主义及其社会经济生活实践。早在1845年，马克思、恩格斯在研究人类社会发展普遍规律和意识形态的现实基础时，分析了机器大工业对促进各个国家间互相交往以及形成世界市场上的积极作用，并且指出，任何国家、任何民族都不可能在闭关自守的状态下得到发展，特别是东方落后国家要想跨越资本主义“卡夫丁峡谷”直接进入社会主义阶段，必须吸收资本主义制度的“一切肯定成果”。他们分析俄国之所以有可能跨越资本主义的卡夫丁峡谷，根本在于俄国与资本主义生产是同时代的东西，它为用资本主义的一切肯定成果来改造俄国的前资本主义的落后状态提供了客观可能性和必要性。

马克思指出，“俄国是在全国范围内把‘农业公社’保存到今天的欧洲惟一国

① 马克思恩格斯选集．第1卷．北京：人民出版社，1995．89
② 马克思恩格斯选集．第1卷．北京：人民出版社，1995．107
③ 马克思恩格斯选集．第1卷．北京：人民出版社，1995．113
④ 马克思恩格斯选集．第1卷．北京：人民出版社，1995．114
⑤ 马克思恩格斯选集．第1卷．北京：人民出版社，1995．124
⑥ 马克思恩格斯选集．第1卷．北京：人民出版社，1995．88

家。它不像东印度那样,是外国征服者的猎获物。同时,它也不是脱离现代世界孤立存在的。一方面,土地公有制使它有可能直接地、逐步地把小土地个体耕作变为集体耕作,并且俄国农民已经在没有进行分配的草地上实行着集体耕作。……另一方面,和控制着世界市场的西方生产同时存在,使俄国可以不通过资本主义制度的卡夫丁峡谷,而把资本主义制度的一切肯定的成就用到公社中来"①。"如果说土地公有制是俄国'农村公社'的集体占有制的基础,那么,它的历史环境,即资本主义生产和它的同时存在,给它提供了大规模地进行共同劳动的现成的物质条件。因此,它能够不通过资本主义制度的卡夫丁峡谷,而享用资本主义制度的一切肯定成果"②。

同时,"无产阶级只有在世界历史意义上才能存在,就像共产主义——它的事业——只有作为'世界历史性的'存在才有可能实现一样。而各个人的世界历史性的存在,也就是与世界历史直接相联系的各个人的存在。"③并且,"每一个单个人的解放的程度是与历史完全转变为世界历史的程度一致的。"④因为,只有历史完全转变为世界历史,"各个人才能摆脱种种民族局限和地域局限而同整个世界的生产(也同精神的生产)发生实际联系,才能获得利用全球的这种全面的生产(人们的创造)的能力。各个人的全面的依存关系、他们的这种自然形成的世界历史性的共同活动的最初形式,由于这种共产主义革命的转化为对下述力量的控制和自觉的驾驭,这些力量本来是由人们的相互作用产生的,但是迄今为止对他们来说都作为完全异己的力量威慑和驾驭着他们。"⑤可见,在马克思看来,国际经济旧秩序条件下的国际分工,对落后的国家来说,是一种异化的力量,是一种反过来控制它的力量:落后国家成为发达国家掠夺廉价原材料的基地和倾销工业品的市场,最终使得它在国际分工中处于被剥削的地位;同时他也暗示,落后国家只有主动地参与国际分工,才能在一定程度上避免这种情况。总之,社会主义只能存在于开放的世界中,只能在历史完全转变为世界历史背景下,才能实现无产阶级和全人类的解放,这种解放程度是与世界的开放度和向世界的开放度成正比的。

3. 对外开放是社会主义存在和发展的前提

马克思、恩格斯一再强调对外开放在世界经济发展中的积极作用,十分重视对外开放对世界经济格局的影响,并指出,共产主义"是以生产力的普遍发展和与此相联系的世界交往为前提的","无产阶级只有在世界历史意义上才能存在,就像共产主义——它的事业——只有作为世界历史性的存在才有可能实现一样。而

① 马克思恩格斯全集.第19卷.北京:人民出版社,1972. 435~436

② 马克思恩格斯全集.第19卷.北京:人民出版社,1972. 437

③ 马克思恩格斯选集.第1卷.北京:人民出版社,1995. 86~87

④ 马克思恩格斯选集.第1卷.北京:人民出版社,1995. 89

⑤ 马克思恩格斯选集.第1卷.北京:人民出版社,1995. 89~90

各个人的世界历史性的存在,也就是与世界历史直接相联系的各个人的存在。”① 这里说的共产主义是社会主义的同义语。这就是说,开放的世界是实现社会主义的前提,而社会主义只有开放才能存在。

马克思、恩格斯对外开放的思想对我们有着深刻的启示。

首先,任何民族和国家,只有坚持对外开放,才能求得发展与进步。马克思对世界历史的辩证唯物分析已经揭示了生产力发展的必然结果就是分工的国际化和世界市场的形成,这是世界经济和历史发展的客观归宿,是不以人的意志为转移的。因此,对外开放是一种必然的选择,是分工走向国际化条件下各民族普遍交往的自然结果,任何国家都不可能在闭关自守的状态下推动社会经济全面发展。所以,对外开放是任何国家走向现代化的必由之路和必要条件,这是马克思世界历史思想所蕴含的逻辑结论。

其次,社会主义国家也必须实行对外开放,这是一个客观的必然性。所以,中国实行对外开放,发展社会主义市场经济,这是顺应历史的行动。

最后,发展中国家在对外开放过程中天然处于被动不利地位,其中存在的风险是发展中国家必须面对的现实。由于生产力发展大大落后于发达资本主义国家,发达国家的工业以较先进的技术水平从而以较高的劳动生产率占据着国际分工的中心地位,发展中国家则因为技术水平较低而居于国际分工的外围,成为国际剥削的对象。在这种情况下,如果不参与国际分工就会失去向先进技术学习和交流的机会,无法与先进生产力靠近,从而处于更加被动的地位;如果参与则必然首先处于被动地位,将存在因此可能沦为工业国原料产地和产品倾销地的风险,然而这是所有落后国家在世界历史发展进程中无法逃脱、必须面临的。所以,对发展中国家而言,必须不畏艰难,首先树立信心主动地实行对外开放,积极地参与到国际分工体系中,这才是顺应历史发展潮流的正确选择。当然,在这种不利的开局中如何反被动为主动,利用自己的后发优势,发展本国生产力,正是需要发展中国家在具体的对外开放过程中研究的战略和策略。

(二)资本主义主宰下的国际贸易是不平等国际分工体系得以形成并巩固的途径

国际贸易是世界各国对外经济关系的核心。马克思在其经济学理论研究过程中,曾多次规划有关国际贸易理论的研究。然而,由于各种原因,马克思最终未能完成其庞大的经济学理论研究计划,而是将已经研究完毕部分的精华以《资本论》命名出版。但是,我们仍然可以在《资本论》以及其他相关著作中分析得到马克思关于参与国际贸易从而实行对外开放必要性的论述。

基于对哲学和法学等相关意识形态领域的多年研究,深受当时社会变革、经济

① 马克思恩格斯选集. 第1卷. 北京:人民出版社,1972. 86~87

发展等多方面因素的影响，马克思和恩格斯从19世纪40年代初开始进行经济学的理论研究。19世纪50年代，马克思、恩格斯深入社会生活，对英国、德国等资本主义国家的经济发展历程以及当时的实际状况进行了全面的分析和研究。

在对大量的研究成果进行了整理和概括后，马克思在其《政治经济学批判》的序言中谈到："我考察资产阶级经济制度是按照以下次序：资本、土地所有制、雇佣劳动、国家、对外贸易、世界市场。在前三项下，我研究现代资产阶级社会分成的三大阶级的生活条件；其他三项的相互联系则是一目了然的。"[①]由此我们不难看出，这个宏伟的经济理论框架的后三项，即国家、对外贸易和世界市场，就构成了马克思主义国际贸易理论的基本体系。

我们在前面已经提到，马克思、恩格斯的国际贸易理论研究是针对英国、德国等当时世界上几个主要资本主义国家进行的。所以，马克思、恩格斯是在对这几个主要资本主义国家的对外经济贸易政策的分析研究中逐渐形成了唯物主义的自由贸易政策观。

"在现代的社会条件下，到底什么是自由贸易呢？这就是资本的自由。排除一切仍然阻碍着资本前进的民族障碍，只不过是让资本能充分地自由活动罢了。"[②]"这是谁的自由呢？这不是每个人在对待别人关系上的自由，这是资本榨取工人做脂膏的自由。——这种自由不过是自由竞争基础上的必然产物时，怎么还能把自由竞争奉为自由的观念呢？"[③]

马克思在以上的论述中已经揭开了自由贸易政策的本质，这让我们更加认清了隐藏在自由贸易政策外衣下的阶级剥削和国际掠夺的真相，资本在更广阔范围自由流动的结果，将是资本以更加多样和更加迅速的方式积累和积聚，从而使资本不断增殖。资本规模的扩大会使资本家更加注重生产技术的改进。机器工业时代的到来，生产效率大幅提高，产品成本逐渐降低，机器作业代替了手工劳动，更多的工人步入了大工业的洪流之中。工业资本家生产规模的日益扩大和技术的不断进步，使得无数小生产者被淘汰而加入了无产者的行列的苦难处境成了资产阶级繁荣的必要条件。[④]这一切正如马克思所论述的那样："假定不再有谷物法，不再有海关，不再有城市进口税，一句话，假使工人迄今认为是使自己处于贫困境遇的那些偶然情况都全部消失，那时，一向掩盖着他的真正敌人的一切帷幕就被揭开了。他

① 马克思恩格斯全集．第31卷．北京：人民出版社，1972．411

② 马克思．关于自由贸易的演说．马克思恩格斯全集．第4卷．北京：人民出版社，1958．456

③ 马克思．关于自由贸易的演说．马克思恩格斯全集．第4卷．北京：人民出版社，1958．457

④ 马克思．关于自由贸易的演说．马克思恩格斯全集．第4卷．北京：人民出版社，1958．455

将看到摆脱羁绊的资本对他的奴役并不亚于受关税束缚＋资本对他的奴役。”①

然而，工业资本家越来越疯狂的剥削，无产阶级日益举步维艰的处境，这一切并非是永无休止，没有尽头的。马克思，恩格斯站在阶级斗争的立场上，运用阶级分析的方法和历史唯物主义、辩证唯物主义原理，准确道出了自由贸易在社会历史进程中的作用：“我们赞成自由贸易，因为在实行自由贸易以后，政治经济学的全部规律及其最惊人的矛盾将在更大的范围内，在更广阔的区域里，在全世界的土地上发挥作用；因为所有这些矛盾一旦拧在一起，互相冲突起来，就会引起一场斗争，而这场斗争的结局就是无产阶级的解放。”②“保护关税制度在现今是保守的，而自由贸易制度却起着破坏作用。自由贸易引起过去民族的瓦解，使无产阶级和资产阶级的对立达到了顶点。总而言之，自由贸易制度加速了社会革命。先生们，也只有在这种革命的意义上我才赞成自由贸易。”③

可见，在马克思看来，越来越多的殖民地和半殖民地国家参与国际贸易与国际分工的表面背后，真正意义的国际分工只不过在少数几个资本主义强国之间展开，而其他国家的参与更多只是在充当为强国服务的对象罢了；自由贸易政策并没有改变资本主义生产关系中资本家剥削工人阶级的本质，而是在更广阔的世界范围实现了强国对弱国的压榨；由生产资料私有制决定的资本家垄断生产的特征，在自由贸易政策的推动下显得更加突出，贫富悬殊的进一步拉开以及生产的盲目扩大，使实际需求的有限性与供给繁荣无限性之间的矛盾更加尖锐，进而使生产资料私有制与社会化大生产这个无产阶级与资产阶级之间的根本矛盾在世界范围进一步展开。这一切不仅不能消除经济危机与社会矛盾，而且必将使资本主义陷入更加严重的经济危机和激烈的社会革命中。

很显然，马克思早已经敏锐地认识到，国际贸易只要是在资本主义主导下的，就必然是阶级剥削的手段，是把这种阶级剥削进一步国际化的工具和手段，这在一开始的时候就成为落后国家和劳动人民参与国际分工体系过程中所面临的不可避免的风险。这一点在当今国际经济秩序未做根本改变的情况下，仍然是中国实行对外开放政策参与国际竞争所无法回避和不可否认的风险。马克思在警示我们：在我国国际地位依旧没有实质性改变的21世纪，在对顺应经济发展潮流参与国际分工体系的必要性和重要性有了充分认识的前提下，还必须保持清醒的头脑，应该意识到作为发展中国家，要真正利用资源在国际范围内分工配置的好处，在对外开

---

① 马克思．关于自由贸易的演说．马克思恩格斯全集．第4卷．北京：人民出版社，1958．457

② 恩格斯．论自由贸易问题的布鲁塞尔会议．马克思恩格斯全集．第4卷．北京：人民出版社，1958．295

③ 马克思．关于自由贸易的演说．马克思恩格斯全集．第4卷．北京：人民出版社，1958．459

放中发展本国经济，还必须认清形势，做好一切准备与强势抗争，要发现和利用一切可以利用的有利因素，坚决同国际垄断资本掠夺我国的企图进行斗争。目前我国已经加入了世界贸易组织，众所周知，为了这一结果，我们付出了很艰辛的努力，因为世界贸易组织的主宰者是与我国根本利益相对立的发达资本主义国家，世界贸易组织所倡导的贸易自由化，实际上正是为了在自由贸易的幌子下，展开对落后国家公开、合法的掠夺。如果我国为了加入世界贸易组织而忽略对我国不公平的因素，被动接受苛刻条件，那就意味着任人宰割的命运；同样的道理，我国在参与其他形式的国际经济合作过程中，不顾本国经济发展的实际情况，盲目地顺从资本主义国家所吹捧的经济自由化，搞贸易自由化、金融自由化等等，其结果也是显而易见的，东南亚金融危机和拉美国家的金融危机就是血的教训，它也再一次证明了落后国家在以发达资本主义国家为主导的国际经济秩序中实行对外开放所面临的风险和可能遭受的损害是必须引起重视的。我国之所以经历了艰难曲折的加入世界贸易组织的谈判历程，也正是用实际行动表明我们已经充分认识到了这一点，并积极采取策略回避和减少这种风险和损害。

但是，作为历史唯物主义者，马克思和恩格斯并没有否认通过国际贸易参与国际分工的积极意义。首先，马克思将社会生产过程划分为生产、分配、交换、消费四个环节，它们的不间断循环就构成了社会再生产的全过程。“生产表现为起点，消费表现为终点，分配和交换表现为中间环节。”[①]国际贸易属于流通领域，而“流通本身只是交换的一定要素，或者也是从整体上看的交换。”[②]也就是说，国际贸易是国家与国家之间更为宏观的交换形式。“交换是生产以及由生产决定的分配一方之间的媒介要素。”[③]不难看出，马克思将国际贸易视为国民生产的中间环节或媒介要素，是社会再生产的重要组成部分，对国民经济起着辅助和推动的作用。

恩格斯则将交换和生产一起作为国民经济最为重要的两个环节。他指出：“唯物主义历史观从下述原理出发：生产以及随生产而来的产品交换是一切社会制度的基础。”[④]与此同时：“这两种社会职能的每一种都处于多半是特殊的外界作用的影响之下，所以都有它自己的特殊的规律。但是另一方面，这两种职能在每一瞬间都互相制约，并且互相影响，以致它们可以叫做经济曲线的横坐标和纵坐标。”[⑤]

马克思和恩格斯还认识到，对外贸易可以使一国的生产在世界市场实现更高的利润率。

马克思指出：“投在对外贸易上的资本能提供较高的利润率，首先因为这里是

① 马克思恩格斯全集．第12卷．北京：人民出版社，1962．739
② 马克思恩格斯全集．第12卷．北京：人民出版社，1962．749
③ 马克思恩格斯全集．第12卷．北京：人民出版社，1962．749
④ 恩格斯．反杜林论．马克思恩格斯全集．第3卷．北京：人民出版社，1972．307
⑤ 恩格斯．反杜林论．马克思恩格斯全集．第3卷．北京：人民出版社，1972．186

和生产条件较为不利的其他国家所生产的商品进行竞争，所以比较发达的国家以高于商品内价值的价格出售自己的商品，虽然比他的竞争国家卖得便宜。只要比较发达的国家的劳动在这里作为比较高的劳动来实现，利润率就会提高，因为这种劳动没有被作为质量较高的劳动来支付报酬，却被作为了质量较高的劳动来出售。”①因此，这些较发达的国家在国际贸易的过程中实现了较国内而言更高的利润率，获得了超额利润。

当然，马克思曾详尽地论证了利润率下降的规律，而国际贸易只是使一国在新的市场领域实现了超额利润，或者说国际市场是一些国家利润率下降的缓冲地带，然而就其本身而言，利润率仍然不可脱离逐渐下降的客观规律。马克思在论证国际贸易既有提高利润率作用的同时，也存在加速利润率下降的作用。“对外贸易一方面使不变资本的要素变得便宜，一方面使可变资本转化成的必要生活资料变得便宜，它具有提高利润率的作用，因为它使剩余价值率提高，使不变资本价值降低。一般来说，它在这方面起作用，是因为它可以使生产规模扩大。”可见，马克思已经在谈论规模经济问题、国际分工、国际贸易都有这个作用，这也是参与国际分工、国际贸易、实施对外开放的必要性。“因此，它一方面加速积累，但是另一方面也加速可变资本同不变资本相比的相对减少，从而加速利润率的下降。”②当然，“这个规律只是作为一种趋势发生作用；它的作用，只有在一定情况下，并且经过一个长的时期，才会清楚地显示出来。”③

同时，他们认为国际贸易客观上要求并推动了资本主义生产方式的大转变。

机器作业代替手工劳动是资本主义生产方式具有划时代意义的进步，马克思分析了国际贸易从中所起的作用：“消费的需求一般来说比生产增长得快，机器的发展是市场需求的必然结果。……至于欧洲各国，那么，迫使它们使用机器的，是英国在它们的国内市场和世界市场上的竞争。……殖民地造就了世界贸易，而世界贸易则是大机器工业的必不可少的条件。”④马克思还指出：“大工业建立了由美洲的发现所准备好的直接市场。世界市场使商业、航海业和陆路交通得到了巨大的发展，这种发展反过来促进了工业的扩展。”⑤同时，“大工业造成的新的世界市场关系也引起产品的精致和多样化。……随着世界市场关系的发展，运输业对劳动的需求增加了，而且运输业又分成许多新的下属部门。”⑥

可见，国际贸易与机器工业之间互为条件，相互作用，对资本主义经济的繁荣

① 马克思．资本论．第3卷．北京：人民出版社，1975．264～265

② 马克思．资本论．第3卷．北京：人民出版社，1975．264

③ 马克思．资本论．第3卷．人民出版社，1975．266

④ 马克思恩格斯选集．第4卷．北京：人民出版社，1972．324～327

⑤ 马克思恩格斯选集．第1卷．北京：人民出版社，1972．252

⑥ 马克思．资本论．第1卷．北京：人民出版社，1975．487

起到了巨大的推动作用。马克思则更为精确地阐述了二者的关系："对外贸易的扩大，虽然在资本主义生产方式的幼年时期是这种生产方式的基础，但在资本主义生产方式的发展中，由于这种生产方式的内在必然性，由于这种生产方式要求不断扩大市场，它成为这种生产方式本身的产物。"①

二、列宁、斯大林的对外开放经济思想

十月革命胜利后，列宁依据俄国的具体情况和当时的国际形势，比较系统地阐述了社会主义国家应该如何正确处理与资本主义国家的关系，以及社会主义国家应该如何实行对外开放等理论问题。这是对马克思、恩格斯世界历史思想的具体运用和在实践中的重大发展，从而奠定了社会主义国家对外开放的思想和政策基础。

（一）关于对外开放的必然性和可能性

针对社会经济领域中的国际化趋势，列宁从"世界国民经济的观点"出发，认为在大工业时代，世界经济已经是一个相互联系的整体，世界各国无论其实行何种政治制度，都不可避免地相互依存。他在1920年指出，"经济问题，如果不是从国际的角度，而是从个别国家或一些国家的角度来考察，那是不可能解决的。欧洲没有俄国，便不能恢复元气。欧洲衰弱了，美国的情况就会危急起来……我们俄国有小麦、亚麻、白金、钾碱和很多矿产，这些都是全世界迫切需要的，世界终究会到我们这里来要这些东西，不管我们这里实行的是布尔什维主义或者不是布尔什维主义"②。同样地，他认为苏维埃俄国经济建设也只有在与世界经济的广泛联系中才能实现。"只要我们苏维埃共和国还是紧挨着整个资本主义世界的一个孤立地区，那种认为我国经济完全可以独立……的想法，就是十分可笑的幻想和空想"③。列宁还强调，"社会主义共和国不同世界发生联系是不能生存下去的，在目前情况下应当把自己的生存同资本主义的关系联系起来"，并提出了"贸易关系和对外联系的和 = 我国大工业的振兴"的公式④。另外，列宁从资本主义惟利是图的本质出发，指出尽管西方国家十分仇视前苏联，但经济上的需要会迫使这些资本主义国家走上与前苏联发展经济关系的道路。"资产阶级国家需要同俄国做生意，因为它们知道，没有这种那种形式的经济联系，它们还会像以前那样继续垮下去"，"我可以十分有把握地说，苏维埃共和国同整个资本主义世界的正常贸易往来一定会得到进一步的发展" ⑤，并且，"我们不能设想，除了建立在庞大的资本主义文化所获得

① 资本论．第3卷．北京：人民出版社，1975. 264
② 列宁全集．第38卷．北京：人民出版社，1986. 166～167
③ 杨祝华．列宁论继承借鉴利用资本主义．郑州：河南人民出版社，1994. 193～194
④ 列宁全集．第4卷．北京：人民出版社，1986. 513
⑤ 列宁全集．第43卷．北京：人民出版社，1987. 3，71

的一切经验教训的基础上的社会主义,还有别的什么社会主义"①。由此可见,马克思认为资本主义的发展,世界市场的发展,造成了各国之间互相联系、互相依赖的关系,列宁不但继承了马克思的这一思想,而且在这里特别强调,即使俄国走上了社会主义道路,社会主义的俄国与资本主义国家之间经济上的互相联系、互相依赖的关系依然是客观存在的。

更为值得我们注意的是,结合社会主义运动的实践,列宁对于世界各国之间经济联系的认识更为深入和具体:首先,他以普遍联系的唯物主义哲学观为基础,指出即使是一国的国内经济问题,也必须从国际经济普遍联系的客观实际出发进行考虑,如果违背这个事实而认为国内经济只受一国内部因素的影响那就不可能解决问题。其次,他认为以国际分工为基础而产生的经济的国际联系不受经济水平、意识形态、社会制度等因素的制约,无论是社会主义还是资本主义,无论是大国还是小国、穷国还是富国,对其他国家经济的依赖都是同样的,离开了与其他国家的经济交往,任何国家都不可能孤立地发展。最后,他特别强调,社会主义国家的建立和发展不可能离开资本主义国家,其一,社会主义是建立在资本主义所取得的经济基础和文化基础之上的;其二,社会主义国家在进行经济建设的时候,同样必须从资本主义国家经济的建设和发展中获取有益的养分——吸取资本主义国家的教训,总结其经验,扬长避短为我所用。

所以,革命导师列宁的上述思想对我国社会主义市场经济的建设和发展具有重要的指导意义。我们不能闭关锁国,这是不符合世界经济普遍联系的客观现实的。当然,这一点我国已经用对外开放的实际行动证明了对它的认同。同时,我们也应该时刻意识到,我国的社会主义市场经济建设,必须要从西方几百年市场经济实践中所取得的宝贵经验中吸取与我国国情相适应的东西,为我所用,西方的教训也正好可以帮助我们减少摸索当中所付出的成本和代价。尤其是目前作为社会主义国家的中国,具备这种借鉴西方国家的机会和条件,那就是在经济全球化的背景下,西方资本主义国家对包括我国在内的所有国家的经济依赖性已经越来越强,它们也需要与我国加强经济联系,在这种经济的国际交往日益走向互惠互利大趋势的当代,正是我们借鉴别国,特别是西方发达市场经济建设经验的最好时机。

(二)关于社会主义国家如何进行对外开放

但是,社会主义如何与世界经济建立有机联系,特别是在这种经济交往中如何处理与发达资本国家之间的关系,也是关系社会主义经济建设成败的因素。在苏维埃政权刚建立的情况下,列宁对这一问题也进行了研究,他反复强调,苏维埃政权和管理机构同资本主义最新的进步的东西结合的好坏,是关系到社会主义实现程度的重大问题。因此,社会主义国家要依靠社会主义国家政权,善于充分吸取各

① 杨祝华. 列宁论继承借鉴利用资本主义. 郑州:河南人民出版社,1994. 54

资本主义国家在科学技术、经营管理和文化教育等方面的全部精华。在他看来，“苏维埃政权+普鲁士的铁路管理制度+美国的技术和托拉斯组织+美国的国民教育等等=总和=社会主义”。[①] 在对象上，列宁认为社会主义的对外开放是全面的对外开放。在谈及租让问题时，他指出，“对任何国家都可以实行租让，也包括波兰在内”[②]；在内容上，社会主义的对外开放涉及政治、经济、文化各方面，要吸取人类的一切优秀文明成果。

列宁还明确指出了借鉴和利用资本主义的主要途径，他创造性地提出了苏维埃俄国实行对外开放过程中的租让制和对外贸易，“通过实行租让和商品交换政策，对资本主义的西方在经济上要千方百计地加以利用、加强和加紧利用”[③]。所谓“租让制”，就是苏维埃国家把一些企业和项目出租给外国资本家，由资本家组织和安排生产，其把所得的一部分交给苏维埃国家，其余的作为利润归外国资本家自己所有。1920年11月，苏俄政府颁布了《租让法令》，将租让项目分作三种主要形式：“第一种是北部边远地区的森林租让，第二种是粮食租让，第三种是西伯利亚的矿业租让”[④]。至于对外贸易，列宁多次要求“做出最大的努力来迅速恢复贸易关系”[⑤]。

由此可见，我国在确立与世界经济加强合作，特别是与西方发达资本主义国家积极建立经济交往的基调下，还必须针对我国的经济发展和当前国际经济秩序的特点，研究我国参与国际经济联系的具体策略，如何在斗争中合作，在合作中达到双赢，这同样是关系我国社会主义市场经济建设成败的关键。

（三）关于社会主义国家实行对外开放所面临的风险与维护国家主权问题

在资本主义为主导的国际大环境下，社会主义实行对外开放，必然牵涉到一个很重要的问题，那就是国家政权性质及其独立性是否受到影响，因为居于国际主导地位的资本主义国家性质是与社会主义根本对立的。对此，列宁从理论上阐明了对外开放不会影响社会主义国家政权的性质和独立性。

与马克思和恩格斯一样，列宁认为，资本主义国家就其本性来说，在任何情况下，在任何条件下，都不能和苏维埃共和国和睦相处，无论按其客观地位或按它所体现的资本家阶级的经济利益来说，都是这样。但是在第一次世界大战结束后，特别是在苏俄国内战争结束后，资本主义国家却又愿意与苏俄交往，这是因为帝国主义看到了用武力消灭不了社会主义制度，而且长期的战争也给资本主义世界造成了极大危机。所以，它们尝试与苏维埃俄国建立正常的经济政治关系，以达到它们

---

① 列宁文稿．第3卷．北京：人民出版社，1978．94
② 杨祝华．列宁论继承借鉴利用资本主义．郑州：河南人民出版社，1994．155
③ 杨祝华．列宁论继承借鉴利用资本主义．郑州：河南人民出版社，1994．256
④ 杨祝华．列宁论继承借鉴利用资本主义．郑州：河南人民出版社，1994．174～175
⑤ 杨祝华．列宁论继承借鉴利用资本主义．郑州：河南人民出版社，1994．194

用武力达不到的目的，这些帝国主义者所做的一切，都完全是出于它们自身利益的需要。资本主义国家的本性决定了它们不会给苏俄以真正的援助。列宁指出，剥削和掠夺是资本主义的本性，对此，我们要有清醒的头脑。列宁在提出实行租让制时，一方面耐心解释租让制的必要性，同时也告诫说，租让制存在着资本主义国家控制苏维埃俄国国民经济、干涉内政、恢复资本主义关系的危险，会“带来资本主义习气”。因此，列宁指出，在对外开放中必须维护国家主权，“对我们不利的交易，我们决不会去做”。

列宁充分意识到了苏维埃俄国实行对外开放所带来的消极影响。他在分析租让企业时指出，这些企业“将带来资本主义习气，腐蚀农民。但是应该加以注意，应该处处用自己的共产主义影响加以抵制。这也是一场战争，是共产主义和资本主义这两种方式、两种形态、两种经济的军事较量”①。因此，列宁要求审慎地进行对外开放，力图把租让控制在一定的限度。他说：“如果我们只把少数工厂租给承租人，而把大部分工厂保留在自己手中，那租让并不可怕：这是没有什么可怕的。当然，如果苏维埃政权把自己的大部分工厂拿去租让，那是十分荒唐的：那就不是租让，而是复辟资本主义。只要我们掌握着所有国营企业，只要我们精确而严格地权衡轻重，我们能把什么租出去、在什么条件下、在什么限度内可以出租，那么，租让是没有什么可怕的。这种情况下发展起来的资本主义是在监督之下和计算之中的，而国家政权则仍然掌握在工人阶级和工人国家的手中”，从而“地主和资本家所有制不会恢复”②，国家政权性质和独立性并没有改变。同时，列宁还指出需要对资本主义加强监督和控制，充分发挥社会主义法制的规范作用，实行严格的国家统计和监督，坚决防范资本主义的颠覆和破坏活动，从而巩固国家政权性质。

在列宁对外开放思想的指导下，从 1920 年开始，前苏联广泛开展对外开放实践，并通过租让制、合营公司、国际信贷、进口现代化机器设备、引进技术和人才等方式，积极主动地发展同西方资本主义国家的经济联系。此外，前苏联还有计划派遣领导干部和技术人员到国外学习和考察，仅 1929 年派出的工程师和技术人员就达 1200 人。外国媒体在评论 1930 年前后前苏联的做法时说：“苏联在 3 年之内就获得了外国人 30 年发展起来的技术，虽然它用了 10 到 15 年的时间去消化这些东西”。1944 年，斯大林在会见美国人埃里克·约翰斯敦时也曾经说过，前苏联有大约 2/3 的大型企业是在美国人的帮助或技术援助下建成的，其余的 1/3 则是在德国、法国、英国、意大利、日本等国的帮助或技术援助下建成的。③

列宁逝世后，斯大林继承并发展了列宁关于对外开放的思想。斯大林指出：

---

① 转引自杨祝华．列宁论继承借鉴利用资本主义．郑州：河南人民出版社，1994. 149

② 列宁全集．第 41 卷．北京：人民出版社，1986. 151，238

③ 曹普．从马克思到邓小平：社会主义对外开放理论的历史嬗变．中共云南省委党校学报，2000(4)

"以为社会主义经济是一种绝对闭关自守、绝对不依赖周围各国国民经济的东西，这就是愚蠢之至"①。但是，由于受到战后"冷战"思潮影响，以及对当时世界政治经济形势估计错误，斯大林在政治上和经济上分别提出了"两个阵营"和"两个平行市场"的理论，认为社会主义和资本主义"两个阵营的存在所造成的经济结果，就是统一的无所不包的世界市场瓦解了"，由此造成社会主义和资本主义"两个平行的也是相互对立的世界市场"②。斯大林"两个平行市场"理论在西方资本主义阵营对社会主义国家实行经济封锁的国际环境中出现是合乎逻辑的，对克服帝国主义封锁所造成的困难也起过一定的积极作用。但是，这一理论人为地割裂了社会主义国家与资本主义主义国家在经济和文化上的联系，使社会主义的发展错失许多大好机遇，造成了许多消极后果。

所以，从列宁的上述观点和后来前苏联的教训来看，对我国而言，不能因为怕资本主义这个洪水猛兽吞没社会主义政权而放弃与资本主义国家的经济联系。但是，必须在具体过程中把握策略，时刻提防，有效防止资本主义国家借与我国的经济交往机会而制造消极影响和后果，这样就完全可以借助别国的经验教训而更好地建设社会主义市场经济。

三、西方马克思主义者对开放的思考

西方马克思主义经济发展理论，是在战后世界经济发展的新格局下形成的。该理论根据马克思主义的辩证唯物论、历史唯物论和马克思、恩格斯、列宁关于世界经济的理论，结合当代资本主义经济发展的实际，从阶级的和历史的观点出发，分析了当代世界经济的格局，揭示了在资本向外扩张的过程中，如何形成阻碍落后国家经济发展而服务于发达资本主义国家的特有的经济结构。另外，它阐释了西方发达资本主义国家对第三世界的国际剥削关系，以及发展中国家经济不发展的现存的物质的、社会的和精神的条件，论证了关于不平等的国际贸易、国际资本流动、资本主义生产方式与非资本主义生产方式的关联、第三世界国家的非资本主义发展道路等，着重分析了资本主义经济全球化发展的新特点以及与经济全球化发展相联系的世界经济格局的形成，论证了开放的世界经济格局对发展中国家经济发展的影响，从而形成了对资本主义世界体系的历史与现状进行研究的理论学派，对马克思主义经济理论的发展做出了重要的贡献③。

保罗·巴兰是美国激进经济学派的代表人物，其主要的经济学著作有《增长的政治经济学》和与斯威齐合著的《垄断资本》。巴兰的理论核心是经济剩余理论，

---

① 斯大林全集．第9卷．北京：人民出版社，1954．118

② 斯大林文选（下）．北京：人民出版社，1962．594

③ 杨玉生．西方马克思主义经济发展理论研究．广播电视大学学报（哲学社会科学版），1998（2）

他用经济剩余分析考察历史的发展并论证经济剩余的增长。他认为,从封建主义到资本主义的转变是经济剩余的利用方式的根本改变,造成这一改变的根本原因是经济剩余合理的生产性利用①。在《增长的政治经济学》一书中,他论述了经济剩余在发达资本主义国家的作用。他把"社会当前实际劳动产品与社会当前实际消费之间的差额",即社会现有的生产物和社会现有的消费之间的差额称为实际经济剩余;把"在一定的自然环境和技术环境内,借助可资利用的生产资源所能生产出来的生产物和可能的基本消费之间的差额"称为潜在经济剩余②。巴兰通过比较实际经济剩余与潜在经济剩余之间的差别,论证了资本主义的不合理性。另外,巴兰认为,外来资本主义的渗透加速创造了不发达国家资本主义发展的某些条件,同时它也限制了其他方面的发展。一方面,由于其先前的积累和现在生产的经济剩余的很大一部分被发达国家拿走了,使得不发达国家难以获得为其经济发展所必需的、足够数量的原始积累;另一方面,来自国外的破坏性竞争窒息了其羽翼未丰的产业,虽然商品流通的扩张和工业无产阶级的创造为其资本主义的发展提供了强有力的推动力,但是这个发展却被迫脱离了其正常的进程,变成了扭曲的、跛足的进程,以适合于西方国家的意图③。可见,巴兰着重强调了在发达国家与发展中国家之间的国际贸易中,一开始就处于劣势的发展中国家,在以初级品与发达国家工业品交换的贸易格局中,虽然为国内经济开辟了新的商品流通渠道,但是在这个贸易进程中却加剧了其工业体系从而产业结构的不合理程度,从而处于更加被动地位。

"不发展的发展论"是由弗兰克首先提出的,在其著作《资本主义和拉丁美洲的不发展》中,他阐释论证了世界资本主义体系及其对发展中国家经济发展的影响。弗兰克认为,发达国家在历史上只经历了"未开发"阶段,从未经历过"不发展"阶段。而现在的落后国家的不发展,并不是该国本身内在原因所造成,即不是该国国内封建体制和资本缺乏所造成,而是由宗主国和卫星国过去和现在的不平等的经济关系所造成④。资本主义的演变与扩张产生发展和不发展,就如同一个硬币的两面,不发达国家的不发展是资本主义及其内在矛盾的必然结果。资本主义内在矛盾包含两个层次:在国内,是少数剥削者对大多数人生产的经济剩余的榨取与占有;在国际上,世界资本主义体系宗主国(中心国家)和从属国(外围国家)的结构,即资本主义体系的中心国家对附属国家的经济剩余的剥削与占有,并且这种结构贯穿于资本主义扩张和演变的全过程。因此,弗兰克提出由于发达国家的

---

① 蔡中兴.巴兰.增长的政治经济学.http://www.eduww.com

② 罗丽艳,李晓龙.经济剩余来源新解.当代财经,2004(3)

③ 杨玉生.西方马克思主义者与非马克思主义者经济全球化思想评介.中国社会科学院网站

④ 夏振坤.新马克思主义经济发展理论评析.江汉论坛,1999(8)

发展是以不发达国家的不发展为条件的,所以不打破世界资本主义体系,不发达国家的发展(真正的发展)是不可能的。实际上,弗兰克认识到,不发达国家经济社会的发展离不开与发达国家的经济交往,但是在这个过程中又不得不陷入更深的被掠夺地位这种两难境地。如经济国际化和跨国公司的发展,往往使独立了的原附属国有可能重新附属国化。[①]

沙米尔·阿明的理论研究基本上是遵循他的博士论文所提出的方向,建构了主要运用于非洲的依附理论。他证明,第三世界(外围)尤其是非洲的落后,是它与西方(中心)不平等交换的副产品,而这种副产品则是两方垄断资本主义强加的结果[②]。沙米尔·阿明认为:"只要生产率相同的劳动在外围国家得到较低的报酬,那么交换就是不平等的。"由此,阿明给不平等交换下了定义:"在报酬差距大于生产率差距时,就有了世界资本主义体系的不平等交换。"[③]正是由于这种不平等交换和"不发展的发展"存在,说明阶级斗争问题必须从世界范围来加以研究。因此,他在《世界规模的积累》、《不平等的发展》等著作中,依据马克思主义基本原理并结合现实情况论述了资本的对外扩张问题。按照阿明的看法,资本对外扩张的原因在于世界资本主义体系"中心"(宗主国)的结构的特征。"中心"的结构的第一个特征是它们仅包含一种生产方式,即资本主义生产方式;第二个特征是资本积累过程基本上是内在地产生的,它产生阿明所说的"自动集中的积累"。自动集中的积累导致生产力的累进发展,即成功的资本主义工业化。虽然阿明认为,就其对资本积累的作用而言,"中心"的内部关系比其与外围的外部关系更为重要,但他非常重视资本的对外扩张,把它看作是"中心"国家的资本主义运动规律的关键。[④] 阿明认为,第二次世界大战以后跨国公司的发展和传播,使外围国家的扭曲的发展过程又向前迈进了一步,随着跨国公司的出现,一种新的分工在企业内部再生产出来,导致了一种新形式的国家不平等:中心国家生产软件和复杂的设备,外围国家则只能生产硬件。由于在企业中使分工国际化,也加深了不平等交换。[⑤]阿明指出了资本主义发达国家与发展中国家在利益上是根本对立的这样一个客观事实。

阿杰里·伊曼纽尔把马克思的价值转化为生产价格的分析引入国际交换领

① 夏振坤. 新马克思主义经济发展理论评析. 江汉论坛,1999(8)

② 曾枝盛. 20世纪末国外马克思主义纲要. 北京:中国人民大学出版社,1998

③ 沙米尔·阿明. 不平等的发展——论外围资本主义的社会形态. 北京:商务印书馆,1990. 123

④ 杨玉生. 西方马克思主义者与非马克思主义者经济全球化思想评介. 中国社会科学院网站

⑤ 杨玉生. 西方马克思主义者与非马克思主义者经济全球化思想评介. 中国社会科学院网站

域，分析了资本主义经济全球化下的国际生产价格形成问题，论证了西方发达国家通过不平等交换剥削欠发达国家[①]；另外，他制定了国际交换的价值转化为国际生产价格模型，表明在国际交换中存在的从低工资国家向高工资国家的价值转移，即在国际交换中有两种不平等的形式。伊曼纽尔在《不平等交换：贸易帝国主义》一书中指出："一种（明显的）形式仅仅产生于价值转化为生产价格，当工资率相同但资本有机构成不同时，便出现这种形式。另一种形式，我称为严格意义上的不平等，则是以工资和资本有机构成都不同为特征的"[②]。他进一步指出：只有第二种形式才具有不平等交换的性质，因为两种形式之间有质的差别；仅仅在不同的资本有机构成下的不平等，对于外贸来说，并不是特例，而且还发生在一国内部的不同地区、不同部门之间[③]。伊曼纽尔关于剥削依赖于各国间的工资差别的论断表明了资本主义发展的一种性质，它构成了第三世界受工业发达的资本主义国家剥削的客观基础。不发达国家劳动者创造的剩余价值向发达国家转移，促进了后者的发展，阻碍了前者的发展。价值从低工资国家向高工资国家的转移，促进了高工资国家的技术和文化的发展，从而使工资水平进一步提高。市场累进地扩大，吸引新的资本流入。新资本的流入又是构成高工资的因素，从而引起资本有机构成提高，资本有机构成的提高又构成第二轮价值从穷国向富国的转移。另一方面，穷国劳动力价值的降低，使得它不利于采用节省人力和提高固定资本投资的较为先进的技术和方法，结果使得穷国的资本有机构成低于世界平均资本有机构成，特别是低于工业化国家的资本有机构成[④]。上述论述实质上是以马克思劳动价值论为基础对国际剩余价值由发展中国家向发达国家转移的内在机制进行了分析，特别是从工资的国际差异这个现实出发，对于发展中国家资本有机构成始终低于发达国家的动态运行做了描述，从一个方面揭示了国际剥削得以维持的条件。

以帕洛依克斯为代表的西方马克思主义经济发展理论强调资本主义有一种固有的使其自身国际化的趋势，因而在世界范围内进行生产资料和生产关系的扩大再生产[⑤]。在其《世界范围的资本扩张》、《资本的国际化和社会资本循环》等著作中依据马克思在《资本论》第2卷关于资本循环的分析，把资本定义为自我扩展的价值，是通过一些阶段或循环的资本运动。资本有三种循环，即货币资本循环、商品资本循环和生产资本循环。产业资本即从事资本主义生产的资本，是惟一把三

---

① 吴志鹏，方伟珠．经济全球化理论流派回顾与评价．世界经济研究，2003(1)

② 阿杰里·伊曼纽尔．不平等交换：贸易帝国主义研究．北京：商务印书馆，1990．160

③ 房宁．当代资本主义世界经济体系的结构与矛盾——学说连线．http://www.xslx.com

④ 杨玉生．西方马克思主义者与非马克思主义者经济全球化思想评介．中国社会科学院网站

⑤ 杨玉生．西方马克思主义、新古典、结构主义经济发展理论比较分析．辽宁大学学报，1997(4)

个资本形式的循环结合为一体的资本形式。资本的自我扩张把其本身划分为工业、商业、金融等部门的资本。由于生产和流通的统一使资本得以存在和再生产出来。当社会资本的自我扩张超越某一点时,资本三个循环的统一便不能仅仅在单一国家的资本主义社会中充分实现,于是便出现了资本的国际化。资本国际化根源于不平衡发展规律。资本国际化表明,世界范围的不平等的再生产不是资本的最终目标,而是通过将货币转化为生产资料和劳动力、通过其在生产过程中的融合形成提高剩余价值率的条件。在著作中,帕洛依克斯提出资本的国际化经历了三个阶段①②:第一阶段,商品资本循环被国际化,这引起世界市场的出现。商品资本国际化的动态特征是持续的贸易的扩展,在这个阶段,资本主义对落后国家向资本主义生产关系转变施加了影响和压力。第二阶段,在落后国家发生了向资本主义生产关系的转变,这时货币资本循环被国际化了。这一阶段同列宁的帝国主义概念相一致。货币资本循环国际化背后的力量是资本主义把一切生产转化为发达的商品输出的内在趋势。这个阶段以货币资本积累为特征。而且,由于货币资本循环的国际化而大大便利了货币资本的积累,并且也促进了落后国家资本主义生产关系的发展。第三阶段,生产资本的国际化。这只是在第二次世界大战以后才发生的。资本主义生产方式在第三世界的支配,创造了一个新的工业资产阶级,这个阶级试图在其地方经济和世界经济之间磨合联系,推动生产的国际化。这时生产资本的扩张变得重要了,并引起了跨国公司的形成和发展。生产资本的国际化也强化了其他形式的资本循环的国际化,并广泛传播资本主义生产关系。

美国的马克思主义经济学家伯克特在其《第三世界的金融限制和金融自由化:对新古典发展理论的批判》的论文中论证了第三世界的金融限制和金融自由化。他指出,新古典发展理论关于非管制性的金融制度和市场发展有利于第三世界经济增长和发展的观点是过于乐观了。他认为,新古典理论没有把金融发展同资本积累过程中阶级关系的发展联系起来,没有和资本积累的竞争的动态过程联系起来。伯克特提出,应从这种阶级利益出发去调整金融制度和金融政策。他认为,全球范围的资本积累的不平衡发展限制了第三世界的工业化,这既妨碍了第三世界国家金融自由发展的过程,也导致这些国家颁布限制利率的政策③,因为第三世界国家的金融发展及其政策是受它们各自在全球分工中的地位决定的。由此可见,伯克特从发达国际与发展中国家的不平等地位出发,指出金融自由化对发展中国家可能造成的巨大危害和发展中国家实行金融限制政策的客观必要性,这在当前新自由主义抬头的背景下具有一定的现实意义。

---

① 吴志鹏,方伟珠.经济全球化理论流派回顾与评价.世界经济研究,2003(1)

② 杨玉生.西方马克思主义者与非马克思主义者经济全球化思想评介.中国社会科学院网站

③ 吴志鹏,方伟珠.经济全球化理论流派回顾与评价.世界经济研究,2003(1)

总体而言，上述西方马克思主义经济发展理论关于经济全球化的基本理论观点，是从马克思主义的立场出发对当代（第二次世界大战以来）经济全球化的各方面表现所做的科学分析，是内容极为丰富、涉及面极广且具有较深的理论深度的理论体系。虽然，西方马克思主义经济学家们的观点不同，论述问题的角度不同，但大家在理论分析的目的上是相同的，那就是揭露发达国家的资本主义对外扩张、资本积累对落后国家经济发展所造成的不良影响①。它对发展中国家的经济落后根源、世界资本主义体系的支配和依附关系、资本对外扩张不同发展阶段的特征、国际不平等交换、资本国际化、第三世界国家的金融制度和金融政策等，都做了马克思主义的分析。它还特别针对发展中国家在不平等的国际经济秩序中可能遭受的风险做了充分而详细的分析，这对于我们认识当代经济全球化的性质、特点以及对不同类型国家经济发展的影响，具有重要的理论意义，也为我们采取正确对待经济全球化的政策提供了理论借鉴。当然，从上述西方马克思主义者的论述中我们还应该看到，即使面临如此严峻的形势，对外开放毕竟是发展中国家求得民族经济发展的必由之路，他们都认为不参与国际贸易，就不可能发展。所以，还是应该以马克思主义为指导，在坚持对外开放的前提下，研究更加具有现实性的策略，以更大限度地避免这些风险的发生，只有在开放中才能求发展，只有在发展的前提下才能避免不平等的过程和不平等后果发生的机率和程度。

① 杨玉生．西方马克思主义经济发展理论研究．广播电视大学学报（哲学社会科学版），1998（2）

第二章 我国对外开放思想的演进

邓小平在总结中国社会主义发展历程时强调指出："我们最大的经验就是不要脱离世界"，"中国要谋求发展，摆脱贫穷和落后，就必须开放"①。他把开放和改革一样视为社会主义国家必走的强国之路。本章拟从中国对外开放思想的演进、邓小平的对外开放理论和中国对外开放理论的丰富与发展三个方面，对中国对外开放的理论与实践进行研究，揭示中国对外开放思想跌宕起伏、曲折多变的发展过程和邓小平对外开放理论的丰富内涵。

一、中国对外开放思想的演进

(一)20世纪50年代中国发展对外关系的基本思想

对外开放是当代中国最伟大的实践之一。对外开放作为中国的一项基本国策，是在十一届三中全会以后实行的，但作为一种思想，却是由来已久。20世纪50年代，中国发展对外关系走着一条曲折之路。

1. 新中国成立之初所处的国际环境

第二次世界大战后，世界很快形成三大政治势力：西方发达资本主义国家结成以美国为首的资本主义阵营，力图维护其世界霸权和资本主义统治；世界社会主义力量迅速地发展壮大，到1949年已结成以前苏联为首的包括欧亚12个国家的社会主义阵营；另有印度、印尼、缅甸、巴基斯坦、斯里兰卡等国取得独立，还有越来越多的亚非拉国家已掀起反帝、反殖民主义的民族解放运动的浪潮。

中华人民共和国成立后，美国等西方国家对中国采取了敌视态度。1949年10月30日，美国政府宣布，美国继续承认蒋介石残余集团，不承认中华人民共和国。11月，美国、英国、法国、意大利、加拿大、比利时、卢森堡、荷兰、丹麦、葡萄牙、挪威、前西德、希腊、土耳其以及日本(1950年9月参加)15个国家成立巴黎统筹委员会，对中国实行禁运。美国还支持和配合国民党对中国内地沿海港口进行封锁，切断中国与世界各国的联系。毛泽东对此曾愤怒地写道："现在，只有广州、台湾等处一小片地方的门户，还向艾奇逊们开放着，第一个神圣的原则在那里'依然维持'

① 邓小平文选．第3卷．北京：人民出版社，1993．266

着。其余地方,比如上海吧,解放以后本来是开放的,现在却被人用美国的军舰和军舰上所装的大炮,实行了一条很不神圣的原则:门户封锁。"①

1950年10月27日,美国总统杜鲁门发表声明,宣布美国以武力阻止中华人民共和国解放台湾,美国第七舰队奉命向台湾出动。同年12月16日,美国国务院发布新闻公报,宣布美国采取措施将中国在美国管辖内的一切资产置于管制之下,并颁布章程禁止在美国登记的船只在另有通知以前驶往中国港口。随后,美国财政部公布了《外国资产管制条约》,正式管制中华人民共和国在美国的一切资产;商务部公布运输指令,禁止美国运输工具前往中华人民共和国,并禁止一切悬挂美国国旗的飞机、船只运输或者装载任何以中华人民共和国为最终目的地的货物。同时,禁止向将会停靠或已经停靠中国港口的船舶供应燃料。

1951年5月18日,美国又操纵联大通过对中国实行禁运的提案,胁迫其他国家也对中国实行经济封锁和禁运。同年8月,美国国会通过《巴特尔法案》,以停止美援来挟持接受美援的国家对中国实行禁运。1952年9月,美国操纵巴黎统筹委员会增设"中国委员会"作为执行对中国禁运的专门机构,这个机构制定的对中国禁运的项目达500种之多。

对于美国进一步敌视中国的行径,中国政府针锋相对地进行了回击。1950年12月12日,在得知美国将对中国实行经济封锁的消息后,中央财经委员会提出对美国的七项政策,即令各地停开一切向美日两国的购买证和许可证;即令中央贸易部限期退购一切已开美日两国的购买证,将撤回之外汇转存别国手续完后,立即抢购任何物资运回;改变今后在国际贸易上的做法,一般采取购货的办法,凡须现金购买者,须货到付款或付货,否则宁愿不订等。同年12月28日,针对美国政府将中国在美国的资产进行管制的做法,中国政务院发布关于管制美国在华财产,冻结美国在华存款的命令,决定对中华人民共和国境内之美国政府和美国企业的一切财产由当地人民政府加以管制,并进行清查,即行冻结中华人民共和国境内所有银行的一切美国公私存款。

美国对中国的封锁禁运及中国政府的反封锁禁运,使中美两国的对抗大大升级,两国的经济交往随之中断,中美两国由此进入长达数十年之久的隔绝状态。美国著名学者鲍大可在《中美关系史上沉重的一页》中无不遗憾地写道:朝鲜战争产生了互相疑惧,这种疑惧在50年代和60年代的大部分时间毒化了中美关系,开始了长达20年的公开敌对。从某种意义上说,这两个国家在这20年中没有任何关系,不存在正式的外交关系,没有贸易关系,没有合法的人员往来。实际上两国普通公民之间没有相互接触(有一些例外,但非常少)。或许现时代从来没有两个大国在和平时期如此相互隔绝,如果冷战可以看作是和平的话。由于西方其他国家

① 毛泽东选集(合订本). 北京:人民出版社,1991. 1396

追随美国对中国搞封锁禁运,中国与其他西方国家的关系也或者中断或者大大削弱。

中国共产党在1945年抗战结束前后曾提出利用美国援助实现战后中国经济重建的设想,由于后来美国等西方国家对中国采取敌视态度而没有实现。但是,中国经济建设又不能没有外援。于是,中国共产党把争取外援的目光投向了前苏联和东欧国家。新中国成立前夕,毛泽东宣布了对前苏联实行"一边倒"政策。根据这一政策,新中国成立后,中国积极发展了与前苏联东欧各国的政治、经济、文化各个方面的关系,使中国经济建设获得了不可缺少的外部援助。在美国强化了对中国封锁禁运后,中国进一步倒向了前苏联和东欧国家。从政治上讲,当时世界已经分为两个尖锐对立的阵营,如果在与美国等西方国家的对抗升级后,不进一步密切与前苏联东欧国家的关系,中国就会在政治上陷入孤立。从经济上讲,在美国等国家实行封锁禁运后,中国失去了在资本主义市场购买经济建设所需设备材料等物资的可能性,为了经济上的原因,中国也需要进一步倒向前苏联东欧国家。从这个意义上讲,新中国一开始就是积极发展对外经济关系的。当然,这个阶段对外发展经济关系是有历史的局限性的,即它只不过是对前苏联东欧开放而不是全面的对外开放。

2. 20世纪50年代中国发展对外关系的基本思想

"一边倒"政策确立以后,中国积极发展与前苏联东欧国家各方面的关系,特别是多种形式的经济关系。其主要做法是:①争取前苏联的贷款。新中国成立后,中国经济建设首先遇到的是资金不足的问题。新中国成立不久,毛泽东亲自率代表团访问前苏联,争取前苏联对中国经济建设的援助,其中又提出前苏联贷款给中国的要求。在贷款问题上,当时的基本思想是数额不宜太大。1953年中国开始大规模经济建设,对资金的需求量增大,中国又与前苏联签订了多笔贷款协定,通过利用前苏联贷款,中国购买了大量的经济建设中所急需的物资设备,引进了大批工业项目。这些项目的建成,改变了新中国成立前中国的工业残缺不全的状况,奠定了中国工业化的基础。②吸引前苏联和东欧国家的直接投资。1950年中苏签订了关于在中国新疆创办中苏石油股份公司、有色金属股份公司和民用航空股份公司三个协定,后又与前苏联东欧国家签订了轮船的修理建造、国际海运等股份公司的协定。随着协定的签订,新中国历史上出现了最早的一批中外合资企业。但整个50年代,就只办了几个合资企业,究其原因,首先是因为前苏联对向中国投资有疑虑,担心这不符合社会主义原则,对中国吸引前苏联投资是一大障碍;其次是中国认为社会主义是单一公有制社会,是不允许外资成分存在的,对社会主义的认识也阻碍了中国吸引外国投资。当1953年中国开始进行对资本主义工商业的改造后,利用外资工作逐步中断了。③引进前苏联东欧国家的先进技术。其具体内容包括:引进设备、引进人才和开展技术合作。新中国成立初期,我国的技术水平十分落后。1950年毛泽东率代表团访问前苏联时，与前苏联签订了前苏联帮助中国建立和改造50家企业的协定。随着协定的签订，前苏联开始向中国大量供应成套设备，到1955最后确定向前苏联引进156个项目。除引进设备外，当时中国也很重视人才智力的引进，向前苏联和东欧国家聘请大批专家和顾问。据统计，整个“一五”计划期间，中国共聘请前苏联专家及顾问3000多人，从东欧国家聘请专家1000多人。中国方面也派遣了大批实习生、留学生到前苏联东欧国家学习先进技术和管理经验，在1950—1958年间，仅向前苏联派遣的实习生就有800名之多。④发展与前苏联东欧国家的贸易关系。新中国成立之初，中国的对外贸易政策并不只是发展与前苏联东欧国家的贸易关系，而是发展与一切国家的贸易关系。但在“一边倒”政策下，中国把对外贸易的重点明显放在发展与前苏联东欧国家的贸易关系上。当时发展对外贸易关系的基本思想在1949年12月16日中共中央《关于对外贸易方针的指示》中表述十分明确：我们对外贸易的基本方针，应该是凡是苏联及东欧各新民主主义国家所需要的货物，我们尽量向苏联及新民主主义国家出口，凡是苏联及新民主主义国家能供给我们的货物，我们应尽量从苏联及新民主主义国家进口，只有苏联及新民主主义国家不需要及不能供给的货物，我们才向各资本主义国家出口或进口。此时，中国与苏东国家双方发展贸易关系的原则是：平等互利、互通有无、互助合作。为了避免受资本主义国际市场价格垄断、投机甚至战争、经济危机等各种因素的影响，其价格参考资本主义国际市场价格水平，由双方政府协商决定的价格来计算。付款的办法也很简单，双方的货物按照交货付款共同条件的规定，装货付款之后，通过记账结汇办法，立即向本国银行取得货款，手续简便，周转迅速。上述做法，大大便利了相互间贸易的发展。在贸易中还十分注意体现双方“兄弟般的友谊”，尽量满足对方的要求。双方的贸易是在友好协商和彼此照顾的基础上实现的。⑤掀起向前苏联学习的高潮。在新中国的建设中，还遇到了建设经验严重缺乏的问题。在解决这个问题上，中国主张求助于前苏联东欧国家。为此，毛泽东提出了向前苏联学习的口号，并在这个口号下，开展了声势浩大的向前苏联学习的运动。一是在社会上大力提倡学习俄文；二是广泛宣传介绍前苏联东欧国家的建设经验和情况；三是向前苏联东欧国家派遣留学生和实习生；四是把学习前苏联东欧国家经验作为驻这些国家大使馆的中心工作。虽然，新中国成立初期的向前苏联学习存在着一定的教条主义的倾向，但它的成绩是主要的，通过向前苏联学习，弥补了中国建设经验的不足，从而保证了新中国成立后各项事业的顺利发展。

争取同资本主义国家和平共处，注意利用资本主义文明的积极成果建设社会主义。新中国成立之初，由于以美国为首的帝国主义国家不甘心于自己在中国遭到的失败，它们采取政治上孤立、经济上封锁、军事上威胁的政策，企图扼杀新中国。以毛泽东为代表的中国共产党人洞察帝国主义的本质及其图谋，提出了“丢掉幻想,准备斗争”的口号,指出对付帝国主义的惟一的办法是组织力量和它们斗争……然后,才有希望在平等和互利的条件下和外国帝国主义国家打交道。[①] 为了集中力量搞好建设事业,新中国需要一个和平的国际环境,需要利用资本主义文明的积极成果。为此,新中国努力争取同西方资本主义国家和平共处,并发展经济、文化等方面的往来。考虑到西方发达资本主义国家的情况及其对华政策并不是完全一致的,新中国在处理同美国等资本主义国家的关系问题时,既采取了明确而坚定的方针,同时又区别不同国家、不同时期、不同问题的具体情况,实行灵活的政策和策略,彻底摧毁帝国主义在中国的控制权。新中国成立后,中国政府宣布不承认旧中国政府与帝国主义国家政府签订的一切不平等的条约和协定,废除帝国主义势力据此在中国享有的一切特权;清理外国在华资本及其他财产;采取适当的方针处理外国在华的宣传机关、文教事业和宗教事业。同时表示,即凡愿同新中国建交的国家,必须同国民党集团断绝外交关系;必须支持恢复中华人民共和国在联合国的合法席位;必须通过谈判证实其尊重中国主权的诚意。在此基础上,争取同资本主义国家和平共处,注意利用资本主义文明的积极成果来建设社会主义。中华人民共和国成立的当天,毛泽东就代表中国政府宣布:凡愿遵守平等、互利及互相尊重领土主权等项原则的任何外国政府,本政府均愿与之建立外交关系。1954年6月,周恩来总理访问印度、缅甸,中印、中缅总理分别在联合声明中倡导把和平共处五项原则,即互相尊重主权和领土完整、互不侵犯、互不干涉内政、平等互利、和平共处五项原则,作为国际关系的准则。毛泽东指出,“不同的制度是可以和平共处的”,社会主义国家和“非社会主义的事物,像资本主义、帝国主义、封建王国等”也“能共处”,“只需要一个条件,就是双方愿意共处”。[②] 他强调,和平共处五项原则是一个长期方针,不是为了临时应付的,“应当把五项原则推广到所有国家的关系中去”。“就是西方国家,只要它们愿意,我们也愿同它们合作。我们愿意用和平的方法来解决存在的问题。”[③]由于美国政府坚持敌视新中国的立场,新中国在具体处理同西方资本主义国家的关系时的方针,主要是依据各国的不同情况,区别对待。首先,把它们同美国区别开来,以利于集中力量孤立打击美国的反华和侵略战争政策。其次,根据各国对新中国的不同态度予以区别对待。按照这个方针,新中国在这个时期首先同和平中立或有和平中立倾向的北欧各国和瑞士建立了外交关系。英国和荷兰虽较早承认新中国,但在同国民党集团的关系上态度暧昧,并且参加了美国的侵朝战争和对华禁运,所以中国只同它们建立半外交关系。对于没有承认新中国且与国民党集团保持外交关系的其他资本主义国家,中国主要是

① 毛泽东选集. 第4卷. 第2版. 北京:人民出版社,1991. 1487
② 毛泽东外交文选. 北京:中央文献出版社,世界知识出版社,1994. 160
③ 毛泽东外交文选. 北京:中央文献出版社,世界知识出版社,1994. 165,210

同它们发展民间往来和贸易文化交流。[①] 对于美国,我们同它实行的对中国在政治上孤立、经济上封锁、军事上威胁的政策进行了坚决的斗争。

总的来说,新中国成立初期的1949—1956年,中国共产党、中华人民共和国政府对西方发达国家采取的方针、政策,符合中国人民和世界人民的根本利益,符合当时的实际情况,体现了原则的坚定性和策略的灵活性的有机结合,因而在实行的过程中取得了伟大的成功。

全面发展对外关系的提出与放弃。从对前苏联东欧国家"一边倒",到主张积极发展包括西方国家在内的世界所有国家的经济文化关系,并将向前苏联学习的口号改为向外国学习,无疑是中国20世纪50年代发展对外关系思想的一个重大变化。在发展与苏东国家关系中取得很大成绩的同时也出现了一些问题。其一,是教条地照搬前苏联的经验和做法,不管前苏联的做法正确与否,我们都言听计从。其二是对前苏联的援助存在依赖心理。斯大林逝世后,前苏联国内发生了一系列事件,在这种条件下,中国共产党提出了反对教条照搬前苏联经验和过分依靠前苏联援助。在仍然主张与前苏联东欧国家发展对外关系的同时,强调发展与资本主义国家的经济文化关系。这一时期中国关于发展与资本主义国家经济文化关系的思想取得了很大的发展。除了因为当时反对教条照搬前苏联经验和过分依靠前苏联援助,从而使发展与资本主义国家经济文化关系摆脱了思想上政策上的束缚外,还因为当时存在发展与资本主义国家经济文化关系的有利条件。从1954年开始,世界形势发生很大变化。1954年继朝鲜停战后,印度支那战争也将停止,亚洲出现缓和局势。欧洲方面也由于1955年前苏联与西方国家签订了《奥地利国家条约》而出现缓和。国际形势缓和后,西方国家急于想同中国发展经济关系,并采取了一些积极措施。1956年4月,英国政府宣布允许一些英国公司出口若干巴黎统筹委员会对中国的禁运物资。同年5月,英国进一步引用巴黎统筹委员会的"例外程序",对中国取消了橡胶禁运。1956年9月日本也引用巴黎统筹委员会的"例外程序",向中国扩大输出项目。就连对中国持最强硬态度的美国也在1957年4月被迫放松了对中国的禁运。上述国际环境的变化和西方国家对中国禁运的放松,对于中国发展与西方国家的经济关系十分有利。正是在这种有利条件下,中国关于发展与资本主义国家经济文化关系的思想得到了较大的发展。一方面仍然重视和发展对前苏联东欧国家的经济文化关系,另一方面又强调大力发展与资本主义国家的经济文化关系,这表明中国共产党的对外开放思想实际发展为一种全面的对外开放思想。

从1956年开始,由于国际上出现一些新情况,使中国共产党对国际形势的认

① 裴坚章．中华人民共和国外交史(1949—1956)．北京:世界知识出版社,1994．294～295

识发生重大变化，与此相对应，中国共产党对发展与资本主义国家经济文化关系的态度也发生了很大变化。其一是1956年苏共二十大后，国际上的反动势力认为这是搞垮社会主义的一个有利时机，为此，它们大做文章，攻击社会主义，国际上出现了一股疯狂的反苏反共浪潮。其二是1956年社会主义阵营爆发了波兰、匈牙利事件。波兰、匈牙利事件的发生，使中国共产党进一步感受到了帝国主义对社会主义的进攻。其三是美国继续到处制造紧张局势，干涉别国内政。上述因素交织在一起，使中国共产党深切感到帝国主义威胁的严重性，对世界形势的看法因此发生了很大变化，认为世界处于紧张局势之中，强调存在帝国主义发动战争的危险；强调帝国主义是侵略战争的根源，战争还是和平已成为世界政治根本问题。毛泽东甚至把世界大战的发生看成迫在眉睫的事。他强调，社会主义与资本主义是两个根本对立的社会制度，而且认为虽然社会主义的经济发展水平暂还没有超过资本主义，但社会主义与资本主义两大阵营一个蒸蒸日上，一个日暮西山，社会主义不要很久就可以把资本主义甩在后面。因此，重提不要向帝国主义乞讨，报刊上反复引用毛泽东在建国前夕讲的一句话：中国人民不但可以不向帝国主义乞讨也能活下去，而且还将活得比帝国主义要好些。上述思想的逻辑结论就是：帝国主义战争迫在眉睫，社会主义与资本主义之间关系对立，社会主义各方面都远远超过资本主义，社会主义用不着去积极发展与资本主义国家的经济关系，也用不着去向资本主义国家学习。国际国内的复杂形势对中国共产党放弃全面开放思想产生了重要影响。继1957年放弃对西方国家开放的思想后，1958年对发展与前苏联东欧国家经济关系的态度也发生明显变化，其重要表现是强调反对迷信前苏联。1958年3月10日，毛泽东说："硬搬苏联的规章制度，就是缺乏独创精神……因为我们不懂，完全不晓得，只好搬……总是苏联第一。"在毛泽东的倡导下，反对迷信前苏联的空气迅速在中国弥漫开来。反对迷信前苏联是必要的，但它在客观上也造成了对学习前苏联经验和发展与前苏联经济关系的某种不重视。破除"迷信"的斗争还直接影响到前苏联经验的使用，批评和直接忽视前苏联专家的建议，怀疑前苏联设备的质量等现象越来越司空见惯；开始出现了低估前苏联援助意义的苗头，产生了一种情绪，这种情绪后来形成"自力更生"的理论。从1958年起我们就确定了"自力更生为主、争取外援为辅"的方针。强调通过自己的努力来解决经济建设中遇到的各种问题，建设资金是基本上依靠内部积累，依靠自己的力量来搞建设。当时的做法首先是大搞群众运动，认为"自力更生"路线是一条真正依靠群众、动员群众、鼓足干劲、力争上游、轰轰烈烈地开展技术革命运动的路线。其次是在建设中重点搞中小企业、一般技术和"土法"，认为这是实行自力更生的需要，因为在当时的技术水平和生产能力下，贪大求洋、追求先进不可能做到自力更生。1958年10月4日《人民日报》发表的一篇文章谈到土法炼钢的好处这样说："土法炼钢，不要设备，可以万事不求人，自力更生。"针对一些人主张搞先进技术的想法，1958年出版的一本小册子进行了批评,认为搞先进技术就要进口,这不符合自力更生的原则。大搞群众运动、中小企业、一般技术和土法,给中国经济建设造成了很大损失。遗憾的是,当时我国领导人没有认识到这一点,反而把它作为成功经验加以肯定,从而使得中国在不要外援、依靠自己力量搞建设的道路上越走越远。

(二)20世纪60年代中国放弃发展对外关系走向封闭的基本思想

(1)“自力更生”思想的极端化

1960年7月前苏联把中苏两党思想上的分歧扩大到两国关系上,决定在一个月内全部撤回在华工作的1300名专家,撕毁了343个专家合同和合同补充书,废除257个科技合作项目,并在此后大量减少了成套设备和各种设备中的关键部件的供应,中苏关系出现严重挫折。中苏关系恶化后,中苏经济贸易关系急剧下降。当时为了克服经济上的困难,中国从西方国家引进了一些急需的工业设备,但对发展与西方国家经济合作关系的态度没有发生根本变化。在决定从西方国家引进后,毛泽东曾说,引进西方的设备只做不宣传,防止给人造成对西方国家经济关系的政策变化的错觉。中国当时还不断对南斯拉夫、印度、前苏联等国发展与西方国家经济合作的思想和做法进行批判。一方面发展与西方国家经济关系政策未变,另一方面与前苏联东欧国家经济关系急剧减少,在这种情况下,中国共产党人表现出非凡的自力更生精神,1960—1963年中国不仅没有借一分钱外债,而且如期偿还了向前苏联借的各种债款和利息。这几年正是中国经济最困难的时候,而恰恰在这几年中,中国偿还的外债最多。不仅如此,中国在这几年还拿出了比偿还外债总额要大得多的资金物资支援社会主义国家和民族国家。1963年中国的经济困难被克服,经济形势出现好转,由于困难的克服完全是靠自力更生实现的,因此在克服困难之后,对自力更生的宣扬空前发展起来。过分地强调自力更生,使之极端化,认为自力更生是促进社会主义建设的最佳捷径,反过来就特别强调不要外援。1964年9月,毛泽东在会见阿尔巴尼亚政府经济代表团时说:“技术、资金从那里来?任何外国不贷款给我国,我国也不愿意外借,欠一身债日子是不好过的。”1964年7月16日,毛泽东在会见巴基斯坦商业部长瓦希杜查曼时又指出:“我们欠苏联的债,到明年可以还清了,内债到1968年可以还清,以后内债外债都不借,完全靠自力更生。”对自力更生的上述宣扬和理解,表明中国共产党的封闭思想较之过去又前进了一步。

(2)封闭思想和政策发展到顶峰

“文化大革命”是中国共产党历史上的一场灾难。在这场灾难中,由于“左”的错误思想占据主导地位,加上林彪、“四人帮”的破坏,封闭思想和政策发展到登峰造极的地步。一方面对发展与前苏联的经济文化关系持明确的反对态度,认为前苏联的对外经济政策是一种强迫别国放弃独立自主发展本国经济,使别国成为前苏联工业零件的附属加工厂的政策,支援别国完全是为了插手来破坏各国人民的革命斗争。在这种思想指导下,中国进一步减少了与前苏联的经济联系。另一方面对于发展与资本主义国家的经济文化关系的反对态度,在“文化大革命”中也比过去更进了一步,其表现就是在“文化大革命”中,发展与资本主义国家经济文化关系的思想和做法一再受到批判。1969年《红旗》杂志第10期发表文章错误地批判刘少奇在建国初期提出的允许资本主义国家到中国投资的观点和关于学习资本主义国家管理经验的观点,肆意歪曲他所说的“学”,就是要我们照搬西方资本主义的一套,把社会主义工业倒退为资本主义工业;他所说的“仿”,就是要我们亦步亦趋地跟在洋人后面爬行,永远让帝国主义、现代修正主义牵着鼻子走;他所说的“买”,就是要把我国变成帝国主义的附庸,变成它们倾销商品的市场。对发展与资本主义国家经济文化关系思想和做法的批判,严重地禁锢了人们的思想,在这种被严重禁锢了的思想指导下,“文化大革命”中在对外经济关系方面出现了一系列禁区。禁区之一:不允许借外债。把借外债看成是一个严重的政治问题。认为借外债搞建设,违反毛主席“独立自主、自力更生”的方针,是用剥削广大劳动人民的办法来发展资本主义,使中国重新沦为殖民地、半殖民地。禁区之二:不允许外国直接投资。对外国到中国来投资,早在50年代就不允许,但真正把它作为禁区是在“文化大革命”中。禁区之三:反对接受外援。“文化大革命”期间,中国对外国援助采取的是坚决拒绝的态度,认为接受外国援助表明中国无能,是中国的耻辱。禁区之四:不搞补偿贸易。“文化大革命”期间,中国一再批判前苏联引进西方国家技术设备开发远东地区资源,然后用生产出来的产品偿付进口的补偿贸易的做法,并且表明中国不搞补偿贸易的政策。禁区之五:不向外国投资,中华人民共和国不向外国输出资本。此外,劳务输出、对外承包等国际普遍采用的发展对外经济关系的形式也都被列为禁区。总之,可以这么说,除了对外贸易、引进技术、旅游、对外援助等有限的几种形式外,几乎所有发展对外经济关系的形式都被禁止。就是这几种形式,除了对外援助,其他的发展也都非常有限。上述封闭思想和封闭政策,使在“文化大革命”中中国与外部的经济关系低到了令人吃惊的地步。

(3)走向封闭的主客观原因

20世纪50年代以来,由于国际形势的变化,世界上许多国家都在大力发展对外经济关系,经济合作越来越成为普遍的国际现象,然而与这种历史趋势相背离的是,中国这时却在一步一步地走向封闭。为什么会出现这种异常现象呢?有主客观两个方面的原因。

客观方面的原因主要是:①新中国成立以后,美国等西方国家敌视中国,对中国实行封锁禁运;②60年代以后,前苏联撕毁合同,使中国与苏联和东欧国家的经济关系大为缩减;③在“文化大革命”中林彪、“四人帮”推行极“左”路线,反对发展对外经济关系。上述客观原因邓小平在总结中国过去搞封闭的教训时谈到过。他说:“毛泽东同志在世的时候,我们也想扩大中外经济技术交流,包括同一些资本主义国家发展经济贸易关系，甚至引进外资、合资经营等等。但是那时候没有条件，人家封锁我们。后来，'四人帮'搞得什么都是'崇洋媚外'、'卖国主义'，把我们同世界隔绝了。"[①]

导致中国一步步走向封闭的主观原因，从根本上讲是指导思想上的"左"的错误，具体来讲其中对以下几个问题认识上的失误对于中国走向封闭影响尤其大。①对自力更生方针理解的失误。中国是幅员辽阔、人口众多的社会主义大国，中国的经济建设必须坚持自力更生的方针，这是没有疑问的。问题是对自力更生方针要有正确理解。周恩来说："我们一贯执行自力更生的建设方针。这个方针的含义是：依靠本国人们的劳动和智慧，充分利用本国的资源，来发展本国的经济；同时，在平等互利的基础上同世界各国发展贸易，互通有无。"又说："我们所说的自力更生，绝不是自给自足、闭关自守，世界上没有哪一个国家能够生产自己需要的一切。"[②]这无疑是对自力更生方针的正确理解。然而，在过去很长一段时间里，中国共产党不是这样理解自力更生方针的，而是把它与发展对外经济关系对立起来，以为与外国经济关系越少越是坚持自力更生方针；反之，就不是坚持自力更生方针。自力更生是中国共产党的一个根本方针，对自力更生方针的片面理解，给中国对外经济关系的发展造成了严重危害。正是在上述被曲解了的自力更生方针指导下，中国一步一步走上闭关自守的道路。②对政治与经济关系理解的失误。长期以来，在政治与经济关系上，中国共产党存在重政治轻经济的倾向，把经济看成是政治的附属物，以政治决定经济。这种倾向在对外经济关系上，就是过分强调对外经济关系服从政治斗争、外交斗争。从马克思主义的基本观点看，经济和政治是相互作用的，而且归根到底，还是经济决定政治。在对外经济关系上，同样是这样。历史证明，如果对外经济关系搞得好，不断发展，政治外交就好；反之，如果对外经济关系打不开局面，政治上的外交就不可避免要受到限制，缺乏生命力。许多国家政治上可以尖锐对立，但是经济上照样往来，因为双方有经济利益的需要。不但资本主义国家，而且一切国家，政治背后都有一个重大的经济利益问题，这是国际上的通常现象。由于过分强调对外经济关系服从政治外交斗争，结果出现一个现象：每当中国与外国政治上、外交上出现问题时，随之而来的就是经济关系的减少。建国初期美国等西方国家对中国实行封锁禁运政策，中国共产党提出的一个对策就是：今后对资本主义国家的贸易以"少做为原则"。此后美国一直对中国持敌视态度，中国共产党反对与美国发展经济关系的态度也一直无大变化。1960 年中苏关系恶化后，中国对前苏联采取的对策也是如此，即"把对苏联的贸易额降了下来"。随着中苏对立进一步发展，中国与前苏联的经济关系进一步缩减。建国以来中国

① 邓小平文选．第 2 卷．北京：人民出版社，1994．127

② 人民日报．1963－12－05

在对外经济关系上，道路越走越窄，数量越来越少，过分强调对外经济关系服从政治外交斗争是一个重要原因。③对社会主义与资本主义关系理解的失误。社会主义与资本主义是既有对立又有联系的两种不同的社会制度。由于资本主义掌握了当代世界最先进的科学技术，因此，社会主义必须要重视发展与资本主义的经济关系，只有这样，社会主义才能发展自己，并为最终战胜资本主义创造条件。列宁指出："社会主义共和国不同世界发生联系是不可能生存下去的，在目前情况下，应当把自己的生存同资本主义的关系联系起来。"[①]又指出："社会主义实现得如何，取决于我们苏维埃政权和苏维埃管理机构同资本主义最新的进步的东西结合的好坏。"[②]列宁这些话对于中国来说，其现实意义不言而喻。然而长期以来，在社会主义与资本主义的关系上，中国共产党只看到两者对立的一面，没有看到其相互联系的一面。认为世界上存在着社会主义与资本主义两大阵营，两大阵营完全是对立的，社会主义不能与资本主义进行经济合作，因为这样做会使社会主义国家受到资本主义的经济剥削和侵略。社会主义阵营也不必和资本主义阵营进行经济合作，因为"民主和社会主义阵营各国形成了一个日趋强大、繁荣的与资本主义世界市场相对立的新的世界市场。事实已证明，苏联和人民民主国家的取之不尽的自然资源和不断发展的工业产品足以充分供应彼此日益扩大的经济需要。"[③]④对社会主义经济特征理解的失误。对社会主义经济特征理解的失误，也是中国过去对外经济关系发展不起来的一个重要原因。过去对社会主义经济特征的理解，至少有两个大的失误，一是认为社会主义是单一公有制，二是认为社会主义实行高度的计划经济体制，这两者都影响了中国对外经济关系的发展。首先，把单一公有制作为社会主义所有制的特征，就不可能有利用外资政策的确立，因为利用外资的后果，必然是合资、合作、独资企业等非社会主义经济成分的出现。其次，在高度集中的计划经济体制下，经济的对外开放也难以做到。从宏观上讲，对外开放不仅是引进资金、技术、管理经验，而且要把中国的经济融入世界经济之中，使中国经济体制与世界经济体制接轨，而要做到这一点，就必须放弃那种高度集中的计划经济体制。从微观上讲，外商到中国做生意、搞投资，要有一定的较为宽松的经济环境作保障。在高度集中的计划经济体制下，政府办事效率低，企业没有自主权，外商就会不愿意来投资和做生意。对社会主义经济特征理解的失误影响对外经济关系发展的另一方面表现，是把一些本来对社会主义对外经济关系发展十分有利的东西当作资本主义的东西加以限制和禁止。比如，利用外资是国际上普遍采用的一种对外经济合作的形式，可中国长期把它作为资本主义国家对外经济侵略和剥削的形式加

① 列宁全集．第32卷．第2版．北京：人民出版社，1987．303

② 列宁选集．第3卷．北京：人民出版社，1975．511

③ 人民日报．1953－05－01

以反对和禁止。在“文化大革命”中，中国甚至把国家之间的经济上的密切关系也看成是资本主义的特征加以反对。1976 年《红旗》杂志第 4 期上发表的《批判洋奴哲学》的文章谈到资本主义国家经济上密切联系现象时说：“这种经济上相互依赖的现象，是资本主义制度和世界资本主义经济体系所决定的。正因为如此，经济危机在一国出现，就像瘟疫一样，很快波及整个资本主义世界。”既然经济上相互依赖是资本主义经济的特征，那么，正如这篇文章反问的：“难道我们的国家发展经济也可以按着资本主义国家那么一条路子走吗？”既然不能走发展对外经济关系的路子，那么，走上闭关自守的道路就是必然的结果。

(三)20 世纪 70 年代中国从半封闭走向对外开放的基本思想

“文化大革命中”，由于极“左”思潮的泛滥，中国对外贸易受到严重干扰，但与此同时，抵制干扰的斗争也一直在进行。70 年代初，世界形势出现有利于中国发展对外经济关系的变化。一方面，随着苏美争霸斗争的加剧，原来的社会主义与资本主义两大阵营内部经济协作体系趋于解体，代之而起的是发达国家与发展中国家日益增多的经济往来。发展中国家需要发达国家的资金技术发展本国经济，发达国家则由于面对经济衰退急需向外寻找新的市场和投资场所。表现在国际金融领域，是长达 28 年的以美元为中心的国际货币体系于 1973 年解体。另一方面，随着中美关系趋于缓和，中国重返联合国，大批西方国家与中国建立外交关系，以及国内开始批判和纠正“文革”初期的极“左”思潮，中国也具备了与西方国家发展经济关系的可能性。正是在这种背景下，1972 年，周恩来主持中央工作后，开始大刀阔斧地发展与西方资本主义国家的经济关系。20 世纪 70 年代中国从半封闭走向对外开放，经历了以下几个发展阶段：

1. 排除干扰，恢复发展对外贸易关系

1970 年，“文化大革命”初期的混乱状况基本得到纠正，国外也出现了有利于中国对外经济关系发展的形势，在这种有利条件下，周恩来多次批评极“左”思潮反对出口的观点，要求扩大出口。同时他还对在极“左”思潮影响下出现的不重视出口商品质量、品种、包装和不履行合同的问题进行了纠正。1972 年 4 月 9 日，周恩来在接见广交会代表时指出，我们以国内市场为主，国外市场为辅，但能够出口的还要争取多出口。我们出口数量不大，质量这么差，怎么向国家交代？鉴于当时我国台湾外贸额已达 40 亿美元的事实，他心情沉重地说，“为什么台湾能搞，我们搞不了。过去能搞，现在为什么搞不出来？我们对此非常难过。”他要求大家一条心，鼓足干劲，力争上游，多快好省地发展贸易。陈云在协助周恩来负责外贸工作期间采取了几个非常大胆甚至是突破性的做法：①从国外进口棉花加工成棉布出口，靠我们的劳动，为国家创造外汇收入，加快国家工业建设；②出口商品按国际市场价格作价，改变了许多商品不顾国际市场价格乱提价的做法，使丢失的出口市场逐步得到恢复；③肯定出口初级产品的正确性，在加工产品出口达不到国际市场要求的情况下,确保了中国出口贸易的开展;④利用资本主义国家的商品交易所和期货市场,通过买进卖出,利用价格涨落为国家赚取外汇。中国外贸史上开始有了期货贸易的方式。

2. 纠正对外援助工作中的"左"的错误

"文化大革命"中,中国对外援助的规模继续扩大,特别是1971年中国恢复在联合国的合法地位后,与中国建交的亚、非、拉国家增多,中国对外援助的规模扩大至前所未有的程度,在对外援助上出现了一系列问题。周恩来责成对外经济联络部、外交部、轻工业部、总后勤部等单位,认真研究,提出改进措施,在解决问题上迈出了一步。①纠正了在派出对外援助人员工作中,片面强调政治条件,忽视专业和技术水平,以至于使一些技术水平不高、专业不对口的人,甚至把一些闹无政府主义的人派做援外人员造成不良影响的做法。②纠正了援外产品质量不高的问题,对十余年各项援外项目统一分国分批进行全面检查,凡存有问题的,无论大小,均按照援外八项原则给予补救或赔偿损失,并认真总结经验教训,提高援外产品质量。③纠正了对外援助规模过大的问题,提出适当控制新签援助的数额,每年对外援助支出控制在国家财政支出的一定比例范围之内,在解决外援规模过大问题上迈出了一步。

3. 扩大与西方国家的经济关系

①引进成套设备。1972年2月5日,经毛泽东、周恩来批准,中国开始从国外引进成套化纤化肥设备。1973年后,进一步加快了引进步伐。有些重要设备引进时,连同附件配件一起引进,从而保证了进口设备的即时投产。其支付方式除单机按现汇交易支付外,成套设备项目大部分采取延期付款方式,签订卖方信贷合同,贷款对象均为西方发达国家。②学习西方国家的先进技术,研究资本主义。与引进西方国家先进技术设备密切相连,中国领导人这时反复强调学习资本主义国家的先进科学技术。毛泽东在会见马里国家元首特拉奥雷时说:"无论怎么样,这些西方资本主义国家是创造了文化,创造了科学,创造了工业。现在我们第三世界可以利用他们的科学、工业、文化,包括语言的好的部分。"为了更好地发展与西方资本主义国家的经济关系,陈云提出要研究西方资本主义的思想,他说,"我们对资本主义经济危机的规律中的各个因素,要好好研究,这对我们外贸特别是我国进口贸易很有意义"。他自己带头研究,提出了需要研究的十个问题,并要求银行的同志帮他收集资料。③在发展与西方资本主义国家经济关系上,肯定和采取了利用外国信贷的做法,在当时是一个突破。利用当时资本主义国家经济衰退,大量闲置资本向外寻找出路的机会,突破老框框束缚,提出向国外银行获取外汇贷款资金。在陈云的推动下,1972年中国开始试办短期外汇贷款业务。1973年5月国务院颁布《短期外汇贷款试行办法》推广这一业务,为经济建设筹措到了一笔可观的资金。④1975年邓小平主持中央和国务院工作期间,发展对外经济关系的思想和为此采

取的努力。1975 年,胡耀邦主持起草了包括引进外国先进技术和设备在内的中科院工作汇报提纲,经邓小平认真阅读,提出修改意见,经胡乔木进行修改,最后形成《关于科技工作的几个问题》。该文件对发展科技工作提出了重要意见,其中一个重要问题就是学习引进外国先进科学技术。文件指出:我们的基本点是放在自力更生上,但讲自力更生,不能变成闭关自守,不能变成排外。主席讲过,我们公开提出向外国学习的口号,学习外国的一切先进的优良的东西,而且永远学下去。文件还指出:为了争取时间,争取速度,我们有必要从国外引进一些先进技术、先进设备。引进是为了借鉴,为了促进我们自己的创造,而不是代替我们自己的创造。邓小平对《关于科学技术工作的几个问题》给予了充分肯定,他说,"这个文件思想不但能管科学院,而且对整个科技界、教育界和其他部门都适用"。此后,受国务院委托国家计委还起草了一个《关于加快工业发展的若干问题》的文件,对这一文件的制定,邓小平进行了指导,提出的也是引进外国先进技术设备,来加快工业发展。为了进口,他强调要多出口,换点高、精、尖的加速工业技术改造,提高劳动生产率;在如何解决资金的问题上,邓小平提出了补偿贸易的做法。他说:"可以考虑引进外国技术装备开采煤矿,同它们订长期合同,用煤炭偿付。这不等于欠外债,这是一个大政策,要中央批准再办。这样做的好处是:一能出口;二可以带动煤炭技术改造;三可容纳劳动力。"补偿贸易的做法"文化大革命"中一直是不允许的,邓小平这一主张带有突破性意义。邓小平发展对外经济关系的思想和为此进行的努力,对当时中国的封闭状态是猛烈的冲击,给当时封闭的中国带来了开放的曙光。但是,由于"四人帮"的挑拨和攻击,1975 年底毛泽东错误地发动了批邓反击右倾翻案风斗争,邓小平再次被打倒,中国封闭的大门终究没有打开。

4. 打破禁区恢复与发展对外经济关系

1976 年"文化大革命"结束时,中国经济社会各方面都面临着十分严重的混乱状况,特别是国民经济几乎到了崩溃的边缘。要迅速把国民经济搞上去,在当时的中国经济状况下,光靠中国自己的力量是很难办到的。中国逐步提出了引进外国先进技术和设备的主张,批判了"四人帮"关于引进外国先进技术设备是"爬行主义"、"洋奴哲学"的观点,充分肯定了引进外国先进技术设备的正确性。中国对外经济关系的路子不断拓宽,形式越来越多,但在对外经济关系方面仍存在着禁区。其中,最大的禁区就是不允许向外国借款和不允许外国来华投资。然而,就在中国一再强调两个不允许政策时,打破这一政策的因素却在不断发展。一方面,随着大规模引进外国技术设备,外汇不足的问题越来越严重。另一方面,自 70 年代以来,资本主义各国经济滞涨,剩余资金急需寻找出路。中国搞现代化,对它们来说是一个机遇。尽管如此,要打破两个不允许的政策,必须在思想上进一步拨乱反正,特别是要冲破"两个凡是"的束缚。即凡是毛主席批示的文件,凡是毛主席的指示都不能动。在中国共产党领导层,最早对"两个凡是"提出不同看法的是邓小平。

1977年5月24日,邓小平在同中央两位领导人谈话时明确指出:"'两个凡是'不行。按照'两个凡是',就说不通为我平反的问题,也说不通肯定1976年广大群众在天安门广场的活动'合乎情理'的问题"。他认为"'两个凡是'是没有依据的。马克思、恩格斯没有说过'凡是',列宁、斯大林没有说过'凡是',毛泽东同志自己也没有说过'凡是'"。[①] 邓小平提出要完整准确理解毛泽东说过的话。邓小平的讲话,对于打破"两个凡是"对人们思想的禁锢起了重要作用,而思想上的解放,对改变"两个不允许"政策又有重要的推动作用。1978年5月,中国开始了意义深远的"真理标准"的大讨论。这一讨论为彻底打破"两个不允许"的束缚起了重要作用,从而为实行允许向外国借款和外商到中国投资政策奠定了坚实基础。正是在这种情况下邓小平提出了利用外资的思想。中国在利用外资方面出现了明显松动,而且已经开始付诸行动。1978年11月11日,中国正式向外公布了中国利用外资的政策。李先念在会见外国客人时明确表示,可以贷款买设备,或外商出资金、设备来建工厂,我们用产品偿还,还可以考虑合股经营工厂。同年12月15日,外贸部长李强在香港进一步向世界公布了中国利用外资的政策。他说:"不久以前,我们在对外贸易上,还有两个"禁区"。第一,政府与政府之间的贷款不干,只有银行与银行之间的商业贷款。现在不是了。第二,外商在中国投资不干。最近我们决定把这两个禁区取消了,基本上国际贸易上惯例的做法都可以干。"在利用外资上的禁区被打破的同时,对外经济关系方面的其他禁区也相继被打破。比如,1978年8月,中国政府改变了过去不接受国际组织援助的做法,决定在联合国的经济技术合作中实行有给有取的方针。同年11月,改变过去不允许劳务输出的做法,做出"抓住有利时机,尽快组织我国建筑力量进入国际市场"的决策。到1978年底,中国对外经济关系上的禁区基本上都被打破了。

5. 由政策到国策,走向对外开放

对外经济关系中的禁区的打破,客观上宣告了中国对外开放的开始,但"破"本身并不等于"立"。由此,有必要进一步探究,对外开放作为当代中国的基本国策是何时确定的。党的十一届三中全会在提出全党工作着重点转移到社会主义现代化建设上来的同时,明确提出大力发展我国对外经济关系,实行对外开放政策,要求在自力更生的基础上积极发展同世界各国平等互利的经济合作,努力采用世界先进技术和先进设备。这是中国共产党人在中国历史进入社会主义建设和改革新时期做出的一项重大的战略决策。这一历史性的选择,标志着我国长期闭关自守和半闭关自守状态的彻底结束。此后,中国改革开放的总设计师邓小平,多次把党的十一届三中全会作为中国对外开放政策确立的标志。

需要指出的是,党的十一届三中全会并没有明确提出对外开放是我国的基本

① 中共中央文献研究室. 邓小平年谱1975—1997(上). 北京:中央文献出版社,2004. 159

政策，甚至连对外开放一词也没有使用。那么，为什么要把十一届三中全会作为对外开放政策确立的标志呢？我们认为，至少有三个方面的依据：①党的十一届三中全会最终确立了党的正确的思想路线、组织路线、政治路线。党的十一届三中全会批判了“两个凡是”的错误方针，高度评价了关于实践是检验真理的惟一标准的讨论，确定采纳邓小平提出的“解放思想、开动脑筋、实事求是，团结一致向前看”的口号为全党工作的指导方针，从而使党的思想路线回到正确轨道。党的十一届三中全会适应国内外形势的发展，及时果断地停止使用“以阶级斗争为纲”的口号，决定从1979年起把党的工作着重点转移到社会主义现代化建设上来，表明党的政治路线也转移到正确轨道。党的十一届三中全会实际形成了以邓小平为核心的第二代中央领导集体，恢复了一大批在“文化大革命”中被打倒的老干部在中央和地方的领导职务，表明党的组织路线经过拨乱回到正确轨道。正确的思想路线、组织路线、政治路线是对外开放政策确立的必要条件，党的十一届三中全会恢复了党的正确思想路线、组织路线、政治路线，把它作为对外开放政策确立的标志显然是合适的。②党的十一届三中全会明确把发展对外经济关系作为党的指导思想和重大经济措施。党的十一届三中全会批准的《1979、1980年两年经济计划的安排》（草案）提出经济工作要在指导思想上实现三个转变，其中一个转变是，从那种不同资本主义国家进行经济技术交流的闭关自守或半闭关自守状态，转为积极引进国外先进技术，利用外国资金，大胆地进入国际市场。全会通过的公报在谈到全会的功绩时说，现在我们实现了安定团结的政治局面，恢复和坚持了长期行之有效的各项经济政策，又根据新的历史条件和实践经验，采取了一系列新的重大经济措施。其中之一就是，在自力更生的基础上积极发展同世界各国平等互利的经济合作，努力采用世界先进技术和先进设备。把发展对外经济作为党的重要的指导思想和经济措施，表明中国在“破”的方面打破了对外经济关系中的禁区后，又从“立”的方面确立了以发展对外经济关系为主要特征的对外开放政策。③以党的十一届三中全会为中国对外开放政策确立的标志与中国历史的新时期的划分也相吻合。众所周知，中国历史的新时期是以党的十一届三中全会为起点的，所谓新时期，也就是改革开放的时期。因此，如果新的历史时期以党的十一届三中全会为起点，而作为这一时期重要内容的对外开放却不以此会为起点，显然是说不通的。但是如前所述，由于十一届三中全会没有提出对外开放的概念，也没有明确把对外开放作为中国的基本国策，因此，要对中国共产党对外开放政策的确立有一个完整的认识，有必要把上述两者的提出联系起来考察。

二、邓小平的对外开放理论

（一）对外开放概念的提出与基本国策的确立

邓小平是中国改革开放的总设计师，他尊重实践、尊重群众的经验和创造，敏锐地把握时代发展的脉搏和契机,既继承前人又突破陈规,以开辟社会主义建设新道路的巨大政治勇气和开拓马克思主义新境界的巨大的理论勇气,领导全党和全国人民开创了建设有中国特色社会主义道路,创立了建设中国特色社会主义理论,即邓小平理论。这一理论是在新的世界历史条件下,在我国改革开放和现代化建设的实践中,在总结我国社会主义胜利和挫折的历史经验并借鉴其他社会主义国家兴衰成败历史经验的基础上逐步形成的。对外开放是邓小平理论的重要组成部分。邓小平对外开放思想的提出、形成和发展,有着深厚的实践基础和理论渊源。它反映了中国社会历史大变革的广阔背景和世界经济发展的大趋势,也反映了人类对历史发展规律的深刻认识。

对外开放的概念是1980年邓小平在会见外宾时提出的。他说:"现在带来的问题是怎样利用外资,如何对外开放。"[①]同年12月25日,邓小平在中央工作会议上发表的题为《贯彻调整方针,保证安定团结》的讲话中,又使用了对外开放的概念。他说:"要继续在独立自主、自力更生的前提下,执行一系列已定的对外开放的经济政策,并总结经验,加以改进。"[②]邓小平提出对外开放概念后,一些中央文件和中央领导人的讲话采用了这一概念。这样,对外开放一词便流传开来。

把对外开放作为基本国策经历了一个过程。在对外开放概念提出以前,我国曾强调把发展对外经济关系作为中国坚定不移的政策。1979年6月五届人大二次会议就指出,无论在三年经济调整或在今后更长时期内,我国将积极发展对外贸易,发展对外经济合作和技术交流,并采取国际上通用的各种合作形式吸收国外资金,这是我国政府坚定不移的重要政策。对外开放概念提出来后,1981年11月30日国务院在五届人大四次会议上做的工作报告中,将对外开放列为中国经济建设的十条方针之一,指出实行对外开放的政策,加强国际经济技术交流,是我们坚定不移的方针。报告还提出,要学会利用两种资源——国内资源和国际资源;开拓两个市场——国内市场和国际市场;学会两套本领——管理国内经济的本领和开展对外经济贸易的本领,这表明我国已把发展对外经济关系提到战略地位来认识。1982年9月,邓小平在党的十二大开幕词中提出建设有中国特色社会主义的重要命题后,对外开放成了建设有中国特色社会主义的一个重要内容。1984年5月15日,国务院在六届人大二次会议上做的政府工作报告中提出,今后在经济工作中,要着重抓好体制改革和对外开放两件事。这表明我国已不仅仅把对外开放作为经济建设的一种方针,而是从国家建设的总体布局上把它放到更高层次。1984年9月19日,中国政府明确提出,对外开放不是权宜之计,是我们的基本国策。接着在同年10月,中共十二届三中全会进一步把对外开放作为基本国策写进了全会通过

① 邓小平文选.第2卷.北京:人民出版社,1994. 343
② 三中全会以来——重要文献选编(上).北京:人民出版社,1982. 636~637

的《关于经济体制改革的决定》。

把对外开放作为中国的基本国策，表明中国对对外开放的极端重视。那么，这样做的依据何在呢？

第一，依据马克思主义的基本原则。虽然马克思主义经典作家没有提出对外开放的概念，也没有明确把对外开放作为基本国策，但他们对发展对外经济关系问题也提出过很多思想，这些思想是我国实行对外开放基本国策的一个重要依据。

第二，依据世界经济发展的客观趋势。第二次世界大战以后，在国际政治方面，最大的变化是20世纪50年代末60年代初世界殖民体系的崩溃，70年代初尼克松访华及其后很多国家与我国建立外交关系，经济封锁的链条开始断裂。在国际经济关系方面，最大的变化是，由于科学技术的进步和生产力水平的提高，从战后开始，跨国公司异常活跃，国际投资迅速发展，使得各国的发展互相联系、互相依赖不断加深。始于第二次世界大战后的国际经济一体化就是各国经济发展相互联系、相互依赖这样一种关系不断加深的过程。进入80年代，爆发了新技术革命，科学技术获得了巨大进步，生产力水平极大提高，加之国际一体化的发展，经济全球化作为不以人们的意志为转移的趋势成为世界经济发展的主旋律。邓小平抓住世界经济发展的新情况和新特点，在谈到中国的对外开放政策时反复强调一个思想：现在世界是开放的，中国的发展离不开世界。可见，我国领导人在考虑中国对外开放政策时，是把世界经济联系越来越密切这一趋势作为一个重要依据的。

第三，依据中国过去实行封闭的教训。中国在历史上长期处于封闭半封闭状态，新中国成立后，很多时候也基本上是这种状况。封闭给中国社会造成严重危害，同时也从反面使中国共产党人认识到实行对外开放的重要性。邓小平谈到中国为什么要实行对外开放时，就多次以过去封闭造成的危害为教训。比如，1987年他在会见外宾时指出，过去中国长期闭关自守，吃了大亏，落后了。对外只有实行开放政策，才能加速我们自己的建设。

第四，依据中国现代化建设的实际。中国搞现代化建设，遇到的问题很多，其中最大的问题是资金、技术和经验缺乏。解决这些问题光靠自己的力量是不够的，必须借助国外的力量，以天下之长，补己之短。邓小平说："没有对外开放政策这一着，翻两番困难，翻两番之后再前进更困难。"①邓小平反复强调指出："我国的对外开放、吸引外资的政策，是一项长期持久的政策。到本世纪末使我国的工农业总产值在1980年的水平上翻两番只是我们的第一个雄心壮志。我们还必须有第二个雄心壮志，那就是在下一个世纪再花50年的时间，使我们的国家接近发达国家的水平。为了实现这两个雄心壮志，都更需要对内搞活经济，对外实行开放。"②"我

① 邓小平文选．第3卷．北京：人民出版社，1993．90

② 人民日报．1985－01－20

们的对外开放政策,本世纪内不能变,下个世纪的前50年也不能变。50年以后又怎么样?那时,同外国在经济上将更加紧密地联系起来,千丝万缕的联系怎么能断得了呢?”①

(二)邓小平对外开放理论的主要内容

邓小平以宽广的眼光观察世界,深刻总结历史经验,明确指出中国的发展离不开世界,提出了实行对外开放的重大决策。对外开放政策确立后,选择对外开放的突破口是至关重要的,突破口选择得好,将顺利打开对外开放局面,促进社会主义现代化建设。没有突破口或突破口选择得不好,对外开放局面都不能顺利打开,对外开放的目的也难以实现。党中央在实施这一政策的步骤上,没有采取均衡推进战略,而是让沿海地区在对外开放中先走一步,因为沿海地区的条件优越,经济基础好,交通运输便利,又有对外交往的悠久历史,具有利用港澳同胞、海外华侨的力量。因为广东、福建两省毗邻港澳,在海外的华侨人多,与国外联系密切,具有其他省市无法比拟的地缘、人缘和经贸优势,于是选取了沿海地区作为对外开放的突破口,实施沿海地区对外开放先走一步的战略,发挥沿海地区的综合优势,打开对外开放的局面,带动全国经济发展,并解决了对外开放中一系列重大理论、政策和实践问题,使我国的社会主义事业在对外开放中展现出蓬勃发展的新局面。邓小平关于对外开放的论述,主要包括如下几个方面:

(1)现在的世界是开放的世界,中国的发展离不开世界。对外开放政策的提出,是科学总结我国历史经验和正确把握世界经济发展趋势的结果。在经济全球化已成为世界发展不可逆转的客观进程的今天,各国的开放度越来越高。邓小平敏锐地把握这一客观历史发展进程,指出:“现在的世界是开放的世界。”②面向世界,实行经济开放同时伴随以其他各个领域不同程度的开放,已成为当今世界各国谋求发展的必然要求。邓小平说:“现在任何国家要发达起来,闭关自守都不可能。我们吃过这个苦头,我们的老祖宗吃过这个苦头。”③邓小平还说过:“我们建国以来长期处于同世界隔绝的状态。这在相当长一个时期不是我们自己的原因,国际上反对中国的势力,反对中国社会主义的势力,迫使我们处于隔绝、孤立状态。60年代我们有了同国际上加强交往合作的条件,但是我们自己孤立自己。现在我们算是学会利用这个国际条件了。”④历史的经验一再告诉我们,关起门来搞建设是不行的。

(2)对外开放是实现我国社会主义现代化的一项基本国策。对外开放是现代化建设的加速因素。邓小平指出:“实现四个现代化必须有一个正确的开放的对外

① 人民日报．1985-01-20

② 邓小平文选．第3卷．北京:人民出版社,1993. 64

③ 邓小平文选．第3卷．北京:人民出版社,1993. 90

④ 邓小平文选．第2卷．北京:人民出版社,1994. 232

政策。我们实现四个现代化主要依靠自己的努力,自己的资源,自己的基础,但是,离开了国际的合作是不可能的。应该充分利用世界的先进的成果,包括利用世界上可能提供的资金,来加速四个现代化的建设。"①由此可见,是不是开放是一个关系到能不能高速度实现现代化的问题。邓小平说:"对内经济搞活,对外经济开放,这不是短期的政策,是个长期的政策,最少50年到70年不会变。为什么呢?因为我们第一步是实现翻两番,需要20年,还有第二步,需要30年到50年,恐怕是要50年,接近发达国家的水平。两步加起来,正好50年至70年。到那时,更不会改变了。即使是变,也只能变得更加开放。否则,我们自己的人民也不会同意。"②

(3)吸收和借鉴国外的先进经验。实行对外开放要正确对待资本主义社会创造的现代文明成果。邓小平说:"社会主义要赢得与资本主义相比较的优势,就必须大胆吸收和借鉴人类社会创造的一切文明成果,吸收和借鉴当今世界各国包括资本主义发达国家的一切反映现代社会化生产规律的先进经营方式、管理方法。"③"一切有利于发展社会生产力的方法,包括利用外资和引进先进技术,我们都采用。这是个很大的试验,是书本上没有的。"④邓小平同时指出:"我们的现代化建设,必须从中国的实际出发。无论是革命还是建设,都要注意学习和借鉴外国经验。但是,照抄照搬别国经验、别国模式,从来不能得到成功。这方面我们有过不少教训。"⑤

(4)经济特区是我国对外开放的"窗口"和"基地"。经济特区是我国经济体制改革的试验场。党中央和邓小平为经济特区制定了"特事特办"的方针,鼓励特区"要跳出现行体制",大胆地闯,大胆地试。经济特区是我国对外开放的"窗口"和"基地"。邓小平说:"特区是个窗口,是技术的窗口,管理的窗口,知识的窗口,也是对外政策的窗口。"⑥特区也要"成为开放的基地"⑦。这是邓小平给经济特区对外开放任务的明确定位。作为"窗口",特区要立足于利用国内外两个市场和两种资源,创造率先转向市场经济的环境优势,按照国际惯例,积极引进外国资本、技术和管理知识,在为全国积累对外开放经验的同时,向世界昭示我们对外开放的决心和政策。作为"基地",特区还要在引进的同时,努力建立外向型经济体系,使经济发展由内向转到外向,发展全面的对外经济交往,扩大我国的对外影响。1992年初,邓小平再次视察深圳、珠海、上海等地时指出:"深圳的建设成就,明确回答了那

① 邓小平文选．第2卷．第2版．北京:人民出版社,1994. 233
② 邓小平文选．第3卷．北京:人民出版社,1993. 79
③ 邓小平文选．第3卷．北京:人民出版社,1993. 373
④ 邓小平文选．第3卷．北京:人民出版社,1993. 130
⑤ 邓小平文选．第3卷．北京:人民出版社,1993. 2~3
⑥ 邓小平文选．第3卷．北京:人民出版社,1993. 51~52
⑦ 邓小平文选．第3卷．北京:人民出版社,1993. 52

些有这样那样担心的人。特区姓‘社’不姓‘资’。”①在社会主义国家建立经济特区是一个伟大的创举。

(5)我们的对外开放政策不会导致资本主义。邓小平指出:“历史经验教训说明,不开放不行。开放伤害不了我们。我们的同志就是怕引来坏的东西,最担心的是会不会变成资本主义。恐怕我们有些老同志有这个担心。搞了一辈子社会主义、共产主义,忽然钻出个资本主义来,这个受不了,怕。”②邓小平认为,我们的对外开放政策不会导致资本主义。开放会带来一些资本主义腐朽的东西和消极的影响,要说有风险,这是最大的风险。我们意识到了这个问题,但这不可怕。开放的消极因素比起它多方面的积极效果和重大作用,毕竟要小得多。无论怎么样开放,公有制经济始终还是主体。更重要的是政权在我们手里,加上教育人民坚持四项基本原则,就可以为社会主义现代化事业的健康发展从根本上提供保证。邓小平指出:“中国是社会主义国家,坚持社会主义道路,发展社会主义经济,吸收外资,合资经营,不可能损害社会主义中国的主权,只会有助于发展社会主义经济。再过30年、50年、70年,中国的社会主义经济更加发展了。等到那一天,社会主义的主体经济发展得更强大了,更不怕冲击社会主义的主体经济了。”③

(6)独立自主、自力更生是我们的立足点。中国的事情要按照中国的情况来办,要依靠中国人民自己的力量来办。邓小平强调指出:独立自主,自力更生,无论过去、现在和将来,都是我们的立足点。中国这样的社会主义大国,不能依靠别人进行建设。我们要利用外国的资金和技术,也要大力发展对外贸易,但是必须以自力更生为主。“我们搞建设的一条主要经验是自力更生。自力更生可以激发人们奋发图强的精神,使整个国家和人民的精神振奋起来,团结一致搞好建设。”④中国是个大国,应当而且有能力立足于自力更生建设好国家。

(7)努力把对外开放提高到新的水平,完善全方位、多层次、宽领域的开放格局。我们的对外开放是全方位的,是对世界所有国家的开放。邓小平指出:“我们是三个方面的开放。一个是对西方发达国家的开放,我们吸收外资、引进技术等等主要从那里来。一个是对苏联和东欧国家的开放……还有一个是对第三世界发展中国家的开放……所以,对外开放是三个方面,不是一个方面。”⑤我们的对外开放是多层次的。我国新时期的对外开放是从建立经济特区开始的。经济特区取得了很大的成功之后,我们又相继开放了沿海十几个城市,在长江三角洲、珠江三角洲、闽东南地区、环渤海地区开辟经济开放区,批准海南建省并划定海南岛为经济特

---

① 邓小平经济理论学习纲要.北京:人民出版社,1997. 74~75
② 邓小平文选.第3卷.北京:人民出版社,1993. 90
③ 邓小平同志建设有中国特色社会主义理论学习纲要.北京:学习出版社,1995. 47~48
④ 邓小平经济理论学习纲要.北京:人民出版社,1997. 77~78
⑤ 邓小平文选.第3卷.北京:人民出版社,1993. 99

区。之后，中央又决定开发开放浦东，开放沿江、沿边城市和全国各省省会及一些有条件的城市。全国范围对外开放的格局基本形成。我国的对外开放也是多领域的，实行开放政策，不仅是经济上的，而且也包括政治、科技、教育、文化、体育、卫生等领域。

对外开放政策确立起来之后，能否坚定不移地把它推向前进，这对中国共产党是一个考验。因为对外开放是一项十分复杂艰巨的事业，而中国的对外开放又缺乏经验，需要在实践中探索前进。特别是中国的对外开放是在一个错综复杂的国际环境中进行的，它既有来自国内方面的干扰，又有来自国际方面的干扰，这就更增加了对外开放的难度和风险。其主要干扰是：①由于长期的封闭状态造成思想僵化的影响，在对外开放过程中，总有一些人对对外开放的一些决策不理解甚至反对。如关于特区建立的问题，建立之初，一些人指责办特区是搞租界。有的人到深圳后竟流出眼泪，说特区变成了资本主义。80 年代末，政治风波之后，一些人再次提出特区是搞资本主义的观点。90 年代初，全国范围的对外开放格局形成后，有的人认为特区培养了特殊利益集团，主张取消特区。②因为对外开放中出现了资产阶级自由化思潮，而动摇对外开放政策。有人认为改革开放在推动中国经济发展的同时，也为西方国家对中国进行思想渗透提供了条件。实行对外开放，使西方的思想文化影响随之而来，这些消极因素是造成“资产阶级自由化和思想斗争尖锐化”的原因之一。③因为对外开放带来腐朽、丑恶现象而动摇对外开放。有人认为对外开放使资本主义腐朽思想、生活方式泛滥、经济犯罪现象十分严重，而反对对外开放政策。④因西方国家对中国对外开放设置障碍，公开对中国实行经济制裁，企图以此迫使中国屈服。对于国际国内一些人对中国对外开放的态度和做法，中国共产党没有屈服，而是针锋相对地进行斗争，确保了中国的对外开放政策坚定不移。

坚定不移地进行对外开放是中国对外开放成功的重要保证。中国对外开放发展到今天这样的程度，取得这样大的成就，没有坚定不移地执行对外开放政策是不可能的。试想，如果遇到一点困难、干扰就畏缩、动摇，不敢大胆地前进，那么，中国的对外开放就不可能有今天这样的局面，取得这样大的成就。

(三)利用和衔接两个市场，邓小平引领中国走向世界

自 1979 年以来，中国经济体制与发展模式同时转轨，关于发展的问题就开始普遍地被讨论。1982 年提出的利用国内和国外两种资源、两个市场和学会两套本领，就包含有发展外向型经济的思想。我国经济的进一步开放，其实质是衔接、利用国际国内两个市场，国内经济与国际经济互接互补。对此，邓小平同志有着一整套科学、系统的利用和衔接两个市场的理论，引导中国从封闭半封建社会转向开放型社会，从而深刻地改变了中国的历史进程。其具体内容可概括为以下五点：

(1)长期开放，利用和衔接两个市场。对外开放，实质是把本国经济融入世界

经济体系,把本国国内市场与国际市场体系衔接起来。对外开放是长期的,因为20世纪80年代经济全球化的迅猛发展,使世界经济和人类文明发展进入了一个新的阶段。经济全球化以生产、交换、分配及消费的国际化为特征,突出表现为生产要素在全球范围内加速流动和配置,各国经济相互影响加深、联运性增强,世界范围的经济高速融合。经济全球化作为当今世界一大潮流,方兴未艾,正影响着人类经济生活的巨大变革,各国经济的发展越来越受到全球市场、全球金融、全球贸易以及其他全球性问题的制约。面对当今世界经济发展的现状和趋势,建立在这一客观基础上的对外开放政策是长期的、持久的。正如邓小平所说,如果说在本世纪内我们需要实行开放政策,那么再过50年中国接近发达国家的水平,也不能离开这个政策,离开了这个政策不行。为什么不行?因为那时,“我们同国际上的经济交往更加频繁,更加相互依赖,更不可分,开放政策就更不会变了。”①

(2)全面开放,利用和衔接两个市场。在我国过去的僵死的计划经济体制下,国内条块分割,地区封闭,没有一个统一的国内市场,这既搞不活国内经济,也影响了对外开放。针对这种情况,邓小平曾深刻地指出:“三十几年的经验教训告诉我们,关起门来搞建设是不行的,发展不起来。关起门有两种,一种是对国外;还有一种是对国内,就是一个地区对另外一个地区,一个部门对另外一个部门。两种关门都不行。”②“我们在制定对内经济搞活这个方针的同时,还提出对外经济开放。”③国内市场体系不仅是统一的,而且还应该是完整的。当今世界已经形成了一个包括各种经济资源国际流动的市场体系,即商品、资本、技术、劳务等都通过市场配置的国际市场体系。一国国民经济若成为真正的市场经济并与国际经济接轨,更需要先使得商品、资本、技术、劳务等经济资源在国内主要通过市场配置,即建立一个包括商品市场、资本市场、技术市场、劳务市场等在内的一个完整的国内市场体系。充分利用国内市场体系,并进而把国内市场与国际市场对接,充分利用国际市场体系。因而,对内开放,建立统一的、完整的国内市场体系,既是为了搞活国内经济,同时也是更好地利用国际市场体系的需要。尽管国内市场不等同于国际市场,有其相对独立性,但毕竟两个市场有着密切的、不可分割的联系——离开在国内市场的购买和售卖,在国际市场的售卖与购买就难以进行;而离开在国际市场的售卖与购买,国内市场也就谈不上对国际的开放性。就这个意义而言,我们的对内开放与对外开放两个开放,实质是利用、衔接国内市场与国际市场两个市场体系。

(3)全方位开放,利用和衔接两个市场。我们实行的开放是对世界所有国家的开放。邓小平1984年说,对外开放,我们还有一些人没有弄清楚,以为只是对西

① 邓小平文选. 第3卷. 北京:人民出版社,1993. 103
② 邓小平文选. 第3卷. 北京:人民出版社,1993. 64~65
③ 邓小平文选. 第3卷. 北京:人民出版社,1993. 78

方开放,其实我们是三个方面的开放。从目前的实际情况看,可以说我国的对外开放,是包括对发达资本主义国家开放、对发展中国家开放和对社会主义国家开放的全方位的对外开放,全方位的利用国际市场。我国的对外开放政策既是全方位的,同时也是有重点的。在上述对各种类型国家的开放之中,对发达资本主义国家开放的意义尤为重要。这是因为,在当今世界经济中西方发达国家处于主体地位(其国民生产总值、进出口贸易额、黄金外汇储备额都分别占到全世界的70%以上,其对外投资与信贷更占到全世界的80%以上);具有资金、技术、产业结构、对外贸易和劳动力素质的优势;在很大程度上制约着世界经济发展的规模与速度和国际市场发展的规模与速度;在相当程度上支配着国际经济机构(如国际货币基金组织、世界银行和世界贸易组织)的活动和世界经济、国际市场主要因素(如国际价格、利率、汇率等)的变动。因此,我们要对外开放,参与和利用国际分工、国际市场,参与世界经济一体化进程,就必须把对作为世界经济主体、国际市场主体的发达资本主义国家的开放,放在一个重要的地位。邓小平强调指出:"有了今天这样的,比过去好得多的国际条件,使我们能够吸收国际先进技术和经营管理经验,吸收它们的资金。这是毛泽东同志在世的时候所没有的条件。"①我们必须充分利用这些条件,大力推进全方位的开放。

(4)多渠道开放,利用和衔接两个市场。从十一届三中全会开始,我们实行了对外开放政策,这一对外开放是包括经济、政治、科技、教育、文化、体育、卫生等在内的多渠道、多领域的对外开放。当然,其中的对外经济开放是对外开放的主渠道,或者说核心内容。对外开放是多渠道的,对外经济开放也是多渠道的。早在1975年邓小平主持中央日常工作期间,他就提出了"引进新技术、新设备,扩大进出口"。② 十一届三中全会后,随着对外开放的展开,他又相继就引进、利用外国资金、管理经验和人才等开放领域提出了自己的主张。十多年的开放实践,可以说我国目前已经形成了多渠道的对外经济开放。它包括:通过对外贸易,对国际商品市场开放;通过引进、利用外资,对外投资与援助,对国际资金市场开放;通过国际科技交流、国际技术转让,对国际技术市场开放;通过对外承包工程、国际劳务合作、国际旅游等,对国际劳务市场开放。这里面,对外贸易和利用外资是我国对外经济开放的两大主要渠道或两大基本领域。

(5)多层次开放,利用和衔接两个市场。党的十一届三中全会以后,我们实行对外开放政策,逐渐把我国经济融入国际市场体系和开放性世界经济中。但并不是一下子就把整个国民经济都推向国际市场和世界经济,而是首先把条件较好的局部地区(沿海地区)与国际市场和世界经济衔接;就是沿海地区也是先从更小的

---

① 邓小平文选. 第3卷. 北京:人民出版社,1993. 122

② 邓小平文选. 第3卷. 北京:人民出版社,1993. 239

局部出发,多个层次、多种方式逐渐推进、展开的。邓小平曾在80年代中期回顾:"我们的对外开放采取了多种方式,包括搞经济特区,开放14个沿海城市。"[①]从动态发展来看我国对外开放进程,大体上为三个小的发展阶段。其中的每一个开放阶段及其所含层次、方式的增进,都循着邓小平的开放构想甚至具体的指示而进行。第一阶段(1979—1983年):这是我国对外开放的起步阶段。在此阶段我国采取了对外开放的第一个重大步骤——建立经济特区。第二阶段(1984—1991年):这是我国对外开放的不断扩大阶段。这一期间,国家又采取一系列重大步骤,使我国对外开放进一步扩大。批准"沿海开放城市"、批准"沿海经济开放区"、批准海南省并成立特区、开发开放上海浦东。经过以上一系列对外开放重大步骤,到这一阶段末(1991年底),我国沿海开放格局初步形成。第三阶段(1992—):1992年初,以邓小平南巡谈话为标准,我国改革开放和现代化建设事业进入了一个新的阶段。对外开放从沿海到内陆全面铺开。除了原来的沿海开放继续发展外,还出台了沿边开放、沿江开放和内陆城市开放的一系列新举措,我国多层次开放格局基本形成。

对实行对外开放的政策,中国共产党人始终保持积极态度。对外开放要大胆闯、大胆冒;但在实际操作中又强调稳妥和小心谨慎。邓小平指出:"改革、开放是有风险的,要讲究稳妥"[②]。之所以强调稳妥,强调小心谨慎,是因为中国的对外开放是一项崭新的事业,没有现成的经验可以照搬,需要在实践中不断探索,只有小心谨慎,才能保证对外开放顺利发展,才能避免在对外开放中出现不必要的失误。

稳妥和小心谨慎最突出的表现是在对外开放的步骤上,我国的整个对外开放是循序渐进的。我国的对外开放是全国范围的,而不是哪些地方要开放,哪些地方不要开放。但是,在实践中并没有因此搞一步到位,让全国所有的地方一下子都开放。我国实行的对外开放,有一个在实践中不断总结经验、逐步发展的过程。我国对外开放的总趋势是,从南到北、从东到西、从沿海到内地逐步发展。让沿海地区在对外开放中先走一步,在沿海对外开放格局形成之后,再把对外开放从沿海延伸到内地,这样做合乎我国的国情,合乎我国经济发展的需要。由于重视研究和总结对外开放工作,尽管没有经验,中国的对外开放仍然发展得很平稳,没有出现大的曲折,对外开放的经验不断积累,对外开放水平不断提高。

三、十一届三中全会以来我国对外开放理论的发展

(一)创新观念,对外开放理论的初步形成

对外开放是我国的一项基本国策,也是发展社会主义市场经济的一项伟大实

① 邓小平文选.第3卷.北京:人民出版社,1993.29
② 邓小平文选.第3卷.北京:人民出版社,1993.240

践。我国社会主义建设中形成的对外开放的理论，集中体现在两个相互联系的方面，一方面是邓小平的论述，另一方面是十一届三中全会以来中国共产党历次重要会议的文献。从后者的角度，我国对外开放的理论可分为三个发展阶段：从1978年党的十一届三中全会到1984年党的十三届三中全会，是我党解放思想、创新观念、对外开放理论初步形成的阶段；从1987年党的十三大到1993年十四届三中全会，是我党在社会主义建设的实践中，创新发展战略，使对外开放理论不断得到丰富和发展的阶段；从1997年党的十五大至今，是我党不断提高对外开放水平，创新领域，使对外开放理论逐步走向完善和成熟的阶段。

我党坚持解放思想，实事求是，一切从实际出发，创新观念，使我们的思想认识符合客观实际和时代发展，形成了我国对外开放最初的理论成果，其主要内容是：

(1)明确提出了实行对外开放的战略方针。1978年十一届三中全会提出，要"在自力更生的基础上积极发展同世界各国平等互利的经济合作，努力采用世界先进技术和先进设备"[①]。1982年9月，中国共产党第十二次全国代表大会政治报告明确提出了实行对外开放的战略方针，指出："实行对外开放，按照平等互利的原则扩大对外经济技术交流，是我国坚定不移的战略方针。我们要促进国内产品进入国际市场、大力扩展对外贸易。要尽可能地利用一些可以利用的外国资金进行建设，为此必须做好各种必要的准备工作，安排好必不可少的国内资金和各种配套措施。要积极引进一些适合我国情况的先进技术，特别是有助于企业技术改造的先进技术，努力加以消化和发展，以促进我国的生产建设事业。"[②]

(2)阐明和论证了对外开放的必要性。1984年10月，中共十二届三中全会制定了《中共中央关于经济体制改革的决定》。《决定》指出："为了从根本上改变束缚生产力发展的经济体制，必须认真总结我国的历史经验，认真研究我国经济的实际状况和发展要求，同时必须吸收和借鉴当今世界各国包括资本主义发达国家的一切反映现代社会化生产规律的先进经营管理方法。"[③]《决定》阐明和论证了对外开放政策及其必要性，指出："马克思、恩格斯早在《共产党宣言》中就指出，由于资本主义的发展开拓了世界市场，过去那种地方的和民族的自给自足的闭关自守状态已经被各民族的各方面的互相往来所代替，一切国家的生产和消费都已成为世界性的了。在当代，生产力和科学技术的发展更加迅速，尽管国际关系错综复杂，矛盾重重，但从总的方面来说，国际性的经济技术联系仍然很密切，闭关自守是不可能实现现代化的。十一届三中全会以来，我们把对外开放作为长期的基本国策，作为加快社会主义现代化建设的战略措施，在实践中已经取得显著成效。今后必

① 三中全会以来——重要文献选编(上). 北京：人民出版社，1982. 6

② 中共中央文件选编. 北京：中共中央党校出版社，1994. 207

③ 中共中央文件选编. 北京：中共中央党校出版社，1994. 272

须继续放宽政策,按照既要调动各方面的积极性、又要实行统一对外的原则改革外贸体制,积极扩大对外经济技术交流和合作的规模,努力办好经济特区,进一步开放沿海港口城市。利用外资,吸引外商来我国举办合资经营企业、合作经营企业和独资企业,也是对我国社会主义经济必要的有益的补充。我们一定要充分利用国内和国外两种资源,开拓国内和国外两个市场,学会组织国内建设和发展对外经济关系两套本领。"①

(二)创新战略,对外开放理论的丰富和发展

在对外开放的实践中,在沿海地区对外开放格局基本形成之后,沿海地区的对外开放如何进一步发展呢? 1987 年 10 月党的十三大提出了进一步扩大对外开放深度和广度的经济发展战略,形成了对外开放理论的新概括。因为当时我们已经在实行对外开放这个基本国策中取得了重大成就,使我们更加清醒地认识到:今后,我们必须以更加勇敢的姿态进入世界经济舞台,正确选择进出口战略和利用外资战略,进一步扩展同世界各国包括发达国家和发展中国家的经济技术合作与贸易交流,才能为加快我国科技进步和提高经济效益创造更好的条件。其主要内容是:

1. 阐述了进一步扩大对外开放的经济发展战略

①关于进出口战略,十三大报告指出:"必须根据国际市场的需要和我国的优势,积极发展具有竞争力、见效快、效益高的出口产业和产品,大力提高出口商品的质量,合理安排出口商品结构,多方位地开拓国际市场,以争取出口贸易较快地持续增长;同时,积极发展旅游业,发展劳务出口和技术出口,努力增加非贸易外汇收入。进口的重点要放在引进先进技术和关键设备上。凡是适宜于国内生产的重大设备和其他产品,要努力提高产品质量和性能,做到立足于国内。积极发展替代进口产品的生产,采取必要的政策和措施,加快国产化进程。为了更好地扩大对外贸易,必须按照有利于促进外贸企业自负盈亏、放开经营、工贸结合、推行代理制的方向,坚决地、有步骤地改革外贸体制。"② ②关于利用外资,十三大报告指出:"对于国外资金的利用,要根据偿还能力和国内资金、物资配套能力,保持适当的规模和合理的结构,大力提高外资使用的综合经济效益。要进一步健全涉外经济立法,落实优惠政策,改善投资环境,使外国企业家能够按照国际惯例在我国经营企业,以吸引更多的外来投资。"③ ③关于逐步推进开放的广度,十三大报告指出:"必须继续巩固和发展已初步形成的'经济特区—沿海开放城市—沿海经济开放区—内地'这样一个逐步推进的开放格局。从国民经济全局出发,正确确定经济特区、开

① 中共中央文件选编. 北京:中共中央党校出版社,1994. 289~290

② 中共中央文件选编. 北京:中共中央党校出版社,1994. 374~375

③ 中共中央文件选编. 北京:中共中央党校出版社,1994. 375

放城市和地区的开发与建设规划，着重发展外向型经济，积极开展同内地的横向经济联合，以充分发挥它们在对外开放中的基地和窗口作用。”①

2. 总结实践经验，形成了对外开放理论的新概括

1992 年 10 月，中国共产党召开了第十四次全国代表大会。江泽民在《加快改革开放和现代化建设步伐，夺取有中国特色社会主义事业的更大胜利》的报告中指出，新时期最鲜明的特点是改革开放并对对外开放理论做了新概括：①提出了党在社会主义初级阶段的基本路线，把改革开放作为必须坚持的两个基本点之一。②在社会主义建设的外部条件问题上，指出和平与发展是当今世界两大主题，必须坚持独立自主的和平外交政策，为我国现代化建设争取有利的国际环境。③进一步明确了外资经济是我国社会主义经济的补充。④进一步明确了经济特区姓“社”不姓“资”。⑤进一步明确指出，对外开放的地域要扩大，形成多层次、多渠道、全方位开放的格局。继续办好经济特区、沿海开放城市和沿海经济开放区；扩大开放沿边地区，加快内陆省、自治区对外开放的步伐。⑥强调利用外资的领域要拓宽。采取更加灵活的方式，继续完善投资环境，为外商投资经营提供更方便的条件和更充分的法律保障。⑦积极开拓国际市场，促进对外贸易多元化，发展外向型经济。⑧实行对外开放是改革和建设必不可少的，应当吸收和利用世界各国包括资本主义发达国家所创造的一切先进文明成果来发展社会主义，封闭只能导致落后。

3. 提出要深化改革建立全国统一开放的市场体系

1993 年 11 月，中国共产党十四届三中全会制定了《中共中央关于建立社会主义市场经济体制若干问题的决定》。这个决定专门论述了深化对外经济体制改革，进一步扩大对外开放的问题，形成了国内市场与国际市场相互衔接，促进资源的优化配置的新思考。主要阐述了以下的重要思想：①坚定不移地实行对外开放政策，加快对外开放步伐，充分利用国际国内两个市场、两种资源，优化资源配置。积极参与国际竞争与国际经济合作，发挥我国经济的比较优势，发展开放型经济，使国内经济与国际经济实现互接互补；依照我国国情和国际经济活动的一般准则，规范对外经济活动，正确处理对外经济关系，不断提高国际竞争能力。②实现全方位开放。继续推进经济特区、沿海开放城市、沿海开放地带，以及沿边、沿江和内陆中心城市的对外开放，充分发挥开放地区的辐射和带动作用；加快主要交通干线沿线地带的开发开放；鼓励中西部地区吸收外资开发和利用自然资源，促进经济振兴；统筹规划，认真办好经济技术开发区、保税区，形成既有层次又各具特点的全方位开放格局。③进一步改革对外经济贸易体制，建立适应国际经济通行规则的运行机制。④积极引进外来资金、技术、人才和管理经验。改善投资环境和管理办法，扩

① 中共中央文件选编．北京：中共中央党校出版社，1994．375

大引进规模，拓宽投资领域，进一步开放国内市场。

（三）创新领域，对外开放理论走向完善与成熟

20世纪90年代以来，人类社会正在经历一场新的科技革命：以信息技术、生物工程技术、新能源技术和纳米技术等为代表的科技进步日新月异；科技创新出现群体突破态势，新的技术群和新的产业群蓬勃发展；科学技术进入了前所未有的密集创新时代；许多重大创新出现在学科交叉领域，自然科学与人文科学相互渗透；科研成果转化为现实生产力的周期越来越短，技术更新速度日益加快；科技与经济、教育、文化、社会等的联系日益紧密。

同时，发达国家进入了知识经济的新阶段，发展中国家正在现代化道路上赶超，世界主要发达国家国内生产总值的50%以上来自知识密集型产业。在这种情况下，真正占主导地位的资源和生产要素，既不是农业经济时代的土地和劳动，也不是工业经济时代的有形资本，而是知识。知识正成为诸生产要素中最具活力、最重要的因素，是联系、组织、带动更新其他要素的核心，知识经济的社会形态正在成为现实，综合国力竞争成为各国之间斗争与合作的主要内容。这对各国经济发展产生了巨大影响。

以信息技术革命为核心的新科技革命在极大地促进了世界经济结构变革的同时，还有力地推动了经济全球化趋势的发展。在国际竞争日趋激烈的形势下，经济全球化呈现出全方位发展的态势。世界各国之间、各地区之间在经济、贸易、投资、金融等领域的相互渗透和相互依存大大加深，经济间相互流通的障碍不断减弱，经济融合的需求在日益加强。

面对当今世界经济发展的现状，从国内看，改革开放以来，我国各项事业迅速发展，为我们持续发展打下了坚实的物质基础。国际上，冷战结束，和平与发展成为时代的主题，在经济领域，随着欧盟一体化进程的发展，北美自由贸易区的建立和东亚地区经济合作的发展，区域经济一体化和经济全球化不断发展，科学技术突飞猛进，为我们加快发展提供了难得的机遇。因此我国认为，21世纪头20年是可以大有作为的战略机遇期。中国和平发展战略的总目标，就是在这20年内推进现代化建设和祖国统一，维护世界和平与促进共同发展，为全面建设小康社会进一步打好基础，继续扩大对外开放是我们坚定不移的选择。

从1980年开始，中国开始加入国际社会的新进程。1980年世界银行和国际货币基金组织对我国1979年提出的希望加入这两个组织的要求进行审议，我国很快加入了这两个最重要的经济组织。1989年，中国以观察员身份加入了另一个重要的区域合作组织——亚太经合组织（APEC）。以后，中国不但是亚太经济合作组织的一个积极成员，而且对亚太经合组织的一些规划的制定也发挥了自己的积极作用和影响。我国还积极参与了国际区域经济合作，如东盟自由贸易区、东北亚经济合作区等等。2001年11月，中国经过长达13年多的艰苦而努力的谈判，终于正式

成为世界贸易组织的成员。它是中国开放的新阶段的标志，也是中国调整与世界关系的一个新阶段的标志。中国加入世界贸易组织，不仅表明中国融入世界的决心，也说明中国今后将按国际经济准则行事的发展趋势。中国通过与国际社会的关系的改变，改变着中国国内的许多经济法律制度，也改变着中国人的思想观念。这一时期我国对外开放的理论走向完善与成熟，主要表现在：

（1）提出了努力提高对外开放水平的新举措。1997 年 9 月，江泽民在中国共产党第十五次全国代表大会上做了《高举邓小平理论伟大旗帜，把建设有中国特色社会主义事业全面推向二十一世纪》的报告。报告系统地阐述了社会主义初级阶段的基本路线和纲领。坚持和完善、扩大对外开放，吸收和借鉴世界各国包括资本主义发达国家的先进技术和管理经验，积极参与国际经济合作和竞争，是建设有中国特色社会主义经济的重要战略。十五大报告在阐明经济体制改革和经济发展战略时，要求努力提高对外开放水平，指出："对外开放是一项长期的基本国策。面对经济、科技全球化趋势，我们要以更加积极的姿态走向世界，完善全方位、多层次、宽领域的对外开放格局，发展开放型经济，增强国际竞争力，促进经济结构优化和国民经济素质提高。"①其具体要求是：①"以提高效益为中心，努力扩大商品和服务的对外贸易，优化进出口结构。坚持以质取胜和市场多元化战略，积极开拓国际市场。进一步降低关税总水平，鼓励引进先进技术和关键设备。深化对外经济贸易体制改革，完善代理制，扩大企业外贸经营权，形成平等竞争的政策环境。积极参与区域经济合作和全球多边贸易体系。"②②"积极合理有效地利用外资。有步骤地推进服务业的对外开放。依法保护外商投资企业的权益，实行国民待遇，加强引导和监督。鼓励能够发挥我国比较优势的对外投资。更好地利用国内外两个市场、两种资源。完善和实施涉外经济贸易的法律法规。正确处理对外开放同独立自主、自力更生的关系，维护国家经济安全。"③③"进一步办好经济特区、上海浦东新区。鼓励这些地区在体制创新、产业升级、扩大开放等方面继续走在前面，发挥对全国的示范、辐射、带动作用。"④

（2）适应新形势，对外开放理论进一步系统化、具体化。2001 年 11 月，我国加入世界贸易组织，标志着我国对外开放和参与经济全球化进入新的历史阶段。加入世贸组织后，我国能够在多边、稳定、无条件最惠国待遇原则下发展开放型经济，逐步消除一些成员对我国的歧视性贸易限制，并在参与制定国际经济贸易规则的过程中，推进建立公正合理的国际经济新秩序。随着对外开放的扩大，我国经济发展的空间进一步拓展。在 2002 年"5·31"讲话中，江泽民明确指出："要适应经济

① 人民日报．1997－09－22
② 人民日报．1997－09－22
③ 人民日报．1997－09－22
④ 人民日报．1997－09－22

全球化和我国加入世贸组织的新形势,在更大范围、更广领域、更高层次上参与国际经济技术合作和竞争,拓展经济发展空间,全面提高对外开放水平。”①“5·31”讲话使我国的对外开放理论进一步系统化、具体化,为我国新的历史时期的对外开放工作指明了前进的方向。其理论主要包括以下三个方面的内容:①实行对外开放的必要性。江泽民从世界是相互依存的,相互依存带来了相互合作的需要;从世界是丰富多彩的,不同的文明要扬长避短,取长补短,不断丰富和发展自己,而不能相互排斥;从经济因素在国际关系中的地位明显上升,我国要想在国际竞争中站稳脚跟,就必须抓住机遇,发展经济,发展经济因而也成了一个重大的政治问题等方面进一步系统地论述了中国实行对外开放的必要性。②实行对外开放的基本思路。江泽民进一步就我国对外开放的具体思路做了全面而深入的论述,为我国的对外开放实践提供了正确的理论指导。首先,他进一步明确了对外开放是一项基本国策。它是符合当今时代特征和世界经济技术发展规律要求的,是加快我国现代化建设的必然选择,是我们必须长期坚持的。其次,指明了进一步扩大开放的规模,全面提高对外开放水平的具体途径:一是继续完善全方位、多层次、宽领域的对外开放格局;二是以提高效益为中心,努力扩大商品和服务的对外贸易,优化进出口结构;三是积极合理有效地利用外资,提高利用外资的质量;最后,强调为对外开放创造良好的外部环境和条件。江泽民特别重视对外开放的良好国际环境的建立,要求积极发展同世界各国在和平共处五项基本原则基础上的外交关系,为我国的对外开放提供了一个良好的、和平的国际环境。③正确处理对外开放过程中的各种关系。对外开放工作事关重大,但又十分复杂,只有分清轻重缓急,抓住重点和主要矛盾,才能顺利推进开放进程,江泽民明确提出了要正确处理以下三个方面的关系:对外开放与独立自主、自力更生的关系;扩大开放与抵御化解风险的关系和积极引进来与努力走出去的关系。

(3)“双向开放”对外开放理论与政策的创新。2002年11月,中国共产党召开第十六次全国代表大会,江泽民在十六大报告中提出:“坚持‘引进来’和‘走出去’相结合,全面提高对外开放水平。”“走出去”战略,主要是指国家鼓励在国际竞争中具有比较优势的国内企业,有计划、有步骤地到国外特别是到发展中国家投资办厂,以实现从产品到要素、从资本到技术,全面地、主动地进入国际市场,其目的在于开拓“两个市场”,利用“两种资源”,实行“双向开放”。十六大报告对坚持“引进来”和“走出去”相结合,全面提高对外开放水平,做了具体的阐述。①适应经济全球化和加入世贸组织的新形势,在更大范围、更广领域和更高层次上参与国际经济技术合作和竞争,充分利用国际国内两个市场,优化资源配置,拓宽发展空间,以开放促改革促发展。②进一步扩大商品和服务贸易。实施市场多元化战略,发挥我

① 光明日报.2002-06-01

国的比较优势,巩固传统市场,开拓新兴市场,努力扩大出口。坚持以质取胜,提高出口商品和服务的竞争力。优化进口结构,着重引进先进技术和关键设备。深化外经贸体制改革,推进外贸主体多元化,完善有关税收制度和贸易融资机制。③进一步吸引外商直接投资,提高利用外资的质量和水平。逐步推进服务领域开放。通过多种方式利用中长期国外投资,把利用外资与国内经济结构调整、国有企业改组改造结合起来,鼓励跨国公司投资农业、制造业和高新技术产业。大力引进海外各类专业人才和智力。改善投资环境,对外商投资实行国民待遇,提高法规和政策透明度。实施"走出去"战略是对外开放新阶段的重大举措。鼓励和支持有比较优势的各种所有制企业对外投资,带动商品和劳务出口,形成一批有实力的跨国企业和著名品牌。积极参与区域经济交流和合作。在扩大对外开放中,要十分注意维护国家经济安全。① "走出去"战略的提出,使我国开放途径不断拓宽,开放政策不断深化,实现了我国开展对外经济合作的重大跨越。我国对外开放从"引进来"的模式,到提出并实行既"引进来"又"走出去"的新模式,是我们党紧紧依据历史条件的变化,勇于并且善于实现理论与政策创新的成果。

(4)科学的发展观是新世纪新阶段对外开放的重要指导思想。坚持以人为本,全面、协调、可持续发展的科学发展观,是以胡锦涛同志为总书记的党中央,对马列主义、毛泽东思想、邓小平理论的继承和发展,是与时俱进的马克思主义发展观,是新世纪新阶段我国对外开放的重要指导思想。"统筹国内发展和对外开放"是树立和落实科学的发展观,实现五个统筹之一的重要指导思想。

2003 年 10 月,《中共中央关于完善社会主义市场经济体制若干问题的决定》中对新世纪、新阶段我国统筹国内发展和对外开放,深化涉外经济体制改革,全面提高对外开放水平指明了方向。①完善对外开放的制度保障。按照市场经济和世贸组织规则的要求,加快内外贸一体化进程。形成稳定、透明的涉外经济管理体制,创造公平和可预见的法制环境,确保各类企业在对外经济贸易活动中的自主权和平等地位。依法管理涉外经济活动,强化服务和监管职能,进一步提高贸易和投资的自由、便利程度。建立健全外贸运行监控体系和国际收支预警机制,维护国家经济安全。②更好地发挥外资的作用。抓住新一轮全球生产要素优化重组和产业转移的重大机遇,扩大利用外资规模,提高利用外资水平。结合国内产业结构调整升级,更多地引进先进技术、管理经验和高素质人才,注重引进技术的消化吸收和创新提高。继续发展加工贸易,着力吸引跨国公司把更高技术水平、更大增值含量的加工制造环节和研发机构转移到我国,引导加工贸易转型升级。进一步改善投资环境,拓宽投资领域,吸引外资加快向有条件的地区和符合国家产业政策的领域

---

① 全面建设小康社会开创中国特色社会主义事业新局面．北京:人民出版社,2002. 29～301

扩展，力争再形成若干外资密集、内外结合、带动力强的经济增长带。③增强参与国际合作和竞争的能力。鼓励国内企业充分利用扩大开放的有利时机，增强开拓市场、技术创新和培育自主品牌的能力。提高出口商品质量、档次和附加值，扩大高新技术产品出口，发展服务贸易，全面提高出口竞争力。继续实施“走出去”战略，完善对外投资服务体系，赋予企业更大的境外经营管理自主权，健全对境外投资企业的监管机制，促进我国跨国公司的发展。积极参与和推动区域经济合作。①

2004年9月《中共中央关于加强党的执政能力建设的决定》中明确指出，提高党的执政能力，首先要提高党领导发展的能力，坚持把发展作为党执政兴国的第一要务，不断提高驾驭社会主义市场经济的能力。针对对外开放，特别强调掌握对外开放的主动权，全面提高对外开放水平，把握“两个坚持”。①坚持对外开放的基本国策，密切关注世界经济形势变化，制定和实施正确的涉外经济方针政策，在更大范围、更广领域、更高层次上参与国际经济技术合作和竞争。② ②坚持“引进来”和“走出去”相结合，利用好国际国内两个市场、两种资源，注重发挥我国的比较优势。既立足于国内需求又大力开拓国际市场，既充分用好内资又有效利用外资，既依靠和开发国内人力资源又借助和引进国外智力。提高引进外资质量，坚持引进先进技术和消化、吸收、创新相结合，提高自主开发能力，保护知识产权，增强关键行业和领域的控制力，不断提高国际竞争力。推动建立健全妥善应对国际贸易争端的机制，善于运用国际通行规则发展和保护自己。③

2005年5月31日胡锦涛从树立和落实科学发展观的战略高度，在中共中央政治局第22次集体学习时强调指出，改革开放以来，我们坚持对外开放，对外贸易和引进外资规模不断扩大、水平不断提高，取得了显著成就，为推动我国经济社会发展发挥了十分重要的作用。随着我国全方位开放日益发展，特别是在我国加入世界贸易组织后的新形势下，我国国内市场和国际市场的联系日益紧密，国内经济和国际经济的互动明显增强。这既给我国改革发展带来了难得机遇，也提出了严峻挑战。怎样以更加积极的姿态走向世界，充分利用国际国内两个市场、两种资源，在激烈的国际竞争中掌握主动权，推动我国经济又快又好地发展，始终是关系我国改革发展全局的一个重大问题。

胡锦涛指出，要发挥好对外开放在推动我国经济社会发展中的重要作用，必须适应经济全球化趋势的新发展和我国改革发展的新形势，进一步树立全球战略意识，积极参与国际经济技术合作和竞争，全面提高对外开放水平。当前，尤其要重视以下几点：①要着力转变对外贸易增长方式。要按照科学发展观的要求，进一步

---

① 中共中央关于完善社会主义市场经济体制若干问题的决定．北京：人民出版社，2003. 25～26

② 中共中央关于加强党的执政能力建设的决定．北京：人民出版社，2004. 12～13

③ 中共中央关于加强党的执政能力建设的决定．北京：人民出版社，2004. 12～13

实施以质取胜的战略，优化对外贸易结构，提高出口竞争力，提高对外贸易的质量和效益。要在充分发挥我国比较优势的同时，扩大高新技术产品出口，扩大具有自主知识产权、自主品牌的产品和服务出口，扩大附加值高的产品出口，提高加工贸易的产业层次并增强国内配套能力。②要着力提高利用外资的质量和水平。要根据我国发展的需要，进一步完善利用外资的法律法规和政策措施，不断优化引进外资的结构，提高利用外资的水平，更好地把引进外资同提升国内产业结构、技术水平结合起来，同促进区域协调发展、企业改革改组改造结合起来。要以提高自主创新能力为出发点，着重引进先进技术、管理经验和高素质人才，做好引进技术的消化吸收和创新提高。③要着力实施"走出去"战略。要进一步完善对外投资的法律法规和服务体系，赋予企业更大的境外经营管理自主权，健全风险防范机制，促进形成"引进来"和"走出去"有机结合的双向对外开放格局。④要着力深化涉外经济体制改革。要加强对外开放的制度保障，创造良好法制环境，完善公平贸易政策，规范市场运行秩序，健全市场信用体系，改进市场监管体系，形成稳定、透明的涉外经济管理体制。要完善对外贸易运行监控体系和国际收支预警机制，切实维护国家根本利益和保障国家经济安全。

胡锦涛强调，各级党委和政府都要按照加强党的执政能力建设的要求，特别是要按照提高驾驭社会主义市场经济的能力、提高应对国际局势和处理国际事务的能力的要求，高度重视对外开放工作，加强对新形势下对外开放工作特点和规律的研究，进一步提高做好对外开放工作的本领。要紧紧围绕实现全面建设小康社会的宏伟目标，根据经济全球化趋势和国际贸易的新发展，抓紧研究和解决一些关系全面提高我国对外开放水平的重大问题，在充分调研的基础上，制定和完善政策措施，有针对性地部署和加强工作，推动我国对外开放工作不断迈上新的台阶。[①]

本章从一个侧面反映中国共产党对外开放思想跌宕起伏、曲折多变的发展历程，说明中国的对外开放来之不易。对外开放是中国的国策，是时代的必然选择，不受任何时间和空间的限制，要长期坚持下去。

对外开放是中国当代最伟大的实践。我们在对过去经验教训总结的基础上，对新世纪新时期对外开放面临的新情况和新问题有以下一些研究与思考：①纵观改革开放二十多年的实践，有一点教训应该引起我们的重视，这就是相对于国际政治经济形势的演变，我们的步子总是慢半拍甚至慢几拍。这里面有经济学家的责任，不敏锐，缺乏洞察力，即时总结经济运行一般规律的能力不强。同时，在抓住机遇方面也还做得不够，机遇对于一个国家，一个民族来讲都是十分重要的，机遇一晃就消失了。当然也还可以从欠缺大胆创新的精神和魄力上去找原因。当前，世界经济和科技正以前所未有的速度向前发展，以综合国力为核心的国际竞争也前

① 人民日报. 2005-06-02

所未有地更加激烈。在全球范围的大竞争中，任何国家、任何民族都如同逆水行舟，不进则退。中国要在风云变幻的国际局势中占据主动，立于不败之地，必须善于抓住任何对己有利的发展机遇，不断奋发进取、顽强拼搏，牢牢抓住发展"这个执政兴国的第一要务"。中国面临的一切问题也只能通过发展来解决。②目前，中国经济明显呈现出由"商品短缺"向"经济过剩"过渡的特征，如何扩大"有效需求"，实现经济可持续发展问题已越来越突出。解决这一新课题，一方面需要加大经济结构调整及市场化改革的力度，以形成适合国内国际两个市场要求的产业结构和经济体制，另一方面必须加快走向世界的步伐，通过在全球各地寻找资源与市场，解决制约中国发展面临的诸多困难和一系列亟待解决的严重问题。中国企业"走出去"已取得初步成效，但从国家宏观发展战略角度看，这只是中国企业进行世界万里长征的第一步。中国的跨国经营活动与世界发达国家相比，无论在数量上还是在质量上，都存在着巨大的差距。在经济全球化的大背景下，国与国之间的竞争越来越演化为各国大公司之间的竞争。一个国家能否在国际竞争及国际分工、资源配置、财富分配中占据主动地位，在国际舞台上有没有自己的发言权，关键取决于有没有自己的具有国际竞争力的大公司和企业集团。因此，我国必须加快"形成一批拥有自主知识产权的品牌、国际竞争力较强的优势产业"。这些产业"在优化结构、提高效益、降低能耗和资源利用效率"①等方面必须有明显的优势。此外，我们还要转变思路，争取与发展中国家建立新型互利合作关系，并在战略、策略上做出必要调整，主要是：改变与发展中国家合作的内涵，将重点从单纯的政治支持逐步转向加强新型经济互利合作；针对发展中国家分化的政治现实，采取"区别对待、优先选择"的政策；超越地缘政治，与印度建立新型互利合作经济；区别对待发展中邻国、有重大战略利益的国家和一般发展中国家，并对最不发达国家采取"量力而行，先近后远"的政策；我国还必须与非洲国家保持友好关系，争取在非洲持续发展中有所作为。③目前，中国把发展外向型经济作为主要的战略取向，将外部市场作为经济发展的主要动力。但随着经济的不断发展，中国受到的来自世界市场发展不平衡、不可再生自然矿产资源短缺和美、欧发达国家针对中国的贸易保护主义日益增加等不利因素的制约也越来越大。怎样才能在不损害世界自然生态环境、保证世界市场正常运转的条件下解决经济可持续发展问题，对我国是一个重大的战略挑战。也就是说，中国国内主要生产企业要"转变发展观念，创新发展模式，提高发展质量，把经济社会发展切实转入全面协调可持续发展轨道"②，并逐步建立、完善"自主性增长机制"，把开拓、扩大国内市场作为自己进一步发展的主要动力。如果中国国内企业不注意及时进行这种战略性调整，未来中国 GDP、进出口贸易、

① 人民日报．2005－10－12

② 人民日报．2005－10－12

外汇储备的不断增长将给全球经济可持续发展带来严重的反效果。另外,中国还应当从世界和地区经济整体发展需要出发,对人民币汇率、贸易顺差和吸引外资等问题进行深入的研究,从有利于保持中国与亚洲、欧洲和世界其他地区各国贸易平衡发展的角度及时调整政策,使"社会主义市场体制比较完善,开放型经济达到新水平,国际收支基本平衡"。[①] 防止中国的发展冲击世界市场的稳定与发展。④随着欧洲和北美自由贸易区进一步扩大,世界贸易组织的最惠国待遇有可能被架空。这将使在建立自由贸易区和经济一体化方面落后于欧美的中国和东亚地区处于更加不利的境地。中国和东亚各国只有共同努力,坚持不懈地致力于建立东亚自由贸易区,才有可能积聚足够的经济实力与北美、欧洲抗衡。因此,我们必须顺应大势,推动东亚区域一体化有序向前迈进。对一个国家来说,区域合作首先是一种地缘战略。在范围上是指与本国接壤的地区,但区域合作也是一种利益选择,因此,参与区域合作的范围并不仅仅限于近邻。我国地处大陆,面向海洋,陆地上与15个国家为邻。我国参与区域合作的战略首选要能体现这种地缘特征,也就是说,要涵盖整个周边地区。但是,我国的利益不仅仅局限于周边地区,而是世界性的。因此,我们要在更大的范围内寻求合作对象,且推动区域合作要体现出不同的特点。比如,在东北亚,可以突出"功能性"合作,这包括推进贸易投资便利化,在能源和替代性能源领域开展政府与企业间的研发,建立东北亚现代物流网络等。在中国—中亚合作上,进一步扩展"上海合作组织",推进经济合作,建立中国—中亚能源合作机制。在中国—南亚合作方面,进一步改善和加强中印关系,并推进中国—南亚区域合作构架的建立。在大区域合作方面,亚太地区对我国有着特殊的地缘意义,是我国战略选择的重点。一方面,我国要发展双边区域合作关系,如建立双边自由贸易区或双边紧密经济伙伴关系;另一方面,要突出地区合作组织的功能,着重推动地区的市场开放和经济发展,同时注重各成员关系的改善和实现地区的稳定与和平。

总之,对外开放二十多年来,中国已成为世界经济稳定发展的重要力量。今后,随着中国在更大范围内融入经济全球化浪潮,中国在亚太及全球地缘政治力量对比中的位次还会进一步向前移。因此,目前世界各主要经济体都不同程度地开始以中国的政策及发展方向作为其经济发展战略的定位点,中国也将由此获得更好的对外开放条件。基于以上客观现实条件,中国坚持对外开放以更加积极的姿态全面参与国际和地区政治、安全、经济新秩序的改造和创新,在规划未来国际、地区政治经济新秩序中,中国完全能够发挥自己应有的作用,实现中华民族的伟大复兴。

---

① 人民日报. 2005-10-12

第三章
西方经济学和发展经济学有关开放的理论

从经济学的研究范围来说,对外开放涵盖一国与他国或者地区所进行的一切商品、服务和要素的交换活动;而对这一切经济活动的理论描述与分析就是对外开放理论。所以,本章关于对外开放理论的研究以对外贸易理论和利用国外资本理论为主要载体,前者研究国与国之间商品和服务的交换,后者研究国家之间资源的流动;根据由浅入深的逻辑,首先介绍以产品和服务的国际交换为对象的有关国际贸易理论,然后介绍以投入品的国际流动为研究对象的利用国际资本理论。整个内容安排在尊重理论发展历史主线的基础上,侧重比较分析,分别比较以发达国家利益和发展中国家利益为出发点的对外贸易理论及利用外国资源理论的不同点,试图为我国这样的发展中国家面对发达国家林立的国际环境,开展对外开放,参与国际竞争提供可资借鉴的东西。

一、西方经济学家的国际贸易理论

西方经济学与马克思主义政治经济学一样,是在继承古典政治经济学的基础上发展起来的。西方经济学关于国际贸易问题的研究可以追溯到古典政治经济学的国际贸易理论,正是在这个传统研究奠定的基础上,西方经济学根据其自身发展的背景和国际经济环境的变化又从不同的角度关注和研究了国际贸易问题,所以西方经济学关于的国际贸易理论的研究应该从古典经济学家那里开始。

(一)传统国际贸易理论

古典和新古典经济学关于对外贸易的理论是建立在完全竞争和规模报酬不变的基础上的,其正统的观点认为自由贸易在发展中毫无疑问是个推动力量,因而从政策主张上,他们都赞同自由贸易是经济增长的发动机。

1. 古典的国际贸易理论

古典经济学的代表人物亚当·斯密基于其分工理论,建立了绝对优势理论或绝对成本说,其基本思想包括:首先,分工有利于劳动生产率的提高,有利于创新。其次,分工使得交换成为必然,由此引出国际贸易理论,认为国际贸易发生的前提是商品价格的国别差异,而价格的这种差异是由各国劳动生产率的绝对差别产生的。因此,一国应该选择在劳动生产率上具有绝对优势的产品进行专业化生产,参与国际分工,然后进行交换,这个国家就可以从国际贸易中获得利益。最后,基于其绝对成本理论,斯密严厉批判重商主义而极力主张自由贸易的政策。

除此而外,斯密还提出所谓“剩余的出路”:他假定一国如果存在闲置土地和劳动力,则进行对外贸易可以将剩余资源用于生产更多的商品以供出口,由此为国内原本存在的剩余生产能力开辟“出路”。这种观点强调,对外贸易能够扩大一国生产规模,直接提高经济活动水平。

显而易见,斯密的绝对优势理论具有开创意义。其一,它是基于劳动价值论的,强调劳动生产率是商品价格差异的基础,注重从生产领域揭示国际贸易发生的根源,相对于重商主义,其革命性是不容置疑的;其二,它把劳动分工对劳动生产率的重要意义推广到国际领域,指出国与国之间的专业化分工同样会提高劳动生产率,结果会增加各国生产的产品,使福利水平普遍提高,也正是在这个基础上,他认为国际贸易能够增加一国财富。但是,它认为一国参与国际贸易的必要前提是至少在一种产品的生产上比交易伙伴的劳动生产率绝对高,否则它参与国际贸易就无利可图,甚至会遭受损失。这个假设无法解释现代国际贸易格局:发展中国家与发达国家之间的贸易就发生在前者劳动生产率几乎比后者都低的条件下。

与斯密绝对优势理论相对的是古典学派经济学家大卫·李嘉图的“比较优势说”。它指出,即使一国生产所有产品的劳动生产率都低于另一国,但它们之间进行国际贸易也是对双方有利的:处于绝对优势的国家集中力量生产具有最大优势的产品,处于绝对劣势的国家也选择相对优势最大的产品进行生产,然后二者通过自由交换,则两国都可以节约社会劳动,增加产品消费。其实这一理论认为给一国带来收益的不是剩余资源的使用,而是更有效的国际资源配置。开展对外贸易使得一国能够在较国内直接生产更为有利的条件下购买进口品,同时通过专业化生产成本相对低的商品,从而使贸易国增加“商品与享受的总量”,也就是即使没有资源数量的增加或技术创新,对外贸易也能促使各国生产最优化。正是基于以上主要观点,古典学派经济学家都主张自由贸易以增加国家财富。

李嘉图的比较利益学说是斯密绝对利益学说成为特例,极大地提高了古典国际贸易理论的现实解释力。李嘉图的比较优势理论,无论是从其理论逻辑还是理论的现实解释力来看都取得了很大的成就,因而成为了国际贸易理论的基础。绝对优势学说和相对优势学说两个模型的前提假设是适应工场手工业时期,劳动生产率在部门之间差别不大,而且劳动力是主要生产要素的经济现实,它以劳动价值论为基础,不仅驳斥了重商主义,而且在很大程度上解释了国际贸易发生的现实效应;它们都肯定了国际贸易对生产效率因而一国福利水平的提高会产生积极影响。

但是,古典贸易理论受其所处经济发展的特定历史时期影响,也存在着明显的局限性:首先,它属于工场手工业背景下国际贸易的静态研究,并没有足够的视野对于经过工业革命之后,大机器生产条件下,资本等非劳动力要素在产品生产过程中对劳动生产率产生很大影响这一动态发展变化进行考虑,这点从其只有劳动力一种生产要素、资源部门转移的机会成本不变等假设条件上反映出来。它不仅在理论上使后人产生误解，认为古典贸易理论是单要素(劳动力)理论，而且随着世界经济发展水平的提高，理论本身也与现实产生越来越明显的脱节。

其次，古典国际贸易理论是站在上升时期的发达资本主义国家的立场或角度审视国际贸易问题的，比较优势理论隐含着一个结论，那就是越处于劣势的国家在国际贸易中获利越大，其必然的理论逻辑就是发展中国家就没有必要实现工业化，因而比较优势理论被认为是发达国家的国际贸易理论。此外，古典国际贸易理论与它的基础古典政治经济学一样，重视从生产或者供给的角度考虑国际间的贸易问题，而忽视了需求方面的研究，因而无法说明国际均衡价格的决定问题，也根本没有看到国际贸易具有不等价交换的倾向和价值流向的复杂性，所以对于国际贸易导致的利益分配的不均衡问题根本没有涉及。由于这一缺陷，比较利益学说难以被落后国家接受。

最后，古典贸易理论的现实解释力是有限的。按照古典贸易理论，两国之间比较利益差别越大，发生国际贸易的机会越大，但现实并不是这样，反而比较利益差别小的发达国家之间的贸易往来大大高于发达国家和发展中国家之间的贸易往来。同时，古典贸易理论认为自由贸易条件下，参加贸易的双方都可以获得贸易利益，所以参与国都会积极实行自由贸易政策，而现实是，各国都不同程度地实行贸易保护政策。

另外，在这里必须指出，斯密和李嘉图的国际贸易理论都是以劳动价值论为基础的，它把劳动所创造价值的大小作为商品价格的基础，并认为价格的国际差异来源于劳动生产率的不同。后来的资产阶级经济学家把这种价格的差异大都理解为是整个要素成本的差别，从而以此反过来误解斯密和李嘉图是“单要素”论者，认为他们坚持创造财富的惟一要素是劳动力。但是，我们应当肯定的是，古典的贸易理论把劳动所创造价值的大小作为国际贸易发生的基础，这为研究国际贸易导致分配的不均衡，揭露发展中国家与发达国家在国际贸易中的不平等地位及国际剥削等问题奠定了基础。实际上，包括斯密和李嘉图在内的古典政治经济学家从来都没有认为创造财富的要素只有劳动力一种，早在威廉·配第时，就提出了“劳动是财富之母，土地是财富之父”的思想，他们不否认财富的创造除了劳动外，而且还需要土地等其他要素。只是后来的资产经济学家把价值的创造与财富的生产混为一谈，为了给他们的要素价值论鸣锣开道而故意做此错误解释而已。对于斯密和李嘉图模型中只有劳动力一种要素的假设，从科学抽象的研究方法来看，它是符合当时劳动力要素居于主导地位，其他要素对生产率影响不是很明显这个现实基础的。现代西方经济学的几乎所有的模型假设也并不是与现实百分之百相吻合的，这不足以成为我们误解的理由。

但是，李嘉图在解释国际贸易问题的时候，如同他在其他经济领域一样，并没有将劳动价值论坚持到底:他无法解释同一商品国内价值与国际价值的差异,认为国际贸易可以不遵循等价交换原则。

2. 赫克歇尔—俄林的要素禀赋理论

作为古典国际贸易理论核心的比较优势理论,强调国际贸易产生的条件是劳动生产率的差异,这种差异是产品成本差异的最主要因素,由此解释了工场手工业时期产品价格国际差别的根源以及国际贸易产生的条件。但是,财富的创造除了劳动外,离不开生产要素,并且随着机器大工业的不断发展,国际经济发展的不均衡现象越来越突出,非劳动力要素在产品成本差异中的作用已经不能忽视。正是在这种背景下,作为现代国际贸易理论核心的要素禀赋说产生了。

这一学说同样遵循比较优势理论,认为各国同种产品的价格差异是国际贸易的基础,但它把这种价格差异的原因看成是由生产成本的差别造成的,生产成本的差别又来自于各生产要素的价格差别,要素价格取决于要素的供求状况,在要素需求相同的情况下,要素的供给决定于要素的禀赋,因而要素价格差别、产品价格差别的现实决定因素是两国之间要素的相对丰裕或者稀缺情况。因此,一个国家以自己相对丰裕的生产要素进行专业化的商品生产,参与国际贸易,就会使自己的产品具有价格优势,从而处于比较有利的贸易地位;反之,如果以自己相对稀缺的要素生产商品参与国际交换,就会因为商品价格缺乏优势而处于不利地位。由此得出 H-O 定理:要素禀赋决定一国比较优势,一国应该生产并出口密集使用本国丰裕的资源生产的产品,进口密集使用本国稀缺的要素生产的商品。赫克歇尔—俄林的要素禀赋理论,从更加现实的意义上发展了比较优势理论,揭示了比较优势产生的现实根源,无疑为不同国家确定各自的比较优势产业提供了参考标准,因而也具有很强的政策指导意义,即靠山吃山,靠水吃水的思想,这有助于引导各国在国际范围内配置资源,提高福利水平。但是,该理论似乎放弃了劳动价值论的基础,因而不可能涉及国际贸易的不平等问题,它同样对需求方面的研究缺乏必要的重视,也忽视了世界经济发展进程中出现的技术进步在国际贸易领域产生的巨大影响,因而也是一种静态分析。

3. 新古典主义的国际贸易理论

随着各国经济增长在实践中出现了各种出口导向增长模式,它在客观上支持了发展中经济的增长取决于出口扩张的宏观动态观点。这个观点从两个方面对对外贸易增进经济增长加以论证,一方面是“需求启动型”,另一方面是“供给启动型”。

(1)“需求启动”理论。纳克斯认为发展中国家,特别是一些发展中小国,由于国内储蓄不足等因素引起资本形成不足,导致生产效率低下,因而必须借助于对外贸易启动国内经济,以摆脱“贫困恶性循环”的跳板;刘易斯、雷德尔和芬德利也都分别从需求方面入手,提出了贸易是增长发动机的论点。他们认为,发展中国家依靠初级产品的出口推动了经济增长，而初级产品的贸易有赖于工业化国家的繁荣所能产生的需求。这同时也说明发展中国家的贸易条件趋于恶化，它通过初级产品贸易将生产率上的利益输出给发达国家，并且在增长率上依赖发达国家。

(2)“供给启动”理论。科登指出，一国经济对外开放可带来五种效应，在这五种效应的基础上，他认为对外贸易本身就在不断地创造出一国经济增长的动力源泉。这五种效应，一是“影响效应”，即通过对外贸易使一国现期实际收入得到提高；二是“资本积累效应”，即将对外贸易所得收益部分地用于投资，从而提高了未来收入增长能力；三是“替代效应”，如果一国以投资品进口为主，那么由于投资品对消费品相对价格的下降，将导致投资比重比消费比重的上升速度更快，从而促进该国增长率的上升；四是“收入分配效应”，即会出现收入向生产中密集使用的要素转移，而这又可能给总储蓄倾向及资本积累带来影响；五是“要素加权效应”，即考虑到资本与劳动的相对生产率，加之产出增长率是资本与劳动增长率的加权平均数，假若出口增加且出口品使用的是增长较快的生产要素，那么出口品增长率会上升更快。所有这些效应都是累积的，并相互渗透，其合力将会放大对外开放，导致实际收入增长的效应。[①] 由以上古典和新古典经济学家关于对外贸易的代表观点可以看出，他们都从不同的角度和不同的层次上论证了对外贸易对于一国的经济增长具有绝对促进作用，从而主张自由贸易。

传统的对外贸易理论对对外贸易的积极作用给予了肯定，但它的缺陷也是显而易见的，那就是只重视各国对外贸易的正面效应，却忽视了研究对外贸易产生的负面结果，特别是对发展中国家对外贸易中产生的许多现实的问题没有进行研究。另外，传统的贸易理论基本都是建立在产品市场完全竞争的古典经济学基本假定上的，这就使得它对现实的解释是乏力的，其政策的导向性也是缺乏的，于是新贸易理论应运而生。

(二) 贸易理论的新发展

第二次世界大战后，特别是 20 世纪 50 年代以来，国际贸易出现了许多无法用传统国际贸易理论来解释的新现象。例如，大部分的国际贸易是在要素禀赋相似的工业化国家之间进行的；大部分贸易是产业内贸易，即相似产品的双向贸易；贸易的扩大绝大部分是在没有大规模的资源重新配置或收入重新分配的影响情况下形成的；产业领先地位不断转移，等等。在这种情况下，以克鲁格曼、狄克西特、斯蒂格利茨等人为代表的国际经济学家通过引入新产业组织理论分析方法，建立一系列具有开创性的模型，将规模经济、不完全竞争、多样化偏好以及产品的异质性等理论纳入规范的贸易理论分析之中，解释了上述资源禀赋和技术相似的国家间贸易以及行业内贸易急剧上升等国际贸易新现象。这些理论一般被统称为新贸易

① 谭崇台．发展经济学．太原：山西经济出版社，2000．281

理论。

新贸易理论根据不同的假设前提分析了国际分工和国际贸易发展的新的动因，其内容主要包括：①规模经济与不完全竞争贸易理论。以克鲁格曼和赫尔普曼为代表的经济学家把规模经济理论引入国际贸易理论研究中来，修正和发展了传统国际贸易理论。该理论认为，每个国家的生产者都在生产的多样化和单一产品的大规模生产之间进行选择。在开放经济条件下，生产者的最终选择是单一产品或少数产品的规模生产，以达到规模经济。而国内消费者对其他产品的需求则需要从其他国家进口来满足。所以，在规模经济条件下，一国只生产有限类别的产品，并跟其他国家进行贸易。这样，各国不仅生产者得到了规模经济带来的较高的利润水平，消费者也享受到了较低的价格和产品多样化带来的较高的福利水平。②技术差距理论。1959 年，美国经济学家波斯纳运用技术创新理论修正了赫克歇尔—俄林模型，提出了技术差距理论。该理论认为，在两个其他条件基本相同的国家间，由于技术模仿时滞和需求时滞的存在会使国家间存在技术差距，先行进行技术创新的国家有出口技术密集型产品的比较优势，而当技术随着国际贸易相互传递时，技术差距就会逐渐消失，该国的贸易将持续到其他国家的生产能够充分满足国内需求为止。技术差距理论还指出了技术变动的两个主要原因即技术外溢和技术创新。③差异产品理论。1977 年，迪克希特和斯蒂格利茨建立的 D-S 模型，阐述了消费者需求多样化和企业生产规模经济的两难冲突问题。在具有规模经济的条件下，企业倾向于扩大规模生产同一类型、同一档次的产品以获得规模经济，因此，对生产者来说，产品差别越少越好；而消费者由于需求的多样化则要求产品要具有多样性，即产品差异。所以，在没有国际贸易的前提下，企业的规模经济与消费者的多样化产品需求是矛盾的。在参与国际贸易的时候，由于各国在不同产品上或不同档次的同类别产品的生产上具有比较优势，由此产业内贸易产生。④代表性需求理论。1961 年，瑞典经济学家兰德指出，一国平均的收入水平或者说是大多数人的收入水平就是一国的代表性需求。一国的生产者只有专门生产代表此水平的商品才有可能达到规模经济，而这又使得国内生产无法满足国内其他收入水平的消费者对同类产品的需求。因此，一国应集中生产本国代表性需求的产品，出口该产品，并从与本国收入水平相似的其他国家进口相似产品，以满足本国其他收入水平消费者的消费需求。代表性需求贸易理论表明，在消费品的生产上，规模经济容易在各国代表性需求的产品上产生，因此，收入水平越相似，国家之间的产业内贸易越多。

传统国际贸易理论奠定了国际贸易理论研究的坚实基础，但这些理论本身由于其假设条件的局限，其对现实的解释力明显不足。随着经济学研究方法和研究范围的不断扩展，尤其是产业组织理论的大发展，规模经济、产品差异和不完全竞争市场理论的引入，新生的国际贸易理论更加接近现实，对现实的解释力增强。与传统国际贸易理论将关注的焦点置于供给不同，新国际贸易理论家还将关注的焦点投向了需求，从供给和需求两个角度来探讨国际贸易产生的原因。他们认为，规模经济、不完全竞争、差异性产品、代表性需求等都是国际分工的基础和国际贸易产生的原因。当然，新贸易理论并没有像传统国际贸易理论一样形成规范的体系，其将随着国际贸易实践的发展而不断发展完善。

另外，由于对外贸易政策在实践中产生的效应在各国并不平衡，在一些国家，积极开展对外贸易确实强有力地推动了国家经济的增长，并且外贸的正效应传导到了国内其他非外贸产业，提升了这些产业的技术、管理水平，这突出地反应在20世纪60～70年代实施出口导向型产业发展政策的韩国、我国台湾等亚洲“四小龙”国家和地区以及巴西等。60年代以后，上述国家和地区出口的年增长率达10%以上，国民生产总值年增长率也到10%左右，不仅超过一般发展中国家，而且快于发达国家。[①] 但是，这种开展对外贸易产生的经济推动作用并不是在所有的国家都像在上述地区那样取得了明显的效果。因此，一些国际经济学家以务实的态度为出发点，既承认贸易对增长的积极作用，又提出了现实的问题，开始注重探求对外贸易推动经济增长的更深层次的原因，正是在这个方向的研究基础上提出贸易是增长的婢女的观点。它的特点是政策导向性强，侧重进行实证分析。

关于贸易与经济增长之间关系研究的代表人物主要有里特尔和约翰逊等。里特尔考察了亚洲“四小龙”当时的经济发展实绩，认为这些国家和地区仅仅用很短的时间取得经济的迅速增长，虽然从表面看是实施出口战略的绩效，但是本质的原因在于它们借助于推动出口，利用了本国劳动力资源丰富、价格便宜的优势。实质上，他在这里正好是运用实证材料进一步证明了古典的比较优势或者绝对优势理论的理论成果。约翰逊等人率先区分了“自由贸易”与“自由放任”这两个概念的不同之处，认为“自由贸易”主要是指反对进行经济统治式的、强制的贸易保护，主张遵循市场经济规律，保证价格机制在贸易中的积极调节作用，实际上它主张在对外贸易领域，在不影响市场机制的前提下，进行适度的干预是必要的；而“自由放任”则侧重于指不考虑现实因素，主张对自由贸易不加任何约束或者是政策指导，它忽视了在国际贸易领域实际上存在的市场失灵从而要求适度干预的客观必然性。他们提出由于外部性、生产中的收益递减等市场本身的因素，加之各国国内的具体条件，自由放任可能造成种种非效率现象。同时，他们主张通过国内课税和补贴以纠正国内价格机制运作中的扭曲，保证自由贸易。除此而外，许多经济学家还根据经验研究指出，自由贸易仍是所有国家的首选之策，提倡在发展对外贸易的过程中尽可能地利用国内优势资源，从而通过国际贸易延伸国内机会，最终把经济增长建筑在依靠国内资源的基础之上。由以上分析可见，“增长的婢女”一词比“增

---

① 陈宪．国际经济学教程．上海：立信会计出版社，2003．186

长的发动机”能更好地表达贸易可以发挥的作用。

关于贸易与经济增长之间的关系的研究不仅仅反映了对外贸易理论从理想化的、笼统的论证走向了更现实的、具体化的探索，显示了西方经济学在国际贸易理论的研究上是一脉相承的，而且反映出它在各个发展阶段呈现出不同的特色。特别是能够侧重于从实证分析的角度去论证传统贸易理论的重要结论或者成果，从而斯密和李嘉图最早关于国际贸易方面的真知灼见进一步具体化，更加有血有肉，具有了前所未有的理论说服力。如果说传统贸易理论早已经揭示了对外贸易是推动经济增长的根本动力，那么这方面的研究则从各国经济发展的现实出发，将表象与本质有机地结合了起来，从而完美地解释了对外贸易何以可以推动一国经济的增长，在实践中为什么一些国家的对外贸易并不像其他国家那样明显地推动经济增长，从而使得传统贸易理论的精华更加富有生命力。

二、发展经济学家的国际贸易理论

与新古典经济学家不同，以研究发展中国家的经济增长和经济发展问题为己任的发展经济学家，则站在发展中国家的立场和角度，对传统的对外贸易理论进行了审视并提出了自己的观点：有人认为它基本适用于发展中国家，有人认为它不适用于发展中国家，有人对它做了一般性的批评。

发展经济学中关于国际贸易理论基本观点的论述综合起来主要有以下几种：

第一，认为传统贸易理论基本适用于发展中国家的观点，主要侧重于认可传统贸易理论的基础。比较成本学说认为，对外贸易增进了国际范围的分工和专业化程度，从而起到提高生产效率、推动经济增长的积极影响。具体而言，对发展中国家来说，应用比较成本学说进行专业化生产，可以充分利用自己的资源与成本优势，比如劳动力资源优势，有效而合理地配置资源，提高生产率，最大限度地扩大产出和取得实际收入。他们还举出发展中国家近30年经济和贸易发展的历史，证明比较成本理论在发展中国家仍然有效。大多数学者认为自给自足式的发展模式是不足取的。这一观点注重从静态角度，着眼于短期效益，对比较成本学说加以肯定。

第二，与上述观点相反，来自发展中国家的一些经济学家，尤其是发展经济学中的激进派，则侧重于从动态发展的角度，从长期影响方面考虑传统贸易理论，认为以比较成本学说为核心的自由贸易理论不适用于发展中国家。持这个观点的经济学家主要指出传统贸易理论的前提假设与发展中国家的实际情况不符合：在实际的国际贸易格局中，发展中国家以农产品、初级产品的专业化生产和出口为主，并往往将资源集中于少数几种产品的生产和出口上，这种畸形的投资与资源配置导致了畸形的经济结构和外贸。这个现实与传统贸易理论假定对外贸易可以促进一国资源的合理配置是相违背的；而且，即使在这种不合理的经济结构下，发展中国家仍然存在着大量的失业人口和闲置生产能力,这又与传统贸易理论鼓吹对外贸易可以使资源得到充分利用是不符合的;另外,按比较成本优势进行生产,传统贸易理论假定的前提是资源的价格可以反映其机会成本,而发展中国家的要素价格由于受非市场因素的干扰,存在着严重的扭曲,几乎不能反映其机会成本,这更加导致其产品的国内价格与国际价格发生扭曲,进一步影响了所谓对外贸易可以在国际范围内合理配置资源的传统观点。传统的国际贸易理论只看到了静态收益,即通过对外贸易使贸易国的产出和福利增加从而带来世界的产出和福利在既定要素供给条件下迅速增加,但未能认识动态收益:首先是规模收益,一国因扩大对外贸易,而使市场需求增加,从而刺激了外贸部门生产规模扩大、资本积累、生产方法改进及资源集中,最终形成规模经济,产生内在或外在经济效益,同时加快工业化进程;其次,由于外贸的发展,产生许多诸如竞争意识、创新思想、管理革新、制度引进等使传统经济得到彻底改造的经济刺激,提高国内经济生产能力;再次,传统贸易理论所提倡的自由贸易,并不利于在国际贸易格局中处于劣势的发展中国家,因为发展中国家与发达国家的贸易对象是不平等的,前者出口初级产品,技术含量低,后者出口工业品,技术含量高,如果发展中国家不进行贸易保护,自由贸易的结果就是导致发展中国家贸易条件恶化、外贸即国际收支逆差,更为严重的是使发展中国家永远依附于发达国家,成为原料供应地而受剥削;最后,发展中国家由于市场经济发展落后,外在不经济现象比较普遍,这就导致很多生产的社会成本很大。如果仅仅按照私人成本计算的国际比较成本为基础进行国际贸易,虽然使个别企业有利可图,却会使发展中国家承受额外的社会成本,这显然是不公平的。综上所述,对传统贸易理论持否定态度的观点,主要是认为传统贸易理论缺乏与发展中国家相适应的现实基础,从本质上来讲,并没有推翻传统贸易理论赖以存在的基础——比较成本学说,而是反对传统贸易理论所主张的自由贸易政策。

第三,发展经济学家对自由贸易政策的批评。尽管自由贸易的发动机效应影响颇大,但许多发展经济学家从发展中国家经济现实出发,在批评传统贸易理论的静态性、简单化倾向的基础上,指出自由贸易不利于发展中国家的经济发展,比如自由贸易使发展中国家贸易条件恶化,外贸和国际收支出现逆差,加重发展中国家产业结构低级化等不合理程度,导致更大的国际不平衡:市场扩大一方面强化了发达国家的工业主导地位,同时又使原本就虚弱的发展中国家民族工业面临强大的国际竞争而失去发展壮大的机会。所以,发展经济学家主张在不平等的国际贸易格局中,发展中国家应该实行贸易保护政策,甚至于通过采取关税同盟和其他形式的经济一体化来实现“集体的自力更生”,以摆脱发达国家的支配。这种观念和政策主张曾经风行发展中世界,成为它们采取保护主义措施和进口替代战略的理论依据之一。

发展经济学有关对外贸易的代表性理论包括:

1. 普雷维什的“中心—外围”学说及贸易条件恶化论

早在20世纪50年代,普雷维什和辛格就考察了发展中国家不断恶化的贸易条件,指出要谋求发展,则发展中国家必须采取适当政策扭转这种不利的局面。

他的贸易条件恶化论是建立在其中心—外围说基础上的。他认为,在世界经济发展中,由于旧的殖民体系造成的国际分工的遗留影响,使得发达国家和发展中国家之间在技术发展程度上存在很大的差距,这造成它们的生产技术水平、劳动生产率发展很不平衡。发达国家技术发展快,劳动生产率水平高,创新能力强,它们的生产以制成品为主,逐渐成为世界经济的“中心”;而发展中国家技术发展慢,劳动生产率低,以农产品和初级产品的生产为主,逐渐成为世界经济的“外围”。中心是技术的创新者和发展的主导力量,外围则是中心的附庸、原料提供者和技术模仿者;中心向外围出售制造品,外围用农产品和初级产品同中心交换,这就形成了国际贸易的中心—外围这种不对称的格局。

普雷维什所谓贸易条件,实际上指一个国家以出口交换进口的条件,当出口能够交换到更多进口时,贸易条件就改善;反之,贸易条件就恶化。普雷维什从以下几个方面来说明外围国家的贸易条件在不断恶化:

首先,普雷维什认为技术进步的利益在中心与外围之间的不平等分配是造成外围国家贸易条件恶化的重要机制。普雷维什认为,贸易条件主要是由技术进步状况决定的,他用要素收入与生产率的关系以及工业品与初级产品的价格比率来说明这一点。一般说来,相对于农业而言,工业部门容易吸收新技术,因而技术水平高。工业技术进步会提高工业生产率,使工业的要素收入增加,并使工业品价格较高(因为资本投入多)。而农业部门因技术相对落后,劳动生产率低,农业投入要素的边际收益递减,并使农产品价格较低。这样,工、农业产品的比价就有利于工业品而不利于农产品,因而在双方的贸易中,产生了技术进步成果分配的不平等,即发展中国家的出口产品价格低,发达国家的出口产品价格高,这就造成外围国家初级产品的国际市场价格相对制成品而言呈现下降趋势,因而在双方的交易中,产生了技术进步利益分配的不平等:一方面,中心国家保留着自身技术进步的全部利益;另一方面,外围国家则将本身技术进步的部分成果通过出口价格的下降而转移到了中心。同时,外围国家如果从中心国家引进新技术,会提高它的劳动生产率并增加其要素投入的收入。但是,由于发展中国家人口压力过大、劳动力过剩,使要素收入的提高慢于生产率的提高。这样,技术进步的利益就会被人口所抵消,使发展中国家的劳动生产率、工资率、产品价格都低于发达国家。所以,贸易条件的恶化就不可避免。其结果就是在国际贸易中,使外围国家的经济剩余转向中心国家,产生中心剥削外围的不平等现实。

其次,贸易周期运动对中心与外围的不同影响,也是外围国家贸易条件长期恶化的重要原因。普雷维什认为,在贸易周期的上升阶段,制成品和初级产品的价格都会上涨,而且“初级产品价格的上升要快于工业品价格的上升”。但在贸易周期的下降阶段,由于制成品市场具有垄断性质,初级产品价格下跌的程度要比制成品严重得多。这样,贸易周期的反复出现,就意味着初级产品与制成品之间价格差距的不断拉大,从而使外围国家的贸易条件趋于恶化。另外,在贸易周期的上升阶段,由于企业家之间的竞争和工会的压力,工业中心的工资上涨,部分利润用来支付工资的增加。到危机期间,随着工会力量的增强,上涨的工资并不因为利润的减少而下调。而外围国家的情况则不同,虽然在经济繁荣时期,外围国家的工资也会有适当的上涨,但当贸易周期的下降阶段来临时,由于初级产品部门工人缺乏工会组织,没有谈判工资的能力,再加之存在大量剩余劳动力的竞争,所以外围国家的工资和收入水平被压低。这样,在工资成本上,贸易周期的不断运动使制成品的价格相对上升,而初级产品价格则相对下降,有时甚至是绝对下降,外围国家贸易条件不断恶化。

最后,初级产品的需求收入弹性低,是外围国家贸易条件长期恶化的更为重要的原因。如果把恩格尔定律应用在国际贸易中,随着一国收入的增长,总收入中分配给初级产品部门的份额呈降低趋势,而分配给制成品生产部门的份额则呈上升趋势。如果初级产品和制成品的需求收入弹性一致,那么初级产品与制成品的生产、供求和贸易将趋于平衡。普雷维什和辛格指出,初级产品的需求收入弹性大大低于制成品。这样,实际收入的增加就会引起制成品需求更大程度的增加。但同样由于恩格尔定律的作用,收入的这种增加对于食品和原材料等初级产品的需求来说不会产生同样的效果。再者,由于初级产品的需求不像制成品那样能够自动地扩大,而它们的需求收入弹性又比较低,因此,它们的价格不但呈现周期性的下降,而且还出现结构性下降。此外,制造业的技术进步往往会减少单位产品的原材料消耗量,这样所形成的节约就抑制了对相应初级产品的需求;而大量合成产品的出现,更是直接替代了对天然原材料的需求。①

后来的发展经济学家在以上普雷维什首先讨论贸易条件问题的基础上,又提出了更进一步的观点。比如威尔逊等人提出了收入贸易条件这个概念来补充普雷维什的论述。他认为,普雷维什的贸易条件是指出口商品价格指数与进口商品价格指数之比,衡量的是出口对进口的单位或平均购买能力,应该是商品贸易条件;而收入贸易条件则是商品贸易条件乘以出口商品量,反映的是出口对进口的总购买力。虽然收入贸易条件会受到商品贸易条件的制约,但区分二者仍然是有相当大的意义的,因为商品贸易条件恶化并不一定会导致收入贸易条件的恶化,如果这时候出口量增加幅度比较大,则后者的改善是必然的结果,这恰恰会促进经济增长,提高人均收入水平。所以,收入贸易条件比商品贸易条件更重要,前者反映的

① 董国辉. 普雷维什命题:历史与现实. 拉丁美洲研究,2001(3)

是一国的绝对贸易地位,注重说明贸易条件改变使谁受损、谁收益,而后者则反应一国的相对贸易地位,强调贸易条件变化对一国经济增长的影响是有利还是不利。

对这个观点有人提出了不同看法,指出它没有从发达国家和发展中国家经济增长的比较中看问题,也就是没有站在发展中国家的立场上,把发达国家作为参照系进行比较。实际情况是:在发展中国家所谓收入贸易条件在改善的同时,发达国家的收入贸易条件有着更大的改善,二者的差距仍然在进一步拉大。所以,所谓收入贸易条件概念的提出并没有什么现实意义。

普雷维什在上述证明发展中国家贸易条件恶化的基础上,提出了发展中国家的对外贸易政策:①采取通货贬值政策弥补国际收支逆差。通货贬值可以起到鼓励出口、限制进口的作用,进出口结构由此会得到调整。但通货贬值导致的副作用也是显而易见的,那就是可能使本国的贸易条件恶化。如果贸易条件恶化的效应大于通货贬值的效应,那么出口就会变得更为不利,即出口越多,受益越小,外贸逆差越大,国际收支越不平衡。②放慢经济增长率来平衡外贸和国际收支。国际收支不平衡主要是外贸逆差即进口大于出口引起,所以要平衡国际收支,可以通过减少进口、平衡外贸来实现。但这个措施必然要以牺牲经济增长率为代价。③由于上述两种机制存在明显的消极影响,不宜长期采用,普雷维什认为,要从根本上解决国际收支问题,必须由国家出面,采取保护主义措施,鼓励出口,限制进口,改变外贸结构从而改善贸易条件。要达到这个目的,关键要改变进出口产品的需求收入弹性,也就是降低进口产品的需求收入弹性,提高出口产品的需求收入弹性,这就要求外围国家必须降低对进口产品的需求,提高对出口产品的需求。普雷维什认为,降低对进口产品的需求,最有效、最重要的途径是实行"进口替代"战略,用国产的产品来取代原来需要进口的部分产品。同时,外围国家应联合起来采取国际行动,建立新的国际经济秩序,以迫使中心国家提高对初级产品的需求。

2. 贸易保护理论

正如上面所论述的那样,许多发展经济学家认为自由贸易的理论和政策并不切合发展中国家的情况,相反,为了顺利地发展民族经济,实现工业化,发展中国家必须实行贸易保护。主要理由包括:①由于历史原因,发展中国家的工业发展水平很低,许多发达国家已经发展成熟的产业在这些国家尚处于幼年,为了培育自己的工业,最终建立完整的民族工业体系,在这种世界工业发展存在严重不平衡的大环境下,发展中国家必须保护幼年工业的发展,使这些新生的工业在生产成本最小化的条件下逐步成熟,形成适度的生产规模,为本国工业的长期成长奠定基础;②在发达国家工业制成品的需求收入弹性大,而发展中国家初级产品的需求收入弹性越来越小的客观现实面前,发展中国家要扭转局面,发展进口替代工业,只能通过保护主义措施这种非市场力量来减少制成品的进口,增加进口替代工业需要的资本品和原材料等的进口;③为了建立健全民族工业,在社会生产成本低于个别生产成本的行业，通过保护措施形成外部经济鼓励私人投资生产；④调整国内产品价格与国际产品价格的扭曲，促使进出口商品之间形成更加合理的比价，以实现公平。贸易保护的主要目标是改善贸易条件和平衡国际收支。

(1) 李斯特的贸易保护理论

与古典经济学家的不同之处在于，李斯特在研究中不仅重视财富，更重视财富的生产力，生产力代表着未来的财富，因此，李斯特思想的精华被认为是从动态角度研究财富问题。在李斯特看来，农业、原料及科学技术等是有利于生产力提高的，所以它们可以进行自由贸易，但是工业产品的自由贸易却未必对国内工业的发展有利，特别是处于相对落后的国家，国内工业发展缺乏竞争力，国家对其进行保护干预是非常重要的，这有利于保存并促进落后工业的生产力，最终改变落后国与发达国之间的相对竞争优势，在这里他强调保护关税制度的重要性。

具体而言，他的保护关税制度的核心思想包括：关税保护的对象应该是工业中的重要部门、有竞争潜力的部门和技术部门，具有优势或者是无竞争对手的新生工业部门无需保护；关税保护应该根据国家的具体环境和其工业的具体情况来确定，实行差别对待；课收关税应该是有限度的，"不可使输入和消费因此受到限制，否则不但将削弱国内生产力，而且也将使增加税收的目的受到挫折"[①]；关税保护措施的实施应该是有步骤的。

李斯特从民族主义的立场出发，看到了国际贸易中国与国之间的利益不对等，并强调关税保护对国内产业的影响，尤其值得肯定的是，他从动态发展的角度颠覆了静态的比较优势理论，认为落后国家通过关税保护可以保存和发展本国幼稚产业的生产力，从而在未来使这些产业在国际贸易中反过来成为具有比较优势的产业，以改变国际分工的格局。正是这种具有积极态度的、动态的、基于民族主义的研究，加之他把生产力当作贸易保护的根本，实质上切中了国际竞争的要害，从而使得李斯特的贸易保护理论成为后来各种贸易保护主义的重要理论基础。

但是，李斯特认为农业并不需要贸易保护，这一点应该说与现代国际贸易中普遍实施农产品贸易保护手段的事实是不相符合的。

(2)保护幼年工业理论

幼年工业是指发展中国家新建立起来的工业生产部门，一般是顺应工业化发展需要，并且在本国具有相当市场潜力的产业。建立幼年工业的目标是为了发展民族工业，为实现本国工业化打基础，以达到从长远的角度最终减少对外国经济依赖的目的。由于是新建工业，幼年工业无论与国内传统工业比还是与国际上的同类工业相比都很脆弱，因而需要采取特殊措施加以保护。保护措施一般包括：利用关税收入补贴幼年工业，补偿其损失，以增强其获利能力；政府利用出口收入或引

① (德)弗里德里希·李斯特．政治经济学的国民体系．北京：商务印书馆，1997．261

进外资支持幼年工业的发展，帮助它形成规模经济，并获得外部经济效益；从国外引进先进技术，提高幼年工业的技术水平和劳动生产率，使其降低生产成本，以及政府在信贷、税收、原料供给、产品销售等方面提供特殊优惠等。保护的最终目标是提高幼年工业的技术水平，帮助其实现规模经济，增强外部经济效益。

幼年工业的成长对于发展中国家建立自己的基本工业基础具有很大的作用，它促使民族工业首先通过自己生产满足本国消费品市场的需要，同时幼年工业走向成熟也在一定程度上提升了它们的出口创汇的能力，从而促进本国外贸增长和经济发展。因此，许多国家都采取保护措施来发展幼年工业。

（3）发展进口替代工业理论

从发展中国家工业化的历史看，进口替代战略是许多国家的必经之路，因为进口替代战略不仅可以直接刺激进口下降、平衡国际收支，而且可以促进本国的工业化，从而间接地对改善贸易条件有很大的作用。值得指出的是，在发展进口替代工业过程中，贸易保护政策是必不可少的：一方面，利用关税、进口配额等限制有关的消费品、制造品的进口；另一方面，利用减、免税等增加进口替代工业必需的资本品、原材料的进口；同时，还应实行一些优惠的收入、产品定价等政策，来扶植进口替代工业的健康发展。

在这一理论指导下，从20世纪50年代起，许多发展中国家相继实行了进口替代政策，事实上这个政策对于一些发展中国家相关工业部门的发展起到了一定的作用，比如泰国在战后只有一些碾米业、锯木业等传统工业，而到了60年代，在进口替代政策的带动下，已经发展了纺织、制糖、水泥、炼油和电器装配等现代工业。[①] 但是，进口替代政策在发展中国家的推行很快面临着现实的制约：首先，发展中国家国内市场相对狭小，而其新培育发展起来的工业部门普遍生产力低下，特别是当完成非耐用消费品国内生产这个进口替代战略的第一阶段之后，在迈入第二阶段，即以国内市场为基础，建立比较完整的工业体系，用以生产耐用消费品和资本密集型产品比如钢铁、石油化工等的时候，由于生产对管理、技术和资本的要求越来越高，传统部门的传统结构和传统人才很难适应，加之国内市场的限制，几乎无法使得这些产业实现规模经济，从而导致生产成本偏高，在国际上缺乏竞争力，最终难以拓展国际市场而无法进一步发展。其次，进口替代工业发展需要大量从国外进口设备和原材料，这虽然代替了消费品的进口，但并没有减少外汇支出，反而导致国际收支恶化。最后，把注意力放在发展进口替代工业，忽视了基础设施特别是农业的发展，严重削弱了国民经济的发展基础，阻碍了工业化的进程。正因为这些问题在进口替代政策推行的过程中越来越突出，所以从20世纪60年代中期以来，一些发展中国家日益感到开拓国际市场的必要性，所以并没有进入进口替

① 陈宪．国际经济学教程．上海：立信会计出版社，2003．182

代的第二阶段,而是果断转向出口替代政策,比如亚洲“四小龙”。有资料表明,这些及时改变政策的国家继续维持了国内经济的高速增长,而同时期继续进入进口替代第二阶段的一些国家,比如印度、坦桑尼亚还有缅甸等国,其国内经济增长率就低得多。

(4)次优理论

贸易保护的目标主要是改善贸易条件和平衡国际收支。一般说来,贸易条件的改善可以通过通货贬值、限制进口或鼓励出口、提高出口价格等手段来实现,而国际收支的平衡可以通过浮动汇率、增加出口或限制进口等手段来实现。但是,这两个目标有时是不能兼而达到的,上述调节机制也存在着作用和效应上的矛盾。比如,要平衡国际收支,可以利用通货贬值,但通货贬值却使出口价格降低,导致贸易条件恶化。此外,有些贸易保护措施可以在达到既定目标的同时使一国的外贸和生产发展更经济,而有些措施却会在达到既定目标的同时使生产和外贸的发展变得不经济,这就产生了矛盾。例如,利用提高国内产品价格来改善贸易条件,可以解决国内产品价格与国际产品价格的扭曲,但却减弱了出口产品的竞争力,从而使出口减少,使经济活动变得不经济。所以,任何贸易保护机制都不能产生十全十美的效应,都不能使经济活动的各方面都达到最优,在这种情况下,就不应当强求最优,而应当从现实出发,寻求最有效的保护手段。

经济学家采用关税和补贴的效应分析说明,如果采取保护的目的是为了减少进口,消除价格扭曲,则这两种措施虽然都会实现预期目的,但同时会造成经济福利的损失,所以这里没有“最优”只有“次优”;如果贸易保护的目标是增加国内产出,则补贴措施比关税的效果强,后者无助于增加国内产出;如果贸易保护的目的是为了减少进口,增强民族工业的自力更生能力,则关税相对于补贴更为有利,因为关税能同时起到限制进口消费品和增加国内生产的双重作用,这比补贴仅能增加国内产出的单一作用更为有效。上述分析说明发展中国家在实现贸易保护政策的时候,必须根据所要实现的目标选择正确的贸易保护手段。若手段正确,会产生预期效果;若手段不当,则会产生不良后果。有些学者还评价了关税与补贴机制的特点和实质,认为关税是一种“内向型”政策,即保护国内生产的发展;而补贴是一种“外向型”政策,它刺激出口生产的发展。因此,发展中国家在运用这些机制时,应特别注意其特点,权衡利弊,根据自己的发展目标和要求来采用正确的保护手段。

(5)关税结构理论

关税作为最重要的一种贸易保护措施,被发展中国家普遍采用。然而,关税政策的实施并非铁板一块,针对商品和服务的品种、数量以及贸易条件的变化等因素进行增减关税、对税率进行改变等都是必要的,也是值得研究的。关税结构理论正是为了解决这个问题而产生的。

从贸易保护的角度看，关税的作用是为了减少某种商品的进口，保护国内同种商品的生产。一般说来，关税税率越高，名义保护率（税后价格与税前价格的差额除以税前价格）越高，对国内同种商品生产行业的保护程度就越大。但是，名义保护率并不能准确地反映国内生产的商品价值增值的大小，而且也不能反映关税对国内商品生产部门中加工进口要素的部门的收入影响。比如，国内生产某种商品时需要进口某些原料，对这些原料征收关税，提高了其价格，从而使商品的投入成本加大，无疑导致投入要素的收益减少。科登等人提出了适当衡量关税实际保护效果的数量标准——有效保护率，正是为了弥补上述名义保护率标准存在的缺陷而提出的。有效保护率是用以国际价格计算的国内商品的增加价值超过按国际价格计算的进口商品增加价值余额的百分比来衡量的，即关税保护下国内商品的增加价值（可以用国内商品价值减去生产成本和进口原料的关税额求得）与按国际市场价格计算的进口商品的增加价值（可以用进口商品的国际价格减去其生产成本求得）的差额除以按国际市场价格计算的进口商品的增加价值。有效保护率反映的是商品的产出价值与投入价值的差额，它不仅可以较准确地衡量商品的受保护程度，而且可以衡量关税对投入要素价值与收益的影响。

例如，一商品的国际市场价格为100元，生产成本为70元，增加价值为30元。如果国内生产的同类商品的价格也是100元，成本也是70元，增加价值也是30元，这时，若对进口商品征收20%的关税，进口商品价格提高为120元。为了保护国内同类商品的生产，也将国产商品的价格提高到120元，从而使国产商品的增加价值提高为50元（30 + 20）。在这种情况下，对国产商品的名义保护率为20%：（120 - 100）÷100 = 0.2；而有效保护率却达到66%：（50 - 30）÷30 = 0.66。可见，在同一关税税率下，由于商品的增加价值不同，名义保护率与有效保护率会出现很大差别，有效保护率越大，保护程度越高，反映出国内商品的增加价值越多。

如果不仅是对进口的最终产品征税，还对进口的原材料和中间产品征税，那么，有效保护率会受到影响。分析表明，若其他条件不变，对原材料和中间产品征收的关税越高，国产商品的生产成本提高越多，其增加价值就越少，该商品生产受保护的程度就越低；反之，对原材料和中间产品征收的关税越低，国产商品的成本提高越少，增加价值就较大，受保护程度就越高。所以，一个国家要保护其国内某种商品的生产，对进口的最终产品的关税越高越有利，对进口的原材料和中间产品的关税越低越有利。实践中，发达国家对从发展中国家进口的原材料和初级产品征收较低的关税，对进口的最终产品征收较高关税，正是在表面上名义保护率低的掩盖下保证了很高的有效保护率。

由此可见，运用有效保护率对发展中国家具有特别重要的意义。首先，能够帮助发展中国家甄别发达国家的具体关税措施。一般而言，发达国家对从发展中国家进口的初级产品征收的关税名义保护率低但有效保护率很高，这对发展中国家的加工工业发展是很不利的，因为这种关税政策只会刺激发展中国家多生产和出口原材料等初级产品，导致经济结构畸形化，阻碍工业化的进程。而这种在世界贸易中原材料的有效保护率远远低于加工品和制造品的有效保护率的情况目前仍然存在，发展中国家必须给予高度重视，并应采取措施来改变出口和国内经济结构，提高发展中国家的有效保护率。其次，帮助发展中国家在分析的基础上及时调整关税结构，从而积极实施合理的本国关税策略。许多发展中国家实行进口替代工业化的发展战略，因而关税保护的重点放在国内最终消费品的生产上，对资本品和中间产品的生产保护程度较低。实际上，对最终消费品实施高保护率而对资本品、中间产品等的保护率不够，结果会促使资源从资本品和中间产品生产部门流向最终消费品生产部门。而进口替代工业的最终消费品的生产主要靠进口资本品和中间产品来维持，因而虽然它的国内市场需求很大，但是却无法带动本国资本品和中间产品生产部门的发展，同时会因为这些进口替代工业过分依赖进口投入而产生外汇短缺、保护程度过高而使产品缺乏竞争力，结果是全面实现工业化的发展计划失败。给我们的经验教训就是：发展中国家应当根据经济发展的需要，及时地、适当地调整关税结构，避免上述不良后果的产生。

综合上述贸易保护理论，其基本点就是发展中国家由于在国际贸易中处于劣势地位，同时又面对发达国家强有力的贸易保护环境，所以毫无疑问应该采取贸易保护措施以谋求民族工业的发展和壮大；但是，在采取贸易保护的具体策略上，这些理论经过长期的实践摸索，越来越强调要在贸易保护政策上避免表面化、短期化和简单化，重视从发展中国家的长远利益出发，实施策略化手段，从根本上保护本国利益。

3.“剩余的出路”理论

古典的比较成本理论认为，在存在国际贸易的情况下，贸易国的现有资源都已得到充分利用，因而不可能再增加出口量；同时，应按比较成本的原则实行国际分工和专业化生产，也就是一国根据本身的资源丰裕状况和成本优势选择生产产品参与国际贸易，这样国际贸易就会促进该国经济的增长。但这种理论与发展中国家的现实格格不入：首先，发展中国家存在着大量的失业和剩余资源，资源并未得到充分利用；其次，事实上存在的国际分工和专业化生产对发展中国家的经济增长并不利。所以，比较成本理论无法解释或者支持许多发展中国家采用外向型的发展战略以扩大出口来带动经济发展的现实。在这种情况下明特提出了“剩余的出路”理论，它比比较成本学说更令人信服地解释大多数发展中国家出口生产的迅速发展。该理论认为，第一，外贸的扩大是因为有大量的剩余资源存在，没有剩余资源，外贸就不可能产生并扩大；第二，比较成本学说不能解释条件相近的两个国家却会发展不相同的出口产业，“剩余的出路”理论则用资源的优势、人口压力等原因来说明这一点。总之，“剩余的出路”理论强调一国在没有剩余产品、但存在剩余资源的情况下国际贸易发生的原因,说明了发展中国家发展对外贸易的基础,令人信服地解释了发展中国家主要根据国际市场的需求而不是国内资源的供给优势或比较成本,打破国际分工和专业化的限制,利用自己的剩余资源来发展出口产业,从而实现经济增长的现实。可以说,"剩余的出路"理论是对比较成本理论的有益补充,从国际贸易产生的原始基础这一角度进一步发展了国际贸易理论。

三、对对外贸易理论的总体评价及其对中国实行对外开放的启示

通过对上述西方经济学和发展经济学关于对外贸易的主要理论的介绍,我们大体上可以把这些理论观点分为两种倾向:自由的和激进的。具体来说,以西方经济学为其理论基础的对外贸易理论基本属于自由派的观点,这些理论的共同特点是:由于不发达国家在要素占有上处于"劣势",特别是在资本和技术要素上尤为"虚弱",如果考虑这些国家参与国际贸易,就会根据比较利益的原则而形成生产专业化和国际分工,从而国际贸易这种对外开放的行动,会成为不发达国家经济增长的"引擎",因为参与国际贸易的过程就是生产专业化的过程,它会使任何国家的要素更有效率地发挥作用,而且对于处于"劣势"的不发达国家,生产的专业化和国际贸易的意义更为重大。

这些观点具有一定的道理,从实证的角度验证,其说服力也是显而易见的。然而,这种观点过分地强调了国际贸易的好处,而忽视或者是避而不谈发展中国家在国际贸易不平等体系中贸易条件恶化的事实,以及发达国家贸易保护政策给发展中国家带来的损害及弊端。站在中国这样的发展中国家的立场上看,自由派的主张太过乐观,如果按照这样的理论指导对外开放,在实践中不顾本国的实际情况毫无保护地参与国际竞争,势必会进一步恶化我国在国际竞争中的处境,给国家的长期经济发展带来巨大损害。

以普雷维什为代表的发展经济学的对外贸易理论,其基本观点是激进的,那就是,他们认为在国际资本主义体系中进行国际贸易,不可能公平或者是公正。国际市场受发达国家的操控,在现行的国际贸易秩序里,基于不合理的价格体系,发达国家抬高了工业制成品的价格,压低了初级产品的价格,致使发展中国家贸易条件日益恶化,处于"外围"的不发达国家在这种不平等的国际贸易体系中必然身受其害,遭受"中心"的长期剥削。

这种观点有符合实际的一面,在国际贸易体系中,发展中国家确实处于不利地位,而且这种因为生产力落后而造成的后果,发达国家负有大部分历史责任,发展中国家贸易条件继续恶化的事实也正是由于发达国家的操控造成的。所以,作为发展中国家,中国在进行对外开放,参与国际贸易的时候,必须时刻警惕,与发达国家进行斗争,尽可能地保护自己应得的利益,以免在不平等的贸易大环境下处于更加弱势的境遇。然而,我们同时要看到,对外开放乃至于对外贸易,对于所有国家

来说都是相互依赖、彼此互利的。对于发展中国家来说,不能因为对外贸易格局的不平等而放弃对外开放,因为不参与国际贸易将会失去参与国际分工和专业化生产的机会,这在商品经济时代,在市场国际化的大潮流下,无疑是让自己走上了绝路。理论和事实都证明,进行对外开放,参与国际贸易所得到的好处远远比因此而可能受到的损害大得多,问题的关键就在于在坚持开放的同时如何与强者进行有利、有节的斗争。

有必要在这里指出,从发展经济学对外贸易理论发展的趋势来看,特别是从贸易保护理论到"剩余的出路"理论,都注重从务实的态度出发,更多地以发展中国家不可回避的现实为基础来研究对外贸易的策略,而不是一味地在规范研究的基础上对发达国家在对外贸易中对发展中国家实施剥削进行批评。实际上说明,在认为对外贸易体系对发展中国家不公平的前提下,越来越多的发展经济学家也承认实行对外开放,参与对外贸易,对发展中国家是有好处的,正是基于这样的基本认识,他们才将更多的精力用于研究发展中国家如何根据自己的现实条件,在对外贸易中更好地保护自己,从而最大限度地在国际分工中获得收益。这样的理论研究对于已经打开国门,参与国际贸易的中国来说,尤其具有现实意义。我们需要在理论的指导下根据国际大环境和国内经济发展的实际情况及其变化,不断调整自己的对外开放策略,保证国际贸易利益最大化。

首先,中国作为落后国家,必须认识到要实施对外开放,参与国际贸易,从而利用国际分工的比较优势,获取增长的动力。这是在经济全球化的背景下,为了实现民族经济的崛起而不可回避的选择。中国历史上以丝绸之路为标志的外贸兴盛时期,正是国家昌盛时代,而近代闭关锁国带来的只有落后挨打,这已经是整个中华民族血的教训。

其次,中国要在国际贸易中得到实实在在的好处,就必须根据本国的资源优势发展出口工业,只有这样,才能借助对外贸易促进国内产业体系的发展从而推动工业化进程。特别要重视利用本国产品的价格优势争取更大的国际市场份额,为本国工业拓展更大的发展空间,而不至于因为市场的狭小而失去发展的潜力,因为解决了需求的市场经济才能真正有发展前途。20 世纪 60 ~ 70 年代,亚洲"四小龙"等发展中国家和地区由进口替代向出口替代战略转变及其所带来的发展效应就足以说明利用国际贸易开拓世界市场对发展中国家经济发展的重大战略意义。同时,从中国的特殊国情来看,中国是一个市场经济发展水平不高但人口众多的国家,目前面临着巨大的失业压力,所以必须从国内和国际两个市场来寻找缓解这种矛盾的途径:从国内来讲,要推动经济增长,提高投资和消费需求以带动就业增加;同时,要在国际市场上利用劳动力资源丰富及其价格优势,积极发展劳动密集型的出口产业,这样既能直接解决就业压力,也能推动中国经济增长,从而推动国内市场进一步发育,刺激经济增长。所以,从解决失业压力这个角度看,中国必须坚持发展对外贸易。

再次，必须用发展的、动态的眼光衡量和考虑对外贸易中的比较优势问题。作为落后国家，目前中国的民族工业中，许多产业尚处于发育和幼年阶段，根据李斯特的理论，为了保证这些目前软弱的产业今后能具有国际竞争力，而不至于永远都处于贸易的不利地位，我们应该毫不犹豫地实施产业保护，否则在不平等的国际贸易体系中，中国开展对外贸易的目标将无法实现，还会重蹈旧的殖民体系下许多民族国家工业体系发育严重畸形的后果。第二次世界大战后日本在产业政策的制定和实施中，就是不拘泥于静态的比较优势说，对本国幼稚产业实施保护，其结果是日本利用这种保护，培养了自己在未来国际市场上具有强大竞争力的民族工业，最终改变了日本在国际分工体系中的地位，这就是一个相对落后国家为什么保护本国产业的最好例证。值得思考的是，目前，在世界贸易组织框架内，要保护是很难的，但不保护又不行。因此，不是是否实施保护的问题，而是如何实施保护的问题，是实施保护的策略问题。比如，在哪些环节进行干预，既不违反世界贸易组织总协定的规定，又能起到有效的保护作用，在迫不得已的情况下，还可以实行世界贸易组织总协定中的例外条款。所以，中国在实施产业保护政策时，应该采取策略化手段，针对具体的情况和环境，针对发达国家的具体策略，制定灵活多样的对策，特别要注意调整关税结构，保证使需要保护的目标得到切实保护。

最后，作为发展中国家，中国也有中国的特殊情况，需要在不断实践的基础上，积极总结和探索与中国实际相结合、指导中国国际贸易的具体理论，特别是探索像中国这样的社会主义市场经济国家，劳动力资源非常丰富，但人口素质普遍有待于提高的一个大国，如何在国际贸易中维护本国利益同时又推动国际贸易发展，这既是一个实践意义很强的课题，又能为丰富国际贸易理论做出有益贡献。

四、发展经济学关于利用国外资源的理论

国外资源大体上可以分为两大类：一类是国外的援助，简称外援；一类是外国投资，简称外资。外援是指援助国政府对贫穷国家以发展为目的的资源转移。因此，外援具有无息或低息（低于国际市场贷款利率）、偿还期长、非商业性或无偿性等特点。外国投资又称为外国私人投资，指一国从国外获得资产的活动。这种“资产”可以是金融形式的，如债券、银行存款、贷款等，也可以是实物形式的，如机器设备、中间产品、原材料等。外国投资的利率一般不是优惠利率，而是国际市场利率。外国投资的形式很多，除上述形式外，还有跨国公司投资、商业银行信贷、证券投资、出口信贷等。国外资源的形成，可以是发达国家的私人企业或财团的资本、政府外援基金、慈善机关的筹款，也可以是某些国家组织的会员国的捐款。发展经济学关于利用国外资源的理论主要包括以下几种：

（一）“两缺口”模式

钱纳里和斯特劳特认为，根据国民收入均衡模型，开放经济的国民收入，从总

需求角度看就是:国民收入 = 消费 + 投资 + 出口 - 进口;从总供给角度看就是:国民收入 = 消费 + 储蓄;根据总需求与总供给的均衡,则有投资 - 储蓄 = 进口 - 出口。"投资 - 储蓄"是储蓄缺口,即投资大于储蓄的部分,"进口 - 出口"是外汇缺口。从均衡的观点来看,左、右两式必须相等,表示国内出现储蓄缺口即投资大于储蓄时,必须用外汇缺口即进口大于出口(表示从国外获得储蓄)来平衡。

该模式强调储蓄和外汇是经济增长的两个约束条件。国内储蓄的短缺表现为投资大于储蓄,限制了资本形成;外汇短缺意味着出口小于进口,限制了进口能力。如果经济增长要依靠国内无力供给的资源,则外汇储备就成为经济增长不可忽视的重大约束。

正如总需求与总供给的平衡是事后调节一样,由于投资、储蓄、进口和出口是受不同因素制约的,因而在事前它们各自独立变动,这决定了它们的计划量也是独立的。于是,储蓄缺口就不一定等于外汇缺口,必须在事后加以平衡调节。从理论上讲,如果出现储蓄缺口大于外汇缺口的情况,可以通过减少投资或者增加储蓄的办法进行平衡,但前者会减慢经济增长速度,后者在短期内几乎无法实现;如果外汇缺口大于储蓄缺口,采取减少进口的办法会影响经济增长率,而试图增加出口的办法在短期那也只能是空想,所以现实主义的做法应该是利用外资积极调整。如果两个缺口不具互补性,就应采用利用国外资源即引进外资的办法,使两个缺口在促进经济增长率的情况下实现平衡。引进外资来平衡两缺口具有双重的效应,若一笔外资以机器设备的形式转移进发展中国家,则一方面,从供给来看,它表示从国外进口了资源,而这笔进口不需要用增加出口来支付,这就减轻了外汇不足的压力;另一方面,从需求来看,这笔进口又是投资品,而这些进口的投资品不需要用国内储蓄来提供,这就减轻了国内储蓄不足的压力。所以,利用外资来平衡两个缺口,既能解决国内资源不足问题,促进经济迅速增长,又能减轻因投资需求和抵制进口而对国内资源需求产生的双重压力。

毫无疑问,对发展中国家而言,两缺口理论的政策意义是不言而喻的。首先,它强调了利用外资对促进经济增长的重要作用,尤其是对普遍存在资本缺乏、国内储蓄不足而需要经济快速增长的发展中国家更是具有启发和政策指导意义;其次,它指出利用外资也要有计划、按比例,而不能盲目,引进不足会影响经济增长,而引进过量,又会导致浪费。这种对计划和调节的要求恰好与社会主义国家重视计划的经济传统相吻合,所以在社会主义的发展中国家其操作的基础是存在的,当然在实际的执行中,仍然需要对经济体制进行市场化的改革以适应国际经济大环境,所以它反过来又能促进这些国家的市场化改革进程。

当然,发展中国家对外资的利用,也必须注意它的负面影响。首先,如果引进外资政策实施不当,很容易产生借债过多、债务负担过重、债务偿还困难等一系列问题;如果过度引进外国资源,而忽视了挖掘国内资源来填补两个缺口的潜在力量，反而产生对外资的依赖性，则会对经济长期发展产生不利影响；其次，当前引进外国资源的主要形式之一就是跨国公司投资，它在发挥积极作用的同时，往往由于对核心技术的保护而使引进国的目标产业失去了自主发展的能力，这种负面影响对民族工业的发展又是致命的；再次，如果过分强调资本形成对经济发展的作用，可能导致人们忽视技术进步、人力资源开发、劳动生产率提高、经济结构与体制的改善等因素对经济发展的重要作用，这种倾向尤其在当前技术创新成为各国经济增长最强劲动力的时代其危害是显而易见的。所以，发展中国家在充分利用外资推动经济增长的同时也必须重视发掘本国潜在力量，重视自主产权的技术开发，只有这样才能内外资源两条腿走路，保证民族经济的长期增长和发展。

由于“两缺口”模式没有对发展中国家经济增长的必要因素进行全面考虑，而仅仅强调了引进外国资源的积极影响，而这显然是不够的，所以后来的经济学家对“两缺口”模式进行了更进一步的修正和补充。

（二）“三缺口”和“四缺口”模式

虽然钱纳里和斯特劳特曾经指出，从大多数国家经济发展所走过的道路来看，经济发展主要受到三种形式的约束：一是“储蓄的约束”（或称投资约束），即国内储蓄无法支持投资的扩大，影响了经济发展；二是“外汇的约束”（或称“贸易约束”），即出口收入小于进口支出，国内外汇不足，不能支付经济发展需要的资本品等进口，阻碍了国内生产和出口的发展；三是“吸收能力的约束”（又称技术的约束），即由于缺乏必要的技术、企业家和管理人才，无法更多地吸收外资和有效地运用各种资源，影响了生产率的提高和经济增长。他们还认为，这三个阶段是依次出现、先后继起的。正是在重点考察前两个约束的基础上，钱纳里等人建立了“两缺口”模式。后来，一些发展经济学家指出，对发展中国家来说，资本稀缺固然重要，但最关键的约束条件是技术的缺乏，主要表现在缺少必要的技术知识、管理和企业家的才能等。所以他们提出，在发展中国家的经济发展中，第三个缺口，也就是技术、管理和企业家才能方面的缺口是不容忽视的。从发展中国家的现实来看，由于国内经济处于低水平发展阶段，所以国内积累的资源尚无力填补属于经济发展高端要素的第三个缺口，因而惟一的办法就是引进国外资源加以填补。具体策略是：在引进外资中实行“一揽子”的资源进口计划，在引进硬件的同时，注重对国外的适宜技术、管理知识和人才等软件的配套引进，使进口的资源能得到有效、充分的利用。

在“三缺口”模式的基础上，有些发展经济学家又增加了“税收缺口”，从而建立了“四缺口”模式。他们认为，发展中国家的经济发展需要国家进行经济干预，而这主要靠政府的财政支出来推动。但对许多发展中国家政府来说，由于经济发展水平不够，税收计划往往无法实现，导致“税收缺口”。因此，政府要现实有效地运用财政支出顺利实现经济发展计划，必须向跨国公司等外资企业征税，并在金融上积极参与外资企业在当地的生产经营活动,通过多种形式,为政府筹集公共金融资源,填补税收缺口,支持政府在发展计划方面的投入。

(三)索洛经济增长理论、城市化理论、基础设施理论和起飞阶段理论

1. 索洛经济增长理论

波茨、勒西和肯普等人根据新古典经济增长理论来研究发展中国家利用外资的必要性。该理论把资本与劳动的比率、资本与产出的比率看作是经济系统的内生变量。新古典经济学认为经济发展中各要素的相对报酬率由要素市场上的供求均衡机制决定,据此,如果把资本看作是财富的惟一形式,那么必然的理论结论就是:如果资本无国界自由流动的前提成立,且国内储蓄率相对不变,则外国资本可自由流入国内,这种国际市场的资本动态配置结果便是资本的国内边际产品等于国际金融市场上的平均水平,从而保证国内经济增长率接近自然增长率,使得闲置资源被充分利用。

2. 城市化理论

刘易斯提出外资利用在城市化中的作用,从城市化角度论证了发展中国家利用外资加速经济发展的必要性。该理论十分重视工业化过程中的城市化现象,它首先认为工业化是促进一国财富增长、增加生活所需消费品和服务的必由之路;而伴随着工业化进程的是城市数目日渐增多,城市人口规模和城市人口比重不断扩大,也就是城市化;一国在一定时期的城市化进程决定了其资本流入与流出的规模与速度。在发展中国家,经济呈二元结构:存在现代部门和传统部门。在无差异劳动时间和劳动强度下,非熟练劳动者在现代部门比在传统部门得到更多的工资,因此,现代部门的劳动供给超过劳动需求;要有效吸纳剩余劳动,需要大量资本投入以支持工业化发展,促进城市化,这必然拉大国内资本供给与资本需求间的缺口,而许多发达国家的发展历史证明:外资流入是缓解城市化进程中资本缺口的一个有效途径。

3. 基础设施理论

赫希曼和拉尔等人从发展中国家的经济发展和基础设施建设与对外资需求之间的关系的角度,分析经济发展中利用外资的必要性。他们认为,加强基础设施建设在发展中国家发展本国经济的过程中具有重要作用。首先,基础设施建设是经济发展的基础动力产业,被称为“短缺的发展战略”;其次,基础设施建设在经济发展中具有直接的刺激与促进作用,被称为“超能力的发展战略”。但在实际经济运行过程中,社会基础设施建设一般来说投资规模大、建设周期长、投资效率低从而投资回收周期长,所以私人投资的比重和力度都很小,加强社会基础设施建设势必大大加重政府的财政负担。由于通过增税和发行公债的方式增加政府税收以加大基础设施投资均会不同程度地对国民收入产生“挤出”效应,而财政赤字政策又会冒引发通货膨胀的风险,因此,利用外资成为发展中国家加强基础设施建设的有效

途径。

4. 起飞阶段理论

罗斯托把经济增长的资本稀缺问题与经济发展阶段结合起来，他指出在一国经济起飞时期，需要巨额社会资本来为起飞创造技术前提，包括基础设施的准备，而往往处于此阶段的发展中国家投资率比较低，所以需要利用外国资本促成经济的起飞。罗斯托还列举了美国、俄国等国家的经济发展事例来支持这个观点，认为外国资本在这个阶段发挥着显著的作用。

上述发展经济学家关于利用外资的理论对于我国加快改革开放的步伐、合理有效地利用国外资源具有较强的指导意义。实施对外开放政策近30年来，我国在利用外资方便取得了巨大的成绩，这对促进我国经济的高速发展起到了积极的作用。不过，随着我国利用外资的客观情况的变化，特别是在出现“双顺差”之后，上述的理论对于我国利用外资的解释就显得有些乏力。因此，在这些理论的基础上，结合历史和国际经济发展的实际状况来分析利用外资对于发展我国经济是非常必要和具有现实意义的。

从经济发展阶段看，我国是发展中国家，在经济发展过程中，各种发展“缺口”始终存在，所以利用外国资源毫无疑问是克服这些约束、促进经济增长的有效选择。在改革开放初始阶段，对于我国这样一个具有高储蓄传统的国家，加之在国际收支方面一贯都是量入为出，所以储蓄缺口和外汇缺口未必存在。但是，当时我国计划经济的资金运转效率很低，无法满足促进经济高速增长所需要的高效率投资的迫切要求，这种高效率投资缺口恰恰成为当时我国引进外资的主要原因。事实证明，引进外资对于缓解中国经济发展中的资金“瓶颈”，为我国经济的持续高速增长起到了积极的作用，这在中国改革开放的较早时期表现得更为突出。同时，随着我国改革开放的进一步深入，体制的市场化转轨也需要一把外力的推动，所以市场机制缺口也成为我国利用外资的基本依据。另外，随着经济的高速增长，一方面会进一步推动我国的工业化进程，我国现阶段恰好处在工业化的中期阶段，城市化进程加快，三次产业结构面临升级的关键时刻，如果把它看作是一个经济起飞阶段，那么完成这次重大经济起飞需要技术和基础设施的充分准备，但国内资源不能提供足够的先进技术和高素质人才，依我国综合国力，也依然无力支撑耗资巨大的基础设施建设，因而我国在适当采用发行国债和财政赤字的方式加大基础设施投资力度的同时，也应当重视发挥外资的作用。另一方面，随着我国经济的不断发展，特别是“双顺差”现象的出现，“储蓄约束”、“外汇约束”已不再是影响我国引进外资的主要因素，但是“技术约束”仍然是客观存在的。因而，我们在继续大力吸引外资的进程中，外资规模的扩张必须建立在质量的基础上，而不能仅仅表现为数量。特别是要注重通过外商直接投资引进先进的生产技术以及生产管理、质量管理、销售和售后服务管理、人才管理、财务管理等一系列管理经验，从而有效地推动产业结构的升级。

从我国的经济运行机制看，金融体制发育滞后于市场经济发展水平，造成巨额储蓄无法有效转化成投资，导致高储蓄、低投资的特殊现象，这种国内资金的利用不足必然使得国内投资相对短缺，因此，一方面造成国内资本的浪费，另一方面却要以高成本吸引外国投资。所以，如何在有效利用国内资源的基础上，继续吸收必需的外国资源已经成为我国目前对外开放政策中值得思考和解决的重要课题，其基本思路应该是深化金融体制等各项经济体制改革，促使经济运行机制与国际接轨，尽可能地扩大对外开放的经济外部性效应，推动国内闲置资源的充分利用。

从我国引进外资的最终效果看，长期以来，我国利用国外资源的主要方式之一就是引进跨国公司的直接投资，它使中国变为引人注目的世界工厂。固然，这个过程增加了就业，推动了经济增长，但是，这种主动权始终掌握在外国资本手中的引资方式，产生了一个值得反思的后果，那就是在表面繁忙的工厂车间背后，我国民族工业的发展始终没有因此而得到必需的核心技术，甚至没有得到创造这种核心技术的条件，很多情况下，我们生产着没有自主知识产权的产品，我们始终是在自己国家为外资打工的打工仔。长此以往，中国自己的民族工业将失去主动权和独立性，民族工业体系的健康发育从而民族经济的发展将成为泡影。学术界很多人认为，目前我国仍然需要引进外国资源，但我们引进外资的主要手段可以逐渐采取国外贷款的间接方式，这样能够避免在使用引进外资过程中失去主动权和独立性而导致的不良后果；同时，在吸引跨国公司直接投资的过程中，把侧重点转移到先进技术和管理经验的学习和应用以及国内人才的培养这些软件的引进方面，从而使引进外资真正缓解我国目前经济发展存在的“技术缺口”这一迫切问题。

客观地看，经济全球化虽然是由西方发达国家主宰的全球化，但它毕竟是科学技术进步的结果，是生产力发展的结果，全球化是不可避免的，世界工厂也是不可避免的。我们所能做的只能是因势利导，如何趋利避害，通过学习、消化、吸收，以便能够在先进技术领域自主创新，最终改变我国在全球生产体系中的不利地位。至于是更多地使用外国直接投资还是间接投资——主要是指国际贷款，这可能主要取决于哪一种方式更有利于引进技术，这件事情不会是一厢情愿，如果有钱就可以引进技术，那也没有必要向外国贷款，我们有的是外汇。另外，单有技术还不一定行，还需要配套设备、人才、经营管理经验等；而且，外资的主要目的是占有市场、控制市场，否则其利润目标是实现不了的。利益与风险是一对孪生兄弟，通过贷款引进技术固然可以避免产业失控，但失败的风险同样是巨大的。经济全球化要求的恰恰是开放，我们应该在开放中来保护，而不是在保护中来开放，应该利用发展来保护，而不是利用保护来发展。

从引进外资的领域来讲，首先，我国地区发展不平衡，中部特别是西部地区的发展缺口比较显著，那里的基础设施和技术、人才缺口都在很大程度上制约着当地经济增长，甚至在这些区域，储蓄缺口和外汇缺口至今仍然还是经济发展的"约束"；另外，从我国产业发展现状看，各个产业发展的约束条件和约束程度不尽相同，比如农业等产业比其他一些产业存在更大的投入、技术等发展缺口，而汽车产业却面临着严峻的核心技术缺口……所以，我国目前引进外资也必须要考虑根据不同地区和不同产业的具体情况，制定差别政策，向薄弱环节和薄弱领域倾斜，以提高外资利用率。

第四章
国际分工理论

经济学史上比较著名的国际分工理论主要包括三种类型:以生产率差异为基础的古典国际分工理论——亚当·斯密的绝对优势理论和大卫·李嘉图的比较优势理论;以要素丰裕度和密集度差异、动态优势国际转移为基础的现代国际分工理论——赫克歇尔—俄林的要素禀赋理论和弗农的产品周期理论;以规模经济和竞争优势为基础的现代国际分工理论——克鲁格曼的战略贸易理论和波特的竞争优势理论。本章前面三个部分集中对相应的国际分工理论做述评,然后依据经济全球化条件下国际分工的决定因素和发展趋势,结合发展中国家参与国际分工的状况,提出了国际分工理论在发展中国家的应用。

一、古典国际分工理论

绝对优势理论是由亚当·斯密在其划时代的巨著《国富论》中提出的。在斯密看来,人们天生的差别并不大,但是由于后来选择了不同的专业,因而产生了生产不同产品的不同生产效率,形成了不同的绝对优势。这种由劳动分工产生和发展起来的生产技术的绝对优势,是贸易促进经济发展的本源。由于各国在生产技术上的绝对差异,造成了劳动生产率的不同,导致了生产成本上的绝对差异,这构成了国际分工和国际贸易的基础。即当一国相对另一国在某种商品的生产上有更高效率(或有绝对优势),但在另一种商品生产上效率更低(或有绝对劣势),那么,两国就可以通过专门生产自己有绝对优势的产品并用其中一部分来交换其有绝对劣势的商品。这样,资源能够被最有效地利用,贸易双方能得到比各自闭关自守时更多的利益。他说:“如果外国能以比我们制造还便宜的商品供应我们,我们最好就用我们有利地使用自己的产业生产出来的物品的一部分来向他们购买。”①斯密因此大胆主张:不管别国采取什么样的贸易政策,单方面地实行贸易自由化是一国值得采取的获益政策。

斯密的这一理论非常强调一国外生的生产成本绝对优势的重要性,从而绝对生产成本的高低决定了各国间贸易发生的可能性及贸易利益的大小。但是,斯密

① 亚当·斯密. 国民财富的性质和原因的研究. 北京:商务印书馆,1974. 28

却忽略了一个非常重要的问题，即如果一国在所有商品的生产上其生产成本都相对于外国同类商品的生产成本处于绝对劣势，这个国家是否仍能从国际贸易中获得利益呢？事实上，由于各国经济发展水平不同，有些国家比较发达，经常是所有产品的生产成本都比较低，从而在所有产品的生产上都具有绝对优势，而另一些国家生产所有产品的成本都比较高，从而在所有产品的生产上都处于劣势，然而，在两国之间仍然有贸易发生。显然，应用绝对优势理论就难以对此做出令人满意的解释。

在绝对优势理论的基础上，大卫·李嘉图在1817年出版的《政治经济学及赋税原理》一书中，提出了比较优势理论，很好地解释了贸易基础和贸易利益。李嘉图认为由既定劳动分工形成的绝对优势并不是产生贸易好处的必要条件。他用两个国家两种商品的模型证明，没有绝对优势的国家，只要有比较优势，也可以从贸易中获得好处。他认为，由于国家间劳动生产率的差异，若一国生产某种产品相对于生产其他产品来说更便宜，那么，该国就应该生产其生产成本较低的那种产品，再通过国际贸易向另一国交换另一种产品，这样两国都可以从分工和贸易中获得利益，这是一种双赢安排。这样，两国都可以突破本国资源条件的限制，更多地消费自己不能生产的产品，增进自己的福利水平。与此同时，两国的生产资源也能够得到最充分、最有效的利用，促进两国的经济发展，世界的产出也将达到最高水平。李嘉图的比较利益理论论证了一国无论处于何种发展阶段，都可以根据“两利相权取其重，两弊相衡择其轻”的原则确定各自的相对优势，通过参与国际分工获得贸易利益。由此可见，李嘉图提出各国进行国际分工的主要依据是一种生产上的相对优势、成本上的相对差别，而不像斯密提出的国际分工的依据是一种生产上、成本上的绝对差别，正是在这一点上李嘉图的比较优势理论更具有科学的进步意义。该理论不仅论证了国际贸易的基础及其对经济发展的作用，而且在实践上也较好地解释了广泛存在于发达国家和发展中国家之间的贸易。

二、现代国际分工理论

然而，在古典经济学家眼中，比较优势的产生仅仅是由于各国劳动生产率之间存在着差异，即生产某种产品的成本相对较低，是一种价格上的竞争优势。但是，他们并没有解释产生这种差异的原因，而且多以既定的劳动生产率上的优势为分析前提。所以，在李嘉图的比较利优势理论创立100年后，瑞典经济学家厄里·赫克歇尔和伯尔蒂尔·俄林提出了“赫克歇尔—俄林定理”即要素禀赋理论[①]。

① 后来经济学家们在国际分工理论方面的研究，主要是或者基本上是李嘉图国际分工理论的应用性研究。李嘉图的国际分工理论属于基础理论范围，而后来的国际分工理论属于应用理论范围，还有少数国际分工理论则属于政策理论范围。

要素禀赋理论从一系列的基本假设出发,进一步研究了比较优势产生的基础以及贸易对两国要素收入的影响,从而进一步扩展了贸易模型。该理论可以表述为:不同商品的生产需要不同的生产要素比例,而不同的国家拥有不同的生产要素比例。在科学技术发展水平既定的条件下,各国在生产那些较密集地使用其较丰裕的生产要素的商品时,必然会有比较利益的产生。因此,每个国家最终将出口能利用其丰裕的生产要素的那些商品,以换取那些需要较密集地使用稀缺生产要素的进口商品。即一国应出口相对丰裕和便宜的要素密集型的商品,进口该国相对稀缺和昂贵的要素密集型的商品。例如,劳动相对丰裕的国家应当出口劳动密集型的商品,进口资本密集型的商品。资本相对丰裕的国家应当出口资本密集型的商品,进口劳动密集型的商品。这样,要素禀赋理论解释了比较优势产生的原因,而并非像古典经济学家那样仅建立在劳动生产率绝对或相对差异的基础上。要素禀赋理论认为相对要素丰裕和相对要素价格之间的差异是导致两国贸易前相对商品价格不同的原因。这种相对要素价格和相对商品价格之间的差异可以转化为两国间绝对要素价格和绝对商品价格的差异。这种绝对价格差异才是两国之间发生贸易的直接原因,要素禀赋理论的提出在一定的层面上解释了比较优势的产生。

由于传统的国际分工理论基本上都是在一定的比较优势既定的基础上建立起来的,这些理论是一种静态的国际分工理论。似乎是处于被动的国家一直在被动的国际分工结构和陷阱中,这显然对于后进国家是不利的。事实上,随着技术水平的相对变动,以及要素丰裕度和产品中的要素密集度的相对变动,国际分工的格局是会随之发生动态转变的。这一点为美国经济学家弗农所注意到,他于 1966 年提出了著名的产品周期理论,从而在理论上和实证上进一步拓展了比较优势和要素禀赋的范畴和研究范围。

产品周期理论特别强调技术在国际贸易中的作用,侧重从技术进步、技术创新、技术传播的角度分析国际分工的基础。该理论认为,当一种新产品刚刚诞生时,其生产往往需要高素质的劳动力。当这种产品逐渐成熟并为大众接受时,它就变得标准化了,就可以用大规模生产技术和素质较低的劳动力进行生产,从而原先生产该产品的发达国家所拥有的生产的比较优势就转移到拥有相对便宜劳动力的不发达国家。按照这一理论,科技最发达的国家出口大量高新技术产品,当外国生产者获得新技术后,他们就能凭借其较低的劳动力成本占领本国最终占领外国甚至技术发源国的市场。与此同时,最发达国家的厂商更新产品和生产工序,出口那些包含新的更高级技术的非标准化产品,并进口那些包含旧技术的产品。所以,这一理论的创新不仅仅在于将比较利益理论动态化,而且还在于将创新——可理解为科学技术的发展——视为国际分工的源头,即国际分工的原因,将科学技术的跨国界流动作为国内分工扩展为国际分工的前提。在这个意义上,产品生命周期理论要比许多国际分工理论高明得多。另一方面,我们也应该看到弗农头脑中的美国优越、美国至上的观点。过去的殖民主义是军事殖民主义、经济殖民主义，而现在的殖民主义则是科学殖民主义。

绝对优势理论、比较优势理论、要素禀赋理论以及弗农的产品周期理论在一定的范围内解释了国际贸易产生的原因，构成了西方古典和现代国际分工理论的主要内容，具有较强的理论意义和实践意义。当然它们的缺陷也是显而易见的，主要表现为以下几个方面：

首先，由于其过于严格的基本假设同国际贸易的实践相差甚远，忽略了其他因素对国际贸易的影响，使其无法解释战后国际贸易的格局。要素禀赋理论虽然强调要素优势在一国产业定位中的作用，但它的缺陷在于把要素优势等同于产业优势，在突出成本因素在一国产业定位进而在参与国际分工和国际贸易中的作用的同时，忽略了影响国际分工的其他条件。例如，在第二次世界大战以后的世界经济发展中，按照古典与新古典理论参与国际分工的发展中国家，其经济实践的结果都与比较优势理论相悖。发展中国家与发达国家的这种建立在要素禀赋差异基础上的垂直国际贸易虽然对双方都是有利的，但是国际分工和贸易利益的分配却不利于发展中国家。许多出口丰裕要素产品的国家不仅没有富起来，有些反而变得更加贫困，究其原因，显然在于古典与新古典的贸易理论忽略了不合理的国际经济秩序所带来的后果。在古典与新古典的贸易理论模型中普遍存在完全竞争市场假设。[①] 按照完全竞争假设，市场机制是健全的，发达国家同发展中国家是平等的交换关系，但是实际上市场机制有效性是以权力平等为前提，在发达国家同发展中国家的交换中权力从来就不是平等的，市场机制实际上是掠夺机制，特别是在国际垄断条件下，发展中国家面临着一种极为不利的贸易条件，以至于从供给角度看，具有竞争优势和比较利益的分工与出口未必是有利的，换句话说，供给方面的比较优势最终会被日益恶化的贸易条件所抵消，以致不能通过参与国际分工与贸易而获利。

其次，古典国际分工理论是古典和新古典经济理论在国际范围内的延伸和发展，采用新古典经济分析方法，古典国际分工理论建立在完全竞争市场、规模报酬不变、技术不变、要素不流动以及实行自由贸易、无交易成本等严格假定基础之上。在这种假定条件下，认为各国在土地、劳动力及金融资本等有形资源禀赋上存在着差异，只考虑这些投入的数量并不考虑这些投入质的不同，使生产要素仅局限于土地、劳动力及资本等有形资源要素上，没有考虑知识、技术、商誉等后天累积形成的无形资源要素，而它们会对一个国家在国际分工中形成的比较优势产生重要影响。直到产品周期理论才将技术也作为一种生产要素，考察了劳动投入、劳动生产率与技术的关系。在当今经济全球化条件下，知识、技术等无形资源禀赋状况成为构成

① 华民．国际经济学．上海：复旦大学出版社，1998．31

比较优势的重要生产要素,技术差异在国际分工格局中起着重要作用。随着时代的发展,劳动力作为具有主动性、伸缩性的生产要素的特点突现出来,知识在发展经济中的主导性、战略性作用,促使人们把劳动力质量,如劳动力的受教育水平、劳动熟练程度等放在首位。

最后,古典比较优势理论具有静态或比较静态的方法论性质,假定不存在技术进步或任何一种商品的生产函数在所有国家都是相同的,把不断变化的现实经济情况抽象为静止状态。[①] 事实上,随着国际经济环境的变化,比较优势的内涵是不断发展变化的,即内生比较优势理论。萨克斯—杨小凯—张定胜模型证明,一国有可能出口有外生技术比较劣势的产品。这是因为,这个有递增报酬的模式可以产生所谓内生比较优势。只要它的内生比较优势超过内生比较劣势,一国就有可能出口外生劣势的产品。所谓内生比较或绝对优势是指如果每个国家选择专业生产某种产品,它可以内生地创造出原来没有的比较和绝对优势。这种内生比较和绝对优势有可能在天生生产条件完全相同的国家之间产生。换言之,内生绝对优势有可能在外生比较优势不存在时出现。[②] 这里要强调说一下比较优势的动态模型。20 世纪 50 年代,日本经济学家彼原三代平提出了自己的"动态比较成本说",[③]该理论从很大程度上弥补了古典比较优势理论在解释力上的不足,具有较大的适用性。该理论强调从发展的眼光来看,产业的比较成本是可以转化的,某一时点上在国际贸易中处于劣势的产业从长远看是可以转化为优势产业的,一些目前的"幼稚产业",由于其具有技术进步快、劳动生产率提高快等特点,经过政府 10~15 年的扶持,完全可以发展成为强有力的支柱产业,从而带动整个产业结构的升级。他认为,日本当时尚处于既缺资金、技术,又无自然资源、能源,且劳动力过剩的状况。按照古典的国际分工理论,日本应发展劳动密集型、附加值低的轻工业。但如果这种分工格局持续下去,只会进一步拉大日本与发达国家之间经济发展水平的差距,对日本极为不利。因此,相对于西方古典的国际分工理论是一种"静态的国际分工理论"而言,日本更相信"动态的国际分工理论"。"动态的国际分工理论"认为现实的经济运行并非是静止不动的,而是不断变化的,如果在出口产业的发展初期,政府能够对本国弱小的产业实施保护和扶植,那么,随着本国产业的不断发展、壮大和国际竞争力的提高,某些曾在国际竞争中处于比较劣势的商品在一定时期内就可能转变为处于比较优势的商品,即一国的比较优势是动态的而非一成不变。日本正是因为看到了比较优势的这一动态属性,所以才依据这一

---

① 莽景石. 日本国民经济现代化的战略模式与政策选择. 辽宁:辽宁大学出版社,1993. 213

② 杨小凯,张永生. 新贸易理论、比较利益理论及其经验研究的新成果:文献综述. 经济学季刊,2001(1). 33

③ 王晓英. 国际贸易理论发展的思考. 山西财经大学学报,2002(11). 89

理论，选择了以资本密集型的、技术含量高的、规模经济利益大、吸收就业人口能力大的重化工业为主的经济发展道路。因此，日本在进行工业化战略及贸易发展模式的选择时，实质上并没有完全背离西方的古典国际分工理论，只是将古典的国际分工理论加以动态化并应用于本国的经济现实。

三、当代国际分工理论

（一）战略贸易理论

20 世纪 70 年代以来，发达国家间贸易和产业内贸易比重的上升带来了新的国际贸易格局。产业内贸易理论的发展，加速了各国间经济相互融合、渗透的过程，使得比较优势间的竞争越来越演化成了综合经济实力间的较量，使得国家与国家之间的竞争日趋激烈。在探索如何创造、培育和发挥贸易优势的过程中逐步形成了一种通过保护和扶持某些具有发展潜力的战略产业，创造和强化贸易优势，从而提高本国经济国际竞争力的新的理论观点，即战略贸易理论。战略贸易理论是保罗·克鲁格曼等提出来的。1984 年，克鲁格曼在《美国经济学评论》上发表了一篇题为《工业国家间贸易新理论》的论文。在该论文里克鲁格曼认为，古典的国际贸易理论都是建立在完全竞争市场结构的分析框架基础上的，因而不能解释全部的国际贸易现象，尤其难以解释工业制成品贸易，从而提出应对国际贸易理论的分析框架进行更新的主张。1985 年，克鲁格曼又在其与赫尔普曼合著的《市场结构与对外贸易》一书中，运用垄断竞争理论对产业内贸易问题进行了系统的分析和阐释，并建立了以规模经济和产品差别化为基础的不完全竞争贸易理论模型，被国际经济学界称之为新贸易理论，即战略贸易理论。[①] 战略贸易理论对后进国家追赶发达国家具有重要的指导意义，强调在国际经济的大环境中，政府对一国在国际分工中地位的作用。

战略贸易理论认为，在市场竞争日趋激烈的新形势下，一个国家要在国际贸易中立于不败之地，获得更大的比较利益，需创造具有国际竞争优势的产业（或产品），而这些产业（或产品）必须是在未来市场上具有竞争力、技术含量高、出口前景看好的产业（或产品）。在现代高科技时代，高科技产品具有明显的规模报酬递增性质及对古典产业的溢出效应，并且其相应的市场结构呈现垄断竞争的特点，这决定了国际竞争的全新性质，即一旦一国最先进入某一高科技领域，该国就可以利用规模报酬递增来获取更大的市场利润，进而形成强大的垄断势力，阻止他国进入该行业的市场。国际贸易理论从比较优势理论向战略贸易理论的重大转变说明，各国要想进入国际市场并在竞争中获胜，仅仅依靠比较优势已经行不通了，必须依靠技术创新将比较优势转化为竞争优势或者去创造竞争优势。

---

① 吕春成．战略贸易理论评析．山西高等学校社会科学学报，2003(9)．19～21

在不完全竞争的现实社会中，在规模收益递增的情况下，要提高产业或企业在国际市场上的竞争能力，必须首先扩大生产规模，取得规模效益。而要扩大生产规模，仅靠企业自身的积累一般非常困难，对于经济落后的国家来说更是如此。对此，最有效的办法就是政府选择有发展前途且外部效应大的产业加以保护和扶持，使其迅速扩大生产规模、降低生产成本、凸现贸易优势、提高竞争能力。可见，战略贸易理论是建立在不完全竞争贸易理论基础上的，是不完全竞争贸易理论在政策领域的具体体现，它为国家进一步干预贸易活动提供了理论依据。古典的贸易理论是建立在完全竞争的市场结构上的，因而主张自由贸易应是最佳的政策选择。但现实中，不完全竞争和规模经济普遍存在，市场结构是以寡头垄断为特征的。这种情况下，政府补贴政策对一国产业和贸易的发展具有重要的战略性意义。在寡头垄断的市场结构下，产品的初始价格往往会高于边际成本。如果政府能对本国厂商生产和出口该产品给予补贴，就可使本国厂商实现规模经济，降低产品的边际成本，从而使本国产品在国内外竞争中获取较大的市场份额和垄断利润份额。克鲁格曼认为，在寡头垄断市场和规模收益递增的条件下，对国内市场的保护可以促进本国的出口。因为，进口保护措施可以为本国厂商提供超过其国外竞争对手的规模经济优势，这种规模经济优势可以转化为更低的边际成本，从而增强本国厂商在国内外市场的竞争能力，最终达到促进出口的目的。这就是说，在不完全竞争的条件下，只要规模利益是递增的，那么一个受保护的厂商就可以充分利用国内封闭起来的市场扩大生产规模，不断降低产品生产的边际成本。同时，通过销售经验的积累也会使销售成本沿着学习曲线不断下降，从而降低产品的总成本。本国厂商一旦在边际成本的竞争中具有优势，就可对国外市场成功地进行扩张，从而也就达到了促进出口的目的。克鲁格曼还认为，对外部性强的产业提供战略支持，不仅能促进该产业的发展，使其在国内外市场扩张成功，而且该国还能获取该产业作为战略支持产业得到迅速发展而产生的外部经济效应。所谓外部经济效应，在这里是指某一产业的经济活动对其他产业乃至整个经济发展产生的有利影响。一般来讲，新兴的高科技产业往往都具有较强的外部经济效应。这些产业所创造的知识和所开发的新技术、新产品，将对全社会的技术进步和经济增长产生积极的推动作用，虽然这些产业的企业可以获得它们对生产知识进行投资所带来的收益，但却不是全部受益，因为知识外溢往往具有无偿性。因此，为了保护企业创造知识的热情，刺激企业的知识开发活动，扩大知识外溢产生的经济效应，就使政府补贴和扶持变得十分必要。

不难看出，战略贸易理论的核心是强调政府通过干预对外贸易而扶持战略性产业的发展，是一国在不完全竞争和规模经济条件下获得资源优化配置的最佳选择。上述战略贸易理论与李斯特的幼稚工业保护理论在一定意义上具有异曲同工之妙，但两者又有本质的区别。一个是基于寡头垄断条件下的贸易保护主张，一个则是自主竞争条件下的贸易保护主张。战略贸易理论所给予保护的是具有规模收益递增特点的战略性产业，这些产业是与幼稚工业有很大区别的。

战略贸易理论，作为古典贸易理论的补充和发展，不仅在很大程度上解决了被古典贸易理论忽略或不能很好解决的问题，从而使贸易理论更加贴近现实，而且改变了贸易政策选择的思维方式，使政策选择走出了比较优势的误区。由于现实的市场结构是以寡头垄断为特征的，因而自由贸易政策就可能不是一个国家惟一正确的政策选择。战略贸易理论创造性地探讨了在不完全竞争和规模经济条件下，适当的干预政策对一国产业发展和贸易发展的积极影响，建立了战略性贸易政策的理论框架，论证了在一定条件下一国能够通过采取哪些可给予其国内产业竞争优势的政策而获得利益。尽管战略贸易理论仍在受到许多经济学家的批评，但它对目前的国际分工及贸易格局却不可否认地产生着越来越重大的影响。事实上，第二次世界大战后日本经济的成功发展在于日本制定了正确的产业结构调整政策，作为其理论基石的由日本经济学家彼原三代平提出的“动态比较成本说”，对于那些目前具有技术进步快、劳动生产率提高快等特点的“幼稚产业”进行政府扶持，使其发展成为强有力的支柱产业，从而带动整个产业结构的升级，这本身已含有了战略性贸易理论的思想。

当然，战略贸易理论并非无懈可击，其缺陷也是十分明显的。首先，由于该理论背离了自由贸易传统，强调适当的政策干预有可能影响市场的运行效果，主张通过政府的直接干预来转移他国利润从而提高本国的福利水平，因而遭到了许多批评。这些批评主要集中在战略贸易理论模型的运用，实际上构成了现代贸易保护主义政策的理论支持，而且一般均衡论是主流经济学的基本概念，战略贸易理论突破古典的分析框架也在一定程度上制约着该理论在主流经济学中的地位。其次，尽管战略性贸易政策在实践中确实可以起到扶持相应产业发展的作用，但它毕竟是一种以邻为壑的政策，其实施是以他国利益的牺牲为前提的，因而势必会招致贸易对象国的强烈反应乃至报复，从而引发贸易保护主义的抬头，抵消战略性贸易政策的功效。最后，如前所述，战略性贸易政策的实施是有许多限制性条件的，其中有些条件是客观存在的，有些条件则不一定能够满足。这种状况必然会使战略性贸易政策运用的现实性和有效性大打折扣。再者，信息的不完全也有可能会导致政府决策的失误，从而造成资源错置，效率降低，甚至产生负面效果的情形。

（二）竞争优势理论

竞争优势理论是美国迈克尔·波特于 1990 年提出来的。竞争优势理论强调了综合国力对一国参与国际竞争的影响。该理论要回答的问题在于，为什么在国际竞争中一些国家成功而一些国家失败，为什么一国能在某个特定产业上获得长久的竞争力。他认为，一个国家竞争优势的强弱从根本上决定了该国的兴衰，而一个国家的竞争优势也就是企业、行业的竞争优势，也即生产力发展水平上的竞争优势,包括以下六个因素:①生产要素。生产要素包括基本要素和推进要素。基本要素是指一个国家先天拥有的自然资源和地理位置等要素;推进要素是指通过投资和发展创造出来的要素,如高科技、熟练劳动力等。波特认为,在国际竞争中,随着科技的进步,一国要取得竞争优势,其推进要素比基本要素更为重要。②国内需要。波特认为,扩大国内需求有利于形成规模经济,有利于提高产品的质量、档次和服务水平,也有利于在国际市场上取得竞争优势。③相关支撑产业。相关支撑产业即为主导产业提供投入的国内产业,包括上游供给产业及其他相关产业。波特认为,这是影响一国主导产业取得国际竞争优势、降低成本、提高质量和效率的重要因素。④企业的战略结构和竞争。波特认为,政府既应为企业,也应为社会创造一种公平的竞争环境。外部环境与企业的竞争能力息息相关,在激烈的竞争环境中,企业必须不断更新产品、提高效率,才能取得持久、独特的竞争优势。同时,激烈的竞争环境还迫使企业走出国门参与国际竞争。⑤政府的作用。波特认为,政府的作用主要体现在政府通过政府调节,创造竞争优势上面。⑥机遇。波特认为,机遇包括重要发明、技术突破、生产要素与供求状况的重大变动以及其他突发事件等等。波特认为,上述六个方面的因素相互影响、相互作用,共同构成了一个动态的激励创新的竞争环境,由此构成一国国际竞争优势的源泉。在此基础上,波特把一国竞争优势的发展分为四个阶段,每个阶段的竞争优势产业也不相同。第一阶段是要素推动阶段,竞争优势表现为要素上的比较优势,包括低级要素和高级要素的成本优势;第二阶段是投资推动阶段,此时竞争优势必定要依靠雄厚的资本投入,扩大生产规模、更新设备,进行资本密集型生产;第三阶段是创新推动阶段,通过创新来提高技术水平、开发新产品,从而维持并不断增强比较优势;第四个阶段是财富推动阶段,在这个阶段,竞争优势有弱化的倾向,因为财富的积累容易让一国产生惰性,创新意愿和动力递减,经济增长的加速度也会随之递减,优势面临丧失的危险。

20世纪90年代以来,随着以信息技术、生物技术为主导的新技术变革的发展,世界产业结构发生了深刻的变化。竞争优势理论更符合当代产业结构调整和对外贸易发展的新特征:第一,竞争优势理论采用的是一种非均衡的动态分析和局部分析方法,以不完全竞争市场作为其分析的理论前提,从国家的角度出发考虑怎样才能使一国在对外贸易活动中得到的福利更多一些,生产效率提高得更快一些,在国际分工中占据更为有利的地位。第二,竞争优势理论除了考虑现实的利益外,还考虑潜在的利益对比,考虑怎样才能使一国取得或保持竞争优势,以便从对外贸易中获取更大的利益。第三,竞争优势理论认为,竞争优势主要取决于一国的创新机制,取决于企业的后天努力和进取精神。只要企业勇于创新,积极竞争,一个后进的国家也可能成为有着竞争优势的国家,反之亦然。第四,竞争优势理论涉及产业、企业,强调非价格竞争,更注重生产要素的质量及产品市场的需求档次。

比较优势是由一国资源禀赋和交易条件所决定的静态优势，是获取竞争优势的条件。竞争优势是一种将潜在优势转化为现实优势的综合能力的作用结果。比较优势作为一种潜在优势，只有最终转化为竞争优势，才能形成真正的出口竞争力。波特的竞争优势理论在研究方法上突破了各种比较优势理论的分析范式，从全新的角度演绎了竞争力理论的研究。但在其内容和逻辑上并不是对比较优势的否定，竞争优势是对比较优势的拓展与深化。波特的竞争优势理论在解释第二次世界大战后国际贸易新格局方面具有巨大的说服力，以此理论为指导，美国在世界经济的霸主地位得以确立巩固，竞争优势理论也因此成为经济全球化下发达国家进行国际分工定位和寻求竞争优势的主要指导理论。

四、经济全球化条件下影响国际分工的主要因素

经济全球化是以国际分工为基础的，经济全球化发展的基本内容，就是越来越多的国家和地区参加到国际分工体系中来，以及国家和地区经济中越来越多的方面成为国际分工体系中的某一环节。经济全球化加速了生产要素和生产单位（产业、部门和企业等）在全球范围的自由流动和优化配置，推动了全球产业结构步入新一轮调整，促进了全球生产力的快速提升，特别是信息技术的快速扩散，使发展中国家在较短时期利用信息产品和网络技术，为其经济的发展提供了新的平台，注入了新的动力。而跨国企业在全球的市场化运作，加快了发展中国家实行市场化改革的步伐。经济全球化条件下，影响国际分工的因素主要有以下几个方面：

（一）科学技术

伴随着经济全球化的深入，科学技术的作用也越来越明显。从资本积累的角度来看，如果资本不断积累，而技术不发生改变，就会碰到投资报酬递减，资本的回报越来越低。从结构变迁的角度来看，如果没有新技术，就不会有新的、附加价值比较高的产品和产业。因此，科学技术对一国在国际分工中地位的影响是至关重要的。科学技术的进步促进了世界生产力纵向和横向发展，这不仅改变了世界的经济结构，而且也改变了以世界性工农业经济对立而表现出的垂直国际分工体系和大工业时代局限于发达国家之间工业部门内部的水平分工体系。科学技术进步为国际分工向纵深发展提供了坚实的物质基础，使更多的国家和地区加入到国际分工的行列中来，它们中间不仅有发达国家，也有广大的发展中国家，技术水平接近、经济结构相类似的国家间进行水平型国际分工，发达国家与发展中国家进行垂直分工，构成了纵横交错的立体混合型国际分工体系。在知识经济的初级阶段，惟有通过这种混合型分工体系，才能在较大程度上发挥各种不同技术素质的优势，最大限度地实现各国生产力要素配置的合理化、经济化和最优化。

在科技进步促进混合型分工成为国际化分工的主要形式的同时，也推动了国际分工形式的多样化。知识、技术进一步扩大了社会生产的范围，使原来一些非生

产领域变成了生产部门或间接生产部门，如企业研究与开发和信息部门实际上已从研究领域独立成为生产部门。研究与开发和信息部门与其他部门形成的分工就带有新的特点。这种分工既不是部门间垂直型的分工，也不是部门内水平型的分工，因为研究与开发和信息处理，虽然服务于生产的各个环节，但又不能归入任何一个传统概念上的具体的生产环节，其本身已超出了传统的纯粹生产分工的框架，所以是一种具有新的内涵的分工形式。如一些跨国公司将研究与开发和信息部门留在国内，而将整个生产和销售部门转移到国外，就具有新的分工形式的特点。

（二）信息技术

20 世纪 90 年代以来，各个国家都在科学技术中寻找突破口，运用信息技术带动工业经济的发展。信息技术对国际分工的影响作用可以概括为以下几点：

首先，信息技术具有强烈的扩散效应。经济全球化条件下，信息已成为比物资和能源更重要的资源，信息技术的快速发展必将全面推进各产业的进化和飞跃。个人电脑和因特网的发明能够在较短时间迅速催生一个规模庞大的信息产业和因特网经济，信息产业在社会产业中越来越成为占主导地位的产业。而且，信息技术创新的扩散效应不仅体现在一个国家内部，并能通过国际贸易、技术转让和国际化生产来进行扩散，这种迅速扩散加快了经济全球化的进程。

其次，与一般生产要素成本递增、效益递减相比，信息技术成本并不递增而效益递增。工业化成果加快向包括农业和能源、原材料在内的初级产品部门扩散，从而大大提高了这些部门的劳动生产率，增加了资本和技术的密集程度。要素配置比重的变化，使发达国家初级产品部门的优势地位显著提高，从而促进了对外出口。同时，发展中国家初级产品部门的要素配置比例关系，没有发生明显的变化，相反，要素主要流向工业制造部门，其初级产品和制成品在国际分工中的位置发生某种程度的逆转，有利于其实现用信息技术带动工业化的发展。

再次，信息技术具有智能化特征。新的国际分工实质上就是"大脑"与"手脚"的分工，掌握先进知识和信息的国家就成为国际分工中处于支配地位的"大脑"，而不掌握先进知识和信息的国家只能扮演服从大脑指挥的"手脚"的角色。如果后进国家不能找到正确的发展道路，势必进一步沦为作为"大脑"的发达国家的仆从。在今天的贸易格局中，以低技术、低附加值、资源和劳动力密集的产品去交换高技术、高附加值、知识、技术和信息密集的产品，会处于十分不利的地位。

最后，依存于信息技术飞速发展的电子商务给现有的商务观念和模式带来巨大的冲击，它掀起了一场全新的国际贸易革命，深化了国际分工，给发展中国家和小企业创造了机遇。电子商务实现了国际贸易过程的电子信息化，使得服务于国际贸易的一些交易手段变得更便利、更快捷，降低了国际贸易成本，改变了传统国际贸易经营方式和经营主体，实现了全球市场，为国际分工的实现提供了更好的方式。电子商务应用于国际贸易是 21 世纪不可抗拒的历史潮流，对每一个国家来说,都要抓住机遇,迎接挑战。

(三)跨国公司

当前国际分工格局从根本上来看,是一场以发达国家的跨国公司为主导、以国际直接投资为主要动力的产业结构调整。这次世界范围的产业结构调整,大体上采取两种形式。第一种形式是发达国家之间,通过跨国公司之间的相互交叉投资、企业兼并,在更大的经济规模基础上配置资源,开拓市场,更新技术,从而实现了发达国家间的技术和资本密集型产业的升级。在发达国家,资源大量涌向高新技术产业和知识密集型服务业,以信息产业为象征的高新技术产业和以金融保险为象征的知识密集型服务业得到了很大的发展;一些仍然拥有规模经济效益和有市场支持的资本—技术密集型产业,像汽车、石化等行业,仍然保持了发展态势;而那些缺乏规模经济效益和市场萎缩的资本—技术密集型产业,尤其是劳动密集型产业,出现了资源流出和发展势头减弱的趋向。第二种形式是发达国家把劳动和资源密集型的产业向发展中国家转移,特别是把这些产业,包括技术产业中的劳动密集型生产环节向发展中国家转移。

国际分工格局在产业结构上的这种调整,具体表现为跨国公司的作用大大加强。由跨国公司所组织的跨越国界的分工,使不同国家按国民经济的规划与发展,有目的、有步骤、有计划性、全方位地参与国际分工。各国的生产成为世界生产的一部分,成为商品价值链中的一个环节,紧紧地套在全球化经济的链条中。这就导致各国之间相互交往、依赖程度加强,世界经济真正成为一个有机的整体。企业的全球战略不再像理论分析中那样以产品分工为基础,而是以要素分工为基础。经济全球化和信息技术的发展,使得跨国公司将生产、销售、研发等价值链的各个环节配置于世界各个角落,将其价值增值环节配置在任何一个可以获得最大利润的地方,在全球范围内整合资源,以取得最佳配置。

发达国家集中力量发展和保持高附加值的生产环节和产业,发展中国家则主要从事低附加值环节和产业的生产经营活动。这种新的国际分工主要是通过跨国公司对发展中国家的产业转移来实现的。跨国公司主导的这一全球生产力新布局,有助于推动世界产业结构实现升级换代,促进资源在产业间的合理配置,提高产业整体的技术含量,引导生产结构适应市场结构的变化,从而促进世界经济的发展,但它可能无助于世界经济的均衡发展。实际上,本来意义上的国际分工已很少存在,大部分国际分工已经被跨国公司内部化了。这是一个残酷的现实,发展中国家的比较优势为跨国公司所利用,即对于比较优势,发展中国家只是在名义上所有,而实际上成为了跨国公司所利用的比较优势。

(四)国际经济组织

经济全球化条件下,随着国际分工的不断加深和各国之间经济交往的扩大,世界市场进一步完善,国际经济组织的作用不断加强。世界贸易组织、世界银行、国际货币基金组织等国际经济组织，是全球化规则的制定者。其规则的制定理应以全球发展为目标，兼顾不同经济程度国家的利益，为谋求世界经济的平衡与和谐服务。但事实却并非如此，现行国际经济组织尚未具备协调经济全球化的能力和权威。经济全球化过程中，世界贸易组织在规范各成员国行为和利益分配方面，发挥了很大的作用，但其存在的缺陷，也已受到了广泛关注。发达国家与发展中国家由于生产力和科技水平的差异，使得各个国家参与经济全球化的深度不同，决策参与权不平等，最终导致经济利益分配的不平等。以美国为首的少数发达国家直接控制和主导了国际经济组织的运作，而发展中国家为争取出口市场和投资不得不放弃某些利益，被动地接受既定规则。

以 GATT 乌拉圭回合为例，发达国家选择在其有利的领域如服务贸易上扩大贸易自由化，并将一些与市场准入无关的问题如知识产权与投资问题纳入多边贸易体制，使贸易自由化进程脱离了发展中国家的经济发展水平，而对发展中国家利益所在的领域如纺织贸易，发达国家则采取拖延、含糊的态度。同时，经济全球化是大范围制度创新的过程，这就要求全球化的制度在某些国家先行实验。发达国家由于在全球多边规则上拥有很大的决策权，便在全球范围内推行其国内成熟了的市场体制。而对这些规则不熟悉、不适应的发展中国家与发达国家竞争时，一开始便处于劣势。如国际货币基金组织、世界银行等国际金融组织的各种规则，基本上照搬了以美国为代表的发达国家长期实行的金融管理模式。我国已加入 WTO，WTO 协定对我国政策、法律，包括地方投资环境的政策规章产生了重大的影响。但 WTO 规则事实上存在不少欠缺或法律缝隙，更存在一些灵活性与例外。可持续发展是 WTO 规则的基本要求，今后我国各产业和外贸的发展将受到这一规则约束，由于技术水平、经济实力和首要发展目标的限制，我国的环境标准和产品的环境竞争力落后于发达国家。环保运动的兴起，为发达国家提供了一个更隐蔽、更有效的保护手段，使其有得以借环保的名义行贸易保护之实，对发展中国家经济发展造成极大影响。

（五）技术壁垒

经济全球化条件下，随着人类环保意识的增强，国际贸易中的保护措施也发生了较大变化。特别是西方发达国家，如美国、日本、欧共体，纷纷采用隐蔽性强、透明度低、不易监督和预测的保护措施——技术壁垒对国际贸易进行限制。它们以保护生态环境、维护消费者利益、为了人类社会可持续发展为借口，利用自身的技术优势，制定各种技术标准、技术法规和合格评定程序，限制发展中国家产品的出口，给我国和其他发展中国家的对外贸易造成很大障碍，成为其阻止外国产品进入本国市场的主要屏障。技术壁垒是当今国际贸易中最隐蔽、最难对付的一种贸易壁垒，因此，研究技术壁垒对国际分工的影响及对我国政府和出口企业具有十分重要的意义。

技术壁垒对国际分工的影响主要表现在以下几个方面:第一,影响和制约国际贸易的增长速度。各国制定的技术标准、技术法规等内容繁多,要求各异,出口国很难适应。第二,影响国际贸易的商品结构和地理方向。发达国家在新技术和新产品方面具有绝对优势,因而新技术、新标准大多是由发达国家制定和控制的。而产品检测尤其是高技术产品的质量检测,需要进口国的检测部门具有一定的技术设备、技术人才。因此,发展中国家即使建立了技术标准,往往由于缺乏检测手段和检测设备,无法对进口产品实施有效检验。在国际贸易中,农产品受技术壁垒影响超过工业品,劳动密集型产品贸易受技术壁垒影响超过技术和资本密集型产品,发展中国家产品超过发达国家产品。第三,技术壁垒对进口国的国内产业和国内市场起到保护作用。由于技术标准是由进口国制定和掌握的,进口国对许多产品规定了极为繁琐的技术标准和检验标准,进口货物只有符合这些标准才能进口,其中某些标准具有较强的针对性,使出口国防不胜防。第四,某些技术壁垒具有较强的针对性,限制了出口国的商品出口数量和出口商品结构。由于各商品出口国的经济和技术发展水平不同,受影响的程度也不同。一般来讲,发达国家在运用技术壁垒保护措施方面具有技术优势,因为新的技术标准大多是由少数发达国家制定的,其受到的影响较小,发展中国家受到的影响较大。

在贸易自由化过程中,发达国家在国际贸易中一方面以非关税的技术壁垒对发展中国家出口的产品施加种种限制,另一方面却将资源密集型产业和非环保型产业向发展中国家转移。其结果是发展中国家在引进了外资和先进技术扩大出口的同时,必须付出高额的成本:自然资源过度开发,生态环境日益恶劣,污染日益严重。贸易自由化为发达国家商品输出扫清了障碍,而对发展中国家国内产业的成长形成了极大的压力。

五、当前国际分工格局的特点及发展趋势

经济全球化的发展使资源在全球范围内优化配置,使世界各国在生产、分配、流通、消费等领域的经济联系日益密不可分,使国际分工日益呈现出超越国家边界和产业边界,向产品生产过程中技术密集程度分工深化的趋势。经济全球化涉及到国际经济关系的各个方面,是国际分工发展和深化的过程。一国的经济、科学发展水平和自然资源条件决定了该国参与国际分工的形式。从总体上看,经济全球化的发展进程是在发达国家主导之下进行的,而广大的发展中国家总体经济实力和综合竞争力远逊于发达国家,因此,它们不是经济全球化的主体,在国际分工中处于不利地位。充分认识发展中国家在国际分工格局中的被动与弱势地位,有利于广大发展中国家从本国实际情况出发,做出正确的战略决策。这一部分从发展中国家的视角,对当前国际分工格局进行分析和研究,旨在为探索发展中国家的经济发展战略提供理论依据。随着全球化的发展,当前国际分工格局的特点及发展

趋势主要表现在以下几个方面：

(一)四级分工格局以及与之相应的“金字塔”①的国际产业结构

经济全球化将国际分工推向更高的层次，当今的国际分工不再是仅仅以货物贸易为纽带展开，服务贸易、知识产权贸易以及与贸易有关的国际投资日益频繁，决定国际分工的要素禀赋差异也由自然资源转化为科技和人力资源，分工明显地出现了上游产业控制下游产业，无形生产控制有形生产，知识技术创新能力强的国家主宰和控制知识技术创新能力弱的国家的新特点，从而形成了发达国家、新兴工业化国家和地区、发展中国家、欠发达国家的四级分工格局。与之相应的“金字塔”的国际产业结构是：第一级是发达国家，以高新技术产品为主，但并未完全放弃资本密集型产品；第二级是新型工业化国家，以资本密集型产品为主，劳动密集型产品为辅，同时积极发展高新技术产品；第三级是中国、印度等发展中国家，仍以劳动密集型产品为主，同时资本密集型产品有较大发展，如中国的机电产品比重增加，工业制成品已进入欧美等国家；第四级是欠发达国家，仍以出口矿产品、发展原材料产业为主。从金字塔的底层到顶层，其产业技术层次、产业水平、产品附加值均呈上升趋势，同样在全球化的竞争中，处于顶端的最具优势，而处于底端的最无优势。在这种格局下，被卷入全球化的各类国家，无论是出于发展扩张目的，还是基于生存的需要，都在极力地进行产业结构的调整、升级。这种四级分工格局的特点在于：每个国家并不单单选择一种类型的产品参与国际分工，这种分工格局容易发生变动，使各个国家改变自己在国际分工格局中地位的机会增加。

(二)传统产业和新兴产业之间的分工加深

当今国际竞争的焦点已经从产品的制造移至国家或企业的研究与开发和技术创新能力上，同时发达国家制造业的高成本已成为其获取利润的瓶颈。所以，发达国家一方面集中力量加大研究开发投入，抢占科技制高点；另一方面为降低制造成本和抢占世界市场，纷纷将本国制造业以各种形式向具有广阔市场和资源、工资成本相对便宜的发展中国家转移。发达国家不断把技术相对落后、低附加值的劳动密集型和一般资本密集型的传统产业、夕阳产业转移至发展中国家，而在本国转向新产品、新技术的研究开发，发展起以信息产业和其他高新技术产业为代表的新兴产业，使本国的产业结构高级化、现代化。发展中国家在接受传统产业转移后，资源投入加大却不能获得同样多的增加价值，会遇到大量资源消耗、生态环境污染等影响其持续发展的问题，还可能面临“专业化陷阱”的威胁和产业结构升级的困难。因此，发达国家与发展中国家之间的新兴产业和传统产业的分工进一步加深了。从贸易商品结构和价格趋势看，发展中国家主要出口初级产品和劳动密集型的制成品，这类商品附加值低、收入弹性小、技术知识含量低、价格长期趋于下降。

① 华民．“入世”后中国如何参与国际分工．世界经济与政治，2002(4)．9～14

而发达国家出口结构以附加值高、收入弹性大的工业制成品为主,其出口价格不断攀升。世界贸易商品结构的发展趋势是,初级产品在国际贸易中的比重不断下降,工业制成品在国际贸易中的比重不断上升;而发达国家占绝对优势的服务贸易和技术贸易增长率大大高于一般商品贸易。发展中国家贸易商品结构不合理,贸易条件日益恶化,很难从国际贸易中获取较大利益。

(三)国际分工的深度和广度将得到进一步拓展

生产力的发展对国际分工的形式、广度和深度起着决定性的作用。在经济全球化的大背景下,生产要素和劳动产品在世界范围内进行优化重组的结果必然会引起国际分工的不断深化。经济全球化所带来的信息技术的快速发展,以及电子商务、网络经济等行业的兴起,为跨国界的经营管理、分工合作提供了必不可少的物质手段,使得国际分工的深度和广度将得到进一步拓展。信息技术一方面将导致新兴产业的兴起,如网络经济、在线经济、电子贸易等;另一方面,又对传统产业发起猛烈的冲击,使传统产业越来越知识化,并对产业的变化方式产生深远的影响。

从国际分工发展的深度来划分,可以分为部门之间、部门内部、产业之间、产业内部、零部件以及生产工艺的国际分工,这也是分工和协作呈现多样化的一种表现。由于世界生产力的迅猛发展和科学技术的飞速进步,当前的国际分工获得进一步深化发展,具体表现在形式的多样化上,如国际间的劳务合作、技术转让、国际租赁等;从国际分工的广度来讲,在信息技术的影响下,发达国家工业生产内部结构发生了重大变化。高新技术产业部门,在发达国家工业生产中占有越来越重要的地位,发展这些高新技术产业部门,往往需要巨额资本、高昂的科研费用、庞大的生产规模和高精尖的技术设备。这一切日益超出了一国单独发展的能力,要求跨越国界地组织经济。广大发展中国家也纷纷打开国门,在国际分工体系中寻找自己的合适位置,通过与发达国家的纵向合作、与其他发展中国家的横向交流,以求得生存、获得发展。

六、国际分工理论在发展中国家战略选择中的应用

发展中国家在新的国际分工格局中的战略选择,应该把各种国际分工理论结合起来运用。在这一部分中首先提出发展中国家为了与发达国家开展国际分工与贸易,要在与其他发展中国家的竞争中胜出,就要结合运用绝对优势与比较优势;其次提出发展中国家与发达国家以及发展中国家之间进行贸易与分工合作时,要想在国际分工中不断提升本国产业竞争力,就要结合运用竞争优势理论、比较优势理论和战略贸易理论。

第一,一个发展中国家为了与发达国家开展国际分工与贸易,不可避免要与其他发展中国家进行竞争,为了在竞争中胜出,就需要结合运用绝对优势理论与比较

优势理论。

在现实的国际分工中，数量众多的发展中国家所具有的比较优势是相似的，如廉价的劳动力、低附加值和低技术含量的产业。所以，它们在吸引投资、抢占市场等许多方面的相互竞争是非常激烈的，随着越来越多的国家主动参与经济全球化进程，在国际分工的这个层次里，供给过剩已经成为一种普遍的现象，于是成本就成为决定国际竞争胜负的惟一因素。对于一个发展中国家来说，由绝对优势决定的经济竞争力的作用仍然是不容忽视的，因为一个各方面都没有绝对优势的发展中国家可能被排除在国际贸易之外，失去通过国际分工和贸易发展本国经济的机会。这一点，可以通过三个国家两种商品的李嘉图模型清楚地显现出来。

假定在甲、乙、丙三个国家生产 A、B 两种商品，其中，甲国是发达国家，乙国和丙国是发展中国家，甲国在 A、B 两种商品的生产上相对于乙国和丙国都具有绝对优势且它在商品 A 的生产上具有比较优势。三个国家两种商品的生产在分工和贸易开始前的绝对优势排序可以用不等式表示为：商品 A，甲 > 乙 > 丙；商品 B，甲 > 丙 > 乙。

此时，甲国与乙国之间，甲国与丙国之间都有可能存在比较优势，乙国与丙国之间相互存在绝对优势，因而都具有通过国际分工和贸易获得好处的机会。但是，在一个开放、自由竞争的国际经济体系中，假设没有其他因素妨碍三个国家通过专业化分工和贸易来提高各自的福利水平，则发展的结果是乙国可能会被排除在分工和贸易之外。因为如果要选择专业化分工，甲国肯定只会生产其最具绝对优势的商品 A，而乙国和丙国就只有选择生产商品 B 的余地。在国际贸易中，因为丙国生产商品 B 的绝对优势比乙国大，所以甲国更愿意同丙国进行交换。同样地，尽管乙国在商品 A 的生产上比丙国有绝对优势，但甲国在商品 A 上的绝对优势更大，所以丙国也只会选择与甲国做生意。市场机制优胜劣汰的结果，是在发达国家甲国放弃生产商品 B，与丙国相比没有绝对优势的乙国失去了与甲国进行贸易的机会，比较优势不能实现；同时在商品 A 上，乙国无法与甲国进行竞争，失去了与丙国进行贸易的机会，绝对优势也不能实现。最终，乙国被迫在 A、B 两种商品的生产上实行自给自足的生产模式。甲国和丙国通过分工和贸易交换，有可能形成完全分工的专业化经济，即甲国集中生产商品 A，丙国集中生产商品 B，两国的总和生产力会大于分工和贸易前的总和生产力，两国的经济发展水平和经济竞争力都得到了提高。在这种格局下，除非原有的市场结构和生产交换格局受到某种因素的冲击而发生变化，乙国才会有机会与甲国或者丙国就 A、B 两种商品的生产和交换发生联系。否则，乙国会始终在 A、B 两种商品的生产上处于自给自足的经济模式下。

典型的两个国家两种商品的李嘉图模型说明只要存在比较优势，通过贸易来往，就能够提高贸易双方的福利水平。它只是显示了生产率相对优势大小在确定分工方向中的决定作用,因为双方生产率差距大的商品必须由发达国家生产,双方生产率差距小的商品必须由发展中国家生产,只有这样才能使比较优势的作用在国际分工和贸易中发挥出来。但是,三个国家两种商品的李嘉图模型描述了一个发展中国家通过国际分工和贸易获得经济发展的机遇与挑战。一个发展中国家仅有与发达国家的比较优势并不是获得国际分工和贸易好处的充分条件。它必须在与发达国家生产率差距小的商品上同时保持对其他发展中国家的绝对优势才能获得贸易机会,通过专业化分工水平的提高和贸易实现程度的扩大实现经济的发展。在国际经济交往中,发达国家数量虽少,但在大部分商品的生产中往往具有绝对优势,而发展中国家数量虽多,却在大部分商品的生产上处于绝对劣势。在世贸组织努力推动建设的自由、开放的国际经济体系中,具有绝对优势的少数发达国家拥有很大的贸易选择自由度,可以在数量众多的发展中国家中选择贸易伙伴,进口其放弃生产的商品。在发展中国家之间,在发达国家放弃生产的商品上具有绝对优势的国家最有可能成为发达国家的贸易伙伴,在比较优势中获得国际分工和国际贸易的好处。在这种情形下,一个发展中国家在其竞争对手中具有绝对优势成为比较优势实现的必要条件。

第二,发展中国家与发达国家以及发展中国家之间进行贸易与分工合作时,要想在国际分工中不断提升本国产业竞争力,需要在培育竞争优势时,结合运用竞争优势理论、比较优势理论和战略贸易理论。

1. 以比较优势为基础发展竞争优势

一国参与国际竞争有两种方式,一种是顺比较优势竞争方式,另一种是逆比较优势竞争方式。国际经济活动的实践表明,顺比较优势的竞争方式和发展战略更有利于提升一国产业的国际竞争力,顺利地实现产业演进和经济发展。当然,完全依照固定不变的比较优势来参与国际贸易分工对一国的长期发展是不利的。但是,因为比较优势并不是固定不变的,而是应供求关系而变化的,依照不断变化的比较优势来调整产业结构和贸易结构,循序渐进并不会带来损害,反而更有利于国家竞争力的提升。一国参与国际分工,首先是基于资源优势的比较,然后才会寻求更高层次的非资源型优势。发达国家的资源优势在于资本和技术,在国际产业分工中它们选择资本和技术密集型产业,并在这些产业的国际竞争中寻求非资源型的比较优势;任何一个发达国家都不会用劳动密集型产品与其他发达国家竞争。同样,发展中国家的资源优势在于天然资源和劳动,其产业的国际定位应该强调发挥劳动和自然资源优势。所以,比较优势是竞争优势的基础,有竞争优势的产业,首先必须具有比较优势。

在初始阶段,由于劳动、资源等生产要素具有比较优势,国家的竞争优势可以通过利用要素推动来取得。在波特的国家竞争优势发展的四阶段分析中包含有比较优势的动态变化。在初始阶段,比较优势往往会在劳动、资源等生产要素上,国家竞争优势可以通过利用要素推动来取得。而随着资本的积累和技术进步以及对有限的劳动、资源需求的扩大,一国在生产要素上的比较优势会逐步丧失而转移到更高层次的技术、资本上的比较优势以及知识上的比较优势。这样,该国的国家竞争优势的推动力量就得转移到投资和创新上来。而当一国积累了物质财富以后,凭借经济发展的惯性就可以继续保持一定的经济增长,若能不断创新就能长期维持其比较优势。从国家竞争优势的四阶段中,我们可以看出,竞争优势的取得需要依照经济环境和经济发展情况循序渐进而行,不能舍本逐末置比较优势而不顾。一般而言,竞争优势的获得是以比较优势为基础的。不难理解,利用比较优势创造竞争优势,即选择已经具备比较优势的产品或产业进一步拓展竞争优势,要比培育完全没有比较优势的产品或产业成本要低得多。一国具有比较优势的产业往往易于形成较强的产业国际竞争力,比较优势是竞争优势的内在因素,比较优势在一定条件下可以转化为竞争优势。事实上,波特的竞争优势可以归结于比较优势,是对比较优势的深化和拓展。典型国家或地区产业的发展,如日本、亚洲“四小龙”等,都是从资源密集型或劳动密集型发展到资本密集型、技术密集型、知识密集型的。这里以韩国为例,20 世纪 60 年代起,韩国产业发展就是从简单劳动密集型开始的,成功实现了横向和纵向的双增长,到了 80 年代,资本密集型产业快速发展,目前韩国已进入了以资本、技术密集型产业为主的发展阶段。与日本和美国相比,韩国的知识密集产业不具任何比较优势,显然韩国并没有省略掉资本、技术密集阶段而直接发展知识密集产业。不可否认,发展劳动密集型产品出口能够发挥我国劳动力资源丰富的优势,同时也有利于增加就业机会,从而缓解沉重的就业压力。

然而,在当今的国际市场上,面对发达国家资本对劳动的替代,发展中国家的劳动密集型产品并不具有竞争优势。这是因为:其一,劳动是不均质的,具有较高人力资本含量的劳动密集型产品具有更强的竞争力;其二,许多国家的劳动密集型产品成本低不仅是因为其劳动工资低,还在于其劳动过程具有较高的管理和组织水平,由此决定了更高的劳动生产率和更优的产品质量;此外,虽然发展中国家劳动密集型产品因其工资低而劳动成本较低,但发达国家面对国内就业的压力,会以各种壁垒阻碍廉价的劳动密集型产品进入,这势必会使以劳动密集型和自然资源密集型产品出口为主的国家在国际贸易中处于不利地位。我国作为发展中国家,如果单纯依靠资源比较优势确定国际贸易结构,而不是依靠技术进步实现比较优势的战略转移,从长远来看,极有可能使贸易条件恶化。因此,像我国这样一个发展中大国,参加国际分工,不应当只凭比较优势,而应将其转化为竞争优势。在实践中,确定我国产品的国际竞争优势时会面临这样的矛盾:一方面根据资源禀赋,我国具有自然资源和劳动力资源的比较优势,但是这些比较优势在国际竞争中不具有竞争优势;另一方面根据我国目前的经济发展水平,这些优势还必须加以利用。解决这一矛盾的途径是引入国外资本、技术、品牌等先进生产要素,将先进生产要素与资源优势结合，将国外资本、技术与国内劳动和资源结合，实现比较优势向竞争优势的转化，通过贸易的"技术外溢"效应来实现比较优势的战略转移，推动科技进步，从而带动产业结构的高级化和贸易格局的逐步优化。

2. 运用战略性贸易政策培育竞争优势

一方面，即使是具有比较优势的产业，如果缺乏国际竞争力，也无法实现其比较优势。在经济活动中遵循比较优势原则并不排斥其他非价格竞争手段的运用，因而在比较优势的基础上综合运用其他竞争手段会更容易取得长期比较优势和竞争优势。另一方面，如果采用逆比较优势的竞争方式和发展战略，在对外经济交往中背离比较优势原则或跨越产业结构发展的阶段，适当运用战略性贸易政策使其产业在国际经济竞争中获得竞争优势也是很必要的。例如，一个企业或国家可以在少数不具有比较优势的产品或产业上通过投资补贴、信贷优惠、税收减免、关税或非关税壁垒等手段来取得竞争优势，即所谓的战略性贸易政策。战略性贸易政策，顾名思义，就是对因某些原因而被认为是重要产业所采取的贸易政策，或者是指能够影响或改变厂商之间战略关系的贸易政策。在这里，战略关系是指厂商之间都会意识到的一种相互依赖的关系，即一个厂商的收益或利润必然会直接受到其他厂商的战略选择的影响，并且对这一点各厂商都心里有数。由于完全竞争的市场条件下是不可能产生战略性贸易政策的，所以战略性贸易政策实质上是一种寡头垄断市场条件下的贸易政策。具体地讲，战略性贸易政策是指一国政府在不完全竞争和规模经济条件下，凭借生产、出口补贴或保护国内市场等措施和手段，扶持本国战略性产业的成长，获取规模经济效益，以增强这些产业在国际市场上的竞争能力，夺取他国的市场份额。战略性贸易政策是不完全竞争贸易理论的一个重要研究领域，体现着战略贸易理论的政策主张。战略性贸易政策的目标是增加国家利益，提高本国的福利水平。这一目标是在政府干预下，通过良性的外部性失败和利润转移两种方式来实现的。所谓良性的外部性失败，是指企业的某项创新活动具有很强的外部效果，但由于超额成本使创新企业所能获得的收益不足弥补成本费用而引致的市场失败，对于这种积极意义上的市场失败，政府就应顺理成章地给予鼓励和支持，其前提则是它的社会效益必须超出社会成本。所谓转移利润，是指本国厂商由于政府的补贴和扶持而在与外国厂商的竞争中所获得的那部分超额租金或超额利润。

战略性贸易政策具有很强的现实意义。在寡头垄断的市场结构下，如果使用进口关税或出口补贴能够增强本国厂商的竞争力，那么，将有助于他们获得一部分超额利润。在实践中，战略性贸易政策对于创造和强化贸易优势，促进民族产业的发展，提升本国产品的国际竞争力发挥着极其重要的作用。发达国家就是一边积极推动经济全球化，一边却紧锣密鼓地通过质量保证、绿色标准或绿色堡垒、进口许可证及配额等方式有效地限制了发展中国家产品进入其国内市场，从而取得或保持在一些高科技产业或关键产业上的优势。这对发展中国家来说，无疑具有极大的借鉴意义。战略性贸易政策对于发展中国家获取更大的国际分工利益，同样可以起到很好的作用。发展中国家为了尽快提高自身的国际竞争力，在不公平竞争的国际环境中争得一席之地，主动分享经济全球化的利益，就必须积极采用战略性贸易政策，扶持一些技术含量高、外部效应大、动态规模效益突出的主导产业，对其进行适当的、一定时期的保护。从我国的国情来看，我国在资本、技术密集型行业和生产环节处于比较劣势，而这些行业主导着经济发展的方向和国民经济的命脉，并且有很高的利润率。如果放弃这些资本、技术密集型行业，结果就会是绝大部分利润流向发达国家，经济全球化成了发达国家对我国进行剥削与掠夺的工具；同时，我国将失去独立完整的经济体系，经济命脉被发达国家控制，在经济、政治上成为附庸国。这种结果是我们所不能接受的，我国必须努力构建自己相对完整的工业体系，而不是满足于作为国际分工的一个环节。因为，第一，我国是一个大国，不可能像新加坡等小国一样依靠某一个或几个行业和生产环节实现富国强民，相对完整的工业体系是富国强民的基础和保障。第二，冷战结束后，以美国为首的西方势力并没有放弃冷战思维，依然对我国实行“分化、西化”政策，从战略上进行遏制，如果按照比较优势理论参与国际分工，就会在经济上受制于人，在政治、军事上也陷入被动，所以构建相对完整的工业体系也是国际政治斗争的需要。但是，我们也应该注意到这种获得竞争优势的方法常会带来不可忽视的负面影响，因为补贴会增加财政负担，而贸易壁垒则可能因为违背 WTO 框架下贸易规则而招致其他国家的报复，从而整个国家都可能会为此付出沉重的代价。

第五章
经济全球化时代的相互依赖

自第二次世界大战结束以来，由于第三次科学技术革命特别是20世纪80年代的新技术革命，科学技术以前所未有的速度、广度和深度向前发展，生产力水平空前提高，国际分工大为深化，要素的国际流动性日益显露，资源使用效率显著提高，世界经济和国际交换迅速发展，各国之间相互联系、相互依赖的关系已经发展到各国无法摆脱也不愿摆脱的程度。世界经济的发展影响着我国经济的发展，同样，我国的经济发展也影响着世界经济的发展。我国经济的发展已经深深融入世界经济的发展之中。我国的对外开放政策不是一种权宜之计，而是一个希望经济快速、持续、稳定、健康发展国家的必然选择。

一、经济全球化与要素国际流动

经济全球化是指生产要素包括商品在各国之间自由流动、资源在世界范围内进行优化配置的过程。从定义上来看，我们几乎可以将要素国际流动与经济全球化等同起来，但实际上这种等同是错误的。要素的国际流动要早于经济全球化。早在20世纪50年代，要素的国际流动就已经开始，而经济全球化则始于80年代中期。从50年代开始，以跨国公司为载体的生产国际化和资本国际化带动了生产要素在各国之间的流动。随着跨国公司的发展特别是美国跨国公司的发展，要素的国际流动性愈益增强，至70年代末80年代初，欧洲和日本跨国公司的实力赶了上来，国际交叉投资的局面形成①，各国之间出现了大规模的要素流动，世界各国民经济之间互相联系、相互依赖的关系空前加强，80年代中期，经济全球化终于出现。国际经济一体化是经济全球化的基础，经济全球化是国际经济一体化发展的结果。正是促成国际经济一体化的跨国公司的对外直接投资活动带动了生产要素在各国之间的流动，跨国公司自身的发展使得越来越多的生产要素参与国际流动。如果只有美国或主要只是美国跨国公司的对外直接投资，那只能称作美国资源在世界各地的配置；只有当交叉投资的局面形成以后，要素大规模的国际流动才可能出现，以世界为范围的资源优化配置才能全面地、充分地展现开来，而只有在这个

① 陶季侃，姜春明．世界经济概论．天津：天津人民出版社，2003．90

时候，也才会出现真正意义的经济全球化。

经济全球化是建立在国际经济一体化基础之上的，而国际经济一体化本身却是一个长期的发展过程。第二次世界大战帮助美国取得了世界经济的霸主地位。“40 年代末 50 年代初，美国国民生产总值在资本主义世界经济中所占的比重迅速上升，达到 57.8%，工业生产从第二次世界大战前 1937 年的 42% 上升到 53.4%，黄金储备从 1937 年的 50.5% 上升到 74.5%，美国成为了名副其实的超级经济强国”①。美国在世界经济中的霸主地位也反映在对外直接投资中。表 5－1、表 5－2 表明，从第二次世界大战后初期直至 70 年代中期，所谓对外直接投资只不过是美国一国的或主要是美国的对外直接投资；在其后的年代，美国在世界对外直接投资总额中的比重有所变化，但依然是对外直接投资的主要来源国，同时又成为对外直接投资的吸收国。

表 5－1　**主要资本主义国家对外直接投资总额②**

（1967—1978 年）

资本来源国	年末累计数（亿美元）					占各国对外直接投资总和的比重（%）				
	1967	1971	1973	1975	1978	1967	1971	1973	1975	1978
美国	566	828	1013	1242	1681	53.8	52.3	51.0	47.8	45.2
英国	175	237	269	308	411	16.6	15.0	13.5	11.9	11.0
联邦德国	30	73	119	160	318	2.8	4.6	6.0	6.2	8.5
日本	15	44	103	159	268	1.4	2.8	5.2	6.1	7.2
瑞士	50	95	111	169	278	4.8	6.0	5.6	6.5	7.5
法国	60	73	88	111	148	5.7	4.6	4.4	4.3	4.0
加拿大	37	65	78	105	136	3.5	4.1	3.9	4.1	3.7
荷兰	22	40	55	85	237	2.1	2.5	2.8	3.2	6.4
瑞典	17	24	30	44	60	1.6	1.5	1.5	1.7	1.6
比利时/卢森堡	20	24	27	32	47	1.9	1.5	1.4	1.2	1.3
意大利	21	30	32	33	33	2.0	1.9	1.6	1.3	0.9
其他国家	40	51	63	151	168	3.8	3.2	3.1	5.7	1.3
总计	1053	1584	1988	2589	3718	100	100	100	100	100

① 王有生．世界经济概论．成都：西南财经大学出版社，1995．192～193

② 唐维霞，陈钺．跨国公司．北京：经济科学出版社，1985．13

表 5-2　世界主要国家和地区对外、对内直接投资状况①

单位:亿美元

国家	对外直接投资						吸收外国直接投资					
	1993	1994	1995	1996	1997	1998	1993	1994	1995	1996	1997	1998
美　国	844	807	995	927	1100	1328	525	474	596	890	1093	1934
欧　盟	954	1211	1604	1843	2240	3821	845	722	1151	1088	1286	2306
日　本	138	181	225	234	261	246	1	9	0	2	32	33
加拿大	57	93	119	129	221	264	47	82	93	94	115	165
中　国	44	20	20	21	26	26	275	338	358	402	442	438
世　界	2474	2849	3586	5799	4751	6489	2194	2535	3289	3589	4643	6439
发达国家	2074	2420	3060	3198	4067	5947	1338	1464	2084	2111	2733	4604
发展中国家	397	426	521	589	650	523	788	1011	1062	1353	1725	1659

除了我们前面已经指出的在 70 年代中期以前美国在对外直接投资中占有大部分份额之外,表 5-1、表 5-2 的数据还清楚地反映了对外直接投资发展的一些基本趋势。一是尽管美国对外直接投资也在不断增长,但是,由于其他发达国家经济的发展,特别是由于欧洲经济共同体的政策支持,其企业规模和实力在六七十年代迅速扩大。美国在对外直接投资世界总额中所占的比重却在不断下降,至 70 年代末 80 年代初,欧洲经济共同体与美国相互间的直接投资已经大致相等,从而形成了一种交叉投资的局面,欧洲、日本等国地区和国家在国际直接投资总额中所占有的份额日益增大。从表 5-2 可以看出,进入 90 年代,美国虽然仍然是重要的对外直接投资来源国,但其地位已急剧下降,其对外直接投资在发达资本主义国家对外直接投资总额中的比重已经下降到不足 30%,在世界对外直接投资总额中的比重已经不足 25%。第二个趋势在表 5-2 中清楚地显示出来,所谓对外直接投资,其实主要是发达国家的对外直接投资;所谓资本国际流动,其实主要是资本在发达国家相互之间流动;在总体上,发达国家是资本净输出国,发展中国家是资本净输入国。第三个趋势是,随着科学技术的进步和生产力水平的提高,对外直接投资的增长速度越来越快,在 1967—1978 年的约 10 年间,对外直接投资从差不多 1000 亿美元增加到了约 3700 亿美元。在这一期间以及在其后的时期,发达国家经济虽然也反复经历过低速增长甚至不景气,但它们的对外直接投资却始终保持着高速增长的势头,至 1988 年,西方主要发达资本主义国家的对外直接投资已经突破

① 陶季侃,姜春明. 世界经济概论. 天津:天津人民出版社,2003. 91

10 000 亿美元大关[①]。进入 90 年代，对外直接投资愈显活跃，即使以年投资额来看，数量也是惊人的。发达国家的年对外直接投资额，1993 年为 2073 亿美元，1994 年为 2420 亿美元，1995 年为 3060 亿美元，1996 年为 3198 亿美元，1997 年为 4066 亿美元，1998 年为 5946 亿美元。第四个趋势是，发展中国家对外直接投资日趋活跃，一方面积极开展对外直接投资，另一方面其所吸收的外国直接投资在世界吸收总额中的比重在稳步提高。在发展中国家中，我国的情况特别值得关注。自 70 年代末实施改革开放以来，我国经济也日益融入国际经济这个有机整体之中，我国虽然对外直接投资起色不大，但吸收外资增长速度很快，我国已经成为发展中国家中吸收外国直接投资数量最多的国家，即使与发达国家相比，我国也是吸收外国直接投资最多的国家之一。

国际资本流动不仅是要素国际流动最主要的形式，而且，国际资本流动带动了其他要素的国际流动。资本国际流动带动其他要素的国际流动，可以从两方面来理解。一方面是直接的，即国际直接投资会直接带动部分技术人员、经营管理人员、技术设备以及经营管理经验进入东道国；除此之外，直接带动的还应包括国际贸易中的中间产品贸易，主要指生产所需的部分原材料、零部件国际贸易，日益增多的中间产品贸易主要是由对外直接投资直接促成的。另一方面是间接的，即利用国际贸易对要素国际流动的替代作用，通过子公司产品的出口贸易，促使东道国一些很难参与国际流动的生产要素如劳动力、土地等间接地参与到国际流动中来。比如，发达国家需要劳动密集型产品，但劳动力相对缺乏，而发展中国家的廉价劳动力却无法大规模进入发达国家，发达国家的资本就可以流动到发展中国家，生产并进口劳动密集型产品，从而间接地实现发展中国家劳动力向发达国家的流动。因此，将资本流动直接带动和间接带动的其他要素流动考虑在内，其他要素在国际间的流动规模是很大的，至 1995 年世界贸易总额已经达到 49 000 亿美元。

国际服务贸易的迅速发展也是要素国际流动的重要表现。按照世界贸易组织的分类，服务贸易包括商业服务、通讯服务、建筑与有关工程服务、销售服务、教育服务、环境服务、金融服务、健康与社会服务与旅游有关的服务以及运输服务等 11 个部门。服务贸易在 70 年代初期仅有区区几百亿美元，经过 80 年代的迅速发展，到 90 年代初期就已突破万亿美元大关[②]。

上述分析告诉我们，70 年代末 80 年代初不仅是战后世界经济发展的一个转折点，而且也构成了世界经济发展史上的一个转折点。在这个转折点之前，资本以及其他要素的国际流动只不过是个量的积累，是个量变的过程；而在这个转折点之后，资本以及其他要素的国际流动的量变则演化为质变，最终导致了经济全球化的

① 王有生．世界经济概论．成都：西南财经大学出版社，1995．46

② 陶季侃，姜春明．世界经济概论．天津：天津人民出版社，2003．71

出现。从另外一个角度来看，这个转折点也是发达资本主义国家经济发展的一个转折点，从70年代中期滞涨危机和70年代末80年代初第二次世界大战后最严重的经济危机之前的经济增长的黄金年代进入了经济缓慢增长和经济结构调整的时期，从这层意义上来说，经济全球化又是发达国家一条摆脱危机的出路。

上述分析同时表明，经济全球化是国际经济一体化长期发展的结果。经济全球化的发展有其内在动力，也有外在因素的影响，归根结底，技术革命是推动全球化发展的原动力。由于经济全球化与世界市场之间存在着密切的联系，而世界市场的萌芽可以追溯到18世纪60年代，于是有人认为经济全球化古已有之，其进程早在资本主义生产方式建立起来的时候甚至更早的时期就已经开始。不仅这种看法是错误的，即便是那些对经济全球化始于第二次世界大战战后初期的判断也是错误的。实际上，直到80年代初爆发的以电子信息技术为标志的新技术革命，计算机、因特网、移动电话和卫星通讯普及，信息和运输费用大大降低，为在全球范围内组织生产和进行商品、劳务的交换提供了可能性，推动了要素在全球范围内的流动，真正意义上的经济全球化才得以出现。此外，冷战结束、和平稳定的世界环境、各国的经济体制改革、世界范围内贸易自由化的趋势等都从客观上促进了经济全球化的发展。

经济全球化以生产要素的跨国流动为特征，也就是说经济全球化是一种商品、资本和劳动力在世界市场上转移时逐步消除限制的趋势和状态。生产要素的国际流动从狭义的角度来看，指生产要素在各国间所进行的直接流动；从广义的角度来看，它还应包括生产要素以产品为外化形式在国际间所展开的间接移动。但无论生产要素流动和商品流动，都是由于地区间或国家间在要素报酬或商品价格上的差异，商品或生产要素都从要素充裕、价格低廉的地区流向要素稀缺、价格昂贵的地区。因此，要素国际流动可以促进资源优化配置，改进资源使用效率。比如，各国的自然资源禀赋不同，但通过要素的国际流动，资源稀缺的国家则可以弥补不足；再比如我国的劳动力过剩，引进外资可以吸收很大一部分剩余劳动力，使资源得到充分利用。但是，要素的国际流动主要是以世界市场作为纽带来进行的。而在这个市场上，跨国公司的内部贸易已占世界生产的40%，国际贸易的50%~60%，国际技术贸易的60%～70%，可以说，世界市场是一个在相当程度上被跨国公司内部化了的市场。跨国公司是要素国际流动的主要推动力量。这些跨国公司"以世界为市场，以各国为车间"，要素的国际流动，很大部分是在跨国公司的"车间"之间移动。同时，为了公司总体的利益最大化，它们以划拨价格进行交易，而划拨价格与商品或要素的价值是没有什么关系的。正因为如此，国际垄断资本利用高进低出，不仅可以逃避东道国的税收，而且可以随心所欲地在国际间转移财富，从而导致东道国的利益损失。

下面，我们将更为详尽地探讨资本、劳动力、技术等生产要素是如何实现其国际流动的。

(一)资本的国际流动

国际资本流动按投资期限分,可分为长期投资与短期投资。长期投资是指期限为一年以上的投资,主要有直接投资、间接投资和国际贷款等形式;短期投资是指期限在一年以下的投资,主要形式有贸易资金流动、银行资金流动、保值性资本流动和投机性资本流动。

直接投资方面,跨国公司是其主要载体。前面已经论及,我们在这里仅仅指出,跨国公司控制了全球直接投资90%的份额。根据联合国贸发会议发表的《1997年世界投资报告:跨国公司、市场结构与竞争政策》指出,1991—1996年对外直接投资年均增长率为11.8%,而同期世界出口贸易额年均增长率只有7%,跨国公司直接投资的增长大大快于世界贸易的增长①。

此外,跨国公司对资金的巨大需求,也推动了国际金融业的发展。

第二次世界大战后对外间接投资的重要性相对于直接投资已大为下降,但其份额依然很大。以美国为例,1982年美国在国外的投资总额为8342亿美元,其中6129亿美元是间接投资;同时,在外国对美国投资的6653亿美元中有5635亿属于间接投资。在国际金融市场上,包括长期资本和短期资本,根据国际清算银行的统计,2000年全球的金融资本为975 533亿美元,是当年全球GDP的3倍多,非常惊人。这些来自于存款、股权和债券的金融资产在世界范围内流动,将各国的金融市场连接在一起,把资本带到各东道国,一方面满足了它们的资金需求,但同时也加大了金融风险防范的难度,尤其是对发展中国家来说更是这样。

(二)劳动力的国际流动

同资本流动的基本原因一样,劳动力的国际流动源于各国劳动力价值不同,即工资水平的高低差异。总的来说,劳动力的国际流动具有从低工资地区流向高工资地区的特征。而一个国家工资的高低取决于该国劳动生产率的水平。较高的劳动生产率意味着较高的收入,体现在工资水平上的这种差异,自然就构成劳动力流动的重要因素。此外,影响劳动力国际流动的因素还有各国劳动力供求状况的不同、经济周期影响、国际间的经济合作,甚至旅途的运输成本等等。不过,由于劳动力转移涉及到人口的跨国转移,有很多人为的障碍,劳动力的国际流动性比资本差了很多。

尽管人口的跨国迁移由来已久,而且,人口的跨国迁移也必然伴随着劳动力的转移,但这有别于经济全球化条件下的劳动力转移。在经济全球化条件下,劳动力主要是为国际垄断资本所驱使,作为一种生产要素在各国之间流动,参与国际垄断

---

① 谢康. 超越国界:全球化中的跨国公司. 北京:高等教育出版社,上海:上海社会科学院出版社,1999. 29

资本所主导的、以全球为范围的资源优化配置。通常意义上的劳动力国际流动(即劳动者在国家区域之间、岗位之间的自愿选择和转移)分为移民和中短期流动两种。从当今劳动力的市场需求来看,美国是最大的市场,占到了国际劳务市场的1/3。而发展中国家一般工业基础薄弱,农业人口占60% ~70%,有的高达80%~90%,劳动力大量过剩,这些国家往往试图通过向外转移劳动力解决就业问题。所以,劳动力国际转移的方向,主要还是由发展中国家流向发达国家。80年代以来,随着发达国家对劳动力的需求增大,流入这些国家的劳动力(包括移民)规模不断扩大,如美国1982年的人口是2.26亿,其中有1407.99万是1980年代以来从150多个国家转移到美国的;而1986年的欧共体,移民已占总人口的4.5%,占劳动人口的5.1%,这个数字还在不断递增。这种劳动力的转移客观上有利于资源配置,给输出国和输入国都带来一定好处:据联合国统计,仅美、加、英三国在80年代从世界的劳动力流入中就获益500多亿美元;而发展中国家从劳动力输出中则获得了直接利益,例如,亚洲部分发展中国家劳动力输出所获得的外汇收入在90年代初占总贸易收入的比重一般均在50%左右。当然,我们不能只看到这一点,我们同时应该高度关注发展中国家人才流失的严重问题。此外,在一些区域经济一体化组织中,典型者如欧盟,已经取消了劳动力在成员国间转移的障碍,这使得这些区域内劳动力的转移更加频繁。如今劳动力这种生产要素正以前所未有的规模在国际间更为自由地流动着。

在经济全球化下,跨国公司仍然是劳动力国际流动的主要推动力量。跨国公司为了实现其全球计划,积极向海外拓展。如今发达资本主义国家跨国公司的子公司遍布世界各地,据《1997年世界投资报告》报道,当年世界上4.5万多家跨国公司在境外设立的分支机构和子公司多达28万家;跨国公司境外分支机构和子公司的资产超过了8万亿美元,其海外销售额突破了6万亿美元。跨国公司这么庞大的海外分支机构和子公司需要吸收大量的劳动力,这就促进了劳动力的大规模转移。一方面,母公司需要向海外输出技术和管理人员;另一方面,也需要在当地雇佣员工。而一般来说,跨国公司的母国都是资本相对充裕的国家,随着其资本流入资本相对匮乏的国家,其对劳动力的需求也相应增加;尤其是发展中东道国有着充足的低成本劳动力资源,这使得跨国公司大量使用东道国的雇员。这种国际资本和东道国劳动力的结合实现了一种规模更大的劳动力国际流动,也即本身没有发生地域上的转移的劳动力在国际范围内的重新配置。而目前跨国公司普遍采用了本土化战略,将国际资本与东道国劳动力相结合,这种转移占据着越来越重要的地位,甚至成为劳动力国际流动的主要形式。以1997年世界最大的20家跨国公司为例,其外国员工占全部雇员的40% ~50%,最高甚至达到95%。在我国,截至2002年8月底,全国共有2300万劳动力流向了外资企业。由于这些企业往往工资要高于本国企业,给本国企业在人才竞争中带来很大压力。

（三）技术的国际流动

技术的国际流动又称技术的国际转移。国际技术转移的方式多种多样，按其是否通过市场交易来实现，可将技术转移分为两种方式：一种是非商业性的国际技术转移，通常是一种无偿的技术转移，无须支付转移费用；另一种是商业性的国际技术转移，即有偿的技术转移，需要支付一定的费用。这里我们主要讨论有偿技术转移。国际技术转移方式多样，可以直接在技术市场上购买技术，即技术供方将技术使用权通过市场交易转让给受方，内容包括专利、制造技术、专有技术和商标使用权等的转让。此外，还可以通过海外直接投资，即技术供方在技术受方所在国建立合资、合作或独资企业，以此实现技术的转移。

各国科学技术迅速发展及其的不平衡，是技术国际流动的主要原因。而影响国际技术转移的因素是多层次和多方面的，包括双方的合作意愿、技术接受国的政府行为及技术转移时机的选择，即政治、经济、技术背景等因素的影响。在一国的经济增长中，技术进步是一个至关重要的因素。当代新技术革命已使传统的受资源禀赋所制约的国际分工发展成为以技术优势为主导因素的国际分工。这种国际分工不是静止不变的，而是随着各国科技优势的变化不断变化，这促进了国际技术转移的迅速发展。

同样，技术国际转移的主要力量仍然是跨国公司。世界最大的500家跨国公司垄断和控制了世界上90%的国际技术贸易。第二次世界大战后通过海外投资转移技术逐渐成为一种非常重要的技术转移方式。跨国公司常常为了绕过东道国的贸易壁垒，占领国际市场而到海外直接投资，通过这种形式转移的技术大多为成熟技术或边际产业技术，即在国内已失去竞争优势，或在国内发展受到限制的技术，其中也有少数非关键性的先进技术。随着海外直接投资的增加，跨国公司内部的技术转移已成为国际技术转移中的最主要形式。据统计，美国目前的技术收入中有80%来自美国跨国公司与海外子公司之间的技术转移。近年来，跨国公司更是直接在发展中国家建立研发机构。其中，主要的目标国包括东亚、印度、南美的巴西和墨西哥；而中国因为市场潜力巨大和大量廉价优秀的科技人才吸引了很多跨国公司，到2001年，外国跨国公司已经在中国设立了超过100个研发机构。①

除了跨国公司以外，要素国际流动还与区域经济一体化组织的建立相关。区域经济一体化组织内部的一体化程度高于国际经济一体化，国际经济的一体化还是趋势，而区域内的经济一体化却在一些地方成为了现实。但区域经济一体化和国际经济一体化并非矛盾的，从客观上说，区域经济一体化可以推动国际经济一体化的发展，正如美国经济学家莱斯特·瑟罗所说："从长远看，地区主义可能是对世界的一种有利的推动。地区内实行自由贸易和地区间实行管理贸易，可能是通向

① 李琮．当代国际垄断——巨型跨国公司综论．上海：上海财经大学出版社，2002

世界自由贸易的漫长道路的一个阶段。从国别经济一下子跨一大步到世界经济，可能步子太大了，难以跨越，有必要先采取一些较小的中间步骤，准贸易集团与有关的贸易自由相结合，可能正是一种必要的中间步骤。”①

80 年代以后，区域经济一体化的影响日益加深。20 世纪 70 年代，全球共有 28 个区域经济一体化组织，80 年代增至 32 个，90 年代达 100 多个。进入 21 世纪，区域经济一体化的进程更快。在这些区域经济一体化组织中，比较引人注目的是三大地域集团：欧洲联盟、北美自由贸易区和亚太经济合作组织，其中欧盟一体化程度最高；相对来说，欧盟内部资本、劳动等要素的国际流动是最为自由的。如今欧盟的 GDP 占世界的 30% 以上，对外贸易额占世界总贸易额的 20% ，人均收入和对外投资均居世界前列，已成为仅次于美国的第二大经济体。

在经济全球化的今天，各国在生产领域、消费领域、投资领域和信贷领域有着越来越密切的联系，国际经济一体化的发展必然导致各国经济互相联系、互相依赖的程度不断加深。同时，在以要素为基础的国际分工体系决定了以要素为基础的国际利益分配。尤其是，跨国公司是要素流动的主要推动力量，而在这些跨国公司中，发达国家占了总数的 81.3% ，这使得发达国家的大型跨国公司成了主导国际分工体系的力量。发展中国家劳动力富裕而资本稀缺，资本收益高，而劳动力收益低。发达国家资本在发展中国家的投资中处于比发展中国家劳动力更为有利的谈判地位，这决定了其获得更高收益的有利地位。发展中国家劳动力的大量供给使得其价格只能维持在一个较低的水平上，全球贸易和投资规则的制定权控制在发达国家手中。发展中国家利用外资发展起来的出口加工型企业，获得的也只是劳动力价格收入，政府税收也因为吸引外资而控制在很低的水平上。同时，发展中国家的优秀人才不断向发达国家流动，获得了较高的收入，而发展中国家却付出了人才流失的代价，可以说，国际投资越是发展，跨国公司与发展中国家的收益分配差距也越大。此外，由知识经济所决定的国际分工新格局将具有深远的影响。在知识经济革命中落后的国家，在国际分工中的不利地位也将延续一个相当长的历史时期而难以改变。

发展中国家何以在经济全球化过程中处于不利地位？其实，我们并不赞成经济全球化是一柄双刃剑的观点。经济全球化从根本上来说是科学技术进步和生产力水平极大提高的表现，发展中国家的不幸不能归咎于经济全球化，而应归咎于资本国际化，归咎于国际垄断资本对经济全球化的主导、利用和控制。

二、资本国际化与国际经济一体化

跨国公司是对外直接投资的载体，因而跨国公司也是资本国际化的载体。一

---

① （美）瑟罗．二十一世纪的角逐——行将到来的日欧美经济战．张蕴岭等译．北京：社会科学文献出版社，1992

般认为,跨国公司的出现和发展始于第二次世界大战后,从而资本国际化也应该是始于其后,原因在于,尽管第二次世界大战前甚至在19世纪就已经出现了今天意义上的跨国公司,但由于数量少、规模小,它们对世界经济的运行不产生任何影响,因此,也算不上什么有重要意义的经济现象。第二次世界大战之后的情况则有所不同,私人对外直接投资迅速增长,跨国公司发展壮大起来,国际垄断资本通过资本输出、要素国际流动,通过对经济全球化的主导、利用和操纵,一步一步地控制了世界经济的所有主要部门,不仅一个国家的经济,而且整个国际贸易和世界经济的发展,都越来越受制于跨国公司。

根据马克思关于资本运动的理论,资本在其运动过程中,包括三种资本形态的循环,即货币资本循环、生产资本循环和商品资本循环。资本运动的完整过程,用公式表示就是G—W…P…W'—G'。它既包括资本的生产过程,也包括资本的流通过程,因而资本运动的全过程是生产过程和流通过程的统一。资本运动的规律集中地体现为资本无限增殖的本性。资本无限增殖的本性存在于资本运动的过程。在资本可划分为货币资本、生产资本、商品资本的条件下,每一种具体的资本存在形态只有在与其他的资本形态相联系时才能存在。任何一种具体的资本形态都是在与其他的资本形态的相互作用与相对运动、相互转化过程中才能存在;只有在不断的运动过程中,资本的具体形态才会存在和增殖,资本也才会有意义。

资本的国际化,实际上就是使原先只是在一个国家某个生产领域里循环的资本,扩大到国际范围内生产领域里的循环,也就是社会资本的自我扩张过程在国际范围的延伸。它是资本主义商品经济发展到一定高度的必然现象,当资本循环超过某一点,三种形式的资本循环便不再在单一的资本主义社会中被充分地实现,即商品的形式不再在一国的范围内被再生产了。生产资本、货币资本和商品资本虽然都是指资本的表现形态,但它们在经济活动中的作用是各不相同的;尤其是,资本在国内和国际上的循环运动有着不同的特点。在一国内部,资本的总循环运动由货币资本的循环运动、生产资本的循环运动和商品资本的循环运动共同构成,缺一不可;而且,不同形态资本的循环运动在空间上具有一致性,在时间上具有继起性。在国际上,三种形态资本的循环运动虽然同属于资本的总循环运动,但它们没有空间上的一致性。根据资本主义不同时期资本运动在国际范围内的特点,资本国际化的发展经历了以下三个阶段:商品资本的国际化、货币资本的国际化和生产资本的国际化。

最早的资本国际化仅仅是商品资本的国际化,之后很久才有货币资本的国际化,而生产资本的国际化只是第二次世界战后的事情。生产资本的国际化与第二次世界大战前早就存在的、表现为国际贸易的商品资本国际化不同,也与第二次世界大战前一定程度上的、表现为国际借贷关系的货币资本国际化不同,这不仅是因为商品资本国际化和货币资本国际化是生产资本国际化的前提,而且更是因为价值是在生产过程中而不是在流通过程中创造出来的。也只有生产资本国际化之后,才有了真正意义上的资本国际化。

(一)商品资本国际化

商品资本的国际循环运动主要借助于国际贸易形式进行。如果把贸易中的商品“当作资本的一种形态来看待”,那么“经济国际化只是资本运动国际化即资本国际化的一种表象,国际贸易也就是商品资本的国际化。”①

在世界市场上,资本主义国家的对外贸易带有垄断性的特点。它们通过与落后国家的不平等交换,进行剥削和掠夺。同时,它们一方面鼓吹自由贸易,将自己的商品输往世界各国,另一方面又通过各种关税和非关税壁垒保护自己的产业,这些对落后国家的工业造成了极大的破坏甚至是摧毁。

一般意义上的商品国际流动早在16世纪就已经出现了,但作为资本意义上的商品国际流动是在资本主义生产方式确立以后出现的,并且随着资本主义生产方式的发展不断得到发展。第二次世界大战后,随着世界上多数国家经济的迅速发展和国际分工的深化,国际贸易迅速增长,使当代商品资本的国际化呈现出很多新特点。第一,国际贸易中的商品结构发生了重大变化,主要表现为工业制成品在贸易中所占据的主导地位和工业制成品在进出口贸易中所占比重的上升趋势。第二,不同国家部门内贸易迅速发展。第二次世界大战后,随着发达国家成为高收入国家和一些原发展中国家或地区步入新兴工业化国家或地区的行列,工业化得到迅速普及,不同国家的部门内贸易即同种或非常类似的商品之间的交易,在全球范围内迅速增长,并将在今后居于主导地位。第三,技术贸易迅猛发展。技术贸易是技术输出国通过贸易途径将生产技术、管理技术和销售技术转让给接受技术的国家或地区。这是商品贸易的延伸和发展。科学技术革命的发展,不仅使运用高新科技的知识密集型部门的产品成为贸易的对象,而且使高新科技本身成为国际贸易的对象。第四,跨国公司的发展,使得它成为推动商品资本国际化进程的重要力量。

第二次世界大战以来,跨国公司迅速发展,成为国际贸易中的主导力量。而由跨国公司进行的国际贸易,包括母公司与其子公司之间的贸易、跨国公司内部子公司与子公司之间的贸易以及跨国公司整体上的对外贸易,这部分的总额占据了世界贸易的很大比例。1966年跨国公司的内部交易占到世界贸易的22%,1980年这个比例上升到25%,到80年代,跨国公司的内部贸易在世界贸易中所占的比重已达到30%~40%。如今,美国和日本的跨国公司一半以上的海外子公司实行公司内贸易。这些跨国公司的母公司将40%以上的产品出口到它们所属的海外子公司。世界贸易的1/3在跨国公司内部进行,2/3的国际交换与跨国公司的国际生产

① 朱立南. 国际资本论. 北京:中国人民大学出版社,1992. 2

有关。

第二次世界大战后,跨国公司越来越多地把零部件的生产转移到海外,甚至把生产设备、整个工厂迁移到海外。而且,跨国公司通常避免把生产过程和流通过程的一切环节放在任何一国之内,典型的做法是把一两个环节放在一国,把其他的环节分散到其他国家,而把最高决策权保留给跨国公司的总公司。在与之有关的每一个国家的国内生产流程也就成为跨国公司在世界范围内的总的生产流程的一个组成部分。许多国家的劳动者参加了其中每一件产品的生产、运输和销售。60 年代以来,国际分包合同和从发达国家向发展中国家的工厂外迁活动,有了较大的发展。美国、德国、日本和其他的一些发达国家,已从工业品的出口国和初级产品的进口国逐渐发展成为制造业工厂的出口国和中间产品的出口国①。国际分工的深化、细化使得各国经济发展之间互相依赖的加深,正如美国经济学家罗伯特·赖克在《国家的作用》一书中所描述的那样:"当美国人用 1 万美元从通用汽车公司购买一辆庞蒂克勒曼库汽车时,其中 3000 美元是支付给韩国装配工人的,1750 美元付给日本零件制造商,700 美元是前西德设计师的报酬,400 美元是用来购买中国台湾、新加坡的零部件,250 美元付给英国的广告商,余下不到 4000 美元才能供底特律的通用汽车公司以及纽约的银行、保险公司分享……这代表了今天全球产业的复杂关系网"②。除了大量的产品进入国际交换领域,在最终产品进行国际交换之前就已经存在着大量、频繁的零部件国际交换。美国福特汽车公司生产的一种轿车,27% 的零件是别国生产的;日本本田公司在美国生产的一种轿车,25% 的零部件是在美国以外的地方生产的。③ 这就使得国际贸易的规模急剧扩大,并以超过世界经济发展的速度向前发展。

(二)货币资本国际化

所谓货币资本国际化,是指货币资本作为世界货币发挥的职能和它作为借贷资本在国际金融市场上的运动。货币资本的国际化首先是作为资本总公式组成部分的货币资本循环运动的国际扩展。世界货币在世界范围的经济活动中承担价值尺度、流通手段、支付手段以及储藏手段的职能。货币资本作为世界货币在国际市场上执行职能,主要是通过其购买手段和支付手段在世界市场上取得生产要素(包括生产资料和劳动力),为生产价值和剩余价值做准备,完成货币资本向生产资本的转化。货币资本国际循环运动与商品资本和生产资本的国际循环运动结合在一起,才形成了完整的资本国际循环过程。

在资本循环过程中,会有一部分闲置的资本转化为借贷资本。前面说过,资本

---

① 姚曾荫. 国际贸易概论. 北京:人民出版社,1987

② 罗伯特·赖克. 国家的作用——21 世纪的资本主义前景. 上海:上海译文出版社,1998

③ 谢康. 超越国界:全球化中的跨国公司. 北京:高等教育出版社,上海:上海社会科学院出版社,1999. 29

运动必须经过生产过程和流通过程，但借贷资本运动（G—G'）却是商品生产和商品流通之外的资本运动。这部分借贷资本是从生产过程中或者说从资本循环运动中游离出来的，它不等同于货币资本，但它是货币资本的独立化形式。在垄断条件下，资本积累速度更快，同时垄断企业的性质使得它们不愿意将更多的资本投入到再生产中，这样就形成了更多的由闲置资本转化而来的借贷资本，并流向世界市场。借贷资本包括国内形成的暂时闲置输往国外的货币资本、各国的海外企业暂时闲置而进入国际金融市场的资本、跨国银行的借贷资本、国际金融市场和国际金融机构的借贷资本等。其流动的方式大致分为两种类型——国际信贷和证券投资。具体而言，前者又可分为短期信贷和中长期信贷，后者则可分为政府债券、公司债券和公司股票。

第二次世界大战后，货币资本国际化特别是借贷资本国际化运动迅速发展，主要是一方面各国垄断资本的发展和垄断利润的增加，面对国内投资场所的相对狭小和利润率趋于下降而使“过剩”资本增加，从而形成了大量的货币资本供给；另一方面，大批发展中国家要进行工业化，形成了对货币资本的大量需求。1992—1997 年，仅国际银行的贷款余额就从 1650 亿美元增长至 5000 亿美元，年均增长率达 40%。

货币资本的国际化，尤其是国际借贷资本的发展，对现代资本主义生产方式产生了非常重要的影响。借贷资本的国际流动为国际性经营活动提供了融资和投资的渠道，从而提高了资本的配置效率。同时，国际资本市场具有信息导向功能，为国家干预经济活动提供了信息依据。

然而，大量创新金融工具的出现，又为投机活动提供了条件，而国际投机资本运动则成为国际金融危机爆发的隐患。所谓国际投机资本，或称国际游资，是指那些没有固定的投资领域，以追逐高额短期利润而在各市场之间移动的短期资本。从目前情况看，国际投机资本主要是对外汇和高度流动性的证券资产进行投机。

据国际货币基金组织估计，目前在各市场中频繁出入的国际投机资本大约有 7.2 万亿美元，相当于全球每年经济总产值的 20%。① 近年来，国际投机资本跨国流动的规模总体保持增长态势，这可以从证券的跨国交易方面得到旁证：仅仅美国、欧盟和日本这三大经济体的股票与债券跨国交易净额的绝对值就从 1999 年的 2580 亿美元上升为 2001 年的 5500 亿美元。如今国际金融市场上每天进行着两三万亿美元的巨额交易，可以想象，国际投机资本可以活动的空间有多大。

由于资本内在的追求高额利润的冲动，也由于投机资本本身来源造成的高成本，投机资本必然会毫不犹豫地寻找并进入高风险、高投机、高利润的投资领域，常常诱发和加剧金融市场的巨幅波动。同时，投机者要从风险中取得投机利润，其行

① 张亦春，王先庆．国际投机资本与金融动荡．北京：中国金融出版社，1998

为就往往与政府当局的政策背道而驰,加大了各国当局宏观调控的困难。投机者惯用的手段,是借助一些突发性金融事件冲击一国货币,通过抛售不断地压低该国货币汇率水平;然后,借该国货币持有人对货币汇率稳定的信心动摇之机,掀起对该国货币汇率的社会性冲击,引发货币持有人把该货币资产(包括存款)全面转化成外币资产。1997年的东南亚金融危机,正是以索罗斯等国际投机巨头为代表的国际投机资本的冲击造成的。此外,国际投机资本还能带来金融危机的传递效应。一国经济和金融形势的不稳定,可以通过国际投机资本迅速传递给其他国家,将危机传递和扩散。每一个实行对外开放的国家都可能面临着外来冲击的威胁。亚洲金融危机的迅速扩散便是例证。投机资本在国际上的流动,使得国际金融市场上的政策漏洞和各国经济的不稳定因素更加危险。在这个各国经济相互依赖的时代,每个国家经济金融存在的问题都不再是一个国家的问题。

(三)生产资本国际化

生产资本国际化是指资本将其循环运动从国内扩展到国际上,在国外直接进行生产性投资,把生产价值和剩余价值的活动由国内扩大到国际范围。

第二次世界大战前,资本主义国家的对外投资绝大部分还是间接投资。其后,对外直接投资迅速增长,使生产资本的国际运动达到空前的规模。国际直接投资采取的基本形式是:股份制合资企业、合同制合资企业、独资企业等。

跨国公司与生产资本国际化之间有着重要的联系。跨国公司在第二次世界大战后得到迅速发展,根据《1997年世界投资报告》,1996年跨国公司已经发展到44 508家,分布在全球的附属企业达276 659家。这些跨国公司控制了全世界1/3的生产,掌握了全世界70%的对外投资、2/3的世界贸易和70%以上的技术转让。在这些跨国公司中,发达国家的跨国公司为36 380家,占全球总数的81.3%。全球最大的100家跨国公司的经济实力占世界总量的28%。直接投资方面,跨国公司直接投资企业90年代末在全球的投资量已超过4万亿美元,整个国际直接投资的流量中大约有90%为跨国公司掌握和控制。跨国公司作为从事国际化生产的一种国际垄断企业组织,已成为生产资本国际化的重要载体。

跨国公司推动了资本国际化向广度和深度发展。首先,跨国公司的经营方式标志着资本主义企业的生产方式彻底突破了国界,资本的价值增值已完全成为世界性的过程。其次,跨国公司通过对外直接投资,带动了国际贸易和国际金融的发展。但是,跨国公司的生产国际化对发展中国家的经济发展产生了不良影响。一方面,跨国公司将东道国的财富大量转移,比如在我国,50%以上的外资企业自称亏本经营,实际上,它们利用惯常使用的内部划拨价格,将大量财富转移到国外。另一方面,造成发展中国家对跨国公司严重的依赖,抑制了民族工业的发展。据不完全统计,全球500强企业的R&D投入经费占到了全球这一费用的65%以上,且还在不断上升。而发展中国家的R&D能力不足,在我国,缺乏核心技术已经成为很多企业发展的瓶颈。信息产业中的核心部分、系统软件大部分依赖进口，护工、医药行业大多数技术没有自主知识产权，而机械工业品57%使用国外技术；高科技产业，如计算机工业、手机工业，核心技术都不在我们手里。核心技术是取得企业核心竞争力的关键，以发展中国家企业的这种状况，凭什么去同跨国公司竞争？民族工业又怎能不受到冲击？

商品资本国际化、货币资本国际化和生产资本国际化，它们是在不同的时期出现和发展的。与商品资本国际化和货币资本国际化不同，第二次世界大战后生产资本国际化具有特别重要的意义。首先，它使三种形态的资本的循环运动在世界范围内归于一致：空间上的一致性和时间上的继起性；其次，资本国际化不再仅仅是第二次世界大战前的那种商品资本的国际化或商品资本和货币资本的国际化，生产资本的国际化使资本国际化具有了完整的意义，或者说，使资本国际化具有了本来的意义；最后，资本的国际化特别是其中生产资本的国际化，是剩余价值生产的国际化，是劳资对立的国际化，是资本主义生产关系在全世界的扩张，是资本主义生产关系的国际化。资本国际化带动了国际贸易的发展和世界市场的扩大，生产和消费的社会性愈益充分展现出来，各国经济之间的联系日益密切，各国经济发展互相联系、互相依赖。资本国际化的确促进了国际经济一体化的发展，资源优化配置的程度也的确提高了，世界福利水平也确实改善了。但是，我们却不能因此认为人类从此进入了一个你好我好大家好的无忧无虑的时代。这里面，国际经济利益分配是个重要问题。资本国际化从根本上改变了国际经济关系的性质，如果说第二次世界大战前的国际经济关系具有殖民主义的性质，那么，第二次世界大战后的国际经济关系则具有资本主义的性质。在国际经济关系的殖民主义时代，先进国家对落后国家的掠夺是野蛮的甚至是血腥的，而在国际经济关系的资本主义时代，发达国家对发展中国家的掠夺则变得十分自由和“文明”了，而且经济全球化使得这一掠夺变得更加自由、更加“文明”。不过，我们不能将掠夺纯粹理解为发达国家对发展中国家的关系。资本代表着一种关系，资本国际化毕竟是劳资对立这种关系的国际化，资本的掠夺本身包含了对本国劳动阶级的掠夺，全世界劳动阶级的根本利益是一致的，这一点，是我们在经济全球化时代尤其应该注意的。

三、经济全球化与国际经济关系

经济全球化是当今世界经济发展的客观趋势，但是关于经济全球化的利弊之争却从来没有停息过。正如前面所说，经济全球化是科学技术进步和生产力水平提高的表现，如同自由贸易一样，它本身是无所谓好坏的，我们并不赞同所谓双刃剑的观点。经济全球化之所以成为问题，不同的国家，不同的阶级，之所以对其抱有不同的态度，根本原因在于经济全球化与资本国际化有关，与国际经济关系有关。

世界经济是国际政治形成和发展的基础。国家间的关系很大程度上是为本国谋取利益而建立的。国际经济关系是国际关系的重要组成部分,它决定了国际关系的其他部分。也就是说,国际经济关系是决定国际政治关系的主要因素。但同时,国际政治关系对国际经济关系有反作用,它反过来制约和影响着国际经济关系的发展。

一国在制定外交政策时,其经济发展状况是决定性因素,如20世纪60～70年代,前苏联推行大国主义和霸权主义,中苏两国关系从友好合作变为对抗。然而,前苏联在军备竞赛中消耗了自己的经济力量,渐渐拉开了与另一超级大国美国的差距,又由于国内经济改革不力,实力逐渐削弱。这迫使它在80年代,不得不重新调整对外政策,与我国从对抗转向友好合作。同样,美国的霸权地位,从第二次世界大战后初期的确立、70年代的衰落和80年代的重振,无不与其经济实力起伏变化有直接关系。70年代初美国调整对外政策,恢复了美中关系,也是由于当时美国经济实力有所衰落,为了遏制前苏联,维护其全球既得利益所采取的对策。而这些政策的采取也反过来影响了相关国家的经济发展。

国际经济关系和国际政治关系的这种相互联系的关系,使得我们探讨国际经济关系时必须考虑国际政治关系,同时研究国际政治关系时也要了解国际经济关系。通常,经济关系比较密切的国家之间政治关系就较为密切。比如,第二次世界大战之前,世界分工格局以垂直分工为主,发达国家之间的经贸往来和经济合作并不密切,它们之间的关系主要是对世界市场的瓜分,争夺销售市场、投资场所和原料产地的主要战场是在殖民地、半殖民地和落后国家。第二次世界大战后,国际分工的重点逐步从垂直型向水平型转变,发达资本主义国家在经济领域的争夺重点已转向在它们之间进行。据有关资料统计,第二次世界大战前,宗主国对外贸易和对外投资额约有3/4是对殖民地的贸易和投资,仅有1/4是在宗主国之间进行的。而第二次世界大战后70年代以来,这种贸易和投资比例关系正好发生了逆转,即发达国家的对外贸易和对外直接投资额约有3/4是在发达国家之间进行的,仅有1/4是对发展中国家的贸易和投资。经济全球化使发达国家的经济关系又进一步密切。经济全球化开始的过程,也是两极格局逐渐终结的过程。冷战结束后,欧、美共同对抗的敌人消失了,西方资本主义国家之间的矛盾有所上升,但毕竟有着共同的利益背景。虽然不能消除垄断资本集团间固有的矛盾,但是共同的利益关系,迫使它们寻找政治上的共同基础,导致政治上的相互依赖。经济的相互依赖,导致政治的相互依赖,政治的相互依赖又反过来促进经济的相互依赖。它们通过沟通、谈判,通过各种组织,特别是通过被称为富人俱乐部的西方八国首脑会议来缓和矛盾,维护共同的利益。虽然有很多西方国家因面对美国推行"单极"独霸世界而不满,但美国强大的经济力量加上与西欧、日本、加拿大等的密切经济联系,使发达国家间关系的主调是协调、缓和。同时,在经济全球化的进程中,发达国家与发展中国家之间的依附关系日益凸显。由于发达国家在经济全球化进程中占据主导地位,因此,发展中国家对发达国家的依附是主要方面。也正是这种经济上的依附关系决定了发展中国家在政治上对发达国家的依附,即所谓"穷国无主权"。

但也不是所有经济关系与政治关系的密切程度都相一致,也存在一些例外,如我国近些年与日本之间的关系呈现出"政冷经热"的现象。从经济关系来讲,中日两国作为一衣带水的邻居,经济之间又有着互补性,经贸往来一直比较频繁。尤其是改革开放以来,中日经贸关系在规模、速度上都有了很大的发展:1980 年两国的贸易额只有 94 亿美元,2004 年增长到 1678.9 亿美元,增长了将近 17 倍。从 1993 年开始到 2003 年连续 11 年日本一直是我国第一大贸易伙伴,经过二十多年的发展,中日两国在经贸往来中形成了互惠互利、相互依存的关系。一方面,自日本泡沫经济破灭以来,对华出口成为拉动日本经济复苏的主要因素,2002 年日本出口对经济发展的贡献率大约为 80%,而出口增量的 38.9% 是由中国市场提供的需求。2003 年,日本出口总额比上年增加了 24 403 亿日元,其中的 67.9%(16 580 亿日元)是对中国出口的增加。另一方面,中国吸收大量来自日本的投资发展经济,在 1979—2002 年间,日本对中国的直接投资就累计达 527.4 亿美元,仅次于中国台湾、香港地区以及美国。但是在两国经贸合作加强的同时,政治领域却冲突不断,尤其是自 2004 年以来,中日政治关系达到了两国建交以来最冷淡的阶段。这主要是由两国的历史遗留问题造成的:日本长期以来不能正视第二次世界大战中的历史,加上近年来小泉参拜靖国神社和李登辉访日等问题,这就进一步影响了两国政治关系。而这种政治关系的"冷"是不利于经济关系的进一步发展的,从 2004 年开始欧盟取代了日本成为中国的最大贸易伙伴,日本退居到第三位。

可是,在经济全球化和开放经济的条件下,各国经济联系非常紧密,甚至到了一荣俱荣、一损俱损的程度,这种相互依赖的国际经济关系决定了一国要发展经济就得有和平稳定的政治环境。如我们前面提到的中日关系,政治上的"冷"最终使得经济关系的"热"有所降温。因此,在经济全球化的今天,我们必须适当将政治和经济分开,如果一味用传统的政治手段解决问题,在这个各国相互依赖程度越来越高的时代,必将要在经济方面付出加倍的代价。

国际政治与国际经济之间的密切联系,西方的国际经济学通常是不予承认的,就如政治与经济之间的密切联系,西方经济学通常也不予承认一样。西方经济学将资本主义制度看成一种永恒的制度,国际经济学也认定国际经济旧秩序是合理的,是一成不变的。马克思主义经济学则不同。马克思从解剖资本主义的细胞商品入手,从更深的层次上揭示出资本主义制度不过只是人类社会发展长河中的一种历史现象而已。与西方经济学只重视资源优化配置不同,马克思主义经济学不仅重视生产力的发展和劳动生产率的提高,而且也重视生产关系方面的问题。假如我们在国内可以不关心生产关系的话,在国际上,如果我们不关心国际生产关系就会犯绝大的错误。与西方经济学教科书要我们不必关注生产关系的说辞不同，国际垄断资本充分利用国际经济旧秩序大肆掠夺发展中国家并转移发展中国家的财富。我们不是生产主义者，只关注财富的创造而不关注财富的分配。经济发展是重要的，经济利益的分配同样是重要的，在国际经济关系中，国际经济利益的分配更是一个不容忽视的问题。

如果将全球化定义为生产要素在国际间的自由流动，即资源在全球范围内的重新配置，那么，从整体来看，这意味着资源得到更有效的利用，同时带来世界经济结构的调整，使全球生产得到更快的增长。事实上，全球化也确实通过全球的资源配置带来了生产的增长和财富的增多。20 世纪 90 年代以来，由于经济全球化的大发展，全球直接投资增长了 6 倍，而在 1990—2002 年间，世界 GDP 年平均增长率为 3. 2%，超过此前 20 年的增长速度。同时，还有一部分发展中国家在全球化进程中走向了工业化和现代化，迅速发展起来。

但为何会有那么多反全球化的声音呢？最主要的一点是，在全球化过程中，收入分配不公引起了发达国家与发展中国家贫富差距进一步拉大。全球财富越来越集中于少数发达国家，而多数发展中国家处境恶化。同样在 90 年代的 10 年间，世界上最穷的撒哈拉以南地区贫困程度加剧了 2% ~3%。根据联合国贸发组织的报告，从 1980 年到 90 年代中期，有 70 个国家的人均收入没有增长过，43 个国家在 90 年代中期的收入竟然低于 1970 年以前的水平。而从整体来看，1990 年发展中国家人均 GDP 是发达国家的 4. 5%，而 2000 年这一比例变成了 4. 3%。[①]此外，也有来自发达国家的反对声音，一部分民众认为经济全球化带来了失业率的上升，社会福利也下降了。

但是，这些都是经济全球化本身的错吗？随着世界范围内生产力的发展，必将要求打破地域和疆界的束缚，在全球范围内综合利用比较优势，优化资源配置，提高生产效率，这本身应该是一件好事。而争论的焦点，是全球化带来的分配不公：有的利益集团得到了全球化带来的大部分好处，有些则因此受损了。但这并不是全球化本身的问题，而是有些因素造成了全球化进程中的这种不公。是什么因素呢？根据我们前面的分析，可以知道，是由于要素国际流动被那些国际垄断资本所把持了。它们凭借资本、技术、信息等方面的垄断优势，在全球范围内使资源配置朝着对自己有利的方向发展，将经济全球化带来的利益更多地据为己有。在发达国家内部，造成了劳资矛盾的激化，表现为劳资对立；在国际上，造成了发达国家与发展中国家之间矛盾的激化，表现为发达国家与发展中国家的对立。

有学者把新科技革命之后跨国公司迅速发展，垄断资本向世界扩张的时期叫

① 李琮．经济全球化新论．北京：中国社会科学出版社，2005

做国际垄断资本主义时期。[1] 在过去，国际经济关系中的不平等主要表现为发达国家通过不等价交换，在国际贸易中用工业制成品换取发展中国家的初级产品；但是在国际垄断资本主义时代，跨国公司利用自己雄厚的资金和鲜见的技术，通过直接投资获取更多利润。全球化的时代，也是国际垄断资本在全球大发展的时代。跨国公司尤其是其中的大型跨国公司，以及其代表的国际垄断资本，是经济全球化中游戏规则的制定者。可以说，正是它们主导、利用并控制了经济全球化，将经济全球化带来的大部分国际经济利益都装进了自己的口袋。

我们首先来看发达国家内部。

随着经济全球化进程的加快，发达国家中的劳资对立不仅没有消失，反而有了新的发展。一方面，发达国家的产业结构发生变化，技术密集程度提高，从而造成大规模的结构性失业。另一方面，跨国公司纷纷将生产基地转移到国外，使国内的就业形势更加严峻，劳资关系更加失衡。而在劳资谈判中，企业主以转移生产基地相威胁，往往能迫使工会做出较大的让步。这些都加剧了劳资之间的对立和矛盾。

再看发达国家和发展中国家的对立。

绝大多数的跨国公司都是发达国家的，而其中最大的500家几乎都在发达国家。这些垄断资本，以及它们所代表的发达国家，拥有资本、技术、人才、信息等方面的绝对优势，而发展中国家只有自然资源和普通的劳动力资源。由于在要素分配中的角色不同，其利益分配就大不一样。总的来说，发达国家在全球的资源配置中占有优势，而后者则处于不利地位。

发展中国家受到的冲击具体表现在：首先，经济安全受到威胁。经济全球化主要是在发达国家的国际制度安排下展开的，参与经济全球化的发展中国家必须遵守已有的国际条约、协定和惯例，发展中国家为了获得经济全球化给本国带来的好处，有时还被迫主动对经济管理权限做出一些让步，结果造成发展中国家的经济活动受制于发达国家。同时，对发展中国家的经济主权也造成一定的冲击。其次，金融安全受到危害。与较发达国家相比，发展中国家国内金融体制不健全，金融市场不发达。而发展中国家为了促进经济的快速发展，在扩大利用外资规模的同时，放松了对本国金融市场的监管，一旦国内经济出现问题，发达国家的投机资本便会乘虚而入。最后，经济全球化对发展中国家的产业结构有负面影响。在国际分工体系中，发展中国家容易接受发达国家高层次产业的垂直分工，最终导致发展中国家产业结构的单一性、从属性。

但是，经济全球化的趋势已不可阻挡，经济全球化带来了可以利用的资本和技术，发展中国家在其经济发展中具有后发优势。如果加强自身经济体制和金融体

① 刘国平，范新宇．国际垄断资本主义时代——世界经济与政治的最新发展．北京：经济科学出版社，2004

系的完善,加强对境内跨国公司的监管和利用,同时团结一致,积极参与国际经济游戏规则的制定并争取在一定程度上改变原有的游戏规则,那么,发展中国家也完全可能在经济全球化过程中获取竞争优势。

同样,我国也应该积极参与并利用经济全球化为我国经济建设服务。经济全球化已使世界各国的经济发展相互联系、相互依赖,世界经济的运行已日益成为一个整体,任何一个国家的经济都不可能不受到世界经济运行的影响,同时每一国经济的发展状况也反过来影响着世界经济运行。封闭的国家是无法在这种环境下生存和发展的。只有实施改革开放,以积极主动的姿态参与到国际竞争中去,才能保证我国经济快速、持续、稳定、健康地发展。

实践证明,我国改革开放二十多年来,取得了一系列卓越成就,经济发展正以前所未有的速度前进着。不仅是经济的发展,同时还有对于中国人民观念的变化和更新、制度的引进和借鉴吸收,以及由此带来的中国社会结构的变化和转型等,都起到了重要作用。

首先,对外开放有力地促进了中国的经济发展。一方面,我们通过“引进来”解决了中国作为一个发展中大国在现代化启动初期面临的资金短缺、技术落后等难题。据统计,截至2004年底,中国累计实际使用外资金额达5621亿美元,累计使用外资存量约2100亿美元。在引进国外先进技术、设备、资金与管理经验的同时,外来投资对国民经济在开放态势下的运作正起着越来越积极的作用。大量外资缓解和弥补了国内建设资金的不足,促进了经济的快速发展。外资的进入,也极大地推动了中国对外贸易的发展。我国进出口总额2004年超过1.1万亿美元,而2005年进出口总额达到1.4万亿美元。从发展速度看,从1978年到2004年,世界贸易约增长了6.4倍,年均增长约6.6%;我国增长了56倍,年均增长16.8%。大量外资的进入,通过引进先进技术与设备,在一定程度上也推动了我国经济结构与产业结构的调整。如出口产品结构不断优化,2004年1~11月高新技术产品出口同比增长52%,占总出口的比重达到28%。

伴随我国对外贸易的发展与利用外资的扩大,我国经济的微观结构在这一过程中发生了深刻变化。国内企业不仅面临国际市场的竞争,而且在自身逐步开放的国内市场上也要参与同国内外企业的激烈竞争,由此,对于国内企业在运作机制、竞争战略与营销模式等方面都提出了新的要求。同时,我们在“引进来”的同时提出“走出去”,培育了与国际制度接轨、适应国际市场、具有国际竞争力的企业和产品。2004年前11个月,我国非金融类对外直接投资18亿美元,累计对外投资达到350亿美元。

在我国宏观经济发展战略发生深刻变化的同时,我国宏观经济管理政策也相应进行了调整,这一调整趋势在90年代以来尤为明显。目前,中国已由传统高度集中、计划直接控制的宏观管理模式转向综合运用多种经济参数和经济、法律手段为主的间接宏观调控模式。宏观管理政策由封闭模式向开放模式的转变,这也顺应了经济全球化趋势与全球化对国家经济管理职能变革的要求。

在引进资金和技术的同时,我们还大量引进了先进的管理方式、文明制度规范和优秀的文化成果,促使中国社会向着现代化方向迅速发展。例如科技、教育、公共文化事业的管理和运行机制正逐步与国际惯例接轨,社会保障、社区服务、城市建设等领域大量借鉴和参照了国际通行做法,法制建设、公务员制度的改革、政府职能的转变也都借鉴了世界文明发展的共同成果。①

在对外开放取得了巨大成就的同时,我国的经济发展也面临着不少问题。

首先是外资进入对民族工业的冲击。外国公司在对我国的经济发展有所贡献的同时,它们也给我国民族企业带来了威胁。跨国公司垄断我国关键产业和核心技术的趋势越来越严重。由于在跨国公司的全球战略分工体系中,我国仍处于比较低的"制造业中心"层面,尚难以上升到价值产业链条上附加值较高的"研究开发中心"和"营运中心"层面。跨国公司凭借自己拥有的专利,试图垄断我国一些高新技术产业。如 AT&T 公司已成为中国通信行业的骨干企业,产品占据了国内市场份额的 1/4;摩托罗拉的无线电通讯器材产品占领了我国一半以上的市场份额;在国内计算机市场,国外名牌产品也占领大部分关键领域。同时,跨国公司大量吸引我国高级人才。许多公司已相继在我国设立研发机构,仅朗讯公司所属的贝尔实验室就在我国招了 300 名高技术人才。跨国公司争夺我国优秀人才对我国高新产业技术的发展和企业竞争力的提高构成了很大威胁。品牌保护方面,随着许多大的跨国公司的进入,外资产品或品牌不断地占领我国国内市场,许多过去市场上的老品牌或名牌都在与外资企业的竞争中败下阵来。

其次,对外开放也带来了金融安全问题。一般来说,在国际经济活动中,金融风险的大小与该国对外依存度的高低是呈正比例变化的,即对外依存度越低,则该国面临的风险就越小;反之,对外依存度越高,则该国面临的风险就越大。而我国现在正是一个外贸依存度极高的国家,面临的金融风险也在加大。同时,我国的外债依存度也较高,到 1997 年底我国外债余额已高达 1309.6 亿美元。一般认为,外债依存度保持在 0.9～1.0 之间较为适宜。1997 年我国外债依存度为 1.25,外债规模已经达到较高的水平。这些都给维持金融安全带来了难度。

最后,发达国家的产业转移也给我国带来了一些环境问题。它们往往将自己的污染密集型产业转移到发展中国家。污染密集型产业是指在生产过程中若不加以治理则会直接或间接产生大量污染物的产业,这些污染物对人类、动植物生命健康有害,导致环境恶化,影响生态质量,在生产过程中,工人的安全和健康受到威胁或明显受到影响。根据全国第三次工业普查资料,外商投资于污染密集型产业的

① 冼国明,陈漓高. 中国对外开放与经济发展. 北京:经济科学出版社, 1999

企业有 16 998 家,工业总产值 4153 亿元,从业人数 295.5 万人左右。

上述负面影响在一定程度上与我们的政策选择有关,与我们保护、监督与斗争不力有关。如果我们加强对在华跨国公司的监管以及改革体制中的弊端,假如我们在政策选择上更为理智和谨慎,有些问题是可以避免的。但从总体上来说,由于经济全球化是在国际经济旧秩序继续存在的条件下展开的,国际垄断资本主导着经济全球化,控制着世界经济的运行,主宰着国际经济利益的分配,发展中国家在经济全球化过程中利益遭受损害是一种必然的结果。既然经济全球化是科学技术进步和生产力水平提高的表现,那么,我们就不应该畏惧经济全球化,而应该像西方发达国家那样积极主动地利用经济全球化,利用经济全球化为我国社会经济的发展服务。只是,我们不要忘记我们所处的时代还是国际垄断资本当道的时代,国际经济新秩序尚未建立起来。一方面,我们应同发展中国家团结一道,利用国际谈判的平台为建立国际经济新秩序做出不懈的努力;另一方面,在利用经济全球化的过程中,我们必须精心筹划,未雨绸缪,尽力趋利避害,尽力减少在获取利益时不得不付出的代价。

第二篇 对外开放中的主体与途径探讨

认识对外开放的必要性与可能性是重要的，但是，如何实施对外开放以及由谁来具体实施或参与对外开放，研究这些问题，同样具有重要的意义。就国际经济关系的行为主体来说，从较为宏观的层面来解析，可以分为国家、跨国公司和国际经济组织；这些行为主体，也是我们在对外开放中需要关注的行为主体。对外开放的途径与对外开放的内容有着密切的联系。参与国际贸易是对外开放，参与国际金融活动是对外开放；同样，参加世界贸易组织，加强同区域经济一体化组织的联系甚或参加区域经济一体化组织，参加国际金融组织，积极开展双边或多边谈判，参与国际首脑会议，等等，也都是对外开放的表现。它们之间的区别是，前者属于国际经济活动，后者是国际经济活动的组织管理者，更多地涉及国际经济关系和国际经济利益的分配与调整。对外开放应该对两者都要开放；或者说，对外开放的途径，一是要积极参与国际分工、国际贸易、国际投资，二是要加强与各种国际经济组织的联系，积极参与国际经济活动的组织管理，而且，这有助于维护我国的正当权益。另外，对外开放不仅是走出去，也包括请进来，比如既要出口，也要进口；既要吸引外资，也要对外投资；既要购买外国专利，也要出口我们自己的技术；既要吸引外国游客，也要发展国外旅游；既要积极参与国际经济活动，也要积极参与国际经济活动的组织管理。通常所说的全方位、多层次的对外开放大概就是这个意思。本篇从第六章到第十章共设置五章，分别为：对外开放环境，对外开放的目标与内容，对外开放目标与行为主体选择，对外开放目标与形式选择，对外开放目标与其他形式选择。

第六章
对外开放环境

对外开放，是我国对外政策的一个基本组成部分，是我国十一届三中全会以来实施的一项基本国策。从20世纪70年代末80年代初建立经济特区开始，我国已经逐步形成从南到北、从东到西、由沿海到内地的全方位对外开放格局。我国在积极参与经济全球化的整个进程中取得了举世瞩目的发展，未来的5～15年，是我国全面建设小康社会的关键时期，对外开放将进入新的发展阶段。对外开放是国内政治经济与国际政治经济连接的桥梁，同时国际国内的外部环境又将影响对外开放的广度和深度。随着经济全球化进程的不断加快，面对的外部环境也将趋于复杂，只有正确认识和深刻把握当前的环境，我国才能充分利用国际经济发展的机遇，制定有效的对外开放政策，最大限度地实现国家利益。

一、对外开放的国际政治经济环境

对外开放是经济问题，同时也是国际政治战略的重要组成部分，国际政治经济环境是影响和制约一国对外开放的重要外部条件。随着人类社会政治经济关系的发展，国家交往的频繁，国际生产关系的发展，国内政治经济环境和国际政治经济环境之间的联系越来越密切，它们之间相互作用、相互影响表现得日益明显。国际政治经济环境制约着国内政治经济政策和国际战略的制定和实施。一国的政治经济政策，无论是对内还是对外，都必须建立在当时国际政治经济环境基础上，才能有效实施。

(一)国际政治环境

对外经济联系的发展不仅反映本国的经济要求，而且通常还取决于该国的国际政治关系。国际关系实践表明，国家间政治上的相互关系对经济上的相互依存有着重要的影响，有时甚至具有决定性的作用。第二次世界大战结束后两大阵营形成，美苏之间的政治对抗使得他们经济上的往来受到极大的限制。两种不同类型的经济体系完全隔绝，相互之间的贸易几乎完全停止。东西欧国家之间在历史上曾经有着传统的经济贸易往来，但由于在政治上已分属于不同的阵营，两大阵营之间的尖锐对立迫使它们不得不转向各自阵营内部发展经济关系。中美之间在战后二十多年中中断了政治关系，经济关系也几乎完全隔绝，20世纪70年代之后恢复了政治往来，经贸关系才得以恢复和发展。可见，国家间的政治关系无论在时间和空间上，对经济关系都有着重要的影响，因而正确认识和把握当前的国际政治环境对于一国正确处理好在国际社会中的关系，积极发展对外经济联系有着重要的意义。

进入21世纪以来，世界政治和国际关系比过去更加复杂多变。特别是“9.11”事件的发生对世界产生了极为深远的影响，对国际安全形势、国际关系造成了巨大冲击，国际政治环境发生了引人注目的变化，国际形势和大国关系呈现出新的发展趋势，主要表现在以下几个方面：

首先，当前的国际政治环境总体呈现为“一超多强”的政治格局，尽管美国仍在推行其单极独霸战略，但是世界多极化趋势不可阻挡。冷战和两极格局结束后，世界格局的发展出现了“一超多强”的多极化发展趋势。“一超”，指的是美国；“多强”，不是一个定数，而是不断变化和发展的，当今世界称得上“强”的通常指西欧、俄罗斯、日本、中国，还有印度、东盟等正在崛起的国家或国家集团。作为当今世界惟一的超级大国——美国，并不认可世界多极化的发展趋势，其全球战略始终是政治上建立“单极”世界，巩固世界“霸主”地位；经济上主导全球进程，占领国际经济发展的制高点；安全上坚持冷战思维，依靠高人一等的军事势力和军事同盟组织，压倒一切潜在对手，夺取单方面的战略优势。尽管从综合国力所包括的科技、经济、军事等主要方面来看，美国仍处于绝对优势，国际战略力量实力对比严重失衡的状况没有改变，其他大国的综合国力均无力同美国抗衡；但是一方面，经济全球化推动全球经济的迅速发展，推动区域经济一体化和集团化，使经济领域出现多极力量，从而对国际政治多极化进程产生直接的影响。欧洲、俄罗斯、日本以及包括中国在内的发展中国家的总体实力正在增长，成为推进多极化发展的生力军。另一方面，冷战后各大国或国家集团均从各自的战略利益和各国在21世纪的长远目标出发，不断反复地进行战略调整以争取在未来国际政治格局中取得有利地位。国际舞台上的多种政治力量正在这种互动调整过程中，逐渐抛弃旧格局的不利影响，形成新的游戏规则，建立适合于多极格局运行的机制和国际秩序，向最终形成相对稳定的多极的结构和状态发展。

其次，当前的大国关系总体表现为合作与竞争并存，并呈现出同向调整的态势。当前各大国之间以及各大国同美国之间的基本矛盾仍然存在，依然是既有共识又有矛盾、既有合作又有竞争、既有妥协又有摩擦的关系。但是，近来国际关系出现一些积极动向，最突出的是大国关系同时出现不同程度的改善，总体趋于稳定。以“9.11”事件为契机，美国政府出于争取国际社会支持反恐的现实需要，迅速调整外交策略，改变“单边主义”的做法，积极寻求国际合作，组建国际“反恐怖联盟”。而各大国也都把“9.11”事件视为既是对和平与安全的严峻挑战，也是拓展国际活动空间的意外机遇。出于国家利益需要，各大国顺应形势的迅速变化，适当调整了对外政策。正是这种政策的互动，导致前阶段因美国的单边主义而蒙受损害的大国关系普遍呈现出回升的势头。如俄美关系调整直接促进了俄与北约、欧洲及整个西方的融合；中美关系也得到了一定的改善，政治、安全领域中的沟通与对话逐步恢复和加强，经贸合作与科技文化交流稳步扩大，双边关系总体上趋于相对稳定；其他的大国关系，如中俄、中日、中欧、中巴关系和美俄、美日、美欧、美乌关系等，则在既定框架内稳定发展。当今世界主要大国之间的矛盾有所缓和，对抗和摩擦大为减少。围绕国际问题，高层互访和会晤增多，电话热线通话频繁，磋商和合作空前活跃，整个气氛得到很大改善。

再次，南北关系的矛盾依然突出，但依存与合作的发展进入了新的阶段。南北关系不仅包括了它们之间的经济关系，也包括了它们之间的政治关系。冷战结束后，南北的政治关系有了新的变化。由于东欧剧变、苏联解体，东西关系朝着有利于西方的方向发展，南北关系中的政治问题日益突出。在西强东弱的形势下，北方国家将人权、安全和军事控制的重点由针对原苏联和东欧国家转向南方国家，使南北在政治领域的矛盾凸现出来，并且这些矛盾将在一定的时间内长期存在。同时，南北经济冲突也呈上升趋势。由于旧殖民时代遗留下来的不合理的国际分工，世界经济形成了由发达国家组成的“中心”和由发展中国家构成的“外围”两个不对称的体系，这种不对称性产生了诸多不利于“外围”国家经济发展的因素，使得南北双方经济实力的悬殊进一步拉大。这种经济上的落后和不合理的经济体系成为发展中国家人民长期贫困，饱受发达国家剥削和控制的根源所在。尽管发达国家在国际社会的巨大压力下对发展中国家的经济要求做出了一些承诺，增加了经济的技术援助，但远远没有达到联合国规定的标准。20 世纪 90 年代以来，随着经济全球化和国家政治多极化趋势的进一步加强，世界各国面临的共事问题日益尖锐。这些问题均已越出国界，成为影响全球发展的重大问题。这些问题的解决已经不是一国或几国所能为，必须依靠世界各国的共同努力才能解决。同时，北方国家的经济发展也离不开南方国家，地区的和平与稳定乃至全球的和平与稳定也需要南方国家的积极参与，因而南北关系的改善，加强相互之间的合作成为必然。另外，随着广大南方国家经济实力的增强，它们在国际社会的影响力也进一步增强，并为自己能在国际社会中取得应有的地位做出了很多的努力，南北国家之间通过进一步的斗争、对话与协商，在相互之间依存和合作加深的同时极大地改善了当前的国际经济秩序，使其朝着实质公平的方向前进。

最后，和平与发展这两大问题在进入新世纪以来出现了新情况，但仍是当今世界的时代主题。冷战结束后，国际形势进一步趋向缓和，世界和平取得了较快的发展，但是核威胁依然存在，军费开支依然高昂，和平与发展这两大问题仍然没有得到很好的解决。一方面，以美国为首的西方国家为了扩展其政治和经济利益，在部分地区乃至全球引起了军备竞赛，一些大国走向军事大国，在引起邻国的严重不安的同时各国由此增加的财政负担在很大程度上减少了发展经济的财力。另一方面，热点问题突出，严重影响地区安全局势；民族分裂主义、宗教极端主义、国际恐怖主义“三股势力”相互配合，活动猖獗。“9.11”事件及其后续发展，从深层次影响和改变着国际局势，世界陷入了局部动荡、局部战争、局部紧张之中。总的说来，世界政治结构分化组合更加纷繁复杂，经济形势发展中的不确定因素增多，世界和平与安全的形势比过去严峻。但是，尽力适应经济全球化潮流，发展本国经济和促进地区与世界经济合作，仍是国际上和各国最关心的问题。国际社会的竞争仍然主要是以经济为基础、以科技为先导的综合国力的竞争。因此，“9.11”后世界的变与不变，其中无论是积极的还是消极的发展，都没有离开和平与发展的时代主题。

总体而言，当前的国际政治环境处于相对稳定的状态，和平和发展仍然是当代国际政治环境的主旋律。我国作为世界上最大的发展中国家，在国际事务中一直奉行独立自主的和平外交政策。近年来，随着我国综合国力不断提高，在国际事务中发挥着越来越大的作用。面对当前的国际形势，一方面，我们要抓住和平友好的国际政治环境，重视与美国、日本、欧盟和俄国等大国建立良好关系，稳定周边的环境，进一步扩大我国在国际政治舞台上折冲樽俎的余地，为我国进一步实行对外开放打下良好的政治基础；另一方面，我们也要充分认识在世界上缺少制约力量的美国霸权对我国的长期威胁、北强南弱的趋势以及当今世界经济和政治发展的不平衡和不公正等给我国的国家安全和经济发展带来的不确定因素，这样才有利于我国更好地处理好国际社会中的各种关系，促进对外经济关系的积极发展。

（二）国际经济环境

经济全球化是20世纪80年代中期以来出现在世界经济中的一个引人注目的大趋势，它不以人们的意志为转移，已成为左右世界各国乃至整个世界经济跨世纪发展的主旋律。联合国贸发会议1997年度报告指出：“……对现状最为恰当的描述是全球在经济上的相互依存，市场、生产和金融活动使得跨国界联系已加强到如此地步，以至于任何一国的经济都不能不受到国界以外的政策和经济发展的影响”。所谓经济全球化包含这样几层含义：第一，经济全球化是一个客观历史进程；第二，经济全球化是世界经济发展的新阶段，是国际分工深化中的生产全球化、贸易全球化和金融全球化，是生产要素和资源在全球范围内的自由流动和合理配置；第三，在经济全球化进程中，一方面是世界范围内各国、各地区的经济相互交织、相互影响，融合成“全球统一市场”，另一方面是在世界范围内建立了规范世界经济行为的规则、制度，并以此为基础建立了经济运行机制；第四，经济全球化进程是由发达国家主导的，是资本主义生产方式在全球范围内的扩张和延伸。在贸易自由化、投资自由化和金融自由化的交互作用下，经济全球化不断深化。当前国际经济的运行是在经济全球化的大背景下进行的，这一全球化背景主要表现出了以下几个方面的时代特征：

1. 生产全球化下的国际产业转移带来了新型国际分工体系的形成

生产全球化为经济全球化奠定了物质基础，传统的国际分工正演变为世界性的分工，不仅参与国际分工的国家遍及全球，而且国际分工进一步细化，由过去的单一垂直性分工发展为垂直型、水平型和混合型等多种分工形式。生产的全球化使各个国家的生产活动密切联系，相互依赖，在国际范围内结成一个整体。

国际产业转移是以国际分工为基础，伴随着国际贸易和国际投资的发展而发展起来的。它以促进产业结构调整、产业升级和提高竞争优势为目标，以跨国公司的全球战略为推动力，是产业全球化的重要内容和组成部分。同时，国际产业转移的发展又在一定程度上促进新型国际分工的形成。第二次世界大战后，随着国际直接投资和产业转移规模不断扩大，学者们提出了多种理论①来说明国际产业转移的特征。国际产业转移的一般规律可以概括为以下几点：①国际产业转移的类型通常是从劳动密集型产业的转移开始，进而到资本、技术密集型产业的转移，产业转移的技术内涵在不断扩大。②国际产业转移通常是从发达国家到次发达国家再到发展中国家逐层推进。③国际产业转移的完成一般是从加工装配开始，经过资本、技术、管理经验等积累，最终过渡到零部件和原材料的本地化生产，实现产业转移。④国际产业转移的技术水平通常是进入“标准化”产业阶段的技术。这一阶段技术趋于成熟，企业所拥有的技术垄断优势已经基本消失，产品竞争主要是价格竞争，其结果是产品的生产或装配业务逐渐转移到劳动成本低的发展中国家。

就国际产业转移的一般规律而言，经济全球化下的国际产业转移主要经历了三次重大的转移。第一次发生重大产业转移是在20世纪20年代到70年代初期，其转移的主要特征是美、日及西欧等主要发达国家和地区着重发展资本和技术密集型产业，而将某些劳动密集型产业转向东南亚和拉丁美洲。第二次大转移是在20世纪70年代至80年代后期。这一时期，西方发达国家在70年代加速发展技术、知识密集型产业，将一部分资本密集型产业向海外转移；80年代以后又加速发展微电子工业、生物工程、光纤通信、激光技术、新材料、新能源、宇航和海洋开发等高科技新兴产业，同时把一些淘汰的劳动密集型、资本密集型甚至技术密集型产业向发展中国家转移。进入20世纪90年代以来，随着科学技术的迅猛发展，经济全球化的不断加深，知识经济的出现和发达国家产业结构升级，发达国家又掀起了新一轮的国际产业转移。在经济全球化的时代背景下这次世界范围内的产业转移呈现出不同于以往的现象和特征。

首先，从产业转移领域看，这次转移是包括IT产业、传统制造业和服务业在内

① 这些理论大致可以分为两大体系：一是以国际经济学，主要是国际贸易理论为基础的理论体系，包括产品生产周期理论、投资诱发要素组合理论、经济发展阶段理论、投资动力模型和投资引力模型等；另一类是以产业组织理论为基础的体系，包括垄断优势论、内部化优势论和国际生产折衷论。

的全面转移。其中,第三产业投资成为该轮国际产业转移中的新热点。随着知识经济的不断发展,发达国家的产业结构不断朝着知识化、高度化发展,从而使得这次国际产业转移的领域更为广泛并表现出高度化趋势。国际产业转移的重心由原材料工业向加工工业、由初级产品工业向高附加值工业、由传统工业向新兴工业、由制造业向服务业转移,高新技术产业、金融保险业、贸易服务业、电讯、信息等日益成为国际产业转移的重点领域。

其次,从国家产业转移方式上,生产外包成为国际产业转移的新兴主流方式。随着知识经济的发展,国际竞争越来越激烈,跨国公司国际生产体系也开始了战略性调整。跨国公司将非核心的服务环节,如后勤、财务、研究开发、软件设计、经营管理、金融财务分析、售后服务等,外化为一个投资项目或专业服务公司后再交给成本更低的发展中国家的企业去完成,不仅减低了成本,而且达到了在全球范围内利用资源的目的。在生产价值链的技术开发、产品制造、市场营销三大环节中,跨国公司更多的是抓两头,即更倾向于价值链的高知识密集度的产品定义、研究和开发、管理服务以及营销和品牌管理。对其他低附加值的生产加工中间过程则通过产权性或非产权性外包①转移给那些具有专业能力的外部供应商,然后通过外购获得这些产品。20 世纪 90 年代以来,欧美企业生产外包规模年增长率达到 35%。越来越多的跨国公司如可口可乐、松下、西门子、飞利浦等通过外包将生产基地转移到发展中国家。零件和部件的贸易,尤其是有活力的产业零部件贸易,变得更加重要,呈现出一个日益走向与国际生产体制相联系的贸易专门化的潮流,这表明全球市场越来越成为由跨国公司统一指挥的整个生产体制的竞争,而不是个别工厂或商号之间的竞争。

再次,国际产业转移开始出现产业供应链整体搬迁趋势。随着竞争加剧,跨国公司开始通过主动地带动和引导相关投资,鼓励其海外供应商到东道国投资,加大零部件供应当地化战略的实施力度,发展配套产业并建立产业群,将整条产业供应链搬迁、转移到发展中国家。另外,为了充分利用东道国的各种资源,同时使自己的生产充分适应全球市场的不同需求,跨国公司除了转移传统的制造业外,对其他生产经营环节如研究与开发、设计等也开始向其他地区转移。在生产全球化背景下,跨国公司要在全球范围内寻找资源的最佳配置,它们必然寻求在成本最低的国家或地区去组织生产。

最后,跨国公司成为国际产业转移主体的趋势更为明显。在分工模式的转变中,跨国公司逐渐成为当代国际分工的微观主体以及国际产业转移的载体,这与跨

① 在生产外包中,最主要的是 OEM 的外包形式。OEM 是 Original Equipment Manufacture 的缩写,从产品供应者角度来说,是按照对方的要求生产对方品牌并由对方负责销售的交易形态;从产品购买者角度来说,是外包生产并以己方产品形式提供给市场的行为。

国公司自身所具有经济上的垄断结构以及由此带来的高额利润这一竞争优势是分不开的。在这样的基础上，跨国公司不断推进其全球战略布局，90 年代后期以来，它们不但大规模转移生产制造环节，而且将转移延伸到研发、设计、采购、销售和售后服务环节，以增强核心竞争力，成为了国际产业转移的主要推动力量。由于这些跨国公司的子公司有一半左右分布在发展中国家，因此，跨国公司的直接投资对发展中国家的经济及产业结构调整都有重大的影响。

国际产业转移和国际新型分工体系的形成为广大发展中国家提供了更多利用国际经济和提升技术水平的机遇，同时也意味着广大发展中国家的经济发展将更大程度地被纳入到跨国公司的全球战略体系中。当前新型国际分工中，跨国公司更多占据着高附加值的产业链两端，即研发、技术创新和销售品牌管理，而将制造环节甚至是一些服务环节通过“外包”方式进行，在消耗东道国大量的资源和环境基础上创造了巨大财富，成为世界资源配置的主体，在利益分配中处于主导地位。发展中国家在跨国公司国际分工体系中则被作为低增值环节生产基地，在利益分配上处于不利地位。在新型国际分工中，“中心—外围”两极化的趋势会越来越明显。当前，全球价值链分工中我国工业处在低端位置，充当跨国公司的“世界加工车间”角色，所获实际贸易利益很有限。在国际制造业向我国转移以及跨国公司按照价值链进行全球水平分工的大背景下，在许多工业领域，我国的竞争优势主要体现在加工组装环节，对国外核心技术和关键部件高度依赖，附加价值难以较大幅度提高，相应地实现经济增长投入的物耗、能耗也比发达国家高得多，也导致了与发达国家利益分配格局的不对等。为此，在新型国际分工下，我国的对外开放发展战略应更加关注的是参与什么层次的国际分工，以什么样的要素参与国际分工，从而在国际分工中得以获得更大的贸易利益。

2. 贸易和资本全球化进程加速

贸易全球化体现为国际贸易的规模和速度不断增长，贸易自由化程度提高，世界货物、科技、信息等方面的贸易规模不断扩大，增长速度加快。根据联合国贸易和发展会议《世界贸易回顾与展望 2003—2004》和世界贸易组织《2004 年世界贸易报告》的统计数据，2003 年世界经济的增长率为 2.5%，世界贸易增长率为 4.5%；世界商品贸易总额从 1990 年的 3.44 万亿美元，增加到 2003 年的 7.27 万亿美元，增幅为 11%；世界服务贸易总额从 1990 年的 0.78 亿美元，增加到 2003 年的 1.76 亿美元，增幅为 126%。1995 年世界贸易组织的诞生标志着全球贸易制度化、规范化以及更高水平的自由化，预示着经济全球化开放得到宏观层面的强有力推动。

资本全球化使国际资本要素得以在全球范围内更充分流动。当前国际资本流动日趋明显，国际直接投资正日益取代国际贸易，成为世界经济增长和经济全球化的重要发展动力。技术进步降低了运输、通信、金融交易成本，贸易壁垒的消除使投资者更容易在全球范围内寻求低成本或靠近当地市场的生产基地。伴随着资本流动的全球化,各个国家和地区政府不断开放金融市场,放松金融管制,实施资本项目的自由兑换等金融自由化政策,为统一的全球金融市场的形成和金融全球化的发展提供了前提条件。金融全球化就是金融资本跨越国家管制的障碍在全球范围内自由流动、不断深化的过程。这一过程通过资本流动全球化表现出来,同时又不断加速和扩大资本的跨国自由流动。1980 年,全球金融资产总额与全球 GDP 相当,1993 年上涨为 GDP 的 2 倍,2003 年增至 GDP 的 3 倍。1980—2003 年间,全球 GDP 的增长率为 257%,而金融资产的增长率则高达 888%①。

跨国公司是经济全球化的微观基础。经济全球化促使劳动力、资本品及资本在全球的流动速度大大加快,跨国公司通过国际投资,将生产边界延伸到全世界最有利的地区,使其生产规模大大超过一国范围,一国可以将商品、资本市场扩大到世界范围,商品要素和生产要素可以流动到最有利可图的其他地区,而一些资源、资金、技术和人力资源稀缺的国家可以获得发展经济所需的要素。目前,全球 6.3 万家跨国公司通过近 70 万家子公司,已经渗透到了全世界的各个国家和地区的各个产业。它们控制着 40% 的全球产出,60% 的贸易,70% 的技术转让,90% 以上的直接投资,一个以跨国公司为主轴的国际经济体系正在形成②。

3. 科学技术成为最活跃的生产要素

科学技术发展过程中每一项划时代成就的出现,都会带来社会生产力的迅速发展并进而对整个世界的政治经济产生影响。当前,人类社会正处于一个科学技术革命全方位、加速度大发展的新时期。把握世界科技发展新趋势,才能有效把握世界经济的发展趋势,服务于我国对外开放的发展。

当前,世界经济正从工业经济时代迈向知识经济时代。一些学者的分析表明,到 1999 年,在参加评价的 131 个国家中,约有 47% 的国家已经完成或基本实现第一次现代化,主要标志是已从农业经济转向工业经济时代;18% 的国家已经进入第二次现代化,即从工业经济时代迈向知识经济时代。目前,已经进入第二次现代化国家的典型特征是:知识化、信息化、全球化、网络化、分散化、智能化、社区划、个性化、生态化、创新化和民主化等。预计到 2050 年,发达国家将完成第二次现代化,中等发达国家将进入第二次现代化的成熟期,基本实现第二次现代化。中国的学者认为,2000 年中国处于第一次现代化的发展期,实现程度为 76%;虽然第一次现代化进程还没有完成,但第二次现代化的许多因素已经被引入中国,如知识化、信息化、网络化和全球化等③。

与工业经济相比,知识经济使某些技术创新和核心技术要素凸显。在知识经

① 2010 年全球金融资产将破 200 万亿美元. http://news1.jrj.com.cn

② 联合国贸易与发展会议. 2002 年世界投资报告

③ 中国现代化战略研究课题组研究报告. 瞭望,2002(13)

济下,分工的深化已经使一个产品核心部件的生产与其他部件及整体产品的生产相分离,在很大程度上决定了一国的国际分工地位。工业时代经济要素的地位已经下降或在性质上发生改变,随着跨国公司国际生产体系有效配置,劳动力、资本、资源等基础要素能通过对外投资或国际市场而取得,这使得基础要素的竞争力减弱,知识则成为一个最重要的生产要素。技术通过对各要素的渗透改变它们的性质,同时改变生产工艺过程和生产组织方式,提高各要素以及它们之间的综合生产力。在知识经济时代,技术水平的高低影响一国国际分工的地位。技术水平高的国家一般处于分工的高端位置,技术水平低的国家在国际分工中处于低端位置。发达国家正是通过在国际分工中垄断高端技术优势而拥有国际贸易的主导权。随着科技进步在国际分工中所起的作用日益扩大,高技术日益成为国际贸易竞争力的制高点。世界银行(World Bank,1999)提出经济全球化下,知识与信息不仅是最重要的生产要素,而且也是最重要的改革要素。

以科学技术为基础的知识经济正深刻地改变着世界经济结构。知识经济推动世界经济结构向高级化阶段转变。知识经济条件下,传统产业的知识密集度将进一步提高。知识的生产、再生产和应用,不仅加速了知识产业的发展,而且也引起农业、传统工业和服务业的巨大变革。目前,在发达国家的国民生产总值构成中,第一产业(农业)所占比重仅为3%左右,将来可能进一步下降。但是,就农业而言,随着生物工程的发展,特别是生物学和生物技术的渗透,农业将扩展到更广阔的领域,从而向人类提供更加丰富的农产品及其他产品。知识的生产和再生产及其广泛应用,不仅使传统制造业得到改造,延伸出许多新型制造业,而且将以更少的原材料和能源消耗或替代材料,生产出更多的产品。当代科学技术已经成为经济发展的强大推动力量,成为影响一国经济增长速度的决定性因素。据美国商务部和美国电子协会统计,美国“新经济”增长的1/4以上归功于信息科学技术①。当前对美国经济起主导作用的是高技术信息产业,微软、英特尔等已经取代了当年的三大汽车公司。发达国家的制造业中高技术产品的生产和出口比重目前已接近1/3。知识经济第三产业的重要性凸显,国际贸易结构出现“软化”趋势,即国际贸易中深加工、高附加值的高新技术产品贸易和服务贸易增长速度加快。随着知识经济的发展,贸易中深加工、高附加值产品的比重大幅度上升,初级产品和技能含量低的产品占商品贸易的比重逐步下降。知识密集的服务贸易重要性日益增加,科学技术本身也日益成为国际交换的对象,这使得服务贸易尤其是知识型服务贸易脱颖而出,成为推动国家经济增长的重要一极。而知识经济时代带来的世界产业结构信息化将进一步刺激世界服务贸易的发展。在全球科技产业化浪潮中,信息技术的飞速发展增强了服务活动及其过程的可贸易性,产生了大量新的服务贸

① 张峰. 聚焦新经济. http://www.shulu.net

易门类，同时也将促使世界服务贸易结构进一步朝着技术、知识密集型的方向发展。

当今世界，科学技术日益渗透到经济发展、社会进步和人类生活的各个领域，成为生产力中最活跃的因素。未来科学技术的发展，必将对人类社会的发展产生更加深刻的影响。为此，认真研究当前国际技术转移的模式，抓住当前国际技术转移机遇，制定我国的技术发展战略是我国对外开放的一项重要内容。

4. 国际区域经济合作得到快速发展

进入20世纪90年代以来，区域性的多边和双边经济合作得到快速发展。据世界贸易组织《2003年世界贸易报告》统计，截至2002年，已向世界贸易组织通报的区域贸易协定（RTA）共有259个，其中继续有效的有176个，80%左右是近10年内签订的。在所有的RTA中，双边完全自由贸易（FTA）约占90%。目前，RTA的数量还在继续增长，而且相当一部分RTA已经实现FTA[①]。至2003年4月底，已有170多个国家和地区兼有FTA和RTA，甚至有些国家同时加入两个或两个以上的FTA和RTA。在146个WTO成员中，绝大多数成员参加了一个或一个以上的FTA或RTA。当前区域经济一体化出现了如下几大特征：

（1）自由贸易区尤其是双边FTA是当前区域经济一体化的主要形式

据WTO统计，截至2002年3月1日，正在实施的区域贸易一体化中，绝大多数是自由贸易协议，共有175个，占所有区域贸易安排的72%；关税同盟22个，占9%；服务贸易协议及部分授权条款实施的区域贸易一体化共46个，占总区域贸易一体化的19%。

双边FTA是各国区域贸易协议的发展重点。亚太地区最早的双边FTA是1983年签署的澳大利亚—新西兰紧密经济关系协定，在1989年以前，它一直是亚太地区惟一的双边FTA。1997年以后，东亚各类双边FTA大量涌现，成为区域经济一体化第三次浪潮在亚太地区的主角。据不完全统计，目前亚太地区处于不同阶段的双边FTA已超过50个。在美洲地区，近年来加拿大与智利达成了双边FTA，与欧洲自由贸易联盟的双边FTA谈判也已经接近尾声，与南锥体共同市场的谈判正在进行中；2000年7月墨西哥与欧盟达成了双边FTA；美国在2000年与约旦达成了双边FTA，与智利、韩国、新加坡和土耳其的双边FTA也以“快车道授权”正在谈判之中。在加勒比地区，有13个成员的加勒比共同体与多米尼加和古巴达成了双边FTA。随着欧盟东扩进程的加快，欧洲地区的双边FTA将更加向外伸展。在实现东扩之前，欧盟与中东欧国家通过双边协议已联系在一起，保加利亚、捷克、匈牙利、波兰、罗马尼亚、斯洛伐克和斯洛文尼亚签署了中欧自由贸易协定，波罗的

① 徐清军．我国进出口贸易形势、发展前景和政策走向．2003年中国国际贸易学会学术年会，2003－11

海地区的爱沙尼亚、拉脱维亚和立陶宛也已建立了自由贸易区。在中东地区，海湾合作理事会于1999年1月同意到2005年实现同一税则。在众多中东国家中，以色列和约旦已经与美国签署双边FTA。2003年5月，美国已经宣布拟在今后10年内与中东各国建立一个双边FTA。

(2)区域经济一体化涵盖的内容日益广泛

区域经济一体化所涉及的领域不断扩大，已从传统意义上的货物贸易逐步扩展到服务贸易、贸易投资便利化、人力资源开发、中小企业合作、政府采购、电子商务等新的领域。如日本和新加坡签署了自由贸易区协定，其内容包括商品贸易、服务贸易、相互投资自由化及经济技术合作。截至2002年7月1日，在WTO成员间的区域贸易一体化中包含服务贸易安排的达到21件，占区域贸易一体化总数的12.2%，并且这一趋势将随着服务经济的发展和服务贸易规模的不断扩大而进一步发展。在GATT时期，仅欧共体和美加自由贸易协议等少数区域贸易一体化中涉及服务贸易。另外，从货物贸易涉及的产品分析，农产品这一被经常视为最敏感的贸易自由化对象，也被包含在自由贸易的产品范围之中。

(3)区域经济一体化突破了地缘性限制

长期以来区域经济一体化主要是一种地缘性经济合作，即地理临近的国家是其区域合作主要对象。当前区域经济一体化发展的突出特点是跨区域的双边或多边区域贸易协定发展迅速。当前的区域经济一体化除了进一步扩展地缘性经济如美洲自由贸易区的推进，欧盟“东扩南进”，亚洲的“10+1”、“10+3”等典型的地缘性经济合作外，还开始广泛开展跨区域合作，如欧盟—墨西哥自由贸易协定就是一种典型的跨洲自由贸易协定。此外，如美国与新加坡，日本与新加坡、墨西哥、智利、韩国，新加坡与澳大利亚、新西兰、日本、欧盟、美国、加拿大、墨西哥、韩国等区域经贸安排现都完全突破传统的“区域”框架，呈现出多触角延伸格局，由此形成区域贸易协定成员交错重叠的局面。

(4)南北型的区域经济一体化成为新亮点

当前的区域经济一体化以南北合作(发达国家与发展中国家合作)以及北北合作(发达国家与发达国家合作)为主导。20世纪60~70年代一度兴起的南南合作发展缓慢，除了南美洲的南方共同市场和安第斯国家共同体基本上实现了贸易自由化的目标，开始向关税同盟和共同市场过渡，绝大部分南南组织的经济一体化还未达到或走出贸易自由化阶段。经验研究显示，在南北型贸易组织内，成员之间的经济绩效在逐渐缩小。例如，在欧盟内部，20世纪80年代中期，爱尔兰、西班牙和葡萄牙的人均收入分别只相当于欧盟最富裕国家(德、英、法、意)平均水平的61%、49%和27%，到20世纪90年代末期分别上升到91%、67%和38%。相反，在南南型贸易组织内，成员之间的经济绩效在逐渐拉大，南南组织的内部贸易增长缓慢，经济合作推进乏力，至今其内部贸易所占比重几乎都低于20%，有的甚至不足10%。如东非共同市场、中美洲共同市场、西非经济共同体,因成员国内部收益分配不均衡而陷入困境,其中东非共同市场因无法满足两个落后国家(乌干达和坦桑尼亚)的要求而在1977年被迫解散。一项针对区域经济一体化与经济增长之间关系的研究也发现了类似的趋势:南北型合作有助于各成员的经济增长,南南型合作的这种功能则不明显。

无论是发达国家还是发展中国家都努力将区域经济合作作为重要的一项经贸战略。主要发达国家之间已经越来越多地倾向于把区域贸易协定当成一种新的竞争手段。美国政府也开始把订立双边或多边的区域自由贸易协定作为其创造良好经济贸易空间的重要战略。此外,广大发展中国家也在积极参与区域经济一体化,把它作为回避经济全球化风险的避风港。近两年亚洲主要贸易国都在加快区域一体化的进程。可以预计今后一个阶段,双边和区域贸易协定谈判将继续升温。总之,大国之间的竞争正在演变为区域经济合作组织之间的竞争。区域经济一体化发展通过静态的贸易创造、贸易转移效应和各种贸易动态效应进一步影响着世界贸易格局。

迄今为止,中国对外区域经济一体化还处于起步阶段,是世界上仅有的几个处于制度性区域经济一体化组织外的、有较强经济实力的国家之一。以发展的眼光来看,今后国际经济关系将由国家之间的较量转向区域经济组织之间的角逐,由国家之间的谈判、协商逐步转变为区域组织之间的经济协调。在世界经济多极化发展的状态下,各国要取得更大的竞争优势,仅靠一国本身的力量是不够的,而需要组织排他性国际组织,以此为依托,扩大国际贸易,争夺国际市场。随着经济全球化的深入,国际经济规则对民族国家的约束力越来越大,任何国家都不再忽视规则的制定过程。但在实践中,没有一个国家(包括美国)能够单独决定规则的制定过程。通过区域贸易协定,一国的呼声更容易在多边谈判中得到放大,无论是对大国还是小国都是如此。为此,积极推进区域经济合作将是我国进一步扩大对外开放,在更大范围、更广领域和更高层次上参与国际经贸合作与竞争的一项重要发展战略。

在经济全球化不断发展的国际经济大背景下,生产的社会化和国际化已上升到一个新的历史高度,各国在经济上的相互渗透、相互依存空前加深。经济全球化通过要素的全球化配置,提高了生产效率,促进了产业发展,为各国尤其是落后国家提供了经济发展的机遇。然而,当前经济全球化也带来严重的不平等问题,主要表现在:经济霸权主义和经济利己主义有可能使一部分经济落后的发展中国家在经济全球化进程中被"边缘化",世界经济财富的总量增长与国际经济主体间的社会分配更加失衡和不公,南北贸易权利不平等现象更加严重;发展中国家的贸易环境趋向恶化;发展中国家的经济主权受到挑战和侵蚀。而这些不平等的根源是国际经济旧秩序。由此,经济全球化急需建立一种国际经济新秩序,即公平、合理的国际经济“游戏规则”，否则，经济全球化就不会惠泽于全世界，反而会使“富者愈富，穷者愈穷”。对我国而言，面对经济全球化大趋势，要审时度势，抓住机遇，制定并执行适当、稳妥的宏观经济政策和循序渐进的开放政策，使我国逐步纳入经济全球化大趋势，最大程度分享全球化的利益。

二、对外开放的国内经济环境

一国的对外开放不是一种纯经济模型下的绝对开放。对外开放应与本国特定的物质生活水平相联系，能够保持社会结构合理有序以及社会协调发展的社会开放。唯物史观认为，生产力是社会发展的最终决定力量。开放水平归根结底受生产力水平的制约，因为社会开放需要一定的交通、通讯、能源、信息等物质手段作为联系中介和运行载体，社会生产力的发展为开放提供了必要的物质手段，所以有什么样的生产力水平就有什么样的开发程度。手推磨时代决定了自给自足的半封闭交往状况，而蒸汽机的出现使全社会范围内的大规模的商品生产和交换成为可能，计算机则把我们带到了网络时代，全球日益联系在一起。1997 年的东南亚金融危机一定程度上与这些国家资本市场过度开放，而本国经济体制本身又存在较多缺陷有关。因此，对外开放不仅仅是从对外交往方面来判断，更重要的是取决于内部经济结构和经济制度的安排。为此，对外开放需要我们正确认识当前我国国内经济环境。

（一）中国整体经济实力快速提升

中国改革开放以后的二十多年里，国民经济一直保持了高速增长，平均增长速度达到两位数，在世界各国中名列前茅。90 年代后期以来，虽然增长速度有所降低，但仍然达到 7% ~8%。1998—2002 年间，经济增长率为 7.5% 左右，仍属全球最高之列，国内生产总值获得快速增长。进入新世纪，中国 GDP 发展再创新高，2005 年，全年国内生产总值为 182 321 亿元，按可比价格计算，比上年增长 9.9%，人均国内生产总值达到 1703 美元，成为全球第五大经济体。人民生活水平大幅度提高，基本解决了温饱问题，并且有部分地区、部分人口已经率先进入了中等发达水平。此外，我国产业结构也不断得到优化：第一产业比重明显下降；第二产业比重稳步提高，对 GDP 的贡献率基本上在 60% 以上，个别年份甚至达到 70%；第三产业也得到快速发展，对 GDP 的贡献率已经超过 20%①。特别是近年来我国重工业得到加速发展。据统计，我国轻工业（主要是生产生活资料的行业）占工业增加值的比重由 1987 年的 33.79% 下降到 2003 年的 27.14%，同期重工业（主要是生产资料行业）所占比重由 49.17% 上升到 54.04%。当前工业对经济增长的贡献率当

① 冯飞，杨建龙．产业结构演进的趋势与“十一五”方向．http://theory.people.com.cn

中,近3/4(2003年为73.93%)来自重工业,其中重化工业加速发展的特点十分明显[①]。

当前,我国经济已经进入快速增长时期。近年来,我国宏观经济环境稳定,为了促进经济发展,政府采取了积极财政政策,稳定汇率,降低利率,居民储蓄不断增加。2004年,中国居民本外币储蓄存款余额已经超过10万亿元,外汇储备在2004年末也已经超过6000亿美元。中共"十六大"提出全面建设小康社会的目标,2020年实现我国人均国内生产总值比2000年翻两番,超过3000美元,达到当时中等收入国家的平均水平;2050年力争使国民生产总值达到2000年的12~16倍,达到中等发达国家的水平。国外研究机构对2000—2010年中国GDP增长率的预测为:亚洲开发银行认为是6%;世界银行认为是6.9%;美国高盛公司认为是7.2%;2010—2020年GDP总量在前一步的基础上再翻一番,经济规模达到4万亿美元,中国经济占全球比重提升为5%以上,超过德国排全球第三位,基本上完成工业化,GDP增长率为年7.18%左右[②]。

然而,中国经济的快速发展也伴随着一些突出的问题。首先,我国经济增长方式还没有得到根本改变,物耗高、能耗高、污染高的"三高"问题依然突出。目前,我国八个主要耗能行业的单位产品能耗平均比世界先进水平高47%,而这八个行业的能源消费占工业部门能源消费总量的73%。按此推算,与国际先进水平相比,中国的工业部门每年多用能源约2.3亿吨标准煤。我国并没有摆脱先污染后治理的老路,已经存在着相当程度的环境透支。其次,我国潜在的金融风险突出。一些研究认为,未来三年中国金融体系面临六项不良资产增加的危险:①银行业风险逆转,资本市场境况危殆;②经济大起大落,导致银行不良资产剧增;③银行体系对利率风险漠视,导致坏账增加;④政策性银行和基层金融组织问题严重积累;⑤金融体系面临资本流动逆转的威胁;⑥金融风险将向中央政府集中。最后,我国产品的附加价值明显偏低,产业的技术创新能力差。目前,我国的制造业增加值率仅为26.2%,与美国、日本和德国相比分别低23.22%和11.7%。尤其是在通讯设备、电子计算机及相关设备制造业领域,增加值率仅22%,与美国等发达国家的差距超过了35%[③]。

(二)中国国际经贸关系发展快速

改革开放以来,中国不断加强与世界各国各地区的经贸合作,积极参与经济全球化进程,中国的对外经济贸易得到快速发展。2001年中国加入了世界贸易组织,成为WTO正式成员国。中国的对外开放开始进入一个宽领域、全方位、多层次

---

① 冯飞,杨建龙.产业结构演进的趋势与"十一五"方向.http://theory.people.com.cn

② 李京文.对当前中国经济发展中几个问题的认识.http://www.cpirc.org.cn

③ 冯飞,杨建龙.产业结构演进的趋势与"十一五"方向.http://theory.people.com.cn

开放的新境界。中国外经贸已经进入了历史上最快最好的发展时期。

1. 中国已经成为世界贸易大国

据海关最新统计,2004 年中国对外货物贸易高达 11 547.4 亿美元,其中进口和出口贸易规模分别突破 5000 亿美元,实现贸易顺差 319.8 亿美元,超过日本、英国、意大利和法国,仅次于美国和德国,成为名副其实的贸易大国。中国占世界贸易的比重持续提高,出口和进口占世界的比重从 1983 年的 1.2% 和 1.1% 上升到 1993 年的 2.5% 和 2.8%, 2003 年进一步上升到 5.8% 和 5.3%。在世界贸易的位次也大幅度上升,从 1978 年的 32 位上升到 2004 年的第 3 位①。

从整体趋势看,中国贸易增长率基本一直保持高于世界、发达国家、发展中国家同期平均贸易增长率。1990—2003 年中世界、发达国家和发展中国家平均增长分别为 6.34%、4.82% 和 9.85%,而同期中国贸易平均增长率则高达 18%,其中 1999—2000 年和 2002—2003 年中国贸易增长更为突出。1999—2000 年中国贸易增长率分别高于同期世界、发达国家和发展中国家 15.5、20.7 和 4.8 个百分点;2002—2003 年则分别高出 18.1、19.5 和 16.2 个百分点②,中国贸易增长率可谓一枝独秀。

从服务贸易看,2003 年,中国服务贸易进出口总额开始突破 1000 亿美元大关,达到 1020 亿美元,成为全球第九大服务贸易国,首次进入世界前十位。其中,服务贸易出口 467 亿美元,同比增长 18%,占全球服务贸易出口的 2.7%, 成为服务贸易出口最大的发展中国家,列全球服务贸易出口国第九位;服务贸易进口 553 亿美元,同比增长 19%,占全球服务贸易进口的 3.2%, 仍是服务贸易进口最大的发展中国家,列世界服务贸易进口国第八位。从贸易比重看,中国服务出口额和进口额占世界服务贸易比重都有较高的增长,出口额和进口额分别从 1997 年的 1.6% 和 2.3% 上升到 2003 年的 2.6% 和 3.1%③。

2. 中国成为国际直接投资最主要的场所

20 世纪 90 年代以来,中国已成为世界上对跨国公司投资最具吸引力的国家之一。自 1993 年我国一直居全球引资大国前列,2004 年引进外资达到 10 966 亿美元,居全球第二,其中实际利用外商直接投资 606 亿美元,超过美国,在世界居首位。

随着越来越多的跨国公司在中国投资,出现了全球产业向中国大转移的态势,中国已经逐步发展成为世界制造业加工基地。在我国引进的外国直接投资中,其中 2/3 投向了制造业。联合国贸易与发展会议 2001 年《全球投资报告》表明,在

① 根据商务部网站的统计资料整理而得,http://www.mofcom.gov.cn/。

② 根据 UNCTAD Handbook of Statistics 2004 相关数据计算而得。

③ 根据商务部网站的统计资料整理而得,http://www.mofcom.gov.cn/。

《财富》500强中，目前已经有近400家公司在中国投资了2000多个项目，全球最主要的电脑、电子产品、电信设备、石油化工等制造商，正在不断地把其生产企业和研发机构迁至中国。从1993年起中国就成为吸引外商直接投资最多的发展中国家，2003年我国成为世界第一引资大国，达到573亿美元。从LG到三菱，从松下到东芝，从西门子到伊莱克斯，从飞利浦到惠尔浦，从诺基亚到摩托罗拉……当今世界几乎所有的家用电器名牌都有在中国生产产品，“MADE IN CHINA”的标记越来越多地在世界各地出现。尤其是中国加入WTO后，越来越多的跨国公司把中国作为其市场销售、原材料采购、新产品研发和人力资源开发等方面的主要基地。新一轮对华投资的一个显著特征就是投资开始向更高技术水平的制造业集中。如爱立信在2001年末投资额增加到6亿美元；美国的爱默生和法国的阿尔卡特公司，均以10亿美元巨资投入中国电信制造市场；摩托罗拉在中国新增一项总额19亿美元的新项目，用以建设天津半导体集成生产中心和亚洲通信产品生产基地。

随着越来越多制造业向中国的转移，跨国公司也加快了在华设立研发机构。20世纪90年代中期以来，外商在华建立的研发机构增加较快，在华研发不断上规模、上水平。1994年成立了北京邮电大学北方电讯研究开发中心，此后逐渐增加，1997年以来形成在华投资研究与开发机构的高潮。1998年，微软在北京投资8000万美元设立微软中国研究院，英特尔投资5000万美元兴建英特尔中国研究中心，朗讯在北京成立亚太地区研究中心，罗克韦尔与中国沈阳东北大学组建罗克韦尔实验市，联合利华在上海成立其全球第六个研究与开发中心——中国研究发展中心等。通用、爱立信、大众等著名跨国公司也纷纷在中国设立研究开发机构，涉及计算机、软件、通讯、机械、汽车、化工、医药等领域。我国商务部跨国公司研究中心编著的《2004跨国公司在中国报告》指出，近几年来，著名跨国公司在华设立研究开发中心已达400家左右。跨国公司将技术开发能力带进中国，为我国实现技术创新提供了良好的发展机遇。

跨国公司对华投资正在与中国经济共同成长，中国将紧紧抓住在全球新一轮产业结构调整的难得机遇，进一步完善、优化外商投资环境，不断创造新的国际竞争优势，在更大范围、更广领域和更高层次上吸收跨国公司对华投资。

3. 中国对外直接投资发展快速

对外直接投资是中国实施“走出去”战略的重要组成部分，也是维护国家经济安全，主动参与国际分工，利用好两种资源、两个市场的积极举措。1979年11月，北京市友谊商业服务公司同日本东京丸一商事株式会社在东京开办的“京和股份有限公司”成为中国对外直接投资开始的标志。改革开放二十多年来，中国的对外直接投资取得了初步成效。据商务部统计，2004年，中国对外直接投资总额55.3亿美元，扣除对外直接投资企业对境内投资主体的反向投资，投资净额为55亿美元,同比增长93%;截至2004年,中国累计对外直接投资总额449亿美元,扣除对外直接投资企业对境内投资主体的反向投资,累计对外直接投资净额448亿美元。以联合国贸发会议(UNCTAD)发布的《2004年世界投资报告》中2003年全球外国直接投资的流出流量、存量为基期进行测算,中国对外直接投资分别相当于全球外国直接投资流出流量、存量的0.9%和0.55%。截至2004年底,5163家中国对外直接投资企业(以下简称境外企业)共分布在全球149个国家和地区,占全球国家(地区)的71%。其中,欧洲地区投资覆盖率最高,91%以上的国家中有中国直接投资企业;从境外企业的国家地区分布来看,美国、俄罗斯、日本、德国、澳大利亚及我国香港地区的聚集程度最高,集中了境外企业的43%,其中香港为17%。制造业、商务服务业、批发和零售业以及建筑业占境外企业总数的75%。从境外企业的设立方式情况看,子公司及分支机构占境外企业数量的96.6%,联营公司仅占3.4%;地方省市区及新疆生产建设兵团拥有的境外企业数量占88%。①

实施对外开放政策,大力发展开放型经济有利于我国充分利用国内国外两种资源,开发国内国际两个市场,全面参与国际竞争,积极参与国际分工,实施"走出去"战略,加快中国企业的国际化进程。同时,加入WTO后我国政府可以直接参与国际多边贸易新规则的制定,这有助于我国在国际经济新规则制定中更有效地发挥主动性,从而服务于我国经济长远发展。然而,开放型经济也使我国经济发展面临更严峻的考验。

首先,中国企业将面临更严峻的国际挑战。加入WTO后,我国将由过去范围和领域有限的市场开放,转变为全方位的市场开放;由过去单方面为主的自我开放,转变为中国与WTO成员之间双向的相互开放;由过去以试点为特点的政策性开放,转变为在法律框架下的可预见的开放。这意味着,我国需要根据入世议定书,承诺和兑现货物贸易和服务贸易等领域的进一步开放,需要不断完善法律体系,改善投资环境。由此,中国企业乃至中国经济将面临更严峻的国际挑战。新形势下,我国对外开放的一切政策措施都必须遵循WTO原则,长期以来实施的"进口替代"和"出口导向"的各种保护制度在新规则下需要重新调整。据统计,中国加入WTO以来,关税总水平已经由2000年的15.6%降至2004年的10.6%,2008年将降至10%。加入WTO后,我国根据入世承诺相继颁布了三十多个开放服务贸易领域的法规和规章,涵盖了金融、分销、物流、旅游、建筑等几十个领域,基本完善了服务贸易对外开放的法律体系,形成了服务贸易全面对外开放的格局。

其次,中国宏观经济风险加大。对于国际社会而言,中国的崛起引起国际社会日益密切的关注。贸易大国崛起是利益的重新调整过程,不可避免会有矛盾冲突,

① 商务部,国家统计局. 2004年度中国对外直接投资统计公报(非金融部分). 2005

当前“中国威胁论”甚嚣尘上已经极大恶化了我国的外部经贸环境。在发达国家，特别是日本和美国的一些政客和学者大肆鼓吹“中国威胁论”。2003 年 3 月 3 日，《纽约时报》报道说，中国崛起对美国的经济威胁比日本更甚。在一些发展中国家，也有一些人宣扬“中国威胁论”。例如，伴随中国贸易地位的不断提升，我国与世界其他国家的贸易摩擦频繁发生，范围越来越广泛，中国成为当前国际贸易保护的主要对象，外部经贸环境受到严峻挑战。当前，中国已经成为反倾销调查的最大受害国。到 2002 年底，国外对我国反倾销立案累计已超过 500 起，占全球案件总数的 14%，居世界各国之首，给我国出口造成了数百亿美元的直接损失。另根据香港《文汇报》2004 年 2 月 22 日报告，2003 年中国企业遭遇出口应诉案件 60 起，其中反倾销案件 47 起。涉案金额分别达到 25.93 亿美元和 18.75 亿美元，分别比上年剧增 228.5% 和 315%。国外反倾销已成为我国对外贸易发展的主要障碍之一。新型贸易壁垒对我国出口贸易的影响也日益凸显。2003 年 4 月，商务部科技发展和技术贸易司完成《2002 年国外技术性贸易壁垒对我国出口影响的调查报告》，首次勾画出了我国出口遭受技术性贸易壁垒影响的总体情况：2000 年，我国 66% 的出口企业、25% 的出口产品遭受技术性贸易壁垒限制，损失金额 110 亿美元；2002 年，上述指标分别增长为 71%、39% 和 170 亿美元。与此同时，在中国入世谈判中，《中国加入世界贸易组织协定书》中一些不公平条款[①]至少使我国在未来的 10 年贸易出口环境中处于相对被动，一些主要贸易伙伴正在利用这些不公正条款加紧建立下一步对我国出口贸易的控制机制。近年来，越来越多的国家对我国出口产品开始实施保障措施条款。截至 2003 年 6 月底，韩国、日本、加拿大、美国、印度、土耳其和欧盟七个世界贸易组织成员已经相继完成了对中国出口产品实施“特别保障条款”的国内立法，为大规模运用这一控制机制完成了准备工作。印度、美国、土耳其和欧盟已对我国出口产品发起多起特保调查。如近两年，美国对我国发起的影响较大的有四起：钢铁保障、彩电反倾销、木制卧室家具反倾销、纺织品特别保障等。从汇率方面看，巨额外汇储备及其持续增长和一些国家不断对我国人民币施加升值压力，使中国经济进入“汇率敏感期”，对汇率变动的预期和在一些企业的投机行为下，外汇的非正常流动扩大，增大了国家的宏观风险。此外，随着对外开放的不断深入，资本项目将最终实现可兑换。由于我国金融体系在应对资本项目开放方面仍较为脆弱，资本市场的开放将使得我国金融风险进一步增大。

最后，高对外依赖性下蕴涵潜在的政治问题。随着我国对外经贸的发展，我国

① 其第 15 条规定，中国自入世之日起 15 年内其他缔约方可以不视之为市场经济体；第 16 条规定，中国自入世之日 12 年内其他缔约方可以对中国出口商品实施特别保障措施；此外，中国纺织品的配额管制也将延续到 2008 年。

外贸依存度不断提升。2003年中国对外贸易依存度达到60.8%,其中出口依存度和进口依存度分别为31.3%和29.5%。而外资又是我国出口高速增长的主力军,外商投资企业的出口额从1991年的120.47亿美元上升到2001年的1332.35亿美元,占全国出口的比重从1991年的16.75%上升到2003年的54.82%[①]。高对外依赖性是我国融入世界经济的体现,但对外依赖过深也往往伴随着风险的增大。一方面,对主要贸易伙伴的高依赖性,不仅容易给贸易伙伴以各种贸易保护主义的借口,还容易给对手以各种经济要挟。从中美经贸看,中国对美出口占中国出口总额的20%以上,而美国对华出口仅占其出口总额的2%;中国自美国进口占中国进口总额的比重约为10%,而美国自华进口仅占其进口总额的2.5%,美国GDP每下降1%,其总进口额就被拉低2%～3%,分摊到从中国的进口份额就会达到5%～10%[②]。中国对美国市场的依赖性远大于美国对中国市场的依赖性。正因为这种不对称性,使得美国对中国有着较大的经济约束力,而中国对美国则缺乏相应的制约能力。而过分集中的贸易流向也需要强大的经济和政治关系来维系。另一方面,在经济全球化日趋加速的背景下,对外高依赖性使得外部经济的波动和危机的国际传染对我国的经济影响非常巨大。尤其是我国进口中能源、矿产资源的高进口依存度下蕴涵的国家经济安全问题更为突出。进一步看,我国加工贸易的蓬勃发展反映了我国正积极融入国际产业分工,但我们却不能不意识到,国际产业链是跨国公司的全球战略安排,参与企业从生产标准到销售都几乎受其限制。长期依赖可能使得我国不能建立完整的生产体系,尤其是缺乏研发和销售渠道两个环节。目前,我国在核心技术、关键零配件、销售市场等方面仍严重依赖于跨国公司。如我国钢铁业、汽车业的技术主要是靠引进;医药和化工则主要靠模仿;西药和农药产品的95%以上是模仿;3600个精细化工产品中,仿制的或低档的占97%[③]。此外,跨国公司还通过全行业并购,控制了国内原有产业集群和产业分工链条的某个环节,使中国的产业升级相当程度受制于跨国公司的产业转移和分工部署,这样容易使我国失去经济发展的自主动力。一旦宏观或微观条件发生改变,跨国公司有可能突然撤出,合作关系就会突然破裂,我国的贸易很容易与世界脱轨。对发展中大国来说,依附于跨国公司的发展模式是完全不可取的。拉美国家经济发展的教训就是前车之鉴。美国《全球商业》杂志的前执行编辑林恩曾针对中国制造业的崛起写过一篇文章,文章中的观点可说是颇有代表性。林恩说,分散生产的体制只能依存于安全和稳定的世界。对这一体制的最大威胁是地缘政治这座巨大的冰山,而恐怖主义只不过是冰山一角。亚洲在经历了几十年的经济高速发展之后,到

① 根据中国海关总署的资料整理而得,http://business.sohu.com。

② 苗迎春. 贸易摩擦对中美经贸关系的影响. 中国经济时报,2004-03-23

③ 编委会. 科学技术与经济发展. 北京:经济管理出版社,2001

处是可能爆发的冲突。面对如此分裂和危险的世界,为什么"几乎没有人问过,如果这个(生产)网络所倚重的某个主权国家掠夺了这个网络的几条干线而开始发号施令的时候,会出现什么情况?"我国国民经济还没有形成完整、持续的生产体系,如果一些不可预期的因素导致外资产业转移、撤退,不仅会直接影响我国外贸发展,还将影响我国经济持续发展。

第七章 对外开放的目标与内容

对外开放政策是我国的基本国策，也是我国对外经济关系中最重要、最关键的环节，没有对外开放政策的实施，就不可能建立相应的对外经济关系，经济发展和国民经济建设的外部条件——两种资源、两个市场——也就无法形成。本章将在前面六章的基础上，依据我国对外经济关系的形成和发展的政策前提，着重阐述我国对外开放的主要目标以及内容。对外开放的目标是指实施对外开放政策所要达到的目的；对外开放的内容主要涉及开放的领域及扩展，以及在该领域中开放所到达的规模和深度。开放的目标是指开放主体对开放政策的期望，回答“为什么开放”，而开放的内容说明的是开放的客体，回答“开放什么”。本章最后一部分内容主要涉及经济开放度的综述性的研究以及我国经济开放度的特征，要说明的是开放已经达到的什么样的状态及这种状态的效应。

一、对外开放的目标

对外开放的目标是指对外开放政策所要达到的目的。一个国家同他国产生各种经济交往关系是一个不以人的意志为转移的过程，政府在其中的作用是有意识地改变这种交往的方式、速度和质量，使其符合本国经济发展的需要。因此，这就涉及到政府在对外开放中的目标定位问题：①鼓励、抑制还是自由放任；②采取何种方式和手段；③希望达到一种怎么样的状态。从大的方面来看，对外开放主要是经济发展的需要、技术交流的需要和解决本国经济问题的需要。由于各国之间经济的相互依赖性越来越强，各种经济变量相互依存，对外开放的目标呈现出复杂化和多元化的发展趋势。

（一）促进经济发展

经济发展是指伴随着经济结构、上层建筑变革在内的经济增长。单纯的经济增长是一个量的概念，它表示一个国家所生产的产品和劳务的总量的增加。而经济发展不仅仅表示经济总量的增加，还意味着随着产出增加而出现的收入结构上的变化以及经济条件、政治条件和文化条件的变化。一般来说，促使经济发展的主要因素包括一个国家经济要素的存量、经济要素的配置效率和利用效率以及经济发展的制度背景。一国内在的经济要素和制度条件取决于该国的自然资源、人口和就业、资本、人力资源、科学技术以及经济发展战略和政策。

世界各国的经济发展实践证明，发展中国家有效地利用外部条件是缩小与发达国家的差距，实现经济发展的一个重要条件。李斯特在他的《政治经济学的国民体系》一书中的一个主要经济思想，就是当一个国家处于较低的发展层次上时，引入外部条件使自己摆脱旧态，获取经济发展的内在潜力后，通过保护手段的灵活运用，达到与世界先进国家相同的生产力水平和竞争能力，进而开展世界范围内的自由竞争①。现代系统理论中，热力学第二定律（熵增原理）告诉我们，任何与外界没有物质交换的孤立系统，它的演化方向必然是退化的，没落的，直到达到最无序的（热平衡）运动状态为止。只有当系统存在与外界不断的能量和物质交换，才能保证系统的有序性，才能保证内部的非平衡。没有外部环境的作用，不能维持系统内部的非平衡。反过来，没有系统内部的非平衡，外部环境也不会产生。这正是辩证法内因与外因的相互作用原理。②

国内因素和国际条件皆是促进我国经济发展的条件，对外开放必须以国内经济发展条件的综合、有效利用为基础，以外部经济条件的引入和利用为辅，将外部资源“作为发展社会主义社会生产力的一个补充”。③邓小平同志指出：“独立自主、自力更生无论是过去、现在和将来，都是我们的立足点。”④“像中国这样大的国家搞建设，不靠自己不行，主要靠自己，这叫作自力更生。”⑤

但是，对外开放带动经济发展并不是必然的，在世界各国经济发展史上不恰当地利用外部因素导致经济状况更加恶化的事例也很多。例如，20 世纪 80 年代拉美国家的依附性增长、一些南方国家经历的“悲惨的增长”等等。积极运用国际条件，以内源发展为主的经济发展战略的成功需要相应的前提条件，引入外部条件的程度和规模也是有一定的限度的，这些条件需要与国家的经济发展水平相适应。

对外开放推动经济发展必须考虑外部力量的引进和内部力量走出去的可能性，这是开放带动经济发展的第一个条件。如何引进外部力量，这与国家的经济发展状况、政府的制度设计和政治环境等有关。除了政府主导下的经济活动以外，广

① 原文为：“凡是先天的禀赋不薄，在财富、力量上要达到最高度发展所需的一切资源色色具备的那些国家，就可以，而且必须——但不必因此失去了我们这里所说的目标——按照它们自己的发展程度来改进它们的制度。改进的第一阶段是，对比较先进的国家实行自由贸易，以此为手段，使自己脱离未开化状态，在农业上求得发展；第二阶段是，用商业限制政策，促进工业、渔业、海运事业和国外贸易的发展；最后一个阶段是，当财富和力量已经达到了最高度以后，再行逐步恢复到自由贸易原则，在国内外市场进行无所限制的竞争，使从事于农工商业的人们在精神上不致松懈，并且可以鼓励他们不断努力于保持既得的优势地位。”（德）弗里德里希·李斯特．政治经济学的国民体系．陈万煦译．北京：商务印书馆，1997．105

② 陈戈止．信息系统与管理．成都：西南财经大学出版社，2001

③ 邓小平文选．第 3 卷．北京：人民出版社，1993．181

④ 邓小平文选．第 3 卷．北京：人民出版社，1993．3

⑤ 邓小平文选．第 3 卷．北京：人民出版社，1993．78

大私人经济主体在自利的动机下，由自发力量导致的跨国界的经济活动也是开放经济的主体部分，同时也是最为活跃的部分。一般来说，良好的经济运行状况、自由的贸易和投资条件、稳定的政治环境是引进外部力量、扩大开放程度的重要因素。关于如何将内部力量向外扩展，主要涉及的是一个国内生产的国际竞争力问题。无论是通过贸易手段，还是通过对外投资手段，最关键的是国内企业有无竞争力，能否在国际生产中占据有利的位置。企业的竞争力是国家竞争力的核心，只有培育和壮大了企业的竞争能力，一国整体的国际竞争力才能够相应地发展壮大。

对外开放推动经济发展的第二个重要的条件是该国对外部力量进行吸收、消化并转化为自我增长能力的可能性。这是从国家的长期发展的角度来说的，客观地讲一个国家的外贸出口和吸收的国外直接投资在相应的领域内能够在短期内促使该国的国内生产总值增长。但是，当外贸部门或者吸收投资的行业不能够对相关行业乃至整个国民经济起到带动作用，而只是在自己的领域内孤立地发展的话，外部力量对整个经济发展的带动作用将是十分有限的。特别是，外国先进生产技术和先进管理经验的引进，若不能在相应的领域内吸收消化形成自己的核心技术开发能力和企业管理能力，仅仅处于引进并相应地进行生产，国家生产力的增长的作用就被外部力量限制在相当被动的地位，这种依附型的经济增长在“新帝国主义经济学”里做了一些详细的说明和介绍。在“结构主义依附论”中，特别强调的就是中心和外围之间的结构性差异，特别是外围国家内部非资本主义的落后结构同先进结构的并存关系，认为这种结构是中心国家资本主义发展的一个被动结果。依附理论的代表人物之一多斯桑托斯曾经就“依附”给出了一个经典的定义：“依附是这样一种状况，即一些国家的经济受制于它所依附的另一国经济的发展和扩张。两个或更多国家的经济之间以及这些国家的经济与世界贸易之间存在着互相依赖的关系，但是结果某些国家（统治国）能够扩展和加强自己，而另外一些国家（依附国）的扩展和自身的加强则仅是前者的扩展——对后者的近期发展可以产生积极的或消极的影响——的反映，这种相互依赖关系就呈现依附的形式。不管怎样，依附状态导致依附国处于落后和受统治国剥削这样一种局面。”①

必须警惕的现象是“依附”现象对经济发展潜力的制约。就多斯桑托斯关于依附的结构来看，从殖民地商业——出口依附到金融工业依附，再到技术工业依附，似乎大多数落后国家在经济发展过程中都不同程度地经历过。问题不是将内部结构与外部影响隔绝开来，而是如何改变内部结构，适应外部环境，实现经济的自我积累和自我发展的能力。

对外开放推动经济发展的第三个条件是开放国经济对于外部影响的承受能力

① （巴西）特奥托尼奥·多斯桑托斯．帝国主义与依附．杨衍永等译．北京：社会科学文献出版社，1999．302

和政府的宏观调控能力。开放经济意味着国际经济问题和政府的宏观调控政策效应在各个国家之间的传导。开放经济条件下,经济风险增大,经济安全问题加剧。政府必须在整体上把握宏观经济状态,调节外部影响在国内经济中造成的波动,平衡内部冲击和外部冲击的不利效果。政府作为调节跨边界经济活动的管理者,必须将经济风险控制在国民经济发展可以承受的范围内,将跨国界经济活动控制在能够适应国民经济发展状况的情况下。在对外开放的战略上,虽然激进的开放战略有利于尽快转型,缩短实现开放经济发展模式的时间和成本,但是风险很大,容易导致整个国民经济的休克状态。渐进式的开放战略,尽管不是一个完美的开放战略,但是实践效果比较好,能够使外部影响保持在政府的控制和调节之下。

经济发展是我国对外开放的根本目标。目前,我国仍然处于对外开放的引进阶段,我国大量引进外资和国外转移产业,但是对于外资和技术的消化和转化为自我增长能力的潜力较弱。外资的引进在一定程度上对我国经济发展带来了生机和活力,使我国俨然成为一个“贸易大国”,甚至“世界工厂”,但是这种现象不同于昔日英国、美国和日本作为世界工厂时期的经济状况,这些国家在历史上曾经是所向披靡,其产品的国际竞争力是它们作为“世界工厂”的根本保证,而产品的竞争力是以技术上和管理上的先进性为基础的,也就是说这些国家的地位是以技术上的优势和生产上的优势构建起来的。我国的情况与此决然不同,我们的竞争力是以引进的外资的竞争力加上我国廉价的劳动力优势构建起来的,尽管从国内生产总值来统计的经济增长率表现不错,但是经济的自我发展的潜力却相当脆弱。因此,当前的我国对外开放仍然处于一个较低的层次上,开放目标应当从单纯的引进过渡到消化、吸收和自主创新的层次上来。

(二)缓解就业压力

就业问题无论是在发达国家还是在发展中国家都是政府所关心的一个重要问题之一。就业问题是一个经济问题,同时也是一个政治问题和社会问题。对外开放主要通过以下三种渠道影响一国的就业:

1. 贸易渠道

传统的国际贸易理论,无论是大卫・李嘉图的比较优势理论,还是建立在规模经济基础上的新贸易理论,都是在充分就业条件下构建贸易利益和格局形成机理。贸易开放不影响总体就业水平,贸易所导致的生产要素的部门调整也是无成本的、即时的。这样的贸易开放理论忽视了贸易对于就业的现实影响和实际意义,虽然在纯理论的研究上我们可能这样做,但是在应用研究中,这样一个重大问题就不能够被忽视掉。事实上,国家之间的许多贸易摩擦都是贸易引致的就业问题所导致的。一般来说,出口贸易对于缓解国内就业问题产生正面影响;进口贸易对于国内就业问题的影响不确定,进口中间产品常常能够促进国内生产,缓解就业压力,进口最终消费品则常常缩减国内生产,增加就业压力。“1981 年,Anne O. Krueger 曾以巴西、智利等10个发展中国家为案例对此问题进行了较为深入的研究,认为在某些情况下,发展中国家实施对外开放、出口促进的贸易政策对就业的促进作用比进口替代政策更显著,并指出了贸易促进就业增长的三种情形:①贸易能够优化资源配置,推动整体经济的增长,从而有可能促进就业增长;②一国实施出口促进战略时,出口行业增长较快,而进口替代行业将面临着更大的压力,如果某个行业单位产出或增加值的就业人数比其他行业高,那么,该行业的就业增长率也较高;③贸易政策会影响到所有行业技术的选择,以及资本与劳动力的比例。贸易政策越是有利于资本密集、劳动生产率较高的行业发展,该行业就业的增长就越缓慢。"①

2. 投资渠道

投资对于就业问题的作用既有吸收效应,也有挤出效应。外商直接投资在对于国内投资的吸收效应大于挤出效应的情况下,能够促进国内就业增加。如果挤出效应很大,或者外商直接投资使用先进的技术和更多的资本来代替劳动,就会增加国内的就业压力。一般情况下,在发达国家存在着较为明显的挤出效应——不值得关注,因为它们彼此挤出,其效应相互抵消之后等于什么也没发生,但在发展中国家,挤出效应一般不会特别明显。这是因为,发展中国家有个两缺口问题,外资的进入能够直接扩大东道国的投资规模,即便是投资于技术密集型、知识密集型行业,即便是偶然有着挤出效应,但在总体上,投资会增长,就业也会增长,虽然很可能在较小的比例上。结合我国的实际情况来看,外资的进入确曾有过挤出效应,但总体上,减轻而不是加剧我国就业压力也是不可否认的事实。这也是我国引进外资的一个很重要的目的。我国是一个人口大国,"三农问题"相当严重,按照刘易斯的二元经济结构模型,实现农村剩余劳动力向城市转移以及城市化战略是我国经济发展战略的必然选择,在这种情况下,引进和发展劳动密集型产业所要解决的最重要的问题也就是我国的就业问题了。况且,发达国家向我国的产业转移也主要是瞅准了我国廉价的劳动力优势和广大的市场,在客观上对我国严峻的就业压力起到了很大的缓解作用。

3. 劳动力国际流动

由于障碍众多、规模有限,这部分劳动力转移对于一国的就业一般影响比较小,比较重要的一部分劳动力国际流动是人才流失,我国在这方面存在比较大的问题,由此造成的向发达国家的逆向技术转让或"智力或知识断代"现象必须引起足够的重视。

(三)引进先进技术

发展中国家与发达国家之间经济发展水平差距的一个重要的因素就是技术上的差距。由于发展中国家技术水平落后,先天条件不足,技术开发和创新能力低

---

① 李善同,孙志燕.关于对外开放与就业、劳动生产率研究.http://www.drcnet.com.cn

下，利用技术的国际转移是发挥后发优势，缩小技术差距，提高劳动生产率，调整产业结构，增强经济发展的可持续能力以及提高国家竞争力，实现经济发展的一个重要途径。

技术对于经济发展的作用是不言而喻的，科学技术是第一生产力，有些学者甚至把技术作为生产力的第四要素。技术对于生产力的作用，主要体现在技术融于生产资料和劳动者的能力的提高上。索洛的新古典经济增长模型曾经将技术变量作为一个独立的要素引进增长模型中，即"索洛残差"。根据他的测算，在1909—1949年间，美国经济增长中只有12%可以由每个工人占有的资本的增加来解释，其余的88%都被解释为剩余，即技术进步。我国与发达国家经济上的差距主要体现在技术水平的差距上，这一点成为制约我国经济社会发展的关键。有研究资料显示：美国1950年的劳动生产率为23 665美元/人，为我国(144美元/人)1952年的164倍；美国1973年的劳动生产率为40 528美元/人，为我国1980年(384美元/人)的106倍；直到1992年，美国的劳动生产率为46 242美元/人，仍为我国1995年(1028美元/人)的45倍。[①] 引进技术作为对外开放的一个重要目标，其关键的作用在于利用后发优势，减少技术研发的成本，使技术能够快速地提升到一个相当高的平台之上。知识和技术的积累是一个连续的过程，如果不注意利用发达国家已经取得的知识和技术平台，要从一个典型的农业国向工业国转化的难度是很大的。在历史上，通过引进他国的技术，并进一步技术创新，从而成为世界经济的领头羊的国家也很多，例如英国之后的美国，美国之后的日本。我国对外开放在技术引进上成绩斐然，但是我国与发达国家的技术差距还很大，我们引进的多是一般性的和工艺性的技术，关键产品的核心技术仍然掌握在外资手里，我国在技术上的自主开发和创新能力十分有限，这样就形成了外资依附和技术依附性的开放格局。

(四)解决两缺口问题

根据20世纪60年代钱纳里和斯特劳特提出的"两缺口分析"以及后来赫尔希曼等发展出来的"三缺口分析"和"四缺口分析"，发展中国家在经济发展过程中，不仅会依次经过技术约束、储蓄约束和外汇约束三个阶段，而且面临着技术、管理和企业家的缺乏和政府投资为主促进经济发展计划和目标的财政赤字现象。通过外部资源的引入，能够弥补储蓄、外汇、技术和管理以及政府税收的计划目标与实际税收收入之间的缺口，从而对经济发展起到重要的促进作用。从20世纪70年代开始的发展中国家向发达国家的举债经历来看，外债资金若使用得当，可以弥补经济发展中的各种缺口，使经济进入良好的发展模式中。这方面的例子主要是韩

① 机械科学研究院课题组．关于2001—2005年主要经济指标的测算报告．中国经济信息网

国。“韩国利用外援和外债，改善了基础设施，加强了基础工业，为出口导向发展战略提供了良好的条件。韩国的出口从60年代初的几千万美元，发展到1971年的10亿美元和1977年的百亿美元，1992年达到了764多亿美元。以外债（韩国引进的外资中以外债为主，直接投资比重不大）为动力、外向型经济为方向的发展取得了明显的效果。同时，韩国的外债也从1985年的467亿美元的高峰降至1989年的303亿美元，由于海外资产的增长，1989年韩国的净外债仅19亿美元，90年代有可能从净债务国转变为净债权国。”①

我国在改革开放的前半期，“两缺口”问题比较严重，对外开放的一个主要问题就是如何获取外汇和外资等资源，外资弥补国内资金缺口的作用比较明显。在对外开放的后半期（大约从90年代起），我国的储蓄缺口逐渐消失，出口创汇能力大大增强，外汇缺口逐渐缩小。目前，我国呈现出高储蓄、高外汇储备与大量外资并存的局面，这说明我国经济发展的主要问题已经不是两缺口，技术缺口已经成为主要矛盾，引进外资已经到了一个从数量向质量转变的临界点，对外开放的目标应随之做相应的调整，注重技术型的外资引进，以促进我国自主创新能力的提高，增强我国经济的竞争实力。

二、对外开放的内容

开放是指一个系统同外界之间的物质、能量和信息交换。对外开放，也就是对外经济开放，指的是一国国民经济系统同外界不断和经常的要素、商品和货币交换、流动、联系以及由此产生的相互影响。对外开放按照主体和客体来划分，可以分为对谁开放和开放什么这两个问题。就对谁开放而言，要说明的是这种开放的区域选择或者是行为主体的选择；就开放什么来讲，要说明的是商品、资金、劳务、技术的跨边界流动，表现为对外开放的具体内容。由商品和要素的跨边界流动以及这种流动所带来的货币流动、信息流动和技术转移等构成对外开放的主要内容。

（一）产业开放

产业开放是涉及面比较宽的开放概念。它包括各产业市场的开放、产权的开放、要素的开放以及产品的开放。依据三大产业的划分，可将产业开放划分为第一产业的开放、第二产业的开放以及第三产业的开放。

产业开放是开放领域中最重要的部分，它能够直接实现生产力的国际转换。在生产力的各种转化过程中，不断发生竞争、激励、对比、择优过程，对国家的宏观经济效益与企业的微观经济都有促进作用。对发展中国家来说，尤其重要的是能够吸取国际高位经济资源——科技、管理、人才。70年代末，我国实施对外开放以来，最早开放的就是生产领域，这是利用经济全球化和要素国际流动为我国经济建

① 陶文达．发展经济学．成都：四川人民出版社，2001．279

设服务最好的一个方面。①通过产业开放,吸引了国际上大量的经济资源流入到我国,对我国繁荣物质资料生产,满足人民群众物质文化需要提供有效的途径;②为我国引进大量的技术设备等经济发展必需的资本品提供了保证,这对产业发展及产业升级起到了良好的促进作用;③扩大了国内分工的领域,实现了国内分工与国际分工的交叉互补、资源的有效配置,这对于我国发挥比较优势,提高资源利用效率起到了很好的促进作用。

第一产业的开放主要是农业生产的开放。农业是一国的基础性行业,特别是在我国这样的一个农业大国,保持农业开放的合理的速度和程度对我国国民经济发展意义重大。我国农业开放主要是在劳动密集型农产品的出口上,农业引进外资和高端农产品进出口的优势都很不明显。目前,我国的农业保护水平已经非常低,入世在导致我国土地密集型产品进口增大的同时,也会导致劳动密集型产品的出口进一步扩大,同其他发展中国家相比,我国面临更大的挑战性。未来农业开放领域的扩展方向将与我国国内市场和国家政策(特别是农业政策)密切相关,农业生产制度的变迁以及农业生产技术的进步将主导我国农业国际化的方向。

第二产业是国民经济的核心,其对国民经济发展的重要性早在李斯特的保护理论中就已经明确提出来了。李斯特的保护理论实际上是主张保护国家的制造业,制造业为一个国家提供的是"工具力(物质资本)",它是"结果实的树",制造业发达,则国家生产力强大。综观英国、美国和日本的工业化进程,其制造业的发展和竞争优势是保持整个国家竞争优势的基础。目前,我国在装备制造业领域的开放已经到了必须引起有关部门警惕的时候了,这是因为外资在我国制造业中的比重已经相当大,这种趋势还在加速进行中。有资料显示:"占我国 GDP 40% 的投资中,设备投资占 40%,其中进口机器装备占 2/3,本国装备工业只提供了 1/3。高新技术制造业绝大部分靠进口。"[①]核心制造业在一个国家被边缘化,将会使经济控制权落到大型跨国企业手里,经济在本质上成了一种"打工经济"和"依附经济",我们就会被动地固定在国际分工底端,开放的独立自主性也就丧失了。

第三产业的开放主要是服务性行业。服务业不仅包括公共管理部门,还包括金融、保险、电信等命脉部门。服务业开放是利益争端最为密集的地方,我国加入 WTO 过程中"服务业开放"成为各成员国争夺的焦点。目前,我国服务业开放领域主要集中在零售、保险、娱乐、餐饮等行业,一些重要的国民经济部门例如金融、电信、铁路等开放程度比较低。服务业处于生态价值链的顶端,从长期来看,服务业的开放应当在整个开放中处于相当高的比重,这符合产业结构演变的规律。我国的服务业开放进程主要受到三个方面的制约:一是我国产业结构发展阶段的制约,发达国家服务业占到 GDP 的 70% ~80%,我国仅占到 35%,低于发展中国家 40%

① 高梁,玛雅. 开放要坚持走自主创新的道路. 读书,2006(3)

的平均水平;二是受到服务业对内开放程度的制约,特别是一些垄断性的服务行业,其对内开放程度很低;三是我国的服务业在世界服务行业中的层次还比较低,处于服务业分工的低端。实际上,现代服务业是建立在发达的工业化基础上的通信、金融、教育、医疗保健、数字媒体等行业,其知识和技术含量很高,服务业的核心价值应当体现在知识和技术的密集型程度上。

(二)贸易开放

贸易开放涉及商品流的结构和流向。依据参与国际贸易的商品的要素密集程度来划分,主要包括资源密集型产品、劳动密集型产品、资本密集型产品和知识—技术密集型产品。

资源密集型产品的开放是发挥自然资源的优势,调节世界资源的余缺,是自然资源国际分工在当今世界中的延续和发展。对任何一个国家来说,在资源的供需总量上都会存在不一致性,特别是在经济发展的不同阶段,这种不一致性会动态变化,从而使资源密集型产品的国际交换的特征发生相应的变化。例如,我国在对外开放初期,大量出口资源密集型产品,主要目的是想交换技术设备;随着我国国民经济的发展,我们大量进口石油、铁矿石等资源密集型产品,主要是因为我国的这些资源已经不能够有效满足制造业发展的需要,资源由过剩到稀缺,进出口商品结构和流向也就发生逆转。目前,很多自然资源已经成为战略性资源,争夺资源成了世界各国矛盾冲突的一个主要来源,因此,在资源密集型产品的开放特征上,又多了一层含义,即如何保护自己国内的资源,尽量开发和占有其他国家的资源,开放的焦点由贸易领域逐渐过渡到生产领域,即对内保护,对外扩张。

我国是一个"二元经济结构"比较明显的国家,农业劳动人口数量巨大,发展劳动密集型产业是解决当前就业问题的一个必然途径,这也正符合了国际产业转移的需要。应当说,我国经济发展的战略是把握住了世界经济结构调整的机会的,我国连续承接了几次国际产业转移,对我国产业结构的升级和发展起到了不容低估的推动作用。例如,20世纪80年代中后期,我国承接了国际劳动密集型产业转移,实现了以轻纺、工艺等劳动密集型产品出口替代了资源型初级产品出口;90年代我国承接了国际资本—技术密集型产业的转移,并将发达国家转移的生产能力和自身产业的发展有机结合起来,实现外贸发展的第二次飞跃,兼具劳动密集和资本—技术密集特性的机电产品成为最大类出口产品。

资本密集型商品贸易开放是伴随着外资的大量进入,由外资生产主导下产生的贸易模式。即由"外国资本、技术 + 本国劳动、资源"所产生的一种大进大出类型的进出口模式结构。这种贸易结构本身对我国产业升级的作用很有限,我国在世界经济中主要扮演的是"世界加工厂"而不是"世界工厂"的角色。从短期利益来看,对于发挥我国的资源禀赋优势,支撑我国经济高速增长起到了巨大的推动作用,也是解决我国这样一个发展中大国经济进步的必要环节。但是从长期来看,这种贸易模式的成本很大,它将使我国严重依赖国际市场,经济发展逐渐步入“依附性”增长的陷阱之中。

(三)金融开放

金融开放是相对与实体经济开放而言的,它包括货币流转、货币兑换以及国际资本流动。货币流转和货币兑换是开展国际经济交往的必要条件,任何一笔涉外业务都会引起货币流转和货币兑换。引致货币流转的经济活动大体上可以分为两类:一是国际贸易活动,二是国际投资活动,它们分别反映在一国的国际收支平衡表的经常项目和资本项目里。国际资本流动主要包括长期资本流动和短期资本流动。长期资本流动是指使用期限在一年以上,或者未规定使用年限的资本流动,主要有国际直接投资、证券投资和国际贷款三种类型。短期资本流动主要是指一年或一年以下的货币资本流动,主要由各种信用工具——票据来进行,包括资金调拨性流动、保值性流动和投机性流动。

由于金融开放是经济风险最大的开放领域,在这方面每个国家都很谨慎。我国在金融开放领域,首先开放的是对外借款,大概一直持续到2000年,规模不大。在对外开放早期,接受国外贷款和援助是解决我国当时资金短缺、缓解“两缺口”问题的一个重要途径。当然,这种贷款和援助并不是无成本的,它常常伴随着各种政治或者经济要求。比如说,日本政府开发援助贷款(ODA)占我国政府主权外债的主要部分,这部分贷款曾经是我国各省加强基础设施建设,特别是环境保护基础设施建设的首选贷款。但是,日贷的附加条件常常含有“向日本出口石油等资源型产品”的要求。

外商直接投资成为我国对外开放的一个最重要的领域,是当前我国经济发展中的一个“亮点”。目前,我国已成为世界上吸引外商直接投资最多的国家之一。外资在我国经济中占据着重要地位,带动中国经济增长的主要是外资企业。根据日本总合经济所环太平洋研究中心分析,改革开放时期中国经济增长中外商直接投资的贡献率达到了30%。外资企业的生产值占中国工业生产总额的三成,出口占工业产品出口的五成以上,工业部门固定资产投资中外国直接投资占了四成①(表7-1显示了1996—2000年外商投资企业进出口商品总值占全国商品进出口总值的比例)。

表7-1 1996—2000年外商投资企业进出口商品总值占全国商品进出口总值的比重

年度	进出口(%)	进口(%)	出口(%)
1996	47.29	54.45	40.71

① (日)渡边利夫主编,日本总合经济所环太平洋研究中心著. 中国制造业的崛起与东亚的回应——超越“中国威胁论”. 倪月菊,赵英等译. 北京:经济管理出版社,2003

表 7-1(续)

年度	进出口(%)	进口(%)	出口(%)
1997	46.95	54.59	41.00
1998	48.68	54.73	44.06
1999	50.78	51.83	45.47
2000	49.91	52.10	47.93

资料来源:江小涓. 中国的外资经济——对增长、结构升级和竞争力的贡献. 北京:中国人民大学出版社,2002. 268

根据“两缺口模型”,发展中国家在经济发展过程中,只有储蓄缺口(I-S)等于外汇缺口(M-X)才能实现均衡发展,如果在经济中出现了投资大于储蓄的情况,应该利用外汇缺口加大来平衡,当进出口出现缺口时也可以通过储蓄方面的变动来平衡。两缺口分析揭示的主要思想就在于要说明利用外部资源与本国经济发展之间的关系,即当一个国家实现经济发展目标所需的资源数量与国内最大有效供给存在缺口时(如储蓄、外汇、政府收入、技术等方面),通过引进外部资源可以弥补这些缺口。我国的情况与储蓄缺口相对应的是巨额储蓄,与外汇缺口相对应的是巨额顺差,同时我们还在大量引进外资,由此可知我国必然存在大量的资本进入国际资本市场。我国大量的外汇收入不是用于进口,也不是用于对外直接投资,而是购买海外资产(金融资产或实物资产)。因此,这笔庞大的资本在国内外形成了一种“双向循环”的格局,外资在我国以外商直接投资的形式获取生产利润,同时又向我国低价融资,从而从我国获取了大量的好处。我国资本进入国际市场的另一种方式是违反国家的外汇管制,不通过结汇,私自用外汇购买外国资产,包括推迟出口结汇、提前出口付汇、洗钱、跨国公司价格转移等。还有一种是国内企业由于面临内外资不同的待遇,将资产转移到国外,通过获取外商直接投资的身份获取在政策上的好处。

“两缺口”模型在我国遇到的困境说明了两个问题。一个问题是我国的融资系统(银行、股市)出了问题,不能够提供一个储蓄向投资转化的有效途径,资金不能够有效地向高效率的投资者聚集。另一个问题是我国企业面临着一个两头受到挤压的困境,国内企业竞争力比较弱,在发展中受到外资的排挤,同时在“二元经济”结构下,由于国内市场有限,特别是农村市场狭小,开拓国内市场的能力又受到了抑制。在这种情况下,政府处于就业问题的考虑,处于提高经济增长力的需要,就会产生不断地以优惠政策吸引外资的动力,而外资企业看重的是我国廉价的劳动力和资源。这样,技术和销售两头在外,对政府来说能够吸收剩余劳动力,对外资企业来说能够降低生产成本。这种利益的多方博弈支撑起了我国出口高速增长,经济高速增长的态势。如果将外资撤走,那么我们剩下的就只是一堆劳动力和资源了。

至于短期资本流动,特别是其中的投机型短期资本流动,由于其规模大、流动性强、破坏力大,对经济金融安全至关重要。我国对短期资本流动一直实行比较严格的管制,目前我国资本项目仍然没有实现可自由兑换。自 20 世纪 90 年代以来,我国短期资本流动数额一直在不断增长,波动日益增大,多数年份表现为资本的净外流。90 年代中期至 1998,我国隐蔽性资本流入数量急剧增长,2004—2005 年上半年由于受到人民币升值预期的影响,达到了 600 亿~1000 亿美元。

(四)科研开放

科研开放是指一国在科研上与他国进行学术交流、从事国际合作研究开发和技术培训、人才互派交流(劳务贸易)以及引进专利技术或技术转移等现象。

国际学术交流是传播知识、技术、思想的重要渠道。作为科研开放的一个重要的组成部分,国际学术交流主要包括大型国际学术研讨会、国内外专家学术演讲会、留学、国际学术资源的跨境流动等。我国自 70 年代末,学术市场逐渐开放,大量人员到国外深造,开展各种类型的研讨会、演讲会,引进国外大量的教材,聘请国外专家学者讲学,学术氛围逐渐国际化。目前,我国在国际学术市场上的竞争力还比较弱,多数学科还停留在引进阶段,国内学术市场的运作不规范、不完善,学术界比较浮躁,这种现象随着我国经济社会发展、科教文卫事业的进步、市场规则体系的完善,将会得到逐步改善。今后学术开放和发展的潜力巨大。

合作研究开发是提高我国研发能力的重要途径。合作研究开发主要有资助合作、股份合作、协议合作、协会合作、政府参与合作、信息合作等形式。参与国际合作研究开发不仅能够减少研究开发投资费用,缩短研发周期,增强科技转化能力,而且能够实现分散风险、资源共享、能力互补、技术扩散等方面的收益。改革开放以来,我国积极参与国际合作研发项目,联合调查或合办研究室、实验所,签订科技合作协定,为我国科研进步事业提供了巨大的推动作用。由于我国科研能力还处于相对落后的阶段,企业的科技竞争能力还十分有限,我国参与国际合作研发还处于初级阶段。目前,我国参与国际合作研究开发正逐渐从政府主导向企业主导转变,企业将成为未来参与国际合作开发的主体。

引进和输出新技术的方式主要有四种:销售新产品、出售专利权或设计、与外国政府或外国企业建立技术合作和援助关系以传授新技术或在国外投资建厂。

在技术引进与经济发展的理论中,最为著名的是舒马赫的"中间技术论"和雷迪的"适用技术论"。舒马赫主张在二元经济结构条件下的发展中国家应当引进"中间技术",即介于先进技术和传统技术之间的技术,这种技术易于掌握、应用,对市场的适应能力强,能够适应发展中国家劳动力供给充足、资金高度匮乏的社会。印度经济学家雷迪则认为发展中国家应该引进适用技术。适用技术主要有三个特征:环境目标、社会目标和经济目标。技术引进国家在选择技术时,"要将自己国家的生产要素现状、市场规模、社会文化环境、吸收创新能力等统筹考虑，以求得技术变动的最佳效益，充分满足人民的基本需要”[①]。技术引进对于一国技术进步的作用的大小主要与一国内部技术、制度、资本、市场环境等有关，单纯地通过技术引进来缩小发展中国家与发达国家技术差距的可能性很小，必须在技术引进的基础上消化、吸收、形成自主技术开发创新能力。“自主开发创新是技术引进的灵魂，也是衡量技术引进战略成功与否的惟一标准。”[②]根据米拉·维尔金斯的看法，“真正的技术扩散”不是“简单的国际技术转移”，而是“技术吸收”，即技术引进国能够独立地复制出来。以此为标准，“吸收差距”便是代替“国际模仿时差”的一个能够更好地说明技术吸收的概念。

技术贸易实际上是国际贸易的一种重要形式，与一般商品和服务贸易不同，它是以技术为贸易对象的国际经济活动。技术贸易主要包括设备和使用技术两项交易内容。后者又称为许可证贸易，主要包括专利权、商标使用权和技术诀窍的买卖交易。

我国全面参与国际技术贸易是从改革开放以后发展起来的。技术的引进活动实际上开始于20世纪50年代，从1950年到1998年我国以技术许可、顾问咨询、技术服务、合作生产和成套设备或关键设备等方式共进口技术28 674项，合同总金额1174.51亿美元。技术出口开始于80年代初，90年代获得了大发展。从1981年到1998年，我国以技术许可、技术服务和成套设备等方式共签订合同9198项，合同金额282.2亿美元。1996年我国技术贸易总额为199.5亿美元，2000年技术贸易额突破600亿美元。2003年我国共登记技术进口合同7130份，合同金额134.51亿美元，其中技术费占总金额的70.71%；高新技术产品进出口总额2293.4亿美元，高出全国外贸进出口增幅15.4个百分点，占全国外贸进出口总额的26.9%。

虽然我国技术贸易发展的规模和速度上增长比较快，但是在技术的消化和吸收上存在着许多不良现象。1991年我国技术引进和技术消化的投入比为17:1，同期日本的这一比例高达1:10。我国引进的技术大部分是过时的或者淘汰的技术，技术引进的含金量低。据统计，引进80年代技术的企业占1/3，而有相当一部分企业引进的是60年代的技术。企业缺乏创新机制，科技成果转化率低。我国科技成果的转化率平均只有15%左右，而发达国家的科技成果转化率高达70%～80%，80年代提出的“以市场换技术”的战略实际上收效甚微。在技术出口方面，我国的技术多是劳动密集型技术和传统工艺技术，不能够适应世界高新技术发展的需要，出口能力有限，高新技术产业的国际竞争力比较弱，同世界先进水平差距呈现逐渐

---

① 陶文达．发展经济学．成都：四川人民出版社，2001．180

② 陶文达．发展经济学．成都：四川人民出版社，2001．192

拉大的趋势。

外商直接投资是国际技术转移的另一种主要途径。主要形式是由母公司及其所拥有和控制的子公司构成的组织体系内部进行或者采用拥有少量股权的合资企业、特许经营、资本品销售、许可交易、技术援助、分包或委托制造安排(OEM)等方式向体系外部转移。我国在承接国际产业转移、引进外商直接投资进程中,大量的国际技术转移是通过跨国公司的内部转移实现的。根据内部化优势理论,由于技术市场的不完全性,跨国公司主要寻求技术转移内部化,以节约交易成本。一些研究资料证明,如果以特许权使用费和许可费来衡量,约有80%的国际技术转移是通过跨国公司内部转移进行的。① 以技术内部交易为主的外商直接投资对我国技术进步既存在着技术外溢效应,也存在着技术挤出效应。技术外溢效应主要通过三种途径传播:技术扩散效应(如人员流动、技术配套、技术交流与合作等)、技术示范效应和技术应用效应(如技术竞争、配套产业等)。技术的挤出效应主要通过产品市场上的直接竞争、控制核心技术、将本土竞争企业兼并收购等手段来实现。事实证明,我们并没有获得多少先进的技术,核心技术不是掌握在跨国公司手里就是被跨国公司以经济合作的形式控制着,能与中方共享的只是一些一般性的操作技术和组织技术,中方在合资企业中主要从事的是劳动密集型的最后装配工作,一些高新技术产品在中国只是装配贴牌,远不像我国产业结构上所表现出来的那样。以大量的技术贸易所体现出来的国际技术引进,实际上大多数是由跨国公司内部技术贸易主导的,这种技术贸易在实质上对我国技术进步的作用甚微。当前,跨国公司在我国设立了许多研发中心(主要是独资研发中心),这也是它们对外直接投资的重要组成部分。表7-2是跨国公司截至2002年在我国设立研发机构的具体情况②。由此可见,跨国公司正在进行多方面的对华技术控制,设立研发中心也是其中的重要手段之一。首先,通过产业内分工体系实现技术控制,许多外资企业并不在华设立研发机构或研发中心,甚至根本不开展研发活动;其次,在华外资企业研发机构通过加强控股化或独资化运作,很大程度上封堵了外资企业在华技术扩散的渠道,从而减少了先进技术的溢出;最后,通过设计在华研发机构所处跨国公司整体"研发链"上的位置,实施详细具体的"研发分工"战略,将基础性和原创性的研究大都放在其母国进行,只是将辅助性的技术研发放在中国,实现对核心技术的垄断和控制。另外,通过专利和技术标准以及技术的逆向扩散实现技术控制③。

① 文娟.论外商直接投资对本土企业技术进步的效果.西北第二民族学院学报(哲学社会科学版),2004(3)

② 易红涛.跨国公司对我国产业集聚和产业升级的影响.http://www.studa.net

③ 新华网北京1月22日电.中国未成跨国公司研发重地 近半是独资研发中心.http://it.sohu.com

表 7－2　　截至 2002 年跨国公司在我国设立研发机构的情况

国家或地区	在华有研发机构的跨国公司(家)	占在华有生产机构的跨国公司的比重(%)
欧盟	21	24
美国	31	29
日本	18	22
韩国	3	9
香港	1	8
台湾省	5	11
加拿大	2	15

三、开放目标与内容的调整

开放是一个由低级到高级、由简单到复杂、由一元化到多元化的逐步演进过程。这一过程同国民经济的发展进程和世界经济的发展进程是一致的。在一国同世界其他国家的交流互动过程中,国家之间由各种经济渠道形成了紧密相连的整体,各种经济变量的交互影响错综复杂。因此,在开放体系中一国所面临的经济目标也就形成了一个多层次、多元化、相互联系的庞大系统。由于不同的目标导向会形成不同的开放格局,不同的开放格局又会影响对外开放的收益和成本①的大小,所以在对外开放中,必须加强对外开放各层次目标的协调,将外部经济目标和内部经济部标、长期经济目标与短期经济目标、宏观经济目标与微观经济目标②有机结合起来,使开放所带来的好处大于开放所带来的利益损失,提高对外开放促进经济发展的效率。

一般来说,在对外开放的初期多考虑的是如何引进来,即通过一系列经济上的优惠条件或者制度设计吸引外部资源、生产要素、技术、资金等流入国内,对重要的机器设备、原料等中间产品的进口实行鼓励政策,对国家扶持和鼓励发展的重点产业、主导产业、支柱产业等实施进口替代战略。在对外开放的第二阶段,主要是对

① 对外开放的收益是开放所产生的正的目标效应,对外开放的成本是开放所导致的资源重组的耗费、更大的外部不确定性,以及财富的流失。参见陈飞翔,蔡茂森. 开放效率论. 上海:同济大学出版社,2002

② 例如,对外开放的长期目标可以界定为开放是否更有利于经济长期发展潜力的获取、国民经济的可持续发展、国际形象和国际地位的提高等;对外开放的短期目标可界定为宏观经济的稳定性是否增加、如何降低经济安全风险等。对外开放的外部经济目标主要有国际收支是否平衡、经济摩擦是否增多等;内部经济目标主要有经济增长、充分就业、物价稳定等。宏观经济目标主要包括内外部经济平衡、产业结构高级化、国家竞争力增强等;微观经济目标主要包括生产技术的进步、企业竞争优势的获取、消费者的国际化、制度与国际接轨等。

外部条件的消化和吸收阶段，把外部资源与国内的经济优势结合起来，加强科研和技术发展，促进产业升级，积极实施出口导向战略。在对外开放的第三阶段，国家的主要目标是维持和强化自己已有的竞争优势，积极创造和培育更高层次的核心竞争力。表7-3是我国对外开放的目标调整的过程描述。

表7-3　　**我国对外开放目标的调整过程**

时期	经济发展特征	对外开放进程	对外开放的目标
1979—1984	已建立全面的国民经济体系，主要在于扩大生产，解决经济比例严重失调问题	经济特区（深圳、珠海、汕头和厦门）	限制较多，主要目标在于吸收外汇、引进技术、创立对外开放的试点工程，开放对其他宏观经济变量的作用甚微，对外开放的目标比较单一。
1985—1991	消费结构和生产结构发生明显变化，以城市为重点全面的经济体制改革，外汇短缺仍然存在	沿海开放城市、经济技术开发区、沿海经济开放区	限制进一步放开，法律环境进一步完善，吸引外资的意图明显；主要目标在于前一阶段政策的推广，吸引外资，解决两缺口问题，开放对其他宏观经济变量的影响仍然不明显。
1992—2001	初步建立社会主义市场经济体制，经济增长速度高，生产过剩，倾斜式经济发展战略	从沿海地区向广大内陆地区递次推进	对外开放的面逐步加大，外部经济在国内经济中的重要性日益明显；主要目标在于技术引进（如资源换技术、市场换技术、政策换技术等），外资引进（外资高速增长），出口的经济增长和就业效应强，开放对宏观经济变量的影响日益明显，对外开放的目标开始多元化、复杂化。
2001至今	经济增长的外部依赖性较大，粗放型经济增长，结构性问题突出，经济风险较大	全方位对外开放格局形成	由政策推动和政府主导型的开放过渡到制度推进和市场主导型的开放进程，经济国际化达到一定的程度；主要目标在于引进的同时，注重质量，增强内部的消化、吸收和创新能力，开放对宏观经济变量的影响很明显，已形成了多层次、多元化的目标体系。

我国经济正在以前所未有的速度融入世界经济潮流之中，经济开放程度日渐加深，对外开放的内容与目标也处于不断调整过程中。如上表所示，我国对外开放初期，经济发展的主要特征是如何扩大生产以满足人民不断增长的物质文化需要，这时候我国已建立了大而全的国民经济体系，但是我国最缺乏的是相应的生产技术以及外汇资源，对外开放的目标还很单一，即主要着眼于经济发展的暂时需要，引进技术设备，扩大工业生产能力。对外开放还处于摸索阶段，主要是在一些沿海

城市搞试点工程,限制比较多,内外经济联系比较弱。1985—1991 年,我国对外开放的体制性约束仍然很大,对外开放在深度和广度上还处于量的积累阶段,没有发生本质性变化,主要开放目标还是集中于引进先进技术和管理经验、解决两缺口问题。但是这一时期,我国对外开放的趋势开始由城市向沿海地区扩展,对外开放的形式和途径更加多样化,对外开放的目标也开始涉及到扩大外贸出口、解决就业、增加政府收入等问题上。这一时期,政府在对外开放政策上提供了更加优惠的条件,对外贸、外资等方面的管理体制进行了调整,对外开放政策由注重引进逐渐过渡到鼓励出口和扩大必需品的进口上,对外开放战略渐进性地从进口替代转变到出口导向战略上。自 1992 年我国初步建立市场经济体制到 2001 年我国加入 WTO 的 10 年间,是我国对外开放发生质的飞跃的阶段,这段时期我国由短缺经济进入过剩经济,在对外开放战略上实现了全面的出口导向战略,大量引进外资经济,进出口高速增长。对外开放由沿海逐渐扩展到广大的内陆地区,在政策上的倾斜式发展战略仍然没有改变,沿海地区成为我国经济发展的"火车头"。外汇短缺的压力已经不存在了,相反,我国成了一个外汇储备和储蓄大国,"外汇缺口"和"储蓄缺口"逐渐消失。对外开放的主要目标集中到保持经济高速增长、缓解就业压力和引进先进技术上。由于内外经济的联系性已经很强,保持宏观经济问题,防范经济风险也成了政府实施对外开放政策的一个重要目标。

2001 年我国加入 WTO,对外开放限制性领域将逐步放开,对外开放已经从政府推动过渡到市场和制度推动阶段。对外开放的主要目标将从注重引进、消化和吸收向自主开发、创新和自身增长能力方向转变,对外开放不仅要注重数量,而且要注重质量,要从粗放型经济增长方式向集约型经济增长方式转变,要从开放的宏观经济效率转变到微、宏观经济效率并重阶段。

四、开放度研究评述

研究对外经济开放度的意义在于它是标明一国参与国际经济交往的合理性与科学性的指示器,通过经济开放度的测定和分析能够为我国参与国际经济的政策制定提供指导意义。我国从 20 世纪 70 年代末实行改革开放政策以来,经济国际化程度日渐加深,在全球经济中的地位和作用日益突出,外部经济条件对国内经济的影响越来越显著,以至于我们不得不考虑这样的问题:对外开放对于国民经济发展的意义到底有多大?我国在参与国际经济交往过程的利益得失如何?如何处理好扩大开放与适度保护之间、内部开放与外部开放之间的关系?只有明确了这些关系的性质和原因后,我们才能够针对具体情况制定合适的对外经济政策,才能使我们能够在国际经济交往中获取更多的利益,从而使对外开放更好地为国民经济发展服务。

(一)国内外研究现状

在早期的研究中,关于对外经济开放程度的一个主要度量指标是贸易依存度。

这个概念最早是由日本经济学家小岛清于1950年在《对外贸易论》一书中提出的。贸易依存度是指进出口总额、进口总额和出口总额与国内生产总值的比例关系①。第二次世界大战后，用贸易依存度来测算贸易开放度获得了广泛而深入的讨论，特别是一些国际经济组织（如世界银行）在研究贸易开放与经济增长的关系中大量使用贸易依存度指标并进行了大范围的国际比较。但是，随着研究的深入以及理论与实证检验之间的差异，贸易依存度指标的缺陷日益明显。例如，著名发展经济学家钱纳里在研究中发现那些人口比较多的国家，外贸依存度普遍比较低；库兹涅茨的研究则表明，贸易依存度与一国的国民收入水平之间存在着负相关的关系。由此可见，贸易依存度大小的决定因素很多，用贸易依存度来衡量贸易开放度常常不能够明显地反映开放现状。中东石油出口国的贸易依存度很高，但是并不能就此说这些国家的开放程度高。即使考虑一般情况，也要选择那些人口规模、人均GDP、经济地理位置等比较接近的国家。另外，使用这个指标还面临着一些计算上的问题。例如，由于名义汇率对真实贸易额度和GDP的歪曲，有人主张用购买力平价计算GDP；有人将商品划分为可贸易商品和非贸易商品，认为GDP核算中应扣除非贸易商品（主要是服务业）；还有的研究者主张用进口依存度衡量贸易开放度，并扣除进口中的刚性进口商品（如粮食、石油等）等。由于贸易依存度在测定经济开放度上的难度，很多学者纷纷放弃这种测度方法，转而使用更加综合性的指标或者使用定性指标。

其中的一种主要方法是测定贸易开放度与贸易开放度影响因素之间的关系。有学者通过建立对外贸易比率（贸易依存度）同人口、经济规模、国内生产总值之间的多元回归方程，引入研究对象的具体数值计算“内生对外贸易比率”，用实际对外贸易比率与内生对外贸易比率之间的差值来衡量贸易开放度；也有学者利用常见的贸易模型，例如赫克歇尔—俄林模型、国际贸易重力模型②等，计算贸易开放度的理论值，比较贸易实际流量同理论流量之间的偏差来确定贸易开放度。

第二种方法主要侧重于研究经济体制、制度、对外经济战略和政策对国际经济的约束和限制作用。由于这一类的因素多难以用数字核算和量化分析，在研究中经常是进行定性分析。涉及到的经济指标主要有：关税税率（包括名义关税税率的算术平均、关税税率的加权平均、关税的实际征收率等）、实际关税总水平、关税的

① 进口总额与GDP的比例关系称为进口依存度；出口总额与GDP的比例关系称为出口依存度。

② 重力模型由Helliwell建立，根据这个模型，国内贸易的频度比国际贸易高得多，在国际贸易中有共同陆地边界的国家比陆地边界不相连接的国家的贸易强度更大。有人计算，若剔除其他因素的影响，在有贸易关系的两个国家的经济中心的距离每增加10%，贸易强度就下降10%。

有效保护率、非关税覆盖率、非关税使用率等①。萨克斯和瓦诺 1995 年曾运用二进制法将开放、不开放分别赋值"1"、"0"两个虚拟变量。他们判断一个经济体为开放与否有五个标准:①平均关税税率是否超过 40%;②进口非关税措施比例是否超过 40%;③是不是计划经济体制;④外贸企业是否属国家垄断;⑤黑市汇率是否超过官方汇率的 20%。当一个国家满足这五个标准的任何一个,则经济开放度为"0",当五个标准都不满足则经济开放度为"1"。由于对内对外经济体制比较复杂,政策的实际效应难以量化,这种方法的主观性比较强。

其他的一些方法将各种定性、定量的开放度指标纳入分析框架,把各种分析方法融合起来构建综合性的分析模型;其中,最为著名的是爱德华兹法。爱德华兹采用了包括萨克斯—瓦诺法、价格法、因素分析法、世界银行和美国著名咨询机构"遗产基金会"的贸易开放度评估方法、黑市汇率与官方汇率差价、制造业进口关税平均税率、非关税措施平均覆盖率、关税实际征收率和华尔夫进口扭曲指数在内的九种方法综合分析评价。其中所谓"价格法",又称为实际汇率扭曲指数,是由道拉斯所创,一般认为这是一种衡量对外开放深度的综合性指标,即用商品实际价格对贸易开放条件下的价格偏差来计算贸易开放度。由于该法在实证研究中容易出现反常现象,道拉斯又增加了一个反映各国实际汇率稳定程度的"实际汇率变动性指数"这个辅助性指标。但是,这个指标似乎与贸易政策的关联性不大。

此外,还有国外的一些研究机构在评价各国和地区的"市场化程度"、"自由度"、"经济国际化程度"、"全球化程度"、"开放度"等所采用的方法。例如,1987 年世界银行以贸易战略来划分经济开放度,运用了关税的有效保护率、运用限制和进口许可等的直接控制进口程度、对出口的鼓励和补贴程度、汇率定值的高低将经济开放度分为坚定外向型、一般外向型、一般内向型、坚定内向型四类。IMD 每年公布的《世界竞争力年鉴》中采用了国家参与区域贸易集团的程度(参与区域贸易集团提供进入外国市场的途径)、海关职权(海关职权推动了商品的有效转口)、保护主义(保护主义没有影响国家企业行为)、公共部门合同(公共部门合同向外国投标者充分开放)和出口信用与保险(公司可以以合理的价格得到出口信用和保险)五个方面来衡量一国经济的开放度。美国民间智囊机构卡图(CATO)研究所公布的《2003 年经济开放度报告》中曾综合考虑了个人选择、外币自由兑换、竞争开放程度、保护个人财产等 38 个变数,采用了 123 个国家和地区的数据。它们的研究结果标明:开放度高的国家和地区,对外投资比较活跃,生产力也得到了相应的提高。经济开放度分数每上升 1 分,人均国民收入增长率上升 1～1.5 个百分

① 实际关税总水平是指关税总收入占进口总额的比例;关税的有效保护率也称为有效关税率,是指征收关税后单位产品附加值的增加率;非关税覆盖率指的是非关税政策措施影响的进口额占总进口额的比例;非关税使用率是指每年使用非关税措施的次数。

点。日本经济研究中心2002年公布的《扩大的自由贸易协定与日本的选择》中以亚太经合组织成员国、东亚国家和地区的出入国人数、进出口额、直接投资余额、国际电话使用量等指标表示经济对外全球化度、对内全球化度和信息全球化度,然后综合平均计算各国和地区的全球化排名。美国传统基金会和《华尔街日报》联合发表的经济自由度指数中则包含了贸易政策、政府财政承担、政府经济干预、金融政策、资本流动和外国投资、银行和金融、薪酬和价格、产权、监管及非正规市场(或黑市)活动等在内的十项变数。它们十年来的研究结果都显示出,经济自由度高的国家,繁荣度也比较高。

由于经济开放度是国民经济中一个十分重要的经济变量,它和许多宏观经济变量都有很强的相互作用关系。因此,分析经济开放度对几个重要宏观经济变量的影响就成为一个研究的热点。目前,有学者测算了经济开放度与我国经济增长率之间的定量关系,也有学者研究了经济开放度同经济效率、收入分配、宏观调控等变量之间的关系的定性或定量关系。但是,由于在经济开放度的测定上没有一个统一的说法,这一类的定量研究结果差异很大,其可信度不高。

(二)开放度研究中应注意的问题

1. 关于经济开放度的定义和测算

我们比较赞成的指标是反映一国对商品和要素跨国流动的态度及其经济状况和经济政策对外影响力(构成经济问题传递国际渠道)的指标。因为,这两类指标更能够直接反映国家经济开放程度的调整过程和途径,即经济开放度随国内国际经济状况的变动情况(或者说是周期性波动)能够通过这些方面的变动明显地表现出来。换句话说,国家利益是开放的根本目标,基于国家利益最大化而产生的对于跨边界经济活动的态度和观念以及本国经济在国际经济中的地位和重要性是国家鼓励和控制经济开放度的根本原因。而国际之间商品、要素等流动的绝对量大小或者相对量大小,以及国家之间由于经济原因而产生的交往活动的多少,则是过程和结果。若直接采用反映过程和结果的指标来测定经济开放度的大小,固然在简洁性和数据的可得性上有优势,但是在指标的代表性上欠佳。测定经济开放度的长期性趋势(不断扩大的状态)可采用反映过程和结果的指标,长期性趋势是世界生产力发展的直接结果,国家之间经济活动增加可直接通过这些指标反映出来。但是,测算短期性的开放度却不是这样,在相同的经济控制程度下,国家之间经济活动数量同样地会随着生产力水平的进步而增加。例如,我们说的经济依存度低不等于开放度低。如美国经济的对外依存度低而对外开放度高,而中国的对外依存度高而对外开放度低。对外依存度反映一个国民经济发展的动力结构,比如我国较高的对外依存度反映了我国经济发展的主要驱动力在国外(表现在出口和外资投资),由于分配关系不顺,国内市场未有充分开发等。对外开放度可能更多地反映一国对要素包括商品国际流动的态度及其经济状况和经济政策的对外影响力

（构成经济问题传递国际渠道）。由此，我们可以得出结论，一国经济参与世界经济的情况，国际经济交往的程度大小最根本的决定因素是世界生产力水平的进步，经济开放度是其中的一个重要的影响因素，但不是惟一的和最重要的因素。依据国际经济参与情况和国际经济交往情况所计算的经济开放度能够反映世界经济开放的总体和长期趋势，但是不能反映短期的、相对的和局部的变化趋势。

在国民经济发展过程中，微观经济主体自身有对外开放的内在动力，由于国家控制着跨边界的经济活动，经济发展的潜在的开放程度和政府控制下的实际开放程度不一样。潜在开放程度一般由国民经济基本状况、国家的对内经济制度、微观经济活力等来决定。而实际的经济开放度则还包含了国家在对外经济交往中的干预措施。一般地，国家对于跨边界的经济活动的鼓励和支持，客观上会使经济开放度增大；国家对跨边界的经济活动的限制，客观上会导致实际经济开放度减小，从而实际开放度低于潜在的开放度。国家在对跨国经济活动的干预本质上是为了国家利益的需要，这与对外开放的目标是一致的。国家的基本经济状况以及世界经济发展的状况决定了国家在国际经济体系中的地位以及国家在国际经济活动中的损益。为了维护国家利益的需要，世界任何国家都对跨边界经济活动实施了一定的国家干预，只不过处于不同的发展阶段的国家在干预程度、干预措施和手段上不同罢了。所以，国家对外经济战略、政策和制度最终仍然是依从于国民经济发展状况和国际利益关系，是来源于国家的基本经济状况的另一个层面上的重要原因。一般地，以下几个方面的因素（见表 7－4）可以在一定程度上反映国家的经济开放度：

第一，处于计划经济体制、实施坚定内向型发展战略、高度产业保护、货币不可兑换、很少参加国际组织的国家经济开放度比较低；

第二，处于转型经济形态、实施一般内向或一般外向型对外经济发展战略、对产业发展实施适度保护、经常项目可兑换、参与一部分国际组织的国家经济开放度处于中等水平；

第三，处于市场经济体制形态、实施外向型经济发展战略、很少实施保护政策、货币可自由兑换、大量参与国际组织的国家经济开放度比较高。

表 7－4　　影响一国开放程度的因素

开放程度	经济体制	对外经济发展战略	保护程度	货币可兑换性	参与国际组织情况
低	计划经济	坚定内向型	高度保护	不可兑换	很少参加
中	转型经济	一般内向/外向型	适度保护	经常项目可兑换	一定数量的参加
高	市场经济	坚定外向型	不保护	完全可兑换	全部参加

假定一国对商品和要素国际流动的态度为 m，一国经济活动和经济政策的对

外影响力为 n,一国所处的经济发展阶段为 A,经济开放度为 Eo,那么,

$$Eo = Af(m,n),(\partial Eo/\partial m) < 0;(\partial Eo/\partial n) > 0$$

其中,A 可以用该国的人均国内生产总值(定量指标),配合以该国在未开化社会、农业社会、工业社会、农工商业社会和后工业社会这样的发展阶段(定性指标)赋予一定的数值。m 可采用表示对外经济管制程度的指标来衡量,例如关税壁垒、非关税壁垒、资本流动的管制以及对其他经济活动的限制性措施。n 可采用主要宏观经济变量,如价格、利率和失业率等的国际联动程度来度量。

2. 合理经济开放程度的确定

合理的经济开放度是指在对外开放过程中,国家通过各种对内对外调节措施,确定经济开放的内容、目标和结构,控制经济开放程度的大小,使经济开放度保持在一个既不超前也不落后,既能够维护国家经济利益和经济安全,也能够适应国民经济发展需要、符合国际经济规则的程度。合理经济开放度的确定应该考虑以下几个问题:

第一,是否有利于国民经济发展。通过对外开放来推动国民经济快速、健康的发展是实施对外开放战略的主要目标。在对外开放中,合理的经济开放度的确定必须与国民经济发展水平和国民经济发展的需要相适应。经济开放度的过大或者过小都会在一定程度上造成国民经济发展的瓶颈性的制约因素,从而削弱国民经济发展的效率和速度。对外开放目的是要综合利用"两个市场"和"两种资源",从而能够突破本国的资源约束和市场约束,但是这种利用不是无限制的,需要控制在一定的程度和范围之内。过分放开国内市场会对国内产业造成大的冲击,甚至会产生短期内难以愈合的硬伤;过分开发国内资源,可能会造成生态环境的破坏和自然资源的过度开采,从而影响国民经济的可持续发展的条件;过分依赖国外市场和国外资源容易增大经济风险,特别是容易受到经济冲击和政治因素的影响。因此,合理的经济开放度必须以经济开放度的合国情、合需要的适度性原则为标准。当经济开放度与国民经济发展不相适应时,国家就应该采取必要的措施调整其大小,以使其保持在合适的范围之内。

第二,是否与国际竞争力相适应。合理的经济开放度的确定要以一国的国际竞争力水平相适应,国际竞争力强则可提高经济开放度,国际竞争力弱则降低经济开放度。一国的国际竞争力是由国家的国家竞争力、产业竞争力和企业竞争力决定的,而国家竞争力的核心就是这个国家的产业竞争力和企业竞争力。国际竞争力强的国家也就意味着产业竞争力和企业竞争力强,因此,该国企业开拓国际市场能力以及自我保护的能力相应地就强,国家也就相应地可以提高国家的经济开放度。我们可以看到,处于不同的发展阶段的国家其国际竞争力处于不同的层次上,在农业国的工业化过程中其工业的国际竞争力相对于成熟的工业化国家就处于相对弱势地位,因此,处于工业化过程中的农业国家倾向于加强经济保护,而成熟工

业化国家则倾向于经济扩张和经济自由化。同样地，国家对待处于不同产业生命周期的产业也会采取不同的经济开放度，一般对于朝阳产业倾向于进行适度的经济保护措施以扶持该产业成长；对于已经发展壮大的成熟产业倾向于鼓励扩张和自由竞争；对于夕阳产业若考虑到产业的升级换代一般会倾向于提高开放度，多数情况下是向其他国家进行产业转移。当然，若该产业涉及到重大的就业问题的话，由于国内利益集团的政治力量也可能加强该产业的经济保护。关于经济开放度与国家的国际竞争力之间的动态适应关系，可做进一步的理论和实证研究。

第三，是否有利于国际利益分配。在国际经济交往中，国际利益分配可以分为短期利益分配和长期利益分配，也可以分为直接的利益分配和间接的利益分配。比如说，在国际贸易中使用价值和价值的得失可看作短期的直接利益，而由国际贸易所产生的国内经济效应则可看作是间接的利益，若这种经济效应能够长期保持则说明产生了长期的利益效应；在国际金融中，国家货币政策的调整、汇率形成机制的调整在短期内都会造成一定的损益，同时也会带来长期的利益效应。因此，在考虑经济开放与国家的利益分配关系的时候要综合权衡由开放所带来的短期利益和长期利益、直接利益和间接利益，经济开放度的确定要以尽可能减少经济开放所带来的利益损失扩大经济开放所带来的利益所得为原则。可以看到，在不少发展中国家，虽然在国际经济交往中承受了绝大多数的价值损失，但是仍然保持着相当高的经济开放程度，这很可能就是政府在利益权衡过程中的理性选择。当然，在有些发展中国家，精英阶层掌握着经济控制权，同外国资本主义勾结或者受外国资本主义控制，以牺牲国家的外围经济利益和长期的经济增长潜力来实现自身的利益最大化，在这种情况下很可能表现为高经济开放度和低经济发展水平、低国际竞争力、不利的国际利益分配并存的局面。

第四，是否有利于减少经济安全风险。确定合理的经济开放度必须考虑到的一种重要的原则就是要尽量较少经济安全风险，保证经济持续、稳定、健康地发展。经济安全风险是在经济发展进程中客观存在的一种经济现象。在经济开放条件下，内外部因素的综合作用会加剧经济外来风险，也会产生内部经济风险的放大效应。例如，由于经济开放所带来的经济波动风险、产业风险、政治风险等，在开放经济条件下都会由于经济变量的国际传导而产生强大的循环冲击效应，甚至会产生毁灭性的打击。在历史上由于政府经济开放结构和程度的不合理制定而产生重大经济问题的例子也是屡见不鲜。例如，在 80 年代拉美国家的债务危机和 90 年代东南亚国家的金融危机中，政府不合理的开放政策就是导致危机的一个十分重要的原因。

3. 我国经济开放度的特征及其效应

自改革开放以来，中国经济开放度不断提高，在对外贸易和利用外资上取得了显著的成就，开放经济对于中国经济发展的推动作用已经十分明显。于是，就有一些人提出了中国的经济开放度是否过大的问题。特别是就我国外贸依存度过大的问题很早就引起了人们的关注。统计数据显示，在改革开放之前外贸依存度平均在4%左右，1978年外贸依存度达到9.8%，80年代中期在23%左右，到1999年已经迅速增长到36.4%，2003年高达60.05%。我国的外贸依存度水平已经大大高于美、日等一些发达国家。我们认为，外贸依存度和外资依存度都存在被高估的可能性，实际外贸依存度的大小可能要大大低于上面的名义外贸依存度。外贸依存度由进出口商品数量、国内生产总值和汇率水平决定。对外贸易的方式、国内的经济结构和汇率的计算方法都可能使外贸依存度的名义值和实际值之间产生较大的差距。2004年中国的外贸总额达到11 547.4亿美元，根据当年的GDP计算外贸依存度高达70%以上。但是，用世界银行通用的“货物贸易进出口额/商品GDP”的公式，再以购买力平价加以修正后的外贸依存度只有20%左右，远远低于美、日、德等发达国家。另外，中国在开放经济中的一个比较明显的特征是外商投资企业在企业进出口贸易中的作用非常大。若将这一半的因素给剔除掉的话，中国的外贸依存度将会更低。对于外资依存度，尽管中国引进外资的规模增长比较快，但是中国的外资依存度也并没有想像的那么大。在核算外商投资时，一般包含了折旧和外商出于经营考虑的撤资，若剔除这些因素的话，中国2003年的外资依存度只有18%，远远低于27%的世界平均水平。实际上，中国经济开放度并不高。目前，中国经济开放度仍然处于发展中国家中的中等水平，与许多发达国家相比仍然处于相对比较低的水平，对外开放的发展仍然有很大的余地。

我国是一个国土面积和人口规模都比较大的发展中国家，经济结构大而全，政府对国民经济的管制比较多。一般经济开放度增大比较快的时期常常就是政府在实行制度调整的时期，因此，政府的宏观制度和政策在决定经济开放度的作用中起着十分重要的作用。考虑到开放不同的经济领域对国民经济运行风险的影响作用不同，国家在一些重要的敏感性部门、一些高风险领域仍然保持了较低的经济开放度。例如，在贸易领域的开放度比较高，在金融领域的开放度比较低，这是与金融领域本身的高风险性以及中国金融领域所存在的一系列亟待解决的重大问题相关的。这种不平衡的调整过程可能需要相当长的时间。①随着中国经济市场的逐步完善，金融体制的逐步健全，金融领域的开放度将会逐步提高，贸易与金融领域开放度的不平衡性也会逐步改善。②随着企业和行业的国际竞争力的逐步增强，一些限制性和保护性行业的经济开放度将逐步扩大，企业也可进一步走出国门，开拓国际市场，行业之间开放度的不平衡性将会逐步改善，中国“走出去”少、“引进来”多的局面也将会随着国内企业国际竞争力的不断提高而逐步改观。③经济开放度地区结构的不平衡性主要是由区域经济发展的不平衡性决定的，在改革开放早期政策的倾斜也是一个十分重要的原因。当前中国推行的一系列区域经济发展战略，例如西部大开发战略、振兴东北经济的战略等等，都会在一定程度上对经济开放度的区域不平衡性起到改善作用。另外，对外开放与对内开放是相互适应的，对内开放对于增强内部经济活力，减少经济发展的价格扭曲等都起到了十分重要的作用。随着中国市场化改革的逐步推进，中国对内开放水平将会大幅度提高，进一步将会对提高对外开放的总体水平，减少经济开放度在广度和深度上的不平衡性产生显著的影响。

虽然说我国实行对外开放政策是一个主动明智的选择，但是在逐步增加开放程度，逐渐融入世界经济进程的过程中，多少带有一些被动的意味。目前的世界经济体系仍然是资本主义体系占据主导地位的不平等的经济体系，发展中国家在国际分工中的地位仍然是处于边缘、依附的地位，在这种国际关系格局下，发展中国家要发展，不开放不行，开放过大也不行。昔日李斯特提出的后进国家“开放—保护—开放—自由竞争”的开放战略，就今天我国的实际情况而言，是不适用的。中国之于发达资本主义国家的情况远远不像19世纪前半个时期德国之于英国的情况，就像李斯特本人所指出的那样，当时的德国已经具备了达到英国水平的客观条件，它所需要的是实行工业上的保护战略，以给本国工业成长一个相对独立的成长空间。今日之中国，为资本主义经济体系打开窗口，持欢迎态度，但是我们是在外围资本主义体系下发展的，经济的主导力量在外，我国与发达资本主义国家在发展潜力上的差距没有缩小，反而在继续扩大。当前，我国经济已经表现出了很强的依附性特征，这种依附性特征主要表现在以下三个方面：

第一，技术依附性强。马克思说：“分工只是从物质劳动和精神劳动分离的时候起才开始成为真实的分工。”①国际分工不过是分工的一种典型形式，但是其发展的最终趋势仍然是物质劳动同精神劳动、体力劳动同脑力劳动的相对分离过程。在经济全球化趋势下，发达国家越来越明显地开始主导着脑力劳动，而发展中国家则越来越明显地被动地从事体力劳动，而且这种分工是以不平等、不公平的国际交换来实现的，“劳心者制人，劳力者制于人”，这正是中国经济由于过强的技术依附性所面临的“困境”。

第二，内源发展潜力弱。我国经济在利用外部力量上所取得的成就是巨大的，但是却缺乏以自身优势促进发展的潜力。为什么我们引进来多而走出去少？其中最根本的原因是因为我国建立了一个经济发展的好的环境（要素的价格优势、逐步完善的市场经济体制和国内基础设施建设上的巨大成就等），可是缺乏内源经济发展的素质，我国的优势能够很好地被外来经济力量所利用，却不能为自己带来更多的好处，甚至外来经济还会对我国形成竞争压力和控制压力。

第三，经济剩余的非正常转移。改革是经济关系的调整过程，它会牵涉到各种不同的利益关系，形成不同的利益群体（利益集团）。根据奥尔森的集体行动理

① 马克思恩格斯选集．第1卷．北京：人民出版社，1972．36

论,利益集团的增加会使经济增长受到抑制。在我国开放之初,利益集团之间并没有形成明显的内耗之前,经济剩余由这种内耗而损失的部分相对较小,但是随着改革的逐步深入,利益集团的内耗以及造成的经济扭曲现象越来越明显,所造成的剩余的非有效利用越来越大。另一种剩余转移形式是由我国引进外部条件,参与不平等的国际经济体系而造成大量的损失,而且这种转移不仅仅是直接的利益转移,还会造成经济发展潜力的丧失(如对环境的破坏、不可再生资源的过度开采、人才的流失等)。最为严重的是,外国资本同本国特权利益集团相互勾结,使经济上的依附逐渐深入到政治依附,从而给经济发展带来灾难性的后果。所幸的是,我国的这种态势还不明显。

因此,当前我国在对外开放问题上,必须要从目标上进行必要的调整,把对外开放控制在保持经济发展而不形成依附性的经济陷阱的程度上。所谓经济开放的目标调整,是指开放的目标要主要着眼于内,而不是着眼于外;着眼经济发展潜力的培养(生产力进步),而不是着眼于经济增长的目标、服务政治的需要。在经济开放程度的控制上,要采取适度开放战略,实行有计划的控制,有区别的对待,逐步性的、渐进性的开放次序,把握经济主导权。目前,我国经济开放度还比较低,但是依附性现象已经很明显,经济开放的未来潜力还很大,但是需要强有力的政府引导,开放的制度推动和市场推动必须控制在经济承受能力的范围内。

第八章
对外开放目标与行为主体选择

改革开放以来，我们坚持对外开放，对外贸易和引进外资的规模不断扩大、水平不断提高，取得了显著成就，为推动我国经济社会发展发挥了十分重要的作用。随着我国全方位开放日益发展，特别是在我国加入世界贸易组织后的新形势下，我国国内市场和国际市场的联系日益紧密，国内经济和国际经济的互动明显增强。在经济全球化背景下的对外开放，对我国社会发展来说，既意味着利益的增大和福利的提高，也蕴含着风险的增大和代价的提高。如何去争取利益并避免风险，去获取福利且减少代价，是我国在对外开放事业不断向纵深发展的今天要解决好的一大课题。

国际经济关系是由各参与主体之间的关系组成的，受各主体的行为的影响。所谓国际经济行为主体是指有意愿且有能力参与国际经济活动和制定国际经济游戏规则，承担和实施相应义务和责任的行为者。在经济全球化的冲击下，除国家这一传统国际经济行为主体外，跨国公司、政府间国际组织、非政府间国际组织等国际行为主体纷纷走上国际经济大舞台，国际经济关系主体呈多元化发展。对外开放是我国的基本国策，经济全球化是大势所趋，我们要因势利导、趋利避害地利用对外开放来提高我国的经济发展水平和改善我们的生活福利质量，就必须对我国在对外开放中与之交往、发生经济联系的各种类型的国际经济关系行为主体有清醒的认识，对与各类型主体交往的利弊有充分的认识。不同类型的国家、国家集团和跨国公司这些国际经济关系行为主体参与国际经济联系有着自己的出发点和利益考虑，而且经济利益和政治利益并非截然分开，总是交织在一起的。因此，在对外开放的整个进程中，在与各种经济行为主体的交往中，总会存在着矛盾冲突和利弊得失。

一、国家主体的利弊得失

(一)概述

当今世界是由民族国家构成的，对外开放也是立足于民族主权国家这一基本出发点而言的，没有国家的主权，也就无所谓闭关自守或对外开放。因此，长期以来民族国家就被认为是惟一的国际关系行为主体。在国际关系理论上，对民族国家主权的界定和阐述一直是传统国际关系理论的主要内容。从 1513 年意大利政治家马基雅弗利发表《君主论》到汉斯·J.摩根索《国家间政治——为权力与和平而斗争》的问世，传统的现实主义国际关系理论均强调在国际关系中，惟一的行为主体是民族国家。① 在国际经济理论上，从亚当·斯密的绝对优势学说到大卫·李嘉图的比较优势理论，都是以国家作为国际分工的主体进行论述的。因此，国家仍是我们在对外开放中必须首先面对的国际经济行为主体。

但是，在经济全球化的进程中，随着国际经济主体多元化，出现了否认国家这一传统国际经济主体的作用的看法。西方国际政治经济学的新自由主义观点认为，在国家间经济相互依存日益加深，国内外社会相互沟通的情况下，非国家行为主体已结成了跨越国境，深入所有领域的网络。由于通讯和交通的发展，世界正在变小，世界各国的人们生活在一个共同的"地球村"，彼此间紧密联系，利益攸关。生产国际化的发展使世界各国形成了与世界经济一体化相适应的共同的意识形态，开放的国际经济体系有了共同的目标和理念，出现了国家国际化的现象。② 全球化将导致民族国家的消失，世界正朝类似于中世纪非民族国家为中心的新政治秩序发展，"无疆界世界"即将来临。还有学者认为，国家本身在经济上是无效率的，对市场的干预只会扭曲经济发展，通过腐败来获得超额租金，而商品和资本的国际市场能保证良好的社会治理和公民福利，能够合理配置资源，是促使经济发展和社会福利最大化的最有效的手段，因此，民族国家的经济职能应让位于世界市场和跨国公司。③

诚然，经济全球化的重要特征就是资本配置、劳务使用、技术传播、生产要素、产品市场、产业结构、经营理念与经贸规则的全球化，国家在传统意义上的保护本国产业的职能受到了削弱，执行和运用其他国内政策也会受到约束，而且，很多国际间的经济活动也是由企业，尤其是跨国公司这一主体在进行，国家在国际经济交往中的方式与过去相比毫无疑问会有很大区别。但国家参与国际经济活动方式的改变并不代表和意味着国家的作用在削弱，或者是不需要国家这一主体，上述新自由主义的观点是极其片面的。首先，经济全球化并没有使各国具有相同的意识形态，更没有出现所谓的世界性而丧失民族性，反而是民族意识更强。美国在全球到处插手，甚至发动战争，前南斯拉夫和前苏联所出现的各民族争相独立就是最好的证明。其次，很多国际组织仍然是以国家为成员，在制定国际经贸规则上国家仍发挥着重要作用。世界利益不仅没有取代国家利益，反而是为了利用国际经济组织更多地谋取国家利益，西方发达国家之间和发达国家与发展中国家之间在制定对自己更有利的规则和获取主导地位上产生了激烈的斗争。美国和西欧、日本等在

① 樊勇明．全球化与国际行为主体多元化．世界经济研究，2003(9)

② Robert Cox. *Production power and world order*. New York: Columbia University Press, 1987

③ David A. Smith, Dorothy J. Solinger and Steven C. Topik eds. *States and sovereignty in the global economy*. First published by Routledge London, 1999. 6

2001 年的钢铁战表明国家利益仍是第一位的。只要存在国家利益,国家就永远是国际经济行为主体。最后,虽然跨国公司在国际经济中的作用越来越大,但真正意义上的“全球公司”、“无国籍公司”并不存在,其政策取向与经营战略依然有深刻的民族根源,而且在促进其发展的过程中,母国与东道国仍然起了很大的作用。企业不可能不受到国家的影响,在企业竞争的成功上,国家扮演了重要的角色。根据波特的国际竞争优势理论,国家和政府可以通过政策等影响决定企业国际竞争力的四种核心要素,从而影响企业的竞争优势和竞争力。企业、产业和相关集合所表现出的竞争优势就是国家的竞争优势。

国家干预经济的工具和内容十分广泛,即使借助国际经济组织所进行的国际协调或联合干预,其实质也是典型的国家干预。在发达国家,虽然不是在所有领域、所有方面国家干预都在加强,但总体上,国家干预处于不断强化的趋势。[①] 因此,经济全球化目前既没有让国家退出世界经济舞台,也不可能在今后让国家退出世界经济舞台。

(二)我国对外开放的利弊得失

既然国家仍是重要的国际经济行为主体,对外开放首先就要同国家打交道。当今世界上的两百多个国家和地区,根据它们的生产力发展水平和贫富程度,分为发达国家和发展中国家两类。对发达国家与发展中国家开放,利弊得失是有所不同的。

1. 对发达国家开放的利弊得失

(1)对发达国家开放的有利方面

发达国家具有较高的生产力水平,人均收入即人均 GDP 值高,拥有丰裕的资金、先进技术和管理知识等传统和高级生产要素。我国作为一个直接从半殖民地半封建社会诞生的社会主义发展中大国,在进行工业化建设、促进经济发展的过程中,面临着诸如资金短缺、技术与管理落后等问题,向发达国家开放,对促进我国迅速提高经济的发展水平具有很重要的作用。

对外贸易是对外开放的主要内容。我国的劳动密集型产业具有明显的比较优势,发达国家的资金、技术密集型产业具有比较优势,按照传统的国际贸易理论,同发达国家开展对外贸易,出口劳动密集型产品,进口资金技术密集型产品,我国能够节约社会劳动,获得国际分工利益。开展与发达国家的对外贸易,对我国经济建设和发展更为重要的意义体现在以下几方面:①发达国家是先进设备和技术的拥有者和输出者,我国可以引进经济建设急需的先进技术与设备,通过消化吸收提高技术水平。②获得了购买力更强、对高技术含量产品需求大的国际市场,有助于我国更新传统产品和产业的升级换代。一是出口到发达国家的劳动密集型产品的效

① 任治君. 落后国家的干预偏好. 广东商学院学报,2004(5)

益高于其他市场，企业获得较高的收益，有动机和条件进行产品质量的提高或产品创新，从而进一步提高竞争力，也为引进先进技术和设备提供了资金；二是我们引进先进技术或自主开发高新技术后的产品获得了消费市场，因为消费需求是与一国经济发展水平联系在一起的，对高新技术产品的需求主要集中在发达国家，根据克鲁格曼的理论，产品销售越多，研发投入就会越多，二者相互促进，这对我国产业升级换代或技术开发，建立发展高新技术产业尤其重要。③促使竞争机制充分发挥作用，刺激企业提高素质、增强国际竞争力。进口使国内企业在国内市场中竞争，出口使国内出口企业在国外市场不但同本国企业竞争，还要同发达国家的企业展开竞争。更为激烈的同业竞争使得企业的压力增大，创新的动力增强，迫使企业降低成本，提高质量，改善经营管理，从而增强企业的国际竞争力，这对我国国家竞争力的增强也有非常重要的作用。

向发达国家开放，可以引进我国稀缺的资本，充分利用外资。利用外资既可以是单纯的资金借贷利用，也可以是吸引资金和技术相结合的外国直接投资。自1978年改革开放以来，积极引进外资成为我国发展外向型经济战略的一个核心组成元素，并取得了举世瞩目的成就。统计表明，截至2004年底，全国累计实际使用外资达5621亿美元，这一规模位居世界第四。在发展中世界，中国所吸引外资总量更是遥遥领先，远高于其他发展中国家。外资在促进我国经济增长、资本形成、促进出口、就业等很多方面都产生了积极效应。

引进稀缺的资本，可以更好地发挥国内各种丰裕要素的作用。产品的生产过程是多种而非单一要素发生作用的过程，各种要素需要相互合理配置才能较好地发挥作用。引进外资与进口稀缺商品的最大区别就在于外资的进入不仅可以弥补本国的“资金缺口”，解决资金的稀缺性问题，而且还能够更充分地发挥国内其他丰裕要素的作用，降低其滞存、闲置的程度，促进经济发展。我国作为一个资源丰富、人口众多、拥有明显劳动力优势的发展中国家，根据传统的国际分工理论，应该大量生产和出口劳动与资源密集型产品，建立起雄厚的资源与劳动密集型产业。但改革开放前与初期的历史表明，由于缺乏资金，无法进行大规模的投资，大量的劳动力无法得到就业，而且即使生产出来的产品也因为缺乏资金和技术的投入，质量低、价格高，没有市场竞争力。改革开放、引进外资后，我国经济增长，就业增加，资本形成与积累和对外贸易尤其是外资所带动的出口的快速增长都说明了引进外资对我国经济发展、使我国的资源和劳动力要素更好地发挥作用的促进作用。

此外，利用外资还能够解决国有企业重组中资金不足的问题，促进国有企业改革与实现战略性重组。目前，我国国有企业近40万家，资产存量近10万亿元，如果对它们全部进行资产重组，仅资金而言至少需要4万亿元。这笔巨额资金不仅国家难以负担，国有企业因为技术与管理水平落后导致生产力、效率低下的现实状况也使之难以在国内筹集到所需资金。从目前世界跨国投资的趋势来看，跨国并购已成为国际直接投资的主流。2000年和2001年，并购方式的跨国投资占全球跨国投资总量的87%和79%以上，而我国仅占5%左右。此外，发达国家近来一直在进行产业结构调整和实行产业转移，这也客观上鼓励其资本进入发展中国家。因此，我国能够利用各种鼓励政策，尤其是鼓励伴随先进技术转让的直接投资政策，吸引发达国家的投资解决我国国有企业改革重组中面临的因技术管理落后而直接表现为资金不足的问题，促进国有企业的改革。

对发达国家开放，能提高生产技术和管理水平。发展经济学认为，发展中国家长期处于经济恶性循环中，难以进入良性发展轨道的关键问题是这些发展中国家的生产率水平太低。朱立南教授认为，发展中国家低下的生产率造成了供给和需求两方面的恶性循环。[①] 在供给方面，低生产率造成低产出，而低产出又导致低收入，从而储蓄低、投资率低、生产率低；而在需求方面，低生产率导致的低收入造成低购买力，使投资引诱低、投资率低，反过来又使生产率低，如此循环往复。

技术水平是影响生产率高低的决定性因素，也是经济增长的重要因素。在国际市场竞争中，由于技术落后，我国的产品很难与发达国家的产品相抗衡，只能依靠价格优势去争得一席之地。在当今世界已经进入知识经济时代的情况下，劳动生产率的提高已越来越在更大的程度上依赖科学技术的进步。换句话说，现在经济竞争的实质已经是科学技术水平的竞争。哪个国家在科学技术上处于领先地位，哪个国家的经济发展就会在世界上处于领先地位。除了技术外，管理也是提高生产率、促进经济发展的一个重要因素。同样的技术与设备，在不同的管理水平下，其生产效率和所获得的经济效益是不同的。

实行对外开放，与发达国家进行经济交往，我们可以通过进口发达国家的先进技术设备、引进先进技术、学习先进的管理经验，提高我国的技术水平和管理水平。同时，对发达国家的外资的利用也给引进先进技术提供了媒介。一是发达国家对我国的投资必然会伴随先进设备、技术或管理经验等的进入，从而提高我国的技术水平；二是对发达国家外资的利用也给我们提供了购买先进技术与设备所需的资金。此外，对发达国家开放，我国企业的产品将面对竞争更加激烈的发达国家市场，发达国家收入水平高，消费者更为挑剔，对产品的质量要求等更高，即使在国内市场上也会直接与发达国家高质量的产品竞争，这样就能刺激和激活国内企业的技术和管理潜能，迫使国内企业努力进行技术改革与创新，努力提高经营管理水平，以适应新的生存环境，从而提高我国的技术与管理水平。

向发达国家开放，可以促进我国产业结构的全面建设和优化。虽然发达国家制成品的生产和发展中国家初级产品生产的分工是国际分工一开始就具有的基本特征，并仍然是当代国际分工的重要内容之一，但当代国际分工的内容已经发生了

① 朱立南．世界经济运行机制．北京：中国人民大学出版社，1993．114

不小的变化。随着20世纪80年代以发达国家为中心出现的以信息技术为主要标志的新技术革命浪潮,全球经济结构进入了新一轮以信息技术为核心的、新技术广泛采用为特征的结构调整期,出现了美国、日本和欧洲发达国家发展知识密集型产业、新兴工业化国家和地区发展技术密集型产业、劳动密集型和一般技术密集型产业转向发展中国家的景象。而且90年代以后,发达国家的产业转移的重心开始由原材料向加工工业、由初级产品工业向高附加值工业、由传统工业向新兴工业、由制造业向服务业转变。

发达国家产业结构调整和产业转移的新趋势为我国健全产业结构、进行产业结构升级提供了机遇。就劳动密集型和一般技术密集型产业转移而言,我们可以利用此机会,在改革开放后加工制造业取得很大进步的基础上,力争成为制造业大国,成为"世界加工基地",充分利用和发挥我国劳动力大国的资源优势;同时,抓住发达国家资本技术双密集型产业在21世纪也开始向发展中国家转移的机遇,促进我国加工制造业的升级,使我国不仅仅成为制造业大国,也成为制造业强国,促进我国高新技术产业的发展,以信息化来带动工业化,实现全社会生产力的跨越式发展。

(2)向发达国家开放的不利方面

虽然在对外开放中利用与发达国家的经济交往可以促进我国的经济发展,但并非全是积极作用。国际政治现实主义大师摩根索认为:"主权国家行动的动力,是各自的国家利益,而不是对公共福利的效忠"①。无论是开展贸易、引进外资,还是利用其先进技术或产业转移等国际分工新变化,都会具有一定的不利影响。

从资本引进来讲,发达国家的资本虽然能够帮助我国解决建设资金短缺的问题,促进经济发展,但也有不少消极作用和风险。追逐剩余价值,获得最大的利润是资本的本性。发达国家的资本输出过程是垄断资本的国际化过程,是资本自由化的过程。国际垄断资本产生和发展过程中的每一步、每一个阶段都体现着对外扩张的发展和扩大,体现着由被掠夺者的血汗凝成的财富,向国际垄断资本集中,向垄断资本国家的集中和积聚。② 发达国家的资本输出从根本上来说就是资本打破壁垒、消除管制从而在全球范围内争自由、谋利润和求扩张的运动,它是发达资本主义国家进行新殖民扩张和剥削的本质表现。通过资本自由化运动,发达资本主义国家的触角遍及全球,对发展中国家实施全面控制,从而进行经济剥削和压榨,谋取超额利润。因此,资本自由化、全球化的趋势充分表现出资本追求无限利润的欲望和资本主义的扩张本性及剥削本质,表明资本主义的根本性质在当代依

① 汉斯·J.摩根索.国家间政治——为权力与和平而斗争.北京:中国人民公安大学出版社,1990. 563

② 刘国平,范新宇.国际垄断资本主义时代——世界经济与政治的最新发展.北京:经济科学出版社,2004. 39

然没有改变，它仍旧是一种谋求全球扩张的剥削体系。因此，引进外资虽然促进了我国生产要素的有效配置，但收益绝大部分被发达国家掠夺了。此外，引进外资对国内财政或货币政策都可能产生不良影响，风险很多。就通货膨胀风险而言，引进外资增加了对国内配套资金的需求，容易导致货币过量发行，诱发通货膨胀。外资要形成生产力需要国内资金的配套，直接增加对国内资金的需求，而且，外资活动还会通过技术与信息的扩散激发其他经济部门产生对国内资金的需求，这种外资对内资的间接需求进一步加大对国内资金的需求，从而引发物价上涨。比如1992年，为保障引进的外资，国家当年贷款增加额为35 477亿元，货币投放1158亿元，比1991年分别增长19.7%和36.4%，为以后的高通货膨胀率埋下了隐患。[①] 外资的引入会增加社会商品供应的紧张程度，容易诱发供给不足型通货膨胀。外资项目投产需要一定的周期，尤其是基础建设等项目周期更长，容易引起生产资料供应紧张，冲击消费品市场。发达国家资本的进入带来了它们的收入和消费行为，其示范效应容易引起超前的高消费和工资效应，容易使供给紧张。外资投向不合理会影响商品供给结构，产生供需矛盾，拉大供需缺口。发达国家垄断资本对剩余价值最大化的追求、对利润的追逐是其进行资本输出的内在动力，因此，其对我国的投资是充分利用我国廉价的劳动力、原材料和庞大的国内市场，投向大多是投资少、见效快、赢利高的劳动密集型产业和游乐、宾馆、房地产等，使我国能源、交通和原材料的供给紧张，推动和加剧了我国原材料、能源等价格的上涨。

从引进先进技术方面看，其不利之处是加大了对发达国家的技术依赖性，这主要体现在以下两方面：

第一，对发达国家的依附性增强。发达国家转让技术给发展中国家是为了实行更有利于自己的国际分工，转让的技术都是成熟或一般的技术，它不会将最新的技术转移出来，而是要利用高新技术的垄断来控制世界市场。现在，技术研究与开发呈现高度的集中性，绝大多数的发明发生在发达国家。技术创新与技术转移的内部化趋势明显，技术的可得性没有与技术的创新保持同步。发达国家与发展中国家之间的技术贸易不仅比重较小，且大多数为中、初级技术。过分注重从发达国家引进技术与设备，一方面会减弱自主技术创新的动力，会从资金等方面冲击自主技术开发与创新，另一方面造成对发达国家的依附性加大。比如我国已是汽车、电脑、电视、DVD的生产大国，但这些产品的关键技术却一直控制在发达国家手中，不得不受制于人，远远不能成为这些行业的强国。发达国家在技术转让中已经为发展中国家发挥技术后发优势设置了障碍。

第二，依赖技术引进的技术后发优势模式受到经济知识化和全球化的冲击。在经济全球化和知识经济的背景下，发展中国家通过技术引进提高技术水平与能

① 范爱军．经济全球化利益风险论．北京：经济科学出版社，2002．334

力受到了很大的不利影响。首先,传统的技术后发优势基于线性的技术创新模式,即发展中国家可以跨越技术创新的若干阶段,直接采用成熟的技术,提前使用本国没有的先进技术。但随着技术创新的不断演进,技术创新已经从线性的创新模式演进到网络体系。这要求不同的行为者之间进行大量的交流,在产品链各环节之间进行反馈,有效整合各种内部和外部资源,而这些又恰恰是发展中国家所缺乏的。因此,发展中国家技术获得、技术学习以及技术能力的积累直接受到了影响。其次,随着技术创新的知识密集度不断提高,技术学习的知识基础要求越来越高,技术的黑箱化趋势正在加强,除编码化知识以外,新技术还具有更多的隐性知识。技术后发优势更多依赖知识的积累,而知识积累的隐性特点,变得比有形技术学习的积累更加困难。最后,随着技术创新速度加快,技术生命周期缩短,刚刚学会引进的技术,新一代的技术又被创造出来,技术学习者总是处于被动与落后的境地,使得发展中国家通过学习国外先进技术,进而缩短与发达国家的差距,赶上发达国家的难度进一步提高。此外,对知识产权保护的加强,虽然会促进对研究与开发的投资和对新设备与新工艺的投资,但同时会增加从发达国家引进先进技术的成本,不利于发展中国家的技术引进。

从国际贸易和交换来看,我们在国际分工中处于更为不利的地位。虽然国际分工内容的变化有利于我国进行产业结构的健全和优化升级,但在这种新的国际分工格局下,作为发展中国家的我国将处于更加不利的地位。首先,我国的劳动力与资源等固有的传统优势将进一步丧失。虽然我国劳动力众多,工资低廉,产品生产的人工成本低,但这些优势不仅仅为我国所独自享有,也部分被发达国家所利用,而且更为重要的是,作为劳动密集型产品,其附加值低,无论劳动成本怎样低廉,都比不上发达国家利用新技术对传统工业的改造所带来的成本的降低或生产率的提高。因此,虽然我国已迈入制造业大国的行列,但在国际市场上却难以与发达国家竞争。其次,技术革命使得对原材料的消耗大大降低,新的人工合成的原材料不断出现,太阳能与原子能的开发与利用,大大降低了发达国家对发展中国家资源的依赖性;而且,高新技术产业、研究与开发产业和服务业等则对资源的依赖更少,使得我们仅仅利用资源优势的分工的重要性降低,或者说参与国际分工所获的利益减少。再次,当前的生产和经济是以先进技术为基础的,发达国家主要从事高新技术的研究与发展,而我国主要从事生产的分工,再加上技术创新周期缩短、技术更新换代速度加快,使得我国与发达国家的技术差距会进一步拉大,从而导致对发达国家的依赖性的加深,在国际分工中处于更加不利的地位。最后,从国际交换来看,由于发达国家普遍生产率较高,即使是等价交换也是不等量交换,发达国家用较少的劳动换取了我国更多的劳动,更重要的是,由于发达国家对世界市场的垄断,交换不等价更不等量,大量的价值转移到了发达国家,导致发展中国家贸易条件恶化。①

拉尔夫·戈莫里和威廉·鲍莫尔认为："一个工业化国家将从其非常落后的贸易伙伴发展新产业从而使生产率获得普遍提高中受益。这一受益过程将一直持续到其贸易伙伴达到在全球市场占有更重要的地位为止。通常，这种发展水平仍然远远不及发达的工业化国家，但是，这是一个重要的转折点。在这一点之后，该新兴贸易伙伴发展更多的产业将不利于发达国家。"②这说明发达国家绝不会愿意和帮助发展中国家的经济发展到不利于它们的程度或水平。资本主义追逐剩余价值的冲动形成了创造国际分工体系的需要，决定国际交换模式的，归根到底还是资本主义的生产力和生产关系。因此，这种分工绝不是为了全人类的需要而进行的。虽然当代国际分工具有了以前没有的特点，但"历次科技进步而形成的国际分工都是以有利于先进国家而不利于后进国家为标志的。"③这就决定了我国在参与发达资本主义国家主导的国际分工中会取得利益，但与发达国家相比，总是处在不利的地位。

2. 对发展中国家开放的利弊得失

(1)对发展中国家开放的有利方面

对外开放，同样也要同发展中国家发展经济往来。作为发展中国家的一员，自新中国成立以来，我国始终把加强同发展中国家的友好合作作为我们外交政策的基石。我国是南南合作的积极倡导者和支持者，本着"平等互利、注重实效、长期合作、共同发展"的原则，长期以来一直积极支持并参与南南合作。与发展中国家的合作已成为我国全方位对外开放战略的一部分。在我国改革开放、经济发展已经取得较大进步的情况下，对没有根本利益冲突、拥有广阔的市场和丰富的自然资源的发展中国家全面开放，对促进我国经济进一步发展有着很重要的意义。

首先，我们能够充分利用比较优势，获得比较利益与国内经济发展所需资源。广大发展中国家在世界上分布范围最广，遍布亚非拉三大洲，拥有极为丰富的自然资源，在资源密集型产品方面有着极为明显的比较优势。我国作为发展中的大国，虽然地大物博，人口众多，号称资源丰富大国，但更多的是劳动力丰富，人均自然资源占有量远远少于许多发达国家和发展中国家。比如在国民经济运行和发展过程中占有不可替代作用的石油、铁、铜、锰等战略资源，由于储量和资源品质的问题，目前已不能满足经济发展的需要；一些重要的资源对于国外依赖越来越强，据统计，中国对进口石油的依存度已由 1995 年的 6.6% 上升为 2000 年的 25%，而且这

① 关于国际交换不平等的更多论述，参阅任治君．经济全球化对世界市场价格决定的影响．经济学家，2004(4)．58～59

② 拉尔夫·戈莫里，威廉·鲍莫尔．全球贸易和国家利益冲突．文爽，乔羽译．上海：中信出版社，2003．5

③ 刘诗白．马克思主义政治经济学原理．成都：西南财经大学出版社，2004．286～288

一比例随经济的发展还会越来越高。有学者预测,我国到2010年,在45种主要矿产中,石油、天然气、铀、铝、铁、铜、金、银、铂族金属、镍、金刚石、硫、硼、耐火粘土、磷和石棉等20种矿产都不能保证需求。国家现在已经认识到我国资源短缺和经济可持续性发展的问题,党的"十六大"就明确提出了利用两种资源、建立节约型社会的发展战略。与广大发展中国家实行全面的经济交往,对获得我国经济发展所需的资源、实现"十六大"提出的建设目标都大有益处。我国在改革开放后,工业水平有了很大的提高,尤其是加工制造业取得了长足的进步,很多产品的生产与出口量在世界上都居于领先地位。即使与发达国家的制造业相比,我们在一般技术或中下水平技术密集型制造业上也具有比较优势,同很多发展中国家相比,比较优势更加明显。而且,作为社会主义国家,平等互利、共同发展一直是我国与其他发展中国家经济合作的基本原则,在彼此的分工贸易中没有不平等交换的性质,双方贸易属于南南贸易合作,更易受到发展中国家的欢迎。通过与发展中国家的贸易,获得比较利益,节约社会劳动,真正做到充分利用国内与国外的两种资源。

虽然在世界经济已经进入知识经济的时代,在科学技术突飞猛进、更新换代日益加快的今天,一国经济发展对资源的依赖性有所降低,但对于科学技术水平处于落后地位的发展中国家来说,资源仍然发挥着极其重要的地位。尤其是像我国这样有着十几亿人口、有着极其丰富劳动力的发展中大国,即使我国科学技术水平已经位于先进行列,也不可能不利用劳动力优势、不发展劳动与资源密集型产业来解决众多人口的就业问题。因此,资源的获得对我国就更有特别重要的意义。

其次,能够更好地发挥规模经济的作用,提高竞争力与技术水平。现实世界中大量的行业内贸易现象说明国家间的要素差异已不是国际分工的惟一原因。以美国经济学家保罗·克鲁格曼为代表从20世纪70年代末发展起来的"规模经济贸易学说",虽然主要解释第二次世界大战后增长迅速的工业国之间的和相同产业之间的贸易,但仍然可以适用和指导我国与发展中国家的制成品贸易。

第二次世界大战以来,许多发展中国家都纷纷制定经济发展战略,从采取进口替代贸易发展战略到采用出口替代贸易发展战略来实现本国的工业化进程。经过几十年的努力,许多发展中国家的工业化发展都有了不少的进步,发展中国家制成品在世界贸易中的比重不断上升,但主要是劳动或资源密集型产品。根据联合国贸发会议公布的《贸易与发展报告》(2002),发展中国家在世界制成品出口的份额从1980年的10.6%上升为1997年的26.5%。我国虽然是制成品出口大国,但同样是一般技术或劳动资源密集型产品居多,主要是靠价格优势在国际市场上竞争。就成熟技术或劳动密集型产品同发展中国家开展行业内贸易,可以扩大市场,扩大销售与生产规模,通过获得规模经济利益来降低生产成本,维持或保持我国制成品在国际市场上的竞争力。

我国改革开放以来从发达国家引进了大量的技术,并通过消化吸收与模仿提高了我国的技术水平与自主创新能力。技术是一种特殊商品,具有初次投入大,而边际使用成本为零的特点。企业具有广大的市场规模,就能够为企业的研发投资创造的技术带来更大的投资回报。在克鲁格曼的研究与开发的理论中,他就认为,研发投资与边际成本为负相关关系,研发投资越多,边际成本就越低;与产出水平是正相关关系,产出规模越大,就越能获得利润,增加研发投资。大规模的生产需要有大规模的市场保证,而我们引进后吸收改良的技术或自主创新的技术所生产的产品,极少属于高新技术产品,因而更适合发展中国家市场的需要。通过向发展中国家出口,充分利用发展中国家市场,我国就可以扩大生产规模,为更多地向技术的研究与开发投资创造有利条件,提高我国的自主创新能力与技术水平。

最后,有利于我国实行"走出去"战略。经过若干年的建设与发展,我国大型国有企业均具有一定实力并在国际上享有较高的信誉,大批的中小型企业经济实力也得到了快速发展,对外投资动力和能力日益加强。大多数发展中国家市场规模狭小,工业化程度不高,技术熟练的劳动力相对比较少。这些国家需要与其经济发展水平、消费结构以及生产结构相适应的生产技术,此类技术一般为劳动密集型的,不适合大型跨国公司所采用的密集型技术和资金生产,这就为我国中小企业到这些地方投资留出了空间。虽然目前我国企业在国际分工中位于中游,但相对于更低阶梯的发展中国家企业而言,我国企业拥有易为它们接受的技术及管理经验,而且产品的低价格也拥有较大的优势;再加上我国企业拥有大量的特色技术和传统技术,例如中医、中药等技术,也具有根据美国经济学家海默的垄断优势理论和英国经济学家邓宁的国际生产折衷理论中的所有权优势。部分企业也具备了一定的跨国经营管理经验,并有一批具备丰富知识的人才。但总体来说,我国企业规模较小,缺乏世界级企业。由于企业规模小,企业对外投资所需资金主要依靠自身积累,难以开展大规模的对外投资,再加上与发达国家相比,企业技术水平整体上不高,自我创新能力不强,缺乏拥有自主知识产权的核心技术和核心产品,国际知名品牌少。因此,对外直接投资的大部分优势或可行性是针对经济和工业不太发达的发展中国家而言的。另外,为加快工业化进程,许多发展中国家都实行了对外开放的政策,加大了对外开放的力度,纷纷制定各种优惠政策与措施,吸引外国投资,这也对我国向发展中国家直接投资提供了良好条件。因此,通过对发展中国家投资,可以较好地抓住经济全球化带来的机遇,充分发挥我们在管理、技术、资金等方面的比较优势,形成引进发达国家的资本与向发展中国家输入资本相结合的良性对外开放格局。

(2)对发展中国家开放的不利方面

当然,有利必有弊,我们与发展中国家经济合作也具有一些不利因素。从贸易方面讲,容易产生贸易摩擦。我国与很多发展中国家,尤其是经济建设与发展取得了一定成绩的发展中国家如新兴工业化国家处于相同的经济发展水平,产业结构与技术水平极其相同、相似或相近，国内工业化建设和经济发展都是以发展技术含量较低的劳动密集型、资源密集型等产业为基础的。在国际分工中都主要是依据比较优势原理进行分工，从事劳动密集型和资源密集型产业的生产。这就极容易造成我国与发展中国家在国际市场竞争中“撞车”，发生贸易遭遇战，形成过度的价格恶性竞争，两败俱伤，使彼此在国际分工中处于更加不利的地位。此外，不仅仅在国际市场上容易造成恶性竞争，在彼此之间的贸易上还容易发生摩擦。近几年来不少发展中国家如印度、巴西、南非、墨西哥等发展中国家也针对我国产品实行反倾销和贸易限制等报复措施，对彼此之间的经济贸易关系的发展产生了不良的影响。

从吸引发达国家先进技术与资金来讲，我国面临的竞争加剧。从 20 世纪 80 年代中期开始，特别是进入 90 年代以来，许多发展中国家都一直在调整经济政策，进行经济体制改革。为调整产业结构、加快工业化进程，许多国家都加大了对外开放的力度，纷纷制定了各种优惠政策与措施，期望引进发达国家的资金和先进技术，提高本国的技术水平与管理水平，通过发展对外加工业来促进本国工业部门的建立和产业结构的调整与优化。这一方面容易造成彼此在吸引发达国家资金技术上的恶性竞争，增加发达国家尤其是跨国公司在投资谈判中的地位与砝码，将更多的利益转移给发达国家，不利于我国对外资和技术的引进；另一方面，由于彼此有竞争对手的性质，根据拉尔夫·戈莫里和威廉·鲍莫尔分析全球贸易和国家利益冲突(2000)所建立的模型，当收入水平(经济发展水平)接近时，彼此就处于冲突区而不是互惠区，因此不利于长期紧密经济技术合作的开展。

从政治与金融风险看，向发展中国家开放大于向发达国家开放。发展中国家获得独立以后，除少数国家走上社会主义道路外，大多数发展中国家由于国际和国内的原因，选择了资本主义发展道路，政体主要有西方共和制、传统君主制、军人政权。第二次世界大战后五十多年，发展中国家的政治发展与民主化虽然取得了明显的成就，但由于其内部的和外部的原因，其政治发展艰难曲折，仍存在一些亟待解决的问题，如政局不稳；有些国家民族问题严重，都曾发生和正在发生民族冲突、民族战争；宗教冲突加剧等。由于发展中国家往往是多民族、多宗教国家，民族冲突与宗教冲突常常交织在一起，使其更加复杂而难以解决，与发展中国家进行经济合作面临较大的政治风险。同时，由于发展中国家经济发展水平不平衡，很多发展中国家经济结构单一，面临沉重的债务危机，而且极易受外部世界经济波动的影响，抵御风险的能力很差，发生汇率风险与金融危机的可能性很大，从经济风险来说也远远大于发达国家。此外，许多发展中国家虽然经济技术力量薄弱，但与原宗主国和其他发达国家仍有着千丝万缕的联系，很难摆脱依附状态。因此，一些国家不免从民族利己主义立场出发，想从我国与其的经济合作中得到更多的利益，同时也可能因其他发达国家等的经济利诱而中止或妨碍我国与其进行经济合作。

二、国家集团主体的利弊得失

国家集团是伴随国际经济一体化，尤其是区域经济一体化在第二次世界大战后在世界经济与国际政治领域内出现的一种重要现象，是国际经济行为主体间利益相互依赖、相互渗透并日益加剧和加深的产物。自第二次世界大战以后，各种形式的区域一体化组织大量涌现。在欧洲有欧洲联盟、欧洲自由联盟；在美洲有北美自由贸易区、南美锥形共同体；在非洲有非盟、东非共同体；在亚洲有亚太经合组织、东南亚国家联盟等。除此之外，还有一些跨洲、跨地区的合作性组织，如八国集团，非洲、加勒比和太平洋地区国家集团（简称非加太集团）等。国家集团作为新的影响国际经济关系的行为主体，说明了一国经济的发展与繁荣已经与其他国家的经济发展和繁荣紧密交织联系在一起，它同时也描述了在某一区域内某一集团甚至国际社会的经济行为主体在一定经济领域内重新分化、组合，最后聚合成新的行为主体的过程、趋势与结果。

作为区域经济一体化的国家集团形式多样，组成国家的性质也不相同，既有发达国家之间组成的国家集团，也有发展中国家组成的国家集团，还有发达国家和发展中国家组成的国家集团，但对世界经济影响最大的还是发达国家或主要由发达国家组成的国家集团。资本主义进入垄断阶段以后，随着科学技术的进步、国际分工的深化和生产国际化的发展，国际范围的生产力取得了空前的发展，这必然对国际范围内的生产关系提出新的要求。资本的本性决定了它必然对外扩张和进行掠夺，资本主义的成长和发展史，同时也是其对外扩张与掠夺的成长和发展史，发达国家组成的国家集团正是垄断资本对外扩张的必然结果。为了适应本地区垄断资本发展的需要，保护和促进其发展，该地区实力雄厚的主要国家倡导或牵头组成地区性的一体化组织或市场联盟，内部实行自由化，各国垄断资本按自己的实力共同瓜分和垄断市场，对外则实行保护，以集体力量共同参与国际市场竞争，以瓜分和垄断世界市场。在世界经济中本来就处于落后和不利地位的发展中国家，在国际垄断资本同盟或国际垄断资本主义出现以后，更是处于不利的地位。为了适应已经变化了的国际生产关系，发展中国家也建立起自己的区域一体化集团，力求在国际经济中通过南南合作增强自己的实力，促进经济发展。虽然在集团内部的分工和竞争中，对各国尤其是各国的大企业的发展是有利的，但由于在资金、技术、管理等多方面都处于落后的地位，对发达国家仍有着很大的依赖性，不仅不能影响和阻止国际垄断资本在本地区的发展，而且在外部竞争中也要受到国际垄断资本的控制。因此，虽然西方解释一体化的理论很多，其经济学分析也并非没有道理，但这些理论掩盖了其对外掠夺剥削的一面，掩盖了资本的本质。从这层意义上来讲，发达国家组成的国家集团与发展中国家集团的目的和性质是完全不一样的。但不管是发达国家集团还是发展中国家集团，作为区域性一体化组织，其出现必然有对区域内经济发展有利的方面,我们同其保持经济联系,也必然会起到促进我国经济建设的作用。

首先,可以获得合作规模效益。区域性国家集团,无论其一体化程度的高低如何,集团内部都是加强合作,加强商品、服务以及生产要素的自由流动,但对外则实行保护,限制集团外的进入。一旦进入集团的一个成员国家,就相当于进入了这个集团市场,不需要对每个国家都进行同样的合作谈判等。从这个角度讲,相当于获得了规模效益。比如在一个国家进行投资生产,其产品就可以突破对集团外成员的进入壁垒,从而比较自由地进入其他成员国家市场。如果没有国家集团,要进入这些市场就必须分别对这些成员国进行投资,分别突破其成员国各自原来的市场进入壁垒。

其次,可以打好国家集团这张牌,在与其他国家或国家集团的合作中增加博弈的筹码,获得比较有利的合作条件。国家集团的出现,一方面其经济实力与政治实力都得到了加强,另一方面又加深了与其他国家或国家集团的矛盾,出现了国家集团间、国家集团与其他国家间的竞争。作为拥有丰富资源与劳动力优势,尤其是具有巨大的国内市场优势的发展中大国,虽然我国经济整体上落后于发达国家,但在国际经济联系日益广泛的今天,任何一个发达国家不敢也不愿意对这个巨大的市场置之不理。在两极世界瓦解、美国极力推行单边主义的现实世界里,国家集团、尤其是能与美国抗衡的发达国家集团的出现有利于形成多极世界,为我国争取有利的国际经济合作提供了机会,犹如我国在购买飞机时利用欧洲空中客车与美国波音的竞争一样。

最后,加入国家集团,获得经济一体化带来的利益。除了作为独立的国家经济主体与国家集团进行经济合作以外,我们还可以以更积极的姿态,加入到区域一体化中去,获得一体化带来的利益。我国已经是亚太经合组织成员国,而且2002年11月在柬埔寨首都金边举行的中国东盟“10+1”峰会上签署的《中国—东盟全面经济合作框架协议》正式确定在2010年建立中国—东盟自由贸易区。这是中国第一次承诺与他国达成自由贸易安排,不仅是我国与东盟关系史上的一个里程碑,也标志着我国对外开放向更深、更全面的方向发展。

根据经济一体化理论,参与区域经济一体化可以获得贸易创造、规模经济等利益。根据我国实际情况,就中国—东盟自由贸易区的建立,我们可以获得不少有利的经济效应。关税和非关税壁垒的降低,可以扩大我国与东盟的对外贸易量,尤其是初级产品的进口,各种协调成本的降低将增加不少对外贸易的收益,有学者估计仅通关协调成本的下降就会增加贸易点值的1.75%~2.5%的收益。自由贸易区的建立,双方对外直接投资会有很大增长,既有利于我国对外资的利用,又有利于我国发展对外直接投资,实行“走出去”战略。在服务业领域,我国与东盟的互补性很强,建立自由贸易区后该领域将进一步开放,在工程承包、建筑业、旅游业文化交流、人力资源培训、金融等领域的合作会进一步加强,尤其是金融合作的加强会提高我国的国际信用,增强对外资的吸引力。此外,自由贸易区的建立有利于增强国内竞争,促进产业结构升级,也有利于推动我国同东盟之间的技术合作;加入区域经济一体化组织后,集团内的合作加强,可以更好地协调彼此的经济政策和利益,减少摩擦,避免过度竞争带来的利益损失。

当然,我国与国家集团进行经济交往或合作,也会有许多不利因素。首先,区域经济一体化出现所带来的贸易转移效应,对我国的对外贸易,尤其是出口会带来不利的影响。国家集团一方面在内部加强合作,减少成员国间商品与生产要素等流动的壁垒,然而对外却高筑保护壁垒,各成员国对外实行统一的保护政策,关税尤其是各种名目的非关税壁垒很多。与成员国相比,我国的进入成本就会高出许多,一部分我国已经在集团内占有的市场会被某些成员国所占领,从而转移给成员国;而且,即使我国原来在某些成员国获得了较低的进入条件,但该成员国加入区域性集团后,由于实行统一的对外限制政策,我国也会失去这些有利条件,与该成员国的贸易会受到不利影响。此外,更重要的是,我们面对的是市场规模急剧扩大、经济实力大大提高、谈判能力或者讨价还价能力更强的主体,与单个成员国相比,在经济合作中要获得有利条件的难度加大,与部分成员国的矛盾可能会扩大到与整个集团的矛盾,从而失去整个集团市场,“规模成本”很高,而且与国家集团的矛盾还有可能影响到我国参与世界性组织所要达到的目的,因为国际集团在世界性组织或国际性组织中的发言权更大,其行使集体话语权、采取集体行动的力量更大。

就加入区域性一体化组织而言,比如我国与东盟建立自由贸易区,随着集团内部合作的加强,彼此交往更深、更频繁,成员国彼此间出现矛盾的几率就会增大,就越有可能出现摩擦。各国参与区域性集团,让渡部分主权是为了获得相当的利益,促进本国的经济发展。而在集团内部,由于各个国家的大小不同,经济发展水平与产业结构有所差别,经济实力有强有弱,获得一体化的利益肯定就有所不同。虽然彼此可能有很多互补的地方,但总体来说,经济发展水平高一些,实力强一些,产业结构合理一些,区域内合作的利益就会多一些,成员国因获利的不同对一体化合作的反应就不同,从而产生不满情绪和矛盾。和大多数东盟国家相比,我国的经济发展速度更快,经济实力尤其是后发的实力更强。建立自由贸易区原是为了打消东盟国家对我国入世后经济的快速增长会造成国际投资从东南亚地区转向我国,从而影响东南亚地区经济增长的担忧而提出来的。在第11届东盟首脑会议审议通过了制定东盟宪章的《吉隆坡宣言》,为东盟提供正式的制度框架和法律地位的情况下,如果不处理好彼此之间的矛盾,必然会对我国与东盟国家间的经济合作产生不利的影响。

虽然与区域性经济一体化组织合作往来有利有弊,但总体来说,是利大于弊,区域合作对于我国的经济发展来说具有十分重要的意义。比如从贸易转移效应来看,我国与发达国家集团成员国之间在技术或资本上面差距较大,彼此在产业上的相对优势差别较大,在很多产品方面互补性较强,在发达国家的主导产业、高新技术产业上还不能构成直接现实的竞争威胁,而对大多数发展中国家集团成员国而言,我国很多产业又比它们的更先进,更具有优势,同样互补性较强。与处于同一优势层次上的直接竞争产业相比,我国受贸易转移的影响相对较小。此外,区域经济一体化是当今时代世界经济格局发展的重要趋势之一,一国的经济发展与繁荣已经与其他国家的经济发展和繁荣紧密交织联系在一起。尽管追求国家利益仍是每个国家的考虑目标,但只追求自己的利益而不顾他国的利益乃霸权主义行为,也是我国一贯反对的行为。作为发展中大国,在与国家集团打交道时,我国固然要追求获取利益,但也得让与利益,尤其是同发展中国家集团合作交往时更应如此,在彼此合作互利中求得共同发展,而不是只求其利,把所有利益都据为己有,只求自己发展。因此,我们必须很好地利用这一国际经济主体,与其进行经济合作,促进我国经济发展。

三、跨国公司主体的利弊得失

(一)概述

对跨国公司有不同的称谓,20 世纪六七十年代在西方又称为多国公司、国际公司和全球公司等。联合国跨国公司中心曾广泛使用多国公司这一术语。随着世界经济与跨国公司的发展,1974 年联合国经济及社会理事会第 57 次会议决定对跨国公司的定义内涵进行限定,以后联合国统一使用跨国公司这一名称。联合国经济及社会理事会 1978 年在题为《世界发展中的跨国公司》的报告中对跨国公司下的定义是:“跨国公司是在作为基地的国家之外拥有或控制生产或服务设施的企业。这类企业并不是一定是股份化或私有的,它们也可以是合作制的或国家所有制的实体。”因此,本文对有国籍即一国公司投资控制或多个国家投资组成的无国籍的跨国公司统称为跨国公司。

在目前世界经济格局中,跨国公司是国际投资、国际贸易和国际技术转让的主要承担者,作为集投资、金融、贸易与技术转让于一体的与一般企业有别的特殊经营主体,在世界经济生活中扮演着越来越重要的角色,是推动经济全球化发展的最重要的力量。跨国公司由于其巨大的经济实力、在国家间的特殊身份以及在国际经济中的特殊地位,在国际经济中所发挥的作用愈来愈大,已经成为国际经济关系中最重要的行为主体。

第二次世界大战以后,特别是 20 世纪 80 年代以来,随着科学技术的进步和生产力的发展,资本主义实现了从国家垄断资本主义到国际垄断资本主义的过渡。在进入国际垄断资本主义阶段后,资本主义的对外扩张和争夺不再把重点放在为争夺最有利的商品市场和原料市场而战，而是为抢占最有利的投资场所而战，对外直接投资成为对外扩张的主要形式，跨国公司成为对外扩张的最主要的力量。“若不进行对外直接投资，也就不会有跨国公司，而没有跨国公司，全世界90%以上的对外直接投资就不会发生，二者如影随形，是分不开的。”[①]1992年，世界上的跨国公司总数为3.7万家，子公司数为17万家；到2002年，跨国公司总数增至6.38万家，子公司达86.6万家。跨国公司海外子公司的销售额早已超过世界出口额，1990年分别为54 670亿美元和43 810亿美元，到2000年分别增加到15.7万亿和7.04万亿美元，仅世界最大的500家跨国公司的销售额就占世界GDP的近1/2。[②]除一些大的国家和经济体外，单个跨国公司的实力已经超过了国家，在世界最强大的100个经济体中，从第27位的美国通用汽车公司开始，绝大部分已经是跨国公司而不是国家和地区，如美国通用汽车公司的年收入大大超过挪威、沙特、南非、希腊等国家。[③] 如果说二三十年前人们还认为民族国家是国际经济舞台的主角，那么，今天，跨国公司的快速发展、经济实力的不断增强、对世界经济的影响不断加深，使得人们对其不得不刮目相看。

各国之间的经济联系大多是通过国际分工和国际交换建立起来的。跨国公司在促进国际分工的深化、国际交换日益频繁的过程中扮演着特殊的角色，起着最重要的作用。同一国内部劳动的社会分工一样，国际分工也是科学技术进步和生产力发展的结果。影响和决定国际分工的仍然是科学技术与生产力水平。跨国公司是技术研究与开发的主要投资者，是促进技术与生产力的飞速发展的主要力量。在发达国家的技术创新中，主宰研究与开发投资的几乎都是跨国公司。在20世纪80年代，瑞士的3家跨国公司就拥有全国研究与开发投资的81%；在荷兰，4家大型跨国公司占全国研发投资比例的近70%。[④] 1990年，美国国内工业研发投资总额约为1233亿美元，而前10位大型跨国公司的研发投资就达246亿，占24.5%，而前50家大型跨国公司所占的比例近50%。跨国公司是先进技术的创新者和垄断者，因而也是先进技术在全球范围内转移与扩散的主体，从而决定和影响着国际分工及其分工模式的发展。当代国际分工出现的产业间分工、产业内分工与产品内分工并存的多层次的崭新格局和从生产分工向科研与生产分工、从制造业与初级产品分工向高技术与传统产业分工发展的趋势无不与跨国公司紧密相关。第二次世界大战后，随着科学技术水平与生产力的进一步发展，消费者对同类产品的需

① 李琮．当代国际垄断——巨型跨国公司综论．上海：上海财经大学出版社，2002

② 李琮．经济全球化的波动和前景．世界经济与政治论坛，2004(5)．3

③ 张幼文．当代国家优势——要素培育与全球规划．上海：上海远东出版社，2003．78～80

④ 李安方．跨国公司R&D全球化——理论、效应与中国的对策研究．北京：人民出版社，2004．180

求不同,产品差别的重要性日益重要,发达国家跨国公司纷纷在技术水平相同和收入相近的其他发达国家开展对外直接投资,生产不同的产品或零部件,形成了以发达国家制造业为主的产业内分工,或者叫产品间分工。从 20 世纪 80 年代起,第三次科技革命和产业革命带来了电子、信息、服务、软件、宇航、生物工程和原子能等新型产业,跨国公司纷纷进一步对外投资或采取供应链战略,零、配件和部件生产的专业化分工和工艺过程的专业化分工的产品内分工这一新的国际分工形式进一步发展,即跨国公司更多地把同一产品原来自己生产的许多零部件或生产工序安排在其他国家或地区进行。产品内分工不仅在发达国家之间开展,也更多地在发达国家与发展中国家开展,也就是有人所称的外包或加工制造模式。跨国公司这种内部分工使国际分工模式不再仅仅由市场来决定和安排,而更多地通过公司内部的决策机制或制度安排来进行,对传统的国际分工模式造成了巨大的冲击。

分工与交换是经济中同时存在的两个基本范畴,无分工就无交换,无交换也就无所谓分工。跨国公司对国际分工带来的影响同样对国际交换或贸易带来了影响,促进了国际贸易的发展。伴随行业内分工的发展,制成品贸易在世界贸易中的比重不断提高,发达国家之间的贸易占了绝大部分。1965—1983 年,发达国家之间的制成品贸易一直占这些国家制成品出口的 2/3 左右,而对发展中国家的出口比重则从 29% 下降到 26%。在跨国公司内部贸易中,作为最终制成品投入品的中间产品占了不少的比重。根据统计,1977 年美国制造业内部出口中,中间品占 34.1%,内部进口中半制成品为 37.6%,而且内部化率与产品的加工程度成正相关关系①。伴随产品内分工向发展中国家延伸,作为跨国公司内部贸易的产品内贸易迅速发展,其特点就是整个世界贸易中制成品比重不断上升,而发展中国家制成品贸易的比重上升更快。在我国,2004 年加工贸易额已经达到 5497.2 亿美元,占了我国对外贸易总额的 47.6%,加工贸易撑起了我国对外贸易的半壁江山。而在 2003 年,外资企业加工贸易出口占全国加工贸易出口的比重就达 78.68%。由此可见跨国公司对国际贸易的巨大影响。

跨国公司对外扩张是为了获得更多的剩余价值,其所作所为对国际经济利益分配同样产生了巨大的影响。跨国公司的内部分工,也就是把国际分工内部化,其目的是更充分地利用其他国家或地区的比较优势,化别国的比较优势为自己的比较优势,从而获得更大的利益。关于这点,在后面从供应链角度进行分析时会有更详尽的论述。除了这种分工对国际经济利益的影响外,跨国公司在内部贸易中还人为地制定内部贸易价格,即通常所说的转移价格来榨取他国财富。一般而言,为了逃避东道国的税收,尽可能多地榨取利润,跨国公司通常抬高母公司对子公司的出口价格,压低母公司从子公司进口的价格,从而人为降低在东道国的利润,减少

① 陈同仇,薛荣久. 国际贸易. 北京:对外经济贸易大学出版社,1997. 211

东道国的税收收入，并恶化东道国的贸易条件。当然，如果母国税收更高，则与前述相反，对母国的收入造成影响。此外，跨国公司为了利润，还拼命地压低所在国家工人的工资，榨取工人的血汗，掠夺别国的财富。2005 年 4 月 13 日，久负盛名的耐克公司发表了长达 108 页的《社会责任报告》，承认在其合同供应商的公司中，的确存在着盘剥工人强制他们超负荷劳动的情况。美国著名的制衣公司 GAP 也披露其设立在墨西哥、中国、俄罗斯以及印度的工厂工作条件恶劣，共有 136 个供货工厂存在雇佣童工、剥削工人每周工作超过 80 小时的情况。LEVIS 也在墨西哥存在同样的情况。[①] 所有这些，都对国际经济利益分配产生了不小的影响。

既然国家间的经济联系一般是通过国际分工与国际交换来进行的，那么，作为对国际分工和交换产生了重大影响的跨国公司对国际经济关系也就具有很大的影响。尽管"民族国家终结"一说过于偏激，但跨国公司对国家为维持宏观平衡和社会稳定所推行的任何妨碍其发展的管制性政策持抵触态度，以致国家控制力下降却是个不争的事实。事实上，母国的独立性越来越多地依赖于掌握并出售先进技术，依赖于跨国公司的革新能力和对世界市场的控制，从而保障经济的发展。基于对跨国公司依赖的无奈，母国需要扶植、保护跨国公司，以便能够保障自身合法性与作为"区域性"政治社会单位继续存在。而东道国由于为促进本国经济发展对跨国公司在技术和资金以及市场等方面的依赖性，也不得不将自己的一部分权力让渡给跨国公司。因此，跨国公司逐渐获得了一种在许多方面与国家合法性、国家角色相接近的历史合法性与社会角色，在国家与国家构成的国际经济关系中具有更大的话语权与决定权，左右、制约着着国际经济关系 。同时，"制度理论"揭示了国际制度对于国际行为主体的重要作用。作为重要国际经济行为主体的跨国公司自然清楚国际制度的重要性，为了保持全球经济竞争的优势地位，跨国公司总是在想方设法增强自己竞争能力的同时，积极倡导并努力建构新的不公正、不平等的国际经济秩序，以便为自己实现本行业的全球垄断寻求制度上的支持。作为母国的发达国家，为了自身的利益更是对这种不公正、不平等的国际经济秩序孜孜以求。比如 WTO 协定下为保护与贸易有关的投资协定以及知识产权保护协议等，都对跨国公司增强在全球的垄断和竞争力量在制度上进行了支持。

由于跨国公司的快速发展和对世界经济的重要影响，西方学者自 20 世纪 60 年代以来就从不同的方面与角度对跨国公司进行研究，继而形成了许多理论。"但他们的理论都有一个共同的缺陷，即脱离社会生产关系，只从生产技术、对外投资和经营活动的变化来分析问题，从而掩盖了发达国家的跨国公司垄断和对外扩张的本质，具有其阶级的局限性。"[②]列宁深刻地指出："生产集中发展到相当的程度，

① 以上消息据新华社报道，见《成都商报》，2005 - 04 - 18，第 8 版。

② 陈同仇，薛荣久．国际贸易．北京：对外经济贸易大学出版社，1997．227

可以说,就自然而然地直接走向垄断。”[①]因此,跨国公司是生产和资本国际化发展到一定阶段的产物,是国际垄断组织的一种形式。当国内垄断发展到相当程度,为了牟取高额垄断利润,垄断资本就必然向国外进行经济扩张,跨国公司就是垄断资本对外扩张的主要力量。作为垄断组织,跨国公司也是为适应生产力的高度发展而产生的,是社会性达到很高程度的企业形式。马克思深刻地指出:“在实际生活中……垄断产生着竞争,竞争产生着垄断。……垄断只有不断地投入竞争的斗争才能维持自己。”[②]科技进步与生产力的发展促进了跨国公司的发展,但跨国公司的发展又进一步推动和促进科技与生产力的发展。跨国公司在世界市场的激烈竞争促进了当代科学技术的高速发展,促进了全球资源更为有效率地配置,促进了各国的产业结构的升级和优化。我国学者李琮指出,作为垄断组织的跨国公司生来就具有两重性:一方面,它是生产高度社会化的代表,它适应和推进生产力的发展;另一方面,它又是私人占有制度的体现,惟利是图是它的本性。[③] 因此,对我们与跨国公司打交道必须实事求是、一分为二地辩证看待,而不是简单地看到某一方面的影响。

(二)跨国公司对我国的影响

1. 跨国公司在华投资对我国的影响

我国在改革开放后大力引进跨国公司,随着加入 WTO,我国经济进一步融入世界经济中,跨国公司加大了在我国直接投资的力度,世界企业前500强的跨国公司已有400多家在我国投资。不可否认,跨国公司在我国的直接投资对我国的经济发展起到了推动作用,主要体现在以下几个方面:

(1)可以增加产出,扩大就业,提高劳动力素质与资源利用率。由于跨国公司的进入,其带来的资本弥补了我国建设资金不足的问题,与我国的劳动力和其他资源结合在一起,使我国产出大量增加,而且解决了很大的就业问题。在2002年,全国工业就业人数8924万,但对外加工业就业人数就在3000万人以上,深圳、东莞、苏州等加工贸易发展迅速的地区,近年来新增就业主要都在加工贸易领域。[④] 同时,外资企业也为我国培养了大量的技术熟练工人以及经营管理人才,特别是将大量的农村劳动力培养成了有一定技术水平的农民工,提高了劳动力的素质,将简单的劳动力转化为了具有一定技能和水平的高级劳动力。

(2)健全和优化了产业结构,扩大了我国的对外贸易。随着跨国公司对我国的直接投资,许多原来没有的工业部门得到了建设,许多已有的产业也因技术的引进和外溢得到了提高和升级。我国的许多机电制造业,尤其是电子信息行业如手

① 列宁全集. 第22卷. 北京:人民出版社,1958. 189

② 马克思恩格斯选集. 第1卷. 北京:人民出版社,1995. 176

③ 李琮. 当代国际垄断——巨型跨国公司综论. 上海:上海财经大学出版社,2002. 490

④ 央视国际《信息报道》,http://www.cctv.com,2004-02-13

机业等，正是伴随跨国公司的直接投资而建立和成长起来的。此外，跨国公司对扩大我国对外贸易的作用更大。我国进出口总额在2004年已超过1万亿美元，是世界第三贸易大国。在2003年的对外贸易中，三资企业的出口占我国出口比重的55%，进口的56%。如果没有跨国公司的投资，没有三资企业的建立，我国对外贸易要取得目前这样大的进步是不可能的。

(3)提高技术水平与管理经验。跨国公司不仅是技术研发的主要投资者、开发者，还是国际技术转让的主要承担者，是我国引进先进技术的主要来源，而且其在我国的投资也带来了不少的先进技术，对我国提高技术水平有不可低估的作用。同时，作为适应生产力的高度发展而产生的，社会性达到很高程度的企业形式，跨国公司具有先进的管理经验，与其合作对提高我国的管理水平非常重要。事实上，这些年来外资企业为我国带来了不少先进的管理模式，在我国培养了不少优秀的管理人才，提高了我国企业的管理水平。

(4)增强了国内企业的竞争意识，促进国内企业提高管理水平与效益。跨国公司的进入，使国内市场面临更加激烈的竞争。在面对面的国内竞争中，跨国公司先进的技术水平和管理以及销售优势等使国内企业日益清醒地认识到自己的差距和不足，激发企业改进经营管理水平，加强技术创新的动力，客观上促进企业提高竞争能力，努力争取和获得竞争优势，从而增强我国企业在国际上的竞争能力。

(5)促进商业环境的改变。跨国公司对外直接投资，需要东道国一定的条件与之配合，需要合适的投资环境。这就要求和促使东道国加大基础设施投入，改善运输系统和通信系统、邮政与快递系统的条件和建设。同时，物料的进境和出境非常频繁，资金流动也比从前增加，这对促进海关、商品检验、银行等配套设施的建设和改善起了促进作用。基础设施得到改善，也就丰富了要素资源，能够吸引更多的对外直接投资，促进我国制造业和经济的发展。此外，为吸引跨国公司制定的种种政策，不仅为跨国公司扫清了障碍，也会使国家认识到这些政策对国内企业发展的重要性，国内企业也会获得比以前更为有利其发展的政策，从而促进我国经济的发展。

当然，跨国公司之所以对外直接投资，是为了追逐高额的垄断利润或剩余价值，需要的是东道国的丰富资源和国内市场，而东道国却是希望借助跨国公司获得其短缺的资金、技术和管理经验，目的是推动本国工业化进程和促进经济发展。二者之间固然可以各取所需，相互补充，但跨国公司追求利润与东道国发展经济的目标并不完全一致，不可避免地会发生冲突，并对东道国经济发展产生一定的不利影响。这里，我们主要分析跨国公司这一特殊行为主体所特有的负面影响。

(1)会影响国内宏观经济政策的适用性和使用效果。跨国公司利用其资金、技术等方面的优势和发展中国家急于发展经济而需要这些优势的有利条件和地位，在和国家的谈判中获得很多的国内企业不具有的优惠政策，这有时会和东道国的宏观政策相矛盾。国家想紧缩货币,降低通货膨胀,跨国公司却扩大投资,而且因其配套的需要,还会加大国内货币供给的需求,影响政策目的的实现。如在医疗领域,我国为保证人民的基本身体健康,使普通百姓能够就医治病,几次降低药品价格,但外资企业却拥有独自定价的特权,其同类成分的药品价格丝毫不降,是国内企业的好几倍,医院与药房都销售利润高的外资药品,结果不仅冲击国内制药企业,也使国家出台政策的目的落空。

(2)对国内民族产业会产生较大的冲击。跨国公司为了获取高额利润,不仅想要打进国内市场,垄断国内市场,还要尽力垄断国际市场。跨国公司充分利用了东道国的资源方面的比较优势,其生产和出口到母国或世界市场的产品大多也是东道国本身具有比较优势的产品,这就形成了与国内企业的竞争,将不少国内企业已经占有的国际市场份额抢占到自己手里,对国内企业造成很大的冲击,三资企业在我国出口中的比例超过半数就是很好的辅证。同时,跨国公司还会采取一切可能的手段垄断国内市场、排挤国内竞争对手。在我国,跨国公司实行大量的并购,在利润大或者地位重要的行业中对重点企业不惜高价收购,而对一般的行业企业则拼命压低收购价格;大量收购我国竞争性企业的知名商标或品牌,如果国内企业拒绝,则通过低价销售等迫使其出售转让,然后搁置不用,使国内同行企业失去竞争力,达到垄断市场的目的,影响我国民族产业的发展,如胶卷行业的乐凯胶卷被跨国公司收购就是很好的例子。再有,跨国公司投资还具有一定的"挤出"效应,通过配套资金或对原材料、能源的挤占来影响国内对民族产业的投资。此外,跨国公司还吸引走了国内本来就比较紧缺的优秀人才,一定程度上影响国内企业的发展。

(3)恶化贸易条件。西方经济学认为,如果直接投资在出口品的生产领域,且东道国是出口大国,就会恶化该国的贸易条件。跨国公司在我国的投资绝大部分集中在劳动密集型产业领域,作为世界上的贸易大国,产品生产的增加会增加我国的出口,出口的增加、竞争的加剧会降低产品的出口价格;同时,为了加工生产,需要进口更多的原材料或零部件,进口的增加会促使进口价格的上升,尤其是外资企业进出口额在我国占有很大比重的情况下,贸易条件恶化的影响将是不可低估的。此外,如此大的外资进出口比重,跨国公司内部贸易的转移定价对我国贸易条件的影响就比其他国家更为严重和明显。虽然目前缺乏这方面的实证研究,但我们绝不可以忽视其影响。

(4)与国内的产业政策相矛盾。吸引跨国公司投资是想引进其先进技术与设备,提高本国的技术水平,促进产业升级,尤其是高新技术产业的发展。但跨国公司的目的是追求利润、利用资源,而不会转移其先进技术来培养自己的竞争对手,影响自己对市场的垄断。因此,投资的大多数领域都是劳动或资源密集型产业,公司技术转让的水平偏低,而且以生产设备等硬件技术为主,其技术溢出的范围有限，即使是技术价值高的转让，其核心技术也会控制在母公司手中，与我国引进外资的根本意愿相违。如在我国汽车行业和电子行业，跨国公司进行了大量的投资，但关键零部件和关键技术一直控制在母公司手中，使我国不得不紧紧依赖其母公司，每年支付大量的技术使用费。即使将技术研究与开发转移到我国，也仅仅是部分环节的研究与开发，技术的最后合成是在母国进行的。此外，跨国公司还将大量的高能耗、高污染的行业投资转移到我国进行，影响我国的生态环境，从而对经济可持续性发展产生不利影响。

2. 基于供应链角度分析的跨国公司对我国的影响

前面对跨国公司进入我国的利弊从对外直接投资的角度做了一般的分析。但随着产品内分工的发展，跨国公司纷纷采用全球供应链战略，对各国比较优势的利用不再局限在自己直接投资办厂，而是把很多国家的企业纳入自己的生产体系中。所谓全球供应链是指跨越国界在全球范围内为了低成本、高效率地满足顾客的需求，围绕核心企业（通常是发达国家的大型国际化公司，尤其是跨国公司），通过对信息流、物流、资金流的控制，从采购原材料开始，制成中间产品以及最终产品，最后由销售网络把产品送到消费者手中的将供应商、制造商、分销商、零售商和顾客连成一体的一个整体网络。加工贸易或外包等就属于这一现象。由于全球供应链是由拥有技术或销售优势的跨国公司主导的，而广大发展中国家尤其是我国随着加工贸易的发展已深深地加入到其中，因此，从这一新角度来分析跨国公司的利弊就很有必要。

要很好地分析跨国公司主导的全球供应链的利弊影响，需要结合价值链进行分析。价值链（Value Chain）最初由美国哈佛大学教授迈克尔·波特于 1985 年提出，认为企业为股东、客户、职员等利益集团创造价值的过程可以分解为设计、生产、营销、交货等的基本活动和对产品起辅助作用的一系列互不相同但又互相关联的经济活动，或称之为“增值作业”，其总和即构成企业的价值链①。波特用价值链来分析企业的价值增值活动，看哪个环节增值最大，即对企业利润的贡献最大。供应链中各节点企业之间的联系活动就构成了供应链价值的增值，也是价值链。如果不分析供应链中各活动即各节点企业或各生产环节的增值情况，那就无法具体分析供应链利益，也无法知道其重点和核心环节，无法知道各国在供应链中的地位和利益分配，从而无法分析供应链对国际经济关系的影响。价值链中的各项增值活动就是供应链中的各项生产活动，增值是通过这些活动实现的。价值链注重各个生产环节的价值增值多少，从利润或价值的角度考虑和分析，关注的是利益的产生和利益的多少，不涉及如何管理和组织链条从而实现增值的问题。而供应链虽然包含资金流，但更关注物料的流动，更关注如何组织管理生产销售活动从而实现

① 迈克尔·波特．竞争优势．陈小悦译．北京：华夏出版社，1997．40

整个链条的增值并使增值最大化。

加入跨国公司主导的全球供应链,即我国所说的发展加工贸易,作为吸收外商投资的一种方式,对我国的经济发展当然也有前面分析的利弊影响。由于加入全球供应链的主体是企业,企业的发展又决定着一国的国家竞争实力,从而影响国家的长期发展,因此,我们根据供应链的特点,更多地从企业的角度来分析跨国公司全球供应链战略对我国经济发展的影响。

我国企业加入跨国公司主导的全球供应链,成为其中的一环,从促进企业发展的角度看,主要有以下几方面作用:

一是提供了企业以现有能力和水平参与国际分工的渠道。众所周知,我国企业普遍历史短,技术落后,资金匮乏,在全球竞争中处于落后的地位,其产品缺乏竞争力。而在目前的背景下,发达国家经济发展普遍速度放缓,其产业结构调整的步伐也有所放慢,但国内的保护呼声并没有因全球化的进展而减弱,落后的发展中国家都在走工业化发展的道路。这就造成所有发展中国家的优势产品——劳动密集型产品在世界市场上的竞争空前加剧,要想打入全球市场,在激烈的竞争中占有一席之地非常困难。全球供应链利用的是发达国家跨国公司的技术产品优势或销售优势,其产品的销售渠道或市场也是供应链中发达国家核心企业——跨国公司所提供的(由于核心企业通常是跨国公司,因此,在下面的论述中就用核心企业来代替跨国公司,以反映供应链的特点)。在供应链中,各节点企业的销售是基本稳定的,也就是说,全球供应链为我国的节点企业提供了一个基本稳定的全球市场,提供了一个在现有的技术水平和竞争能力上参与国际分工、进入国际市场的机会。同时,因供应链获得了进入国际市场的机会,就相当于企业面对的市场规模扩大,企业能够扩大生产规模,获得规模经济利益。

二是帮助企业学习和提高产品创新的能力。在供应链中,产品的核心技术或设计等是由核心企业或者在该领域具有领先优势的节点企业提供或进行的,一般比我国自身的技术和设计先进。虽然我国企业可能只进行部分环节的生产,但在长期的加工生产过程中,通过与自己的产品和自身原来生产的产品的比较,总会感觉和体会到其先进的地方,发现自己的不足,提高自己的创新理念和意识。同时,供应链的产品也不是一成不变的,为了满足消费者日益变化的多样化需求,产品在设计、功能与外观上也在不断变化。不断变化和更新的产品也会对节点企业的加工不断提出新的要求,各节点企业加工生产的过程也就是感觉和体验产品更新的过程。因此,企业自身的产品创新意识和能力会在全球供应链的运转中,在加工生产过程中得到提高。

三是帮助企业提高技术水平和学习先进的管理知识。首先,能够利用与核心企业的前后向产业关联或供应链中的前后关联,实行专业化生产,不断吸取核心企业的创新信息,提高企业的技术水平与开发能力。这也是葛顺奇在《论跨国公司技术转移与发展中国家技术模式选择》一书中认为的发展中国家技术发展的嵌入式技术模式[①]。同时，虽然核心企业具有和垄断着核心技术优势，但就其转移、外包出来的环节有关的技术而言，核心企业还是会通过内部化的方式让节点企业获得与利用。或者换句话说，与转移环节有关的技术，对供应链中的核心企业来说，已经不是具有核心竞争优势意义的技术，但对我国或发展中国家企业而言，却是先进的技术。这种技术一般会通过供应链的内部化而转移，通常不会先转移到链外的其他发展中国家的企业。全球供应链内的节点企业就有优先利用内部化转移提高技术水平的优势。此外，对国家整体经济来说，还有溢出效应和扩散效应。其次，供应链管理是一元化、系统化的管理，既重视效率，更重视效果，强调的是整个链条的效益最佳，以提高整个链条的核心竞争力为目标。我国节点企业在供应链统一的战略管理指导下获得的配置与协调资源的管理能力会得到提高。同时，由于供应链内部的紧密合作关系和信息共享机制，供应链有着比一般产业集群强得多的知识外溢效应。在和链条内的上下游节点企业的配合与联系中，也能学习到其他节点企业先进的管理方法与知识，提高企业的经营管理水平。

国家的竞争力和竞争优势是通过企业的竞争力和竞争优势体现出来的。如果企业发展核心竞争力、获得竞争优势的能力受到不利影响，那么，国家的竞争力与竞争优势就会受到影响，不利于国家经济的可持续性发展。而在跨国公司主导的全球供应链中，作为从事增值最低的加工组装环节的我国企业，增强核心竞争力、获得核心竞争优势的能力会受到相当大的不利影响。

第一，在供应链中获利地位低。供应链中的生产活动与过程就是产品的价值增值活动与过程。供应链的利益多少取决于增值的多少。在全球供应链中，由于跨国公司拥有技术和品牌等销售方面的绝对优势，专门从事技术的研发和销售活动，价值增值大；而我国等广大发展中国家只从事劳动密集型等对技术和资金要求低的加工或装配环节，因此价值增值有限。从这个角度讲，跨国公司分配得到的利益更多。同时，在知识经济时代，技术有着越来越重要的作用；在经济日益发达、产品日益丰富的时代，品牌和销售对实现增值及增值大小也有着越来越大的作用。就整个供应链来说，对技术和销售的依赖性大，而对劳动等一般传统生产要素的依赖性减弱，这必然导致对跨国公司的更多依赖，从而使利益的分配更有利于跨国公司。如果用我国台湾宏基公司董事长施振荣先生最早提出的描述电脑行业增值活动"微笑曲线"来说明供应链中价值增值和利益分配特征，那我国企业在全球供应链中这条微笑曲线中就处于增值最少的"下颌"部分，而跨国公司则处于微笑曲线最高的两端。供应链的绝大部分利润被核心企业跨国公司强占了。

第二，不能创立品牌，缺乏市场。全球供应链虽然是包括上游供货商和下游销

---

① 葛顺奇．跨国公司技术战略与发展中国家技术模式选择．北京：中国经济出版社，2001

售商与消费者的一个一体化网络组织结构,但由于其产品内分工的特点,各个节点企业只进行从原材料开始到最终产品销售给消费者过程中的某一项或几项活动,不可能参与全部活动。在我国,企业通常只进行加工或组装活动,而销售或者售后服务通常是由供应链中的发达国家企业进行。因此,虽然供应链的最终产品可能有很大的市场,但与该市场的联系却是掌握在核心企业的手上,我们并没有直接和消费者,和市场发生联系,哪怕即使打上由中国制造的标记也是如此。市场是对最终产品的核心技术,对最终产品的品牌的认同。然而,技术与品牌都没在我国企业手中,供应链的分工也不需要我们的企业进行品牌建设或者建立自己的品牌。因此,从这个意义上说,我们并没有因此而获得市场,更不用说扩大市场。

第三,技术差距扩大,加大技术依赖性。全球供应链中的专业分工拉大了技术差距。新产品开发、研究与设计等是由供应链中的核心企业跨国公司进行,而我国企业只从事劳动密集型这一块的加工或组装。即使可以因为专注于自己的核心业务,更容易进行技术创新,提高技术水平,但提升的也仅仅是与自己分工生产相关的某工序或零部件的技术水平,属于劳动密集型的低技术,不涉及整个产品的设计与开发,不是产品生产的核心技术,更不是该产业的核心技术,对整个产品开发和创新的能力并没有得到提高。而跨国公司是专门分工从事研究开发类的高新技术,开发与创新能力更进一步得到提高。这样,就造成了我国与跨国公司在技术水平和能力上的差距进一步拉大,依赖性也进一步增强。一旦脱离全球供应链,要自己独立生产和发展,就会由于缺乏该产品其他环节或工序的技术能力而困难重重。换句话说,供应链的分工造成技术先进的更先进,落后的更落后。

供应链中不利的利益分配影响着我国企业技术开发的投入和进步。进行技术创新,尤其是核心技术的 R&D 活动需要相当大的投入。当代先进技术越来越复杂,取得这些技术需要大量的投资,这就需要强大的资金实力做后盾。然而,发展中国家仅仅凭一点加工费用收入,或者说主要是劳动投入的回报,哪怕企业非常想进行 R&D 投资或者加大 R&D 投资 ,也是心有余而力不及。同时,市场的缺乏也制约着技术的开发与进步。技术是一种特殊商品,具有初次投入大,而边际使用成本为零的特点。企业具有广大的市场规模,就能够为企业的 R&D 投资创造的技术带来更大的投资回报。R&D 投资越多,边际成本就越低;产出越大,就越能获得利润增加 R&D 投资。产出大需要有一定规模的销售市场作为保证,而作为供应链中加工一环的我国企业,由于缺乏与市场的直接联系,没有庞大的市场,当然对企业的 R&D 投资有着很大的不利影响。

从上面的分析可以看出,全球供应链带给包括我国在内的发展中国家的企业的不利影响是动态的,是与企业的核心竞争力或竞争优势有关,与企业的长期和持续发展紧密联系的。为了有更为清醒的认识,我们再把产品内分工下跨国公司全球供应链战略对国际经济关系的影响与传统国际分工方式下的影响进行比较。

从提高企业产品开发能力与技术创新来看，我国如果依据比较优势理论的传统分工，即企业用自己自主开发和生产的产品在全球市场上和同类产品生产商进行竞争。无论是自己自力更生地加强研究与开发力度还是引进和学习国外的先进技术，都是围绕自己的整个产品的生产全部过程进行，在“干中学”提高的是企业从产品设计开发到生产的各个环节的技术能力与水平，是整体的创新能力的提高。而在全球供应链分工下，企业则只局限于某个加工环节的技术水平的提高，不是整个产品生产的技术提高。企业只能在该生产加工环节上提高竞争力，是局部性的提高，一旦脱离供应链，企业就难以生存和发展。

从品牌和市场方面看，传统的比较优势分工下，企业是把自己的商品出口到国际市场，虽然与发达国家相比没有品牌优势，但总有自己的品牌，可以通过不断的努力提高自己品牌的知名度，有建设成为名牌的可能。同时，企业是自己直接和市场打交道，销售渠道是自己建立的，获得的市场和消费者也是自己的，通过努力也可以扩大市场。而在全球供应链的分工体系下，品牌是跨国公司的，销售渠道和市场也是跨国公司的，自己只加工生产，不可能进行这两方面的努力。供应链虽然是资源共享，但就我国的加工企业自身而言，其实是与这些脱节了。一旦不被供应链选择为合作伙伴了，品牌和市场就一无所有。

从资源利用和利益分配看，传统比较优势利用自己的资源优势分工，完全是自己充分利用资源优势，通过交换获取分工的利益，虽然在交换中可能不平等，但本国的优势完全体现在自己的商品中。同时，产品所有工序环节都在国内进行，就相当于所有产品价值增值环节都在国内，利益大小受的是国际市场和自己本身产品的影响。但在全球供应链分工体系下，资源的优势不是本国企业独享，而是供应链核心企业全球竞争战略安排的一部分，是其全球生产、全球营销、全球采购战略的一个节点，是核心企业根据比较利益原则把发展中国家比较优势转化为自己的竞争优势的重要战略部署。我国加工企业只从事增值最低环节的加工，利益分配也主要由核心企业决定而不是由国际市场来决定，获得更多利益的机会减少，资源优势等被跨国公司利用。

从产业积聚效应来说，如果是依据比较优势的传统分工，发展中国家企业自己在国际市场竞争，国外有一定的销售渠道和市场，国内是从设计到最终产品的生产一条龙的全过程，也就是具有自己的产业链条。虽然这种松散的产业链不能和发达国家核心企业居主导地位的全球供应链相比，但至少有经过努力产业链升级的机会和可能性。同时，国内围绕该产业建立起来的产业集群是全套成体系的，这对于提升整个国家的产业竞争优势，使经济能够持续发展是非常重要的。但全球供应链分工体系下的围绕加工制造环节建立起来的所谓积聚还不能完全叫做产业积聚，因为加工还不是完整意义上的产业，即使因为不完整的积聚吸引了更多的供应链把加工环节安排在本国进行，也只不过是它们的一个加工基地而已，对国家经济的可持续性发展不能起到根本性的帮助。

虽然供应链理论和价值链理论从企业经营的角度看,对如何提高一个企业的竞争力,获得和保持竞争优势是很有益处的,但由于世界上跨国公司力量的强大,我国和其他发展中国家企业根本不可与它们同日而语,因此,这些现代的经营管理理论同样脱离社会生产关系,只从企业经营活动的变化来分析问题,从而掩盖了发达国家的跨国公司垄断和对外扩张的本质,具有其阶级的局限性。也正是由于我们与跨国公司力量的极其悬殊,由于跨国公司具有代表先进生产力的一面,对我国经济发展具有促进作用的一面,所以尽管我们要付出沉重的代价,我们也不得不正视它,接受它。只不过,我们必须对其影响要有清醒的认识,既不能全盘否定,也不能全部接受,要以我为主,做到今天的付出能够促进今后更好地发展。

四、经济利益与政治利益

进入21世纪,虽然和平与发展仍是世界的主流,但美国妄图称霸全球,建立自己主宰的单极世界,霸权主义、强权政治、边界纷争、民族冲突与地区战争等仍然威胁着世界的和平与发展。国际政治和经济的互动日趋明显,虽然国家经济利益日益成为国际关系的首要因素,但很难把经济与政治截然分开,单纯地用经济或政治的眼光看问题。改革开放以来,我们的国际环境得到了很大改善,但中美、中日等大国关系和国际政治、经济与安全领域和个别周边地区的不稳定因素都对我国的改革开放事业产生着影响。对此,我们必须要有冷静的分析和准确的判断。

经济利益与政治利益是国家利益的最重要的两个因素,而国家利益是国家提出和执行对外政策的前提,很难想像在国际经济交往中没有政治因素或政治利益的考虑。政治与经济从来就不是两个各自独立、互不影响的概念。政治和经济是两个既对立又统一、又相互联系与作用的基本范畴。经济是政治的基础,经济决定政治,而政治又是经济的集中表现,影响着经济,对经济有反作用,有时甚至是决定性的作用。国际经济与国际政治的关系同样如此,国际经济是国际政治的基础,决定着国际政治,而国际政治又影响着国际经济。国际经济利益与政治利益交织在一起,相互影响和相互作用。

经济利益是国家对外目标的核心,是最重要的国家利益。经济利益是国际行为主体在世界经济中的地位以及由此决定的经济要素的直接反映,表现为对一国经济发展、提高福利水平有用的因素。国家利益是主权国家对外政策追求的基本目标和对外行为的基本动因,其核心是有利于国家的生存和发展,而经济利益不仅仅是生存的基本条件,还是进一步发展的基础,是进一步发展的保障。各国之间的竞争主要表现为经济发展的竞争,主要集中在经济领域内获取和抢占领先的竞争优势。国家通过对外经济贸易政策,利用经济手段建立对外经济联系,目的是保证本国产品的销售市场和获得生产资源,防止本国受到不公正的待遇而影响经济竞争和发展。经济利益的矛盾和差异成为了国家间政治对抗与冲突的基本根源。比如发达国家利用不合理的分工和不平等贸易对广大发展中国家进行经济上的剥削，广大发展中国家为发展经济要打破旧的国际经济秩序，建立新秩序的矛盾就引发了南北政治问题，成为南北政治冲突的主要根源。经济实力是一国综合实力的最基本的要素和核心，是国家实力的最直接的物质基础。经济实力的大小决定着国家实力的强弱，也决定着国家的在国际政治中的地位。国际经济尤其是全球化的发展使得民族国家已经不再作为国际政治体系中惟一的行为主体，出现了相当数量的国际组织、地区组织、跨国集团等，国家的根本任务是发展经济，因此，国家利益更注重经济利益，国家间的关系更多地表现为经济关系。小约瑟夫·奈（Joseph Nye，Jr.）指出，以美国的实力维护世界秩序、促进开放的国际经济体系以及"以既有利于美国又有利于国际社会的方式塑造世界"列为美国重要的国家利益，其中把"最高的有限性给予国际体系中那些一旦处理失当就将对基本的国际秩序并由此对美国人生活和福利产生深刻影响的方面"。①

经济利益体现着政治利益，当今国际经济关系的政治性更强。国家的对外经济政策和对外交往并非纯粹是经济性的，都具有一定的政治目的，"国家间的经济关系在一定程度上是一种为谋求本国利益而建立的政治关系。它构成了当今国际关系的主要内容，同时也反映了国际政治的现实。"②吉尔平也认为，在国际无政府的状态下，由于资源的有限性，国际政治问题在某种形式上变成了对国际经济剩余分配和再分配的问题。③ 经济利益总是一定集团或某部分人的利益，即使是全部人的利益，只要涉及到利益分配，就会体现出集团或阶层间的差异，任何利益关系都具有明显的政治色彩。目前的区域经济一体化也带有政治色彩，比如欧盟的扩大和北约东扩就是紧密相连的。

政治利益对经济利益有着很大的影响。马克思和恩格斯认为："因为国家是属于统治阶级各个个人借以实现其共同利益的形式……一切共同的规章都是以国家为中介的，都带有政治形式"。④ 在国际政治关系中代表各自政治利益的各种政治力量的斗争对世界经济体系的形成有着重要的影响。不平等与不合理的国际经济旧秩序就是西方发达国家用军事手段瓜分市场与殖民地，实行强权政治的产物。而且，某种政治格局一旦形成，要改变就很困难，需要经过长期的努力和斗争。因此，对世界经济体系从而对经济利益将产生很大的影响。国家的对外经济贸易政策要服从于国家的政治目标，当经济利益与政治利益发生冲突时，让位的往往是经

---

① Joseph Nye, Jr. *Redefining the national interest.* Foreign Affairs, Vol. 78, No. 4, July/August, 1999. 22 ~ 35

② 宋新宁，陈岳．国际政治经济学概论．北京：中国人民大学出版社，1999. 66

③ 刘靖华．霸权的兴衰．北京：中国经济出版社，1997. 25

④ 马克思恩格斯全集．第3卷．北京：人民出版社，1960. 70 ~ 71

济利益。西方大国经常采用经济封锁和贸易禁运来达到政治目的,对实行国和被实行国而言,相当于回到了封闭经济的状态,对实行国的经济发展肯定不利,肯定有损实行国及其企业的经济利益,但此时政治利益的考虑已上升到了第一位。比如我国和西方发达国家,尤其是美国由于意识形态上的对立和差异,一直在技术贸易上受到其制定的“巴统”条款的限制,而限制技术转让肯定会影响研究发明这些技术的企业的经济利益。此外,意识形态、政治体制相近的国家更容易开展经济合作,相异的则容易产生分歧,阻碍经济合作,影响经济利益的实现。

经济利益如果没有政治权力的保护就无法得到保障,而政治权力如果没有经济基础就不会得到巩固。“在当今国际关系的现实中,世界经济与国际政治日益相互交融和相互渗透,已不存在纯粹的国际政治和国际经济。国际政治的较量归根到底是国际经济实力相互较量的一种形态,而国家对外经济利益的实现又依赖于本国在国际政治中的地位和作用;……国家对外经济战略中有政治利益,而对外政治战略中又有经济成分;国家对外经济关系中有政治措施,而对外政治关系中又有经济手段。”①

无论是国际政治秩序还是国际经济秩序,都反映了经济利益和政治利益的相互影响。联合国是最重要的一个国际组织,其决定影响着各国国内许多政策,但它主要为发达国家的政治利益服务,发达国家具有更大的决定作用。如为了争夺政治利益与领导权,美国和日本等用拖欠和少缴会费来威胁和牵制联合国,日本甚至公开采用经济引诱等来换取其他国家对其成为常务理事国的支持,用经济实力来换取政治利益。同样,作为世界经济三大支柱的国际货币基金组织、世界银行和WTO(GATT),也主要代表了发达国家的利益。第二次世界大战后,美国的力量空前强大,为美国按照自己的价值观和政治经济利益的要求建立美国主导下的资本主义世界秩序提供了前所未有的历史机遇,三大国际经济组织就是在这样的背景下,在美国的倡导和主导下建立的。这一新秩序的基础就是能够带来世界经济繁荣的所谓“全球自由经济体制”,其核心内容是各国按照比较优势原则从事国际贸易,输出或接受跨国投资,以此形成相互依存的世界经济体系,这种经济体系又必须由新的国际权力结构加以保障。为此,美国一方面推动成立了国际经济和金融组织,如关贸总协定、国际货币基金组织和世界银行,以促进资本主义全球经济体系的形成和发展;另一方面通过“马歇尔计划”和“道奇计划”对西欧和日本提供了巨额援助,推动西欧(特别是德国)和日本经济的复兴。而对发展中国家的援助等通常又与经济制度、政策等挂钩,以此来干预他国内政,从而巩固资本主义生产关系和维护其意识形态与价值观。

经济全球化是由商品资本、货币资本和生产资本的国际化推动的,国际经济利

---

① 宋新宁,陈岳. 国际政治经济学概论. 北京:中国人民大学出版社,1999. 73

益的争夺也主要集中在三种资本形态所在的贸易、金融与投资领域，在这三个领域，政治利益与经济利益的交织和相互影响也得到了充分的表现。

在国际贸易领域，无论是李嘉图的比较利益论、俄林的资源禀赋论还是克鲁格曼等人的规模经济新贸易理论，各国参与劳动分工、进行专业化生产然后进行交换都有利于劳动生产率的提高或扩大生产规模，获得国际贸易利益，改善参与国家的福利，此为经济利益。然而，在国际贸易中并非只考虑经济利益，政治利益深深地影响着国际贸易的进行。首先，政治力量推动着国际贸易的发展。在早期，为获得国际贸易利益，西方发达国家凭借强大的军事力量强行瓜分和占领国际市场，用武力为本国的商品开道；第二次世界大战后，又凭借强大的政治力量建立国际性贸易组织，迫使其他国家开放本国市场，为继续获得资源和市场建立制度性保证，促进本国国际贸易的发展。其次，国际贸易又是谋取政治利益的工具，这在我国与美国等西方国家等的贸易中表现非常明显。在 1989 年“六四”事件以后，美国等西方发达国家对我国采取贸易制裁，与美国的最惠国待遇谈判中历次美国都用人权等来加强谈判的砝码，在对美国的出口贸易中，还要我们出具非童工与“劳改人员”生产的产品证明等限制进口。而且它们还不时对其他国家挥舞贸易制裁与禁运的大棒。这些无不证明它们把国际贸易用作达到其政治目的的工具。再次，政治目标是制定对外贸易政策的重要考虑因素。在国内，国际贸易所获得的经济利益会使一部分人受益，另一部分人受损。不同的利益集团为了自己的利益运用资助竞选、院外游说等各种手段或方法来影响政治决策，使政府制定对其有利的贸易政策。除此之外，国家安全利益等政治利益也是制定贸易政策的重要考虑因素，是制定保护政策的重要理由或借口之一，而为获得如石油等战略性物质则不惜发动战争，推翻别国政府。最后，为促进彼此间国际贸易发展而建立起来的贸易集团也会促进政治联盟的形成和政治一体化的出现，加强彼此间的政治合作，提高在国际政治关系中的地位，从而更好地保证本国的经济利益与政治利益。

货币资本输出的本质是为了获取高额垄断利润，在国际金融领域，经济利益与政治利益的结合仍然十分明显。1944 年，为建立一个国际货币体制促进商品、服务和资本的国际交换，成立了国际货币基金组织和国际复兴开发银行（现在一般称世界银行）两个国际金融机构。这些国际金融组织本身就反映了不同国家的政治利益。国际货币基金组织本身就是美国凭借强大的政治实力战胜英国而建立起来的，现在成员国的投票权也是按认缴份额分配的，决策权体现了一国的经济实力。最初的布雷顿森林体系是美元与黄金挂钩，一切货币与美元挂钩，美元成为国际货币。美国凭借其“美元”霸权增强了其政治实力，国际货币基金组织为美国维持政治霸权提供了保证。正如吉尔平所说的，“美国基本上是利用美元的国际地位，解决了全球霸权的经济负担。"[①]国际金融机构在向发展中国家提供贷款时具有明显的政治倾向,要求接受国按其意愿确定宏观经济政策与目标,以及实现这些目标的政策与措施,包括物价政策、货币政策和财政政策等,干预接受国的内部事务。政府贷款同样有这样的附加条件,比如要求经济改革、实行私有化等。发达国家利用发展中国家的债务负担,进行债务安排时也附有种种苛刻的政治条件,以此作为获取政治利益的筹码,把国际货币体系作为维持国际政治旧秩序的工具。

从生产资本流动的国际投资领域看,经济利益与政治利益也是交织在一起并相互影响。资本输出国家利用输入国家发展经济的迫切心理和处于弱势的不利地位,在投资中以保证投资安全为理由和借口,提出种种苛刻的政治条件,迫使输入国家在政治与经济等方面做出让步,并通过控制输入国的经济命脉来控制其政治生活。同时,借用对外投资输出其本国的政治文化与价值观念,试图通过这种影响来改变输入国的政治价值观念,使输入国建立起符合自己政治需要的政治与经济体制。作为生产资本输出的主要承担者的跨国公司,为了获得高额的垄断利润,凭借强大的经济实力,不仅仅影响本国的政治决策,还通过本国政府或自己的种种努力,影响东道国的政治与经济。比如20世纪70年代的智利,美国电报电话公司担心具有马克思主义思想的阿连德当选总统后会采取国有化政策将自己拥有的智利电讯公司收归国有,从而出资出力资助反对派。在阿连德当选后,其又与美国中情局一道策划和发动军事政变推翻其政府。在跨国公司实力日益强大的当今世界,绝对不可以忽视跨国公司对国家政治的影响。

就我国的历史而言,在过去的一百多年里,西方列强用军事实力迫使我国认可并加入它们制定的不平等的国际政治秩序,签订了一系列不平等的政治经济条约,割让大片的土地,大量的沿海城市成为租借地,列强在中国领土上可以为所欲为。新中国成立以后,我国取得了真正意义上的国家政治独立,但西方国家一直没有放弃干涉中国内政、左右中国国际战略的图谋。冷战结束以来,社会制度和意识形态在国际问题中的作用下降,但是以美国为首的西方资本主义仍然对中国坚持共产党领导和社会主义制度耿耿于怀,始终对中国采取"西化"、"分化"战略,不断以"人权"、"民主"等西方价值观为借口,干涉中国内政。特别是随着我国改革开放的深入,深层次矛盾逐渐显露,国有企业下岗和失业工人、农民负担、腐败、民族和宗教纠纷等问题不同程度地存在着。国内外、境内外敌对分子、民族分裂势力、宗教极端势力(特别是法轮功等邪教组织)相互勾结,破坏我国安定团结的政治局面,越来越成为威胁我国政治利益的新因素。

改革开放以来,我国经济保持着持续的高增长速度,已经成为东亚地区经济增

① 罗伯特·吉尔平.国际关系政治经济学.杨宇光等译.北京:经济科学出版社,1989.156

长和贸易增长的发动机与稳定器。但在看到经济发展良好前景的同时，我们更应该关注我国经济利益面临的挑战与威胁。加入 WTO 固然使我国从经济全球化中受益，但西方发达国家要求中国进一步开放市场，同时又以各种方式设置壁垒，保护自己的市场，而且出于防范我国崛起的战略目的，对我国拓展西方市场、获得资金和先进技术进行种种限制。全球金融市场的动荡加剧，我国的实际金融状况堪忧，出现金融振荡的危险随时存在，发达国家的国际资本对我国金融市场虎视眈眈。我国对海外油气能源的依赖程度进一步加深，石油对外依赖度近 30%，而西方却散布中国油气威胁论，鼓动对中国进行能源的战略遏制；由于重要产油地区——中东、中亚、南中国海等局势不稳，中国的油气供应严重受制。此外，我国的经济利益还面临到其他很多新的威胁因素。

经济生活与政治生活总是紧密相连的，没有不考虑政治利益的经济利益，也没有不考虑经济利益的政治利益。在我国对外开放、促进经济发展的同时，绝对不能只为了经济利益而忽视政治与安全利益。当一国的安全与生存都有危险时，何谈国家的经济利益？在目前国际形势依然风云变幻，颜色革命在前苏联地区不断出现，依然面对我国台湾和周边不稳定的情形下，我们必须非常清楚地认识到经济利益与政治利益的相互关系，推动我国对外开放事业朝着健康的方向发展。

第九章 对外开放目标与形式选择

开放型经济以国内和国际市场一体化为基本特征，其范围包括商品市场、服务市场和生产要素市场。各国采取开放型经济战略措施由于各国国情、经济发展目标等因素的不同而有所不同，但其核心都是减少商品、服务与生产要素的国际流动障碍与壁垒，扩大本国的资源配置范围，促进商品与服务的国际贸易，扩大生产要素的国际流动的范围，加快了生产要素的国际流动的速度，进而达到促进本国经济发展的目的。

我国的对外开放战略，是多层次、全方位的对外开放战略。既要积极开展对外贸易，又要积极开展各种形式的国际经济合作，鼓励资本、技术等的生产要素的国际流动。各国政府促进货物、服务贸易与生产要素的国际流动等方面采取的国内措施包括行政手段、法律手段、经济手段等，如建立对外贸易（特别是出口贸易的）鼓励机制，制定吸引外资和外国先进技术的优惠政策，主动削减关税，减少非关税壁垒，等等。但是，由于各国的开放政策及相关举措的差异性的客观存在，使具体国家鼓励商品、服务和生产要素的国际流动的措施难以实行，因此，国家间的合作与协调是对外开放战略的重要组成部分，是减少商品、服务及生产要素的国际流动的障碍与壁垒的有效途径。这就要求我国在对外开放过程中，一方面要积极参与国际分工、国际贸易、国际投资，另一方面还要加强与各种国际经济组织的联系，积极参与国际经济活动的组织管理，通过国际经济组织、区域经济组织、政府间的双边与多边协定、政府首脑会议等多种形式的国际经济关系促进我国的对外开放。

一、对外贸易与对外开放

对外贸易是国际经济交往的基本形式，是国家融入世界经济体系，获取国际分工和商品交换的经济利益的重要手段。在实施对外开放战略的过程中，我国应当通过各种形式促进对外贸易（包括货物贸易与服务贸易），从而达到促进本国经济发展和社会进步的最终目的。

（一）国际货物贸易与对外开放

商品的国际流动即国际货物贸易是国际经济交往的重要形式，也是世界经济的重要组成部分。国际货物贸易的增长速度（用平均增长率衡量）大幅度高于世界经济总量的发展水平（见表 9－1）这一事实，充分说明了国际货物贸易在世界经济发展中的重要地位。从个别国家/地区的角度考察，经济发达的国家/地区，其对外贸易也比较发达，而经济发展水平较低的国家/地区，其对外贸易也相对落后。

表9－1　　1995—2004年世界经济总量及世界贸易总量对比

单位：10亿美元，%

年份	世界经济总量及增长率		世界贸易总量及增长率			
			货物出口			货物进口
	金额	增长率	金额	增长率	贸易量增长率	
1995	29 184.97	3.9	5161	19.3	7.4	5278
2000	31 455.18	4.6	6445	12.9	11.0	6697
2001	31 195.31	2.5	6191	－3.9	－0.5	6452
2002	32 410.03	3.0	6455	4.3	3.0	6693
2003	36 327.44	4.0	7482	15.9	4.5	7765
2004	40 670.54	5.1	9124	21.0	9.0	9458

资料来源：中华人民共和国商务部网站统计资料。

通过国际贸易，各国能够充分利用本国的比较优势参与国际分工，出口本国充裕的产品，进口本国稀缺的产品，满足国家经济建设和人民生活所需，从而促进经济发展和福利水平的提高。这种国家得自于对外贸易的利益早已见诸于不同时期的经济学家的经典论述。如凯恩斯对外贸易乘数理论所总结的那样，一国的出口通过带动出口行业的就业和消费的增加以及生产的扩张，进而带动其他部门的生产、就业和收入的增加。因此，一国净出口量的增加将导致国民收入的成倍增长。以我国为例，我国推行对外开放战略以来，对外贸易，特别是出口贸易飞速发展，20世纪70年代末期的外贸逆差状态迅速扭转，对外贸易额逐年增长（见表9－2），从1980年的570亿元人民币到2003年的70 483.5亿元人民币，对外贸易总额增长了123.7倍，外贸依存度（对外贸易总额占国民生产总值的比例）也从1980年的12.6%上升到2003年的60.4%，对外贸易对国民经济的拉动作用十分明显。

表9－2　　改革开放以来我国对外贸易与经济发展状况

单位：亿元人民币

年度	对外贸易			国民生产总值	外贸依存度（%）
	总额	出口	进口		
1980	570.0	271.2	298.8	4517.8	12.6
1985	2066.7	808.9	1257.8	8989.1	23.0
1990	5560.1	2985.8	2574.3	18 598.4	29.9
1995	23 499.9	12 451.8	11 048.1	57 494.9	40.9
2000	39 273.2	20 634.4	18 638.8	88 254.0	44.5

表 9－2(续)

年度	对外贸易			国民生产总值	外贸依存度(%)
	总额	出口	进口		
2001	42 183.6	22 024.4	20 159.2	95 727.9	44.1
2002	51 378.2	26 947.9	24 430.3	103 935.3	49.4
2003	70 483.5	36 287.9	34 195.6	116 603.2	60.4

资料来源:进出口额与国民生产总值指标源自《2004 年中国统计年鉴》,外贸依存度指标根据上述两项指标计算得出。

除此之外,国家得自对外贸易的利益还表现为对外贸易对就业的拉动,对技术进步的促进,对企业乃至整个国家的国际竞争力的培养等多个方面。仍以我国为例,在就业方面,出口生产部门及相关产业为社会提供了大量的就业机会,对外贸易发达的地区,如东部沿海一带出口导向的加工贸易发达的地区就业水平普遍高于内地,是众多务工农民的主要流向;在技术进步方面,通过对外贸易我国不仅进口了大量的先进技术、设备,满足了生产和建设的需要,而且,对外贸易还带动了我国高新技术行业的发展,近年来,我国高新技术产品出口逐年增加,电子技术、计算机、通信技术等类高新技术产品已大批量进入国际市场;在国际竞争力的培养方面,我国企业通过对外贸易多领域、大范围地参与国际市场竞争,获得了宝贵的锻炼机会和实践经验,国际竞争力水平得到提高,成就了一批世界级的跨国公司,根据《财富》杂志的统计,1995 年中国内地纳入世界 500 强企业的跨国公司只有 3 家,2004 年达到 14 家,位居发展中国家榜首。

(二)国际服务贸易与对外开放

贸易性质的服务,是指劳动者有偿为他人提供劳动的行为。当这种行为跨越国境时,我们称之为国际服务贸易。按照世界贸易组织《服务贸易总协定》(GATS)的界定标准,服务的类型包括:①从一成员方境内向任何其他成员方境内提供服务;②在一成员方境内向任何其他成员方的服务消费者提供服务;③某一成员方的服务提供者通过在任何其他成员方境内的商业实体提供服务;④某一成员方的服务提供者,通过在任何其他成员方境内的一成员方自然人的实体提供服务(GATS 第一条)。近年来世界服务贸易稳定增长,1995—2004 十年之间几乎增长了一倍(见表 9－3),成为世界经济的重要组成部分。

表 9－3　　1995—2004 年世界服务贸易情况

单位:10 亿美元

年份	1995	1996	1997	1998	1999	2000	2001	2002	2003	2004
服务出口额	1189	1275	1327	1341	1391	1476	1478	1570	1763	2100
服务进口额	1191	1262	1303	1327	1377	1461	1470	1546	1743	2080

资料来源:中华人民共和国商务部网站统计资料。

在实践中，国际服务贸易的具体形式包括运输服务、金融服务、通讯服务、医疗卫生服务、旅游服务等等。和国际货物贸易一样，国际服务贸易也是利用两种资源、两种市场进行经济建设，促进经济发展的重要手段。在结构合理的前提下，服务的进口，能够满足本国生产、贸易和人民生活的需要，带动资本输入，引入竞争机制，促进本国同类服务业的发展；服务的出口将增加服务业的收益，给服务业提供新的市场机会和发展空间。

国际服务业是知识密集型产业，因此，在国际服务业的市场竞争中，发达国家，特别是美国和西欧国家处于优势地位。以2003年为例，排名第一的美国占世界服务贸易进口和出口的比例分别高达12.5%和16%。与美国等西方国家相比，发展中国家的服务产业具有项目单一、技术与资本含量低、市场份额小的特点。我国的对外服务贸易起步较晚，和美、欧国家相比仍有很大的差距。近年来，我国的对外服务贸易进出口额稳步增长(见表9－4)，在世界服务贸易大国的排名逐步提升。根据WTO的统计，2003年中国和中国香港是纳入当年排名前十位的惟一的发展中国家/地区，2004年中国服务贸易出口世界排名第九、进口第八。但是，当前中国的服务贸易水平仍相当低，2004年中国服务贸易出口仅占贸易出口总额的9%，远低于19%的世界平均水平。因而，加强对外服务贸易，转变中国贸易增长方式极不平衡的发展态势成为现实需要。

表9－4　　2000—2003年中国服务贸易进出口额

单位:100万美元

年度	出口	进口	差额
2000	30 430	36 031	－5600
2001	33 335	39 266	－5931
2002	39 745	46 828	－6784
2003	46 734	55 306	－8572
2004	58 900	69 700	－10 800

资料来源:国家外汇管理局．中国国际收支平衡表(2000—2004)．2005

二、生产要素的国际流动与对外开放

(一)生产要素国际流动的客观必然性

生产要素的国际流动是对外开放的较高层次。生产要素是指进行物质资料生产所必须具备的各种条件，是各种经济资源的总和。传统的“三要素”论认为生产要素包括土地、资本和劳动，而在现代经济研究中，生产要素的范畴得到进一步的扩展，如劳动力、劳动对象、生产工具、劳动资料、基础设施、科学技术、生产管理、经济信息、现代教育等都可以纳入生产要素的范畴。我们认为，不同背景下的物资生产所需要和倚重的生产要素有所不同,在对外开放和生产要素的国际流动领域,最主要的生产要素包括资本、劳动力、技术与经济信息。

不同国家/地区间生产要素禀赋的差异性的存在,导致不同国家/地区同种要素的价格差别,使生产要素的国际流动具有客观必然性。而当今世界经济发展的不平衡性使得不同经济发展水平的国家的所供求的生产要素具有一定的互补性,如一些经济发达的国家所拥有的生产技术、资本等正是发展中国家所欠缺的,而一些发展中国家所盈余的劳动力、资源性产品等又是一些富裕国家需要输入的。这种互补性强化了各国对境外生产要素的国内需求,进一步推动了生产要素的国际流动。

(二)生产要素的国际流动是对外开放的重要形式

从国家经济贸易的具体实践来看,生产要素的国际流动形式可以分为两种:间接流动和直接流动。国际贸易是实现生产要素的国际流动的间接形式。在这种方式下,各种生产要素物化在商品中,要素的国际流动是通过交换那些利用本国禀赋丰富的生产要素生产的商品间接实现的,要素的交换价值通过商品的交换价值的实现而实现。在生产要素的直接流动方式下,生产要素在物资生产开始之前以独立的形态与名义向其他国家流动,其主要形式包括国际投资、国际技术贸易、劳务输出等等。

生产要素国际流动是科学技术和生产力发展的必然结果,是科学技术进步和生产力水平提高的自然反映,也是经济开放的表现形式。实施对外开放,就是要自觉地并千方百计地利用经济全球化和要素国际流动的形式,为我国社会主义建设服务。由于世界各国自然资源赋予状况以及经济发展水平的不同导致各国生产要素结构的不同,任何国家在其物资生产的过程中都不可能具有所需要的一切生产要素,或在要素供应上达到自给自足或成本最优。因此,只有推行生产要素的国际流动,各国才能获得自己稀缺的生产要素,并转移自己闲余的生产要素。当生产要素从要素禀赋丰裕的国家流向稀缺的国家,要素输出国能够获得更高的经济收益,并通过生产要素的输出融入世界经济和国际市场,深层次、多角度地参与国际分工;要素的输入国则通过输入要素弥补本国的资源劣势,获得本国稀缺的生产要素,满足国内生产和消费所需,促进本国经济的发展和福利水平的提高。对于整个世界经济而言,国家间的生产要素流动必然产生促进生产要素在全球范围内的合理配置的经济效应。从理论上讲,生产要素从丰裕国家向稀缺国家,从价格低廉的国家向价格高昂的国家流动,有利于各国在生产要素的最优组合的基础上进行物质生产,并通过国际贸易交换所得,最后实现提高各国的福利水平,促进世界经济良性发展的目的。

目前,通过生产要素的国际流动参与经济全球化,带动本国经济发展、技术进步和就业增加这种途径主要为发达国家所利用,但不少发展中国家也在积极争取外资、技术等要素的流入。发展中国家通过制定引资政策、改善投资环境等方式，鼓励外商直接投资，进而带动本国经济的发展。我国近年来的引资额在世界各国中一直名列前茅，资本的输入不仅给我国带来先进的生产技术和管理经验，带来新的就业机会，而且还有效地促进了我国对外贸易的发展，我国近年来由外资企业完成的对外贸易额占全国对外贸易总额的50%以上就是一个很有说服力的证明。在今后进一步推进对外开放的进程中应当根据我国生产要素的配置与需求状况，制定科学合理的政策措施鼓励和管理生产要素流动的战略部署，注重外资、先进技术、管理经验等生产要素的流入，注重通过要素的国际流动的方式推动我国剩余劳动力以及其他闲置资源的利用，从而推动技术革新与进步，提高劳动生产率，提高就业水平，促进国民经济的良性发展。

三、世界贸易组织与对外开放

随着时代的发展，国家与国家之间、地区与地区之间的相互联系日趋紧密。越来越多的国家深刻地认识到世界经济一体化已经成为当今世界经济发展和各国经济发展不可逆转的潮流，任何一个国家和地区都不可能在封闭经济条件下取得长远的发展。经济全球化要求资源配置全球化，生产要素流动和商品交换全球化，为了达到这个目标，需要全球性的经济竞争与合作规则，以及全球性的组织协调机构，世界贸易组织（World Trade Organization，WTO）作为世界上成员最多、影响最大的多边贸易组织，在这一领域发挥着十分重大的作用，其促进了世界货物贸易、服务贸易的制度与安排，是提高成员国乃至整个世界的经济开放水平的有效措施。研究对外开放形式，要特别注重积极参与国际经济贸易活动的组织管理，争取公平的国际经济利益分配，因而应该把世界贸易组织作为重要的研究对象。

（一）世界贸易组织的宗旨

1995年1月1日世界贸易组织成立，为建立新的多边贸易体系提供了组织和法律基础。《建立世界贸易组织协议》明确指出，世界贸易组织的宗旨为："提高生活水平，保证充分就业，大幅度和稳步地增加实际收入和有效需求，扩大货物和服务的生产与贸易，按照持续发展的目的，最优运用世界资源，保护和维护环境，并以不同经济发展水平下各自需要的方式，加强采取各种相应的措施"。

为实现这一宗旨，《建立世界贸易组织协议》的前言部分明确指出，世界贸易组织将"通过互惠互利的安排，导致关税和其他贸易壁垒的大量减少和国际贸易关系中歧视性待遇的取消"。这种安排的载体就是世界贸易组织规则，《建立世界贸易组织协议》的基本框架由前言、16条正文和4个附件构成。其中，附件I由多边货物贸易协定、服务贸易总协定和与贸易相关的知识产权协定三类文件组成；附件II由争端解决规则和程序谅解组成；附件III确立了贸易政策评审机制；附件IV是诸边贸易协定，包括：①国际民用航空器协议；②政府采购协议；③国际奶制品协议

(1997年被废除);④国际牛肉协议(1997年被废除)。此外,信息技术协议(ITA)、基础电信协议和金融服务贸易协议等世界贸易组织成立以后达成的多边贸易谈判协议也是世界贸易组织规则的重要组成部分。

(二)世界贸易组织有关货物贸易自由化的制度安排与成效

世界贸易组织是在关税与贸易总协定(General Agreement on Trade and Tariff, GATT)的基础上产生的。在关税与贸易总协定运作期间,其关注的主要问题是货物贸易,工作重点是对缔约方的关税与非关税贸易限制措施的管理。世界贸易组织正式成立后,其管辖范围已逐步扩展到服务贸易、投资、与贸易有关的知识产权保护等领域,但货物贸易自由化方面的工作仍然是其工作重点。

1. 世界贸易组织有关货物贸易自由化的规则

世界贸易组织有关货物贸易自由化的制度与安排贯穿于《1994年关税与贸易总协定》(简称GATT 1994)及与货物贸易有关的各个多边贸易协定和诸边贸易协定当中。有关贸易自由化的规则包括约束关税、一般禁止数量限制、禁止出口补贴、国民待遇原则、约束国营贸易、反补贴、国民待遇等。约束关税规则主要体现在GATT 1994第2条第1款,它要求成员国受关税减让表中所约定的关税税率水平的约束,在货物进口贸易中不得征收高于约束水平的关税。一般禁止数量限制规则体现在GATT 1994的第11条,其基本精神是,除了关税、国内税或其他费用外,任何成员国不得对任何其他成员领土产品的进口或向任何其他成员领土出口或销售供出口的产品设置配额、进出口许可证或其他措施的禁止或限制。WTO的国民待遇要求一个成员方给予其他成员方在本国设立的企业在自然人、法人、产品、投资、船舶和税收等方面的待遇等同于本国企业。有关货物贸易的国民待遇原则主要体现在GATT 1994第3条之中。按照该条款的精神,各成员方应当给予其他成员方的产品等同于本国产品的待遇的主要领域涉及国内税和其他国内费用,影响产品的国内销售、标价出售、购买、运输、分销或使用的法律法规和规定,以及要求产品的混合、加工或使用的特定数量或比例的国内数量法规。该原则要求成员方不得以为国内生产提供保护为目的歧视性地使用上述手段。约束国营贸易的规则主要体现在GATT 1994第17条以及WTO《关于解释GATT 1994第17条的谅解》中,它要求国家贸易企业在进出口贸易中遵循非歧视待遇的一般原则,并依照商业因素进行此类购买或销售,包括价格、质量、可获性、适销性、运输和其他购销条件,并应依照商业惯例给予其他缔约方的企业参与此类购买或销售的充分竞争机会,并要求每一成员应向货物贸易理事会提交关于国家贸易企业的通知,以便明确评价国家贸易企业的经营方式及其经营活动对国际贸易的影响。反补贴的基本原则体现在GATT 1994第16条当中,1994年《补贴与补贴措施协定》是对该原则的具体说明和补充,从而形成了完善、具体、可操作性较强的反补贴法律制度。该协定将补贴按不同特点划分为三种类型:禁止使用的补贴措施、可申诉的补贴措施和不可申诉的补贴措施,并针对这三种补贴制定了不同的救济方法和程序。

上述贸易自由化规则的确立,反映出世界贸易组织在推行货物贸易自由化方面沿袭了原关贸总协定的基本思路与举措,同时也体现了传统的自由贸易主义的基本思想,即针对国家管理货物贸易(特别是出口贸易)所依仗的基本手段——关税,确立削减和约束关税的规则;同时,反对成员国使用关税以外的其他手段,即通常所说的非关税壁垒(包括数量限制、国内税和国内费用等)限制进口。同时,世界贸易组织也注意到并反对国营贸易、出口补贴等做法对公平的国际竞争和贸易的影响与破坏。因此,以上各种限制关税壁垒、非关税壁垒以及不公平竞争的规则体现了 WTO 促进货物贸易自由化的态度与努力。

2. 贸易自由化的加速器——最惠国待遇原则及其效应

世界贸易组织的最惠国待遇原则要求一个缔约方给予另一个缔约方的关税减让或其他贸易待遇方面的优惠,应当无条件地适用于全体缔约方。GATT 1994 第 1 条第 1 款确立了货物贸易的最惠国待遇原则的具体内容,该条款规定,任何成员方给予来自或者运往任何其他国家的任一产品的利益、优惠、特权或豁免,应当立即无条件给予所有成员方的同类产品,涉及的具体领域包括:①对进口、出口或与之有关或进口、出口产品的国际支付转移所征收的关税和费用;②征收关税或其他费用的方式;③与进出口有关的全部规章手续;④国内税和其他国内费用;⑤有关影响产品销售、购买、运输、分销和使用的规则和要求。很明显,非歧视性、无条件性和普遍性是该原则的主要特征,其目的是使所有的成员方完全、充分地享受关税减让等方面的贸易自由化措施的成果,在成员方之间建立公平的市场竞争环境,促进商品在成员国之间的流通。因此,最惠国待遇原则是贸易自由化的加速器。它的存在,使任何两个成员国之间的贸易自由化成果得以被其他成员合法享有,是世界贸易组织被诸多国家所青睐的一个重要原因。

3. 世界贸易组织推行货物贸易自由化的成效

在削减关税方面,世界贸易组织继承和发展了关税与贸易总协定在促进货物贸易自由化领域的成果,从 GATT 到 WTO,成员方在关税削减方面的长期努力取得了骄人的成就。每个回合的多边谈判都会产生相应的关税减让(见表 9-5)。对于大多数发达国家,关税减让表中约束关税占全部税目的比例接近 99%,约束税率与实际征收的税率基本相当。在发展中国家,与世贸组织成立以前相比,受约束的税目由平均约 22% 提高到 72%,约束税率下的进口产品总额所占比例从世贸组织成立前的 14% 上升为 59%,转型经济国家约束关税比例从 73% 上升到 98%①。

---

① 翁国民. 入世与中国海关法. 上海:上海世界图书出版公司,2001. 39

表 9－5　各次多边谈判的内容与成果

轮次	时间	地点	参与国/地区	关税减让成果
一	1947 年 4 月至10月	日内瓦	23 个	达成减税协议 123 项，涉及 45 000 项商品，使当时占资本主义国家进口值54%的商品平均降低关税 35%
二	1949 年 4 月至10月	法国的安纳西	33 个	达成双边协议 147 项，涉及的减税商品增加了 5000 项，使占应征税进口值 5.6% 的商品平均降低关税 35%
三	1950 年 9 月至 1951 年 4 月	英国的托奎	39 个	达成双边减税协议 150 项，涉及的减税商品增加了 8700 项，使占进口值 11.7% 的商品平均降低关税 26%
四	1956 年 1 月至5月	日内瓦	28 个	涉及贸易额为 25 亿美元的减税商品，使占进口值 16% 的商品平均降低关税 15%
五	1960 年 9 月至1961年7月	日内瓦	45 个	就近 4400 项商品达成关税减让，使占进口值 20% 的商品平均降低关税 20%
六	1964 年 5 月至1967年6月	日内瓦	53 个	减税涉及贸易额 4000 亿美元的商品，使关税税率平均水平下降了 35%
七	1973 年 9 月至1979年4月	东京/日内瓦	102 个	减税涉及贸易额达 3000 多亿美元的商品；各国的减税幅度在 25%～30% 之间，使得关税税率平均下降了 35%
八	1986 年 9 月至1994年4月	乌拉圭	123 个	关税谈判被列为 15 个谈判议题的之一

在非关税壁垒的管理方面，为了配合 GATT 1994 有关消除非关税壁垒的各项规则的施行，WTO 管辖了多个规范和管理非关税贸易限制措施的协议，如《卫生与检疫措施协议》、《技术性贸易壁垒协议》、《海关估价协议》、《进口许可证程序协议》等等，促使缔约方大幅度地削减了曾经种类繁多并严重阻碍商品的国家贸易的非关税壁垒。

(三)世界贸易组织促进服务贸易与投资的制度安排与成效

1.《服务贸易总协定》与服务贸易自由化

《服务贸易总协定》(GATS)的产生将 WTO 的管辖范畴从传统的货物贸易扩展到服务领域。GATS 促进服务贸易自由化的安排可以分为两个方面：一方面是符合促进货物自由化的原则与方法的安排，如最惠国原则、国民待遇原则、透明度原则、经济一体化原则、例外原则等基于 GATT 1994 并贯穿于整个货物贸易协定的规则在服务贸易领域仍然是保障贸易自由化、透明化和公平化的基本制度；另一方面的安排则是基于服务贸易本身的特性与发展现状而制定的，如在服务贸易的自由化的进程方面，GATS 的基本原则是自由化的进程应考虑到各成员方的国家政策目标以及其整体和各个部门的发展水平。因此，各个发展中国家成员方在开放服务部门、放宽服务贸易限制，以及根据发展情况逐步扩大市场准入范围等方面，应给予适当的灵活性(GATS)。另外，GATS 还包括了 8 个附件、8 个部长决定和 1 项谅解，分别管理特定类型的服务贸易。

2.《与贸易有关的投资措施协定》的性质与影响

世界贸易组织《与贸易有关的投资协定》(TRIM)将管辖的范畴限定为与货物贸易有关的投资措施(TRIM 第一条)，并明确规定任何成员方不得在与贸易有关的投资行为中违反 GATT 第三条规定的国民待遇原则，以及第十款规定的普遍取消数量限制的原则(TRIM 第二条)。按照 TRIM 的附录"解释性的表"的规定，与 GATT 1994 第三条第 4 款规定的国民待遇义务不相符与贸易有关的投资措施行为，包括那些国内法或行政命令项下的义务性或强制执行性措施，或为取得优势地位所必需的措施，以及要求达到下列事项的措施：①企业购买或使用本国用品或来源于国内渠道的产品，不论这种具体要求是规定特定产品、产品的数量或价值，或规定购买与使用当地产品的数量或价值的比重；②限制企业购买或使用进口产品的数量，并把这一数量与该企业出口当地产品的数量或价值相联系。与 GATT 1994 第十一条第 1 款规定的普遍取消数量限制义务不符的与贸易有关的投资措施行为，包括那些国内法或行政命令项下的强制性或可予强制执行的措施或为取消优惠所必需的措施，以及下列限制：①一般性地或依企业出口本地产品的数量或价值，限制企业进口用于当地生产的产品或与当地生产相关的产品；②根据企业所创外汇的数量，通过限制其获得外汇的要求，限制企业进口用于当地生产或与当地生产相关的产品；③通过规定特定产品、产品数量或价格，或是规定其在当地生产的数量或价值的比重，限制企业出口或为出口销售产品。

从内容上看，TRIM 仍然是一个货物贸易协定，目的是为了防范成员方在管理外商直接投资的过程中采取歧视性的原材料或产品贸易政策，使与投资有关的货物的贸易背离 WTO 的基本原则。但是，这种管理制度的推行，客观上促进了与贸易有关的外商投资行为的规范化、透明化，有利于促进资本在成员方之间的流动。因此，乌拉圭回合推出了《与贸易有关的投资措施协定》，将与贸易有关的投资行为纳入 WTO 的管辖范畴，标志着 WTO 促进贸易自由化的工作正式涉足生产要素领域。

(四)对世界贸易组织促进成员方经济开放的效应的评价

世界贸易组织的宗旨体现了该组织通过减少贸易壁垒和障碍，促进货物、服务的生产与贸易，促进生产要素的国际流动，实现世界资源的合理利用的精神。世界贸易组织的基本原则贯穿于整个 WTO 规则，将从以下几个方面促进成员国对外开放的进程：

(1)为成员方提高市场准入程度提供原则性的指导和具体的操作方案。提高市场准入程度的实质就是提高贸易自由化的程度,鼓励商品、服务和其他生产要素在国际间的流动,因此,一个缔约方的市场准入程度的高低,可以用于衡量其对外开放程度的高低,而实现这一目的的手段,就是逐步削减关税与非关税壁垒,为资本及其他生产要素的流动营建适宜、宽松的环境。WTO 各个多边贸易协定项下有关关税减让、扩大贸易政策的透明度等方面的安排为市场准入的实现以及准入程度的提高奠定了必要的基础。

(2)创建了市场开放的倍增效应。最惠国待遇原则的普遍实行,促使一个缔约方对其他缔约方在市场开放方面的优惠能够被其他成员方所分享,扩大缔约方之间相互开放市场的范围和效应,从而产生市场开放的倍增效应,进一步加快成员方对外开放的进程。

(3)地位相同、机会均等。国民待遇原则则从地位相同、机会均等的角度提出了 WTO 对缔约方开放市场的要求,即一个缔约方应当给予其他缔约方的出口产品及服务在本国市场上与国产产品或服务相同的地位、条件和待遇,有利于促进成员方国内市场国际化的进程。

经过从 GATT 到 WTO 的制度建设,世界贸易组织在货物贸易和服务贸易自由化领域的成效无可置疑。在生产要素的自由流动方面,世界贸易组织目前的管理范畴还很小,尚未直接涉及资本、技术、劳动力等的国际流动问题。但是,世界贸易组织对生产要素的国际流动的促进作用仍然是巨大的:一方面,对与贸易有关的资本流动产生了积极的、直接的促进作用;另一方面,货物与服务的贸易自由化间接带动了技术等其他生产要素的国际流动。因此,世界贸易组织削减货物与服务贸易障碍与壁垒的种种安排,能够有效地促进成员方的对外贸易,对于生产要素的流动也有一定的间接促进作用。

(五)世界贸易组织与我国的对外开放

1. 我国基于入世承诺采取的积极措施

十一届三中全会以后,我国开始逐步推行对外开放的发展战略,在各种战略措施中,入世堪称最为重要的一项举措。在长达十余年申请复关/入世的过程中,以及入世后履行入世承诺的过程中,我国以世界贸易组织的基本原则为指导,按照世界贸易组织的法律体系和管理制度的具体要求,进行了多领域、多层次的改革、调整和建设。

在经济规则和法律体系的建立健全方面,我国逐步推行国际通行的经济规则,建立和完善既符合 WTO 规则又符合中国国情的经济法律体系。入世以来,我国按照世界贸易组织的原则与精神,修改完善对外贸易法律体系,修订《对外贸易法》,修改与制定配套法规(如《反倾销条例》、《反补贴条例》、《保障措施条例》、《货物进出口管理条例》、《技术进出口管理条例》等);修改完善外商投资企业法律及实施条例,完成对《中外合资经营企业法》、《外资企业法》、《中外合作经营企业法》的修订;针对服务行业的改革、开放和国际化,修改和制定了一系列行政法规和部门规章,涉及法律服务、保险服务、医疗服务、视听服务、旅行社服务等范畴;为履行WTO《与贸易有关的知识产权协议》(TRIPS)和我国在知识产权领域的其他承诺,进一步修改完善与贸易有关的知识产权法律体系,修改了《商标法》、《专利法》、《著作权法》,新制定了《集成电路布图设计保护条例》、《计算机软件保护条例》等行政法规。

在货物贸易对外开放与市场准入方面,我国采取各种积极有效的措施取缔各种非关税壁垒。许可证、配额等传统的非关税限制措施的覆盖面大幅度降低,同时根据入世承诺大幅度削减关税。2002 年 1 月 1 日起,我国大幅下调了 5000 多种商品的进口关税,关税总水平由 15. 3% 降低到 12% 。工业品的平均税率由 14. 7% 降低到 11. 3% ,农产品(不包括水产品)的平均税率由 18. 8% 降低到 15. 8% ,同时我国大幅减少暂定税率产品。2002 年,暂定税率产品由 523 种减至 209 种。自 2003 年 1 月 1 日起,我国降低了进口税则中 3019 个税目的最惠国税率,调整后关税算术平均总水平由 12% 下降至 11% 。同时,对 216 种进口商品实行年度最惠国暂定税率,对 23 种出口商品实行年度暂定税率。2005 年我国关税水平降至 10. 1% ,其中工业品平均关税降到 9. 3% ,农产品降到 15. 6% 。

在服务贸易的对外开放与市场准入方面,我国按照入世协议所规定的时间表,进行了积极充分的准备,确保规定行业、规定领域在规定时间的对外开放。如我国将在 2006 年给予取消外国银行国民待遇,允许外资银行向中国客户提供人民币业务。保险、电信、建筑、旅游、运输等行业也将按照入世承诺的标准和进度逐步对外开放。

2. 入世以来我国对外开放取得的成就

(1)贸易扩大效应显现,商品进出口贸易持续发展

入世以来,我国的商品进出口贸易逐年递增,2001 年我国出口商品总额为 2660. 98 亿美元,2002—2004 年分别达到 3255. 96 亿美元、4843. 71 亿美元和 5933. 69 亿美元,2005 年 1 ~ 9 月达到 5464. 19 亿美元。2001 年进口商品总额为 2435. 53 亿美元,2002—2004 年分别达到 2951. 70 亿美元、4128. 36 亿美元和 5614. 23 亿美元,2005 年 1 ~ 9 月累计达到 4780. 84 亿美元[①]。商品贸易的扩大,表明入世之后,世界贸易组织范围内贸易自由化条件下的贸易扩大效应显现,商品交换的国际化水平提高。另外,从我国的主要贸易伙伴的分布情况(见表 9 - 6)可以看出,我国的主要贸易伙伴基本上都是 WTO 的成员,我国对国内国外两种资源、两个市场的利用,最集中地表现为与 WTO 的其他成员方的合作与交换。

① 中华人民共和国商务部网站。

表 9－6　　2001—2004 年我国十大贸易伙伴

单位:亿美元

	2001		2002		2003		2004	
	排名	金额	排名	金额	排名	金额	排名	金额
全国总额		5096.5		6207.7		8512.1		11 547.9
1	日本	877.5	日本	1019.1	日本	1335.7	欧盟	1772.9
2	美国	804.8	美国	971.8	美国	1263.3	美国	1696.3
3	香港地区	559.7	香港地区	692.1	欧盟	1252.2	日本	1678.9
4	韩国	359.1	台湾省	446.5	香港地区	874.1	香港地区	1126.8
5	台湾省	323.4	韩国	440.5	东盟	782.5	东盟	1058.8
6	德国	235.3	德国	278.0.	韩国	632.3	韩国	900.7
7	新加坡	109.3	马来西亚	142.7	台湾省	583.7	台湾省	983.2
8	俄罗斯联邦	106.7	新加坡	140.2	俄罗斯联邦	157.6	俄罗斯联邦	212.3
9	英国	103.1	俄罗斯联邦	119.3	澳大利亚	135.6	澳大利亚	203.9
10	马来西亚	94.3	英国	114.0	加拿大	100.1	加拿大	155.2

资料来源:中华人民共和国海关统计。

(2)利用外资水平、生产国际化程度不断提高

在逐步履行入世承诺,不断提高市场准入程度,扩大开放领域的过程中,我国社会经济环境进一步改善,利用外资的水平不断提高。据商务部统计,2003 年全国新批设立外商投资企业 41 081 家,同比增长 20.22%;合同外资金额 1150.70 亿美元,同比增长 39.03%;实际使用外资金额 535.05 亿美元,同比增长 1.44%。2004 年全国新批设立外商投资企业 43 664 家,比上一年增长 6.29%;合同外资金额 1534.79 亿美元,同比增长 33.38%;实际使用外资金额 606.30 亿美元,同比增长 13.32%。截至 2004 年 12 月底,全国累计批准设立外商投资企业 508 941 个,合同外资金额 10 966.08 亿美元,实际使用外资金额 5621.01 亿美元。外资在华的主要领域是加工制造业,从而促进了我国加工贸易的持续发展,使我国企业以加工生产的方式切入产品生产和贸易的国际化领域。随着高新技术产品的加工制造业逐步以海外投资的方式进入我国,我国得自于外商直接投资的利益将继续增加。与此同时,我国日趋完善的投资环境和巨大的市场容量也给外国投资者提供了良好的发展机遇。1990—2004 年,外来投资者从中国汇出利润 2506 亿美元,中国美国商会调查显示,70% 的美国公司在华盈利,42% 的美国公司在华利润率超过其全球

平均利润率①。

(3)国民的经济开放意识逐步形成,“走出去”战略初见成效

配合我国的入世进程,我国政府在社会各阶层以各种适当的形式进行有关WTO规则、市场经济体制、对外开放等方面知识的普及,使各种社会经济单位(公司、企业等)逐步学会了以全球化的视角审视和策划自身的发展,并积极配合“走出去”战略,制定自身的全球化战略,开展各种形式的对外经济合作。根据我国商务部的统计,截至2005年9月底,我国对外承包工程累计完成营业额1279.7亿美元,签订合同额1758亿美元;对外劳务合作累计完成营业额341.2亿美元,签订合同额389.2亿美元;累计派出各类劳务人员336.2万人;对外设计咨询累计完成营业额13.4亿美元,签订合同额22.7亿美元。对外直接投资的发展速度也比较快。2005年1~6月,我国非金融类对外直接投资24.7亿美元,比上一去年同期增长269%,其中货币投资23.6亿美元,占总额的95.5%;实物投资1.07亿美元,占总额的4.3%;其他投资0.04亿美元,占总额的0.2%。

综上所述,入世近四年来,我国在充分利用两种资源、两种市场进行社会主义市场经济建设方面取得了十分明显的成效,有效地推动了我国的对外开放进程。另外,值得一提的是,入世之后,我国自觉履行入世承诺,削减贸易壁垒,扩大贸易政策的透明度。到2005年,我国的平均关税已降到9.9%,取缔了绝大部分非关税壁垒,累计清理、修订法律、法规、部门规章3000多部。在这样的市场环境下,我国进口贸易规模与出口贸易同步增长,2001年12月至2005年9月,我国平均每年进口5000亿美元,为相关国家和地区创造了约1000万个就业岗位②,说明我国商品市场准入程度在入世后得到快速、高幅度的提高,同时也说明了经济开放的中国对于世界经济的发展做出了巨大贡献。美国投资银行摩根士丹利公司的首席经济学家斯蒂芬·罗奇认为,中国对世界经济增长的贡献率大概为17.5%。这是因为中国经济的开放度非常高,中国的经济增长对世界经济有某种乘数效应。美国经济学家拉迪认为,中国经济的开放度大约比美国高1倍,比日本高2倍。中国经济的开放程度高主要表现为两点:中国经济的对外贸易依存度高;中国对外来直接投资一直持欢迎态度,是吸引国际资本最多的国家之一。中国的对外贸易增长如此之快,主要原因在于中国大量参与了国际垂直分工,来料加工贸易成为中国经济增长的重要组成部分。中国吸收了大量跨国公司的直接投资,导致了全球国际分工的深化和贸易量的增加,而且也使得中国的经济增长成为世界经济增长不可缺少的一个组成部分。

① 中华人民共和国商务部网站。

② 国务院新闻办公室．中国和平发展道路．人民日报海外版,2005-12-23

四、区域经济组织与对外开放

区域经济一体化是当今世界经济发展的重要特征之一,以欧洲经济同盟、北美自由贸易区为典型代表的各种形式的区域经济组织通过组织内经济贸易一体化安排乃至政治、国家安全等方面的一体化安排,不断消除各种阻碍区域内商品和生产要素流动的障碍与壁垒,使区域内各种经济资源的配置得到优化,各成员方基于比较优势参与国际分工的范围扩大、程度加深,从而提高了各成员方的对外开放水平,使国家、企业和消费者获益。因此,区域经济一体化也是国家对外开放的重要形式。

(一)区域经济组织:概念、组织形式与合法性

一般认为,区域经济组织是依托地缘关系而组成的国家/地区间的联合体,在这个联合体内,阻碍商品与生产要素流动的各种障碍和壁垒将由于区域内实施的各种优惠政策和共同措施而减少、削弱,商品与生产要素在区域内的跨国流动的自由程度得到提高。

区域经济组织的实质是各成员国通过实行一定形式的经济联合与政策协调实现共同发展,因此,世界上的区域经济组织通常按其实行经济联合和政策协调的程度和范围进行分类,包括优惠贸易安排(Preferential Trade Arrangement)、自由贸易区(Free Trade Area)、关税同盟(Customs Union)、共同市场(Common Market)、经济同盟(Economic Union)和完全经济一体化(Complete Economic Integration)六种形态。目前,欧盟经过多年的建设与完善,已经达到经济同盟的区域经济一体化层次。

尽管区域经济组织内的一体化安排与市场开放并不适用于组织外的其他国家和地区,但这种安排得到了 WTO 的认可。《1994 年关贸总协定》(GATT)第 24 条和《服务贸易总协定》(GATS)第 5 条确立了区域经济组织的合法性,使其成为 WTO 最惠国待遇原则的一个重要例外。GATT 第 24 条规定,GATT 的任何规定不得阻止在成员国之间建立关税同盟和自由贸易区所必需的过渡协定;GATS 第 5 条规定,本协定不得阻止任何成员参加或达成使服务贸易自由化的协定,只要此类协定涵盖众多服务部门并且在这些部门不实行或取消在国民待遇方面的实质上的所有歧视①。因此,区域经济组织的区域内一体化安排是符合 WTO 规则的,是各国推行对外开放的合法途径。

(二)世界主要的区域经济组织概述

20 世纪中期以来,有一定地缘关系的一组国家或地区所结成的各种形式的区域经济组织不断出现,成为世界经济领域中最引人注目的现象之一。由前苏联和东欧国家组成于 1949 年组建的经济互助委员会是世界上最早出现的区域经济组织,该组织已随前苏联的解体和整个东欧的政治经济形势的变化而宣告解体,而以

---

① 左海聪. 国际贸易法. 北京:法律出版社,2004. 335

欧盟、北美自由贸易区、亚太经合组织等为代表的其他区域经济组织则纷纷出现。

1. 欧洲联盟(European Union,EU)

欧盟的前身是成立于1958年1月1日的欧洲经济共同体,1993年《马斯特里赫特条约》(简称《马约》)生效后,欧洲联盟成立。欧共体最初只有比利时、法国、原联邦德国、意大利、卢森堡和荷兰6个成员国,后来先后吸收英国、爱尔兰、丹麦、希腊、西班牙、葡萄牙、奥地利、芬兰、瑞典等国加入,目前欧盟的成员国已经超过20个,是世界上一体化程度最高的区域经济组织。它已与世界上110多个国家建立了正式关系,我国也于1978年与之正式签订了贸易协定。

2. 北美自由贸易区(North American Free Trade Area,NAFTA)

美国和加拿大有关建立自由贸易区的谈判始于1985年,1988年11月两国政府签署《美加自由贸易协定》,1989年1月1日该协议正式生效。1991年两国与墨西哥开始进行将自由贸易协定扩展到墨西哥的谈判,最终于1992年8月17日达成《北美自由贸易区协议》。1994年1月1日《北美自由贸易协定》正式生效,标志着北美自由贸易区的产生。该贸易区是世界上第一个由发达国家与发展中国家组成的区域经济组织,它囊括整个北美大陆,经济实力足以与欧盟抗衡,对整个世界经济具有较大的影响。

3. 亚太经济合作组织(Asian-Pacific Economic Cooperation,APEC)

在亚太地区建立区域性经济合作组织的构想产生与20世纪60年代,但直到1989年11月,澳大利亚、美国、加拿大、日本、新西兰、韩国和东盟6国在澳大利亚堪培拉召开外交与经济部长会议,亚太经合组织才宣告成立。中国、中国台湾、中国香港于1991年11月 在APEC的第三次部长级会议上加入该组织,目前组织共有18个成员方,分别来自亚洲乃至西南太平洋区域。同其他的区域经济组织相比,APEC具有以下特点:一是成员国/方的地理范围广,人口多,经济政治制度的差别大;二是经济发展水平不同,有老牌的经济发达国家和地区,有新兴工业化国家和地区,也有发展中国家和地区。因此,APEC的建立并不像其他经济组织那样,是以地缘关系为基础而进行的合作,因此,其合作形式是以共同利益为基础的松散合作,是奉行"开放的地区主义",即"投资自由化的结果将不仅仅是亚太经合组织经济体之间,也将是亚太经合组织经济体与非亚太经合组织经济体之间障碍的实际减少。"因此,由于APEC的各种安排而导致的贸易、投资等领域的自由化成果,原则上适用于各国和地区——包括APEC的成员国/方和非成员国/方。

4. 东盟(The Association of Southeast Asian Nations, ASEAN)

东盟的全称是东南亚国家联盟。1967年8月8日,印度尼西亚、新加坡、泰国、菲律宾四国外长和马来西亚副总理在泰国首都曼谷举行会议,共同发表《东南亚国家联盟成立宣言》,宣告东南亚国家联盟正式成立,目前已拥有10个成员国(1984年文莱加入该组织,越南、老挝、缅甸和柬埔寨在20世纪90年代先后加入该组织)。1991年第三届东盟非正式领导人会议在菲律宾马尼拉举行后,东盟10个成员国加上应邀与会的中国、日本及韩国3个国家元首共同发表东盟“10+3”联合宣言,宣告13国同意在6个经济领域进行合作。东盟的宗旨是“提倡以平等及合作精神共同努力,促进东南亚地区的经济成长、社会进步与文化发展”。经过三十多年的建设与发展,东盟各国以经济合作为基础逐步在政治、经济、社会发展等领域建立了一系列合作机制,区域经济一体化程度逐步深化,成为整个亚洲地区乃至整个世界的一个重要的经济集团。

(三)主要区域经济组织有关商品和生产要素国际流动的制度与安排

1. 欧盟的制度与安排

在促进成员国之间的对外贸易方面,欧盟通过建立关税同盟等手段,逐步取消成员国之间限制货物贸易的关税与非关税壁垒。欧共体部长理事会于1968年6月28日通过了适用于欧共体各国的共同海关法则,将不同成员国的税征标准统一到同一水平之上。同年7月1日,欧共体原6国建成关税同盟,形成成员国内部低关税,对外实行统一高关税的关税制度,同时在成员国之间逐步取消各种限制货物自由贸易的关税与非关税措施。《建立欧洲经济共同体条约》制定了一系列与促进货物在成员国之间的自由流动有关的原则与安排,具体反映在第3条、第8条、第95条等条款之中,其基本精神就是逐步取消成员国之间的进出口关税和具有相同作用的国内税。如第3条规定“成员国应避免在它们之间对进口或出口引入任何新的关税或任何具有同等作用的捐税”,第95条规定“任何成员国对其他成员国的商品直接或间接征收的国内税均不应超过其对类似的本国产品直接或间接征收的税收。”在取消非关税壁垒方面,根据《欧洲经济共同体条约》第30~34条,“成员国间对进口施加的数量限制和一切具有同等作用的措施,应在不妨碍下述规定的前提下予以禁止”,“成员国应避免在它们之间引入任何新的数量限制或具有同等作用的措施。”

《建立欧洲经济共同体条约》还明确规定了有关人员、服务、资本自由流动的原则与安排,以此推动生产要素在成员国之间的流动。如《建立欧洲经济共同体条约》第48条规定了有关工人自由流动的一系列原则,如工人的流动自由应包含再就业、报酬及其他工作与就业条件;到过渡期结束时,工人的流动自由应在共同体得到保障;废止成员国工人间的任何以国籍为依据的歧视;工人的自由流动应包括接受已经实际提供的工作,为此目的在成员国的领土内自由流动,按照该成员国有关就业的法律、法规和行政条例在该成员国境内居留或就业,就业后根据委员会即将制定的实施条例所规定的条件,继续居住在该成员国境内等权利等。第52条规定了有关开业自由的原则,规定成员国应在过渡期内逐步取消对其他成员国国民在本国领土内开业的限制,并且将消除限制的规定逐步扩大到其他成员国国民在本国领土内开设办事处、分支机构或下属机构。第59条规定了服务贸易自由的原则:“在共同体内自由提供服务上所受到的限制应在过渡期内逐步地予以废止。”同时,《建立欧洲经济共同体条约》还规定了在资本流动方面要实现的目标,1993年正式生效的对资本的自由流动又进行了进一步的强调与规定。1993年《马斯特里赫特条约》1月1日欧洲统一大市场正式启动后,商品、服务和资本在欧共体内部实现自由流通。

2. 北美自由贸易区的制度与安排

北美自由贸易区的建立在某种程度上是仿效欧盟建立大市场的做法,因此,《美加自由贸易协定》和《北美自由贸易协定》均以促进成员国之间货物、劳动力、资本自由流通为核心,并对此做出相应的安排。如《美加自由贸易协定》规定,美加两国在10年内逐步取消两国间的一切关税,并有步骤地减少制造业、能源、农业以及银行服务业等方面的其他贸易壁垒。《北美自由贸易协定》规定,三国应当消除缔约方之间货物与服务贸易的障碍,便利缔约方之间货物与服务贸易的流动,在2009年以前,取消所有商品的关税和数量限制,实现区内贸易的完全自由化。在投资方面,协定规定将取消重要的投资壁垒,保障三国的投资者的利益,促进资本流动。在人员流动方面,协定规定三国应当批准商业旅游者、商人、投资者、一定级别的专业人员等临时入境。在处理美加和墨西哥的贸易关系上具有市场互换的特点:墨西哥以开放服务贸易市场为条件换取出口产品在美加市场的更高的准入程度。如该协定规定,墨西哥开放电信设备和服务市场,开放墨西哥封闭的金融服务市场,允许美国银行和证券公司在墨西哥建立独资分行或子公司,给予在墨西哥经营的美国公司国民待遇,允许美国铁路在墨西哥境内提供服务,而美国对墨西哥出口的工农业的65%左右将立即免税,或5年内免税,等等。

3. 亚太经合组织的制度与安排

亚太经合组织有关商品与生产要素的自由流动的安排是在充分考虑不同经济发展水平的成员方的具体情况的基础之上逐步推出的。1991年11月的汉城宣言明确规定亚太经合组织的宗旨是推动全球贸易自由化,促进成员国间贸易、投资和技术领域的经济合作。1993年11月《贸易和投资框架宣言》则指出该组织的目标是推动亚太地区以市场为导向的经济合作,促进该地区贸易、投资自由化的发展,消除APEC成员间的贸易和投资障碍。有关贸易投资自由化的具体安排主要体现在以下文件之中:1994年11月《亚太经合组织领导人共同决心宣言》(简称《茂物宣言》),确立了发达国家及新兴工业化国家在2010年前,发展中国家在2020年前实现区域内贸易和投资自由化的目标。

1995年11月《大阪宣言》公布了贸易和投资自由化的首次行动措施——《大阪行动议程》,具体规定了各成员方在贸易投资自由化和便利化工作的合作领域,涉及关税、非关税措施、服务、投资、标准与合格评定、海关程序、知识产权、竞争政策、政府采购、放宽管制、原产地规则、争端调解、商务人员的流动、乌拉圭回合结果的执行、信息收集与分析等方面。其中,在关税与非关税措施方面,规定各成员方应当逐步削减关税,通过建立关税数据库和其他方式交换信息,提高关税制度的透明度,逐步削减非关税措施,通过建立非关税措施数据库、编纂非关税措施清单及产品清单等方式,提高各成员方非关税措施的透明度;在服务方面,规定成员方逐步减少服务贸易的市场准入限制,为服务贸易提供最惠国待遇和国民待遇;在投资方面,规定成员方逐步为投资者提供最惠国待遇和国民待遇,提高投资体制透明度,促进投资制度和投资环境的自由化,同时通过技术援助和合作活动促进投资;在商务人员的流动方面,规定成员方应通过交换商务人员流动的规章制度的信息,加速短期流动中的问题的处理等措施,促进商务人员在本地区的流动。

1996 年 11 月《马尼拉行动计划》正式公布了各成员提交的实施贸易与投资自由化的单边行动计划和具体措施,具体落实各成员方对贸易投资自由化的承诺。为了推动电子商务的发展,1998 年 APEC 领导人在马来西亚吉隆坡会议通过了《APEC 电子商务行动蓝图》,根据不同国家经济水平的不同,提出了发达国家于 2005 年,发展中国家于 2010 年实现无纸贸易,2015 年 APEC 整体实现无纸贸易的发展目标。

4. 东盟的制度与安排

东盟有关区域内商品与生产要素的自由流动的举措主要涉及货物与资本的流动,并贯穿在其建立东盟自由贸易区(AFTA)的安排之中。1992 年 1 月,印度尼西亚、马来西亚、菲律宾、新加坡、泰国、文莱东盟六国在新加坡签署了设立东盟自由贸易区的协议,同时还签署了代表发展东盟的“东盟自由贸易区共同有效普惠关税方案协议”(CEPT),确定在未来 15 年内,即在 2008 年前成立东盟自由贸易区。1995 年召开的东盟首脑会议决定加速 AFTA 成立的时间表,重新议定了各成员国为建成 AFTA 而实现贸易自由化的时间表。

“共同有效普惠关税”计划是东盟推行货物贸易自由化的代表性举措。按 1992 年的 CEPT 协议,要求各成员国对选定的共同产品具体排定减税的程序及时间表,并从 1993 年 1 月 1 日起的 15 年内,逐步将关税全面降低至 0 ~5% 。减税计划按产品类别的不同分为快速减税和正常减税两种方式。适用快速减税计划的产品包括植物油、药品、肥料、皮革、纸浆、珠宝、水泥、化学药品、纺织品、铜电线、电子产品、木藤制家具品、陶瓷及玻璃制品。在快速减税计划下,税率在 20% 以上的产品在 10 年内降至 0 ~5% ;税率在 20% 及其以下者,在 7 年内降至 0 ~5% ,2000 年 1 月 1 日前完成。适用正常减税计划的产品,产品税率超过 20% 的,在前 5 ~8 年降至 20% ,再按约定的进度在 7 年内降至 0 ~5% ;产品税率在 20% 及其以下者,在 10 年内降至 0 ~5% 。2002 年 1 月 1 日东盟自由贸易区正式启动后,开始实施自由贸易区实现区域内贸易的零关税计划,文莱、印度尼西亚、马来西亚、菲律宾、新加坡和泰国 6 国于 2002 年将绝大多数产品的关税降至 0 ~5% ,越南、老挝、缅甸和柬埔寨4国将于2015年实现这一目标。

东盟推行投资自由化的举措以1995年12月的“东盟投资区”计划为核心，按照该计划，区域内所有成员国从2010年起对其他成员国的投资者开放所有产业，并适用国民待遇，从2020年起区域内的投资自由化将普遍适用于所有的投资者。当然，产业对外国投资者的开放也不是无保留、无保护的绝对开放，成员国可以保护国家安全、人类、动物、植物生命或健康、公共道德等为目的，采取限制措施。

（四）区域经济组织内商品和生产要素流动的特点与影响

虽然各个不同的区域经济组织的一体化形式和程度各不相同，但它们都积极采取措施促进成员国之间的相互贸易，以及生产要素在区域内流动。这种共同的做法的特点是：①促进商品贸易的主要手段与世界贸易自由化的措施一致，即削减关税和非关税壁垒，但这种削减仅限于成员方之间，而不适用于其他非成员方。②并非所有类别的产品都适用区域经济组织的减税安排，如在东盟的CEPT计划中，有关国计民生的产品，有关国家安全、人类、动植物生命的有关物品，以及有艺术、历史、考古价值的物品等均不纳入减税的范畴。③相对于商品流通的自由化，各组织对生产要素的自由流动的态度要谨慎得多。不同的区域经济组织对于生产要素在区域内的流动的自由度有不同的限定，并与该组织的一体化程度基本保持一致，即一体化程度较高的组织（如欧盟），生产要素流动的自由度越高，反之，则较低。④服务贸易的开放成为现代区域经济组织关注的重点之一，如北美自由贸易区内已经开放和按约定逐步开放的服务部门涉及运输、银行、保险、证券、电信等多个领域。

结合上述特点我们认为，区域经济组织的存在对贸易自由化和生产要素的国际流动的影响具有双面性。一方面，区域经济组织提高了商品、劳务、技术、资本等在区域内的流动性，提升了成员国之间市场与资源的开放程度。欧盟各国通过建立关税同盟，削减非关税壁垒，建立欧洲统一的大市场等措施，典型地实现了关税同盟的“贸易转移”、“贸易创造”和“贸易扩大”效应，实现了生产要素在欧盟各国的自由移动，以整个欧盟集团为单位，而不是以个别国家为单位，对生产要素进行优化组合和合理配置，从而深化了各成员国之间的分工协作，降低了物化在商品中的生产要素成本，为区域内的厂家，特别是跨国公司实现规模经济效应提供了必要的条件，使各国的国际竞争力水平得到大幅度的提高。而在另一方面，区域经济组织由于存在贸易转移机制，从而又在一定程度上制约了成员国对集团外的国家和地区的开放。1993年墨西哥加入北美自由贸易区之后，由于贸易集团化的贸易转移效应的作用，该国对美国的纺织品、服装等产品的出口大幅度增加，取代中国成为最主要的出口国。加入北美自由贸易区之前，墨西哥的贸易逆差达135亿美元，主要来自于美国、德国、日本，三者加总占墨西哥全部外贸逆差的60%。加入以后，由于对美、加的出口逐年增加，贸易逆差逐年减少，到2004年底，墨西哥的外贸顺差达到 450 亿美元,而美国则成为墨西哥最大的顺差来源国①。

集团内各种促进商品、服务和生产要素的自由流动的制度与安排适用于成员国,而不适用非成员国,使商品、服务和生产要素的流向内部化,相对地加大了集团内外的国家和地区之间的贸易难度和生产要素流动的难度,使得集团内的国家和地区的对外开放更多地体现为对本集团的其他成员国的开放,而对于集团外的国家和地区的开放程度则相对降低。同时,为与其他区域经济集团或贸易大国抗衡而组建或扩大区域经济集团的倾向也非常普遍,北美自由贸易区就是一个典型的例子。

(五)区域经济组织与我国的对外开放

从上述有关区域经济组织的商品与生产要素自由流动的特点与影响的分析中可以看出,针对当代世界经济领域区域经济组织不断出现,贸易集团化趋势不断增强的形势,国家的对外开放形式之一就是顺应潮流,一方面积极参与区域经济集团,谋求区域经济一体化带来的经济效应;另一方面,与其他区域经济组织开展各种形式的合作与对话,最大限度地促进本国与其他区域经济组织之间的商品贸易与要素流动。目前,我国在这一领域已经取得一定的进展。

1991 年我国正式加入 APEC 以来,始终遵循 APEC 的宗旨和原则,主张 APEC 应坚持开放的区域主义,APEC 成员之间以及 APEC 成员与非 APEC 成员之间均应逐步消除经贸关系中的各种歧视与限制,相互开放,共同繁荣,逐步实现贸易投资自由化,并对 APEC 的发展与完善提出了许多积极可行的倡议。如在西雅图会议(1993)上提出"相互尊重、平等互利、彼此开放、共同繁荣"的区域经济合作指导原则;茂物会议(1994)上提出"相互尊重、协商一致;循序渐进、稳步发展;相互开放、不搞排他;广泛合作、互利互惠;缩小差距、共同繁荣"的亚太经济未来发展五项原则。我国与其他 APEC 成员之间的经贸关系发展迅速,1999 年我国与 APEC 的其他成员国之间的贸易额达 2709.7 亿美元,占我国当年贸易总额的 75.1%。日本、美国、东盟、韩国、澳大利亚、俄罗斯、加拿大以及我国香港和台湾地区等 APEC 成员国/方,一直是我国最主要的贸易伙伴,也是最主要的对华投资国家/地区。

我国与东盟的关系在 1999 年 1 月东盟"10 + 3"会议之后取得实质性的进展,2001 年 11 月在文莱举行的第五次东盟与中国领导人(10 + 1)会议上,我国与东盟各国领导人达成共识,同意在 10 年内建立中国—东盟自由贸易区;2003 年 10 月 8 日,在印度尼西亚巴厘岛举行的第七次东盟与中国领导人会议上,我国宣布加入《东南亚友好合作条约》,并与东盟签署了宣布建立"面向和平与繁荣的战略伙伴关系"的联合宣言。1990 年以来,中国与东盟的进出口贸易额以年均约 20% 的速度递增;东盟已连续 11 年成为中国第五大贸易伙伴。2003 年我国对东盟的进出口

① 李玉举. 从 NAFTA 看贸易转移效应. 国际商报,2005 - 09 - 07

总额为 782.6 亿美元(其中进口总额 473.3 亿美元,出口总额 309.3 亿美元),2004 年达到 1058.8 亿美元(其中进口 629.8 亿美元,出口 429.0 亿美元),占我国当年进出口总额的比例均在 9.2% 左右①。

欧盟是我国最主要的伙伴之一,1999—2004 年间,欧盟 15 国占我国外贸增长总量的 14%(出口占 17.5%,进口占 10.8%),1996 年中欧进出口贸易总额为 396.87 亿美元,2000 年为 690.37 亿美元,2004 年到 1772.86 亿美元,占我国当年进出口总额的 15.4%,八年之间增长约 4.5 倍,并呈继续增长的态势。欧盟还是我国技术引进的主要来源地。2005 年,我国与欧盟签订技术引进合同 90.7 亿美元,同比增长 64.5%,占当年技术引进合同总金额的 47.6%,超过我国与日本和美国签订的技术引进合同金额的总和②。鉴于欧盟国家以多领域、多层次的一体化为特征的特殊体制,我国历来十分重视与欧盟的对话与合作,并与欧盟签订了一系列经贸合作协议。1998 年 4 月在第二届亚欧会议期间,中欧建立了中欧领导人年度会晤机制。欧盟也十分重视与中国的经贸关系,并先后发表了《中国—欧洲关系长期政策》(1995)、《欧盟对华(合作)新战略》(1996)、《与中国建立全面伙伴关系》(1998)等重要文件。

北美自由贸易区的三个国家都是我国的主要贸易伙伴,特别是美国,由于市场容量、贸易传统、贸易互补性等因素,美国市场一直是我国进出口贸易的主要市场和我国吸收外来资本的主要来源地。由于社会经济制度、经济发展水平、市场保护等方面的原因,我国与北美自由贸易区在知识产权问题和纺织品贸易等方面尚存在一定的分歧与摩擦,但并未妨碍我国与北美自由贸易区之间的经济贸易关系的良性发展。据统计,1999—2004 年间,北美自由贸易区三国在我国外贸总量增长中占 16%,其中出口占 23.3%。美国和加拿大是对华直接投资的主要国家。2001—2004 年,美加在华实际投入的直接投资金额分别达到 509 685、649 032、51 6135、45 5483 万美元。同时,美国和加拿大还是我国境外投资的主要场所。我国企业在美投资的行业涉及工业、科技、服装、农业、餐饮、食品加工、旅游、金融、保险、运输和承包等,截至 2002 年底,经批准的中国在美投资企业共计 703 家,协议投资总额超过 11.3 亿美元,中方投资约 8.4 亿美元;1983 年至 1999 年底,我国在加拿大投资兴办的贸易和非贸易性企业共 120 多家,中方协议投资总额为 3350 多万美元,涉及的行业包括资源开发、工业生产、建筑承包、农牧渔业、餐饮业、科技文化交流、交通运输、咨询服务等③。

(六)加强与世界主要区域经济集团的对话与联系

当前世界主要区域经济集团集中在欧美地区,即欧盟和北美自由贸易区。上

① 中华人民共和国商务部网站统计数据。

② 中华人民共和国商务部网站统计数据。

③ 中国商务部美大司。

述两大区域经济集团一直是我国的主要贸易伙伴,也是我国不容忽略和丢失的市场,巩固和发展与上述集团的贸易关系对于我国对外开放战略的实行和社会经济的发展具有十分重要的意义。当前我国在这一领域面临诸多挑战,如贸易集团化的贸易转移效应对我国出口贸易的冲击问题;贸易摩擦问题;产品竞争力问题,等等。这些问题若不能得到及时、有效的解决,必将导致我国在这些国家和地区的市场占有率的降低,使国家利益受到损失。而这些问题的解决,对内需要在优化产业结构、提高贸易产品的科技含量、提升国家和企业的国际竞争力水平、提高行业自律意识等方面采取一系列整改措施,对外则需要加强与其他国家特别是上述区域经济集团之间的对话与联系,增加了解,消除误会,谋求有利于各方的合作方式。同时,我国还应当加强与世界其他区域的经济集团之间的沟通与联系,特别是要与亚太地区的集团与国家之间的联系,在现有基础上谋求更深层次的经济合作。

五、对外开放与国家利益的保护

(一)问题的提出

加入世界贸易组织和以各种适当的方式参与区域经济活动是促进我国对外开放的重要途径。我国加入世界贸易组织以来的具体实践,以及近年来强化区域经济合作的种种安排,目前已经产生了良好的经济效应。生产与经营的国际化程度不断提高,就业机会增多,社会福利水平提高,国民经济高速发展,但是我们应当认识到,在对外开放的进程中,国家利益的保护是一个不容忽略的重要问题。国家加入世界贸易组织、区域经济组织,实行对外开放的发展战略,逐步开放国内市场,给予其他国家最惠国待遇和国民待遇,表面上看,在一定程度上开放本国市场、让渡国家利益是谋取更大的国家利益的积极、主动的举措。我们开放了自己的市场,同时取得了进入其他国家的市场的条件,我们建设良好的投资环境,得到的回报将是本国稀缺的生产要素——资本、技术、人才等的流入。但是,这种理论上的"交换"在实践中并不是按部就班、顺理成章的。国家有大小、贫富之分,经济发展水平和科技发展水平高低的不同,将发达国家和发展中国家地位均等地置放到国际市场进行自由竞争,终将导致发达国家经济的持续发达与发展中国家经济的持续落后。固然,WTO 规则里包含了许多给予发展中国家优惠和减让的原则和规定,一些区域经济组织协定(如北美自由贸易区协定)也适度考虑了发展中国家的利益并给予了相应的优惠。但是,无论是 WTO 规则还是区域贸易协定,它们的主体部分仍然是基于贸易自由化的相互开放。因此,经济全球化和区域经济一体化有关贸易自由化和生产要素流动的种种安排如果得不到正确的理解、执行和运用,在各国基于一体化制度的政治经济活动中,一些国家将处于被动和吃亏的地位,让渡的国家利益将超过获得的国家利益,最终使本国经济陷入一体化背景下的恶性循环。这就给许多国家,特别是经济发展落后、国际竞争力水平低的发展中国家提出了一个新课题:如何在经济全球化背景下保护国家利益,促进经济发展。目前,我国经济发展水平在发展中国家中处于领先地位,但与发达国家相比还有很大的差距,我国企业的整体国际化程度和国际竞争力尚未达到与发达国家资力雄厚的跨国公司势均力敌的水平。因此,在对外开放的过程中要注重国家利益的保护。

(二)国家利益保护与"渐进"式开放

"渐进"式开放战略要求国家在对外开放的进程中逐步降低市场保护程度,逐步开放不同的行业和市场,以防止国家(特别是曾经封闭的国家)利益在对外开放中由于外来商品、企业乃至思想、理念的迅猛冲击下受到侵害。"渐进"式开放并非一个新概念,实际上,我国的入世承诺以及与 APEC、东盟等区域经济组织及一些国家的有关市场开放的安排均遵循和体现了这个原则。我们认为,根据我国国情,"渐进"式开放战略在今后的对外开放进程中还应当继续采纳;同时,我国还应当根据对外开放过程中出现的新问题、遇到的新情况,在入世承诺等市场开放安排的范围内,及时调整和优化"渐进"计划,正确确定每个时期应当开放和保护的范畴,并采取积极有效的开放或保护措施。

(三)国家利益保护与权利和义务的综合平衡

入世与以各种形式参与区域经济组织,各成员方/协议方根据 WTO 规则、APEC 规则等有关经济合作与相互开放的多边或双边协议的原则与规定,均应承担一定的义务,并享受一定的权利。以 WTO 为例,我国入世后承担的主要义务包括履行最惠国待遇原则和国民待遇原则,逐步降低关税,取消非关税壁垒,扩大贸易政策的透明度,取消被禁止的出口补贴,强化知识产权保护,逐步开放服务贸易市场,等等;享受的主要权利包括有权享有其他成员方给予的最惠国待遇与国民待遇,有权享有 WTO 给予发展中成员方的特殊照顾,有权充分利用争端解决机制解决与其他国家之间的经济纠纷,有权参与 WTO 框架下的各个议题的谈判以及贸易规则的制定,等等。保持权利与义务的综合平衡不仅适用于处理与其他 WTO 成员之间的国际经贸关系,也适用于处理各种形式的区域经济关系。这就要求我国政府和企业一方面全面掌握和正确理解在各种经济关系中我国的权利与义务的内涵;另一方面,要采取积极有效的措施,在全面履行义务的同时,积极争取应当享受的权利。

(四)国家利益保护与市场保护体系的建设与优化

1. 开放经济条件下的市场保护理念

由于不同国家的相同产业的发展水平与国家竞争能力不同,开放经济条件下的自由竞争不可避免地会导致竞争力水平较低的国家的产业的逐步消亡,因此,对本国的幼稚产业实施合理保护,使它们在一定的保护优势下逐步成长,最终投身完全竞争市场,是提高一个产业的国际竞争力水平,以及一个国家的综合竞争力水平的重要手段,是国家对外开放的长期战略的重要组成部分。这种保护幼稚工业的思想在德国弗里德里希·李斯特 1841 年的经典著作《政治经济学的国民体系》和美国亚历山大·汉密尔顿1791年的经典著作《制造业的报告》里均有体现。实践证明,当时的德国和美国由于采纳了上述保护幼稚工业的思想,其工业发展水平及其国际竞争力水平大幅度提高,为后来的经济发展奠定了必要的基础。我国今天的经济发展情况以及所处的世界经济环境固然不同于19世纪的德国或18世纪的美国,我国目前面临的是经济全球化背景下日趋开放的世界经济,因此,我国的选择不是绝对的、封闭的市场保护,而是基于世界贸易组织规则、区域经济组织规则的市场保护,即利用世界贸易组织规则、区域经济组织规则有关市场保护、产业保护的原则,合理、适度地进行市场保护。

2. 世界贸易组织的市场保护原则

经济一体化条件下的市场开放不是绝对的市场开放,无论是世界贸易组织规则还是各个区域贸易集团协定,均有允许成员方在一定条件下采取合理措施,实施必要的市场保护的制度与安排。以世界贸易组织规则为例,关税保护原则、在紧急情况下终止关税减让的原则和例外原则均属于世界贸易组织许可的市场保护原则。根据关税保护原则,世界贸易组织允许成员方运用关税实施必要的市场保护。由于从GATT到WTO的多轮多边谈判使成员方的约束关税水平大幅度降低,成员方运用于市场保护的关税手段实际上是指以抵制和打击倾销、补贴等不公平的市场竞争手段为目的而采取的关税手段;根据在紧急情况下终止关税减让的原则,如果某一产品输入到一缔约国领土的数量大为增加,对这一领土内相同产品或与它直接竞争产品的国内生产者造成严重的损害或产生严重的威胁,这一缔约国在防止或纠正这种损害所必需的程度和时间内,可以对上述产品全部或部分地暂停实施所承担的有关减让,或撤销或修改减让(《1994年关贸总协定》第19条);根据例外原则,世界贸易组织允许成员方在特定情况下停止履行它根据世界贸易组织规则应当履行的正常义务,包括:①国际收支平衡例外。根据GATT 1994第12条,成员方有权为保障国际收支平衡而采取贸易限制。②保障条款(或称幼稚工业保护条款)。根据GATT 1994第19条,由于"不可预见的情况的发生",或由于一成员方因承担关税减让等义务,而导致"某一产品输入到该成员领土的数量大为增加,以致对领土内同类产品或直接竞争产品的国内生产者造成严重损害或严重损害威胁"时,该成员"有权在防止或弥补此种损害所必需的限度和时间内,对该产品全部或部分中止义务或撤销和修改减让"。③根据GATT 1994第20条的规定实施的例外。GATT 1994第20条规定了10种允许成员方采取例外措施的情况,包括保护公共道德,保护人类,动物或植物的生命或健康,黄金或白银的进出口管理,海关执法及有关垄断、保护专利权、商标权和版权以及防止欺诈,监狱囚犯产品的管理,保护具有艺术、历史或考古价值的国宝,保护可用尽的自然资源,履行政府间的商品协定项下的义务,对国内加工产业所必需的国内原料的管理、在普通或局部供应短缺的情况下,为获得或分配产品所必需的措施等。该条款规定,在上述情况下所采取的措施不得在情形相同的国家之间构成武断的或不合理的歧视的手段，或构成对国家贸易的变相限制。

除货物贸易之外，世界贸易组织还确立了适用于服务贸易与贸易有关的投资行为的市场保护原则。由于服务贸易的特殊性，WTO《服务贸易总协定》及相关安排对成员方开放市场的要求不像对货物贸易开放要求那么具体、严格，但该协定仍然像关税及贸易总协定那样提出了国际收支例外、边境贸易例外、优惠贸易例外、安全例外和一般例外条款，使成员方在一定条件下可以不适用最惠国待遇条款，或对已经承诺的服务贸易采取或维持限制。与贸易有关的投资行为则适用于 GATT 1994 所规定的一切例外（《与贸易有关的投资措施协议》第 3 条）。

3. 建立和完善科学合理的市场保护体系

基于 WTO 规则实施市场保护是 WTO 给予成员方的权利，也是各国普遍采用的市场保护方法。以反倾销为例，1995—2004 年间，各国纷纷发起多起反倾销立案调查（见表 9－7），而在纳入表 9－7 的国家中，我国是反倾销立案最少的国家，与我国的贸易规模极不相称。目前，我国在建立市场保护体系方面取得的进展集中反映在基于 WTO 规则而建设的“两反一保”（反倾销、反补贴与保障措施）体系基本形成，但仍然存在缺乏筛选需要重点保护的企业的合理方法，保护面较小，对保护期限的认识模糊，保护方式单一落后等问题。

表 9－7　　1995—2004 年全球反倾销立案案件统计

成员	1995	1996	1997	1998	1999	2000	2001	2002	2003	2004	总计
印度	6	21	13	27	65	41	79	81	46	21	400
美国	14	22	15	36	47	7	76	35	37	26	354
欧盟	33	25	41	22	65	32	29	20	7	30	303
阿根廷	27	22	14	8	23	45	26	14	1	12	192
南非	16	33	23	41	16	21	6	4	8	5	173
澳大利亚	5	17	42	13	24	15	23	16	8	9	172
加拿大	11	5	14	8	18	21	25	5	15	11	133
巴西	5	18	11	18	16	11	17	8	4	8	116
中国	0	0	0	0	0	6	14	30	22	27	99
土耳其	0	0	4	1	8	7	15	18	11	25	89
总计（全球）	157	224	243	256	355	294	366	310	234	209	2646

资料来源：国际商报，2005－09－01

显然，解决上述问题是构建科学有效的市场保护体系的关键，对此，我们认为应当从以下两个方面着手：一是进一步完善现有的市场保护机制，特别是要注意构建包括市场准入状况探测与分析体系以便及时根据市场容量和货物流量正确制定市场保护决策；二是要加大宣传力度，普及市场保护的经济知识，解决政府与企业对市场和产业保护的认识不同步的问题。

除此之外，我国还应当注重对现有的WTO规则之外的市场保护规则的研究与运用，合理借鉴其他国家的成功经验。例如，20世纪80年代以来欧美国家在市场保护领域频繁使用的反规避调查条款就是一个比较有效的市场保护手段。反规避是反倾销的延伸，是针对生产商或出口商通过各种形式、手段来减少或避免被征收反倾销税的行为而采取的反倾销措施，运用反规避措施，能够更加有效地达到市场保护的目的。欧盟和美国都制定有详细的反规避法案，并以之为依据实施积极的市场保护。以我国为例，入世以来我国遭受的反规避调查案件共14起，其中欧盟11起，美国2起。我国是一个贸易大国，货物进出口规模巨大而且呈增加的趋势，建立类似于反规避这样的市场保护制度显然十分必要。

（五）国家利益保护与对外开放的国家监管制度建设

对国际货物贸易、服务贸易和生产要素的国际流动实施国家监管的目的，是确保国际货物贸易、服务贸易和生产要素的国际流动符合国家法律法规以及与之有关的国际协约的安排，从而确保国家实现预期的经济利益。区域经济集团通常制定有原产地认定等管理制度，用于防止集团外的国家/地区的产品享受集团内的优惠贸易安排，在生产要素的流动方面也有相应的安排。WTO的《原产地规则协定》则提出建立新的协调原产地规则的工作计划，以及协调原则、成员方的义务等内容。我国在有关区域经济集团的对话和谈判过程中，应当重视商品和生产要素的流动条件与监管制度问题，并根据适用于我国的国际协约的规定以及其他科学合理的国际惯例制定既适合我国国情，又符合国际规则和对外开放目标的监管制度，作为允许商品或生产要素流动、提供优惠贸易待遇、实施贸易救济等工作的依据。

总之，经济全球化是科技进步和生产力发展的必然结果。经济全球化背景下，任何国家和地区都不可能孤立地、封闭地谋求经济发展和社会进步，因此，对外开放，利用国内和国际两个市场、两种资源进行生产和建设是我国发展社会主义经济、提高人民生活水平、实现科技和社会进步的必然选择。但是，经济全球化应当是促进世界各国经济发展的全球化，而不是无视国家力量悬殊的绝对自由竞争。如果国家之间不分贫富、强弱地进行所谓完全的自由竞争，所导致的经济利益的再分配终将加大发达国家与发展中国家之间的在科技水平、社会福利、经济收益等各个领域的差距，而不是缩小这种差距。我们在积极参与国际经济一体化和经济全球化的同时，坚决反对国际垄断资本滥用国际经济一体化和经济全球化盘剥发展中国家的经济利益。因此，我们一方面要通过世界贸易组织、区域经济组织等途径加速对外开放的进程，促进对外贸易和生产要素的国际流动，实现经济发展和社会进步的对外开放目标，另一方面要根据国情制定合理的对外开放战略，合理保护国家利益。

第十章
对外开放目标与其他形式选择

世界贸易组织与区域经济组织通过其有关贸易自由化、投资便利化和逐步推动生产要素的国际流动的种种制度与安排,有效地推动了成员方的对外开放进程,是我国对外开放的重要形式。但是,由于全球化或区域性组织在双边关系的处理上具有的局限性,使得目前包括美国、日本在内的经济大国,都在积极寻求包括双边贸易协定方式在内的多种合作途径,这些途径丰富了对外开放的选择,是国际关系重要内涵的完善与发展。中国这个世界上最大的发展中国家,在对外开放目标和形式的选择上,也必须顺应时代发展的潮流,进一步加强与国际经济组织的交流与合作,同时也必须重视进行双边与多边贸易协议的探索,以及充分发挥在各首脑会议和经济组织、协定中的作用,以更好地为我国经济的开放和发展服务。

一、主要国际金融组织与对外开放

(一)加强与世界银行集团多方面的合作

1944 年 7 月召开的联合国国际货币金融会议通过了《国际复兴开发银行协定》,根据该协定,国际复兴开发银行(IBRD)于 1945 年 12 月 27 日成立;1955 年 5 月 25 日,世界银行制定了《国际金融公司协定》,1956 年 7 月 24 日生效,成立了国际金融公司(IFC);1960 年 1 月 26 日,世界银行执行董事会制定了《国际开发协会协定》,并于同年 9 月 24 日生效,国际开发协会(IDA)亦宣告成立。至此,上述三个国际金融组织便与后来成立的不经营贷款业务的投资促进机构——国际投资争端解决中心(ICSID)和多边投资担保机构(MIGA)一起,组成了广义的世界银行集团。世界银行集团的宗旨是通过向发展中国家提供中长期资金,帮助发展中国家实现长期、稳定、持续的经济社会发展。

国际复兴开发银行成立于 1945 年,是世界银行集团的第一个也是最重要的成员,故亦称为“世界银行”(World Bank),主要向发展中国家提供低于市场利率的中长期贷款,习惯上称为“世界银行硬贷款”;而国际开发协会主要向低收入的发展中国家提供长期的无息贷款,因此,习惯上把国际开发协会贷款称为“世界银行软贷款”。对于符合所谓低收入要求的发展中国家,国际开发协会贷款的条件十分优惠,贷款偿还期曾经长达 50 年,其中宽限期 10 年。所谓宽限期就是在这期间内只付息不还本。由于国际复兴开发银行和国际开发协会是由相同的机构和人员经营的,所以习惯上又把上述两种贷款统称为世界银行贷款。而国际金融公司的贷款业务不同于国际复兴开发银行和国际开发协会,其目的是为了促进私人资本的建立和发展,贷款的对象是成员国的私人企业,而且不需要政府担保。

1. 利用国际金融公司功能,促进我国民营经济的发展

成立于1956年的国际金融公司是世界上为发展中国家的私营企业提供股本金和贷款最多的多边金融机构。它提供长期的商业融资。国际金融公司的资本金来自其178个成员国,并由这些国家的政府共同制定政策、审批投资。国际金融公司与发起公司和融资伙伴共同承担风险,但不参与项目的管理。在2004财政年度中,国际金融公司共批准了65个国家的217个项目,总计提供了48亿美元的资金。

目前,中国是国际金融公司投资增长最快的国家之一。在2005财政年度,国际金融公司共向17个项目承诺投资4亿美元。从1985年批准第一个项目起,至2005年6月30日止,国际金融公司在中国共投资了92个项目,并为这些项目提供了22亿美元的资金,其中16亿美元为自有资金,5.67亿美元来自银团中的其他银行①。

国际金融公司在中国投资的重点是:①通过有限追索权项目融资的方式,帮助项目融通资金;②鼓励包括中小企业在内的中国本土私营部门的发展;③投资金融行业,发展具有竞争力的金融机构,使其能达到国际通行的公司治理机制和运营的标准;④支持中国西部和内陆省份的发展;⑤促进基础设施、社会服务和环境产业的私营投资。

私营经济现在已经成为中国经济举足轻重的一部分。国际金融公司正积极寻求时机,为那些目前只能获得投资机构有限支持的我国私营企业提供融资。另外,国际金融公司对我国中小企业的支持可以减轻国企改革带来的压力。中国对金融行业的开放将为国际金融公司进一步支持具有商业可行性的私营金融机构,尤其是银行业和保险业的发展带来新的机遇。

2. 通过国际开发协会协调与不发达国家之间的关系

成立于1960年的国际开发协会是世界银行集团的成员之一,它既是一个金融机构,又是一个合作机构。它明确声称其资金是用于帮助不发达地区低收入的会员国获得优惠条件的资金。这些资金虽然较有限,但对发展中国家达到预定的年经济增长率、在起飞的准备阶段改善筹资能力以及南北经济合作都起到了一定的作用。

中国于1980年恢复了在该协会的席位,成为协会的第二类成员国,即借款国(根据人均国民收入的多少,协会的会员国分为两类:第一类为经济发达或收入较

① 中华人民共和国商务部网站。

高的国家,它们是协会的资助国;第二类为一般发展中国家,它们是协会信贷的接受国)。截至1999年7月,协会共向中国提供了102亿美元无息贷款(软贷款)。从1999年7月起,协会停止对中国提供贷款,但是我国可以通过协会,发挥对世界不发达国家的影响,为我国对外政治经济关系服务。

3. 发挥多边投资担保机构的作用,增加直接投资流入

成立于1988年的多边投资担保机构,是世界银行的成员组织,宗旨在于促进直接投资从发达国家流向发展中国家。该机构的任务是通过向投资商和贷款人提供政治风险担保来推销外国直接投资,并通过提供技术和资源来帮助发展中国家吸引和保留投资。

多边投资担保机构通过其在新兴经济体中的能力建设和在投资机会方面提供信息传播服务,在更大范围内为发展中国家提供帮助。在项目方面,该机构已提供71亿多美元的担保,涉及75个发展中国家的投资项目。这些担保愈来愈指向更为贫穷的国家。另外,多边投资担保机构正在计划为鼓励发展中国家之间相互投资做出更大的努力。在这一方面,2002年多边投资担保机构通过加大在中国的宣传力度,提高了中国投资者对其担保计划的认识,并介绍了如何利用该担保计划。

多边投资担保机构一向积极支持中国吸引外国直接投资。在对中国的担保合同中共有11个重大项目的担保,担保总额达到7.9538亿美元,担保对象为基础设施和制造业中的外国直接投资项目,投保人来自开曼岛、德国、荷兰、瑞士、美国等不同国家。该机构的投资营销服务局(简称IMS)还积极支持促进投资方面的能力建设活动,曾为中国代表团组织吸引外资的策略和技巧研讨会。1999年,IMS在中国启动了两个投资促进咨询项目。第一个项目是由一个IMS工作小组从提供投资服务的角度对中国贵州省的投资促进机构进行评估,并提出改进建议。在一个以提高投资吸引力和省市两级投资服务水平为主题的研讨会上,一位IMS的专家和一位咨询专家直接向贵州省省长提交这些建议,该项目的全部费用由多边投资担保机构承担。第二个项目是由IMS与联合国开发计划署北京代表处和世界银行外国投资咨询服务局(简称FIAS)合作,在地处远东的俄罗斯、朝鲜、中国东北和蒙古国的图们江地区开展以促进投资为目标的跨国技术援助项目。在图们江项目里,IMS的专家对中国延边朝鲜族自治州、俄罗斯Primorksy地区、朝鲜罗津先锋区和蒙古国的投资促进机构的现状进行评估,然后提出图们江投资服务网络行动计划,该网络以这些机构之间开展跨国合作的方式,通过区域性投资促进活动,实现规模经济效益。

中国还积极利用IMS的在线服务活动,目前有300个左右中国国内的个人和机构是IPAnet的成员。IPAnet是多边投资机构在因特网上建立的提供世界各国投资信息的网上市场。IPAnet的数据库拥有200多份与中国有关的文献,内容涉及中国的经营和投资条件、开发项目建议等,并设有与20多个国家和地方投资促进

机构的链接。

4. 加强中国与世界银行集团的全面合作

中国是世界银行创始成员国之一。1981 年起中国开始利用世界银行贷款，世界银行对中国的贷款计划主要针对基础设施建设、农村扶贫和自然资源管理方面。20 世纪 80 年代末、90 年代初国际政治经济形势发生重大变化，东欧社会主义国家发生巨变，西方一些国家趁机以人权为借口干扰世界银行集团对我国提供贷款，1990 年世界银行集团对华贷款量一度跌至 5.9 亿美元。但是，在我国和世界银行的积极努力下，双方迅速恢复了良好的合作关系，1992 财政年度世界银行对华贷款猛增至 25.3 亿美元。

随着中国经济的迅速发展和中国利用世界银行贷款的良好信誉，中国与世界银行集团的合作取得了显著的进展，世界银行对华贷款量不断增加（见表 10 - 1）。

表 10 - 1　　世界银行对华贷款项目数与贷款总额[①]

金额单位：百万美元

年份	项目数	硬贷款	软贷款	总额	年份	项目数	硬贷款	软贷款	总额
1981	1	100.00	100.00	200.00	1993	18	2155.00	1017.00	3172.00
1982	1	0.00	60.00	60.00	1994	14	2145.00	925.00	3070.00
1983	6	463.10	150.40	613.50	1995	16	2369.50	630.00	2999.50
1984	10	616.00	423.50	1039.50	1996	15	2100.00	480.00	2580.00
1985	12	659.60	442.30	1101.90	1997	11	2490.00	325.00	2185.00
1986	11	687.00	450.00	1137.00	1998	16	2323.00	293.40	2616.40
1987	11	867.40	556.20	1423.60	1999	19	1674.40	422.41	2097.01
1988	14	1088.40	639.90	1728.30	2000	8	1672.50	0.00	1672.50
1989	12	833.40	515.00	1348.40	2001	8	787.00	0.00	787.50
1990	5	0.00	590.00	590.00	2002	5	562.90	0.00	562.90
1991	10	601.50	977.80	1579.30	2003	6	1145.00	0.00	1145.00
1992	16	1577.70	948.60	2526.30	2004	9	1218.27	0.00	1218.27

从 1993 年开始，中国连续五年成为世界银行集团最大贷款国，每年贷款额将近 30 亿美元；截至 2004 年 12 月 31 日，世界银行共向中国提供贷款约 380 亿美元（减去取消的贷款）用于约 260 个项目，其中 80 个项目仍在实施[②]。中国是迄今为止世界银行贷款项目最多的国家。世行贷款项目涉及国民经济的各个部门，遍及中国的大多数省、市、自治区，主要集中在交通（31%）、城市发展（26%）、农村发展

① 世界银行驻中国代表处中文网页，http://www.worldbank.org.cn/Chinese/。

② 世界银行驻中国代表处中文网页，http://www.worldbank.org.cn/Chinese/。

(22%)、能源(15%)和人力开发(6%)。交通项目着眼于将贫困内陆省区与经济蓬勃发展的沿海地区连接起来;城市项目着眼于城市交通、可持续供水和环境卫生;能源项目着眼于满足国家日益增长的电力需求。通过把世界银行硬贷款与外国政府赠款相结合的创新机制,使得对社会部门和贫困农村地区的贷款有所增加。

总体来看,我国与世界银行合作关系的发展已进入成熟时期,利用世行贷款的数量和质量都达到了前所未有的水平。在世行进行的项目评价中,90%以上的中国项目被评为"满意"。中国被认为是世界银行贷款使用和偿还情况最好的借款国之一。

根据国家新的发展战略,近年来,进一步实施了利用世行贷款支持我国中西部地区的政策,并在新的领域与世行开展了广泛合作。

(1)贷款合作向中西部地区与重点领域倾斜

截至2004年年底,世行贷款项目50%以上用于基础设施,约70%投向中西部地区,体现了我国国民经济发展的重点和产业布局,对于缓解我国基础设施瓶颈,减少贫困,支持民营经济,促进可持续发展起到了积极的作用。在今后一段时期内,我国计划将世行年度贷款规模保持在10亿~15亿美元之间。在贷款行业上,重点放在交通、城建和污水处理等基础设施领域;在地区安排上,贷款将继续向中西部地区倾斜。

(2)积极发挥股东国作用,深化与世行全方位、多层次的合作

作为世行的第六大股东国,我国积极参与世行政策的制定,并积极探求世行资金与其他资金结合的渠道,提高资金的使用效率。一方面,我国将继续探讨能够与世行贷款结合的其他国外优惠资金来源,如全球环境基金、英国国际发展部;另一方面,我国也在积极研究世行贷款与国内专项资金结合使用的方式,如青年农民培训、东北老工业基地的职业培训等项目,重点提高世行项目的资金使用效率。

5. 发展与世界银行的关系应注意的问题

虽然我国与世界银行的合作取得了很大的成就,但是必须认识到,我们仍面临着世界银行贷款条件的改变和硬化等新的挑战。进入20世纪90年代以后,在我国经济迅速发展的背景下以及国际上一些西方国家的压力下,世界银行对华贷款逐渐硬化,条件优惠的软贷款比重逐年下降,软贷款占世行对华贷款总额比重从20世纪80年代的约40%下降至1997年的12%,自2000年起世界银行已不再向中国提供"软贷款"。因此,一些社会效益突出而经济效益较差的教育、卫生和环保项目无疑会受到一定影响。应该看到,我国作为一个人口众多、经济水平较低的发展中大国,世界银行贷款对于缓解我国建设资金紧张,改善外债结构,促进经济改革和社会发展仍将起到非常重要的作用。我们必须通过积极的方式,根据世界银行集团各机构的不同要求,加强对其应对性的研究,指导我国相关部门与机构实体开展与世界银行集团的合作,为我国经济和社会发展服务。

(二)进一步发展与国际货币基金组织的良好合作关系

1. 中国与国际货币基金组织合作关系回顾

我国与货币基金组织一直保持着良好的关系。在IMF创立时我国的份额为5.5亿美元,1980年席位恢复后,增加到12亿特别提款权,1983年4月再次增加到18亿特别提款权。到1989年,中国在IMF的份额是23.91亿特别提款权,占份额总数的2.68%,投票权占总投票权的2.6%。投票权比例和份额比例均排名第九位。我国在IMF单独选派执行董事,并且是IMF临时委员会的成员。

IMF带有极浓的政治色彩,它往往是不同集团、不同利益国家间争斗的论坛。我国是发展中的社会主义国家,坚持独立的外交政策,在IMF中凡是有利于发展中国家的正当要求和主张,我们均给予支持。我国始终致力于维护发展中国家的利益,尽管我国的经济实力还不够雄厚,在IMF中并不占重要的地位,但是由于我国是一个政治大国,在IMF中也能起到平衡的作用,IMF也重视中国的作用。

在利用外资方面,我国自1981年以来,已使用IMF信贷共13.85亿特别提款权,但总的来看,IMF不是我国利用外资的主要来源。在技术援助方面,我国曾多次获得IMF传授的有关金融规划、货币和财政政策、银行系统和经营管理等方面的知识。这对于改善我国的宏观政策调控机制,增强宏观政策制定的科学性和实施的有效性均起到了积极的作用。此外,IMF每年10月份均派代表团到我国商谈经济问题,有时代表团还要到实地考察,这种磋商活动不仅是IMF全面了解中国经济及其政策的机会,而且对我国的经济工作和经济政策的正确制定也有促进作用。

2. 发展与国际货币基金组织关系的过程中应注意的问题

进入20世纪70年代以后,大批发展中国家进入基金组织,同时基金组织的监督职能和贷款的发放越来越面向包括中国在内的发展中国家,争取在基金组织内更大的发言权和维护自己的权力逐步成为发展中国家的共识。基金组织越来越成为发展中国家争取建立国际货币金融新秩序、加强南南合作和开展南北对话的重要阵地。然而,基金组织的可贷资金供小于求,相对于发展中国家的需求来说,这种贷款数量有限,而且条件苛刻。很多贷款附有限制性条件,即成员国在使用贷款时必须采取一定的经济调整政策。在实际操作中,基金组织的监督、资金援助和技术援助三大职能时常相互交织。但技术援助与资金援助一样也要附加很严格的条件。受援国必须全面介入从援助的需要认定到执行、监督和评估的全过程。因此,无论资金援助还是技术援助,援助的双方在一定程度上都存在着控制与反控制的斗争。

虽然,当今国际货币基金组织的职能和部分性质,以及实现全球金融稳定和经济增长的途径在不断调整和变化,但是它作为美国推行对外扩张的工具以及主要发达国家在货币金融领域相互竞争与合作的场所的性质没有根本改变,它对维护美元霸权的作用也没有削弱。另外,尽管基金组织应对国际形势的变化进行了有益的调整，但这种调整也是各国围绕建立于己有利的国际货币金融秩序相互竞争与合作的产物，总体上仍反映发达国家特别是美国的利益。

（三）充分利用和发挥亚洲开发银行对我国基础设施和国家项目的支持作用

我国于1986年加入亚洲开发银行，成为亚洲开发银行的第三大股东，认股额为16亿美元，拥有6.096%的投票权。在1987年4月举行的理事会第20届年会董事会改选中，中国当选为董事国并获得单独的董事席位。同年7月1日，亚洲开发银行中国办公室正式成立。

从1994年起，我国成为最大的年度借款国。亚洲开发银行对华贷款全部为硬贷款，年利率在6.5%~6.9%之间，贷款期限为15~25年。中国在加入亚洲开发银行时虽被划为A类成员，有资格使用亚洲开发银行的软贷款资金，但亚洲开发银行的一些发达国成员出于政治和经济上的考虑，一直将中国拒于使用软资金的门外。对此，中国与亚洲开发银行进行了多次谈判。由于没有软贷款资金，亚洲开发银行不能在文教、卫生、农业、环保等领域提供贷款，更谈不上扶贫，这极大地限制了亚洲开发银行在中国对优先援助的领域发挥作用。

1998年，亚洲开发银行第一次向我国提供纯技术援助，金额为351万美元，用于黑龙江、吉林水灾后的重建工作。之后，亚洲开发银行不断在各个方面对我国提供各种资金支持，突出表现在对华贷款方面。截至2004年12月31日，亚洲开发银行对我国提供项目贷款约149亿美元，贷款项目111个①。这些贷款支持了我国能源、交通、环境保护等基础设施和国家项目的建设，为缓解我国外汇短缺、促进对外开放和经济发展发挥了一定的作用（见表10－2）。2004年亚行一共批准了7笔对华贷款，总额为13亿美元，包括福建水土保持与农村发展项目，辽宁环境改善项

表10－2　截至2004年12月31日亚行累计对华贷款的行业分布情况②

行业	贷款数量（笔）	贷款金额（百万美元）	百分比（%）
交通	48	8254.40	55.5
能源	23	2488.70	16.7
跨行业项目	11	1185.10	8.0
工业与贸易	9	981.90	7.0
供水、排水与废弃物管理	9	981.90	6.6
农业与自然资源	10	860.90	5.8
金融	1	60.00	0.4
合计	111	14 875.90	100.0

① 中华人民共和国商务部网站。

② 亚洲开发银行官方网站，http://www.adb.org。

目,湖南、广西、甘肃三地的三个公路建设项目,以及云南大理—丽江铁路项目。亚行还批准了32个技术援助项目,总金额为1670万美元。

另外,为促进我国工程咨询设计行业的发展,亚洲开发银行与我国外经贸部合作司合作,在华举办"亚洲开发银行商业机会"培训班,介绍亚洲开发银行项目信息获得途径,招标文件的统制和基本做法,咨询公司和咨询专家的注册和招聘程序以及合同谈判遵循的有关规定和经验等。

最近,亚洲开发银行宣布在2006—2008年期间,向中国提供45亿美元的贷款援助①。该项计划是根据亚洲开发银行董事会通过的"国别战略与规划更新"来制定的。在此之前,亚洲开发银行曾规划在2005—2007年间,每年向中国投入15亿美元。项目援助将涉及土壤和水资源的管理以及能源保护工程。而且,亚洲开发银行表示将和中国一起实施地区合作,对抗东北亚的沙尘暴天气。同时,亚洲开发银行认为腐败是贫困的重要因素,因此,将继续帮助培训政府官员,指导其发现腐败和欺诈活动,同时非贷款援助内容中将包括帮助政府加强项目监视系统。由此可以看出,亚洲开发银行对于我国的贷款合作项目非常广泛,从经济到政治的影响以及到环境的保护无所不有。从以前亚行对我国的贷款合作效果来看,我们取得了很大的社会效益和经济效益。但是,亚行的贷款现在也附加上了很苛刻的条件,无论从贷款审查还是放款后的监督都非常严格。所以,当我们在与亚行合作的时候要细心谨慎,做到既能符合其条件又能不被其完全控制,做到游刃有余、疏而不漏。

(四)进一步拓展与国际清算银行的合作

1. 我国与国际清算银行之间的合作历史

国际清算银行成立于1930年,并于同年正式开业。国际清算银行由一些国家的中央银行拥有和控制,向各国中央银行并通过中央银行向整个国际金融体系提供一系列高度专业化的服务,是一家办理中央银行业务的金融机构。国际清算银行的主要任务是"促进各国中央银行之间的合作并为国际金融业务提供新的便利"。因为扩大各国中央银行之间的合作始终是促进国际金融稳定的重要因素之一,所以随着国际金融市场一体化的迅速推进,这类合作的重要性显得更为突出。因此,国际清算银行便成了中央银行家的会晤场所。

国际清算银行现有成员49个,主要是工业化国家和一些东欧国家。国际清算银行的法定股本为15亿金法郎,共分为面值相等的60万股(每股面值2500金法郎)。

中国人民银行自1984年起就与国际清算银行建立了银行业务方面的联系,并以观察员身份几次参加该行年会。1995年1月,时任国务院副总理朱镕基访问该

① http://data.chinabyte.com。

行;同年9月下旬,该行总经理克罗特先生访华。1996年9月9日,中国人民银行正式成为国际清算银行成员,并于1996年11月认缴了3000股的股本,实缴金额为3879万美元。香港金融管理局与中国人民银行同时加入国际清算银行,并在回归之后,其在国际清算银行的地位保持不变,继续享有其独立的股份与投票权,这是《中华人民共和国香港特别行政区基本法》所确定的"一国两制"原则的具体体现,具有重要意义。

2. 积极发展与国际清算银行关系应注意的问题

加入国际清算银行,为增强中国人民银行与各国中央银行的合作开辟了新的渠道。中国人民银行与国际清算银行保持着良好的合作关系,多次出席其主办的行长例会、年会和研讨会。发展与国际清算银行的关系具有重要意义,主要表现为:首先,可以充分利用国际清算银行的业务和经验为我国改革开放和金融改革服务。国际清算银行被认为是国际上最安全的银行之一,同时该行在国际金融业务方面有丰富的经验。我国将黄金存入该行,不仅能得到利息,还能以之为抵押取得现汇贷款;把外汇存入国际清算银行,又为人民银行管理外汇储备开辟了新途径。其次,国际清算银行提供的贷款限制比较少,贷款比较灵活,所以又为我国拓宽了融资渠道。最后,通过与国际清算银行的合作增进了我国与其他国家中央银行的了解和合作,有利于加强我国在国际金融事务中的地位与作用,同时也有助于人民银行自身的金融监管。

但是,尽管国际清算银行的名称中有国际(International)一词,但它实质上还只是一个区域性组织,其业务范围主要限于欧洲,其董事会的席位大部分还是由欧洲各国占据,其决策也主要受欧洲国家中央银行的影响,具有浓厚的欧洲色彩。因此,我们在与其合作之时要防范以国际清算银行合作之名附加其他的政治条件。

世界银行和国际货币基金组织等国际金融组织,同世界贸易组织一样都是重要的国际经济关系行为主体,它们对世界经济的发展进程,对于国际分工格局,对于国际经济利益的分配,对于整个国际经济关系,都有着重大的、长期的影响力,这决定了我们必须同它们进行合作。但是,我们对此必须要有正确的认识,在和其打交道的过程中,要认识到,在一定程度上它们都是为西方发达国家所控制的国际经济组织,而且这种趋势有着愈演愈烈的迹象。例如,本次世界银行行长换届,美国派出其原国防部副部长沃尔福威茨出任,尽管沃尔福威茨是文职官员,仍让国际观察家认为美国将世界银行当成了与其国防部一样是与其国家利益息息相关的部门。尽管在事实上,世界银行集团为发展中国家的经济发展也做了不少有益的事情,但是为西方国家不喜欢的国家是很难从这些国际金融组织获得援助的。在很大程度上,一个想要从这些组织获得贷款的国家,不是要符合这些组织的某些规定,而是要符合西方国家特别是美国的愿望,1997年遭受金融危机的东南亚国家想必充分地认识到了这一点。

同时我们还应该注意到,沃尔福威茨是继此前决定被"外放联合国"的副国务卿博尔顿后,又一位重要的"鹰派"官僚离开白宫的核心决策层。然而,由于人称"五角大楼智囊"的沃尔福威茨是美军入侵伊拉克战争的重要策划者,加上他对布什言听计从,沃尔福威茨可能会改变世界银行现在注重非洲和努力消除第三世界贫困的做法,将其工作重心转移到中东地区。同时,对推进民主和美国价值观不遗余力的沃尔福威茨在上任后可能要把经济援助与某些政治条件挂钩。我们必须关注的是,"鹰派"官僚沃尔福威茨的上任对中国的影响。目前,世界银行贷款在中国早已遍布包括医疗卫生、环保、农业林业和交通电力等行业在内的几乎所有经济基础设施部门,世界银行行长的人事变更必然对未来世界银行的中国项目产生一定影响。此外,随着中国出口的迅猛增长,已经成为世界第三贸易大国的情况下,世界贸易组织成员方在近年内提起的反倾销案件中涉及中国的就近千起,占世界贸易组织自 1995 年正式运作到 2004 年 6 月 2537 起反倾销调查的 1/4。特别是在中美贸易风波连连不断,沃尔福威茨掌管世界银行不仅会对中国与世行的合作产生影响,更为重要的是,布什政府将可能通过联合国以及世界银行这两个最重要政治和经济阵地来对外传递美国在诸多问题上的强硬立场,从而影响中美两国的政治和经济交往。这就更加需要我国领导人的政治智慧和相关业务部门的灵活应对,处理好与主要国际经济与金融组织的关系,为我国发展创造良好的国际环境。

二、双边及多边协定与对外开放

由于全球性多边贸易谈判进程曲折复杂,在利益机制的驱动下,一些 WTO 成员把更多的精力放在双边和区域自由贸易安排的谈判上。双边与区域自由贸易协定对 WTO 机制的影响是双刃的:既是对其多边贸易体制的一种补充,又是对其最惠国待遇原则的一种侵蚀,因为未参加双边和区域自由贸易安排的国家势必处于不利地位。美国在 NAFTA 协议之后,又先后与约旦、新加坡、智利等国签订了双边自由贸易安排;其与南美洲商谈的 FTAA(美洲自由贸易区)虽然遇到一定困难,但仍在努力之中。欧盟除了扩盟,还与以色列、突尼斯、摩洛哥、土耳其等国签订了双边自由贸易协议。日本、韩国过去不大重视双边与区域贸易安排,现在也加快了谈判步伐。日本与新加坡签订了双边自由贸易安排,并正在与东盟十国谈判。韩国与智利也签订了双边自由贸易安排,同东盟十国的谈判也在加速。这种状况的出现,对中国是一种挑战,中国在深化改革开放的过程中,必须积极应对。

(一)发挥《曼谷协定》的作用,积极发展与邻国关系

《曼谷协定》签订于 1975 年,全称为《亚太经社会发展中成员国贸易谈判第一协定》。该协定是在联合国亚太经社会(ESCAP)主持下,在发展中成员国之间达成的以相互提供优惠关税和非关税减让为主要内容的贸易优惠安排。现有成员国为印度、韩国、孟加拉、老挝和中国。至 2000 年底,《曼谷协定》成员国共相互提供

了663个税号的优惠关税减让,并对最不发达国家提供了74个税号的特惠减让。

我国于1994年4月在ESCAP第五十届年会上,正式宣布中国申请加入《曼谷协定》。经过七年谈判,自2001年5月23日起,中国正式成为《曼谷协定》成员国,并于2002年1月1日实施《曼谷协定》。曼谷协定是中国加入的第一个具有实质性优惠安排的区域贸易协定。中国加入后,通过相互提供优惠关税和非关税减让,进一步促进了与曼谷协定成员国之间的贸易。

目前,《曼谷协定》正式启动的第三轮谈判,将通过扩大关税减让范围和幅度,扩大成员国之间的贸易,促进其经济发展。

(二)借鉴中美洲自由贸易区协定等的成功经验,加强我国在亚洲经济发展中的地位和作用

在世界经济区域集团化趋势迅速发展的影响下,在北美自由贸易区和南锥体共同市场的胁迫中,中美洲的萨尔瓦多、危地马拉和洪都拉斯三国深感不安,并开始寻求保护本国利益和经济贸易发展的办法。

经过反复洽谈,于1992年5月三国达成共识,三国的总统签署了建立自由贸易区的协议。协议规定,从1993年1月1日起,三国间逐步取消商品流通壁垒,实行自由贸易。萨尔瓦多、危地马拉和洪都拉斯三国的自由贸易区协议签署,中美洲国家对此普遍接受,1992年12月在巴拿马举行的中美洲国家首脑会议时,与会各国总统一致同意进行经济一体化,以对付强大贸易集团的挑战。

除此之外,当今世界上还存在着其他一些贸易协定,例如海湾共同市场、穆斯林共同市场、黑海经济合作宣言、非洲经济共同条约、东南亚国家联盟等等。这些多边与双边协定推动了参加各国之间的经济合作,一般的协定都大大取消或消减了各国之间不利于扩大贸易和投资的一切障碍,为商品、劳务和资金的自由流动创造了条件,在很大程度上提高了区域经济的发展。其成功的做法与经验值得我国在对外开放的实践中借鉴,尤其是在亚洲经济一体化发展过程中,在泛亚洲一体化发展过程中,都将具有重要的参考和指导意义。

(三)通过CEPA示范效应,构建"大中华经济圈"

我国香港、澳门与内地的CEPA(Closer Economic Partnership Arrangement)由中央政府与香港、澳门特区政府于2003年6月、9月正式签署。其主要内容包括三个方面:①两地实现货物贸易零关税;②扩大服务贸易市场准入;③实行贸易投资便利化。

CEPA是中国国家主体与其特别行政区之间签署的自由贸易协议性质的经贸安排,带有明显的自由贸易区的特征。从宏观角度来看,CEPA的基本目标是:逐步取消贸易的关税与非关税壁垒,逐步实现服务贸易自由化,促进贸易投资便利化,提高内地与香港、澳门之间的经贸合作水平。

自2004年1月1日CEPA正式实施以来,香港服务业逐渐进入内地。据香港

工业贸易署提供的统计，截至2004年12月31日，服务贸易方面，接受服务提供者申请书共715份，获得批准的为668份。获批的申请中，物流占46.4%，分销占30.5%，广告占7.2%，建筑服务占4.6%，管理咨询及会议展览占3.9%，金融占1.2%，法律与房地产分别占1%。据不完全估计，获得证书的香港服务提供者中约50%已进入我国内地，其中约80%进入广东地区，又有约60%在珠三角，进入长三角及其他地区的约20%左右[①]。从目前情况看，香港服务业进入我国内地并开始发挥其优势，已经在推动两地结构转型与升级，促进两地经济质量与素质的全面提高产生了积极影响。

改革开放二十多年来，内地与港澳经济都取得了举世瞩目的发展，并形成了互利互惠、共进共荣的密切关系。随着我国政府先后于1997年和2000年对香港和澳门恢复行使主权，"一国两制"伟大构想变成了伟大的实践。长期以来，港澳扮演了我国内地门户的重要角色，特别是20世纪70年代末内地改革开放以来，对我国内地的经济发展、改革开放和现代化建设事业发挥了非常重要的作用。港澳是我国内地外贸出口的重要伙伴。以香港为例，多年来，香港是我国内地仅次于美国的第二大出口市场，也是内地最大的贸易顺差来源地。以2002年为例，内地对香港出口585亿美元，贸易顺差477亿美元，较改革开放初的1979年分别增长16.7倍和14.4倍。受此推动，内地的对外贸易也持续快速增长，2002年外贸总值逾6000亿美元，为我国加入WTO后外贸的迅速发展奠定了坚实的基础；2004年，中国外贸总额就已超过12 000亿美元。

港澳特别行政区是我国内地改革开放的"教室"、"窗口"、"试验田"，对内地不断开创改革开放新局面发挥了不可代替的重要作用。我们当初搞改革开放，很多关于市场经济的知识，对市场规律的认识，与国际惯例接轨的操作，都是首先来自港澳。通过港澳这个服务业高度发达的"教室"，我们了解了世界，学习了市场运作的规律，大大提升了一系列第三产业的现代化水平。也通过这个"窗口"，世界了解了我们。内地第一只境外上市的国企股就是在香港联合交易所上市的，有了在香港上市的经验，此后国企股境外上市的数量、规模和地域才不断扩大。从这个意义上讲，港澳是内地改革开放的"试验田"。

内地也是港澳经济发展的腹地和靠山。中央政府历来十分关心港澳同胞和支持港澳的经济发展。近年来，香港特区受到亚洲金融危机等外来不利因素的冲击、回归前夕积累的经济泡沫破灭使经济结构矛盾暴露出来，2003年又遭遇非典疫情影响，面临较严重的经济困难。澳门经济也正在进行多元化的结构调整，周边地区的非典疫情对龙头行业也带来严重冲击。为帮助两个特区克服困难，中央政府采取了一系列支持措施，2003年6月和9月，分别与两个特区政府签署的建立更紧

---

① 中华人民共和国统计局网站，http://www.stats.gov.cn。

密经贸关系安排的协议(CEPA)就是对港澳的巨大扶持。为进一步深化 CEPA,2004 年 10 月内地分别与香港、澳门签署了《关于建立更紧密经贸关系的安排》的补充协议,已于 2005 年 1 月开始实施,港澳与内地的双边自贸协议的范围进一步扩大。内地承诺实行零关税的原产香港的货物总数达 1087 种,对几乎全部澳门现在生产的产品实行零关税;在服务贸易方面,内地在 11 个领域对港澳进一步扩大开放,8 个领域实施新的开放。内地与港澳自由贸易范围的扩大,有利于促进港澳的繁荣稳定。

另外,CEPA 的签订对台湾也有着积极的影响。祖国大陆同样向台湾省提出倡议,希望签署类似经贸安排。众所周知,香港长期以来就在两岸关系特别是两岸经贸关系中发挥着无可替代的桥梁与纽带作用,港台关系发展对台湾经济具有举足轻重的影响。这一点仅从港台航线的热络程度便可见一斑。香港对外经济关系的任何改变都将对台湾经济产生持续而重要的影响,更何况对香港经济发展具有重要影响的 CEPA。CEPA 产生的表层影响是,促进台商对香港加快投资步伐。近几年,台湾对香港的投资明显增加,CEPA 实施后,更多台商企业加快了在港投资发展,投资项目以金融保险业为主,其次为电子电器产品制造业,目的是以香港公司名义享用 CEPA 优惠,加快进入我国内地。

CEPA 的签署使港澳与内地的经贸联系更加紧密,它标志着中国入世后香港、澳门与内地经济关系出现历史性的变革。签署 CEPA 是中国经济一体化战略的重要环节,是构建祖国大陆、香港、澳门、台湾的"大中华经济圈"的起点,是实质性区域经济合作的第一步,其追求的利益是长远的,带来的影响也将是广泛而深刻的。

(四)积极拓展与其他国家/地区的双边关系,为我国"入市"创造良好条件

目前,发达国家除新西兰以外,大多都未认同中国的"市场经济国家"地位。因此,中国将 FTA(Free Trade Agreement)谈判的重点放在发展中国家,并且基本上是在亚太经济圈内,因为与亚太地区的贸易占中国进出口贸易的 3/4,承认中国为"市场经济国家"已基本上成为中国开展 FTA 谈判的前提。一些具有较大贸易潜力的新兴市场,包括巴西、阿根廷、智利、秘鲁在内的多个拉美国家已宣布承认中国的完全市场经济地位,而且拉美在对华贸易中整体上处于顺差地位,这有利于通过双边关系调整,为我国"入市"创造条件。随着中国与智利 FTA 谈判取得进展,中国与拉美 FTA 谈判的前景广阔而乐观,下一个 FTA 谈判的重点将是南方共同市场(由巴西、阿根廷、乌拉圭与巴拉圭组成)。

2004 年 6 月,中国宣布决定与南部非洲关税同盟(SACU,成员国有南非、博茨瓦纳、纳米比亚、莱索托、斯威士兰)开始 FTA 谈判;2004 年 7 月,中国与海湾(波斯湾沿岸)国家合作委员会(GCC,成员国有沙特阿拉伯、科威特、巴林、卡塔尔、阿拉伯联合酋长国、阿曼)缔结了《中华人民共和国与海湾阿拉伯国家合作委员会成员国经济、贸易、投资和技术合作框架协议》,并同意开始 FTA 谈判;2005 年 3 月 10

日，澳大利亚贸易部长马克·维尔表示，澳大利亚与中国已经解决了在澳中自由贸易协定可行性研究中的所有重要问题，中国与澳大利亚签订自由贸易协定是指日可待的事情。

（五）发展与其他国家（地区）双边及多边关系的意义

入世几年来，中国外贸发展势如破竹。2004 年，中国对外贸易同比增长 35.7%，累计 11 547.4 亿美元，相当于 2001 年全年贸易规模的 2.3 倍，一举成为世界第三贸易大国。但是，在迅猛增长的背后，是中国贸易条件的不断恶化，贸易摩擦急剧上升。而 2005 年国际贸易保护趋势更为严重，针对中国出口商品的限制措施继续在增加。因此，综合各方面因素考虑，WTO 给中国带来的外贸迅猛增长是“异常的”、“不可持续的”。连龙永图在 2005 年年末也发出了“中国人离 WTO 越来越远了”的感慨。而且，WTO 的游戏规则主要由发达成员主导制定，对发达成员显然更为有利。如今 WTO 新一轮谈判（多哈回合）久拖未决，发达国家要求中国以发达国家的身份承担 WTO 规则规定的义务，除新西兰以外的几乎所有发达国家都不承认中国的市场经济地位，还对中国处处施压。但是，恰恰在双边、多边自由贸易协定谈判中，中国同谈判伙伴处于完全平等的地位，双方可以充分发挥自己的积极性和主动性，充分发表自己的意见，明确自己的利益，从而制定出更加合理的、双赢的游戏规则。随着中国经济的快速发展，想搭乘中国这辆经济快速发展的快车的国家/地区越来越多，因此，积极发展多边与双边关系，符合中国的利益，符合合作国家的利益，这是一个顺应历史潮流、世界经济发展大趋势的双赢举措。

中国经济发展到今天，值得关注的是：与发展中国家之间的经济关系是我国对外经济关系的重要组成部分，加强同它们之间的经济合作，是强化南南合作的需要，也是充分挖掘经济进一步发展潜力的需要。改革开放以来，我国在相当长的一段时间内不太重视同发展中国家的合作，与发达国家之间的合作过分地取代了同南方国家之间的合作。我们不仅没有充分注意国内市场的开发，也没有充分注意发展中国家市场的开发。将经济发展的动力放在国外，这样对我们经济的发展存在着很大的风险，更进一步讲，将经济发展的主要动力放在发达国家，国家风险就会更大。分散风险的办法之一，就是市场的分散化。可以肯定的是，发达国家具有更强的购买力，它们的市场具有更强的吸纳能力。因此，发达国家不仅是我国吸引外资和引进技术的重要来源地，而且也应该是我国开展对外贸易的主要地区，但是这并不妨碍我们拓展与发展中国家或地区的国际贸易与合作。积极拓展与发展中国家或地区的合作不仅有利于分散风险，减少我们所创财富的国际转移，还有利于我们加强与发展中国家或地区之间的经济、政治合作关系，增加我们在国际谈判中特别是同发达国家谈判中的筹码。从 20 世纪 90 年代中后期开始，随着发达国家保护主义的日益盛行，我国开始更多地关注同发展中国家之间的贸易关系。近些年来，我们同发展中国家之间的经济合作和贸易关系都有了显著的发展，这是一件值得欣慰的事情。尤其是现今印度、泰国等发展中国家，利用其本身的优势，对我国经济发展构成了很大的竞争关系。比如说印度的劳动力价格是我们国家的一半，让我们以"廉价劳动力，生产物美价廉的商品"为自豪的经济发展模式受到了很大的冲击，如何与它们既竞争又合作，是我们面临的重大课题。因此，搞好与发展中国家尤其是周边国家(东盟等)的双边与多边关系甚是重要。

开发国内市场与开发国际市场的关系问题也是我们必须重视的问题(这里，我们援用"国际市场"这个模糊的概念，严格地讲，这里的"国际市场"是指"国外市场"，因为真正的国际市场已经包含了"国内市场"，也就是说，国内市场实际上是国际市场的一个组成部分)。按照市场经济的传统路径，一般是先开发国内市场，再开发国际市场。然而，在国际经济一体化和经济全球化的今天，你不占领国内市场，别人也会来占领你的国内市场。最近，国内外许多学者都在讨论关于中国怎样面对未来成为"世界工厂"的问题。其实在我们看来，当前的任务不是争论当不当"世界工厂"和制造业中心的问题，而是首先要发展壮大自己的实力问题。我国面临的首要任务是解决就业、扩大内需问题。有很大一部分学者认为："开发国内市场和开发国际市场不是相互矛盾的，两个市场、两种资源是相辅相成的。"我们赞同这种看法。充分发展双边与多边关系，加大出口的增长，除了能够直接推动经济增长之外，还对消费、投资、政府支出、进口造成影响，从而间接刺激经济增长。20世纪90年代以来外贸出口每增长10%，基本上能够推动GDP增长1%。由于我国技术能力不强，而发达国家正处在国际产业转移的阶段，我们决不能错失良机。通过产业结构转移，大量进口先进的机器设备等资本品，对于提高我国技术装备水平、提高生产力、加速现代化的步伐，都具有重要意义。但这并不意味着我们可以忽视对国内市场的开发，占领了国际市场而丢掉了国内市场，这是很不值得的。我们不赞成忽视国内市场的开发，但我们也不赞成先占领国内市场再去占领国际市场，恰恰相反，我们应该在适度保护国内市场的条件下优先占领国际市场再占领国内市场。从所谓生产过剩开始，我国才真正注意到了国内市场的开发，但国内市场的开拓，需以调整分配关系为前提，这就是我们这几年来正在做的，比如增加农民收入，提高社会保障水平，普遍增加收入，调整所得税等一系列措施。

三、主要首脑会议与对外开放

首脑会议由于已不仅仅局限于关注本区域、本地区的经济和政治、环保、安全等问题，而是越来越多地在对世界经济与政治格局产生重大影响，因此越来越受到广大国家包括发展中国家的高度重视。作为最大的发展中国家，中国在世界上的地位日益强大，中国也被越来越多地邀请参加重要的首脑会议。在对外开放的过程中，中国要积极利用首脑会议这样一个平台，向全世界展示中国，让世界听到来自中国最高决策层的声音，以及中国对世界重大事件的看法，为我国对外政治经济关系服务。

(一)关注八国集团首脑会议,重视其对全球政治经济格局的重大影响

八国集团由美国、英国、法国、德国、意大利、加拿大、日本和俄罗斯组成。20世纪70年代初,西方国家经历了第二次世界大战后最严重的全球性经济危机。为共同研究世界经济形势,协调各国政策,重振西方经济,在法国的倡议下,法、美、德、日、英、意六国领导人于1975年11月在法国举行了第一次首脑会议。1976年6月在波多黎各的圣胡安举行第二次会议时,增加了加拿大,形成七国集团,也称为"西方七国首脑会议"。此后,七国首脑会议作为一种制度固定了下来,每年一次轮流在各成员国召开。从1977年起,欧洲联盟(当时称欧洲共同体)委员会主席也应邀参加会议。1991年前苏联总统戈尔巴乔夫,1992年和1993年俄罗斯总统叶利钦都应邀同与会的七国首脑在会后举行会晤。1994年第二十次会议时,叶利钦正式参加政治问题讨论,形成了"7+1"机制。1997年在美国丹佛举行七国首脑会议时,克林顿总统作为东道主邀请叶利钦以正式与会者的身份"自始至终"参加会议,并首次与七国集团首脑以"八国首脑会议"的名义共同发表"最后公报",但不参加有关全球具体经济问题的讨论。从此,延续了23年的西方七国首脑会议成为八国首脑会议,也被称为八国集团。最初,首脑会议主要讨论经济问题和协调各国的宏观经济政策。近年来,政治问题也逐渐成为会议的重要议题。

八国集团既不是一个机构,也不是一个国际组织,它不具备法人资格,也没有常设秘书处,它不能采取任何强制性的措施。因此,它不会与联合国、世贸组织或其他国际金融机构产生竞争关系。作为一个工业化国家的俱乐部,它通过定期的会晤与磋商,协调各国对国际政治和经济问题的看法和立场。八国集团部长级会议或国家元首及政府首脑峰会后发表的公报正是为了表明这种团结一致的决心,以及八国集团愿意做出的政治或金融承诺,以协调和推进工业化国家关系为己任,推动国际社会走向良性循环。

八国集团所关注的不仅是成员国的经济形势以及自身所面临的问题,多年来它也一直关心发展中国家所面临的一些困难。例如,1996年的里昂峰会上提出了"最穷国家债务减免计划",40多个国家有望从中受益;1999年的科隆峰会对这一计划进行了修改,以便加快落实;2001年热那亚峰会上提出建立"世界卫生基金",以帮助穷国对付艾滋病、疟疾和结核病这三大疾病。同时,根据2002年卡纳纳斯基斯峰会所确立的方针,有关"非洲发展新伙伴计划"的行动计划也在实施。

八国集团只是全球众多协商机构中的一个,尽管其协调能力和推动能力尚无法和联合国、世贸组织或其他国际金融机构相提并论,但事实证明它仍是一个有效的协调机构,在全球化进程的调节方面,占全球国民生产总值60%的八国集团自然肩负着特殊的责任。

2003年6月,八国首脑会议在法国的埃维昂举行。中国国家主席胡锦涛应希

拉克总统的邀请,出席了八国集团在峰会前与11个发展中国家举行的南北领导人非正式对话会议。2005年7月,八国集团峰会在英国格伦伊格尔斯(也称"鹰谷")举行,会议着重讨论了非洲发展和气候变化等问题。在这次峰会上,胡锦涛主席应布莱尔首相邀请,出席了八国集团与中国、印度、巴西、南非、墨西哥5个发展中大国领导人举行的南北领导人对话会。

(二)重视东盟首脑会议在地区格局中的重要影响

1. 东盟首脑会议概况

东盟首脑会议有两种形式:东盟首脑正式会议和东盟首脑非正式会议及会晤。

至今,东盟首脑正式会议已召开了10次:

1976年2月23日至24日,第一次东盟首脑会议在印度尼西亚巴厘岛举行。会议就加强马来西亚、菲律宾、泰国、新加坡和印尼5个成员国之间的团结和地区经济合作问题取得了一致意见,并发表了联合公报。东盟五国首脑签署了《东南亚友好合作条约》和《东南亚国家联盟协调一致宣言》(巴厘第一协约)。

1977年8月4日至5日,第二次东盟首脑会议在马来西亚首都吉隆坡举行,会后发表了联合公报。会议确定东盟将扩大区域经济合作,加强同美、日、澳等国和欧共体的对话和经济联系。

1987年12月14日至15日,第三次东盟首脑会议在菲律宾首都马尼拉举行。会议通过了《马尼拉宣言》。东盟六国(文莱于1984年入盟)的外交部长和经济部长还签署了旨在增加内部经济合作的4个文件。

1992年1月27日至28日,第四次东盟首脑会议在新加坡举行。东盟六国首脑签署了《1992年新加坡宣言》和《东盟加强经济合作框架协议》,并决定今后每三年举行一次正式首脑会议。六国的经济部长签署了为实现东盟自由贸易区铺路的《有效普惠关税协议》。

1995年12月14日至15日,第五次东盟首脑会议在泰国首都曼谷举行。会议通过了《曼谷宣言》。东盟七国(越南于同年7月入盟)首脑签署了38项旨在促进相互间在政治、经济等领域加强合作的文件。会议还决定今后在两次正式首脑会议之间每年召开一次非正式首脑会议。七国首脑及与会的柬埔寨、老挝和缅甸政府的首脑还分别代表本国政府签署了《东南亚无核区条约》。

1998年12月15日至16日,第六次东盟首脑会议在越南首都河内举行,东盟九国(缅甸和老挝于1997年入盟)领导人出席了会议。会议通过了《河内宣言》、《河内行动纲领》、《"大胆措施"声明》等一系列旨在促进东盟加强经济、政治与安全合作的文件。

2001年11月5日至6日,第七次东盟首脑会议在文莱首都斯里巴加湾市开幕。东盟十国(柬埔寨于1999年入盟)领导人审议通过了《河内行动计划》的中期报告,并确定了新的优先合作项目,其中包括东盟区域一体化、信息和通信技术以及人力资源开发。十国领导人在本次会议上还就恐怖主义问题和艾滋病问题分别发表东盟领导人宣言。

2002 年 11 月 4 日至 5 日,第八次东盟首脑会议在柬埔寨首都金边举行。十国领导人就实现东盟一体化、打击恐怖主义等共同关心的地区性和国际性问题进行了深入广泛的讨论,并达成了共识。十国领导人签署了《东盟旅游协议》。

2003 年 10 月 7 日至 8 日,第九次东盟首脑会议在印度尼西亚巴厘岛举行。十国领导人签署和发表了《东盟第二协约宣言》(又称"巴厘第二协约")。该宣言包括建立"东盟安全共同体"、"东盟经济共同体"和"东盟社会和文化共同体"等内容,标志着东盟将由较为松散的以进行经济合作为主体的地区联盟,转变为关系更加密切的、一体化的区域组织。在此次首脑会议上,还举行了为期 3 天的东盟第一届商业与投资峰会。

2004 年 11 月 29 日,第十次首脑会议在老挝首都万象举行,讨论如何通过促进团结、继续东盟—中日韩对话、缩小成员国经济发展水平差距、经济一体化和社会进步来增强东盟大家庭的安全和活力。这次会议还签署了《万象行动纲领》和《东盟关于一体化优先领域的框架协议》等文件,以从经济发展和社会安全两方面推进东盟一体化进程。在这次为期两天的会议上,东盟领导人还通过了《东盟社会文化共同体行动纲领》和《东盟安全共同体行动纲领》两个文件。

东盟首脑非正式会议及会晤基本上一年一次:1996 年 11 月 30 日,首次东盟首脑非正式会议在雅加达举行。1997 年 12 月 15 日,第二次东盟首脑非正式会议在马来西亚吉隆坡举行。同时,东盟—中国、日本、韩国首脑会晤在马来西亚举行。中国国家主席江泽民在会晤时发表了题为《携手合作共创未来》的讲话。1997 年 12 月 16 日,中国—东盟首脑非正式会晤在马来西亚举行。江泽民主席发表了题为《建立面向 21 世纪的睦邻互信伙伴关系》的重要讲话。会晤结束后,双方发表了《中华人民共和国与东盟国家首脑会晤联合声明》。1998 年 12 月 16 日,东盟—中国、日本、韩国第二次领导人非正式会晤在越南首都河内举行。时任中国国家副主席胡锦涛出席了会议。2005 年 1 月 1 日,中国—东盟自由贸易区建设的两个主要协议《货物贸易协议》和《争端解决机制协议》开始生效。中国提出与其他国家建立的第一个自由贸易区——中国—东盟自由贸易区进入"实质性全面建设期"。

目前,东盟的对话伙伴国有美国、日本、欧洲联盟、加拿大、澳大利亚、新西兰、韩国、印度、中国和俄罗斯。观察员为巴布亚新几内亚。此外,东盟还与巴基斯坦建立了对话关系。蒙古于 1998 年 7 月 27 日成为东盟地区论坛成员。

2. 中国与东盟双边关系的发展方向与重点

中国与东盟同属于发展中国家,地缘相邻,文化相通,自古以来就有密切联系与交往,因此,双方的合作具有坚实的基础和旺盛的生命力。在新形势下,要抓住经济全球化和科技革命带来的机遇,有效应对各种风险与挑战,携手共创中国与东盟互利合作的新局面。双方关系发展的重点主要在以下三个方面：

(1)确定新世纪初的重点合作领域。根据双方各自的优势，可以把农业、信息通讯、人力资源开发、相互投资和湄公河开发作为近期合作的重点领域。

(2)推动建设中国—东盟自由贸易区。目前，中国—东盟自由贸易区已经正式启动，需要在运行过程中不断总结运行机制与经验，完善和协调各种关系。

(3)加强政治上的相互信任与支持。在不断拓展双方经济合作的同时，有必要进一步加强双方的政治对话与合作，增进相互了解与信任。这是中国与东盟关系全面发展的重要内容。加入世界贸易组织给中国的经济发展注入了新的动力，也为世界各国特别是地缘相近的东盟国家提供了更好的投资环境和更多的商业机会，同时也为中国企业家走出国门，到包括东盟等周边国家投资兴业，创造了更有利的条件。

3. 在处理中国与东盟及其他周边国家关系过程中应注意的问题

(1)在"中国—东盟自由贸易区"框架下，为维护我国正常的贸易秩序，扩大出口创汇，我们应充分利用合理的规则，积极创造条件，发展相对优势产业和企业，重点扶持一些具有规模经济效应、获取利润能力强、市场垄断程度高的企业多出口；同时，要合理利用外资，积极营造新的经济增长点和主导产业，并充分利用好东盟的普惠制及原产地规则一般要求，实现出口产品的原料和零部件的国产化，提高附加值，推动一批企业集团积极进行跨国生产经营。

(2)要借鉴东盟自由贸易区业已成型的架构，加快自由贸易区技术设施、标准化和政策等方面的便利化建设步伐，减少贸易和投资的程序，加快货物、服务、资本的自由流动速度。近年来，中国与东盟间的经济交往越来越多，但受制于各自的经济发展水平和市场需求能力，现阶段很难实现大幅度扩大贸易和投资。如果近期内能着眼于开展便利化建设，将可能更好地扩大贸易和投资规模。

(3)要进一步深化和东盟之间的关系，中国就必须在现存良好的多边主义框架下来推进双边关系。其中一个最主要的领域就是如何利用多边主义构架来解决双边领土纠纷问题。中国现在和有的东盟国家存在领土纠纷，同个别国家的领土纠纷不时浮出台面，造成了一些不必要的紧张。中国在改革开放之初就提出了"搁置争议、共同开发"的构架，但是一直没有得以具体实现。领土纠纷可以说是中国和东南亚国家之间最难解决的问题之一，而这个问题的解决需要在多边主义的构架内通过双边的协商得到解决。得益于长期以来地区冲突的缓解，现在东盟10个成员国都急迫地发现本国经济的发展某种程度上依赖于与中国经济的关系。对于中国来说，东盟是其实现自己既定目标的一个极其有效的区域性组织，所以发展中国—东盟的关系对双方都是非常有意义的。

(4)从维护中国国家利益角度出发，在构建"东亚自由贸易区"问题上东盟和日、韩争论不休时，我们还应从我国幅员辽阔、地理位置优越的特点入手，双管齐下,齐头并进地推动东北亚和东南亚的经济合作。在东北亚,我们应充分利用中、朝、俄、韩、蒙5国在1995年12月签署的开发图们江地区的3项国际协定,把"10+3"机制扩展为"10+6"机制,真正建立起与欧盟、美洲自由贸易区鼎足而立的三极格局。在东南亚,我们要大力发挥海外华人在东南亚贸易和投资中的主导作用及中华传统文化对周边地区的巨大渗透力,借助"中国—东盟自由贸易区"体制,大力发展对东盟的贸易和投资,抵消日本"雁行模式"文化的影响,并进而为我国南部地区构建一个稳定可靠的屏障,打破美国多年来营建的从阿留申群岛至马六甲海峡的排华性链式封锁圈,保证我国的经济和政治安全。

(5)以组建自由贸易区为契机,加快祖国大陆与港、澳、台的经济一体化进程,大力发展经贸往来,早日完成祖国的和平统一大业。两岸如能早日实现"三通",组建起"中国内地与香港、澳门、台湾自由贸易区",进而构建关税同盟和统一大市场,一方面,可以凭借两岸雄厚的外汇储备和经贸实力,在实现和平统一和经济整合的基础上,通过发行统一的"中华元",就可以避免遭受类似亚洲金融危机式的货币冲击,维护中华民族的利益和国家安全;另一方面,可以利用自己强大的经济、政治、军事实力,携手共进,南北出击,将"东北亚经济合作组织"和"东南亚国家联盟"合并为统一的"东亚联盟",将其真正变成由亚洲人主导的地区性合作组织。

(三)加强研究南美国家首脑会议在南美地区一体化进程中的作用

1. 南美国家首脑会议概况

南方共同市场(南共市)和安第斯共同体(安共体)是拉美两大经济组织及拉美地区经济一体化的主力。南共市1991年成立,1995年正式启动,由阿根廷、巴西、乌拉圭和巴拉圭4国组成。安共体于1969年成立,是拉丁美洲最早成立的地区性经济组织,成员国为安第斯山麓国家玻利维亚、哥伦比亚、厄瓜多尔、委内瑞拉和秘鲁5国。

为了让南美大陆在经济上成为互相补充、贸易上没有关税的统一体,南共市和安共体于1998年开始进行自由贸易谈判,但由于在敏感产品清单和免税时间表上分歧很大,谈判一直没有得到实质性进展,去年10月南共体在乌拉圭首都蒙得维的亚举行的拉丁美洲一体化协会外长理事会上签署了自由贸易协议,意味着这两大组织向最终创建南美自由贸易区的目标迈出了重要的一步。而建立南美自由贸易区是构成南美共同体的基础。南美共同体由安共体5个成员国和南共市4个成员国以及智利、圭亚那和苏里南共12个南美国家组成。这将是一个拥有3.61亿人口、9700亿美元国内生产总值的共同体,总共1700万平方公里的土地和可供使用100多年的能源储藏更使其成为综合实力很强的地区。虽然南美共同体已宣布成立,但它的性质、宗旨、纲领和运行机制等尚未明确。

2000年9月,第一届南美国家首脑会议在巴西首都巴西利亚举行。会议决定正式启动南美地区一体化进程。根据会议决议,南共市和安共体成员国逐步开放市场,机构涵盖整个南美大陆的共同市场,以迎接经济全球化的挑战。

2002 年 2 月,第二届南美国家首脑会议在厄瓜多尔的瓜亚基尔落下帷幕,与会领导人一致决定加快南美洲一体化进程,推动本地区的发展。与会 12 国总统代表签署了《瓜亚基尔有关一体化、安全和基础设施发展的协议》。文件强调,尽快在今年内结束南方共同市场和安第斯共同体之间的谈判,并在此基础上建立南美自由贸易区。与会领导人重申联合扫毒,反对恐怖主义和腐败,反对在南美地区使用武力或武力威胁以及发展和制造毁灭性武器;还强调推动整个南美地区的交通、能源、通讯基础设施建设,以消除贫困和向那些社会弱势阶层提供必要帮助。

2004 年 12 月,第三届南美国家首脑会议在秘鲁文化古城库斯科召开。会议结束时通过的《库斯科声明》宣布,由南美洲 12 个国家组成的南美国家共同体(南美共同体)正式成立。这是南美地区一体化进程中具有历史意义的里程碑事件,从此南美洲各国将作为一个整体在国际舞台上发挥巨大的作用,并推动自身的政治和经济发展。

2. 加强发展与南美各国之间的关系,对我国具有战略意义

智利由于其特殊的地位,已经成为中国开拓南美市场的首要目标。2003 年中智双边贸易额为 35.29 亿美元,中方出口 12.8 亿美元,进口 22.4 亿美元,比上一年分别增长 37.6%、28.6% 和 43.3%。2004 年中智两国双边贸易额达到 53.65 亿美元,同比增长 51.9%。中国已经成为智利的第二大贸易伙伴,而智利的第一大贸易伙伴是美国。同时,中国也是智利主要产品——铜和转基因大豆的最大买家。截至 2004 年底,中国和智利分别在对方国家投资几千万美元,虽然金额有限,但涉及的领域有纺织、轻工、家电、电信、航运、服装、化工、建材、食品和金属加工等行业。目前,一些中国企业正在探讨在矿业等方面合作的可能性,并已经取得了明显的进展。

2004 年 11 月,胡锦涛主席访问智利期间,中方同智利方面达成了建立自由贸易区的原则协议。2005 年 1 月,中智自由贸易区首轮谈判正式开始。在第一轮谈判中,双方拟订了谈判工作大纲,对谈判领域、内容以及时间框架予以确定,并就自由贸易涉及的货物贸易、服务贸易和投资等主要问题交换了意见。

之所以以智利作为突破口,是因为以美国为首的北美自由贸易区国家已经宣布,将于 2010 年前将北美自由贸易区扩大到除古巴之外的所有南美洲地区,届时形成一个涵盖整个美洲大陆的美洲自由贸易区;中国商品可以通过在智利等南美洲国家中转之后顺利地进入美国市场,而不必担心美国会针对中国产品实施贸易制裁,这对我国来讲是具有战略意义的。

(四)重视亚太经合组织领导人非正式会议在亚太地区的影响

领导人非正式会议是亚太经合组织最高级别的会议。1992 年 4 月,澳大利亚总理基廷首次提出以亚太经合组织为基础,举行一次亚太首脑会议。1993 年,美

国作为亚太经合组织会议的东道主,正式提出在亚太经合组织第五届部长级会议之后召开一次首脑会议。由于没有得到全体成员的赞同,美国建议召开的首脑会议被定名为“领导人非正式会议”。

1993 年 11 月 19 日至 20 日,首次领导人非正式会议在美国西雅图的布莱克岛举行。除马来西亚外,该组织其余 14 个成员的领导人或代表出席了这次会议。会议期间,所有领导人不着西服,而穿休闲装,为的是营造一种较为轻松的气氛。领导人的讲话内容需经本人同意才能公开,会议结束后通过一项领导人宣言,这种形式成为以后亚太经合组织领导人非正式会议的模式。

迄今为止,亚太经合组织领导人非正式会议已经举行过 9 次,通过了《亚太经合组织领导人经济展望声明》(又称《布莱克岛展望》)、《亚太经济合作组织经济领导人共同决心宣言》(又称《茂物宣言》)、《亚太经合组织经济领导人行动宣言》(又称《大阪宣言》)、《亚太经合组织经济领导人宣言:从憧憬到行动》、《亚太经合组织经济领导人宣言:联系大家庭》、《亚太经合组织经济领导人宣言:加强增长的基础》、《亚太经合组织经济领导人宣言:奥克兰挑战》、《亚太经合组织经济领导人宣言:造福社会》等重要文件。这些文件都是指导亚太经合组织各项工作的重要纲领性文件。

在与亚太经合组织合作方面,中国积极支持亚太经济合作组织的贸易投资自由化。在政府的推动下,中国正不断加强与亚太经济合作组织各国之间的传统经贸关系。20 世纪 90 年代以来,中国与亚太经济合作组织的贸易额占中国对外贸易额的比重一直都非常高。进入新世纪以来,随着中国积极推行出口市场多元化,比重虽略有下降,但仍然具有极其重要的地位。中国可以通过亚太经合组织领导人非正式会议,发表我国对亚太、对世界经济与政治格局的认识和看法,以作为世界了解中国的重要渠道。

二十多年的实践充分证明了,中国的改革开放政策是适应人类社会经济发展规律与趋势的正确决策。开放政策为中国吸取国外有益的先进技术与科学管理,为中国增强自力更生的力量创造了良好的制度条件。因此,我们既要顺应历史潮流,推行全方位、多层次的对外开放战略,又要坚持独立自主、自力更生的基本原则。首先,开放是在独立自主的原则下,对外来事物有选择、有区别地吸收。凡适合中国建设需要的先进技术与设备、不损害独立的主权与经济利益、不违反中国的法律与规章,引进后能与国内原有的技术与设备配套,或能补充与发展原有设备的作用者均属之。同样地,引进与利用外资也必须符合上述情况,自然这既不与自力更生原则相抵又不违反独立自主的精神。其次,开放是指在对外斗争中贯彻打主动战的战略思想,是对外关系中以我为主、操纵自如的做法。有利于我则开而纳之,不利于我则闭而拒之;开放政策是以我为主,扭转被动的一项有力措施。再次,中国要活跃在世界舞台,广交往、增见闻、觅机遇、分良莠、辨优劣,只有实行开放政策，才能开阔眼界，掌握现状，预测未来，在对外交往中立于不败之地。开放政策既能促进自力更生能力的增长，又丝毫无损于独立自主的原则，是顺乎客观发展趋势，符合建设要求的一项行之有效的政策。最后，独立自主、自力更生是我们的基本国策，但这并不意味着封闭，更不意味着关起门来搞建设。有利的外部因素，能够促进我国的社会主义现代化建设事业，而实施对外开放政策，既请进来，也走出去，就是为了利用外部的有利因素。应该说，经济能否较快地增长，特别是在消化吸收基础上能否自主创新，是否独立自主、自力更生的标准，是实施对外开放政策是否成功的标志。另一方面，对外开放增强我们独立自主和自力更生的能力之后，并不意味着我们就可以回过头来闭关锁国了，而是意味着我们更有能力实行对外开放了。进一步的对外开放，又可以更加增强我国独立自主和自力更生的能力。在国际经济一体化和经济全球化时代，发展中国家虽然处于劣势地位，但是只要政策得当，对外开放与独立自主、自力更生之间不仅不是互相矛盾的，反而是可以良性循环的。

随着中共十六届五中全会的召开，中国要完成“十一五”规划以及21世纪的重要的战略目标，我们就不能默守国内自我循环的陈规，应当继续解放思想，从“立足国内，放眼全球”的战略出发，把我国丰富的物产资源、劳动力资源同广阔的世界市场联系起来，敢于和善于利用对外经济贸易这个重要手段，通过运用多种对外开放的途径与形式，扩大国际贸易，引进先进技术，吸收外国资金，开展国际承包，发展国际旅游服务业，使对外开放政策为我国经济建设带来更大的经济利益，扩大我国在国际上的政治影响。

但同时我们也应该看到，当今世界，人类正在经历一场全球性的科学技术革命。企业的竞争、经济的发展、综合国力的较量，日益集中地表现在科技竞争方面。对此我们别无选择，必须把自主创新作为未来科技发展的战略基点，大力提高科技自主创新能力。改革开放以来，我们大量引进国外先进技术和管理经验，有力地促进了经济发展。但由于缺乏核心技术，缺少自主知识产权，我国仍主要靠廉价劳动力、资源消耗、土地占用和优惠政策赢得竞争优势，在国际产业分工中仍处于低端位置。有数据显示，在发达国家经济增长中，75%靠技术进步，25%靠能源、原材料和劳动力的投入，而我国的情况恰好相反。我国主要行业的关键设备与核心技术基本依赖进口。这种状况如不改变，自主创新能力不强，就会严重掣肘我国经济的发展。因此，我应该将消化吸收基础上能否自主创新，看成是是否独立自主、自力更生的标准，看成是实施对外开放政策是否成功的标志。

贯彻落实十六届五中全会所提出的科学发展观，谋划未来“十一五”经济社会发展的各项举措，必须把我国仍处于社会主义初级阶段作为基本出发点。应当看到，“十一五”规划的五年，既是我们可以大有作为的“黄金发展期”，也是我们必须应对国内外各种挑战的“矛盾凸显期”。我们既处在经济社会发展新的更高起点上,也面临比过去任何一个五年计划更严峻的挑战。我们现在身处的国际环境在和平大伞的遮掩下,还充斥着很多的矛盾,从历史的发展历程来看,一个和平的国际环境对正处在发展中的国家来说有着至关重要的作用。因此,我们继续坚持和平共处五项原则发展与世界各国的政治、经济关系,发展同国际组织等的良好合作关系,充分利用国际大舞台,这将既利他又利己,能够实现中国与世界的双赢!

二十多年改革开放的实践证明,作为一个拥有13亿人口的大国,我国市场容量巨大,自主创新潜力巨大,发展民族经济,实行对外开放,必然更加增强我国自力更生的能力,对我国树立国际形象,做一个负责任的大国,有重要的战略意义。

第三篇　与开放有关问题的探讨

经济分析最终是经济利益的分析或经济利益分配的分析。我国对外开放的最终目标也是为了获得经济利益，即促进我国经济的发展和人民生活水平的提高。国际经济活动产生国际经济利益，从而能够推动世界福利水平的提高。但是，国际经济利益的分配并不是公正合理的，它有利于发达国家而不利于发展中国家，这与国际分工格局有关，更与国际经济秩序有关。本篇不可能对所有相关的问题进行讨论，而仅就其中的一些较为紧迫的问题进行探讨和分析。本篇从十一章到十六章，共分为六章。其中，第十一章题为国际贸易与国际贸易利益分配，第十二章探讨汇率与国际贸易利益分配之间的关系，第十三章以吸引外资与自力更生为主题，第十四章以对外投资与国际贸易为题，第十五章的题目是对外开放与可持续发展，最后一章第十六章以和平崛起与共同发展为题，兼有对全书总结概括之意。包括中国在内的发展中国家谋求建立国际经济新秩序，目的不是让发达国家和发展中国家换个位，而是希望在所有国家之间建立起公平、公正的利益分配关系。资本主义在全球的扩张，为包括我国在内的发展中国家的经济发展设置了重重障碍。不过，正如相互联系、相互依赖的关系一样，共同发展也是历史发展的必然趋势，并且已经成为多数国家的共识，我国有充分的条件并有坚定的信心走和平崛起和共同发展的道路。

第十一章
国际贸易与国际贸易利益分配

对外贸易作为国际经济交往的基本形式，是一国融入世界经济体系，获取国际分工和商品交换的经济利益的重要手段，其在整个资本主义国家的经济发展史和世界经济发展史上扮演着极其重要的角色。第二次世界大战以后，由于第三次科技革命的迅速推进，世界经济发生了迅猛的变化。国际分工日益深化，跨国公司和世界生产较快发展，世界市场容量不断扩大，国际贸易得到了迅速增长。世界贸易的增长速度超过了世界生产的增长速度。

然而，第二次世界大战后国际贸易在迅速发展的同时，其发展的不平衡性也进一步加深，世界贸易的主要特征仍表现为发达资本主义国家继续在世界出口和世界进口中占支配地位，其在世界贸易出口中，始终保持着高比重(63.2% ~71.8%，一般为2/3 左右)。广大发展中国家的对外贸易尽管也都获得了不同程度的增长，但是无论是在增长速度还是在增长的量上都远低于发达国家。同时，在世界各大类的产品贸易中，除石油外，经济发达国家的出口占了主要地位。在制成品贸易中，经济发达国家约占80%；除石油以外的其他初级产品如农业原料、矿产品等的出口贸易中，经济发达国家占60%。世界贸易的不平衡发展在不断强化发达国家的经济地位的同时进一步加大了对发展中国家的剥削。国际贸易所产生的利益在不平衡的发展过程中呈现出不平等分配的特点。

在经济全球化的浪潮中，积极参与国际分工，开展对外贸易是我国对外开放政策的重要组成部分。充分认识在参与国际贸易的过程中各国所处的不平等的国际贸易利益分配地位，有利于我国更好地处理国际贸易中的各种关系，以尽可能地降低对外开放进程中不得不付出的各种成本。

本章将以李嘉图的比较优势理论为依据，分析国际分工和国际贸易有利于劳动生产率的提高和规模经济的获取，可以给世界带来巨大的经济利益。然而，由于价值规律在国际市场上的作用机制发生了变化、科学技术进步的成果不能平均分享、发展中国家产品需求弹性的问题以及国际垄断资本的存在等因素使得国际价值在世界各国之间发生了不平等的转移，广大发展中国家的利益在这一过程中遭受了较大的损失。在此分析的基础上，我们分析得出当前国际分工格局以及与之相应的国际价值转移始终是有利于生产力先进的国家，换句话说，生产力先进的国家控制了国际分工以及国际贸易利益分配格局，进而揭示虽然发展中国家和不发达国家一直在积极参与国际分工以及国际贸易，但仍然无法改变富国愈富、穷国愈穷的局面这一问题的深层次原因。

一、国际分工与国际贸易利益

早在两百多年以前，斯密就用其绝对优势理论向我们证实了国际分工和国际贸易会给一国和世界带来巨大的经济利益。斯密认为分工可以提高劳动生产率，各国按照各自有利的条件选择在劳动生产率上具有绝对优势的产品进行专业化生产，然后进行交换，将会使各国的资源、劳动力和资本得到最有效的利用，极大地增加了各国的物质财富。另外，他认为进行对外贸易的国家可以得到两种不同的利益，即输出本国不需要的剩余产品和输入本国所需要的其他种类产品，从而使通商的各国都得到利益。李嘉图放松了斯密对于绝对优势理论的假定，提出了比较优势理论，很好地解释了贸易基础和贸易利益。他认为，由于国家间劳动生产率的差异，若一国生产某种产品相对于生产其他产品来说更便宜，那么该国就应该生产其生产成本较低的那种产品，再通过国际贸易向另一国交换另一种产品，这样，两国都可以从分工和贸易中获得利益，这是一种双赢安排。这样，两国都可以突破本国资源条件的限制，更多地消费自己不能生产的产品，增进自己的福利水平。与此同时，两国的生产资源也能够得到最充分、最有效的利用，促进两国的经济发展，世界的产出也将达到最高水平。

李嘉图的比较优势理论是斯密绝对优势理论的特例，在这一比较优势理论基础上发展起来的包括要素禀赋理论等传统的国际贸易理论分析了贸易的静态利益。这些理论认为，在贸易发生以后，在比较成本规律的作用下，各个有关国家的资源得到重新配置，因而使每个国家都能增加它所具有的比较优势的产品的产量。通过交换，每个国家都可以得到比它自己直接生产的数量更多的货物，使各国的消费水平超过它们各自的生产可能性曲线。这是贸易的静态的利益，每个国家所得到的静态利益的多寡依赖于贸易比价。① 国际贸易除了静态的利益以外，还有动态的利益，主要包括扩大生产规模以取得规模经济、降低生产成本、增加就业的利益以及传递经济成长的利益等。以纳克斯、刘易斯等为代表的“需求启动”理论和以科登等为代表的“供给启动”理论等国际贸易理论在解释国际贸易产生的原因的同时，从不同的方面分析了国际贸易的动态利益以及贸易与经济增长之间的关系，肯定了国际贸易的积极作用。

以李嘉图的比较优势理论为基础的国际贸易理论在不断丰富和发展的过程中解释了通过国际贸易各国能够充分利用本国的比较优势参与国际分工，出口本国充裕的产品，进口本国稀缺的产品，满足国家经济建设和人民生活所需，从而促进

① 姚曾荫．国际贸易概论．北京：人民出版社，1987．55

本国经济发展乃至整个世界的福利水平的提高。这在整个世界经济的发展过程中得到了充分的体现,特别是第二次世界大战以后,由于第三次科技革命的迅速推进,世界经济得到了迅猛的发展,世界市场容量不断扩大,国际贸易迅速增长。从商品贸易来看,在 1900—1938 年的 38 年内,世界出口量只增长了 3 倍;在 1948—1981 年的 33 年时间内,世界出口贸易量增长了 7.7 倍;在 1994—2004 年的短短 10 年内,世界出口贸易就增长了 1.77 倍①。到 2004 年,全球商品总出口达到 91 240 亿美元②,服务贸易达到 21 000 亿美元③。另外,战后世界贸易的增长速度超过了世界生产的增长速度这一事实也充分体现了国际分工和国际贸易作为推动经济增长的因素的重要性,其不断的发展有效地推动了整个世界经济的发展,加速了经济全球化的进程。

以英国经济学家哈罗德为代表的凯恩斯主义经济学派的经济学家将凯恩斯的乘数理论引入到对外贸易领域来提出的对外贸易乘数理论,又从另一个侧面分析了对外贸易对一国宏观经济运行的影响。他们认为,一国净出口量的增加对国民收入的增加是乘数或倍数的关系,即国民收入的增加量是贸易顺差的若干倍。这是因为,一国的出口和国内投资一样,有增加国民收入的作用,其消费也随之增加,于是带动其他部门生产增加、就业增加、收入增加。如此反复下去,收入的增量将是出口增量的若干倍。以我国为例,随着我国对外开放战略的不断实施,我国的对外贸易发展迅速,对外贸易的总量和增幅都得到了显著的提高。据有关资料显示,进入改革开放之后,我国对外贸易增长幅度的变化大致经历了三个阶段:第一阶段是 1981—1990 年,这段时期的贸易增长幅度呈波动状态,某些年份增幅达 20% ~30%,而有的年份则仅为 3% ~8%;第二阶段是 1991—1999 年,为持续稳定增长的阶段,除 1996 年(0.6%)和 1998 年(-0.4%),各年增幅达 11% ~22%;第三阶段是 2000—2004 年,为持续高速增长阶段,其中除 2001 年为 7.5%外,其余年份增幅为 20% ~30%④。这一阶段的持续高速增长在很大意义上归因于我国加入世贸组织。进入 2005 年后,中国外贸继续保持了高速增长的态势。据相关统计资料显示,2004 年我国进出口总额达到 11 547 亿美元,比 2003 年增加了 35.7%,比 2001 年增加了 2.3 倍,2005 年中国外贸更高达 14 221.2 亿美元,比上年增长 23.2%,相当于“十五”初期 2001 年加入世界贸易组织前贸易规模的 2.8 倍,在全球排位中稳居第三。另外,对外贸易总额不断增长的同时,我国的外贸依存(进出口总额与同期 GDP 之比)度也逐年上升,从 1980 年的 12.6% 上升到 2002 年的

① 资料来源于 WTO 和 World Bank。

② 资料来源于 WTO 年度统计资料(WTO Annual Report, World Trade Report, International Trade Statistics)。

③ 资料来源于 WTO 年度统计资料(WTO Annual Report, International Trade Statistics)。

④ 中国海关统计,2005(1). p3:summary of imports and exports

51%,2003年达到了60.2%,2004年伴随着外贸进出口总值的大幅度攀升,外贸依存度达到了近80%。这表明,作为融入经济全球化的一个生动的例子,我国参与国际贸易的程度不断加深。尽管对于如此高的外贸依存度对我国经济发展会产生怎样的影响仍是当前争论比较热烈的一个话题,但是有一点我们可以肯定,那就是对外贸易的迅速发展对我国国民经济的拉动作用是十分明显的。

除此之外,我国得自对外贸易的利益还表现为对外贸易对就业的拉动、对技术进步的促进等多个方面。在就业方面,出口生产部门及相关产业为社会提供了大量的就业机会,对外贸易发达的地区,如东部沿海一带出口导向的加工贸易发达的地区就业水平普遍高于内地,是众多务工农民的主要流向;另外,近年来,加工贸易在我国进出口中仍占有重要地位,加工贸易出口在外贸总出口的比例一直保持在55%左右,高于一般贸易方式约14个百分点,进口比例也保持在约40%上下。加工贸易为我国提供了超过2500万人的就业机会。在技术进步方面,进口发挥了推动我国技术进步、产业升级和经济增长的重要作用。2004年,我国进口总额中,以先进技术装备为主的投资类产品占21.1%,中间投入品占72.9%,消费品仅占3.2%。通过进口,我国得到了大量的先进技术装备和零部件,弥补了国内短缺的要素特别是能源资源需求。同时,对外贸易还带动了我国高新技术行业的发展。近年来,我国高新技术产品出口逐年增加,电子技术、计算机、通信技术等类高新技术产品已大批量进入国际市场。综合各方面的情况来看,我国对外贸易的发展既反映了改革开放的重大成果,也体现了对外贸易对我国经济发展的贡献。

从上面的分析我们可以看到,积极参与国际分工和国际贸易对于一国国民经济的发展是会产生一定影响的。以李嘉图的比较优势理论为基础不断丰富和发展起来的国际贸易理论也在试图解释国际分工和国际贸易有利于增加参与国乃至整个世界的福利水平,但是他们并没有解释国际贸易过程中利益分配不平等和世界范围内贫富差距不断扩大的现象。不过,我们应该肯定的是古典的贸易理论是以劳动价值理论为基础的,也就是说,表面上看起来,投入的要素只有劳动,但实际上这里的劳动指的是抽象的劳动而不是具体的劳动。它们把劳动所创造价值的大小作为国际贸易发生的基础,这为研究国际贸易导致分配的不均衡,揭露发展中国家与发达国家在国际贸易中的不平等地位及国际剥削等问题奠定了基础。

二、国际贸易利益分配——国际价值转移

李嘉图认为参与国际贸易的双方都能获得利益,但是马克思却认为,尽管参与国际贸易的“两国都获利,但一国总是吃亏”。这种吃亏是相对的,就是一个国家可以用100天的劳动交换其他国家200天的劳动。李嘉图其实也发现了国际交换中不等量劳动的交换,但他无法理解这种不平等现象,反而认为在一国内能够发挥作用的价值规律在国际市场上是不适用的。李嘉图的错误源于他劳动价值论的不

彻底性。马克思用国际价值理论很好地解释了这一不平等现象。

价值规律是商品生产和商品交换的基本规律。这一规律的一般内容和客观要求是:商品的价值量是由生产该商品的社会必要劳动时间所决定,商品的交换按照商品的价值量进行等价交换。价值规律既适用于封闭经济内的商品生产和商品交换,又适用于开放经济内的商品生产和商品交换。但是,和封闭经济相比,在开放经济中,价值规律的作用方式已经发生了重大变化。

从总的质上来看,国际价值同国别价值一样,都是人类抽象劳动的凝结和物化。但是,国际价值与国别价值还存在部分质上的差异,这主要是由人类劳动的抽象范围不同形成的。国别价值是人类劳动在一国市场范围内抽象平均的结果;而国际价值则是人类劳动在世界市场范围内抽象平均的结果。前者是由一国的社会必要劳动时间决定的,后者是由世界范围内的必要劳动时间决定的。这种抽象范围的不同,进一步分析,会发现国际价值是个更高层次的价值形式,这是因为世界范围要比一国范围的社会范围更为广泛,劳动能够得到更充分的展示。正如马克思所指出的,"真正的价值性质,是由国外贸易才发展的,因为国外贸易才把它里面包含的劳动,当作社会劳动来发展。"[①]

劳动在商品的生产过程中创造价值。由于一国范围内的社会必要劳动时间不等于世界范围内的社会必要劳动时间,因此,商品在国内市场上交换时所依据的国民价值,不等于它在世界市场上交换时所依据的国际价值,虽然商品的国民价值与其国际价值都是凝结在商品中的劳动。在一国范围内,劳动创造的是国民价值(或者国别价值),商品的国别价值量由该国生产该商品的社会必要劳动时间所决定,商品交换按照商品的国别价值量进行等价交换;参与国际分工和国际交换后,一国的劳动则参与创造国际价值。商品的国际价值不是由个别国家的社会必要劳动时间决定的。例如,马克思指出,在世界市场上,"棉花的价值尺度不是由英国的劳动小时,而是由世界市场上的平均必要劳动时间来决定"[②];商品的交换也不是以商品的国别价值量为标准,而是按照商品的国际价值量进行等价交换。由于各个国家的劳动生产率差异很大,从而单位时间内生产出来的国别价值就不可能相同,这些国别价值在世界范围内就成为了个别价值,而一个商品的国际价值则成为了世界范围内的社会价值,通过按照国际价值量相等的原则进行交换,那些国别价值低于国际价值的国家可以实现价值的增值,这就是国民价值增值的原理;那些国别价值高的国家则不能实现其全部的国民价值,也就是价值流失,因而就会出现一个国家的若干个工作日同另一个国家的一个工作日相交换的现象。马克思指出,在不同国家的相互关系中,"一个国家的三个工作日也可能同另一个国家的一个工作日

① 马克思恩格斯全集. 第26卷. 北京:人民出版社,1972. 294

② 马克思恩格斯全集. 第47卷. 北京:人民出版社,1972. 405

相交换。价值规律在这里有了重大的变化。”①价值规律推广到国际范围内可称为“国际价值规律”，国际价值规律并没有破坏封闭经济中的价值规律，其基础仍然是劳动价值论，但是却发生了一点重大变化——国际价值可以偏离国民价值，且在一定范围内长期存在。

在一国范围内，商品的个别价值不可能长期地偏离社会价值。那些个别价值较高的生产者如果不改进技术、改善生产管理，必将在竞争中被淘汰；而那些个别价值较低的生产者也不可能持久保持对先进技术的垄断，商品的个别价值会向社会价值回归。在国际范围内，各国的国别价值与国际价值的偏离却可以长期存在。这是因为，首先，各国普遍实行贸易保护措施，为国外商品参与竞争设置壁垒，这使本国国别价值高的商品可以在国内实现价值；其次，资本、技术、自然资源和劳动力等要素在国际范围内不可能如在国内那样充分自由地流动。那些劳动密集度较高的产品在拥有大量廉价劳动力的国家的国别价值自然要低些，那些自然资源丰富的国家的矿产品的国别价值自然不会高于国际价值，而发达国家也可通过对先进技术和技术人员的垄断，长期保持技术含量高的产品的国别价值低于国际价值。最后，由于某些服务类产品（例如旅游）具有不可转移的特点，更使得各国国别价值的差别可以长期保持。

因此，边界的存在、国民经济的孤立性、生产要素的非流动性使国内市场的领域和世界市场的领域分离开来，从而使国民价值和国际价值相区别。在世界市场上，决定商品价值的不是一国范围内的社会必要劳动时间，而是世界劳动的平均单位，即世界范围的社会必要劳动时间。在这种情况下，劳动生产率较高的国家，被认为在单位时间里能够创造较多的价值，因而能够用较少的劳动时间交换劳动生产率较低国家的较多劳动。在世界市场上，等价交换不是指国民价值相等的交换，而是指国际价值相等的交换；依此，国民价值相等的交换是等量劳动的交换，而国际价值相等的交换一般不是等量劳动的交换。显然，价值规律在国际市场上不是不适用了，而是其作用机制发生了变化；正是这一价值规律使得国际贸易利益的分配变得不平等起来，剩余价值从穷国转移，富国更富，穷国更穷，贫富差距势必扩大。这一机制不会因为落后国家在世界市场上可以买到比自己生产还要便宜的商品而有所改变。

引起国际价值转移的第二个原因是普雷维什等发展经济学家所说的科学技术进步的成果不能平均分享和发展中国家产品需求弹性的问题，等等。贸易条件恶化实际上是国际价值转移的代名词。普雷维什的中心—外围理论思想认为，外围的资本主义是按照旧的国际分工和比较利益格局安排的，是附加的、附属的资本主

① 马克思恩格斯全集．第26卷．北京：人民出版社，1972．112

义,是“在先进国际的霸权和市场规律统治下从属于先进国家利益的资本主义”①,资本主义具有向心的性质,当资本主义的科技水平因为历史原因而先一步发展起来的时候,中心资本主义会适当地保护新的科学技术以补偿其较高的研发成本,更为关键的是,维护其自身的垄断地位以及相应的利益。

资本主义的技术进步往往产生于中心国家,并总是倾向于把先进技术所带来的愈来愈高的生产率和与生产率相伴而生的工业化和现代化集中地控制在中心国家,尽管中心国家的发展也会对外围国家产生带动影响,但是资本主义向心的性质会把权力以及利益牢牢地控制在中心。这种现象并不是一种有意的排斥,而是市场规律作用的结果。

由于中心统治集团的经济利益与战略利益、意识形态利益和政治利益紧密结合在一起,这些利益会把外围国家的利益与中心国家紧密联合在一起,像一张网,使外围对中心是一种牢固的依附关系。

在国际市场上,中心国家往往就是那些凭借原始掠夺和不合理的国际分工优先发展的发达资本主义国家,而外围国家多为发展中国家和不发达国家。外围国家要发展和实现工业化,必须具备两个条件:一是积累资本和培养人才;二是发展本国科学技术。但是,由于先进技术往往被中心国家垄断而难于向外围国家扩散,无论从历史还是从现实来看,外围国家为了进口本国发展必需的产品,必须向中心国家出口初级品来交换。

但是我们都清楚,初级产品有其特殊的需求和供给特征,表现为短期内的供给缺乏弹性,需求却在价格上升时具有一定的弹性;长期来看,初级产品的出口国的供给持续性下降,但是价格却在上升。从短期来看,如果初级产品市场需求下降,而出口国短期内生产规模无法调整,此时初级产品价格下跌,出口国只能实现较少的价值增值或者面临价值流失;如果短期内供给突然增加,但是初级产品的需求却在短期内规模不变,这时产品的价格下跌,出口国仍然面临价值流失。但是,如果国际市场对某一初级产品的需求突然增加,短期内价格上涨,且当价格超过了国际价值之时,进口国却可以使用自己的储备而不选择进口。从长期来看,初级产品很多为不可再生资源,也就是说整个世界市场的供给能力是趋于下降的,那么,当前的初级产品出口国必将面临未来资源枯竭的问题,那时初级产品的价格必将更高,如果现在的出口国到那时为了国民经济或者产业升级而不得不实行进口时,会形成更大的价值流失。这就是为什么有些发达国家即使有丰富的能源储备,也选择从国际市场上进口这些初级产品,而不去开发本国资源的原因。

同时,由于初级产品(特别是食品)的需求弹性远低于工业制成品(这是因为外围国家只能依靠劳动力的低成本和自然资源发展一些劳动密集型产业。在国际

---

① 劳尔·普雷维什．外围资本主义——危机与改造．北京:商务印书馆,1990. 23

市场上,普通的原材料、能源和初级产品的同质性或相互替代性很强,外围国家(卖方)之间价格竞争越激烈,中心国家的定价能力就越强;而中心国家所出口的依赖稀缺资源或科技含量较高的产品,是处于卖方市场的产品,外围国家(买方)几乎不具备定价能力)。随着中心国家的收入增长,需求日益多样化,对制成品的需求增长速度加快,对初级产品需求的增长却趋于缓慢。也就是说,"传统初级产品出口需求的收入弹性低,而工业品进口的需求具有较高的弹性。由此而出现外围发展固有的外部瓶颈趋势。"①

这一点还可以从绝对优势原理和比较优势原理上来理解。从绝对优势原理上看,中心国家在制成品出口上往往占有绝对优势,由于先进技术水平、强大的经济实力或者其他方面的优势,使得该国等量劳动的国际价值高于外围国家等量劳动的国际价值,因此,中心国家通过出口可以发生国民价值的增值。

从比较优势原理上看,外围国家为了发展就得参与国际贸易,在不具备绝对优势的条件下,只能根据相对优势原理,即"两优相比取其重,两劣相比取其轻"的原则,外围国家如果没有相对优势更大的产品,也可以出口相对劣势较小的产品。此时,贸易双方的产品流向是相对称的,但是价值的流向上却是不对等的。出口相对优势更大的产品的国家,其等量的国民劳动创造的国际价值高于其他国家等量国民劳动创造的国际价值,因此,出口使这些国家发生了价值增值;出口相对劣势较小的产品的国家的等量国民劳动创造的价值低于其他国家等量的国民劳动创造的价值,出口时发生了价值的减值。虽然从货币价格上看,该国产品的价格并不低,但那往往是因为通过汇率调整之后的价格,具有一定的隐蔽性。

用以下数据(假设是在购买力平价汇率上的数据)说明一国在出口相对劣势较小产品时发生的价值流失。假设一国出口一个单位的国民劳动创造的A产品可获利9美元,进口等量该产品需要8美元,则出口A产品发生的价值流失为1美元;该国出口一个单位的国民劳动创造的B产品可获利9美元,进口等量该产品需要7美元,则出口B产品发生2美元的价值流失。因此,该国选择出口相对劣势较小的A产品,进口相对劣势较大的B产品,在出口A产品时就发生了国际价值的转移。

国际价值转移的第三个原因也许是当今国际价值转移最为重要的原因,那就是国际垄断资本的存在。

以跨国公司为主的国际垄断组织可以通过垄断低价压低初级品的采购价格,也可以通过制定垄断高价抬高制成品的销售价格。这样,初级产品的出口国会形成价值流失,而那些为了国计民生不得不进口这些制成品的国家也会面临价值流失。一些卡特尔组织会在内部勾结,通过限制组织成员的总产量以抬高产品价格,

① 劳尔·普雷维什.外围资本主义——危机与改造.北京:商务印书馆,1990.178

这样产品进口国的一部分价值会流失给卡特尔组织。垄断组织还可以制定差别价格，使不同的产品在不同的市场上以不同的价格出售，如果某一国家对该产品的进口需求强度较大（或者说需求弹性较低），则能接受一个较高的产品价格，从而造成本国的价值流失。

在经济全球化的今天，跨国公司综合利用了各国的有利条件，出于享受更优惠的税收政策、增强某子公司在当地的竞争力或控制市场等目的，往往实行转移定价（或者叫做划拨价格），这种价格脱离了市场机制，与生产成本和市场竞争无关。例如，跨国公司为了享受某一国家的低税收政策，可以把利润通过转移定价流转到该国；跨国公司也可以通过提高原材料的价格把某国受外汇管制的货币大量汇往国外。通过这种转移定价，跨国公司不仅使国际分工内部化，而且使国际市场也实现了内部化。跨国公司的转移价格可以把本应属于东道国的子公司的利润转移到税率更优惠的国家，从而使东道国的价值极大地流失出去。

对于跨国公司而言，产品在国际市场销售还可以实现更高的利润。产品无论在国内市场销售还是在国际市场销售，其价格基本上由两部分构成：成本和利润。通常，利润率的高低与产业的资本、技术密集程度和竞争程度相关，位于低端的产业由于竞争激烈，技术含量较低，产业的利润率水平也较低；而位于高端的产业由于资本、技术壁垒较高，会形成垄断，因而利润率水平也较高。不同产业等级的利润率差别与其出口形成的价值增值是成正比的。

在产业等级中位于高端的产业（如新兴制造业与高技术产业等）与位于低端的产业（传统制造业和一般制造业等）存在着利益分配不均等问题，较高的产业等级一般与资本密集度、技术密集度和劳动力素质以及熟练程度相一致。而这一切都是垄断资本以及跨国公司的优势。

一个国家的产业等级越高，利润率水平也越高，出口贸易产生的价值增值也就越大。如果一国出口高端产业等级的产品而进口低端产业等级的产品，就可以在国际贸易中得到更大的价值增值；相反，如果一国出口低端产业等级产品而进口高端产业等级产品，则会在国际贸易中产生价值流失。发达国家由于在国际分工占据了有利的地位，在国内多发展位于产业链条高端的产业，因而在国际贸易利益分配之中总是国际贸易利益的获得者，而位于产业链条低端的发展中国家以及不发达国家就得承受本国国民价值的流失。

从历史的角度看，虽然跨国公司的国际投资也促进了后进国家的产业不断升级，从初级产品出口到一般的加工制造业，但是其产业等级总是低于发达国家。因此，后进国家的价值增值的速度总是慢于发达国家，通过国际贸易积累财富的能力必然弱于发达国家，而且会越差越远。这也就很好地揭示了为什么第二次世界大战以后，发达国家与发展中国家和不发达国家的差距不是缩小，而是不断拉大的原因。

另外,跨国公司向发展中国家直接投资的产业多为传统制造业和一般加工业。这是由于,一方面,这些传统产业多为劳动密集型和污染型产业,通过投资在国外可以减少企业的劳动力成本和环境污染产生的本国的社会成本;另一方面,从长远来看,这也正是日本学者小岛清的投资战略,发达国家更倾向于把本国不愿意发展的产业投资到后进国家,而在本国投资未来具有战略地位的产业,使本国在未来的国际分工中始终占据有利地位。所以说,国际分工是由发达国家决定。进一步来讲,后进国家希望通过国际贸易和吸引发达国家的直接投资来改善本国的产业等级和国际分工地位是不可能,如果想实现产业的跨越式发展,在未来的国际分工和国际贸易中承受较少的价值流失,惟有靠本国的科技发展和劳动力素质的提高。

三、世界贫富两极分化的深层次原因

在这一部分我们有必要探讨一下国际价值转移导致的世界贫富两极分化的深层次原因。马克思说,生产是第一性的,交换是第二性的,交换为生产服务。国际分工与国际贸易也符合这一原理。国际贸易首先是为了资本主义生产服务的,"交换的深度、广度和方式都是由生产的发展和结构决定的"①。因此,国际分工是第一性的,有什么形式的国际分工,就有什么内容的国际交换,国际分工是基础和实质,国际交换是表现和结果。根据李嘉图的比较优势理论,国际分工首先源自于各国的自然形成的比较优势,在原始的国际分工基础之上发展起来的国际贸易格局一旦形成,又促进国际分工进一步深化和扩展。但是,我们不能仅仅从自然因素角度理解国际分工格局,更重要的是要从社会因素理解,又关键是科技因素对分工格局的决定作用。同时,也绝不能忽视国际贸易以及国际经济关系对分工格局的反作用,否则我们就无法解释为什么这种格局始终有利于发达国家而不利于后进的发展中国家这一现象。

无论是在自由竞争资本主义时期,还是在垄断竞争资本主义时期,对外贸易对于资本主义生产的发展起到了不可或缺的促进作用,国际分工在国际贸易中形成,体现了贸易利益的安排。正如马克思指出,"在任何个别国家内的自由竞争所引起的一切破坏现象,都会在世界市场上以更大的规模再现出来"②,"自由贸易引起过去民族的瓦解,使无产阶级和资产阶级间的对立达到了顶点","自由贸易制度加速了社会革命","同时不应该忽视另一种情况,既然一切都成了垄断性的,那么即使在现实,也会有一些部门去支配其他部门,并且保证那些主要从事于这些行业的民族来统治世界市场。"③正是由于国际贸易对于国际分工的促进作用,整个国际

① 马克思恩格斯选集. 第2卷. 北京:人民出版社,1977. 91~102
② 马克思恩格斯全集. 第4卷. 北京:人民出版社,1972. 457
③ 马克思恩格斯全集. 第4卷. 北京:人民出版社,1972. 458

分工体系才会出现随着国家实力的此消彼长、霸主更替（依次为荷、西、葡、英、美等国）而不断演进的局面，无论这种霸主地位是通过赤裸裸的暴力方式获得，还是通过更为隐蔽的经济竞争方式获得，轴心始终围绕着贸易利益的分配。

资本主义生产决定了资本主义国家必将采用各种方式构造有利于资本主义国家的国际交换关系。这一方面是资本追求剩余价值的本性，当国内资源无法满足其需要或者说国际贸易可以获得更大的剩余价值的时候，资本家必然追求更大的获利方式；另一方面，发达国家与发展中国家的生产率的巨大差异也为这一国际分工格局提供了可能，所以直到今日仍是富国愈富、穷国愈穷。这就可以理解为什么在历史上是由西欧国家，而不是亚非拉等国家对外扩张，大搞殖民主义政策，创造与自己国家有利的分工及贸易体系，迄今为止的世界市场仍然是有利于西方先进国家的。

国际贸易只是国际分工的表现形式，而国际分工的背后则是国际生产关系。在这里，考察一下国际分工的历史发展是十分必要的。

早期的国际分工产生于15世纪末至16世纪上半期的地理大发现时期。伴随着在工场手工业生产基础上的国际分工的产生发展和国际贸易的迅速扩大，西欧殖民主义者利用暴力手段和强制手段在亚洲、拉丁美洲进行了疯狂掠夺。以奴隶劳动为基础的农场主制度是这一阶段国际分工赖以存在的基础。

资本原始积累的过程，就是“资产阶级用暴力的手段从劳动者手中夺取生产资料，并使之变成廉价劳动力的过程；是用海盗式贸易或武力掠夺殖民地、积累大量金银财富，并使之变成资本的过程；是用商业战争扩大势力范围，并使之变为市场的过程。对外贸易作为资本主义的前提条件，就是在这个过程中，在为资本主义生产方式提供劳动力、资本与市场这三个基本条件方面发挥了巨大的作用，而国际分工则是提供这些基本条件的重要途径”。① 将生产和市场从国内扩展到国外，是资本原始积累合乎逻辑的延续。在国际分工的第一阶段，西欧等老殖民主义国家借用武力在亚非拉等国家掠夺财富，使这些国家陷入贫穷，不得不沦为那些资本主义国家的殖民地。这其实是资本的原始积累在国际范围内的延续。

英国的“圈地运动”使英国成为世界上最大的纺织品出口国，当国内市场无法满足资本扩张的需要时，国外市场就成为英国资本家的目标。利润的来源不需要国界限制，由于“不断扩大商品销路的需要，驱使资产阶级奔走于世界各地，它必须到处落户，到处创业，到处建立联系。”旧中国就是在这种背景下，被侵略者以坚船利炮强行带入了不公正、不合理的国际分工体系。亚洲、非洲和拉丁美洲的其他发展中国家也是在这一时期相继被迫参与了这个有利于欧洲殖民者的国际分工和国际贸易体系，形成了稳定的隶属关系。殖民地与宗主国的隶属关系，是这一时期国

① 仇启华．世界经济学（上册）．北京：中共中央党校出版社，1989．253～257

际分工的主要模式。

在西方殖民者入侵非洲大陆之前，非洲大陆还处于封建的或者原始社会的自给自足的状态，殖民者利用野蛮和暴力的手段，对非洲进行了四百多年的殖民统治和原始掠夺，使非洲被动地"进行国际分工"，从事农场经营、矿山开采以及少数的加工和运输行业，成为了资本主义生产所必需的廉价原料来源地。之后虽然有不少的非洲国家独立，收回了国家主权和相应的财政、金融和对外贸易的自主权，采取各种措施发展本国经济。但是，政治上的独立并不代表经济上的解放，大部分的非洲国家的经济仍然依赖少数几种农矿产品或者极低附加值的产品的出口，贸易条件日趋恶化，由于其基本的经济结构并没有改变，因而其经济命脉仍然掌握在原殖民地国家手中。这样的国际分工产生的国际贸易利益分配结果可想而知。

马克思在《共产党宣言》中指出的，资产阶级"正像它使农村从属于城市一样"，"使农民的民族从属于资产阶级的民族，使东方从属于西方"。这在非洲表现得最为突出，直到现在仍然没有实质的改变。

据估计，从16到18世纪欧洲商业资产阶级通过对外贸易从各地得到的黄金高达200吨，白银12 000吨，其中大部分转化为货币资本进行再投资。投资在殖民地的利润率远远高于在本国投资的利润率，因为殖民地有更廉价的原料和劳动力。"……投在殖民地等处的资本，它们能提供较高的利润率，是因为在那里，由于发展程度较低，利润率一般较高，由于使用奴隶和苦力等等，劳动的剥削程度也较高。"①这时候的"国际交换"，从西欧列强国家来看是用"武器换取财富"，从被侵略的国家来看是被迫用"资源换取生存"。这种所谓的国际交换，与掠夺几乎是一回事。

臭名昭著的三角贸易就是一个有力的例证，即"由西非等国家提供廉价或免费的劳动力，由西印度群岛生产并出口蔗糖和烟草，由英国生产并出口工业品"②。1699年英国贸易与种植园高级专员说："我们的意图就是要把种植园安排在美洲，那里的人民应该专门生产那些英国不生产的产品"。这既是宗主国和殖民地之间不合理分工的表现形式，也是国际利益不平等分配的有力证据。

因此，国际分工一开始就带有二重性，一方面，它促进了殖民地经济（如种植园经济）的发展，但另一方面，它更是一种殖民主义强加给世界各国的不公正、不平等的生产劳动关系，而且是一种掠夺与被掠夺的关系。殖民主义为国际分工打下了深深的烙印，以致现在仍未完全消除。

第一次产业革命后，国际分工发生了很大变化，大机器工业建立，交通运输业有了快速发展，以电报为主的通讯技术的发展推动国际分工进入了第二个阶段。

① 马克思恩格斯全集．第25卷．北京：人民出版社，1977．265

② 姚曾荫．国际贸易概论．北京：人民出版社，1987．89

这一阶段出现了李嘉图模式的国际分工,"它使地球一部分变为主要是进行农业的生产区域,以便把别一部分变为主要是进行工业的生产区域",资本主义不仅可以利用本国原料用于生产,更可以从国外引进更为廉价的原材料和能源,就像"资产阶级使乡村从属于城市一样,它也使亚洲、非洲、拉丁美洲国家从属于西方"。[①]

这时的世界市场除了几个少数的工业国家以外,大多数由农业国家或者以农业为主的国家组成,这些农业国都是以工业国家为中心且为工业国家服务的。"英国是农业世界的伟大的工业中心,是工业太阳,日益增多的生产谷物和棉花的卫星都围绕着它运转"。[②] 随着国际贸易的内容由供地主阶级和商人阶段满足需求的奢侈品转向小麦、棉花、羊毛等大宗商品,资本主义的建立国际分工体系的手段也从野蛮的暴力转向了以自由贸易为口号的不等价交换,西欧等老牌资本主义国家(特别是英国)用廉价的工业产品摧毁了亚非拉国家的原有的自给自足的生产方式。亚非拉国家在这种掩人耳目的"自由贸易"下,本国封建半封建农业经济的正常发展进程中断,从而更加依附于资本主义的国际分工和不合理的国际利益分配体系,并从此在世界分工格局中处于工业原料的生产者与工业原料出口国的地位。由于这种分工体系是从第一阶段发展过来的,所以自然就带有掠夺和剥削的性质。

对外贸易在资本主义发展初期是资本主义生产的基础和前提条件,但是随着资本主义的发展,对外贸易又成为其产物。资本主义大工业的出现和发展,把世界上经济发展水平不同的每一个国家都卷入了有利于资本主义的国际分工和世界贸易体系之中。马克思说:"对外贸易的扩大,虽然在资本主义生产方式的幼年时期是这种生产方式的基础,但在资本主义生产方式的发展中,由于这种生产方式的内在必然性,由于这种生产方式要求不断扩大市场,它成为这种生产方式本身的产物"。[③]

随着资本主义生产发展的不平衡性和内在矛盾的激化,在资本主义成熟阶段,更加需要用对外贸易的方式解决市场相对狭小和原料供应不足等矛盾。这一时期的国际分工更为广泛,成为资本主义发展的所必需的销售市场、原料产地、投资场所等方面稳定的渠道和流通秩序。

发达国家集团与发展中国家集团就好像是世界上的城市和农村两大体系,工农产品之间的交换永远都存在着剪刀差。这种垂直一体化的国际分工体系,导致了世界城市与世界农村的对立。

第二次产业革命促发了国际分工发展的第三阶段,进一步加剧了世界城市与世界农村的对立。实际上,自地理大发现以来的国际分工,都是一种纵向型的国际

① 姚曾荫．国际贸易概论．北京:人民出版社,1987. 91
② 马克思恩格斯全集．第4卷．北京:人民出版社,1972. 279
③ 马克思恩格斯全集．第25卷．北京:人民出版社,1977. 264

分工,其发展过程都是世界城市与世界农村对立加剧的过程,是世界两极分化的过程,是亚非拉各国贫困化的过程。

资本主义在19世纪末到20世纪初这一时期有了新的变化,从自由竞争资本主义过渡到了垄断资本主义。这是因为,新的工业技术革命推动了工业革命的进程,刺激了帝国主义的进一步扩张。资本输出实现了世界范围的生产社会化和国际化,也加强了世界各国对于国际分工和国际贸易的依存性。这里的依存性包括发达资本主义国家对国际贸易的依存性,也包括广大不发达国家和发展中国家对于国际贸易的依存性。因此,这种国际分工是具有双重性质的,从历史的角度和世界经济的角度来看,这种分工促进了世界各国生产力的发展和人民生活水平的提高;但是,这种分工也阻碍了殖民地半殖民国家独立自主发展的进程,在这种强制的不合理的国际分工下交换,历来就是带有不平等的性质。

当代的国际分工虽然都还保留着过去的分工形式,但早已越过了工业与农业的分工,也越过了工业内部各部门之间的分工,现在更为盛行的是产业内产品之间的分工、产品内零部件之间的分工及至零部件内各工艺流程之间的分工。当今国际分工的发展及其趋势,正应了马克思的一句话:“机器对分工起着极大的影响,只要一种物品在生产中有可能用机器制造它的某一部分,生产就立即分为两个独立的部门。”①第三次科学技术革命特别是20世纪80年代初的新技术革命,是国际分工不断深化发展的根本动力,而国际垄断资本即跨国公司则是国际分工的主导力量。现在的国际分工与历史上(指殖民主义体系彻底崩溃之前)的国际分工的基本区别在于,历史上的国际分工是用野蛮手段建立起来的,而现在的国际分工是用文明手段建立起来的。不过,始终有一点没有变,那就是,在国际分工格局中,先进国家始终处于有利地位,而落后国家则始终处于不利地位,国际分工将先进国家和落后国家分别置于掠夺的地位和被掠夺的地位。

所谓文明手段,就是国际垄断资本即跨国公司利用发展中国家发展经济的愿望来安排国际分工。表面看来,各国参与国际分工依然是根据各自的比较优势,似乎具有主动性和自主选择性,然而实际上是跨国公司在利用各国的比较优势为其垄断利润的掠取服务,看看芭比娃娃的利益分配就足够了。1996年9月22日《洛杉矶时报》刊登的文章《芭比娃娃与世界经济》列举了芭比娃娃的成本及利润分配。这篇文章说,从中国进口的“芭比娃娃”玩具,在美国的零售价为9.99美元,而从中国进口的价格仅为2美元。在这2美元中,中国内地仅获得35美分的劳务费,其余65美分用于进口原材料,1美元是运输和管理费用。再具体一些,在美国的7.97美元用于美国境内的运输、市场零售、广告、批发及利润,每个芭比娃娃仅

① 马克思. 哲学的贫困(1847). 马克思恩格斯全集. 第4卷. 北京:人民出版社,1958. 168~169

广告费即达50美分，难怪美国第三产业发达；而在剩下的2美元中，我国香港占了1美元的管理运输费，日本、美国、沙特阿拉伯及我国台湾占了65美分的原料费，剩下的35美分为中国内地获得的劳务费，包括厂房、劳力和电力。其中支付给打工妹的劳务费，平均一个芭比娃娃不足10美分，远远低于平均在每个芭比娃娃上面的广告费用。①

国际经济一体化是资本国际化的结果，而国际经济一体化又是经济全球化的基础；反过来，经济全球化的发展又加深了各国之间相互联系、相互依赖的一体化关系。当然，这种互相依赖对发达国家和发展中国家来说不是一种相同程度的依赖，也就是说，主要是发展中国家依赖于发达国家。这样的国际分工格局特别是国际分工的性质决定着国际经济利益的分配格局。这就是我们今天的国际经济关系，它是以国际垄断资本控制和支配为特征的资本主义的国际经济关系。

表面上发达国家之间也在互相投资，但是这种投资形成的分工是一种水平的国际分工体系，由此产生的贸易利益分配关系相对来说是平等的、互利的。而发达国家对发展中国家的投资却多半是一种垂直的国际分工关系，使得发展中国家始终处于产业链条中技术含量的最低端，在利益分配之中处于不利地位。

国际分工格局与国际利益分配一方面与生产力以及科学技术水平有关，这是一般规律；另一方面，也受到国际生产关系的影响。除了第二次世界大战之后在世界的局部范围存在社会主义的国际分工以外，几百年来，整个世界都是由资本主义的国际分工所统治着，这种国际分工一方面促进了世界各国生产力的发展，另一方面也深深地固化了有利于资本主义的国际分工体系以及贸易利益分配格局。

目前的国际分工以及国际贸易格局，在很大程度上是跨国公司即国际垄断资本的内部安排，跨国公司的出现使这种分工更为隐蔽，它将国际分工变成了企业内部的劳动分工，把国际贸易中相当大的一部分变为了公司内部母公司与子公司之间以及各个子公司之间的内部交易。“在70年代末，跨国公司大约控制了资本主义世界贸易的大约3/5，其中的1/3又是跨国公司与其国外子公司间的内部交易”。②

目前的国际贸易仍是发达国家的制成品与发展中国家的初级品之间的交换，只是这时的初级品与制成品的内容与前几个阶段有了不同。跨国公司规避了当地政府的贸易壁垒，更为直接地利用了发展中国家的廉价资源和劳动力，并通过合理的途径将利润转移出去。这样，跨国公司就使发展中国家的比较优势成为了跨国公司自身的比较优势。跨国公司在将世界市场内部化、国际分工内部化的时候，也将比较优势内部化了，这也就在很大程度上决定了资源优化配置的利益、国际分工

① 贺雪峰．中国农村的中长期发展战略前景．未刊稿
② 姚曾荫．国际贸易概论．北京：人民出版社，1987．119

的利益、国际贸易的利益,必然主要为跨国公司所享有。

从以上分析可以看出,国际分工以及相应的国际贸易关系在各个发展阶段上始终是有利于生产力先进的国家,换句话说,生产力先进的国家控制了世界的国际分工以及国际贸易利益分配格局。

四、结束语

按照李嘉图的比较优势学说,一国只要选择在劳动生产率方面具有比较优势的产品进行专业化生产,参与国际分工,然后进行国际交换,参与国际贸易的双方都可以从中获得利益。马克思在其经济学手稿中曾做过这样的评价:"两个国家可以根据利润规律进行交换,两国都获利,但一国总是吃亏。利润可以低于剩余价值,也就是说,资本可以通过交换获得利润,然而并没有在严格的意义上实现价值增值,因此,不仅单个资本家之间,而且国家之间可以不断进行交换,甚至反复进行规模越来越大的交换,然而双方的赢利无须因此而相等。一国可以不断掠取另一国的一部分剩余劳动而在交换中不付任何代价,不过,这里的尺度不同于资本家和工人之间的交换的尺度。"

其实,后来的国际分工和国际贸易理论都与李嘉图的比较优势理论有联系,都直接地或间接地在李嘉图理论的基础上发展起来,因而又都有马克思所指出的问题。国际生产专业化、国际分工,是以生产力的发展为前提的,但反过来又会促进生产力的发展,促进劳动生产率的提高,因此,国际分工和国际贸易的发展能够推动世界经济的发展,为世界各国带来利益。然而,国际贸易所带来的利益并不是在各国之间平均分配的。国际贸易不仅是国际分工的表现形式,也是国际生产关系的表现形式。由于科学技术进步的不平衡,生产力发展的不平衡,世界经济发展的不平衡,发达国家和发展中国家在国际分工格局中所处的地位不同,这就决定了发展中国家在国际经济利益的分配中处于不利地位。发展中国家的这种不利地位,既体现在等价交换中,也体现在不等价交换中。

在经济全球化条件下,各国越来越开放,生产要素在各国之间越来越具有流动性,因而国际价值正在向国际生产价格转化。在正常情况下,按照国际价值和国际生产价格进行交换两种情况都是存在的:有的商品按照其国际价值进行交换,而有的商品按照其国际生产价格进行交换。

如果商品按照其国际价值进行交换,称之为等价交换。在这种等价交换中,可以用一天的劳动交换其他国家三天的劳动,将其他国家的剩余价值据为己有而不付出任何代价,这就是说,即使在等价交换的情况下,依然存在着价值的国际转移。(其实,如果把国际市场当成一个整体来看,国民价值可以看成是个别价值,国际价值可以看作社会价值。那么,劳动生产率高、劳动强度大的国家的国民价值就会低于国际价值;劳动生产率低、劳动强度小的国家的国民价值就会高于国际价值。在国际市场上，两种国家按照国际价值量相等的原则进行交换，则劳动生产率较高的国家可以获得超额利润。马克思曾指出的可能存在的一个国家的三个工作日同另一国家的一个工作日相交换，这里的工作日的差异不是国际价值的差异，而是国民价值的差异，即很可能用三个工作日交换的国家的国民价值高于国际价值，用一个工作日交换的国家的国民价值低于国际价值，按照国际价值相等的原则交换后，用一个工作日交换的国家可以获得超额利润，但仍然是等价交换。）这似乎是一个悖论，是等价交换却又存在价值的国际转移。只是，这是一个不平等的交换。以国际价值来衡量，在等价交换的条件下不存在价值的国际转移；但在进行交换时，又确实存在着生产率较为落后国家的剩余价值的国际转移，否则，我们就无法解释在劳动生产率较高的国家投入国际贸易的资本为什么能够获得更高的利润——这个更高的利润不是来自于交换过程，不是来自于流通领域，而是来自于劳动生产率较低国家在生产过程中创造的剩余价值，而更高的利润率同时又与下述情况有关：较高的劳动生产率被认为在单位时间里能够创造更多的价值，从而表现为更多的货币。

我们的看法可以概括如下：在等价交换条件下不存在国际价值意义上的价值转移，但存在国民价值意义上的价值的国际转移；正是国民经济的孤立性造成了价值的国际转移并使一国部分被转移的国民价值转化为他国国民价值的一部分。在等价交换条件下，价值国际转移的直接原因是自然垄断，即国民经济的孤立性，其根本原因是落后的科学技术水平和落后的生产力水平。在国际生产价格条件下，自然垄断被打破，从而这种转移是可以避免的。

另外，还应该说明，国际贸易利益的分配仅仅有利于先进国家的资本，而不利于落后国家，也不利于先进国家的劳动，就后一点来说，马克思曾经这样说过：先进国家较高的劳动未被当作较高的价值来付给报酬，却被当作较高的价值来出售；同时，这也说明，学者伊曼纽尔认为发达国家的工人剥削了发展中国家的工人这种看法是没有理论依据的，也缺乏实践的支持，虽然我们并不否认资本不得不从掠夺来的财富中拿出一点来以缓和劳资对立的矛盾。

当今的国际贸易中仍然普遍存在着不等价交换，拥有垄断地位的中心国家可以通过垄断地位制定垄断低价和垄断高价，使工业产品在国际价值以上出售，并将不发达国家和发展中国家的初级产品价格压在国际价值以下。这样，发展中国家和不发达国家所创造的一部分价值就会转移到发达国家，发达国家可以据此获得高额的垄断利润，这是真正意义上的国际剥削和不等价交换。

从殖民主义的国际分工到资本主义的国际分工，再到国际垄断资本主义的国际分工，都带有明显的掠夺性质。与之相应的价值的国际转移，也分别经历了原始积累阶段、剪刀差阶段和垄断利润转移阶段。在原始积累阶段，中心国家没有产品可与外围国家交换或者外围国际没有意愿和中心国家进行交换，因此，中心国家采用了完全的军事手段强取豪夺，或者采用卑劣的奴隶贸易和鸦片贸易把外围国家强行拉入这种分工体系。在剪刀差阶段,中心国家放弃了直接掠夺财富的方式,致力于用廉价工业品争夺外围国家的市场和原材料,让外围国家成为中心国家的原料供应地和产品销售市场。在垄断利润转移阶段,中心国家采用更为隐蔽的方式转移外围国家的财富,跨国公司即垄断资本一方面综合利用各国的比较优势,将国际分工内部化,将劳动生产率提高到了空前的程度;另一方面,又将国际市场内部化,利用甚至与价值没有多少关系的划拨价格,编织一条各环节价值高低悬殊的所谓国际价值链,随心所欲地掠夺发展中国家的财富。这就是为什么虽然殖民统治时代已经结束,但是外围国家国际价值流失的规模和速度却在急剧上升。这是垄断资本控制全球资源流动和利益分配的体现。在这里,已经不是什么不平等交换,甚至也不是我们通常所说的发生在正常市场领域的不等价交换,而是地地道道的巧取豪夺。

只要中心国家仍然在国际经济关系中占据着主导地位,国际分工体系仍然由中心国家控制,外围国家就没有办法改变用低附加值的初级产品与发达国家的高附加值的工业制成品相交换的命运。国际分工和相应的国际贸易利益分配仍然为少数发达中心国家服务。

当自由贸易之风吹遍全球的时候,国际价值转移将会达到一个前所未有的程度。美国的新经济之所以新,其劳动生产率之所以高,其中一个重要原因是,从来不曾有过如此众多的发展中国家的如此众多的产品以不曾有过的如此低廉的相对价格涌现在美国市场上,以致美国政府都被弄昏了头,颠三倒四地搞起反倾销来。还好,世界上只喂养了一个"新"经济,要是喂养三四个如此的新经济,发展中国家还发展不发展?

马克思说得非常好:"怪不得自由贸易的信徒弄不懂一国如何牺牲别国而致富;要知道这些先生们更不想懂得,在每一个国家内,一个阶级是如何牺牲另一阶级而致富的。"

在资本主义生产方式主导下的对外贸易对于世界经济格局的形成,特别是发达国家与发展中国家的经济历史起到了核心作用。那么,后进国家就没有办法赶上了么?从发展的角度看,国际分工将会不断深化而且永远不会穷尽,当然也不可能完全穷尽(这是由于各国地理的原因、边际成本递增的规律、各个国家出于安全的目的等等)。发展中国家虽然在某些产业上并不占有优势地位,但是出于国家和民族利益,即使目前劳动生产率较低,仍然要走工业化道路,发展那些未来在国际上具有竞争性的产业。从历史上看,有很多后进国家通过发展本国科技水平,改善国际分工中的地位,进而在国际贸易中占据了有利的位置。因此,我们有理由相信,大力发展生产力必须是发展中国家的一项基本国策。而我们研究国际贸易与国际利益分配,目的就是为了谋求在公正合理的国际经济秩序下各个国家在国际贸易利益分配中处于平等的地位。

第十二章
汇率与国际贸易利益分配

参与国际经济活动的根本目的就是为了获取经济利益。从古典经济学家开始，人们就已经认识到，参与国际分工，参与国际交换，能够带来国际分工和国际交换的利益，从而促使福利水平的提高。但事实上，国际分工和国际交换的利益并不是在参与国之间合理分配的。参与国中，有的国家获得的利益要多一些，有的国家获得的利益要少一些，甚至有的国家根本不能获利。不合理的国际利益分配关系必然造成财富的国际转移，获利少的国家和不能获利的国家自然就成了财富国际转移的受害者。财富国际转移的受害者通常都是落后国家或今天的发展中国家。造成国际财富转移的原因很多，如不公正的国际经济关系、垄断、不等价交换，甚至市场机制本身，还有发展中国家自身的原因，等等。本章主要从汇率这个视角来探讨国际经济利益分配不公的问题，即探讨财富国际转移的原因或汇率与国际经济利益分配之间的关系。

然而，即使我们弄清楚了汇率与国际经济利益分配之间的关系，也还没有完全解决问题。因为，当谈论汇率与国际经济利益分配之间关系的时候，我们必然会遇到一些问题。比如，这个汇率是什么样的汇率？它是合理的吗？它的理论基础是什么？经济全球化条件下它仍然适用吗？等等。如果不能回答这些问题，我们事实上也不可能弄清楚汇率与国际经济利益分配之间的关系。

本章将首先分析汇率变动对国际经济利益分配的影响，然后再进一步探讨上面所提到的那些问题。

一、汇率变动对国际经济利益分配的影响

一般来说，汇率变动将会引起以外币标识的本国出口商品价格的变动，即引起本国商品世界市场价格的变动，从而造成进出口商品相对价格的变动即贸易条件的变动，而后者会导致财富的国际转移。上述机制，无论是在长期、中期还是短期，都是存在的。但就中短期来说，由于一个时期的变动将被另一个时期方向相反的变动所抵消或部分抵消，我们也就很难判断商品的相对价格和贸易条件是否发生了变动或发生了多大程度的变动，从而很难判断是否发生了财富的国际转移或在存在转移的情况下发生了多大程度的转移。因此，我们在这里将忽略中短期而注重于长期的汇率变动。

汇率是不同国家货币之间兑换的比率。货币之所以需要兑换,是因为两国彼此存在着对对方货币的需求;货币之所以能够进行兑换,是因为任何一个国家的货币都具有购买商品的能力。货币的购买力是由价格水平加以表现的。如果同一件商品由不同的货币进行标价,那么,价格水平显得较高的那种货币的购买力要弱一些,而价格水平显得较低的那种货币的购买力要强一些。不同国家的单位货币的购买力通常是不相等的,比如1美元的购买力要比1元人民币的购买力强一些;反过来,不同数量的不同货币可以具有相同的购买力,比如100美元与800元人民币,其购买力是相等的。如果不同货币的购买力是相等的,那么,不同货币的数量就不会是相同的,而汇率就是用不同国家不同数量的货币来表示相同的购买力。实际上,这里已经涉及到卡塞尔的购买力平价理论了。就汇率变动的长期趋势而言,购买力平价理论被公认为是一种最科学的理论。我们这里谈论汇率变动,是相对于购买力平价而言的,即高于或低于购买力平价;如果符合购买力平价或等于购买力平价,那么,我们认为汇率没有发生变化。

购买力平价最简单的表述是:

$$E = \frac{P_A}{P_B}$$

其中,E为汇率,P_A表示A国的一般物价水平,P_B表示B国的一般物价水平。同时,我们将购买力平价称为理论汇率。从汇率的这个表述式,我们可以看出,汇率不仅是一种货币兑换的比例,而且也是一种相对价格,是A国商品价格与B国商品价格之间的比较。即使在今天,它也能够在一定的程度上正确显示A、B两国商品交换的比例。

这里需要做一点较为详细的说明。我们可以将P_A看成是商品A的价格,将P_B看成是商品B的价格。但应注意,这里的商品A和商品B不仅是不同的商品,而且更重要的还是不同国家的商品。不错,P_A是以A国的国民价值为基础的,而P_B是以B国的国民价值为基础的;但是,很显然,相对价格$\frac{P_A}{P_B}$却既不可能以A国的国民价值为基础,也不可能以B国的国民价值为基础,那么,两国的价格进行比较究竟应该以什么为基础呢?

我们假定单位商品A的劳动耗费为al_A,单位商品B的劳动耗费为al_B,那么,两商品的相对价格也就等于两单位商品的相对劳动耗费,即$\frac{P_A}{P_B \frac{al_A}{al_B}}$①。因此,如果我们弄清楚了A、B两国的劳动如何进行比较,也就能够弄清楚两国的价格如何进

① (美)保罗·克鲁格曼,茅瑞斯·奥伯斯法尔德. 国际经济学. 北京:中国人民大学出版社,1998. 15~16

行比较。在世界市场上，生产的社会性和劳动的社会化不再以一国为范围，而是以世界为范围充分展现开来。对此，马克思曾经说过，"如果剩余劳动或剩余价值只体现在该国的剩余产品中，为价值而增加价值的愿望，从而对剩余劳动的压榨，就会在（一国）劳动的价值借以体现的使用价值的有限和狭隘范围上，受到限制。所以，只是因为有对外贸易（剩余产品）作为价值的真正性质才发展起来，因为对外贸易才把其中包含的劳动当作社会的、体现在一个无限系列的不同使用价值上的劳动来发展，并在事实上使抽象的财富具有意义。"①这表明，惟有国际贸易和世界市场，才使劳动的社会化得到全面的发展，才使价值作为国际价值来展现；也惟有在劳动表现为世界劳动、价值演化为国际价值之后，资本的增殖愿望和榨取剩余劳动的行为才会免除国内市场狭隘范围的限制。至于国际价值的衡量尺度，马克思说："国家不同，劳动的中等强度也就不同；有的国家高些，有的国家低些。于是各国的平均数形成一个阶梯，它的计量单位是世界劳动的平均单位。"②因此，不同国家劳动耗费的比较，从而世界市场上商品价值的衡量尺度，既不是 A 国的社会必要劳动时间，也不是 B 国的社会必要劳动时间，而应该是"世界劳动的平均单位"，即世界社会必要劳动时间。不仅是相对价格 P_A/P_B 的价值基础不再是 A 国的国民价值或 B 国的国民价值，而是国际价值，而且就连表示汇率 E 的、互相比较的两国货币也失去了它们在国内流通领域中获得的价格标准、铸币、辅币和价值符号等地方形式；或者说，汇率即两种货币进行比较的基础是国际价值，也就是说，货币的基础是国民价值，而不同货币进行比较的基础则是国际价值。在谈到世界货币问题时，马克思就这样说过："货币一越出国内流通领域，便失去了在这一领域内获得的价格标准、铸币、辅币和价值符号等地方形式，又恢复原来的贵金属块的形式。在世界贸易中，商品普遍地展开自己的价值。因此，在这里，商品独立的价值形态，也是作为世界货币与商品相对立。只有在世界市场上，货币才充分地作为这样一种商品起作用，这种商品的自然形式同时就是抽象人类劳动的直接的社会实现形式。货币的存在方式与货币的概念相适合了。"③虽然马克思在这里所说的世界货币具体指的是金和银，但由于作为价值符号的金和银本身也是商品，因而马克思的这段话就具有了普遍的意义。即使在今天货币与黄金之间的联系已被切断的情况下，作为价值符号货币背后的仍然是商品，货币价值仍然是商品价值的化身，而在世界市场上，货币价值则是商品国际价值的化身。

因此，当商品和货币来到世界市场的时候，两者的价值都失去了地方的色彩，而以世界为范围普遍地展现开来，卡塞尔汇率模型的两端都不再以国民价值而以

① 马克思．剩余价值学说史．第3卷．北京：人民出版社，1978．280～281

② 马克思．资本论．第1卷．北京：人民出版社，1975．614

③ 马克思．资本论．第1卷．北京：人民出版社，1975．163

国际价值为基础，尽管卡塞尔本人并不承认这一点，经济学家们也普遍地不承认这一点。我们稍后会回到这一点上来，详细讨论购买力平价理论的科学基础是什么。

我们需要立即讨论的问题是，汇率变动对国际经济利益分配的影响，一个国家币值高估或低估可能造成的后果。我们这里所说的汇率变动，币值的高估和低估，是针对理论汇率而言的，是相对于购买力平价来说的。

币值高估和低估都会对国际经济利益的分配造成影响。但是，我们这里仅就币值低估来展开讨论，币值高估所造成的影响只不过是一种完全相反的情况而已。

如果汇率变动造成了本币币值的低估，即本币贬值，以外币标价的本国商品将会变得更加便宜；但反过来，本币贬值将会使得以本币标价的外国商品变得更为昂贵。因而，无论是在本国还是在外国，也就是在世界市场上，本国商品的相对价格下降了，而外国商品的相对价格却上升了。相对价格下降意味着商品以低于其国际价值的价格出售，而相对价格上升则意味着商品以高于其国际价值的价格出售，这就必然使得国际分工和国际贸易利益的分配向外国倾斜，并使本国在国际经济利益的分配中处于不利地位。

也许有人认为，本币贬值未见得是一件坏事。由于本币贬值致使外币标识的本国商品价格变得更便宜，从而使得外国对本国商品的需求增加，因此，本币贬值有利于本国出口的增加，而出口增加会产生一个始于贸易部门的贸易乘数过程，最终引致就业规模的扩展和国民收入数倍于出口增量的增长。这个因出口增量而引致的国民收入增量为：

$$\Delta Y=\frac{1}{\Delta m/\Delta Y}\cdot\Delta X$$

由于边际进口倾向 $\Delta m/\Delta Y$ 小于 1，出口带来的国民收入增量将是出口增量的数倍。

但是，当一个国家以低于符合价值的理论价格的价格出口商品时，会造成价值转移，这个转移的价值等于该商品的理论价格减去出口价格。以 V 代表该商品的价值，以 P_v 代表理论价格，以 P 代表出口价格，以 V_t 代表转移价值，则单位商品价值转移量为：

$$V_t=P_v-P$$

以 Q_x 代表出口商品的总量，则出口该商品被转移的价值总量为：

$$V_t=Q_x(P_v-P)$$

这里，我们不能用 ΔX 来代替 Q_x，因为下降了的相对价格所针对的不只是出口的增量部分，而是全部出口量。由此，因货币贬值（即低于价值的价格）而导致的价值转移量和国民收入增量之间的关系完全取决于两者的大小。

我们假定一种最好的情况，即国民收入增量大于价值转移量。这就是说，在本币贬值的情况下，虽然存在着价值转移，但是新增的国民收入要比被转移的价值多一些。

其实,即便如此,事情也并非如此简单。当一国出口在增加的同时,其进口也在增加。我们假定国际收支应该平衡,至少长期来看是如此。这个假定意味着,当本国有一个出口增量 ΔX 的时候,本国也有一个进口增量 Δm,而且,这两个增量是相等的;另外,本国的进口增量,同时就是外国的出口增量,外国因此也会出现一个始于贸易部门的乘数过程,产生一个数倍于出口增量的国民收入增量。需要注意的是,外国的这个出口增量,并不是通过货币贬值而获得的,而是在其正常的价格水平上因本国进口增加而获得的。因此,外国因出口增加而得到的国民收入增量是一个净增量,而本国的国民收入增量是一个尚需扣除转移价值的“毛”增量。这就意味着,在本币贬值条件下,即使本国因国民收入增量大于价值转移量而得到一个“净”收益,这个净收益也远远小于外国因国民收入增量而得到的收益。

当然,最简单的分析是,本国有一个出口增量 ΔX,同时,本国也有一个进口增量 Δm,以价值来衡量,它们是相等的。但是,以商品数量而言,本国进口商品的数量将少于正常情况下的进口数量,反过来,出口商品的数量将多于正常情况下的出口数量;这就是说,与正常情况相比,本国是用较多的商品换回较少的商品,本国的贸易条件恶化。正是这种贸易条件恶化,导致了本国价值的转移——财富的转移。

最终来看,这个价值转移量仍然是:

$$V_t = Q_x(P_v - P)$$

由此看来,任何希望通过货币贬值来增加出口,都会导致财富的国际转移,导致收益的净损失。

这里,本国的情况实际上代表着发展中国家的处境。

当然,的确也存在着货币贬值导致贸易条件改善的可能性。但是,在世界市场上,由于来自发展中国家出口供给相对于发达国家的需求来说几乎具有无限的弹性,它们通过货币贬值以促进出口和发展经济的最终结果必然是贸易条件的恶化。

同样,即使发展中国家的货币不贬值,而由发达国家因垄断而提高其商品价格(发达国家的货币相对升值了,或者发展中国家的货币相对贬值了),同样会导致发展中国家的贸易条件恶化,同样会导致价值的国际转移。长期以来,发展中国家的贸易条件都趋于恶化,因而价值国际转移的方向是从发展中国家到发达国家,或者说,处于不利地位的发展中国家普遍遭受财富转移之虞。顺便说一句,西方经济学家早就存在着有关发展中国家币值高估低估的争论。在我们看来,当发展中国家贸易条件普遍恶化的时候,一般而言,其货币价值高估是不可能的,而只能是低估;之所以说“一般而言”,是因为个别发展中国家确有高估其币值的可能性,但就发展中国家整体而言,币值高估是不可能的。反过来,由于发达国家的贸易条件不断改善,其币值一般是高估的。

我们认为,发展中国家的货币绝对地贬值,或者相对地贬值,都会导致国际分工利益和国际贸易利益的分配出现问题,都会导致价值的国际转移,使财富从发展中国家转移到发达国家。需要引起我们注意的是,由于发展中国家急需加快自身经济的发展,从而急需外汇,由此导致发展中国家的商品市场成了买方市场;与此相反,发达国家商品的市场成了卖方市场,加之发达国家对其技术及其产品的垄断,其结果必然是,发展中国家的货币既在绝对地贬值,又在相对地贬值,这就大大加速了发展中国家货币的贬值,从而也就大大加剧了它们财富的国际转移,这又使得国际经济利益的分配显得更加不公平。

至此,有关汇率与国际经济利益分配之间的关系似乎已经理清了,我们没有必要为这个问题再费笔墨。但是,众所周知,汇率总是在不停地变动,就是汇率理论也是五花八门,那么,我们究竟依据哪一种汇率理论来确定汇率的取舍?也就是依据哪一种汇率来判定是否发生了财富的国际转移以及在发生财富国际转移的情况下财富国际转移的数量?因此,问题不仅仅在于发展中国家的货币贬值会导致价值的国际转移,而且还在于价值究竟转移了多少,国际经济利益的不公平到了何种程度。我们在前面使用了卡塞尔模型,将卡塞尔模型所确定的汇率视作长期汇率即理论汇率。但是,卡塞尔的购买力平价学说有没有理论根基?它是正确的吗?要弄清楚上述问题,首先得知道什么样的汇率才是合理的汇率即理论汇率。有了理论汇率,我们才会有一个合理的参照标准以判断升值贬值,判断财富国际转移的方向和数量。正是在这个意义上,弄清楚理论汇率具有重要的理论意义和实践意义。这就需要我们倒回去,在汇率问题上进行更加深入的探讨和分析。

二、卡塞尔汇率模型的理论基础

卡塞尔的购买力平价理论,特别是其中的相对购买力平价理论,自 20 世纪初提出以来,一直受到人们的高度重视,尽管其中不乏批评甚至是反对意见,但仍被公认为是确定长期汇率(即理论汇率或基础汇率)的最为正确的理论。

在赞成购买力平价学说的著述中,分析评述的角度是不完全相同的,有些甚至是完全相反的。我们在此试图以马克思的价值理论特别是他的国际价值理论为依据,探索购买力平价理论的合理性和卡塞尔汇率模型的理论基础。

我们首先考察货币购买力的决定因素。

卡塞尔购买力平价学说的基本思想是,各国货币之间的兑换比率,是由它们所具有的实际购买商品的能力所决定的,而物价水平是货币购买力的表现形式,较高的物价水平表明货币的购买力较低,反过来,较低的物价水平表明货币的购买力较高。由于物价水平的变动是货币购买力变动的反映,因此,物价水平的变动趋势能够反映汇率变动的趋势,这就是依据购买力平价学说所建立的长期汇率模型。

货币的购买力是指单位货币购买商品的能力,具体表现为以该种货币所表示的物价水平。假定货币供给过多,以该种货币所标识的商品价格就越高,货币的购买力就越低;如果货币供给不足,以该种货币所标识的商品价格就越低,货币的购买力就越强。但是,在各国货币供求都是均衡的条件下,各国货币购买力之间的差异,就只能是源于这些货币所使用的单位的差异,比如美国的货币单位是美元,欧盟的货币单位是欧元,日本的货币单位是日元,等等。因此,各国货币购买力之间的差异,主要是由两种情况引起的:一种情况是,在货币供求相等时,这些货币单位的购买力因其单位的不同而表现出差异;另一种情况是,由于各国货币的供求经常都是不均衡的,特别是各国之间的这种非均衡的程度是不一样的,从而使其购买力出现差异。后一种情况似乎清楚地表明,货币的购买力与货币的数量密切相关,购买力平价理论是以货币数量论为前提的,即购买力平价理论的科学基础是货币数量论。

货币数量无疑会影响货币的购买力,但它不是货币购买力的决定因素,而只是一种表面现象,一种假象,真正决定货币购买力的是货币的价值。

作为一般等价物,货币仅仅是计量一切商品价值量大小的尺度,这在纸币流通条件下,尤其是在割断货币与黄金联系的情况下是很容易理解的。

货币的购买力显示了货币价值的存在,但是不是货币的购买力决定货币的价值,而是货币的价值决定货币的购买力;货币的价值不是货币本身的价值,而是货币所代表的、以其标价的商品的价值。我们通常所说价格是价值的符号,或者说价格是价值的表现形式,只不过是在说,价格是价值的货币表现。因此,决定货币价值的,或者更准确地说,决定货币所代表的价值的,就是那个商品的价值,就是那个商品背后的、生产那种商品的劳动生产率、生产单位商品所耗费的社会必要劳动时间,而不是什么货币数量。当然,我们并不因此否认货币数量的机制,但货币数量所影响的仅仅是物价水平,而不是货币所代表的价值,是货币的购买力水平,而不是货币的购买力本身。货币数量对货币价值和货币购买力的影响,正如不同单位名称的货币对价格的影响一样。对同一基准篮子标价,一国所用的货币数额会比较多,另一国所用的货币数额会比较少,但它们所表现的国际价值却完全是相等的,因而不同单位名称的货币具有不同的价值和不同的购买力。实际上,货币只是商品交换的媒介,没有商品,没有商品交换,货币就会变得一钱不值。的确,在商品供求既定的情况下,货币供求的变动能够使名义汇率偏离由购买力平价关系所确定的理论汇率;同样,在货币供求既定的情况下,商品供求的变动也会使名义汇率偏离由购买力平价关系所确定的理论汇率,尽管这种偏离的方向是相反的。但是,所有这些情形,都只是一种短期的情形。在长期内,货币的过度供给将为货币的供给不足所抵消,商品的过度供给也会为商品的供给不足所抵消。因此,就长期而言,无论是货币数量还是商品数量,以及其他一些促使名义汇率偏离理论汇率的短期因素,都不可能对理论汇率产生影响,名义汇率只能围绕理论汇率波动,由购买力平价所确定的理论汇率反映着名义汇率反复波动的长期趋势,换句话说,从长期来看,名义汇率是等于理论汇率的。

解释购买力平价学说的货币数量论仅仅是一种表面文章。皮之不存,毛将焉附。如果只有货币的存在而没有商品的存在、没有商品价值的存在,货币有什么意义?货币有什么购买力?购买力平价与货币数量有关只是一种表象而非本质,从更深的层次上来说,它们赖以存在的客观基础是货币所代表的价值,是商品的价值;购买力平价学说真正的理论前提是马克思的劳动价值理论。

须加以强调的是,我们这里谈论的是长期汇率、基础汇率或理论汇率,是长时期内汇率演变的合理趋势;而从长期来看,货币供求的失衡是不存在的,因而货币数量对长期汇率的影响也是不可能的。在这种情况下来理解购买力平价学说真正的理论前提也就没有什么困难了。

汇率是指不同货币之间的兑换比率。马克思的汇率理论表明,在金属货币流通和纸币、银行券可以按严格比例自由兑换金属货币的情况下,各国都规定了货币的一定的金属含量。如果两国都用黄金作货币,则两国货币的含金量就成为它们比价的基础;如果一国用黄金、一国用白银作货币,则两国货币的比率就是金、银两种金属的价值之比。这样,两种货币的平价就是建立在金属货币自身的价值基础上的,或者说,两种货币的比价就是它们自身的价值之比。在这一历史时期,由于纸币或银行券是贵金属货币的价值符号,且与贵金属货币有一定的兑换关系,因此,两国纸币或银行券的比价就是它们所代表的贵金属的价值之比。这是马克思的劳动价值论在国际货币关系上的延伸。撇开马克思所处的金本位制时代,马克思的汇率理论给我们一个重要的启示是:货币间的比价的基础是两国货币自身的价值或所代表的价值①。因此,兑换比率虽然是一种货币数量关系,但这种货币数量关系之所以能够存在,或者说,不同货币之所以能够彼此兑换,那纯粹是因为它们各自都代表着一定的价值,就如不同商品之所以能够相互交换是因为它们都是人类劳动的凝结一样。因此,购买力平价学说主张依据货币所具有的实际购买力来确定汇率,在本质上就是主张以货币所代表的价值来确定不同货币之间的兑换比率,这是十分科学、合理的。长期汇率模型也表明,虽然汇率的变动趋势与相对物价水平的变动趋势有关,但我们知道,价格只是价值的符号,无论价格怎样变动,它都是围绕价值进行的。因此,长期汇率模型或者说购买力平价学说本身就表现出了它的科学性和合理性。

我们再来看看购买力平价学说与劳动生产率之间的关系。

购买力平价学说与劳动生产率之间有无关系?如果有关系,那么,是一种什么样的关系?弄清楚这个问题,对于我们进一步理解购买力平价学说的科学性和合理性,也就是购买力平价学说的科学基础,具有十分重要的意义。

---

① 何泽荣,邹宏元．国际金融原理．成都:西南财经大学出版社,1995．120~121

几乎所有有关购买力平价学说的评述都涉及到了购买力平价学说与劳动生产率之间的关系问题，而且普遍认为忽略了劳动生产率对汇率的影响是购买力平价学说的局限性之一。例如，陈岱孙、厉以宁两位经济学家在涉及购买力平价学说的局限性时就曾说过，“购买力平价理论是否符合马克思国际价值论的要求？应当指出，马克思的国际价值理论所论述的是不同国家在不同生产率水平基础上生产同一种商品所具有的统一价值，由于劳动生产率变化，会使不同国家的相对价格水平发生变化，从而会影响各国汇率的变化。而购买力平价理论只注意货币数量变化对两国相对价格水平的影响。例如，它讨论的是两个国家绝对价格水平的比较，或者在两国生产率水平不变的情况下讨论物价指数变化对汇率的影响。即使是成本平价，也是假定两国生产率比率是不变的或中性的。因此，购买力平价理论并不涉及劳动生产率变化对汇率的影响。如果把劳动生产率对汇率的影响考虑进去，购买力平价就不成其为购买力平价了。”①

那么，事实是否真的如此呢？

在马克思所处的时代，及其后卡塞尔所处的时代，生产要素的国际流动几乎都是不可能的，即使在经济全球化的今天，要素的国际流动性仍然较差。我们知道，在生产要素不流动的情况下，在国际上不存在形成国民价值时所需要的那种条件的情况下，会出现一种国际价值，它以世界劳动的平均单位来衡量，从而与国民价值相区别：国民价值能够演化为生产价格，而国际价值却不能演化为国际生产价格。因为，生产价格的形成需要一个基本条件：自由竞争，其核心含义是生产要素在各部门之间自由流动，从而使得等量资本只能取得等量利润。在国际上却没有这个条件，即生产要素在各国之间的自由流动，因而在国际上，只有等量商品取得等量价值的货币（即如果用同一种货币标价，不同国家等量商品的价格是相同的，这正是购买力平价理论），而没有等量资本取得等量价值的利润。

在一个国家内部，尽管不同部门的劳动生产率是不相同的，但要素收益会趋于均等化，因为如果要素收益存在差异，要素就会从低收益部门流向高收益部门。要素的竞争性流动虽然不会引起各部门劳动生产率的均等化，但必然会导致各部门单位时间内创造的价值相等，各部门之间只能是一个人的劳动同一个人的劳动相交换，劳动生产率较高的部门只能说明在单位时间里创造了更多的使用价值，而不是更多的价值，最终是等量资本取得等量利润。这里，等量资本可以取得等量利润，之所以与劳动生产率无关，是因为在单位时间里，劳动生产率只与商品数量有关，与价值总量无关，而只是在单位商品里，劳动生产率才与价值量有关。在这里，各部门之间劳动生产率差异的作用，因竞争而被抹掉了。

在国际上，不同国家的劳动生产率当然是不相同的。这种劳动生产率的差异

---

① 陈岱孙，厉以宁．国际金融学说史．北京：中国金融出版社，1991．191

究竟会产生什么样的影响呢？由于要素竞争性的国际流动受阻，因而劳动生产率较高的国家，被认为单位时间里不仅创造了更多的使用价值，而且也创造了更多的价值，从而一个人的劳动可以同其他国家两个或更多人的劳动相交换，等量资本可以取得不等量的利润。由此，我们也许可以懂得，在劳动生产率较高的国家，科学技术的巨大进步，劳动生产率的极大提高，并不必然表现为单位产品价值的下降或价格的下降，而是表现为更多的收入。（自然，这是从总体上来讲的，即相对于劳动生产率较低的国家的收入水平，虽然在劳动生产率较高的国家，财富收入分配愈益不公，贫富差距也日益扩大。）这正如马克思所说，“投在对外贸易上的资本能提供较高的利润率，首先因为这里是和生产条件较为不利的其他国家所生产的商品进行竞争，所以，比较发达的国家高于商品的价值出售自己的商品，虽然比它的竞争国卖得便宜。只要比较发达的国家的劳动在这里作为比重较高的劳动来实现，利润率就会提高，因为这种劳动没有被作为质量较高的劳动来支付报酬，却被作为质量较高的劳动来出售。对有商品输入和输出的国家来说，同样的情况也都可能发生；就是说，这种国家所付出的实物形式的物化劳动多于它所得到的，但是它由此得到的商品比它自己所能生产的更便宜”①。

国际交换中等量商品取得等量货币，之所以这样，是因为劳动生产率提高以后，虽然被认为创造了更多的价值，但也创造了更多的使用价值，从而单位商品的价值可以同劳动生产率提高之前一样不发生什么变化。假如世界一家，假如生产要素的国际流动是完全自由的，后进国家的一基准篮子商品就可以与先进国家的几基准篮子商品等值，而不是一篮子与一篮子等值。等量商品取得等量货币，看起来也与劳动生产率无关，因为在这里，劳动生产率的国别差异（的作用）被垄断或自然垄断抹掉了。

其实，陈岱孙、厉以宁两位经济学家也认为，“购买力平价理论实际上是从货币所代表的价值量这个层次上去分析汇率的决定的，这就抓住了汇率决定的主要方面，因而其方向是对的”②；但他们接着又说，“所谓购买力平价理论符合劳动价值论的说法，不能成立”③，这就有些自相矛盾了。马克思曾明确指出，商品流通的国内领域同它们普遍的世界市场领域是分开的，因此，价值规律在两个领域中的作用既是有联系又是相区别的，这个区别就是，在国内市场上，商品交换一般都是等量劳动的交换，而在世界市场上，商品交换一般都是不等量劳动的交换，或不平等的交换④。之所以如此，那是由于各国劳动生产率之间存在着差异，但这个不等量劳动的交换却是符合国际价值的等价交换。各国劳动生产率的差异在国际市场上表

---

① 马克思．资本论．第3卷．北京：人民出版社，1975．264～265

② 陈岱孙，厉以宁．国际金融学说史．北京：中国金融出版社，1991．191

③ 陈岱孙，厉以宁．国际金融学说史．北京：中国金融出版社，1991．191

④ 姚曾荫．国际贸易概论．北京：人民出版社，1987．228

现为不等量劳动的交换,各国之间劳动生产率的差异越大,国际市场上不等量劳动的交换就越严重。恰恰是在这一点上,购买力平价理论无须顾及劳动生产率变动对商品国民价值的影响,无须顾及各国单位商品国民价值的不同,无须顾及等量劳动的交换,而认为在世界市场上等量商品具有等量价值,在国际交换中等量商品只能取得等量货币,这正好反映了马克思国际价值理论的基本思想。

如果认为,在长期汇率模型中没有劳动生产率这个变量,就不符合马克思的价值理论,这多半是一种误解。还有经济学家认为,"从货币的价值原理看,若不考虑通货膨胀的话,汇率的变化归根结底取决于两国劳动生产率的变化。马克思在《资本论》中谈论道:'一个国家的资本主义生产越发达,那里的国民劳动的强度和生产率就越超过国际水平。因此,不同国家在同一劳动时间内所生产的同种商品的不同量,有不同的国际价值,从而表现为不同的价格,即表现为按各自的国际价值而不同的货币额。'这段话就精辟地表达了上述劳动生产率与汇率之间的关系"①。与作者的看法相反,马克思的这段话并不是"表达了上述劳动生产率与汇率之间的关系"。马克思在这里所要阐述的不是劳动生产率与汇率之间的关系,而是不同国家的劳动生产率与统一的国际价值之间的关系,这就是,在同一劳动时间内,具有较高劳动生产率的国家能够创造出比那些仅有较低劳动生产率的国家更多的国际价值;而且,马克思在这里谈到的是国际价值和价格的总量问题,而汇率却是个量问题。

实际上,在生产要素不能自由流动的情况下(战前基本如此),在劳动生产力非均衡发展和货币供求均衡的前提下,长期汇率的确定不仅不会"归根结底取决于两国劳动生产率的变化",而且与劳动生产率的变化毫无关系。长期汇率取决于货币的购买力,而货币的购买力取决于货币本身所代表的价值,这句话可简化为:长期汇率仅仅取决于货币所代表的价值。不过,这个价值绝不是国民价值,而是国际价值。用不同国家的货币来标价,一基准篮子商品可以表现为不同的货币额,但无论这些是哪个国家的货币,也无论其数额是多少,它们所代表的国际价值的量却是相等的,而货币的兑换率就是根据这个相等的国际价值或同一价格来确定的。一个国家的劳动生产率较高,只不过说明在同一劳动时间内多生产了几篮子商品,但显然,汇率只与其中的一篮子商品有关,而与几篮子商品无关,或者说,只与其中一篮子商品的价格有关,而与几篮子商品的总价格即总价值无关,也就是与劳动生产率的高低无关。

概括以上分析,我们可以得出下面几个结论性的意见。当然,这些结论性意见也需要一些前提条件,比如生产要素缺乏流动性;这里仅仅涉及长期汇率;既然是长期,货币的供求也应该是均衡的,等等。

---

① 许少强．外汇理论与政策．上海:上海财经大学出版社,1999. 174

首先,利用购买力平价理论来确定汇率的理论逻辑是,不论以什么货币来标价,或者说,不论其价格高低如何,一国一基准篮子商品的价值与他国一基准篮子商品的价值都是相等的。正因为如此,通过两国之间的一篮子商品价格的对比,就可以判断其货币兑换的比率,也就是汇率。

其次,相同的商品具有相同的价值,这个价值就是国际价值。劳动生产率在这里起到了非常关键的作用,但这个作用只是:劳动生产率较高的国家在单位时间里被认为创造了更多的价值,从而使劳动生产率较高的国家可以以较少的劳动交换劳动生产率较低国家的较多的劳动。这里的一篮子商品同另一篮子商品相交换(假如可以交换的话),虽然是不等量劳动的交换,但属于等价交换;不过,这个价,不是国民价值,而是国际价值。正由于此,不同国家的等量商品可以取得等量货币(如果用同一种货币来标价),但等量资本却不可以取得等量利润。显然,这是一种自然垄断:由于国界的存在,由于国家民族利益的存在,由于国民经济的孤立性,生产要素难以自由流动,自由竞争是不可能存在的。

最后,不同国家之间的等量商品取得等量货币与同一国内等量资本取得等量利润,这两者都与劳动生产率无关。一国内部,等量资本取得等量利润,是竞争使然,竞争抹掉了各部门劳动生产率之间的差异;不同国家之间,等量商品取得等量货币,是垄断使然,垄断抹掉了劳动生产率的国别差异。

从总体上看,无论人们如何认为,也不管卡塞尔怎么说,购买力平价理论所抛弃的,并不是马克思的劳动价值论,而恰恰是被视为其基础的货币数量论。马克思的劳动价值学说包括其国际价值学说,是卡塞尔汇率模型的理论基础。

三、经济全球化条件下卡塞尔汇率模型的适用性问题

经济全球化是20世纪80年代以来出现的一个新的国际经济现象。经济全球化实际上是指资本、劳动、技术、信息等生产要素在全球范围内的广泛流动以实现资源最佳配置的过程,简而言之,是生产要素的全球性优化配置过程。要素国际流动对世界市场价格形成进而对汇率形成会产生什么样的影响?这最终涉及到经济全球化条件下卡塞尔汇率模型的适用性问题。

首先,我们简要说明一下经济全球化和要素国际流动的必然性。

第二次世界大战以后,我们经历了并正在经历着一场科学技术革命,其规模之大、范围之广、速度之快、程度之深,在历史上是从未有过的。人类的科学知识,19世纪要50年才增加1倍,20世纪中叶每10年增加1倍,20世纪末每3年就可以增加1倍;第二次世界大战后自然科学领域的新发现、新发明超过了以往几千年的总和。第二次世界大战后科学技术如此迅速的发展给生产力的进步带来了巨大影响。首先,科学技术从发明、发现到生产上实际应用的周期已大为缩短,20世纪初尚需35年,两战之间缩短为18年,第二次世界大战后只需9年,产品更新换代快

的只要两三年。科学技术越来越成为直接的生产力，以致科学—技术—生产已成为一个统一的革命过程。其次，科学技术革命改变着国际分工传统的自然、地理基础，科学技术能力、生产工艺流程已成为国际分工的重要依据，国际生产沿着越来越专业化的道路发展。最后，高效能的机器设备、先进的交通通讯系统的出现为大规模、大批量的生产创造了条件，科学技术正改变着规模经济的传统标准。现在，一个企业的传统规模不再以国家的范围为标准，而完全是以经济的原则来衡量。科学技术革命使得第二次世界大战后的生产力水平达到了前所未有的高度。科学技术革命造成的巨大生产力突破了民族经济的地理界限，并不断走向国际化，成为名副其实的世界生产力。如果说，"资产阶级在它的不到一百年的阶级统治中所创造的生产力，比过去一切世代创造的全部生产力还要多，还要大"，[①]那么，我们就可以认为，第二次世界大战以后的科学技术革命，不仅是它给生产力带来的巨大进步，而且还有生产力这一巨大进步给国际经济关系带来的深远影响，是过去一切世代的总和都不能比拟的。

资本的国际性是与生俱来的，生产力的巨大进步又为资本的国际扩张提供了条件。马克思说，"资产阶级社会的真实任务是建立世界市场（至少是一个轮廓）和以这种市场为基础的生产"。[②] 尽管马克思所说的并非生产的国际化而只是生产社会化程度的提高和商品资本的国际化，但马克思在这里为我们明确揭示了资本向全世界扩张的本性。"不断扩大产品销路的需要，驱使资产阶级奔走于全球各地。它必须到处落户，到处创业，到处建立联系。"[③]到今天，资本扩张的本性没有变，甚至其扩张的欲望更为强烈，惟一不同的是，驱使资本在全球奔忙的原因更多了：除了扩大产品销路，还有扩大生产规模，利用别国的某一特定方面的比较利益，降低成本和风险，垄断，等等。

从本质上来说，经济全球化就是资本正在经历的全球扩张过程。经济全球化是国际经济一体化发展到一定阶段的产物，而后者又与第二次世界大战后跨国公司的迅速发展密切相关。第二次世界大战后资本输出最大的特点，是私人对外直接投资的迅速增长。1960 年至 1990 年的短短 30 年间，发达国家的对外直接投资从 580 亿美元增加到了 12 834 亿美元。[④] 跨国公司是私人对外直接投资的载体，而私人对外直接投资又总是伴随着生产要素在各国之间的流动和配置。第二次世界大战后跨国公司的发展给国际经济关系带来了许多变化，其中最重要的就是建

① 马克思，恩格斯．共产党宣言．马克思恩格斯选集．第 1 卷．北京：人民出版社，1977．256

② 马克思．致恩格斯．马克思恩格斯全集．第 29 卷．北京：人民出版社，1977．348

③ 马克思，恩格斯．共产党宣言．马克思恩格斯选集．第 1 卷．北京：人民出版社，1977．254

④ 联合国跨国公司中心与投资司．世界投资报告．1996

立在伴随着生产要素国际流动的生产国际化基础之上的资本国际化。自此,在国家垄断资本主义条件下,各种资本形态,包括商品资本、货币资本和生产资本,都已登上了国际舞台,其中尤其是生产资本,以空前规模越出国界并充分行使其增殖的职能,标志着资本国际化的开端。仅有商品资本和货币资本的国际化,还不能认为是完整意义上的资本国际化,三者是一个相互联系、缺一不可的整体。资本的国际循环运动,从对外直接投资开始,经过剩余价值生产过程,最后获得了更多的货币资本。在这三种资本循环中,起着决定作用的是生产资本循环的国际化,因为只有实现了直接生产过程的国际化,加速生产资本的循环与周转,才能为流通过程的进一步国际化创造必要的物质条件。而商品资本和货币资本循环的国际化,反过来又会加速生产资本的循环运动。更为重要的是,生产资本的国际化,使得商品资本的循环、货币资本的循环和生产资本的循环,第一次在世界范围内具有了空间上的并存性和时间上的继起性,从而实现了整个产业资本的国际化,即真正意义上的资本国际化。显然,我们不能将生产要素的国际流动仅仅看作是一种国际经济现象,而且应当将其视作当代国际经济关系的重要内容。

马克思指出,“资产阶级,由于一切生产工具的迅速改进,由于交通的极其便利,把一切民族甚至最野蛮的民族都卷到文明中来了。它的商品的低廉价格,是它用来摧毁一切万里长城、征服野蛮人最顽强的仇外心理的重炮;它迫使它们在自己那里推行所谓文明制度,即变成资产者。一句话,它按照自己的面貌为自己创造出一个世界。……正像它(资产阶级——引者注)使乡村从属于城市一样,它使未开化和半开化的国家从属于文明的国家,使农民的民族从属于资产阶级的民族,使东方从属于西方”。[①] 马克思在其《关于自由贸易的演说》中也指出:“既然一切都成了垄断性的,那么即使在现在,也会有些工业部门去支配所有其他部门,并且保证那些主要从事于这些行业的民族来统治世界市场。”[②]因此,资本国际化的本质是十分清楚的,它是剩余价值生产和实现的国际化,是资本主义生产关系在全世界的扩张。所谓冷战的胜利即前苏联的解体和东欧国家的巨变,又大大加速了这一过程。对于20世纪80年代中期以来资本主义在全球的扩张,就连发达国家的许多经济学家都是直言不讳的。

除了资本与生俱来的国际扩张本性以外,1995年开始正式运转的世界贸易组织也构成了要素国际流动的一个重要的促进因素。世界贸易组织不仅将关贸总协定时期已经受到管理的有形商品贸易置于自己的约束之下,而且将关贸总协定从未管理过的农产品、劳务产品、知识产权保护以及与贸易有关的国际投资统统置于

① 马克思,恩格斯.共产党宣言.马克思恩格斯选集.第1卷.北京:人民出版社,1977.255

② 马克思.关于自由贸易的演说.马克思恩格斯选集.第1卷.北京:人民出版社,1977.208

自己的管辖之下,从而为要素的国际流动提供了极为重要的制度保障。

经济全球化的到来,要素国际流动对世界市场价格的决定会产生什么样的影响呢?

要素国际流动与国际贸易相互之间虽然具有可替代性,但这并不等于说,生产要素在各国之间的频繁流动会削弱国际贸易,会阻碍国际贸易的发展。恰恰相反,由于要素国际流动的方向也受资源禀赋差异或比较优势差异的约束,因此,要素国际流动能够促进国际分工的深化,进而推动国际贸易的发展和世界市场的扩大。跨国公司的对外投资活动同要素的国际流动难于割裂开来,而要素的国际流动又往往是通过世界市场来进行的;而且,我们现在也很难将商品与生产要素区别开来,许多进入国际交换的商品,本身就是原材料、零部件、机器设备。因此,尽管存在着障碍,但从总体上来说,国际贸易的迅速发展和世界市场的持续扩大有利于要素的国际流动。

马克思曾经指出:"商品流通的国内领域或民族领域,同它们的普遍的世界市场领域是分开的"。[①] 我们认为,马克思的这一论断在今天仍然成立,国内市场与国际市场仍然同时并存。但是,我们也应该看到,商品流通的国内领域或民族领域与世界市场领域的分隔状态已经大大弱化,而且,这种分隔状况对要素国际流动的影响是十分有限的。这是因为,第二次世界大战后科学技术的进步促进了生产力的发展,国际分工在不断深化,各国之间的联系在不断加强;与此同时,各国为了经济的加速发展,普遍实行了对外开放的政策;另外,世界贸易组织的建立对要素的国际流动也有着一定的促进和保障作用;最后,国际经济一体化特别是区域经济一体化的发展在一定程度上模糊了国内市场和国际市场之间的界限。

生产要素以及商品在各国之间大规模地、频繁地流动,不仅使得各个国民经济相互联系和相互依赖的关系更加密切,而且对世界市场价格产生着不可避免的影响。

价格是价值的货币表现,商品的世界市场价格就是商品国际价值的货币表现。但一般地说,在世界市场上,价格是直接以其国际价值为基础还是直接以国际生产价格为基础,这却是值得我们探讨的。关于这个问题,在国内外曾经有过长期的争论,存在着两种意见:一种意见是世界市场价格直接以国际价值为基础,另一种意见是世界市场价格直接以国际生产价格为基础。[②]

上述意见分歧大致源于一个因素,这就是生产要素在各国之间是否能够竞争性地、充分地自由流动。要回答这个问题,我们觉得有两点应该注意:其一是历史分期,因为在不同的时期,有不同的国际经济背景,有不同的生产力发展水平,国际

---

① 马克思．资本论．第1卷．北京:人民出版社,1975. 144

② 姚曾荫．国际贸易概论．北京:人民出版社,1987. 219~243

经济关系也会有局部性调整,这些因素对要素的国际流动性都会产生影响;其二是生产要素在各国之间的流动,从完全不能流动到充分自由的竞争性流动,需要一个可能是很长的过程,与此相适应,从国际价值到国际生产价格的转变也不太可能一蹴而就。世界市场,当然还有世界经济和国际经济关系,它们的结构非常复杂,那么,在较为开放、经济发展水平较为接近的国家之间,比如在发达国家相互之间,要素的国际流动性是较强的;又如在欧盟内部,由于各成员国之间的经济联系十分紧密,要素的国际流动性与其成员国国内流动性相比就不会有什么有意义的差别;而这些国家在世界经济和世界市场上占有主导地位,其要素的国际流动对于国际生产价格的形成就会产生决定性的影响。

大体说来,在19世纪和两次世界大战之间,与第二次世界大战以后的情况相比,科学技术和生产力发展水平落后,除个别时期(1840—1870年①)外,国际贸易的增长速度一直低于世界工业生产的增长速度,各国之间的经济联系不仅基本局限在国际商品交换的范围内,而且国际贸易额有限,更说不上有多少要素的国际流动了。国民经济的孤立性,生产要素在各国之间流动性的缺乏,使得国际商品交换不能以国际生产价格为基础,而只能直接以商品的国际价值为基础。国际经济联系和世界市场上价格决定的这种状况,非常类似于一国资本主义生产方式确立之前的社会。"因此,撇开价格和价格变动受价值规律支配不说,把商品价值看作不仅在理论上,而且在历史上先于生产价格,是完全恰当的。② 这适用于生产资料归劳动者所有的那种状态;……这一点,正像它适用于这种原始状态一样,也适用于后来以奴隶制和农奴制为基础的状态,同时也适用于手工业行会组织,那时固定在每个生产部门中的生产资料很不容易从一个部门转移到另一个部门,因而不同生产部门的互相关系在一定限度内就好像不同的国家或不同的共产主义共同体一样。"③

但是,在第二次世界大战以后,特别是20世纪80年代以后,世界经济的状况有了很大改变。第三次科学技术革命的开展和由此促成的生产力水平的极大提高,社会主义国家的经济体制改革和远早于社会主义国家经济体制改革的资本主义国家生产关系的局部调整,各国普遍实行对外开放的政策,资本国际化和国际经济一体化的蓬勃发展,国际贸易的日益自由化,尤其是20世纪80年代中期经济全球化的开始和90年代世界贸易组织的建立,所有这些因素,不仅促进了世界经济的发展和国际贸易的更快发展,而且更为重要的是推动着生产要素在各国之间越来越自由地流动,并由此影响着世界市场价格的形成基础。

---

① 宋则行,樊亢．世界经济史．上卷．北京:经济科学出版社,1995. 223

② 有关历史上价值先于生产价格的观点,恩格斯有十分精彩的详细论证。参见恩格斯．资本论第三卷增补．资本论．第3卷．北京:人民出版社,1975. 1005~1028

③ 马克思．资本论．第3卷．北京:人民出版社,1975. 198

马克思曾指出:"但是,如果商品都按照它们的价值出售,那就像已经说过的那样,不同生产部门由于投入其中的资本量的有机构成不同,会产生极不相同的利润率。但是,资本会从利润率较低的部门抽走,投入利润率较高的其他部门。通过这种不断的流出和流入,总之,通过资本在不同部门之间根据利润率的升降进行的分配,供求之间就会形成这样一种比例,以致不同的生产部门都有相同的平均利润,因而价值也就转化为生产价格。"①在国内市场上,从长期来看,商品交换就是等量劳动的交换,一定量的劳动只能与相同数量的劳动相交换,价值规律和利润规律排斥着不等量劳动的交换。我们强调长期,是因为等价交换并非存在于个别场合,而只是存在于平均数中,存在于一系列的、反复的交换之中。假如一种商品供求不相一致,比如供大于求,这种商品就只能以低于自身价值的比例去交换别的商品,也就是以较多的劳动去交换较少的劳动。但是,不利的交换比例将促使生产要素从生产这种商品的部门流出,转移到其交换比例有利的即生产别的商品的部门。资源的重新配置,一方面是资源的优化配置过程,能够相对提高资源的使用效率,另一方面会缓和供求矛盾,使供求逐渐趋于一致,促使商品交换成为等价交换和等量劳动的交换。我们这里特别强调的,不仅仅是不同商品之间的等价交换问题,而且是生产要素在各部门之间充分的竞争性流动——价值规律优化配置资源、有效分配劳动的前提,以及这种竞争性流动所导致的从价值到生产价格的转变及等量资本取得等量利润。

这就是在一个国民经济内部生产价格的形成过程以及价值转化为生产价格的前提条件。关于这一点,马克思在《资本论》中有十分详尽的阐述。他说:"因此,商品按照它们的价值或接近于它们的价值进行的交换,比那种按照它们的生产价格进行的交换,所要求的发展阶段要低得多。而按照它们的生产价格进行的交换,则需要资本主义的发展达到一定的高度。"②他又说:"竞争首先在一个部门内实现的,是使商品的各种不同的个别价值形成一个相同的市场价值和市场价格。但只有不同部门的资本的竞争,才能形成那种使不同部门之间的利润率平均化的生产价格。这后一过程同前一过程相比,要求资本主义生产方式发展到更高的水平。"③马克思还指出:"如果有数量众多的非资本主义经营的生产部门(例如小农经营的农业)插在资本主义企业中间并与之交织在一起,这种平均化本身就会遇到更大的障碍。"④类似的论述还有:"资本主义在一个国家的社会内越是发展,也就是说,这个国家的条件越是适应资本主义生产方式,资本就越能实现这种平均

① 马克思. 资本论. 第3卷. 北京:人民出版社,1975. 218~219
② 马克思. 资本论. 第3卷. 北京:人民出版社,1975. 197~198
③ 马克思. 资本论. 第3卷. 北京:人民出版社,1975. 201
④ 马克思. 资本论. 第3卷. 北京:人民出版社,1975. 219

化。"[①]虽然马克思在这里说的都是一个国民经济内部的情况,但也适用于世界经济。国际价值到国际生产价格的转化同样要求资本主义在全世界的扩张,要求资本主义在全世界的发展要达到相当的水平。第二次世界大战后,科学技术的发展日新月异,其影响遍及世界各国及其社会生活的各个方面,其结果是生产力水平的极大提高,国际经济关系的重大调整。国际经济关系的重大调整主要表现在几个方面:一是一些重要的国际经济组织的建立,比如国际货币基金组织、世界银行、关贸总协定即后来的世界贸易组织,这对战后世界经济的复兴、贸易自由化以及整个世界经济的发展,产生了巨大的推动作用。二是以跨国公司为载体的对外投资十分活跃,从20世纪50年代美国跨国公司的对外扩张,到70年代其他发达国家跨国公司的大量涌现,再到80年代以来发展中国家跨国公司的兴起,使得对外投资一浪高过一浪,资本、劳务以及专利技术流向世界各地,资本主义生产关系不仅在世界上得到了扩张,而且有了很大的发展。三是发展中国家在取得政治独立以后逐步走上了对外开放、加速发展经济的道路,这为贸易自由化和生产要素的国际流动提供了可能性和有利条件。四是区域经济一体化的发展,无论是在发达国家还是在发展中国家,都相继建立了许多区域经济一体化组织,在这些规模和一体化程度不等的区域内部,贸易自由化的程度和生产要素的流动性一般都要高于世界的其余地区或高于世界的平均水平。国际经济关系调整的主要结果是资本主义生产关系在全世界的扩张和经济全球化。现在,不仅仅是商品,而且还有劳务、资本、专利技术等生产要素,都愈益自由地在世界各国之间流动。各国劳动生产率的差异引起要素收益的差异,而各国要素收益之间的差异又因为竞争的作用而引起要素的国际流动,从而使生产要素在各国的收益均等化,促进并加速着国际价值到国际生产价格的转化。

但是,需要指出的是,无论是资本国际化,还是经济全球化,它们都还仅仅处于历史长河的起点上,资本主义在全世界的扩张远未完成,生产要素在各国之间的流动远非完全自由,因此,国际价值到国际生产价格的转化也还处于过程之中。尽管如此,我们仍然认为,处在国际价值向国际生产价格转化时期的世界市场价格,会受到双重制约,即既受国际价值的制约,也受国际生产价格的制约;至于以哪一种制约为主,这可能主要取决于特定的产品市场和国际贸易的特定参与国。

其实,我们可以先假定一种情况,这就是国际经济一体化和经济全球化都已全部得到实现,世界经济已大致像任何一个国民经济一样,生产要素在各国之间完全可以充分地自由流动。在这种情况下,价值规律在国际经济中的作用方式同它在生产要素不能自由流动的国际经济中的作用方式相比,将会出现很大的差别。现在,它在国际经济中的作用方式,将会非常类似于它在一个国民经济中的作用

---

① 马克思．资本论．第3卷．北京:人民出版社,1975．219

方式。

我们假定B国的劳动生产率高于A国,因而B国的利润率也会高于A国。由于生产要素能够自由流动,较高的资本收益就会促使A国的资本流向B国,B国的资本收益将因资本的增加而下降;相反,A国的资本收益将因资本的减少而增加,这最终会促成利润率的平均化和一个统一的生产价格即国际生产价格的形成,世界市场上商品的市场价格将会以国际生产价格为依据,而不再直接以商品的国际价值为基础。这与生产要素不能自由流动的情况有着根本的区别。在那里,只有等量商品取得等量货币,等量资本不能取得等量利润;而在这里,不仅等量商品可以取得等量货币,而且等量资本也可以取得等量利润。不仅如此,在我们这个论题里面,最重要的区别应该是劳动生产率变动的影响。正如我们已经论述的那样,在生产要素不能自由流动的情况下,劳动生产率的变动不会对国际价值产生影响,而在生产要素自由流动的情况下,劳动生产率的变动将会影响国际生产价格和世界市场价格,从而将会影响各国货币之间的兑换比率。

从纯理论上来理解,在国民经济的一个部门内部,劳动生产率的提高将使产品数量即使用价值的数量增加,但单位产品的价值量却会下降,由于价格决定于商品的价值,商品的价格也会因此而下降。一个国民经济有若干部门,每个部门劳动生产率的变动方向尤其是变动程度一般都不会相同,因此,其商品价值从而价格变动的方向和变动幅度也会呈现出差异,各部门商品交换的比例也会发生变动,即是说,各部门商品之间的相对价值和相对价格都会发生变动。

关于生产率变动对互相交换的两个产品各自价值的影响以及在生产率变动情况下如何做到等价交换,马克思在《资本论》中谈到《相对价值形式的量的规定性》时有过详尽的描述。马克思在结论中指出,劳动生产率的变动将会导致"价值量的实际变化不能明确地,也不能完全地反映在价值量的相对表现即相对价值量上。即使商品的价值不变,它的相对价值也可能发生变化。即使商品的价值发生变化,它的相对价值也可能不变,最后,商品的价值量和这个价值量的相对表现同时发生的变化,完全不需要一致。"①

在国际经济一体化和经济全球化得到完全实现、生产要素完全自由流动的条件下,世界经济在很大程度上同一个国民经济一样,价格是否合理、价格是否符合其价值,这无论从国际商品的等价交换来说,还是从理论汇率的确定来说,都具有十分重要的意义。而要做到这一点,就要确保一个国家的价格变动与其价值变动相一致,使价格总水平的演变与其劳动生产率的变动相适应,也就是说,一国相对价格水平的演变应该与其相对劳动生产率的变动相一致。为此,劳动生产率的比较进入价格比较就是理所当然的,否则,价格比较就失去了合理性,就没有了合理

① 马克思．资本论．第1卷．北京:人民出版社,1975. 67~69

的基础。至于如何将劳动生产率的变动引入相对价格，这是另一个问题，我们以后将会对这一问题进行专门的研究和分析阐述。

我们已经知道，在生产要素不能自由流动的条件下，汇率的变动仅仅与价格的变动有关，与劳动生产率的变动无关[①]；而在生产要素自由流动的条件下，汇率的变动仅仅与劳动生产率的变动有关，却与价格的变动无关[②]。在后一种情况下，为什么汇率的变动只与劳动生产率的变动有关而与价格的变动无关了呢？如前所述，在国际经济一体化和经济全球化得到完全实现和生产要素完全自由流动的条件下，各国劳动生产率的差异必然引起要素收益的差异，而各国要素收益之间的差异又必然会因为竞争的作用而引起要素的国际流动，从而使生产要素在各国的收益均等化，价格在理论汇率的确定中不是失去了意义，而是变得不很准确了。劳动生产率的提高并不完全意味着商品价格在各国的下降，即便都是下降，但在各国下降的幅度也不会完全相同；而经验告诉我们，商品价格常常是伴随着劳动生产率的提高而上升，但价格在各国上升的幅度也不会完全一样。将劳动生产率引入价格比较，准确地说是将相对劳动生产率引入相对价格，就能够消除掉上述差异。作为确定理论汇率的模型所使用的价格（指数），应该是符合价值的价格，只有建立在相对劳动生产率之上的相对价格，才是符合价值的价格，而只有在理论汇率模型引入劳动生产率这个变量的条件下，依据模型所计算出的汇率才可能是真正的、合理的理论汇率。

上述有关理论汇率模型引入劳动生产率变量的论证，是一种纯理论的演绎，因而新的理论汇率模型尚有待建立，即使新的理论汇率模型建立起来之后，也还需要大量经验事实的验证，但这已经不是这一章所能包容的了。不过，我们现在仍可指出，有关相对劳动生产率变动对汇率演变的影响，已经为人们所注意："一国劳动生产率的增长率在较长时期持续地高于别国，该国货币汇率尽管可能在短期内会有

---

① 我们这样表述仅仅是为了简洁。但严格地说，这个表述不够准确。正如我们已经阐述过的那样，卡塞尔购买力学说的理论基础是马克思的劳动价值论，具体来说是他的国际价值理论。因此，在卡塞尔理论汇率模型中其实隐含着劳动生产率这个变量。只是因为在要素不能在各国之间自由流动的情况下，劳动生产率较高的国家被认为在单位时间里能够创造出更多的价值，那么，在世界市场上，A、B两国的这个变量在量上就被视作为相等的，从而在卡塞尔模型中这两个变量就可以被化简掉。对卡塞尔来说，这自然不是一个化简的问题，而是歪打正着，一种纯粹的巧合。

② 我们说依据卡塞尔模型所确定的汇率是长期汇率，而模型中又有价格问题，这个价格又与短期中的货币数量变动有关，这个模型所确定的汇率似乎又是短期汇率，难道这不互相矛盾吗？我们说依据卡塞尔模型所确定的汇率是长期汇率，这是从本质上来说的；价格变量即货币变量的确能够使长期汇率短期化。但是，无论这个短期化的程度如何，由于汇率在本质上与国际价值有关，因而这种被短期化了的汇率相对于市场汇率仍然是理论汇率，尽管它与汇率变动的长期趋势存在着一定的差距。

升降的反复，但总趋势将是上升的。一个明显的事实是，日本的劳动生产率增长率在第二次世界大战后的数十年间始终高于美国，所以日元兑美元汇率趋于上升。……1960—1979年期间，无论是制造业整体的日美比较，还是个别产业的比较，都是日本的劳动生产率较高。另一方面，在这段时期中，日元兑美元汇率从 1 美元 = 360 日元升到 1 美元 = 175 日元(1978 年 10 月)。又如，美国经济评论家丹尼尔·伯斯坦(Daniel Burstezn)在其 1988 年出版的《日元!》一书中，将当时日元兑美元汇率上升的基础追寻到日美的劳动生产率水平的绝对差异①。这也许可以表明，第二次世界大战后以来，随着关贸总协定的建立和跨国公司的迅速发展，不仅仅是商品，而且还有生产要素，在各国之间越来越自由地转移，按国际价值所进行的交换正在朝着按国际生产价格进行交换的方向演变，真正的理论汇率日益偏离原理论汇率模型所计算的汇率，因而原理论汇率模型的修正也就难以避免了。

然而，国际经济一体化和经济全球化还仅仅处于历史长河的起点上，生产要素在各国之间的流动远非完全自由，而我们在前面的有关理论汇率模型的理论演绎却是以生产要素在国际间的完全自由流动为假设前提。由于这一缘故，在当前情况下，要了解真正的理论汇率，旧的理论汇率模型不可能完全失效，新的理论汇率模型就是建立起来也不可能完全有效，真实的理论汇率也许应该介于以新、旧模型所计算出的汇率之间，也就是说，以新、旧模型所计算出的汇率很可能成为真实理论汇率的上、下限。不过，随着国际经济一体化和经济全球化的不断发展，生产要素国际流动的自由度也会不断提高，国际生产价格亦将一步一步取代国际价值而成为国际交换的准绳，理论汇率必将越来越远离旧模型而日益靠近新模型，最终，新的理论汇率模型就会取代旧的理论汇率模型。

最后让我们回到最初的话题上来。利用购买力平价作为标准来衡量货币贬值或升值并由此判断汇率变动对国际经济利益分配的影响以及财富国际转移的方向和数量，是合理的、科学的；在第二次世界大战以前，这种衡量与判断甚至是准确的，但在第二次世界大战以后，特别是在经济全球化时代，考虑到国际价值正在向国际生产价格转化的情况，这种衡量和判断显然是越来越不准确了。不过，我们需要强调指出的是，这种衡量和判断的大方向却仍然是正确的。

① 许少强．外汇理论与政策．上海：上海财经大学出版社，1999．175～176。另须说明的是，在原著中，上述引语是用来说明卡塞尔理论汇率模型的缺陷的，而在本文中，这段引语被用作新的理论汇率模型的一个事实依据。

第十三章
吸引外资与自力更生

随着改革开放步伐的加快,中国利用外资的规模迅速扩大,这为中国的经济发展增添了活力。但是,外资的引进在促进中国经济发展的同时也会带来一定的负面影响,特别地表现在过度引进会削弱中国发展经济的独立自主能力。因此,调整引进外资的战略、处理好适度引进与自力更生之间的关系,便成了保证中国经济可持续发展所必须研究的课题。

一、吸引外资与独立自主

利用外资是各国普遍采用的推动经济发展的重要手段。按照有关理论的解释,利用外资可以弥补东道国的资金缺口,为东道国带来先进的生产技术和管理经验,促进东道国对外贸易的发展,提高东道国的人力资源素质,为东道国创造就业机会,增加东道国政府的税收和外汇收入,最终促进东道国的社会经济发展。但是,另一方面,普遍一致的观点也认为,利用外资可能给东道国造成负面影响,诸如加大东道国遭遇国际经济波动的可能性,削弱其发展经济的独立自主能力,甚至冲击其国家主权和民族文化等。

不可否认,作为联结各国经济的重要纽带,资本在国际间的流动既是加速全球经济一体化进程的重要因素,是促进各国经济共同发展的动力,但同时也是使国家之间的经济波动更具有一致性的基本原因,这会加大一国经济波动对他国经济的影响,或者使一国经济更容易受到他国经济波动的冲击。因此,一国引进外资必定会使其经济与国际经济紧密地联系在一起,使其发展经济的独立自主能力受到影响。对外资的这种负面影响,从其投资主体——跨国公司的角度分析最能说明问题。

跨国公司(Multinational Corporations)是指在两个以上的国家拥有经济单位并开展经营活动的企业。根据联合国出版物的描述,跨国公司是股份制或非股份制的企业,包括母公司和它们的子公司,母公司是在本国政府登记注册的、在母国以外的国家控制着经济实体资产的法人团体,它通常拥有一定的股本,子公司是根据东道国政府的法律而注册的法人团体。跨国公司产生于19世纪60~70年代,第二次世界大战后得到迅速发展。据联合国贸易和发展会议(UNCTAD)公布的《2002年世界投资报告》显示,截至2001年,全球约有6.5万家跨国公司和85万家国外子公司,2001 年其设在国外的分支机构雇员约有 5400 万,而 1990 年仅为 2400 万;2001 年跨国公司销售额为 19 万亿美元,约为同期世界出口额的 2 倍,其产值和出口量分别占全球 GDP 的 1/10 和全球出口的 1/3,跨国并购交易额占世界直接投资交易额的 90.01%,对外直接投资存量从 1990 年的 1.7 万亿美元上升到 2001 年的 6.6 万亿美元。《2005 年世界投资报告》显示,在经历了连续几年的大幅下滑后,2004 年外国直接投资流入量达 6480 亿美元,比 2003 年增长了 2%,这意味着跨国公司作用的加强。

从全球化进程的深化来看,跨国公司的推动作用不可低估。根据国际货币基金组织的解释,全球化是指跨国公司商品与服务交易及国际资本流动规模和形式的增加以及技术的广泛迅速的传播使世界各国经济相互依赖性增强。跨国公司对其拥有的生产资源及经营活动进行的跨越国界的配置、协调和管理,形成了跨国界的生产价值链,从而使一个由跨国公司在不同国家建立的、以紧密和长期契约关系联系起来的专业化生产所构成的深层一体化的国际生产体系正在形成。这样,跨国公司的国际生产既推动了各种生产要素的国际流动和优化组合,带动了生产过程的直接国际化,又使各国在生产过程中的相互依赖性逐步增强,各国经济日益走向相互渗透、联合、合作与利益共享的阶段①。于是,跨国公司以其强大的经济实力日益成为国际经济交易中的核心主体,成为国际经济发展的核心推动力量;但与此同时,跨国公司也作为国际经济波动的极为主要的传导主体,使经济波动传导的渠道变得更加深广。在这样的背景下,一国引进外资必定会加大其经济发展对他国经济的依赖,加大其经济运行遭遇国际经济波动冲击的可能。

一方面,跨国公司是联结各国经济的媒介,尤其是在沟通和联结母国和东道国之间的关系上,跨国公司是重要的桥梁和纽带。在加深各国经济联系的同时,跨国公司的投资和经营活动不仅会削弱一国经济运行的独立自主性,而且会加深经济问题的国际化特征。跨国公司实力雄厚,是集生产、贸易、金融及技术于一身的庞大经济实体,在开展国际化生产经营的过程中,跨国公司实施以全球为出发点的经营战略,运用其遍及世界的产、供、销组织体系实现战略目标,并根据公司的整体和长远利益安排不同的子公司完成不同生产阶段、不同环节的任务,以获取市场份额和利润。这样,在跨国公司的推动下,国际分工日益深细,生产国际化的程度不断加深。国家之间的分工协作使世界各行业的生产经营者更加彼此依赖,跨国公司在不同国家集中完成产品的不同生产阶段,这使一个国家的某些企业的生产越来越成为跨国公司生产链的一个环节,使各国的生产过程进一步成为统一的世界生产过程的组成部分。加之跨国公司之间、跨国公司的母国之间以及其母国与东道

① 熊性美,戴金平等. 当代国际经济与国际经济学主流. 大连:东北财经大学出版社,2004. 553

国之间的相互投资及在生产各环节的相互渗透，形成了彼此包含、不可分割的链条关系，从而使一国经济的独立自主性减弱，并使一国的经济波动通过跨国公司的投资和经营决策的改变，从贸易、投资、生产、金融等方面产生全方位的传导效应。因此，当一国利用外资达到一定规模时，其发展经济的独立自主能力也就相对减弱，而在投资国的经济发生波动时，投资国的经济问题、政策调整等都会通过跨国公司的决策调整对该国的经济运行造成影响，从而使其不得不根据他国的经济发展状况及跨国公司的状况对本国的政策措施做一定的调整，这往往又会削弱其决策的自主性。

另一方面，从组织体制的角度来看，跨国公司内部实行的是一体化领导下的经营体制，其母公司与子公司之间及子公司彼此之间的关系体现了企业内部的有机联系，其经营活动具有鲜明的组织性和计划性，其生产是国际性的社会化大生产，其产品是在高度专业化条件下、由多个国家的生产者分工协作完成的。与此同时，跨国公司的母公司与子公司、子公司与子公司之间的关系又体现了母国与东道国之间的国家经济关系，尽管国际经济关系的协调性不断增加，但是从总体上讲，国家之间的关系是处于无政府状态的，而且站在国际关系的立场，跨国公司以利润最大化为目标的经营活动本身也具有鲜明的无政府特征。因此，跨国公司的发展，使国际经济运行中企业内部的有组织性和整个社会生产的无政府状态之间的矛盾加剧，这不仅会加深经济波动的国际传导，而且会加剧地区间经济发展的不平衡，加剧国际金融市场的动荡，加剧世界经济的生产过剩问题，从而会增加发生世界性经济问题的可能。这样，当一国通过引进外资而在一定程度融入国际经济体系时，国际经济运行中的矛盾将通过跨国公司的传递增加其调节宏观经济运行的难度，削弱其发展经济的独立自主能力。

此外，跨国公司的经营活动是以市场规则为导向的，其对生产资源的配置、产品的销售等都以国际市场供求为依据，从全球战略出发来安排它的商品生产和销售方向。跨国公司很少考虑东道国的需要和经济发展的优先顺序，东道国也难以从根本上干预跨国公司的进出口数量和其贸易及投资的方向，这就使跨国公司的投资和经营目标与东道国的宏观经济目标存在必然的不一致，从而使得其投资经营活动容易影响东道国的宏观经济平衡，尤其是当跨国公司凭借强大的资本实力和先进技术投资于东道国某些重要工业部门，致使东道国某些重要部门被控制时，东道国的产业结构、市场结构以及国际收支都会受到不同程度的影响。不仅如此，跨国公司的活动还会加剧东道国之间的引资竞争和利益冲突，从而加剧东道国之间的矛盾。同时，跨国公司也是母国的政策工具。在多数情况下，跨国公司同母国政府的利益是一致的，母国政府不仅采取各种政策措施鼓励和支持跨国公司扩大对外投资，保障跨国公司在海外的利益，而且利用跨国公司来实现本国的对外政策目标，跨国公司往往也用自己的行动来帮助母国政府实现其对外的政策目标，这通常会加剧母国和东道国之间的矛盾，影响东道国的经济决策甚至政治外交。

进一步分析，跨国公司还是国际经济关系中的重要行为主体，是有独立行为权利和行为能力的经济实体，是有权利和能力控制在作为其基地的国家以及之外的生产或服务设施并承担相应的责任和义务的企业。跨国公司成为国际关系的行为主体，这是全球化对国际关系产生影响的重要表现。随着全球化的加深，跨国公司、政府间组织、非政府间组织等许多新兴的国际关系行为主体纷纷走上舞台，国际关系的行为主体和国际经济关系的决策中心呈多元化发展，作为国际经济关系中的重要决策中心之一，跨国公司在国际经济与政治关系中具有十分重要的影响。最早对跨国公司的国际关系行为主体地位进行研究的美国经济学家雷蒙德·弗农认为，跨国公司在国际政治中的作用可概括为三点：一是干涉别国内政；二是被母国或东道国政府用作对他人施加影响的手段；三是影响国家间政治议事日程的设定。弗农强调："不管跨国公司自己是否希望或坦率承认，它确实已经是世界政治中的重要存在。"此外，罗伯特·吉尔平也指出，随着跨国公司的发展，"公司、母国和东道国之间关系出现了一种复杂的格局，这种格局增加了国内和国外投资的日益政治化。""集团和国家想操纵公司，以便为它们自己的特殊利益服务。"①跨国公司不仅通过支持某些政党或其候选人，或支持政变等形式，来左右东道国的政治进程，跨国公司还通过其投资和经济势力影响东道国的经济决策。因此，跨国公司在全球范围的投资和经营使国际经济关系中的主权原则受到严重挑战。国际政治经济学家苏珊·斯特兰奇在考察跨国公司在世界性生产结构中的权力地位时指出，国家的传统权力已经由于大公司控制生产结构而受到侵蚀，当各国的生产结构不再牢牢地处于各国政府的主要控制之下时，大企业——不管是私营的还是国营的——正在窃取国家的权力。可见，引进外资伴随着国家主权被削弱的可能，尤其是在东道国对外资实施种种优惠政策的情况下，在许多发展中国家不惜以出让部分国土和资源供外国资本开发使用的情况下，东道国的主权和民族文化将受到更大的冲击。

不仅如此，从趋势上看，由于种种原因，许多国家还步入了外资政策自由化的历程。尽管联合国贸发会议的观点认为，外资政策自由化的内涵包括减轻或取消专门针对外国投资者的限制以及由于对外国投资者实行歧视所导致的市场扭曲、加强对外国投资者的积极待遇标准（如国民待遇等）、减轻或取消外资鼓励政策、实行有效的市场监管。但是，鉴于外资能给东道国带来种种直接利益以及有关国际规则的约束，因此，在推进外资政策自由化的进程中，各国在减少针对外资的限制措施方面力度较大，而且优惠政策仍然名目繁多。据联合国贸发会议的总结，世

① 樊勇明．全球化与国际行为主体多元化——兼论国际关系中的非政府组织．世界经济研究，2003(9)

界各国外资政策自由化取得的进展主要表现在对外国直接投资封闭或实施限制的行业和活动急剧减少，对所有外国直接投资进入和建立实施的授权要求大体上已经消除，只在一些行业如银行仍然保留；非歧视原则和国民待遇正得到认可；国际上许多国家已采取措施公布和传播与外国直接投资相关的法律和规定，以增强管理制度的透明度；某些业绩要求已经中止或由于在国际上承担义务而遭到禁止，其他业绩要求日益集中并带有自愿性；在对外资的优惠政策的改革方面，主要的进展表现为鼓励方案不再特别优待外国投资者。可见，就外资政策自由化的角度来讲，其直接的影响是削弱一国调控资本流动的能力，这会强化其在突发事件或经济运行面临波动时调整资本流动的时滞性，从而容易强化其经济问题的发生机制。

另外，从与外资政策自由化相关联的资本项目自由化来看，由于其基本内涵是指实行国际收支平衡表中资本及金融账户下的货币自由兑换，也就是要消除对资本及金融账户下各项目的外汇管制，如数量限制、兑换限制等，促进资本在国际间的自由流动。因此，资本项目自由化意味着资本项目的自由兑换或资本项目开放，这是一国极为敏感的金融自由化的重要内容，在推进资本项目自由化的过程中，一国可能面临较大的金融风险。根据世界银行的有关资料，许多国家的金融危机都与资本项目自由化紧密相关（见表 13－1），其根源在于，资本项目自由化会扩大稳定性较差的私人资本和机构投机者的投资，加大一国的金融脆弱性①。

表 13－1　**资本项目开放与金融危机**

国家及其发生严重危机的年份	短期资本流动	长期资本流动	自由化后 5 年内发生危机
阿根廷（1980）	开放	开放	是
阿根廷（1995）	开放	开放	是
智利（1981）	开放	开放	是
墨西哥（1994）	开放	开放	是
马来西亚（1985）	开放	开放	否
菲律宾（1981）	关闭	关闭	否
泰国（1997）	关闭	开放	是
南非（1985）	关闭	开放	否
土耳其（1985）	开放	关闭	否
土耳其（1991）	开放	开放	是
美国（1980）	开放	开放	否
加拿大（1983）	开放	开放	否

① 安辉．现代金融危机生成机理与国际传导机制研究．北京：经济科学出版社，2003．63～64

表13-1(续)

国家及其发生严重危机的年份	短期资本流动	长期资本流动	自由化后5年内发生危机
日本(1992)	开放	开放	否
法国(1991)	开放	开放	是
意大利(1990)	开放	开放	是
澳大利亚(1989)	开放	开放	是
新西兰(1989)	开放	开放	是
印度尼西亚(1992)	开放	开放	否
韩国(20世纪80年代中期)	关闭	开放	是
土耳其(1994)	开放	开放	是
斯里兰卡(20世纪90年代初期)	关闭	开放	是

资料来源:世界银行.全球金融发展.1998

因此,鉴于引进外资对一国经济乃至政治的独立自主性的影响,这就决定了科学引进外资、正确处理引进外资与自力更生的关系的重要意义。可以认为,为了充分发挥外资的积极作用,尽量消除外资的消极影响,就必须在坚持独立自主、自力更生的基础上,适度引进外资,这是一个独立自主的国家对外开放的基本原则在引进外资方面的具体体现。

中国是一个独立的社会主义国家,中国的对外开放是指"在独立自主、自力更生、平等互利、互守信用的基础上,积极发展对外经济合作和技术交流"[①]。这种对外开放思想是中国共产党在继承和发展马克思主义、毛泽东思想的基础上,在总结了中国三十多年中的国内经济建设和对外关系的历史经验,研究了国际环境之后,于十一届三中全会确定的一项基本国策。在经济领域,这项基本国策体现了独立自主、自力更生与发展对外经济关系的辩证统一关系:独立自主、自力更生是发展对外经济关系的基础和前提,发展对外经济关系是增强独立自主、自力更生能力的手段。邓小平同志在十二大的开幕词中强调:"中国的事情要按照中国的情况来办,要依靠中国人民自己的力量来办。独立自主,自力更生,无论过去、现在和将来,都是我们的立足点。"中国共产党的十二大报告指出:"我们进行社会主义现代化建设,必须立足于自力更生,主要靠自己艰苦奋斗。这是绝对不能动摇的。扩大对外经济技术交流,目的是增强自力更生的能力,促进民族经济的发展,而决不能损害民族经济。"因此,在引进外资的过程中,中国必须处理好引进外资与独立自主、自力更生的关系,通过引进、利用外资提高中国独立自主、自力更生的能力。

① 季崇威.论中国对外开放的战略和政策.北京:社会科学出版社,1995. 27

二、利用外资与发展经济

独立自主、自力更生体现了中国对外开放、利用外资的基本前提,但这并不否定利用外资对于发展中国经济的重要意义。从一般的理论观点来看,中国利用外资的必要性是十分确定的,就如“两缺口”模型所强调的一样,发展中国家普遍存在两个缺口,即储蓄缺口和外汇缺口,而吸引外资可以弥补这两个缺口,进而带动本国经济的发展。很显然,弥补两个缺口的需要十分符合中国引进外资初期的状况。不过,随着中国利用外资的客观情况的变化,特别是在中国出现“双顺差”之后,这种解释就显得有些乏力。因此,在一般理论的基础上,再结合中国历史和国际经济发展的实际状况来分析利用外资对于发展中国经济的意义非常必要。

在近代史上,中国曾经实施过闭关自守、夜郎自大的对外政策,结果导致了落后挨打的局面,清朝后期那些把中国称为“天朝”,视一切外国为“蛮夷”的保守顽固派就是推行这种政策的典型代表①。新中国成立后,由于西方国家的封锁以及“左”的思想和自给自足观念的束缚,中国也一度陷入了闭关自守的桎梏,这极大地阻碍了中国经济的发展。鉴于历史的教训,邓小平同志曾经精辟地指出:“经验证明,关起门来搞建设是不能成功的,中国的发展离不开世界”;“要实现四个现代化,就要善于学习,大量取得国际上的帮助,要引进国际上的先进技术、先进设备,作为我们发展的起点”;“发展就必须对外开放”。可见,作为对外开放的重要内容,利用外资是总结中国历史中的经验和教训所得出的基本结论,是利用国内外两种资源、两个市场的具体体现。

另一方面,随着人类社会生产日益社会化,科学技术迅速发展,社会生产力迅速提高,世界市场不断扩大。马克思曾指出:“由于开拓了世界市场,使一切国家的生产和消费都成为世界性”的,“过去那种地方的民族的自给自足和闭关自守状态,被各民族的各方面的相互往来和各方面的相互依赖所代替了”②。在这样的国际经济环境下,任何一个国家都只有参与到国际经济关系之中,充分利用国际分工,才能推动经济发展,特别是在经济全球化不断加深的情况下,生产要素在全球范围内广泛流动,国家之间的贸易往来和相互投资迅速发展,各种国际机制开始形成并起着日益重要的作用,跨国公司在相当程度上已经成为推动世界经济发展的重要力量,发展中国家越来越多地加入到了世界经济与贸易体系之中,世界各国经济的相互依赖、相互渗透、相互融合明显加强,引进、利用外资就显得更加重要。可以认为,只有积极参与经济全球化,利用跨国公司的比较优势为中国的经济发展服务,才能推动中国经济的持续发展。

---

① 季崇威 . 论中国对外开放的战略和政策 . 北京:社会科学出版社,1995. 27

② 马克思恩格斯全集 . 第 1 卷 . 北京:人民出版社,1972. 254 ~ 255

基于理论的分析和对中国历史及国际经济发展状况的研究，中国于1978年实行改革开放政策之后，真正迈出了引进利用外资的步伐。目前，改革开放的中国利用外资已经持续了近30年的历程。根据引进外商投资的基本情况，这个历程大体可以分为以下几个阶段：

第一阶段是1979—1986年，属于中国引进外资的起步和适应发展阶段。在对外开放的初期，中国政府明确了利用外资在国民经济发展中的作用，做出了积极采取多种方式利用外资，加速社会主义现代化建设的重大决策。随着改革开放进程的逐步加快，充分利用国内外两种资源、两个市场，以便发挥比较优势、积极参与国际经济关系的战略思路逐渐形成。在这样的思路下，中国对待外资的态度由排斥转向引进利用，并主要采取了几个举措：一是设立经济特区和沿海经济开发区，在这些地区实行特殊灵活和优惠的外资政策，作为整个中国对外开放和利用外资的窗口和试点地区；二是开始制定外资法规；三是成立管理外资的专门机构。从具体情况来看，在1979年7月，中国第五届全国人民代表大会第二次全体会议通过了中国第一部外资法——《中华人民共和国中外合资经营企业法》；1979—1980年，中国先后批准广东、福建两省在对外经济活动中实行特殊政策和灵活措施，并在深圳、珠海、汕头、厦门四个地方试办经济特区，特区内为吸引外资实行了一系列特殊优惠政策；1984年和1985年，中国先后决定开放上海、天津、广州等14个沿海港口城市，将长江三角洲、珠江三角洲和厦门、漳州、泉州三角地区开辟为沿海经济开放区，对这些城市和地区实行优惠的外资政策，同时采取了扩大地方外商投资审批权限等一系列措施，并逐步完善了立法，初步改善了投资环境，从而使利用外资有了一定的发展。

在这一阶段，通过利用外资，中国的外汇收支状况得到了改善，一些停建缓建项目和关停企业起死回生。但是，由于当时国内经济尚处于恢复阶段，加之对外开放环境的不完善，能够参与国际分工的产品层次较低，此阶段的利用外资仅处于摸索阶段，在这段时期吸收外商直接投资的规模较小，投资领域也比较狭窄。从1979年到1985年，中国利用外商投资合同金额为191.8亿美元，每年平均约24亿美元，实际使用外资金额为65.9亿美元，每年约8.2亿美元。在投资领域方面，这些外资主要投向劳动密集型的加工项目和宾馆、服务设施等第三产业项目，资金来源地主要是港澳地区，外商投资的企业大部分集中在广东、福建两省以及其他沿海城市，中国内地吸收外资则刚刚起步。

第二阶段是1986—1993年，这是中国利用外资的快速发展阶段。在这一阶段，通过总结第一阶段的经验教训，结合利用外资的新形式和新问题，中国政府制定了相应的外资法规，并对以往的外资政策进行了修改和补充，最终形成了较为完整的利用外资的法规及政策体系，从而使中国这一时期的外资政策和引资意识表现出了以下特征：一是进一步明确了利用外资在中国经济发展中的重大意义以及利用外资的指导思想和战略部署；二是对外资实行了优惠政策；三是建立针对外资的分级管理体制。

在1986年4月，中国六届人大四次会议通过的《中华人民共和国国民经济和社会发展第五个五年计划》明确要求拓宽利用外资的渠道，加强利用外资的宏观管理，大力提高利用外资的经济效益和社会效益，利用外资的重点应放在能源、交通、通信、原材料和扩大出口创汇能力以及实行进口替代方面。1986年10月，中国颁布了《关于鼓励外商投资的规定》，对外商投资于先进技术企业和产品出口企业在税收等方面给予更多的优惠，对改善外商投资环境发挥了积极的推动作用。1987年3月，中国六届人大五次会议的《政府工作报告》提出了利用外资的三条原则：一是控制外资的总额，保证合理的外资结构；二是将利用外资的重点放在出口创汇企业、进口替代企业和先进技术企业；三是利用外资要讲求经济效应，创造纯收入。1988年，中国决定将沿海经济开放区扩展到北方沿海的辽东半岛、山东半岛以及其他沿海地区的一些市、县，批准海南建省和设立海南经济特区。1989年11月，中国十五届五次全会通过的《关于进一步治理整顿和深化改革的决定》要求更加积极地吸收符合中国产业结构的外国直接投资，同时加强对外债的借、用、还三个环节的管理。1990年决定开放和开发上海浦东新区。1991年3月，李鹏总理在《关于国民经济和社会发展十年规划和第八个五年计划纲要的报告》中指出：为了提高利用外资的效益，要进一步完善法律法规，改善投资环境，正确引导外资投向，支持办出口创汇型、技术先进型企业，以及一些大中型基础工业和基础设施项目。1992年10月，江泽民总书记在十四大的报告中指出：必须进一步扩大对外开放，更多更好地利用国外资金、资源、技术和管理经验。对外开放的地域要扩大，形成多层次、多渠道全方位的格局。引导外资主要应投向基础设施、基础产业和企业的技术改造，投向资金、技术密集型产业，投向金融、商业、旅游、房地产等领域。

这样，经历这段时期的改革，中国的外资政策逐步转向实施出口导向的工业化战略和贸易政策，并把出口导向战略实施的重点放在引进外资上，利用外资带动出口成为中国开放政策的核心。为此，中国不仅实施了力度更大、配套性更强的外资政策，而且引进外资的多少被作为考核地方政府政绩的一个重要指标；同时，在外资的产业方向、内外销比例方面，中国实行了严格的控制措施，以引导外资投向出口部门。在有关措施的推动下，在邓小平南巡讲话的鼓舞下，中国利用外资的规模迅速扩大。从1986年到1993年，中国利用外商投资合同金额2027.5亿美元，实际使用外资金额552.8亿美元。其中，1992年与1993年利用外资金额达到1695.6亿美元，实际使用外资金额为385.3亿美元。到1993年，中国吸收外商投资的金额已跃居发展中国家的第一位，在世界各国中仅次于美国而居第二位。不仅如此，在这一阶段，中国利用外资在来源和投资领域方面也出现了一些新现象，以美国为主的一些主要发达国家的跨国公司开始进入中国，中国中西部地区利用外资的步伐也有所加快。同时,通过与外商合资,中国企业的管理水平得到了提高,企业经营机制有所转变,一批适应市场经济需要的具有现代化经营管理知识的人才逐渐涌现。

第三阶段是自1994年开始至今的这段时期。在这个阶段,外商投资的各方面都发生了较大变化,中国利用外商投资的政策逐渐规范,利用外商投资的重点由注重数量转向注重质量和结构优化。1994年11月,中国颁布了《关于进一步加强外商投资企业审批和登记管理有关问题的通知》,主要为了解决地方举办外商投资企业过程中的几个突出问题。1995年6月,中国颁布了《指导外商投资方向暂行规定》,并同时发布了《外商投资产业指导目录》,将外商投资项目分为鼓励、允许、限制和禁止四类。鼓励类、限制类、禁止类的外商投资项目列入目录,而允许类不列入目录。1998年5月,中国颁布了《对外贸易经济合作部关于加强外商投资企业审批管理工作的通知》,进而各级政府提高了办事效率,减少了管理层次,做到了制度公开,政策透明,简化了审批程序,促进了外商投资。2001年11月10日,中国加入了WTO,有人称其为中国的第二次改革开放。此后,中国颁布了《外商投资项目核准暂行管理办法》,将原来的审批制改为核准制,简化了核准内容,进一步扩大了地方政府的核准权限,并明确了核准程序和时限。而《外商投资产业指导目录》(2004年修订本)则放宽了外资准入范围,加快了服务业对外开放的步伐。在这一时期,由于中国良好的开放环境、较完善的分工和专业化生产体系,加之中国在入世前后按照国际规则加大了对外资政策的调整力度,很好地履行了入世承诺,中国利用外资的规模进一步扩大。1994—2004年,中国利用外商投资合同金额为4978.94亿美元。中国商务部公布的数据显示,2005年1~11月,中国合同外资金额为1672.12亿美元,同比增长23.99%。

在中国利用外资的整个进程中,流入中国的外商直接投资经历了一个不断发展的过程。在1992年以前,进入中国的外商直接投资规模并不大,中国商务部的资料显示,1979—1991年,中国利用外商直接投资合计仅为233.5亿美元。1992年以后,中国引进外商直接投资进入了高速增长期;中国加入WTO后,利用外商直接投资更是进入了一个新的阶段。连续多年来,中国吸引外商直接投资一直居发展中国家首位。联合国贸发会议发布的《2005年世界投资报告:跨国公司与研发国际化》显示,中国仍然是接受外国直接投资最多的发展中国家,2004年中国的外国直接投资额达610亿美元,在全球范围内仅次于美国的960亿美元和英国的780亿美元,居世界第三位。2005年,中国实际利用外商直接投资603亿美元。

中国利用外资的迅速发展、跨国公司的大举进入,推动了中国对外开放的深入发展,加快了中国经济现代化的步伐,增强了中国的经济实力,从而有利于中国独立自主、自力更生能力的提高。

一方面,外资的进入弥补了中国建设资金的不足,关于这一点,从吸收外商直接投资流量占中国全社会固定资产投资额的比重(见表13－2)可以得到充分证明。

表13－2　　中国实际利用外资占全社会固定资产投资总额的比重

年份	全社会固定资产投资总额(亿美元)	中国实际利用外资(亿美元)	比重(%)
1985	866.03	19.56	2.26
1986	903.79	22.44	2.48
1987	1018.70	23.14	2.27
1988	1277.18	31.94	2.50
1989	1171.39	33.93	2.90
1990	944.35	34.87	3.69
1991	1050.95	43.66	4.15
1992	1465.22	110.08	7.51
1993	2268.63	275.15	12.13
1994	1977.34	337.67	17.08
1995	2397.23	375.21	15.65
1996	2763.22	417.26	15.10
1997	3008.65	452.57	15.04
1998	3431.07	454.63	13.25
1999	3606.34	403.19	11.18
2000	3976.34	407.15	10.24
2001	4496.04	468.78	10.43
2002	5255.52	527.43	10.04
2003	6713.37	535.05	7.97

资料来源:《中国统计年鉴2004》、《中国商务年鉴2004》。

注:以美元计算的全社会固定资产投资总额通过以人民币计算的各年全社会固定资产投资总额按各年汇率换算得来。

从表中数据可以看出,在1994年前,吸收外商直接投资流量占中国全社会固定资产投资额的比重上升非常迅速,1985年这个比重仅为2.26%,1994年则达到了17.08%。在此之后,这一比重虽然有所下降,但其年平均增长速度仍然达到70.9%,大大高于中国资本总量平均增长31.6%的速度。这个比重由快速上升到相对降低的变化过程表明,引进外资对于缓解中国经济发展的资金"瓶颈"的作用,在中国改革开放的较早时期表现得更为突出。

另一方面,利用外资给中国带来了较先进的生产技术和管理经验,推动了中国外贸的发展。技术和管理是中国较为短缺的生产要素,通过外商直接投资引进了先进的生产技术以及生产管理、质量管理、销售和售后服务管理、人才管理、财务管理等一系列管理经验，有效地推动了中国产业结构的升级。大量的研究表明，对中国经济增长带动作用较大的机械、电子及通信设备、交通运输、办公设备、化纤制造等行业的结构升级正是通过利用外资和外资搭载的技术实现的；同时，中国的出口商品结构升级也与外商投资紧密相关，就代表高附加值、高技术的机电产品来看，外资企业出口超过60%，而高新技术产品出口，外资企业更是超过了80%[①]。外资企业高比例的机电产品出口比重推动了20世纪90年代中国机电产品出口的技术层次的不断提高，这使中国的贸易条件得到了改善。此外，据中国海关统计，中国的外商投资企业1980年出口额仅为0.08亿美元，1981年为0.32亿美元，1982年为0.53亿美元，而1991年已增到120.47亿美元，增长速度几乎每年都保持在100%。外商投资企业出口的增长使其出口占中国总出口的比重不断上升，这表明外资企业出口是推动中国出口增长的重要因素。可见，外商投资在中国的贸易扩张效应是非常明显的，外资企业对中国出口，尤其是对中国加工贸易的增长贡献巨大[②]。

此外，外商投资还增加了中国的财政收入，创造了就业机会。从财政收入效应来看，在1999年到2004年，主要源于外资企业的涉外税收（主要指外商投资企业和外国企业所得税）从217.8亿美元增加到932.5亿美元，涉外税收成为中国增加最快的税源之一。目前，中国大部分外商投资企业进入成熟期，经济效益在不断提高，因而外商投资企业对中国涉外税收的增加和创造财政收入的贡献将进一步扩大。从就业效应来看，尽管外资企业的进入导致部分企业的倒闭对失业，尤其是对低技术水平劳动者失业的影响不可忽视，但是总体而言，外商直接投资还是创造了大量的就业机会。在这里，外商直接投资所创造的就业分为直接就业和间接就业两部分。直接就业是指被外商企业直接录用的从业人员；间接就业是指与外商投资企业紧密相连的其他企业所录用的从业人员。一般观点认为，中国利用外资中的间接就业人员大约是外商直接录用人数的2～3倍。而从直接就业的角度分析，外商投资企业在中国提供的就业机会已经具有一定规模并且是不断增加的。根据中国国家统计局公布的数据，1985年在中国职工的总数中，外商投资企业的年末职工人数只有6万人，占年末全国职工总数的比例仅为0.05%。到2002年，外商投资企业中的职工人数已增至758万人。

同时，利用外资也推动了中国经济市场化和国际化的进程。外商投资企业给中国企业特别是给国有企业造成了极大的竞争压力。这种竞争压力不仅来自于价格、质量、技术水平、服务态度、竞争意识、创新精神等方面，而且还来自于企业的组织结构、产权关系、管理制度的变革。为了应对这种竞争，中国就必须改革经济体

---

① 中国社会科学院第四届国际问题论坛观点综述．国际经济评论，2004(3)～(4)

② 中国社会科学院第四届国际问题论坛观点综述．国际经济评论，2004(3)～(4)

制和管理制度，建立市场经济新体制，让竞争机制和价格机制充分发挥基础性作用，并按国际规则的要求建立法律、法规和制度，提高以市场经济为基础的宏观调控水平，以确保经济秩序的稳定性以及宏观调控手段和政策运用的有效性。很显然，这种改革是推动中国经济市场化和国际化的进程的重要力量。

三、利用外资的消极影响与政策缺陷

理论研究和实践状况印证了外商投资对于中国经济发展的积极意义，但外商投资对中国经济发展的消极影响也必须重视。从一般意义上讲，外商投资的迅速发展使中国更深地融入了其全球供应链分工体系，从而使中国的国内生产日益发展为国际生产体系的一个有机组成部分，这虽然使中国在整个国际分工体系中的战略地位日益重要，但同时也加大了中国经济对国际经济的依赖，从而加大了中国政府自主调节宏观经济的难度以及中国经济遭遇国际经济波动冲击的可能。

再从中国的客观情况来看，由于中国在利用外资方面所存在的具体问题，外商投资对中国经济发展的独立自主性的影响就变得非常现实。

首先，跨国公司对核心技术的控制加深了中国对外的技术依赖。从大型跨国公司在世界各国投资的经验来看，跨国公司在东道国所产生的技术进步效应无论大到什么程度，本土企业都不可能从中获得跨国公司具有核心竞争力的技术。在这种情况下，跨国公司的市场垄断地位、品牌垄断地位必定会加深中国对其技术和产品的依赖，尤其是跨国公司通过对核心技术和行业标准的垄断，使它们处于整个产业链的最高端，而中国厂商只能处于产业链的低端，靠极其廉价的劳动力挣取微薄的组装费和加工费，并在划定的规则下与跨国公司进行竞争，这不利于中国独立自主能力的提高。以中国的汽车工业为例，虽然中国汽车的产销量在世界都名列前几位，但车型主要都为跨国公司所有，出口也非常少。这意味着中国用自己的市场、劳动力等经济要素培育和壮大了外国公司。一旦跨国公司不给中国汽车制造企业专利车型技术，不少汽车企业就会陷入困境，整个行业也将遭受极大的影响。在此背景下，中国汽车产业的优化调整在很大程度上就只能依赖跨国公司，这显然削弱了中国汽车企业的自主技术开发能力，并进一步加深了中国汽车业对外资的依赖，从而对中国经济发展的独立自主性造成了局部的威胁。

因此，在工业化初期，利用外资虽然可以实现财富和资本的原始积累，在一定时期内获得 GDP 的快速增长，甚至可以在一定程度上改善和提升产业结构，增强中国的经济实力，但中国无法依赖外资获得支持经济持续增长的竞争力和关系国家安全的技术。同时，在市场规律的作用下，尽管中国可以通过交换获得技术转让，但却无法通过交换获得创造这种技术的原创能力。

其次，跨国公司在华投资的规模扩张加大了中国对外资的依赖。到目前为止，中国引进外资已经达到一定的规模，在广度和深度上与 20 世纪 80 年代相比都是惊人的增长。特别是在中国加入 WTO 以后,中国履行入世承诺使很多以前国家保护的行业都面向世界开放,从而大量的外资蜂拥进入中国。这虽然在一定时期内能够促进中国的经济发展,但同时也会影响中国的独立自主能力。

按照利用外商直接投资安全规模的几个指标体系,即外资控股率、外商的市场占有率、外资企业的出口份额和出口倾向指数来估算,中国利用外资的规模都面临较大的风险。从外资控股率来看,中国许多行业的外资控股率都超过或接近最高警戒线 49%,并且外资平均控股率依然呈上升趋势,特别是在中国加入 WTO 后,由于在产品销售等领域对外国投资者的限制随之取消,外资企业进入中国的形式正在从过去的三资形式向其中的独资形式转变,这会进一步提高外资控股率水平。另外,最近出现的跨国公司兼并我国龙头企业的倾向非常值得警惕。如果我国各产业部门的龙头企业都被跨国公司兼并了,我国的经济安全又从何谈起?再从市场占有率来看,中国总体外资市场占有率已经超过 30% 的安全警戒线,很多行业的外资市场占有率也超过了警戒线,电子通讯设备制造业等甚至已经超过了 60%。至于出口倾向指数则高达 180 多,这说明中国出口对外资企业的严重依赖。实际上,近些年外资企业出口占中国总出口的比例一直呈上升趋势。从外资企业进出口在中国总进出口中的地位来看,根据中国的海关统计数字显示,2005 年 1~9 月,外商投资企业进出口总值同比增长 24.8%,高于进出口整体增幅 1.1 个百分点,占同期进出口总值的 57.6%,比 2004 年同期提高 0.5 个百分点。

可见,中国引进外资的规模已经使中国经济的独立性受到威胁,这印证了一个简单的道理:外资的贡献越大,中国经济对外资的依赖就越强;对外资的依赖越强,中国经济的独立自主性就越差。在这样的情况下,一旦外资投入和外资企业出口较大幅度减少,尤其是在国际经济波动使外资大量撤离时,中国经济势必受到极大的冲击。在这方面,亚洲金融危机时期泰国等的遭遇就是极好的例证。由于泰国等国家的经济增长在相当程度上依靠大量吸引外资、大力发展出口导向型工业,这使其经济结构表现出明显的出口导向型特征。在努力扩大出口的政策目标的影响下,产业结构的调整在一定程度上被忽略,这使出口产品过于集中在技术含量低的、劳动密集型的产业。随着国际产业结构的调整和国际竞争形势的变化,这些国家的出口竞争力逐渐下降,出口增长显著放慢,生产过剩日益明显,国际收支随之恶化。同时,由于大量利用外来投资和偿债期限较短的外币债务,这使东南亚国家在国际金融市场不稳定的情况下遭遇了市场预期和信心变化所致的资金流动的急剧逆转,在外资抽逃的冲击下,这些国家的经济问题变得更加深沉。

很显然,适度引进外资对任何一个国家而言都是十分重要的,关于这一点,除了前述理由外,从外资规模对中国外汇储备及一些相关领域的影响也可以得到进一步的证明。随着对外经济贸易的不断发展,中国出现了资本项目和经常项目双顺差的状况。随后,中国的外汇储备持续增长。1978 年,中国的外汇储备为 1.67

亿美元,1996 年为 1050.49 亿美元,2001 年为 2121.65 亿美元,2003 年为 4032.51 亿美元,2004 年为 6099.32 亿美元,2005 年末更高达 8189 亿美元[①]。如此快速的增长使中国的外汇储备早已超过适度规模。以国际上通常采用的发展中国家用于进口的储备占其进口总额的 1/4 左右,加上外汇储备作为偿债基金和外汇平准基金方面的需要计算,中国的外汇储备额已经超出了适度储备区的上限(王长胜等,2003);如果从国际上衡量外汇储备水平的三个重要指标,即外汇储备支持外贸进口、外汇储备支持外债和外汇储备与 GDP 比率来看,中国的理想外汇储备规模约在 1100 亿美元左右,中国目前的外汇储备额大大高于"最优规模"(尹继佐,2004);从外汇储备用于调节国际收支、满足短期外债支付的一般功能来看,中国保有 5000 亿美元的外汇储备就足够了,可以肯定,中国目前的外汇储备大大超过了适度规模(何帆,2005)。

在一国的经济发展中,外汇储备不仅对一国的国际收支平衡、汇率稳定起着极为重要的作用,同时外汇储备也是国家国际信誉的重要保证,是一国对外举债和还本付息的重要依据。因此,国际收支顺差及外汇储备的增长对中国经济是有积极意义的。但是,在外汇储备超过一定规模后,其快速增长的消极影响就不断增大。从近些年的情况来看,外汇储备的增加不仅加大了中国的贸易摩擦,使美国等针对中国的贸易限制此伏彼起,而且使国际上以中国外汇储备过多为主要说辞之一的人民币升值舆论曾经一再升温,使人民币一再面临升值压力,即使在 2005 年 7 月 21 日美元对人民币交易价格调整为 1 美元兑 8.11 元人民币之后,人民币仍然面临不小的升值压力。此外,高额的外汇储备还使外汇占款比例较大,这会影响中国货币政策调整的自主性(何帆,2005)。

再者,随着世界著名跨国公司在华投资的增加,中国的民族品牌正在遭受前所未有的冲击,一些具有较高知名度的品牌正逐渐退出市场。在合资企业中,外方凭借其资本和技术优势,要求产品使用外方品牌,中方品牌往往因此而消失,外方品牌的市场占有率则相应提高,在家电行业、洗涤剂行业等轻工业部门,这种现象比较突出。同时,有些外方也通过减少中方品牌宣传费、减少和终止技术开发投入、降低产量等手段,使中国的国有品牌逐渐落后和消失。再有,由于合资在很多时候并不是在原有企业基础上进行的,而是合资双方各自出资建立新的合资企业,这不但使内资企业原本就比较紧张的自我改造资金更加紧张,而且在国内市场趋于饱和的情况下,进一步加剧了市场竞争,使社会生产能力更加过剩,原有国产知名品牌在竞争中也遭受到了巨大冲击。

放眼中国,外资冲击民族品牌的例证比比皆是。以中国乳业为例,2005 年 12 月 1 日,新西兰恒天然集团与中国乳业巨头三鹿集团达成合作协议,认购三鹿集团

① 中国国家外汇管理局信息中心数据。

43%的股份，注资额为8.64亿元人民币，这不仅使外资方的股份逼近三鹿对企业的控制权，而且使外资对中国乳业咄咄逼人的侵袭演变成了一个更加严峻的现实。实际上，在伊利、蒙牛、光明、三元、三鹿、完达山这六大巨头之中，除了目前的龙头企业伊利独扛民族品牌之外，其他几家尽皆流淌着外资的血液。外资的注入对中国乳业的产量增加产生了明显的影响。根据中国乳制品工业协会的资料，在外资及其他因素的推动下，2004年中国乳制品工业产量达到949万吨，与1995年相比增长了8倍，其中液态奶增长了14.4倍。如此严峻的形势，加上六大类乳制品进口关税将大幅下调，中国乳业的民族品牌将直面外资的双重围剿。同时，由于乳业产业链较长，与中国三农问题紧密相连，因此，外资对中国乳业的侵袭更加令人忧心。有关统计表明，仅伊利一个企业吸纳的直接、间接就业和涉及的家庭总人口就超过100余万人，帮助农户贷款也在15亿元之上。由此不难推断，一旦中国乳业领先企业的控制权丧失，它对整个产业及相关领域的影响将极其深远。[①]

此外，从外商投资的结构和地区分布来看，其合理性也是非常重要的。在中国，由于外商投资结构不够合理，这对中国经济发展的不平衡产生了不容忽视的影响。一方面，中国的外商直接投资在产业结构上具有重工业、轻农业和基础设施建设，重规模小、见效快、风险小的一般加工工业、轻精加工工业，重劳动密集型产业、轻资本和技术密集型产业的特征，跨国公司利用政府的优惠政策，集中进入高利润行业、高端市场，这加剧了本土企业与跨国公司的不平衡发展，加剧了中国产业投资结构的偏差，加剧了中国的结构性过剩，使中国的产业安全受到一定的威胁。另一方面，外商投资在中国的地区分布也不均衡，沿海地区由于较早享有吸引外商投资的优惠政策，再加上其地理位置和经济发展的特殊优势，这使外商投资更加集中于沿海地区。跨国公司投资对于经济发达地区的倾斜，使不少本土企业形成了投资区位跟进战略，加剧了中国经济发展的地区差异，使中国的西部大开发战略的实施受到了一定的阻碍。

外商投资对中国经济的消极作用与外资所固有的对东道国的负面影响是分不开的，但同时也与中国引资过程中的政策目标定位紧密相关。尽管中国在改革伊始就将外资政策的基本目标确定为引进资金，引进国外先进技术，但是由于中国曾经是一个外汇储备和国内储蓄都很短缺的国家，长期的建设资金匮乏使中国一度把引进资金放在了首要位置，加上各地政府在执行国家外资政策的过程中往往只强调引进外资的数量，忽视外资的质量，有的地区甚至把引进外资的规模作为考核领导个人政绩的指标，为了引进外资以拉动经济总量和增长速度，各地区大搞“外资政策优惠竞争”，以致中国的外资政策目标实际上具有以外资数量为重、在大规模引进外资的前提下兼顾外资质量的特征；外资政策目标的这种定位模式对大规

① 乳业难挡外资“急流” 民族品牌何去何从？. 搜狐财经，2005-12-13

模引进外资，弥补中国建设资金的不足，从而对推动中国经济快速发展曾经产生了重要作用，但同时它也使劣质低效、无效甚至负效的外资充斥账户，徒增外资数量，对引进国外先进技术、管理经验和高素质人才造成了不利影响，显示出中国外资政策的基本缺陷①。

四、自力更生与引进外资政策的调整

坚持独立自主、自力更生是中国共产党在长期的斗争中总结出的一个重要经验，也是中国经济建设中的基本指导方针，是中国对外开放的基本原则。在中国进入现代化建设和改革开放的新时期，邓小平同志曾经重申了这个基本原则，并称之为“中国的经验第一条”，这进一步显示了坚持独立自主、自力更生对于中国经济发展的重要性。

纵观改革开放以来的引资历程，中国政府一贯坚持了独立自主、自力更生的基本原则，做到了在依靠自有资金、资源、技术力量和国内市场的同时，积极利用国外的资金、资源、技术和市场，并通过利用国内外两个市场、两种资源增强了中国的经济实力，从而为提高中国的独立自主、自力更生能力打下更加坚实的基础。中国以自身的实践证明了对外开放和自力更生之间的互相促进、相辅相成的关系。但是，由于引资过程中实际存在的政策目标错位，加上外商投资所固有的负面影响，中国经济的独立自主性受到了一定的威胁。为了更好地发挥外商投资对中国经济发展的促进作用，继续增强中国的独立自主、自力更生能力，中国需要采取有效措施，使各级政府、各行各业都能够清楚地认识到，无论是不以自力更生为基础的外商投资，还是一味强调独立自主、自力更生，拒绝国际经济合作和交流的发展道路，都不可能实现持续发展，从而使有关各方在引进外资的过程中都能够真正处理好独立自主、自力更生与利用外资的关系，切实做到在立足于自身条件、加大技术和品牌的自主创新力度的基础上，有目的、有计划、有选择、有重点地吸收国外资金，尽量减少对外资的技术依赖。

同时，由于政策是具体措施的指南，目标是政策的根本和方向，因此，为了实施有效的措施，中国还必须将调整外资政策目标定位的工作落到实处，将引进国外先进技术、管理经验和高素质人才等生产要素确定为首要的外资政策目标，在保证外资质量的前提下兼顾引进利用外资的数量。在利用外资的条件已经发生了很大变化的今天，这种调整不仅具有必要性，而且具有可行性②：

首先，在中国建设资金短缺的改革初期，以利用外资的规模和数量为外资政策的首要目标是有重要价值的。但是，在中国拥有高额外汇储备的情况下，中国就没

---

① 邓敏．我国当前外汇储备形势下的外资政策目标调整．国际贸易问题，2004(9)

② 邓敏．我国当前外汇储备形势下的外资政策目标调整．国际贸易问题，2004(9)

有必要再通过引进外资来弥补外汇缺口所致的资金不足。其次，从中国的国内储蓄状况来看，自2001年以来，中国居民储蓄存款的增长速度就持续保持在18%左右。据新华网2006年2月8日的资料显示，中国目前的储蓄率高达46%，居民储蓄存款14万亿元，企业存款10万亿元。清华大学教授魏杰预计，中国的高储蓄率还将持续10～20年。高储蓄率和数额不小的存款表明，中国早已进入，并将继续保持无储蓄缺口的状态，这意味着中国通过引进外资来弥补储蓄缺口的必要性根本减弱。

此外，为了促进外汇储备适度增长，进一步缓解人民币升值压力，中国也需要推动外资政策目标由重规模向重质量转变。尽管曾经有观点主张通过抑制出口、扩大进口来促进外汇储备适度增长以缓解人民币升值压力，然而由于中国已经从贸易的角度采取了一些措施，而且在贸易保护主义盛行的现实国际环境下，从贸易途径调节外汇储备可能带来的负面影响似乎很难准确预测，加之贸易顺差并不是中国外汇储备高速增长的惟一原因，除了贸易因素，外资的流入也是中国外汇储备的重要来源。据有关统计资料显示，在经常项目和资本与金融项目"双顺差"的格局中，资本与金融项目的作用显得十分突出，即使在中国进口增长高出出口增长5.3个百分点、贸易顺差比上年下降了15.9%的2003年，较大规模的外商直接投资等因素仍然推动中国的外汇储备比上年末增加了1168亿美元。因此，为了保持外汇储备的适度增长，缓解人民币升值压力，中国必须适当缩减外资规模。实际上，东亚一些经济体就曾经以中国吸引了过多的外国直接投资为托词，指责人民币不升值简直是以邻为壑。

不仅如此，为了促进外资规模适度增长，减少中国经济对外资的依赖，弱化外资对民族品牌的冲击，中国也需要适当缩减外资规模。然而，由于中国是一个处于转型过程中的发展中国家，也是WTO的重要成员，人为地缩减引进外资的数量既不利于中国经济的发展，也不符合WTO的精神和要求。因此，对中国而言，最具现实意义的选择就是切实推动外资政策目标由重规模向重质量转变，确立引进国外先进技术、管理经验和高素质人才在外资政策目标中的首要地位，这样才能尽量杜绝劣质外资的流入，做到在保证外资质量的同时兼顾外资的数量，使利用外资的规模有效增长。很显然，在这样的政策目标下，中国企业更能够获得外资的重要技术，从而可以减少中国对外资的技术依赖。

另外，由于外汇储备是一国经济实力的重要标志，是衡量一国经济运行是否正常的重要指标，因此，高额的外汇储备意味着中国利用外资的良好信用，表明中国具有较强的长期偿还外债的能力，这会加大国外厂商对中国的投资信心，从而使流向中国的外资数量增加，质量提高，并为中国实施以外资质量为首要目标、在保证外资质量的前提下兼顾引资数量的外资政策创造条件。同时，作为WTO成员，中国的对外开放正在朝着更加深广的方向发展，特别是随着中国逐步履行入世承诺和中国进入入世的后过渡期，中国将进一步取消不符合 WTO 要求的对外商投资的行业、区域等方面的市场准入限制，这不仅会不断改善外商投资中国的法制和政策环境，降低外资进入中国的交易成本和体制风险，而且将进一步拓展外商投资的领域。加之中国将会继续拥有日益熟练的相对廉价的劳动力和巨大的市场，国际产业转移也将进一步推动中国的生产效率提高，所有这些，再加上中国自改革开放以来的持续快速的经济发展，以及中国一贯坚持的平等互利的对外开放原则，都表明了中国所拥有的吸引外资的长期优势。此外，中国各地区经济发展的不平衡和发展阶段的多元化特征，使中国对类型各异的直接投资具有各自适应的吸收能力。发展阶段低的要素结构和产业结构，能够满足周边国家和地区寻求廉价要素的中小资本的需要；而处于较高发展阶段的地区的要素和产业结构，则会产生具有熟练劳动力、企业家才能等内涵的能力结构，从而对跨国公司的直接投资项目产生吸收能力；至于一些人力资本密集、具有较强技术创新能力的中心城市，则可以吸引研究开发型的国际直接投资；而一些经济欠发达但存有大量剩余劳动力的城市，则有能力吸引生产制造型的国际直接投资；一些具有实际或潜在消费能力的城市，可以吸引消费娱乐型的国际直接投资。

可见，各种目的、各种类型的直接投资都能找到充分的理由进入中国，这表明中国具有吸引外资的显而易见的有利条件，由于这些有利条件，中国对外商投资产生了极大的吸引力。联合国贸发会议 2005 年 9 月 5 日公布的《全球投资前景预测》显示，参与调查的 158 个国家的投资促进机构（占被调查者的 71%），325 家来自发达国家、发展中国家和中东欧国家的主要跨国公司（占被调查者的 21%）和 75 位国际 FDI 专家中，87% 的跨国公司和 85% 的专家认为中国是最具有吸引力的投资国。很显然，在具备重大吸引力的情况下，调整外资政策目标、将外资质量放在首要位置是不会对中国的外资流入量造成实质性冲击的。事实上，正是由于各项指标日益向好，中国才连续成为利用外资最多的发展中国家，甚至连“过去因害怕中国竞争不愿将先进技术投入到中国的韩国、日本企业家，也开始改变这一策略纷纷在中国投入技术，以期待在未来分享中国高速增长的成果（蒙代尔，2003 年）。”

因此，从总体上讲，中国实施外资政策目标由重规模数量向重质量转变是具有客观可能性的。然而，从实践中的情况来看，尽管早在 1994 年颁布的《关于进一步加强外商投资企业审批和登记管理有关问题的通知》就明确指出要把重数量轻质量的现象当作重要问题来解决，在随后的实践中，中国政府也一再强调要注重外资的质量，如在十六届三中全会《决定》中明确提出要提高利用外资的水平，但是由于长期存在的较为严重的重数量轻质量的思想意识的影响，为了追求外资规模，不少地区总是忽视甚至牺牲外资的质量，以致中国引进利用外资的规模因劣质外资以及一些投机取巧者滥竽充数而包含了无效甚至负效增长的成分。这种状况表明，中国要真正实现外资政策目标由重规模数量向重质量转变，首要的任务是实现思想意识的转变，将根据国内产业结构调整升级的需要更多地引进先进技术、管理经验和高素质人才等精神深入到各地、各级领导干部的思想和意识中，从而根本树立质量第一、兼顾数量的引进利用外资理念。

另一方面，由于外资运营的基本特点是完全市场化，外商决定资本投向的根本依据是市场需求的导向和投资利润的最大化，而市场机制是以优胜劣汰为基本法则的经济调节机制，以市场机制为引进利用外资的基本机制，充分发挥市场机制在引进利用外资中的作用，让市场机制的优胜劣汰法则对外资进行选择，这既符合外资的本质特点，又能在维护公平竞争的条件下通过市场机制的作用导入优质外资，从而为提高外资质量提供机制保障。因此，中国要实现外资政策目标的根本转变，就必须确立市场机制对于引进利用外资的基础性调节作用，建立起以市场机制为基本机制的招商引资机制。

实际上，从世界各国的实践情况来看，高度重视市场机制在引进利用外资中的作用已经成为日益强化的趋势，为了充分发挥市场机制的作用，各国纷纷选择了外资政策自由化。到20世纪90年代，世界各国外资政策的自由化已经取得了很大进展，特别是在WTO的推动下，各国的外资政策自由化趋势得到了加强（刘力等，2003）。世界各国的经验及WTO的规则要求，为中国推进外资政策自由化以促进市场机制作用的充分发挥指明了方向。不过，鉴于当前国际经济关系中依然明显地存在国际经济旧秩序的影响，各主要国际组织的大国色彩也十分浓厚，这使发展中国家在国际经济交往中处于不利地位，加之发展中国家自身存在的经济发展水平较低、金融监管机制不够健全等问题的影响，因此，就一般情况而言，发展中国家需要慎重把握外资政策自由化的进程，特别是在开放资本项目时，要把握好开放经常项目和资本项目的顺序。

从总体上讲，由于资本项目开放意味着资本流动自由化和金融自由化的推进，因此，它既具有贸易自由化的影响，也涉及到生产能力的输入和输出，这使其对生产的影响变得非常直接；同时，由于对资本的渴求是经济运行中的普遍现象，这使资本在宽松的流动环境下具有规模迅速扩大的内在动力，并进而会影响到金融体系和债券市场及债务问题，从而会加大一国的金融脆弱性。因此，资本项目开放比经常项目开放所要求的条件更高，为了满足有关条件，资本项目的开放通常只能在市场化改革和经常项目开放进行到一定程度且积累了必要的经验后开始。正因为如此，实践中，发达国家的资本项目自由化进程基本上是在市场经济体制较为完善、资本市场较为成熟和以经常项目的自由兑换为前奏的条件下，以渐进的模式推进的。许多发展中国家走的也是渐进的道路，这使这些国家的资本项目开放获得了成功。比较而言，许多东南亚国家的资本项目开放就有些操之过急。尽管在金融自由化的早期东南亚各国还是比较谨慎的，但是在进入20世纪90年代后，各国就普遍加快了开放的步伐，如泰国、印度尼西亚等在1997年金融危机爆发前基本上对外实行了金融市场的全面开放。而就当时的情况来看,并不是所有东南亚国家都具备迅速开放资本项目的条件,相反,许多东南亚国家不仅金融监管体系陈旧,一些监管机构没有自主权,监管能力弱,监督大量资本流入的条件不具备,监管工作不断受到政界和企业界的压力,而且其资本市场发展也相对滞后,这使企业往往依靠短期借债来满足资金需求。在这样的情况下,一些国家实际上是在不顾本国的经济发展程度和金融监管能力,在条件不成熟时过早地实行了资本项目下的自由兑换。结果,使得国际游资大量涌入,由机构投资者控制的私人投资占比迅速上升,债务膨胀、投资膨胀、生产能力过剩也相继发生,货币升值压力逐步增大,出口困难日益增加,市场需求趋于饱和。最终,在各方面因素的影响下,东南亚国家发生了金融危机和通货紧缩。

中国是处于经济转型中的发展中国家,中国不仅存在一些发展中国家所共有的经济弱势,而且存在市场经济体制不够完善、金融市场不够成熟等问题,因此,中国更需要循序渐进地推进外资政策自由化。实践中,由于中国已经较好地把握了开放资本项目的进度,这使中国在亚洲金融危机时期受到的冲击相对较小,加之入世以来中国在取消不符合 WTO 要求的投资措施方面已经迈出了重要的步伐,因此,在继续推进外资政策自由化的过程中,中国需要重点做好以下三方面的工作:

一是进一步取消鼓励外资的政策措施。中国对外资的鼓励措施既有全国性的,更有地方性的,其中尤其是各地的"优惠政策竞争"十分激烈。尽管中国政府一再强调要根本解决违反国家法律法规和政策规定随意对外商承诺优惠条件的问题,但不少地区在招商引资的实践中仍然是"门槛一降再降、成本一减再减、空间一让再让",从而使招商引资竞争变成了"让利竞争"。这种不顾市场需求、靠政策优惠吸引外资的政府招商行为极大地限制了市场机制的作用,造成了对内资企业的不公平待遇和市场扭曲,从而导致了低水平外资的流入和资源浪费。为了充分发挥市场机制对优质外资的导入作用,以促进外资政策目标的根本转变,取消不必要的优惠外资的政策措施、变政府招商为市场招商势在必行。

二是建立完善的投资环境。大量的调查研究表明,与政策优惠相比,外商在决定投资区域时更看重的是东道国的投资环境,包括稳定的政治经济形势、完善的有关外国投资的法律法规、统一性及透明度高的外资政策等等。因此,在取消对外资的优惠政策后,只要不断提高中国在制度环境、投资预期收益、行政体制效率、可持续发展的潜力等方面的综合优势,建立完善的投资环境,就可以使内资企业依靠本土优势排挤外资企业在技术水平较低的劳动密集型产业领域的平行替代或简单替代,并吸引大量优质外资流入,在保证外资质量的同时兼顾引资数量。

三是进一步取消不符合 WTO 要求的外资限制政策,采取必要的、符合 WTO 要求的措施,加强对技术水平落后的、不利于节约资源和改善生态环境的、危害国家安全或损害社会公共利益的外商投资项目的限制和禁止。同时,由于中国引进外资的实践中存在着“重引进、轻管理”的问题，因此，随着对外资的限制逐步放宽，中国必须大力加强对外资的监管工作，这不仅有利于防范外商的违规违纪行为，维护中国的合法权益和经济安全，而且对于维护外资运营所需要的公平竞争的市场秩序，确保投资和经营环境的可预测性、稳定性也有十分重要的意义。

外商投资及跨国公司的进入对东道国是一柄双刃剑，稍有不慎，这柄剑就会在光照经济发展的同时刺伤经济的脉搏，使经济发展的独立自主、自力更生能力受到威胁甚至冲击。因此，在利用外资的过程中必须坚持独立自主、自力更生原则，做到在此基础上适度引进外资，这是一个独立自主的国家对外开放的基本原则在引进外资方面的具体体现。因而，为了更好地发挥外商投资对中国经济发展的积极作用，针对目前的现实状况，中国在今后的引资工作中要切实转变外资政策目标，将外资的质量放在首要位置，逐步取消对外资的优惠政策，建立完善的投资环境，取消不符合 WTO 要求的外资限制政策，加大对外资的监管力度，循序渐进地推进外资政策自由化。当然，由于外资、外贸和对外投资是一国对外经济交往的组成部分，加之投资和贸易之间具有千丝万缕的联系，因此，要更好地解决引进外资可能产生的和实际已经存在的问题，中国还需要在继续研究引进外资、对外贸易和对外投资之间的关系的基础上，采取协调配合的对外经济政策。

第十四章
对外投资与国际贸易

站在一国的角度，对外贸易与资本流动，包括利用外资和对外投资是其对外经济关系的重要组成部分。在贸易与投资日益融合的趋势下，对外贸易、利用外资和对外投资之间相互依赖、共生发展的关系日益显现，这使其协调配合对一国经济发展的作用日益突出。在中国，由于对外投资发展滞后，加上吸引外资与对外贸易方面也存在一些问题，这使中国的外商投资、对外贸易和对外投资在协调一致、共同促进经济发展方面存在较大的局限。加强对贸易和投资之间相互关系的研究，探询促进中国对外经济交往协调发展的路径，对推动中国经济持续发展具有重要意义。

一、贸易与投资的相互关系

对于贸易与投资的相互关系，理论界并非一开始就给予了必要的重视。在理论发展的历史长河中，对外直接投资理论与国际贸易理论经历了从分离到逐步融合的过程。传统上，人们将对外直接投资活动排除在贸易理论之外，在假定生产要素不可跨国流动的前提下研究国际贸易问题，这使贸易理论和投资理论因为分析框架不同而长期处于隔离状态。从原因来看，理论研究者之所以假定国际间不存在生产要素的流动，是由于当时要素跨国流动的条件不成熟，如科学技术不发达，通讯运输手段落后，国际信用、保险体系不完善及各国的政治、经济、文化等因素的影响，给生产要素的跨国流动造成了很多障碍，因而使商品形态的流动替代了生产要素的流动。第二次世界大战之后，由于科学技术的发展、交通通讯条件的改善和金融工具的不断创新，生产要素跨国流动不仅存在而且不断发展。随着实践中要素流动和商品流动相互联系的不断显现，对贸易和投资的理论研究逐步出现了交叉与融合的趋势。从理论发展历程来看，这种交叉与融合的主线有四条：一是在不断放松假设前提的基础上，在国际贸易理论框架中引入企业行为、国际直接投资等因素；二是在国际直接投资理论框架中讨论企业的国际贸易行为；三是对国际贸易和国际直接投资之间相互关系的讨论；四是尝试在同一基石上建立国际贸易和国际直接投资一体化的一般理论①。

在大量的研究中，关于国际贸易和国际直接投资之间关系的考察基本集中于两个问题，一是国际贸易和国际直接投资之间是替代关系还是互补关系，二是它们何为因果②。在主张投资与贸易的关系是替代关系的学者中，蒙代尔算是先行者。早在 1957 年，蒙代尔就以 2×2×2（两个国家、两种产品和两种要素）模型为基础展开研究，并提出了两种极端情况。其一是生产要素不能在两国自由流动，而商品贸易可以在两国间自由开展，即存在要素的非流动性和零关税。在这种情况下，只要存在要素禀赋差异，贸易会使两国间商品价格和要素价格达到均等。由此推论，障碍性投资会刺激贸易。其二是假定由于某种原因使资本在两国间的流动障碍完全消除，同时存在贸易障碍如关税等，即存在资本流动零障碍和贸易障碍，这时资本的流动会使两国间达到新的均衡并导致资本要素价格和商品价格的均等化。由此推论，障碍性贸易会刺激投资。除蒙代尔外，对投资与贸易的替代关系展开研究的学者还很多。1966 年，弗农提出了著名的产品生命周期理论。在研究过程中，弗农把目光投向于被主流贸易理论忽视的因素上，更多倾向于研究技术革新和规模经济，而非相对成本对国际贸易和国际投资替代关系的影响。弗农强调产品技术优势随产品周期转换而发生变化并对贸易和投资产生影响，认为企业对外直接投资是出口产品方式的替代，是企业在技术垄断地位下降时采取的防御性行为。1981 年，Buckley 和 Casson 提出了"出口先于对外投资说"。在考虑运输成本、关税、投资经营的固定成本后，他们认为，在销售量较低的情况下，企业倾向于出口；反之倾向于在国外生产。1994 年，P. Patrie 根据动机不同将投资划分为三大类：市场导向型直接投资（Market-Oriented FDI）、生产导向型直接投资（Production-Oriented FDI）和贸易促进型直接投资（Trade-Oriented FDI），他认为只有市场导向型直接投资容易替代贸易，两者呈现替代关系。在 1996 年，Belderbos 和 Sleuwaegen 利用公司层面的数据开展研究后认为，在目标市场存在着贸易保护的情况下，投资与贸易之间存在着替代关系。

在主张投资与贸易的关系可以是互补关系的学者中，Markuson 和 Svensson（1985）是利用要素比例模型来展开研究的。他们认为，贸易和投资之间究竟是替代还是互补的关系，这取决于贸易和非贸易要素之间的关系是"合作"还是"非合作"关系。在两者"合作"的情况下，商品贸易和生产要素流动是合作的，投资与贸易是互补的；在"非合作"的情况下，投资与贸易是相互替代的。Andrew Schmitz 和 Peter Helmberger（1970）认为，贸易与投资间的关系是替代或互补取决于分析框架和假设前提，同时他们还认为，自然资源和主要制成品的进口会导致资金的出口，

① 张二震等．贸易投资一体化与中国的战略．北京：人民出版社，2004．38

② 张二震等．贸易投资一体化与中国的战略．北京：人民出版社，2004．45

此时投资和贸易是互补的。Kojima(1975)运用经验分析的方法,将国际贸易和国际直接投资统一于国际分工,提出了贸易和投资间存在互补关系的小岛清模型。他认为,直接投资不仅仅局限于单纯的资金流动,而是由投资母国的特定产业部门的特定企业向东道国同一产业的特定企业的资本、技术和经营管理知识综合体的转移。在结合日本实践经验的基础上,他得出的结论是:投资国从本国具有比较优势的边际产业进行对外直接投资的结果一方面会使东道国容易吸收和消化外来投资,提升技术基础,另一方面可使投资国集中优势开发新技术,这样双方能实现利益更大、数量更多的贸易。P. Patrie(1994)针对其划分的三类直接投资指出,生产导向型和贸易促进型直接投资一般可以增加母国和东道国间的国际贸易。

与将贸易和投资的关系明确地界定为替代关系或互补关系的观点不同,Bhagwati 等(1987)的观点更强调政治因素的影响。从政治经济学的角度出发,Bhagwati 等运用一个标准的两国家、两产品、两要素的一般均衡国际贸易模型提出了补偿投资的概念,并分析了政府行为在补偿投资决策中的作用。他们认为,贸易和投资间的关系不仅仅取决于要素或产品价格差异等经济因素及贸易障碍,在存在贸易保护威胁的现实下,不同利益集团间利益上的相互博弈也会产生贸易和投资之间的替代和互补,这就会引起补偿投资。补偿投资的目的在于减少东道国采取贸易保护的可能性。站在利润最大化的角度,一定时期内投资虽然不是最优的选择,但它可以减少或避免在下一时期东道国政府采取贸易保护所带来的损失。

可见,不论学者们的具体观点怎样,在贸易与投资之间存在密切关系这一点上,他们的看法是一致的。那么,贸易和投资之间究竟是互补还是替代关系?Goldberg 和 Klein(1998)对日本和东南亚国家间的数据分析表明,日本对东南亚国家的对外直接投资促进了双边贸易(进口和出口)的发展,两者间存在互补关系。不仅如此,贸易和投资的互补关系还表现在一国对外投资对其出口的促进作用。Lipsey 和 Weiss(1981)对 20 世纪 70 年代美国在其 13 个主要出口国设立的 44 家制造业子公司的生产和出口行为进行研究后发现,美国的对外直接投资与美国同期的对外贸易间存在显著的正相关关系。Lipsey 和 Weiss(1984)在对两者关系进行更深入的研究后发现,美国公司对某国的对外投资水平越高,美国出口到这国的水平也就越高,对外投资对中间产品和最终产品的贸易起正面的积极影响。Hurbauer(1994) 、Gramham 和 Krugman(1996)等学者也以美国数据进行实证检验,发现美国的对外直接投资与对外贸易呈正相关关系。其他许多学者关于发达国家,如日本、德国、瑞士等国的实证研究也得出了类似的结论。世界投资报告(1996)在参考大量研究报告的基础上指出,投资与贸易的关系因行业而异。在制造业,大多数企业一般遵循贸易先于直接投资的线性发展序列,由于这种线性关系,对外投资通常被看作是替代贸易的。但由于跨国公司母子公司间的复杂关系,实际上经常是对外投资既替代也促进贸易,从总体上看,投资的贸易创造效应大于贸易替代效应。在自然资源行业,投资和贸易的关系主要是呈线性和序列性的,母国对外投资带来母国进口或母国进口导致对外直接投资,因而对外直接投资会起到促进贸易的作用。服务行业由于其产品的特殊性,对外投资和贸易的关系较难判断,在很大程度上取决于产品的可贸易性。若服务不具可贸易性,则两者间几乎没有影响或不具直接影响;对于可贸易性服务而言,与制造业相比,对外直接投资的影响相对较小。

此外,根据张二震等(2004)的梳理,中国学者对直接投资与贸易的关系也进行了不少研究。王洛林、江小涓等使用定性分析的方法,加以实证数据,分析了外商直接投资对中国贸易、技术进步、竞争力的提高和产业结构升级等方面的积极作用,其基本结论是外商投资促进了中国的出口贸易。冼国明等(2003)依据中国改革开放以来的数据,对外商投资与中国出口贸易之间的相关性进行了较为完整的研究,并认为外商直接投资与中国的出口之间存在长期的均衡关系,出口增加对外商投资具有较强的促进作用。王洪亮、徐霞(2003)通过研究日本对华贸易与直接投资的关系,发现日本对华直接投资和中日贸易之间存在长期的互补关系,从而得出结论:直接投资与国际贸易之间的互补作用大于替代作用。

综合学者们的研究结果可以认为,贸易和投资的关系可以是替代和互补关系,从主流的情况看,二者间是互补共生、彼此促进的关系。从实践中的情况来看,随着这种互补共生关系的加深,贸易和投资间实际上出现了一体化趋势。在这里,贸易投资一体化在广义上是指当代国际贸易和国际直接投资之间高度融合、相互依赖、共生发展、合为一体的一种国际经济现象;在狭义上,贸易投资一体化是指在以跨国公司为主导的、以要素分工为特点的国际分工体系中,跨国公司通过在全球范围内配置和利用资源,进行全球化生产和全球化经营,使得越来越多的国际贸易和国际直接投资在跨国公司的安排下,围绕着跨国公司国际生产价值链,表现出相互依存、联合作用、共生增长的一体化现象①。在这样的趋势下,贸易和投资不再是可以取此舍彼的选择,而是一些经济主体开展国际经济活动不可分割的两个方面②。从宏观经济的角度讲,这意味着一国的外商投资、对外贸易和对外投资必须相互配合、协调发展,这对一国经济的持续发展十分重要。

根据开放经济的一般模型,一国的总供求是国内和对外经济活动所产生的供给和需求的综合反映,其经济平衡包括对内和对外的经济平衡。在存在国际贸易和资本流动的情况下,社会总需求为 $Y = C + I + G + X + Fc$,总供给为 $Y = C + S + T + M + Dc$。其中,Fc 为外国流入本国的资本,它意味着本国需求的增加;Dc 为本国流向外国的资本,它表明本国的一部分购买力向国外转移,意味着本国供给的增

① 张二震等. 贸易投资一体化与中国的战略. 北京:人民出版社,2004. 81

② 饶华等. 我国"走出去"战略下对外直接投资与对外贸易的关系分析. 经济问题探索,2005(1)

加。此外,资本的流出和流入还涉及到利息收入的流动,且本国得自国外的资本收入意味着本国需求的增加,而从本国流出的资本收入则意味着本国需求的减少和供给的相应的增加。因此,如果假设本国得自国外的资本收入为 Fr,从本国流出的资本收入为 Dr,那么,上述总需求的构成就应该调整为 $Y = C + I + G + X + Fc + Fr$,总供给的构成则为 $Y = C + S + T + M + Dc + Dr$。如果总需求和总供给平衡,则:$C + I + G + X + Fc + Fr = C + S + T + M + Dc + Dr$。为了实现经济的内外均衡,在等式两边的 C 相互抵消之后,必须达到 $S = I, G = T, X - M = (Dc - Fc) + (Dr - Fr)$。[①]

可见,对外贸易和资本流动会改变一国总供给和总需求的构成,从而改变一国宏观经济平衡的条件。从理论上讲,在国内项目平衡的情况下,宏观经济的平衡便决定于进出口的差额与资本流动所产生的差额是否平衡,如果二者失去平衡,宏观经济就会失去平衡的条件;相反,如果二者能够协调发展、保持平衡,或者一方的波动能够为另一方所弥补,那么,宏观经济就能够平稳运行。因此,任何一个实行开放经济的国家都必须重视吸引外资、对外投资和对外贸易之间的密切联系,促进其协调发展。只有这样,一国才能够实现对外经济交往的协调发展和国际收支平衡,并由此促进整个宏观经济的协调发展。

二、中国对外贸易与利用外资

近年来,随着对外开放程度不断加深,中国的对外贸易发展非常迅速。据有关资料显示,进入改革开放之后,中国对外贸易增长幅度的变化大致经历了三个阶段:第一阶段是 1981—1990 年,这段时期的贸易增长幅度呈波动状态,某些年份增幅达 20% ~30%,而有的年份则仅为 3% ~8%;第二阶段是 1991—1999 年,为持续稳定增长的阶段,除 1996 年(0.6%)和 1998 年(-0.4%),各年增幅达 11% ~22%;第三阶段是 2000—2004 年,为持续高速增长阶段,其中除 2001 年为 7.5% 外,其余年份增幅为 20% ~30%[②]。进入 2005 年后,中国外贸继续保持了高速增长的态势。中国海关总署 2006 年 1 月 11 日发布的统计资料显示,继 2004 年首次突破万亿大关后,2005 年中国外贸更高达 14 221.2 亿美元,比上年增长 23.2%,相当于"十五"初期 2001 年贸易规模的 2.8 倍,在全球排位中稳居第三。

在规模不断扩大的同时,中国对外贸易的具体状况发生了一系列变化。首先,中国的贸易收支发生了明显变化。在 1989 年前,中国的贸易收支以逆差为主,1990—1993 年则表现为顺差与逆差交互存在,但总体上已经发生质变。自 1994 年开始,中国便连续保持了贸易顺差的格局。其次,中国的对外贸易主体发生了明显变化(见表 14-1)。总体上讲,外资企业的贸易占比呈快速提高的趋势。从出口

① 杜厚文,朱立南. 世界经济学. 北京:中国人民大学出版社,2003. 234

② 进出口概要. 中国海关统计,2005(1).3

的主体结构来看,国有企业出口额增长不明显,从1997年的1027亿美元增长到2004年的1535.9亿美元,其比重占出口总额逐年下滑,由1997年的54.6%下降到2003年的25.9%。外资企业从1997年的749亿美元上升到2004年的3386.1亿美元,占出口比重逐年攀升,由1997年的40.4%上升到2004年的57.1%。其他类型企业所占比重也呈现出持续上升的趋势,由1997年的2.8%升至2004年的17%。

表14-1　1997—2004年中国进出口贸易中各类企业的占比状况(%)

性质 年份	出口			进口		
	国有企业	外资企业	其他企业	国有企业	外资企业	其他企业
1997	54.6	40.4	2.8	42.8	54.6	2.6
1998	52.6	44.1	3.3	42.8	54.7	2.5
1999	50.5	45.5	4.0	44.8	51.8	3.4
2000	46.7	47.9	5.4	43.9	52.1	4.0
2001	42.5	50.1	7.4	42.5	51.7	5.8
2002	37.7	52.2	10.1	38.8	54.3	6.9
2003	31.5	54.8	13.7	34.5	56.2	9.3
2004	25.9	57.1	17.0	31.4	57.8	10.8

资料来源:《中国商务年鉴》(1998—2004年)。2004年数据根据中国海关统计资料计算得出。

再次,中国的对外贸易方式发生了突出变化。在各种贸易方式中,加工贸易发展迅猛(见表14-2),其进出口总额已经从1980年的近17亿美元增加到2004年的5497亿美元,增长了320多倍。近年来,加工贸易出口在外贸总出口的比例一直保持在55%左右,高于一般贸易方式约14个百分点,进口比例也保持在约40%上下。再从最新的海关统计资料来看,2005年中国的一般贸易进出口总额为5948.1亿美元,增长21%,其中出口3150.9亿美元,增长29.3%;加工贸易进出口总额为6905.1亿美元,增长25.3%,其中出口4164.8亿美元,增长27%。依此计算,2005年中国一般贸易占外贸总额的比例为41.83%,其出口额占总出口额的比例为41.35%,加工贸易占外贸总额的比例为48.55%,其出口额占总出口额的比例为54.66%。很显然,加工贸易早已经成为中国的第一大贸易方式。

表14-2　1997—2004年中国各类贸易方式占比(%)

方式 年份	出口			进口		
	国有企业	外资企业	其他企业	国有企业	外资企业	其他企业
1997	42.7	54.5	2.8	27.4	49.3	23.3
1998	40.4	56.8	2.8	31.2	48.9	19.9
1999	40.6	56.9	2.5	40.5	44.4	15.1

表 14－2(续)

年份＼方式	出口			进口		
	国有企业	外资企业	其他企业	国有企业	外资企业	其他企业
2000	42.2	55.2	2.6	44.5	41.1	14.4
2001	42.1	55.4	2.5	46.6	38.6	14.8
2002	41.8	55.3	2.9	43.7	41.4	14.9
2003	41.5	55.2	3.3	45.5	39.5	15.0
2004	41.0	55.3	3.7	44.2	39.5	16.3

资料来源:《中国商务年鉴》(1998—2004 年)。2004 年数据根据中国海关统计资料计算得出。

此外,从进出口商品结构来看,工业制成品贸易的地位日益突出(见表 14－3)。不仅出口结构中2003 年的工业制成品比重超过了91%,进口结构中工业制成品占比也在 80%左右。与此同时,中国的高新技术产品(主要是计算机通信技术和电子技术产品)出口增长也很迅速。1997 年,中国高新技术产品出口在总出口中所占比例为 8.9%,此后连年上升,到 2003 年出口额达 1103.2 亿美元,占中国外贸出口总额的 25.2%,同比增长 62.6%,对拉动中国外贸出口增长做出了很大贡献①。相应的,初级产品贸易在对外贸易中的占比呈现出下降趋势,其出口占比从 1990 年的 25.6%降至 2003 年的 7.9%,进口占比也不超过 19%。

表 14－3　　1990—2003 年中国进出口商品构成情况

(按国际贸易标准分类)　　单位:亿美元(%)

年份＼项目	出口				进口			
	初级产品	比重	工业制品	比重	初级产品	比重	工业制品	比重
1990	158.9	25.6	461.8	74.4	98.6	18.3	434.9	81.6
1991	161.5	22.5	556.9	77.5	108.3	17.0	529.6	83.0
1992	170.0	20.0	679.4	80.0	132.6	16.4	673.3	83.6
1993	166.7	18.2	750.9	81.8	142.2	13.7	897.3	86.3
1994	197.1	16.3	1013.3	83.7	164.7	14.2	992.2	85.8
1995	214.9	14.4	1272.8	85.6	244.1	18.5	1076.7	81.5
1996	219.3	14.5	1291.4	85.5	254.4	18.3	1134.0	81.7
1997	239.3	13.1	1587.7	86.9	286.2	20.1	1137.4	79.9
1998	206.3	11.2	1631.6	88.8	229.5	16.4	1172.1	83.6
1999	199.3	10.2	1750.0	89.8	268.4	16.2	1388.7	83.8
2000	254.6	10.2	2237.5	89.8	467.4	20.8	1783.6	79.2
2001	263.5	9.9	2398.0	90.1	457.7	18.8	1978.4	81.2

① 数据来源于国家统计局相关数据。

表 14－3(续)

年份＼项目	出口				进口			
	初级产品	比重	工业制品	比重	初级产品	比重	工业制品	比重
2002	284.8	8.7	2970.8	91.3	492.7	16.7	2459.3	83.3
2003	348.1	7.9	4035.6	91.2	727.8	17.6	3400.5	82.4

资料来源:《中国商务年鉴》(2004 年)。

综合各方面的情况来看,中国对外贸易的发展既反映了改革开放的重大成果,也体现了对外贸易对中国经济发展的贡献。不过,从另一方面讲,外贸的突出贡献也意味着中国经济发展对贸易的依赖,关于这一点,中国近些年不断提高的外贸依存度可以提供有力的证明(见表 14－4)。从有关数据可以看出,除个别年份外,中国的外贸依存度、进口依存度和出口依存度都呈现出不断提高的趋势,且出口依存度往往大于进口依存度。不仅如此,根据中国商务部最新的统计资料,有观点甚至认为中国的外贸依存度已经超过了 80%。当然,由于第三产业相对落后等因素的影响,中国的外贸依存度可能存在一定程度的高估。但是,无论怎样,中国的外贸依存度也反映了中国经济对国际经济的依赖,这首先加大了中国经济遭遇国际经济波动冲击的风险,尤其是在中国的贸易伙伴较为集中的情况下,这种风险更大。

表 14－4　　中国外贸依存度相关数据(%)

年份	外贸依存度	出口依存度	进口依存度	年份	外贸依存度	出口依存度	进口依存度
1980	12.61	6.00	6.61	1997	36.87	20.72	16.14
1985	22.99	9.00	13.99	1998	34.89	19.79	15.11
1990	29.90	16.05	13.84	1999	37.10	20.05	17.05
1991	33.36	17.67	15.69	2000	44.51	23.39	21.13
1992	34.22	17.55	16.67	2001	44.72	23.35	21.37
1993	32.61	15.29	17.32	2002	49.03	25.72	23.31
1994	43.67	22.33	21.34	2003	60.37	31.09	29.28
1995	40.87	21.66	19.22	2004	70.0	36.0	34.0
1996	36.10	18.81	17.29				

资料来源:1980—2003 年数据来源于魏浩,宋耀. 中国外贸依存度偏高. 中国对外贸易,2004(8)。2004 年数据根据中国经济统计数据库相关数据测算得出。

从对外贸易的市场结构来看,中国目前主要以美国、欧盟、日本等为贸易伙伴(见表 14－5)。中国海关的统计数字显示,2005 年欧盟仍然是中国的第一大贸易伙伴,中欧双边贸易总额达 2173.1 亿美元,增长 22.6%;美国是中国的第二大贸易伙伴,中美双边贸易总值为 2116.3 亿美元,增长 24.8%;日本为中国的第三大贸易伙伴,中日双边贸易总值为1844.5亿美元,增长9.9%。这样的市场结构表明了中国经济对各主要贸易伙伴的依赖,一旦有关贸易伙伴对中国贸易实施约束或其经济运行出现波动,中国经济将受到极大的影响。事实上,正是由于中国与各主要贸易伙伴的贸易增长迅速以及中国对美国的贸易顺差等问题,使中国正面临着越来越多的、形形色色的贸易堡垒和贸易摩擦,尤其是一些国家利用中国入世法律文件中的"特定产品过渡性保障机制"、"非市场经济地位"和"纺织品特保条款"等规定,对中国频频挥舞"设限"大棒,使中国成了遭遇反倾销和其他贸易壁垒的重灾区。不仅如此,以中国近两年承受的国际舆论压力来看,无论是"中国制造论",还是"中国威胁论"、"中国输出通货紧缩"以及"人民币升值论",都始终与贸易摩擦联系在一起,但同时又远远超出了贸易摩擦原有的内涵,具有从微观到宏观、从经济到政治、从两国到多国扩散的特点。这既反映了对外经济关系的复杂性,也反映了国际经济与政治的密切联系。在旧的国际秩序依然存在的情况下,这就更加突显了中国在国际贸易中的不平等地位。从1998—2003年的情况来看,中国出口与进口商品的相对价格下降了14.2%,在2000—2003年造成的负面收入效应相当于当年GDP1%~1.2%的损失①。这样的现实状况表明,普雷维什和辛格关于发展中国家在与发达国家的不平等交换中贸易条件会恶化的命题对中国是适用的。

表14-5　　1997—2003年中国的主要贸易伙伴(%)

国家/地区 \ 年份		1997	1998	1999	2000	2001	2002	2003
出口	美国	17.9	20.7	21.5	20.9	20.4	21.5	21.1
	东盟	6.6	5.9	6.2	7.0	6.9	7.2	7.1
	欧盟	13.0	15.3	15.5	15.3	15.4	14.8	16.5
	香港	24.0	21.1	18.9	17.9	17.5	18.0	17.4
	韩国	5.0	3.4	4.0	4.5	4.7	4.8	4.6
	日本	17.4	16.2	16.6	16.7	16.9	14.9	13.6
	其他	16.1	17.4	17.3	17.7	18.2	18.8	19.7
进口	美国	11.4	12.1	11.8	9.9	10.8	9.2	8.2
	东盟	8.7	9.0	9.0	9.9	9.5	10.6	11.5
	欧盟	13.5	14.8	15.4	13.7	14.7	13.1	12.9
	香港	4.9	4.8	4.2	4.2	3.9	3.6	2.7
	韩国	10.5	10.7	10.4	10.3	9.6	9.7	10.4
	日本	20.4	20.1	20.4	18.4	17.6	18.1	18.0
	台湾省	—	—	11.8	11.3	11.2	12.9	12.0
	其他	30.6	28.5	17.0	22.3	22.7	22.8	24.3

资料来源:《中国商务年鉴》(1998—2004年)。

① 李玉举.怎样看待"十一五"期间中国外贸增长趋势.国际商报,2006-02-06

从贸易与投资的互动关系来看,中国外贸的迅速发展对外商直接投资的推动作用是不可否认的。以20世纪90年代中后期的情况为例,在当时,出口规模的扩张及其反映出的生产技术水平的提高和企业竞争能力的增强,对大型跨国公司在华投资产生了显著的引致作用[①]。这种状况显然符合贸易投资一体化趋势下贸易与投资互补共生的一般特点。当然,从贸易与投资互补共生关系的另一个侧面——外商投资对贸易的推动来看,前一章的分析已经充分显示了吸引外资对中国外贸的促进作用。实际上,对外商直接投资在中国出口贸易中的促进作用,中国经济理论界是普遍认同的。但是,对外贸易的发展对中国来说并不全是积极意义。从对外贸及主要贸易伙伴的依赖来看,中国经济的独立自主性实际上受到了一定的威胁。在贸易投资一体化的趋势下,外商投资与中国外贸的密切联系、相互促进会加大这种威胁。一方面,中国外贸特别是出口贸易的迅速发展对外商投资的促进作用会加大外资的流入,从而加大中国经济对外资的依赖;同时,外商投资对外贸的推动会进一步加强贸易在中国经济发展中的作用,从而加大中国经济对贸易的依赖,进而加大中国贸易及中国经济对外资的依赖。在中国外贸和吸引外资现有规模的基础上,发展外贸与利用外资之间这种互为因果的关系使中国经济开放的潜在风险进一步加大。以加工贸易的发展为例,“十五”期间,中国外贸增长的突出特点之一是加工贸易增长规模占据主导地位,其创造的贸易顺差数倍于总体外贸顺差;2001—2004年,加工贸易总额增量为3083亿美元,占外贸总额增长规模的48%,加工贸易创造的顺差是顺差总额的2.7倍;2005年前10个月,外贸顺差为803.7亿美元,加工贸易顺差为1126.7亿美元[②]。在加工贸易的发展中,贸易与投资的相互推动发挥了重要作用,外资企业的主体地位十分突出。1996年,外资企业占中国整个加工贸易的比重为64.5%,贸易额为945.7亿美元,2004年则上升为81.86%,贸易额上升到4500.17亿美元,9年间比重提高了17个百分点;与此同时,内资企业在加工贸易中所占比重则从1996年的35.5%下降到2004年的18.14%;不仅如此,内资企业从事的多是低附加值的产品加工,而且配套比例低,参与加工的环节也较少,而外资企业则多从事高端产品生产,且配套比例高,基本上占据了加工的重要环节[③]。

可见,在一定程度上,无论是中国经济发展对外贸还是外资的依赖,都反映了跨国公司推动中国经济,使中国一些产业的生产布局、产品结构和购销渠道日益纳入全球生产链的负面效应,从而反映了中国经济对国际经济的依赖。以中国IT制造业为例,在该行业,外商投资企业在销售额和投资存量中分别占82%和75%,基

① 张二震等．贸易投资一体化与中国的战略．北京:人民出版社,2004．254
② 李玉举．怎样看待“十一五”期间中国外贸增长趋势．国际商报,2006-02-06
③ 加工贸易转型升级亟待“对症下药”．人民网,2006-01-13

本控制了出口产品的技术、零部件采购和市场销售渠道。在这种情况下，一旦国际经济发生波动，IT 业对跨国公司的资金、技术及出口的依赖，再加上跨国公司在中国已经形成的生产能力，将使中国的 IT 业及本地企业受到极大的冲击。因此，科学发展对外贸易，正确处理外商投资与对外贸易之间的关系，已经成为中国面临的现实而紧迫的问题。

三、中国的对外投资与对外贸易

改革开放以来，中国不仅在吸引外资和对外贸易方面发展迅速，在对外直接投资方面也有明显的起色，特别是自 20 世纪 90 年代初正式提出并实施"走出去"战略之后，对外直接投资不仅成了中国"走出去"战略的重要组成部分，而且成了中国维护国家经济安全，提高在对外经济关系中的地位，主动参与国际分工，利用好全球资源和市场，规避贸易壁垒，吸收国外先进技术、管理经验和及时掌握外部信息，以及构建中国企业的全球生产、研发和营销网络，加快中国跨国公司成长的积极措施。

回顾这些年的发展历程，中国的对外直接投资大致经过了以下几个阶段：

第一阶段是初步发展阶段（1979—1983 年）。此间主要是一些大型专业贸易公司和国际经济技术合作公司的对外投资，前者相继分别在一些国际大都市设立海外分支机构，直接目的是为了扩大进出口贸易；后者则从国际劳务合作和国际工程承包等活动起步。作为发展对外投资的尝试性起步阶段，这一时期投资项目少，规模小，经正式批准的境外投资企业仅 61 个，中方总投资额为 4573 万美元，分布在 23 个国家和地区，投资领域主要集中在航运服务、金融保险、承包工程和餐饮业。

第二阶段是进一步发展阶段（1984—1988 年）。这一阶段，中国境外投资企业数增至 450 家，中方对外投资总额达到 6.65 亿美元。1985 年 7 月，中国颁布了《关于在国外开设非贸易性合资经营企业的审批程序和管理办法》，进一步放宽了审批程序和对外投资条件，这促进了中国企业对外投资的较快发展，使参与对外投资的企业类型不断增加，外贸企业、工业企业、商贸物资企业及金融保险类企业等纷纷开展海外投资，对外投资的领域扩大到资源开发（铁矿开采、林业开发、远洋渔业）、加工生产装配等。

第三阶段是调整发展阶段（1989—1993 年）。在这一阶段，中国在海外的投资企业又增加了 1132 家，中方累计对外投资总额为 12.32 亿美元。这一阶段主要是国有外贸专业总公司和工贸公司在海外设立了大量的贸易型企业，一些大公司在海外进行了资源开发型投资。

第四阶段是加速发展阶段（1994 年至今）。这个阶段可以分为前后两个时期，前期以设立一般贸易型企业为主，后期逐渐转为以工业（加工工业，特别是境外加工贸易企业）、资源开发企业为主。在1999年2月颁布实施《关于鼓励企业开展境外带料加工装配业务的意见》之后，以境外加工贸易为主的对外投资步伐明显加快。

目前，中国的对外直接投资已经具备一定的规模。中国商务部、国家统计局联合发布的《2004年度中国（不包括香港、澳门特区和台湾省）对外直接投资统计公报》（非金融部分）显示，2004年，中国对外直接投资总额55.3亿美元，扣除对外直接投资企业对境内投资主体的反向投资，投资净额为55亿美元，同比增长93%，占全球总流量的0.9%。截至2004年，中国累计对外直接投资总额449亿美元，扣除对外直接投资企业对境内投资主体的反向投资，累计对外直接投资净额448亿美元。另据有关资料显示，2005年中国对外直接投资继续快速增长，全年非金融类对外直接投资69.2亿美元，较上年同期增长25.8%[①]。

随着规模的扩大，中国的对外直接投资在地区和行业分布上呈现出了广泛性特征。首先，从地域分布来看，2004年，中国境外企业共分布在全球149个国家和地区，占全球国家（地区）的71%。其中，在欧洲地区投资覆盖率最高，91%以上的国家中有中国直接投资企业，美国、俄罗斯、日本、德国、澳大利亚及我国香港地区的聚集程度最高，集中了境外企业的43%，其中香港为17%。2005年，中国对外直接投资主要集中在亚洲地区，占60.3%，拉丁美洲占16.2%，非洲占6.9%，北美洲占6.7%，欧洲占6.3%，大洋洲占3.6%。综观地区分布的变化，中国海外投资近年有逐步向发展中国家扩展的趋势，投向非洲、拉丁美洲、东欧、俄罗斯及亚洲其他国家的项目日益增加，特别是加工贸易和资源开发的项目较多。

再从行业分布来看，近些年，中国的对外投资领域不断扩大，从过去以贸易和餐饮为主逐步拓展到矿产、森林、渔业、能源等资源开发，初步形成了家电、纺织服装、机电产品等境外加工贸易和农业及农产品开发、餐饮、旅游、商业零售、咨询服务、研发中心等行业的全方位经营活动的格局。从各领域的占比情况来看，2004年，采矿业占32.7%，交通运输、仓储业占15.1%，批发和零售业占14.5%，制造业占13.8%，商务服务业占13.6%，农、林、牧、渔业占5.3%；2005年，制造业占29%，采矿业占28.7%，信息传输、计算机服务和软件业占26.3%，商务服务业占5.2%，批发和零售业占3.2%，交通运输业占2.2%，农林牧渔业占1.8%，建筑业占1.7%，其他行业占1.9%。

对外投资的发展使中国在参与国际分工、利用海外市场和资源方面迈出了重要的步伐，中国对外贸易的发展也获得了新的推动力量。一方面，在中国的对外直接投资中，资源开发型项目占的比重较大。在宏观上，这是由缓解资源进口对中国经济发展的制约、保障资源长期稳定供给的需要决定的；在微观上，这是由企业为

① 数据来源于中新网于2006年2月10日的相关数据报告。

缓解进口原料、半成品增多的约束而在全球范围内实施纵向一体化战略决定的。因此,无论从哪个层面讲,获取资源都是这类投资的主要目的,对进口的促进是其直接效应,这既表明进口是引致这类投资的原因,也反映了这类投资对中国经济发展的促进作用。同时,在这类投资的发展过程中,机器设备、技术和劳务等的出口也得到了推动。另一方面,加工贸易项目大部分属于中国在技术、设备上有较强比较优势的纺织服装、机械、家电、轻工等,这些行业的对外直接投资都有较大的出口带动作用。其中,家电行业中方每投入1美元,每年可带动6.5美元,其他依次是:服装1:3.8,轻工1:3.4,机械1:3,医药1:1.8,化工1:1,纺织1:0.52[①]。很显然,对外直接投资在推动中国企业拓展国际市场方面发挥了积极作用,尤其是对一些国内供给相对过剩、国际上贸易壁垒又比较森严的行业来讲,这种推动作用非常重要,就如纺织企业通过向柬埔寨等国家投资,利用其无配额限制或配额优势向美国等扩大出口,而海尔等则通过对外投资获得了更大的市场。同时,由于对外直接投资的发展增加了对国产零部件等的需要,这也有利于推动中国的出口贸易。以机械行业的海外投资为例,由于机械行业的海外投资企业大量使用国产零部件,特别是在初期设备投资之后,这些投资企业对零部件的持续需求使机械行业海外投资在带动出口贸易方面发挥了重要作用。可见,中国的对外直接投资与贸易发展之间是相互促进的。出口和进口是对外直接投资变化的原因,出口和对外直接投资之间存在着长期均衡关系,这符合企业国际化阶段理论的分析[②]。

此外,中国的对外直接投资对外贸也有替代效应,这包括出口替代和进口转移,前者指对外直接投资导致的出口减少,后者指对外直接投资导致的进口减少[③]。在一些企业将产品的生产基地转移到东道国后,母公司的出口减少必然会影响母国的出口,而对一些需要进口原材料的产品,将生产基地转移到国外,则必定会减少母国的进口。由于这种替代效应使企业可以通过非贸易的途径开拓国际市场、获取他国资源,因此,它既有利于中国企业规避贸易壁垒,也可以缓解进口资源对经济发展的约束。从趋势来看,随着贸易保护的加剧,中国企业为规避贸易壁垒而进行的"关税引致的对外直接投资"会相应增加,为化解潜在的贸易保护威胁而进行的"补偿投资"也会增多[④];同时,随着经济发展中资源约束的加剧,将生产基地转移到国外去的现象会进一步增加。这种变化会进一步加大对外直接投资对贸易的替代,从而加大对外投资在规避贸易保护、缓解资源约束、推动中国经济发

---

① 饶华等.我国"走出去"战略下对外直接投资与对外贸易的关系分析.经济问题探索,2005(1)

② 张如庆.中国对外直接投资与对外贸易的关系分析.世界经济研究,2005(3)

③ 饶华等.我国"走出去"战略下对外直接投资与对外贸易的关系分析.经济问题探索,2005(1)

④ 张如庆.中国对外直接投资与对外贸易的关系分析.世界经济研究,2005(3)

展方面的积极作用。

从总体上讲，对外直接投资的发展表明，中国不仅是资本输入国，而且已经成为资本输出国。联合国贸发会议发布的《2005年世界投资报告》指出，以中国为代表的亚洲发展中国家的势力正不断向外拓展，它们开始成为外国直接投资的重要来源。这意味着，作为国际经济和政治关系中众多主体的一员，中国在国际事务中将发挥更加重要的作用。

但是，就目前的现实情况来看，对外投资在中国对外经济关系和经济发展中的作用还十分有限，这首先是受制于投资规模不足。无论与吸引外商投资还是对外贸易的规模相比较，中国的对外直接投资规模都相对较小。近几年，中国一直是全球吸引外国直接投资最多的发展中国家，而中国的年对外直接投资净额却只有几十亿美元，相比之下，两者相差极为悬殊。从吸引外资与对外投资的比例来看，中国的水平不仅低于发达国家，而且低于其他发展中国家。一般情况下，发达国家吸引外资与对外投资的比例为1∶1.14，发展中国家为1∶0.13，而中国仅为1∶0.09。[①]再从投资的单项规模来看，除少数的资源开发型项目外，中国开展境外投资的企业较多属于中小型企业，其实际投资额往往只有几十万美元，少的只有几万美元。根据赵春明(2004)的分析，中国海外企业平均投资不足140万美元，大大低于发达国家平均600万美元的投资水平，同时也低于发展中国家450万美元的水平[②]。进入2005年后，中国对外投资中大型项目有所增加，但单项规模偏小的状况并没有很好地改善。至于对外直接投资与外贸相比较，其明显的结论是，中国的外贸规模远远超过了对外投资规模，以2004年、2005年的情况来看，几十亿的对外投资规模和万亿以上的贸易规模相比，二者的悬殊实在够大，这不仅意味着中国对外投资规模的不足，而且表明中国开拓国际市场的方式仍然过于单一，对外出口依然是主要手段。

在规模不足的情况下，即使某些项目的积极作用很大，中国对外投资的总体效应也不会有多大，关于这一点，学者们现有的研究已经提供了充分的证明。张二震、马野青、方勇等(2004)的研究表明，由于对外投资的总体规模偏小，与利用外商直接投资不对称，这使中国在全球资源整合中处于被动地位。张如庆(2005)利用联合国贸易与发展委员会网站公布的中国1982—2002年的对外直接投资额、中国商务部公布的同期内中国的进出口额，对中国对外直接投资与进出口的关系进行计量分析的结果表明，由于对外直接投资总体规模偏小，中国对外直接投资对贸易的替代和促进作用不明显。饶华、曾诤、吴国蔚等(2005)的研究表明，中国的对外

---

① 张如庆．中国对外直接投资与对外贸易的关系分析．世界经济研究，2005(3)

② 饶华等．我国“走出去”战略下对外直接投资与对外贸易的关系分析．经济问题探索，2005(1)

直接投资对外贸同时存在替代与促进关系，总体上呈促进关系，但由于对外直接投资缺乏竞争优势，投资规模偏小，因此，对外贸规模影响不大，两者没有建立起健康良性的发展关系，更远没有达到融合发展的阶段。

可见，由于中国吸引外资和对外贸易发展迅速，而对外投资规模较小，发展相对滞后，这使中国的对外投资与吸引外资和对外贸易之间没有能够保持协调发展，这不仅影响了中国对外经济贸易的平衡，影响了中国外汇储备的使用效率和吸引外资的积极作用的发挥，使中国的出口规模和外汇储备一再成为诱发贸易摩擦和人民币升值问题的因素，而且使中国企业由于开拓国际市场的方式过于单一而出现恶性竞争，从而使中国遭遇了更多的反倾销及其他贸易保护措施。

除规模不足外，中国对外直接投资还存在区域分布相对集中和产业布局不够合理的问题。从前面述及的统计资料可以看出，虽然中国的对外直接投资已经涉足世界70%以上的国家和地区，但地区分布的集中度较高。2005 年，仅亚洲就占据了中国对外直接投资的60.3%，主要流向韩国、泰国、柬埔寨、日本、蒙古、越南、也门、印度尼西亚等国家和我国香港地区，对投资环境较好的欧洲等的投资明显偏少。这样的区域布局显然不利于中国充分利用国外的比较优势，尤其是在吸收欧美的先进技术、先进管理经验方面存在较大不足，同时也不利于规避和分散投资风险。加之亚洲一些国家的投资环境相对较差，投资的风险原本较大，而且这些国家和地区业已集中了较多的中国投资，因此，一旦其经济运行发生波动，或者实行经济调整或政策调整，中国对外投资企业的利益及中国对外经济贸易的平衡将受到极大的影响。此外，由于中国的对外贸易以欧、美、日为主要伙伴，因此，中国的对外投资和对外贸易在地区流向方面存在较大的不一致，这不利于投资与贸易融合发展。在行业构成方面，中国对外投资中贸易型投资占比较大，这虽然有利于带动出口，但在贸易保护的冲击下，其波动性较大。此外，从制造业投资来看，其重心在初级产品的加工生产，多属劳动密集型行业，对高新技术产业的投资相对较少，这有利于利用当地的比较优势。但是，由于这类产品附加值和技术含量低，大多只能进入低端市场，因此，这些投资对中国相关行业的贸易带动作用很小，在促进高附加值、高技术含量产品出口方面的作用也十分有限，这不利于中国出口产品结构的优化升级。

进一步分析，中国的对外投资虽然形成了所谓多元化的格局，但从投资动机来看多出于政府鼓励型投资、追求优惠政策型投资以及追求高额利润型投资，不少还是纯粹的窗口、接待单位，真正从发挥比较优势、全面参与全球贸易分工和资源整合的角度进行的资源获取型、要素导向型、市场导向性投资、研究开发型投资比重较小①。因此，中国企业的对外投资离以市场机制为调节机制的跨国经营还相差

① 张二震等．贸易投资一体化与中国的战略．北京：人民出版社，2004．305

很远，这既不利于中国获取更广阔的国外市场、进口更多的优质资源从而优化进口商品结构，也不利于培育真正的跨国公司，从而不利于中国在国际分工、国际资源整合乃至整个国际经济关系中获得主动地位。

四、外经贸协调发展与自主创新

外经贸协调发展与自主创新相结合，这是新时期赋予自力更生为主、争取外援为辅原则的新内涵。

按照辩证唯物主义的观点，外因是事物变化的条件，内因才是事物变化的根本，外因需要通过内因而起作用。因此，任何一个国家的发展都只能以自己的力量为最主要的依靠，自力更生，同时适度发展对外经济贸易，争取必要的外部资源。在发展对外经济贸易的过程中，每个国家都应该从自己的实际情况出发，根据国情的需要和可能确定发展的方针、政策、方向和规模，保证涉外经济的法律法规、对外签订的协议和合同符合国家利益的需要，并在此基础上充分考虑国际规则的要求。这是自力更生为主、争取外援为辅原则的基本内涵，也是一国发展对外经济贸易所遵循的不变宗旨。不过，由于经济发展所处的时期不同，这个原则的具体内涵会有差异。

目前，中国的经济发展已经进入一个全新的时期，这个时期的突出特点是全球化趋势不断加强，中国参与国际分工的程度不断加深，贸易和投资日益融合发展，国际竞争方式复杂多变，自主创新越来越重要。在这样的背景下，全球化趋势的加强和参与国际分工程度的加深，使发展对外经济贸易成了中国必须要走的路，而发展对外经济贸易对独立自主能力的影响以及自主创新能力的缺乏，又要求中国只能在适度利用国际市场和资源的同时加强自主创新。《中共中央关于制定国民经济和社会发展第十一个五年规划的建议》指出，自主创新是中国的国家战略，它意味着在独立自主的前提条件下开拓创新。《建议》的精神突显了自主创新对于中国的必要性和紧迫性。有资料显示，中国国内拥有自主知识产权核心技术的企业仅为3‰，99%的企业没有申请专利，60%的企业没有自己的商标，71%的大中型企业没有技术研究机构，2/3的大中型企业没有技术开发活动；在2004年，中国的13万件发明专利申请中有一半属于跨国公司，美国公司在中国申请专利的年增长量超过20%，而且中国企业申请的100件专利中，只有18件是发明专利，而国外企业申请的专利，100件中有86件属于技术含量较高的发明专利；在世界49个主要国家中，中国的科技创新能力居第28位，处于中等偏下的水平①。很显然，这种缺乏核心技术和自主知识产权的状况意味着中国对跨国公司的技术依赖，这必定会削弱中国的独立自主能力，使中国在国际分工中处于低端地位，从而会极大地约束中

① 我国多数企业没有申请专利没有自己的商标．国际商报，2006－01－13

国外经贸的持续发展。因此，为了既能够顺应全球化和对外开放的要求，又能够规避发展外经贸对独立自主能力的影响，做到在激烈的国际竞争中立于不败之地，中国就必须加强自主创新。同时，在贸易与投资交融发展的趋势下，中国的外商投资、对外投资和对外贸易必须相互配合、协调发展，这种要求与中国外商投资和对外贸易发展迅速、对外投资发展滞后的现实状况之间产生了极大的冲突，为了应对这种冲突，中国还必须保证对外经济贸易的协调发展。这样，新时期的新特点赋予了自力更生为主、争取外援为辅原则新的内涵，它的突出表现是外经贸协调发展与自主创新有机结合。

根据普遍一致的观点，自主创新的基本目标是要达到主动地拥有核心技术竞争力和合法的知识产权，为此就必须坚持技术引进、消化吸收及继承与创新发展相结合，这样才能充分利用国外资源及国内传统领域和开发创新方面的优势，通过技术创新、产品创新、品牌创新和产业创新，发展科学技术，调整产业结构，转变增长方式，培育具有核心竞争力的产品、企业和产业。而从宏观经济平衡的角度讲，外经贸协调发展的主要标志是国际收支基本平衡，这也是中国“十一五”时期经济社会发展的主要目标之一。只有做到国际收支基本平衡，中国才能统筹国内发展和对外开放。从目标细化的层面看，国际收支基本平衡的支撑点是外商投资的适度发展、进出口贸易的平衡发展和对外投资的科学发展。因此，基于自主创新的基本要求及外经贸发展的现实状况，中国除推动外资政策目标由重规模向重质量转变，处理好独立自主、自力更生与利用外资的关系外，还需要加强利用外资、对外投资、对外贸易的政策措施的配合，切实转变贸易战略，加速发展对外投资，保证外经贸协调发展，促进拥有自主知识产权、知名品牌和国际竞争力较强的优势企业的形成，充分发挥外经贸在增强中国独立自主能力方面的作用。

从外商投资的角度讲，由于前面的篇章已经详细分析了其适度发展的问题，因此，这里需要强调的是外资政策对贸易、对海外投资政策的配合。鉴于外商投资、对外贸易和对外投资政策配合应用的目标是为了促进外经贸的协调发展和自主创新能力的提高，那么，外资政策配合贸易及海外投资政策的关键就在于加强外资政策对培育企业和产业核心竞争力的推动作用，以带动贸易的发展和增强企业对外投资的能力，促进对外贸易和对外投资的政策目标的实现。为此，中国需要加强对外商投资的产业引导，大力支持有利于促进中国产业核心竞争力提高的外商投资，严格限制对环境保护、人类和动植物健康有害的外商投资。同时，由于产业关联与配套产业的发展水平是决定跨国公司是否投资、向何处投资的重要因素，因此，中国需要加强对各地区的引导，促使其根据本地区的优势和禀赋特征，有规划地发展一批关联配套产业，形成一定规模的产业集聚，这既有利于吸引外商投资，又能够促使跨国公司引进更先进的技术，并把资源集中于核心竞争力，促进中国国内的自主生产能力和供给能力的形成①。

再从贸易发展的角度来看,其战略调整的关键是优化贸易结构,转变贸易增长方式,实现进出口贸易的质量型、效益型平衡发展。很显然,这样的战略调整对中国长期遵循的扩大出口规模、限制进口数量的奖出限入观念形成了根本挑战,为了应对这个挑战,中国需要创新奖出限入观念,树立进出口贸易平衡、高效发展的思想意识。同时,由于奖出限入是贸易政策的基本目标,也就是说,创新奖出限入观念的关键在于调整贸易政策,而在中国作为WTO成员的情况下,贸易政策的调整必须考虑WTO规则的基本要求。因此,就对外贸易的视角而言,中国要实现外经贸协调发展与自主创新的有机结合,就需要在符合WTO要求的前提下创新奖出限入观念,确立合理保护的理念。事实上,由于WTO极力推崇的是自由贸易,它要求成员方在坚持自由贸易原则的前提下以适当的措施管理进口和出口,这就使传统的、以减少进口数量和增加出口数量为直接目的的贸易保护行为变得非常被动,特别是就进口而言,只要国外的商品有竞争力而中国的市场又有相应需求,限入措施就很难奏效。当然,从另一个侧面讲,限入措施的这种局限性也表明,发展出口的积极有效的途径在于根本提高出口产品的竞争能力,只要中国的出口产品有竞争能力而国外又有市场需求,国外的贸易壁垒就挡不住中国发展出口贸易的脚步。因此,WTO规则的基本要求也决定了创新奖出限入观念、树立合理保护理念的重要意义。

具体分析,创新奖出限入观念、树立合理保护理念包括两方面的内涵:其一是调整贸易政策目标,以维护公平贸易秩序、提高进口效率和出口竞争力为奖出限入的工作重点,消除片面追求进口量减少和出口量增加的短视行为,将短期的减少进口、增加出口目标与长期竞争力的提高相结合,促进贸易模式从主要依靠扩大规模、增加数量的粗放型向主要依靠提高质量、优化结构的集约型转变,加大一些资源性的、低附加值的产品和有利于提高出口竞争力的产品的进口,促进高附加值、深加工产品的出口,加强对企业核心竞争力及产业竞争力的培育,做到标本兼治;其二是调整管理进出口的方式和手段,使进出口管理方式由直接管理向间接管理、由行政和计划管制向市场调节及法制规范转变,并通过运用WTO许可的措施来实现贸易政策的有关目标②。

进一步分析,为了将合理保护理念落到实处,我国重点应做好以下工作③:

第一,进一步加快市场化改革进程。这首先是推动中国外贸管理方式转变的

① 张二震等．贸易投资一体化与中国的战略．北京:人民出版社,2004．287

② 邓敏．WTO框架下中国实现进出口管理目标的路径选择．海峡两岸管理学研讨会首届年会论文集,2002

③ 邓敏．WTO框架下中国实现进出口管理目标的路径选择．海峡两岸管理学研讨会首届年会论文集,2002

需要,因为只有进一步加快市场化改革进程,才能促进政府职能的转变和社会主义市场经济体制的根本确立,从而为进出口管理方式的转变及市场经济法制的建立健全提供可靠保证。当然,从另一个角度而言,由于市场化改革不完善是中国在入世议定书中被迫接受"非市场经济方法"的反倾销、反补贴条款的主要原因,而且根据加入议定书第15条(d)项的规定,一旦中国根据WTO进口成员的国内法证实其是一个市场经济体,则(a)项的规定(中国反倾销承诺中的非市场经济条款)即应终止;如果中国根据WTO进口成员的国内法证实某一特定产业或部门具备市场经济条件,则(a)项中的非市场经济条款不得再对该产业或部门适用。因此,只有加速推进市场化改革,尽快完成从计划经济向社会主义市场经济的转变,我国才能尽早摆脱"非市场经济"问题的约束,并获得更为有利的外贸发展环境。

第二,坚持适度关税保护。虽然自由贸易是WTO实现其宗旨的途径和手段,但WTO并不要求成员实行完全的自由贸易和取消一切保护措施,而是允许成员根据本国实际,使用合理的关税保护手段及其他一些措施。就中国的实际情况而言,由于政府所承诺的主要是平均关税总水平减让,因此,在实施适度关税保护的过程中,中国可以在符合关税平均水平减让幅度的基础上,掌握好具体确定税率的策略。为了增强贸易政策与投资政策的配合,对涉及外商投资的制成品和中间产品进口可以征收适当的关税,以促进"关税引致投资",并加大对国产中间产品的采购;对来料加工和进料加工配以不同的措施,鼓励来料加工的发展,促进加工贸易方式的转变;把那些对国内冲击极小或市场需求量不大的,或者有利于提高中国产业的核心竞争能力的商品关税税率调低,甚至不惜对其实行零关税,对那些可能会给国产同类商品带来较大冲击的产品,则采用高关税,以减缓其冲击和影响;对已经具有一定竞争力的产业,可以从原材料到成品都做出较大幅度的关税减让,对那些确实需要在一定时期内加以保护的产业,其生产原料和半成品可做较大幅度的关税减让,而对其成品则可设置较高关税。在这里,特别需要强调对幼稚工业的保护。根据《1994年关税与贸易总协定》第18条规定,成员方可以为促进建立某一特定产业而背离承诺,即成员方可修改或撤回已经承诺的某些关税减让项目,如果该关税措施仍无法达到促进建立某一特定产业的目的,成员方可经与受影响的成员方磋商或经WTO同意采取非歧视的数量限制措施。由于"建立某一特定产业"的含义非常宽泛,它既包括建立一项新的工业和在现有工业中建立一项新的分支生产部门以及对现有工业进行重大改建,也包括对只能少量供应国内需要的现有工业进行重大扩建,还包括因战争或自然灾害而遭到破坏或重大损坏的工业的重建,因此,中国可以列出有利于国民经济发展和结构调整的"特定工业"清单,适时适度地提高关税或采取数量限制措施,限制进口规模,保护国内市场和产业。当然,从另一个方面讲,适度关税保护还应该包括出口关税的合理运用,特别是对一些紧缺物资、资源性产品等征收一定的出口关税,这对保护国内产业和市场以及促进整个社会经济的可持续发展具有重要意义。

实际上，为了突出国家对重点地区、重点行业的宏观调控，促进社会经济的可持续发展，中国一直在积极地探索和实践实施适度关税保护的途径。例如，根据2005年的关税调整精神，中国对农业生产急需的饲料、氨基酸等产品实行较低的进口暂定税率，对尿素出口征收一定数量的出口关税；为加大对环境、能源和不可再生资源的保护力度，对硫磺、大理石毛料等实行较低的进口暂定税率，对镍、不锈钢产业发展急需的原料实行较低的进口暂定税率，为了限制电解铝、镍、铜等高耗能及国内短缺原材料的出口，适当提高这些产品的出口暂定税率；为支持东北老工业基地振兴以及信息技术等高科技行业的发展，对这些地区和行业生产急需的机床数控装置、数码相机镜头等原材料或零部件实行较低的进口暂定税率。

第三，用好WTO的环保规则。无论对限制进口还是扩大出口而言，用好WTO的环保规则都至关重要。一方面，中国可以利用WTO环境保护的例外条款加强对进口商品的检验，实施合理的贸易保护，严格管制、禁止有害于生态环境和人体健康的商品进口，大力进口有利于改善中国生态环境和提高产业竞争力的商品、技术和设备，保证进口商品符合相关的质量标准、环保标准及其他标准的要求，以加强对进口的管理和国内环境及产业的保护，优化进口结构。另一方面，由于世贸组织关于环境保护的规定为各国设置与环境有关的绿色壁垒开辟了新的“灰色区域”，当今国际贸易中绿色壁垒日益泛滥。面对绿色壁垒的袭击，中国的一些出口产品累累受到限制甚至禁止，特别是由于中国出口市场比较集中在技术性贸易壁垒严重的欧、美、日等发达国家和地区，这些国家和地区在产品的安全、环保、卫生等方面的标准较高，这给中国产品出口市场的扩大造成了极大阻碍。为了应对绿色壁垒的影响，中国除了深入研究国际贸易中的绿色壁垒外，还需要利用WTO的有关规则和贸易争端解决机制，力求公正、公平、高效地解决贸易摩擦、打破绿色壁垒、扩大出口贸易。当然，中国一些出口产品本身也存在不符合国际市场环境保护标准和人类健康标准要求的地方，如产品的生产加工过程不符合有关标准要求，有些生产经营者素质低、绿色经营意识淡薄，等等。因此，为了扩大促进出口增长方式的转变，除了加强反绿色壁垒的力度外，中国还需要根据WTO环境规则的要求，进一步完善环保法规，加强贸易中的环保管理，引导企业按照相关标准组织生产和经营，积极建立绿色产品生产体系，重点开发绿色出口产品，使出口产品符合国际市场在有利于环境保护和人类健康方面的商品品质要求。此外，中国还可以更好地利用WTO《技术性贸易壁垒协定》给予发展中国家就采用国际标准所享有的灵活性，根据自主计划逐步增加采用国际标准的比例，并在一些产品上不适用国际标准，而是根据WTO的环境规则和中国的社会经济条件，特别是中国特色产品的情况，建立和完善中国的卫生质量管理体系、防疫体系和相关标准，在形成进口壁垒的同时力促出口商品按中国标准检验，以达到转变贸易增长方式的目的。

第四,用好 WTO 的贸易救济措施。贸易救济措施是自由贸易的“安全阀”,通过援用有关的例外条款、发展中国家待遇或采取保障措施等,可以消除或减轻贸易自由化给中国带来的负面影响。针对日益增加的反倾销、反补贴起诉和保障措施案,中国政府除了利用 WTO 贸易救济措施条款的规定有效应对外,还需要进一步调动企业应诉的积极性,并在应诉技巧、方法等方面继续加强对企业的引导,大力打击滥用贸易救济措施的贸易保护行为,以便为中国出口贸易的发展创造良好的市场环境。同时,从目前的实践情况来看,中国还应该适当加强反倾销、反补贴调查和保障措施的运用,主动起诉,合理强化进口贸易保护和规范贸易秩序。在反倾销调查中,只要调查确定某种商品的进口价格低于正常价值销售或低于成本销售,并对中国生产类似产品的产业存在实质损害,或者存在实质损害威胁,中国就可以对该种进口商品征收反倾销税;在反补贴调查中,只要调查确定某种进口商品包含有禁止性补贴或可诉补贴,并对中国相关产业造成实质性损害,而且双方未能就有关事宜达成补偿协议,中国就可以对该种商品征收反补贴税;在保障措施的应用中,只要调查表明某种商品进口量绝对增加或相对增加,并对国内相关产业造成严重损害或严重损害威胁,中国就可以在非歧视原则下对该进口产品采取增加关税或数量限制措施。这样,在今后一段时期内,贸易救济措施就可以在维护竞争秩序、保障国内产业合法权益等方面发挥更大的作用。

第五,大力实施 WTO 许可的补贴措施。根据 WTO 给予中国的农业补贴方面的发展中国家待遇,中国可以对农业提供占农业生产总值 8.5% 的“黄箱补贴”,补贴的基期采用相关年份,而不是固定年份,这使中国不仅可以利用“绿箱补贴”,而且可以利用“黄箱补贴”支持农业的发展。除了农业领域,中国还可以在其他领域加大实施可诉补贴和不可诉补贴的力度,特别是通过加强对企业研究和开发活动的援助,加强对高等教育机构、研究开发机构与企业签约进行研究和开发活动的支持和援助,促进重点地区、重点产业和重点企业的发展,增强自主创新的能力,促进出口商品结构的改善,从地区、产业、企业和产品各个层面为出口贸易的发展提供可持续的推动力量。

第六,引导企业树立正确的竞争意识。这有两个基本要求:一是引导企业正确认识产品竞争力的重要性和内涵,促其根本改变太过看重价格竞争力的旧习,树立以切实提高产品在环保、健康等方面的综合竞争力为根本的竞争力观念,学会以品质为核心的高水平竞争,鼓励企业加大研发投入,为自主创新的高技术产品出口提供便利。做到这一点,对培育中国企业的核心竞争能力、促进贸易和经济增长方式的转变至关重要。因为,在人类社会早已进入全球性科学技术革命的今天,各国综合国力的竞争越来越多地体现为自主创新能力的较量,而中国目前的外贸总额虽然居世界前茅,但企业的研发投入极低,自主创新的高技术产品在对外贸易中所占的份额仅为 2%,在国际竞争中,中国的优势在相当程度上仍然体现为相对廉价的劳动力和某些资源，随着资源价格上涨、成本上升，这些竞争优势将逐渐丧失。在这样的趋势下，中国只有根本转变企业的竞争意识才能够根本提高其自主创新的积极性，从而增强企业的核心竞争能力。二是引导企业抛弃“你死我活”的竞争理念，树立既竞争又合作、竞争与合作有机结合的“竞合”观念，摆脱低层次、恶性竞争的桎梏，以双赢原则推进企业互动、地区互动。为此，中国政府需要继续加强对企业管理人员的培训，进一步提高管理人员的业务素质，继续加强对企业的咨询服务，让企业更多地了解国际市场，降低企业在出口贸易中的市场调查成本，提高企业开展出口贸易的竞争能力。

第七，充分发挥行业组织的作用。随着政府职能的转变，充分发挥行业组织的作用显得特别重要。首先，行业组织是政府和企业之间的桥梁，作为政府的有力助手和参谋，它可以为政府的决策提供重要参考，作为行业利益的代表，它又可以向政府力陈行业的利益要求和愿望。其次，作为一种民间性质的社会团体，行业组织可以为企业提供许多便利和服务。例如，当企业需要实施反倾销、反补贴措施时，行业组织可以组织调查、提供详细的资料并协助企业提起诉讼，而在企业遭遇反倾销诉讼时，行业组织又可以帮助企业积极应诉。此外，行业组织还可以组织企业联合行动，建立相应的行业标准，促使企业创新技术，并通过与国外有关行业加强联系获得国外产业的信息，帮助企业开拓国际市场。

此外，从对外投资的角度来看，前面的分析已经从某些侧面反映了促进其发展的积极意义。除此之外，经济结构的升级、规避贸易壁垒等，也表明了中国进一步发展对外直接投资的必要性。

首先，从中国经济结构的不断升级和可持续发展的内在要求来看，随着经济从短缺经济、卖方市场进入过剩经济和买方市场，中国大部分产业的生产能力趋于饱和，这加大了实现宏观经济平衡的难度，也不适应需求结构升级的需要。因此，为了优化供求结构，以满足需求结构变化的需要并促进经济结构升级，中国需要将成熟技术转移到国际市场，将国内市场空间用于新产业的发展。从可持续发展的角度来看，尽管中国有不少经济资源总量排名在世界前列，但有一些重要资源不能自给自足，再加上中国人口多，经济发展速度快，所以即使是丰富的某些资源，人均占有量也很低。为了确保国民经济的持续发展和国家的经济安全，对于关系到国计民生的重要战略资源则不能简单地依靠传统贸易方式来获得，而必须通过对外直接投资，直接参与当地的资源生产和开发，以满足国内需求。

其次，从规避国际贸易壁垒的角度看，随着国际市场竞争的加剧，贸易壁垒越来越多，其隐蔽性也越来越强，这使海外生产日益成为规避贸易壁垒的有效途径。就中国的情况而言，随着对外贸易快速增长、国外市场份额不断扩大，在贸易发展仍然主要依靠劳动密集型产品和中低档技术密集型产品竞争优势，以及贸易相对集中于欧、美、日市场的情况下，中国的出口贸易日益受到其他国家的关注和牵制，并成了国际市场尤其是发达国家反倾销壁垒、特保措施、技术性贸易壁垒的主要攻击目标。面对激烈的贸易摩擦，企业通过对外直接投资，在海外生产和销售，这不仅可以带动相关国产技术、设备、材料和半成品的出口，还可以有效规避贸易壁垒，减少贸易摩擦，扩大市场占有率和形成稳定的海外市场。

再次，发展对外直接投资也是培育跨国公司，增强中国参与国际分工的主动性，提高中国在国际关系中的地位和独立自主能力的客观要求。在国际直接投资超越国际贸易并日益成为世界经济发展的重要动力的今天，无论从获取国外资源，还是从扩大国际市场份额的角度来看，国际投资都已经成为独具优势的国际经济行为。在相当程度上，当今国与国之间的经济竞争越来越多地表现在国际直接投资领域的竞争，而跨国公司作为国际投资的载体，使得国与国之间的经济竞争又直接表现为各国跨国公司之间的竞争。一个国家的经济实力和国际竞争力，越来越集中地体现在跨国公司的实力和竞争力上①。这样的现实表明，一国要有效利用国际分工就必须培育自己的具有国际竞争力的跨国公司。然而，与全球跨国公司的迅猛发展和世界500强相比，中国的跨国投资才刚刚起步，中国跨国公司的实力十分弱小。有关资料显示，中国企业500强的资产总额、营业收入和利润只相当于世界500强的7.11%、6.12%和32%，人均资产、人均营业收入和人均利润只相当于世界500强的14.58%、14.15%和72.5%。因此，只有大力发展对外直接投资，鼓励中国企业全方位地参与国际竞争，才能培育出具有国际竞争力的中国跨国公司，并通过跨国公司的发展带动贸易的发展，加大对国外比较优势的利用，更好地实现国内外两个市场、两种资源的优化配置。

最后，发展对外直接投资还是打破发达国家跨国公司技术垄断，提升中国技术创新能力的需要。在贸易投资一体化的国际分工格局中，发达国家跨国公司几乎占据了各项产业的技术制高点，拥有技术创新方面的绝对优势，中国绝大多数高新技术产业的关键技术都基本被国外的跨国公司所垄断②。面对这样严峻的形势，中国要突破外国跨国公司的技术垄断就不能一味地依靠引进外资，尤其是在跨国公司对华投资越来越倾向于采取更有利于自身核心技术垄断及保密的独资经营方式、外商投资的技术扩散和外溢效应逐步缩小的趋势下，仅仅依靠传统的技术贸易和外商的技术扩散来提升中国的技术创新能力是远远不够的，只有到新技术的发源地直接投资，特别是进行研发投资，才能及时学习国外先进技术，充分利用国外的人才资源，提升中国的技术创新能力。

因此，无论是从对外经济贸易协调发展的角度来讲，还是从经济结构升级、规避贸易壁垒和提升中国的技术创新能力等方面分析，发展对外投资都是十分重要

① 张二震等．贸易投资一体化与中国的战略．北京：人民出版社，2004．309

② 张二震等．贸易投资一体化与中国的战略．北京：人民出版社，2004．309

的。当然,就中国目前的现实情况来看,加大对外投资也是可行的。一方面,经过改革开放二十多年的积累,中国已经具备加大对外投资的物质基础,这无论从中国对外贸易的快速发展、外汇储备的迅速增加,还是从中国综合国力的增强,都可以得到充分的证明。同时,自提出并实施“引进来”和“走出去”相结合、全面提高对外开放水平方针以来,中国政府加大了发展对外投资的工作力度,相继出台了一系列有利于企业对外投资的法律法规和政策,为中国企业“走出去”提供了较好的环境。在这里,特别值得一提的是,中国对外贸易自由化进程的加快、经常项目可兑换的成功实践,为实现资本项目可兑换创造了条件。随着2006年稳步推进资本项目可兑换、取消境外投资用汇额度限制等措施的出台,随着政府继续实施“走出去”战略,中国企业对外投资的环境将不断优化。再者,虽然中国对外直接投资起步较晚,在技术、管理等方面也还存在着一些不足,但是由于中国拥有大量适用技术,如小批量的制造技术、多功能的机器设备等,这些都比较符合其他发展中国家的市场需求,容易被其接受;再加上中国具有一些独特技术,如中医中药等,这使中国具有开展对外投资的比较优势,从而为中国企业“走出去”奠定了基础,中国著名的老字号同仁堂就是凭着这样的比较优势在美国、英国、澳大利亚、意大利、加拿大、新加坡、马来西亚、泰国、菲律宾等国家以及中国的香港、台湾和澳门地区开展了投资。此外,随着经济合作与发展组织和世界银行对国际资本流动自由化的推进,随着WTO《与贸易有关的投资措施协议》的实施,跨国投资活动的国际协调日益加强,各国外资政策自由化的步伐逐步加快。早在20世纪90年代以前,几乎所有的发达国家就已经基本放开了对流入型和流出型外国直接投资的限制,在20世纪90年代初,大多数发展中国家及中欧和东欧国家也纷纷加入了这个过程。在各国普遍参与的情况下,许多推动外资政策自由化的改革纷纷出台,仅在1991—1994年,实施外资政策改革的国家数目加总就有184个,改革的次数达到373项,其中大约有368项属于外资政策自由化的行动,占外资政策改革总次数的98.7%。到20世纪90年代中期,世界各国的外资政策自由化已经取得了很大进展,特别是大多数发展中国家也开始建立自由性的外资政策体系,这使各国在减轻或取消专门针对外国投资者的限制以及由于对外国投资者实行歧视所导致的市场扭曲、加强对外国投资者的积极待遇标准等方面迈出了非常重要的步伐,从而为国际投资的发展创造了更为有利的环境,也为中国对外投资的发展提供了更加广阔的空间。

国际、国内环境和中国经济的发展状况表明,中国的对外投资是可以获得长足发展的。当然,从发展的科学性来讲,中国的首要任务是扩大对外投资的规模。根据$X-M=(Dc-Fc)+(Dr-Fr)$这一宏观经济平衡的基本要求,中国2005年出口7620亿美元,进口6601亿美元,进出口相抵,贸易顺差1019亿美元;同期内,中国实际利用外商直接投资603亿美元,非金融类对外直接投资69.2亿美元,因此,中国的对外投资至少可以成倍地增长。不过,鉴于中国目前在对外投资宏观政策环境方面存在政策性金融支持不够，缺少专门的海外投资风险基金，海外项目投资保险品种太少和费用太高，以及管理审批环节过多、效率低下和实践中一些政策不配套、政策实施与其初衷相背离等缺陷，在微观主体方面存在平均对外投资规模偏小以及投资项目的技术含量不高，企业缺乏核心技术、技术创新能力弱，缺乏跨国经营需要的技术、管理、法律、财务和营销方面的高素质人才等问题，在产业和地区布局方面存在不合理现象。要大力发展对外投资，促进外经贸协调发展和自主创新能力提高，我国需要重点做好以下工作：

第一，调整和完善政策措施，建立科学的协调机制，为企业“走出去”创造良好的宏观政策环境。当务之急，相关政府部门要疏理现行的政策和规定，建立健全法律法规，在融资政策、外汇管理制度、人员派出、审批程序等方面，采取切实可行的办法，并加强政府为企业服务的功能。一方面，要建立和完善制度保障体系，加快“走出去”方面的立法进程，制定和完善相关法律、法规及配套的管理办法和实施细则，并将现有的有关政策和条例全部纳入法制化轨道，规范管理，增加透明度。另一方面，要加强双边和多边合作机制，包括利用政府间的双边投资保护协定和WTO等国际组织的规则加强区域性磋商与合作，创造良好的外部投资环境，积极解决和维护企业的海外投资利益。此外，要建立和完善监控与服务体系，加强安全保障和防范工作。这包括：制定和完善境外投资企业管理办法，完善境外投资绩效评价与联合年检制度，建立境外投资责任制度；加强对境外投资的宏观指导，制定较详细的产业指导目录、经营国别和区域规划等；建立健全信息网络系统，包括建立公共信息服务系统，向企业及时提供各国投资环境信息、引资项目信息、中介机构信息等投资情报方面的信息服务；大力发展商务咨询、法律、会计、专利等方面的中介机构，完善社会中介服务，为企业提供相关的咨询与服务，协助其走向国际市场；建立安全状况评估和预警机制，及时发布预警公告，加快制定境外领事保护规则和措施，对境外中资企业和中国公民的财产和人身安全实行有效的保护，维护其合法权益。最后，要完善审批制度，对不同主体、不同项目的海外投资要区别对待，对国有企业的海外投资，无论其对外投资项目是大还是小，都应该加强审批和管理，以防范国有资产流失；至于民营企业的对外投资，除少数大项目外，一般项目原则上可以放松审批，或实行必要的备案制度，以保证国家相关部门掌握整体情况。

第二，加强对企业的引导，促进跨国公司的形成和发展。从总体上讲，政府要加大宣传力度，促进企业形成以市场、资源和其他比较优势为导向的投资意识，弱化企业对政府优惠的依赖，以便企业真正确立全面参与国际分工、追求要素在全球范围优化配置的投资战略。从培育具有竞争力的跨国公司来看，其意义在于国际竞争是实力的竞争，而跨国公司在相当程度上是实力的象征，是充分利用要素的国际流动在世界范围内优化资源配置、提高资源使用效率的主体。站在国际经济的角度，作为一个发展中国家，中国发展跨国公司还有利于加大发展中国家在国际经济和政治中的影响,促进国际经济新秩序的建立。然而,也正是由于中国是一个发展中国家,因此,中国不可能、也不会像发达国家那样依靠国际垄断资本和旧有的国际经济秩序发展自己的跨国公司,这就决定了中国难以依靠单纯的市场机制、通过与发达国家跨国公司的自由竞争来发展壮大自己的跨国公司,从而决定了政府引导在发展对外投资中的重要意义。就更具体的层面而言,政府在引导企业时一方面要注重促进其建立和培育国外生产和营销网络体系。因为,在国外建立生产和营销网络体系是一项长期且成本极高的系统工程,具有高额投入和市场风险的不可预测性特点,且中国现阶段的大多数企业在世界范围内还属于中小企业,与西方跨国公司的差距很大,其生产和营销网络的建立在相当程度还属于实验性的,因此,加大政府对企业在生产和营销网络建设方面的支持力度是非常重要的。另一方面,政府要加大对企业人员的培训力度,提高企业人员的素质,使之懂得采取恰当的市场开拓方式,推动企业建立和发展国际战略联盟,形成优势互补的网络式的松散型组织,以促进企业实现拥有市场、有效使用资源及分散风险等战略目标。以建立战略联盟为例,政府引导和宣传的意义首先在于可以帮助企业人员了解战略联盟的重要性,然后让企业懂得决定战略联盟成功的因素主要有三个:一是行业和地区的相关性。一般而言,在已进入的国家或地区加强核心竞争业务的实力时宜采用并购方式,这样能够避免可能产生的竞争性摩擦,而在进入新行业或新地理区域时,战略联盟成功的可能性比前者大些。二是合作伙伴的实力对比。通常情况下,由两个实力相当的企业结成的战略联盟要比实力相差悬殊的企业结成的联盟更稳定。三是合作形式的灵活性。它可以体现在修订最初合作协议、扩大经营范围、进入新的区域或产品市场、调整战略目标等许多方面,通过对灵活性的掌握,能够更好地应对在合同期限内可能遇到的难以预料的变化。

此外,中国政府还需要在投资地区和行业方面加强对企业的引导,以推动投资地区结构和产业结构的多元化,分散和减小风险,促进对外投资政策与对外贸易政策和外资政策的配合,增强投资对贸易的带动效应,促进贸易投资融合发展。具体而言,政府可以通过政策鼓励和信息引导,使企业加大对中国的主要投资来源国的投资,从而加强与有关国家的相互投资关系,形成彼此间的投资牵绊,以削弱主要投资来源国对中国的约束,促进中国海外投资环境的改善;同时,通过尽量加大对欧、美、日等主要贸易伙伴的投资,可以更充分地利用、学习发达国家的先进技术,增强贸易和投资在地区流向上的一致性,更好地规避贸易壁垒,促进贸易和投资的互动发展。从产业布局来看,政府重视引导企业继续加大资源型投资很重要,但是根据联合国贸发会议《2005 年世界投资报告:跨国公司与研发国际化》分析,中国对外直接投资的关键驱动因素是对自然资源需求的不断增长,关于这一点,仅从中国在拉丁美洲和非洲地区自然资源方面的投资项目就可见一斑。很显然,从中国海外投资现有的产业布局缺陷来看,只注重对资源型投资的推动是远远不够的。

为促进外经贸的协调发展及自主创新能力和竞争能力的提高，中国必须鼓励和引导企业加大非贸易型和高附加值、高技术含量领域的投资及研发型投资；同时，对国内生产能力过剩、国际上贸易保护严重和技术成熟的领域，政府要加大对相关贸易政策和对外投资政策的调整，尽力降低海外直接投资相对于出口贸易的成本，并对投资所需要的中间产品、设备等的出口提供便利，从而提高企业对外投资的兴趣。

在全球化趋势不断加强，中国参与国际分工的程度不断加深，贸易和投资日益融合发展，国际竞争方式复杂多变，自主创新越来越重要的趋势下，对外贸易、利用外资和对外投资协调发展与自主创新的有机结合成了自力更生为主、争取外援为辅原则的新内涵。目前，由于对外投资发展滞后，加上吸引外资与对外贸易方面存在一些问题，这使中国的外商投资、对外贸易和对外投资在协调一致、共同促进经济发展方面存在较大的局限。加强对外经贸政策的配合、促进对外经贸活动协调发展，充分发挥其对提高自主创新能力的积极作用，这对增强中国的独立自主、自力更生能力具有十分重要的意义。

第十五章
对外开放与可持续发展

随着经济全球化进程的不断推进,世界各国之间的相互联系日趋紧密,世界经济取得了较快的发展。与此同时,由于人类为了获得对自身有利的发展空间以及资源条件,无视生态循环大系统的平衡运作,导致全球气候环境日益恶化、森林资源和其他稀缺资源过度开发和不合理利用,最终对人类本身的继续生存和长远发展构成威胁。如何打破这一生态系统的恶性循环,成为确保经济社会可持续发展的重要因素之一。

就国内而言,随着我国经济的快速增长和对资源需求量的不断提高,我国面临着日益严峻的“资源、环境和经济社会”共同发展的矛盾,因此,必须制定出合理而有效的资源开发利用的战略和计划,从而提高资源的利用效率,保护环境,减少由于资源消耗而形成的有害物质的排放,实施可持续发展战略,打破恶性循环,达到资源、环境和经济社会这一有机整体的协调运行。因此,实施可持续发展战略是中国的必然选择,也是我国对外开放的必然要求。

我国自改革开放以来,不断加大对外开放的力度,积极发展开放型经济,取得了举世瞩目的成效,成为改革及国民经济发展重要的推动力,中国经济已经融入世界经济之中。开放经济使得我国通过出口拉动了经济增长,引进了资金和技术,加快了发展速度,但开放经济也将我国的环境安全更多地暴露于外部冲击面前。由于环境成本的外部化和“越境污染”,开放经济往往会对环境保护产生直接或间接的负面影响,比如加速了资源的使用和污染的排放,对我国生态环境的可承载能力造成了巨大的压力;当然,不可否认的是,对外贸易也能通过提高收入和推动清洁技术的传播而改善环境,进口资源密集型产品缓解国内环境压力等等,从而对国内生态环境产生积极正面影响。因此,最终的问题是:如何充分利用对外开放带来的优势信息和战略资源对我国环境产生积极影响,从而实现可持续发展思路下的对外开放,即促使对外开放走上可持续发展的道路成为当前的继续探讨和解决的紧迫问题。

就我国目前研究现状和实践积累来看,可持续发展的思路主要体现在对外贸易和吸引外资两个大方向上,主要包括如何防止出口诱发的对国内资源不合理开发和对环境过度损害;如何规避国外尤其是发达国家的绿色壁垒;在制定行之有效的措施抵御进口国外产品对我国生态环境的破坏的同时,如何借助“外力”,进口一些资源与环境治理的边际成本比较高的产品，如原油、木材、纸张等，从而缓解国内的环境压力。

本章将从可持续发展的内涵及基本原则入手，着力探讨可持续发展理念下我国对外开放过程中面临的对外贸易和吸引外来投资所引发的环境问题，同时指出，同经济问题的国际传导一样，一国环境的恶化也极易对其他国家带来消极影响。发达国家从发展中国家进口并消费污染型产品，会对其环境造成直接的污染。发达国家通过国际投资转移出的污染产业在造成发展中国家生态环境污染的同时，也通过传播机制，间接对自身的环境造成一定污染。因此，在国际分工和国际交换发展的过程中，环境问题是一个具有世界性的共同问题，各个国家应该各尽所能，协力改善人类生存环境。基于此，在本章的最后部分提出了我国在可持续发展理念下开展对外开放工作的对策及建议。

一、可持续发展的内涵和基本原则

可持续发展（Sustainable Development）是20世纪80年代提出的一个新概念。1987年世界环境与发展委员会在《我们共同的未来》报告中第一次阐述了可持续发展的概念，得到了国际社会的广泛共识。

（一）可持续发展的内涵

在《我们共同的未来》报告中，将可持续发展定义为既满足现代人的需求而不损害后代人满足需求的能力。在这一思想指导下，经济学家、社会学家、环境学家进一步从经济、生态、协调、社会和以人为中心等不同角度对可持续发展的概念进行了定义。概括而言，主要有以下几大类定义：

（1）从自然属性定义可持续发展。生态学家侧重于从自然或生态的角度来认识问题，认为可持续发展是“自然资源及其开发利用之间的平衡”。国际生态学联合会和国际生物科学联合会在1991年11月共同举行的可持续发展研讨会上，将可持续发展定义为：“保护和加强环境系统的生产和更新能力”。还有的学者认为，可持续发展是“寻求一种最佳的生态系统，以支持生态系统的完整性和人类愿望的实现，使人类的生态环境得以可持续”（陈述彭，1995；赵士洞，王礼茂，1996）。一些学者甚至提出“可持续发展就是回归自然观”。其主要理由是，由于可持续发展理论是基于生态环境的恶化而提出的，生态环境的恶化又是由人的活动引起的，因此，认为可持续发展理论是对人类中心主义的否定，也是对主体性原则的否定，人类只能放弃对自然界的改造和控制，“回归自然”，成为“自然界的普通一员”，才能实现对生态环境的保护和可持续发展。

（2）从社会属性定义可持续发展。认为可持续发展是社会的持续发展，包括生活质量的提高与改善。如莱斯特·R. 布朗认为，可持续发展是人口趋于平稳、经济稳定、政治安定、社会秩序井然的一种社会发展；Takashi Onish 提出，可持续发展就是在环境允许的范围内,现在和将来给社会上所有的人提供充足的生活保障。世界自然保护同盟(IUCN)、联合国环境署(UNEP)和世界野生生物基金会(WWF)共同发表的著名的《保护地球——可持续生存战略》(1991)中就将可持续发展定义为:"在不超出维持生态系统涵容能力的情况下,改善人类的生活质量",并特别指出可持续发展的最终落脚点是人类社会,即改进人类的生活质量,创造人类美好的生活(刘培哲,1994,1996;赵士洞,王礼茂,1996)。

(3)从经济属性定义可持续发展。认为可持续发展就是指经济的发展,同时也强调这种发展应保持在自然与生态的承载力范围之内。如 Edward. B. Barbier(1985)认为,可持续发展是"在保护资源的质量和提供服务的前提下,使经济的净利益增加到最大限度";David Pearce 也认为,"可持续发展是在自然资本不变的前提下的经济发展";世界资源研究所(World Resources Institute,1992 - 1993)定义可持续发展为"不降低环境质量和不破坏世界自然资源基础的经济发展"(刘培哲,1994;陈述彭,1995)。

(4)从自然、社会和经济协调角度定义可持续发展。不少专家认为,可持续发展是社会、经济与环境的协调发展。在 1995 年召开的中国"全国资源环境与经济发展研讨会"上,给可持续发展下的定义是:"可持续发展的根本点就是经济社会的发展与资源环境相协调,其核心就是生态与经济相协调"。

(5)从科技属性定义可持续发展。如司伯斯认为,"可持续发展就是转向更清洁、更有效的技术,尽可能接近零排放或密闭式工艺方法,尽可能减少能源和其他自然资源的消耗";世界资源研究所提出,"可持续发展就是建立极少产生废料和污染物的工艺或技术系统"①。

可见,可持续发展内涵十分丰富,在其理念体系中,关心子孙后代的福利和经济利益在代内和代际的公平分配;同时,也关注国际间的利益分配问题,即发达国家利用或耗竭了大量的自然资本,却将成本分摊给世界来共同承担;最后,可持续发展还囊括了生物多样性,并着力主张维持生态环境复合系统的完整性和协调性。因此,我们认为可持续发展理念不是一个单纯的经济学问题,而是一个涉及到自然科学、社会学、政治学、经济学等许多领域的综合性系统工程。就其社会观而言,可持续发展主张公平分配,追求代际与区域间的公平与效率,既满足当代人又满足后代人的基本需求;就其经济观而言,可持续发展认为有限增长的经济同解决贫困问题同样重要,因此强调发展是硬道理,主张建立在保护地球自然系统基础上的持续经济发展,就其自然观而言,主张人类与自然的协调发展。由此,可持续发展是一种生态的可持续发展、经济的可持续发展和社会的可持续发展,经济持续发展是社会可持续性发展的基础,资源的永续利用是经济可持续发展的基础,生态环境的保

① 美国世界能源研究所．世界资源手册(1992—1993)．北京:中国环境科学出版社,1993

护与改善是资源可持续利用的基础①。

（二）可持续发展的基本原则

可持续发展概念虽然可以从不同层面进行分析，但无论如何定义，它们都包含三个共同的原则：公平性原则，即强调同代人和世代人对资源的公平分配；可持续性原则，即保持资源的良性循环；共存性原则，即强调人类与环境的整体性和相互依存性。

1. 公平性原则（Fairness）

人类社会是人与自然不断和谐发展的历史过程。自从人类产生以来，世世代代都在地球上繁衍生息，都对地球上所禀赋的自然和人文资源拥有均等的享用权，前代人的发展不能建立在牺牲后代人的利益上。公平性原则，强调发展应追求三方面的公平，一是本代人的公平即同代人之间的横向公平。同一代人中一部分人的发展不应当损害另一部分人的利益，并要把消除贫困作为可持续发展进程特别优先的问题来考虑。二是代际公平即世代人之间的纵向公平。本代人的发展不能以牺牲后代人的利益为代价，因此，当代人对后代人生存发展的机会和可能性有着不可推卸的责任，同时代际公平原则还要求当代人向后代人提供的资源与环境条件必须满足后代人进一步发展的需要。三是物种间的公平。可持续发展思想的一个重要组成部分就是共同进化的思想，即由人类中心主义向各种生物物种共同发展的方向转变。因此，物种间的公平主要涉及到的是人类与其他物种之间共同谋取发展的空间公平性，从这个角度出发，人类不仅要和同代人及其子孙后代共享资源、环境和发展机会，而且还要与其他生物共享稀缺资源和生存机会。然而，目前占全球人口26%的发达国家消耗的能源、金属、木材和粮食却分别占世界消耗量的70%、75%、85%和60%，发达国家通过对自然资源价格的垄断等形式来维持其利用地球资源的优势。这种国际资源配置的不公平致使广大发展中国家资源消耗严重，严重威胁到发展中国家后人的生存条件。联合国环境与发展大会通过的《里约热内卢宣言》，已把公平原则上升为国家间主权原则："各国拥有着按其本国的环境与发展政策开发本国自然资源的主权，并负有确保在其管辖范围内或在其控制下的活动不致损害其他国家或在各国管辖范围以外地区的环境的责任"。贫富分化和地区冲突产生的原因主要是代内关系不协调；当代人与后代人的冲突产生的原因主要是代际关系不协调，滥用从后代人那里借用的环境和资源资本。这些都是违背可持续发展理念的，必须在协调性原则下加以解决。

2. 持续性原则（Sustainability）

可持续发展系统是由人口、资源、环境、经济、社会等要素组成的协同系统。为使这个系统达到整体功能的最优，必须协调系统各要素之间的关系。其核心是指

---

① 罗慧，霍有光．可持续发展理论综述．西北农林科技大学学报（社会科学版），2004(1)

人类的经济建设和社会发展不能超越自然资源与生态环境的承载能力。发展是硬道理,但经济、社会的持续发展必须以良性生态平衡能力为基础,不能由于经济发展而威胁到人类自身的生存和发展。正如《我们共同的未来》中所描述的"人类对自然资源的耗竭速率应考虑资源的临界性","可持续发展不应损害支持地球的自然系统:大气、水、土壤、生物……"。

3. 共同性原则(Common)

地球是全人类的共同家园,虽然不同的国家和区域的可持续发展的具体目标、政策和实施步骤不一定也不是惟一的,但可持续发展作为全球发展的总目标,所体现的公平性和可持续性原则是共同的,为实现这一总目标,必须采取全球共同的联合行动。正如《我们共同的未来》报告前言中写到的:"今天我们最迫切的任务也许是要说服各国认识回到多边主义的必要性","进一步发展共同的认识和共同的责任感,这是这个分裂的世界十分需要的"。

二、可持续发展理念下对外开放面临的主要问题

在开放经济下积极参与国际贸易总的来说由于环境成本的外部化和越境污染,开放经济往往会对环境保护产生直接和间接的负面影响。在多数情况下,贸易与投资并不是造成环境问题的主要原因,国际经济贸易的快速增长一定程度上可以促进环保事业的发展,特别是为环境保护提供经济基础,但如果一味追求贸易与投资的自由化发展而不考虑可持续发展,国际贸易与投资的发展可能给环境带来很大的负面影响,环境代价甚至大大超过经济利益。

(一)贸易与环境问题

现实中,环境政策对贸易的冲击和贸易对环境保护的影响不断交织,随着经济全球化的进程不断加快,环境与贸易问题的争论愈演愈烈,而争论的内容和范围也由于新问题的出现而不断延伸和扩展。

1. 贸易与环境的冲突

贸易与环境的冲突主要集中体现在自由贸易主义者与环境主义者的对立上。自由贸易主义者认为自由贸易对环境是有利的。从福利经济学的角度看,自由贸易有助于实现资源的最优配置,从而保证生产活动能够按照最有效的方式进行,这样通过自由贸易的全球产出所消耗的环境成本也最低。自由贸易有助于国家有更多的机会获得更加环保的产品和更有效率的生产方式,尤其是对那些经济落后的国家效益更大。贸易自由化还有利于消除扭曲的贸易政策措施如补贴和税收,由于这些措施扭曲了环境的成本,使得自然资源失去合理的配置。而环境保护者则认为自由贸易对环境保护不利。一方面,自由贸易所带来的经济活动的增加会增加对不可再生资源的耗费;另一方面,在各国有权制定自己环境标准的前提下,不同的环境标准就如要素禀赋一样会影响一国的比较优势,这样,自由贸易的结构会

赋予环境标准较低的国家竞争优势,其结果会出现各国竞相降低环境标准,环境高标准国家的厂商将向环境低标准国家进行转移,出现"污染庇护所"(Baumol and Oates,1988)。此外,在多边贸易体制中将贸易与环境挂钩问题上,发达成员与发展中成员之间存在巨大分歧。发达成员试图将贸易与环境问题纳入多边贸易谈判,目的是要求 WTO 的贸易规则允许成员方采取高于国际保护标准的环境、健康和生物多样性标准,对环境标准较低国家的产品采取贸易限制措施而合法化。发展中成员则对贸易与环境问题纳入多边贸易体系持反对态度。发展中国家担心发达成员"以环境保护为名,行市场保护之实"。发展中成员认为,使用贸易制裁为取得环境目标是不公平的,因此,难以在不平衡的世界中接受发达国家的单边主义措施。

显然,由于发达国家和发展中国家经济发展水平不同,其在环境治理和保护方面所处的阶段也各不相同。发达成员的环境产品和服务经过多年发展已具备较强竞争力,并希望扩大环境产品和服务的对外出口,因此,在环境产品和服务自由化方面会持积极态度。发展中成员在环境产品和服务方面发展水平相对落后,缺乏竞争力,担心自由化将导致外国产品和服务冲击本国市场和相关产业,或自由化后会因为外国企业在环境服务业中处于垄断地位而侵害本国消费者利益,因此,对环境产品和服务自由化问题应该持慎重态度。为此,在环境产品和服务自由化谈判中,发达成员应充分考虑发展中成员的利益,重视在环境方面向发展中成员提供金融和技术方面的支持。采用渐进原则即首先选择发展中成员有较大需求、双方冲突较小的部门实现开放,对发展中成员而言是一种可以考虑的方案。

2. 贸易与环境关系的经济学分析

根据国际研究,贸易主要通过以下几大方面对环境产生影响:

(1)规模效应

规模效应是指贸易对经济规模的影响,即随着经济活动的增加以及消费的扩大,污染也可能会增加。随着贸易的扩大,必然带来生产规模的扩大,在一定的生产技术条件下,会造成资源使用量的增加,由此造成环境质量的降低。一些落后发展中国家的出口尤其依赖农业和自然资源。农业和自然资源贸易条件的恶化使得发展中国家又更多地依赖农业和自然资源出口,这样就加剧了人类生存环境的恶化,进一步说,不公正的国际贸易和不公正的国际经济关系必然会危及人类的生存环境。

(2)收入效应

收入的增加可能从多方面影响环境。首先,收入增加会带来消费增加,消费增加导致生产增加,对环境不利,但收入的增加会提高人们的环保意识,购买高环保产品,由此高环保产品需求增加,对低环保产品需求下降,结果促使厂商增加环保投入,提高对环保产品的发展,提高环境质量;同时,收入提高也使得有更多资金投入环境保护,环境质量上升。如中国、韩国、墨西哥和巴西随着它们GDP的增长,环保投入也明显增加。在生产规模和生产结构一定的条件下,收入和环境的关系呈现出著名的环境库兹涅茨"U"曲线。该曲线表明,在工业化进程的早期,环境条件会不断恶化,而当人均GDP达到5000美元~10 000美元后,环境状况将会逐渐开始好转,人均排污会逐渐下降。

贫困是环境恶化的一个重要因素(Melnick,2003)。贸易通过收入的不均等分布间接导致环境恶化。发展中国家由于科技不发达以及经济实力弱小,因而在生产过程中对环境肯定注意得少一些,而发达国家则要注意得多得多。显然,不同收入水平的国家使用同一的环境标准并不公平,也不利于国际环境的整体改善。

(3)结构效应

结构效应是指贸易如何通过影响一国产业结构而影响一国环境。在不存在市场和政策失效的情况下,开放经济下自由贸易的产出结构比封闭经济的产出结构更符合环境资源的禀赋。在收入和生产规模一定的条件下,贸易自由化会导致产业结构从资源型到轻工业再到服务业的提升。Hettige、Lucas和Wheeler(1992)的研究表明,内向型经济国家更趋于发展资本密集型制造业,通常其污染度比外向型国家要高。Strutt and Anderson(1998)的研究发现,乌拉圭回合的实施对发展中国家的自然资源产业产生明显的正影响。可见,随着贸易结构的不断提升,环境也将得到不断改善。

(4)产品和技术效应

技术效应是指贸易对产业技术的影响,即随着财富的积累和贸易的扩大,一国可以获得更有利于环保的技术,从而实现更加洁净的生产过程。贸易自由化提高了产品、技术在国与国之间的跨境移动。它们对环境的影响取决于产品和技术的特征。如果产品和技术造成对环境不利,则环境质量下降。但现在各国都对污染产品或产业进行管制。通过产品影响环境的一个主要途径是环保生产产品和消费产品。据OECD1996年的资料,环境产品和服务的全球市场每年在3千亿美元左右,而且增长非常快速,这些环保产品提供了更有效的生产设备和生产工艺,由此提高了环境质量。3/4的技术扩散是通过产品来进行的,尤其是机械设备。这些产品80%来自发达国家,1/3是由发展中国家进口,因此,通过产品的技术扩散或服务贸易技术许可等方式的技术扩散对提高环境都做了很大贡献。贸易不仅促进技术扩散转移,还通过实现规模、刺激创新等方式进一步促进技术发展。Porter和Van. Der. Lide(1995)提出"波特假说",认为恰当的环境政策可以鼓励创新,其节约的成本可以部分弥补甚至超过坚持环境标准带来的成本。

贸易对环境的影响有赖于上述几种效应,这些效应既有正效应也有负效应,因此,贸易对环境的最终影响很难精确预测。OECD的一个研究(Sprenger,1997)表明,总体而言经济规模对环境的影响是不利的,技术和收入对环境的影响是有利的,它们的净效果取决于这两者的对比。Strutt 和 Anderson(1998)通过定量分析,对贸易自由化与环境借助 GGE 模型进行了定量分析。分析结果认为,贸易政策有助于改善环境,减少资源消耗。贸易改革和采取有针对性的环境和资源政策能降低一些严重的环境危害,增加社会福利。

环境对贸易的影响,一方面来自于环境管制对贸易竞争力的影响。当一种产品在不同国家生产时环境税收负担不同,较低的环境税收负担的国家在该种产品上将获得更大的比较优势,由此扩大该种产品出口。另一方面,环境对贸易的现实影响主要体现为环境保护可能演化成为一种贸易保护。由于各国的经济发展水平,各国的文化、风俗、法制等差异很难将各国环境标准达成完全的统一。发达国家由于经济水平较高,制定有更高的环境标准,往往较为希望通过各种可能手段来防止环境恶化,贸易手段即是其中重要的一环。而发展中国家则更担心,环境保护会成为发达国家推行新贸易保护主义的工具,即绿色保护主义,从而为发展中国家的产品进入发达国家市场制造障碍。为此,以印度和马来西亚为首的发展中国家在多哈会议上同以欧盟为首的发达国家展开了激烈的交锋。近十几年来,与环境有关的贸易争端不断出现,从最著名的美墨的金枪鱼—海豚争端、美国对泰国虾的贸易禁运到欧盟的牛肉争端等源于环境问题的国际纠纷也不断出现。

上述分析表明,环境与贸易发展相互影响,相互牵制。贸易发展可能抑制也可能促进环境改善,而环境因素反过来也可能促进和抑制贸易发展。关键是如何处理环境和贸易发展的协调,不切实际地要求不同经济发展水平的国家实施统一环境高标准,将可能损害发展中国家贸易利益,由此损害其经济发展能力,最终有可能进一步抑制发展中国家对环境的改善能力。长期来看,随着第二次世界大战后国际投资的发展,发达国家经历了长期的产业结构调整,在新的国际分工中,它们具有生产清洁产品或较清洁产品的能力。为了减少对污染产业对本国生环境的破坏,很多发达国家不仅将低附加值的产业转移到发展中国家,而且把对环境产生污染的产业也转移向发展中国家;对经济发展落后国家的国家而言,它们承担了更多污染产品或高污染产品的生产。因此,当前发展中国家面临的环境问题较发达国家更为显著。

但不可忽视的另一个问题是:如同与经济问题的国际传导一样,一国环境的恶化也极易对其他国家带来消极影响。发达国家从发展中国家进口并消费污染型产品,会对其本国环境造成间接的污染。发达国家通过国际投资转移出的污染产业在造成发展中国家污染的同时,也通过传导间接对自身的环境造成污染。因此,在国际分工和国际交换发展的过程中,生态环境可持续发展问题是一个世界性的共同话题,各个国家应该各尽所能,这就要求发达国家担负起更多的责任,和发展中国家一起协力改善人类整体的生存环境。

(二)中国对外贸易过程中所引发的环境问题

从整体上看,对外开放不仅提升了经济实力和综合国力,也为我国环境保护提供了技术保障和资金支持。一方面,出口贸易的快速增长为我国环境保护提供了经济特别是外汇基础,促进了环保事业的发展。进口贸易的发展不仅可以通过进口低污染密集型产品从而减少国内的污染程度,而且通过引进先进技术和设备特别是环境友好型技术,能够大大提高国内的环境保护水平。另一方面,利用外资尤其是跨国公司投资,有助于推进中国经济走上可持续发展之路。但同时,我们也需要更加关注我国对外开放发展下贸易和投资带来的种种环境问题,这些问题仍然是当前制约我国实现可持续发展的重要障碍。

虽然自1981年我国工业制成品的出口比重开始超过初级产品出口,并呈持续上升的态势,但资源型产品出口的问题仍很突出。目前,以原料分类的制成品和杂项类等劳动密集型产品仍占我国制成品出口的较大比重,即使技术资金密集型产业也主要集中在劳动力密集、资源消耗较多的中低端。据不完全统计,1993年对生态环境影响较大的初级产品出口额达到60亿美元,污染较重的中间产品和制成品出口额达到200亿美元,其中农药、制造、染料等高污染产品的出口额高达78.5亿美元。在我国中西部地区,资源消耗型产品和初加工产品的出口目前仍占相当比重。表15-1是2001年我国西部省市自治区的出口商品中初级产品所占比重和主要出口商品。

表15-1　　西部省市自治区的出口商品中初级产品比重和主要出口商品

省市自治区	初级产品出口比重(%)	主要出口商品[①]
新疆维吾尔自治区	33.14	废钢铁、铜及钢材、钢铁制品、冷扎钢铁、废铜、热扎钢铁、铜丝、大麦、聚乙乙烯(占总出口的60.04%)
新疆生产建设边团	28.33	钢材、有色金属、聚乙乙烯等(占总出口的66.07%)
宁夏回族自治区	—	钽粉、钽丝、铝、轮胎、硅铁、金属镁、无毛绒、碳化硅、机床铸件、电石、羊绒衫等(占总出口的71.6%)
青海	3.83	铝锭、硅铁
甘肃	12.6	铝(17%)、硅铁(16%)、锌、镍、石油钻机、合成纤维、电极、无毛绒(占总出口的61%)
陕西	12.52	蔬菜、干豆、焦炭、半焦炭、医药品、玻璃器品、钢材、未铸造锌及锌合金
四川	17.06	肥料、黄磷、铅及制品、丝类、罐头
西藏	9.60	—

① 本表中"主要出口商品"指出口价值1000万美元以上的商品,其中新疆生产建设边团、新疆维吾尔自治区的主要出口商品指出口价值2000万美元以上的商品。

表 15-1(续)

省市自治区	初级产品出口比重(%)	主要出口商品
云南	27.4	黄磷、锡、烤烟、铝、铅、卷烟、磷酸氢二铵、松茸、三聚磷酸、另酸、石蜡、银、钢材、磷矿石、过磷酸钙、宝石、化肥、木制品、电缆、服装、蘑菇、香料油、稻谷、电机等(占总出口的71.9%)
贵州	31	棕刚玉、硅铁、硅锰合金、锌铅、烤烟、黄磷、磷矿石粉、轮胎、汽车等(占总出口的51%)

资料来源:《2002 年中国对外经济贸易年鉴》。

可见,西部各省市自治区 2001 年出口商品中资源消耗型产品和初加工产品比重平均超过 60%。其中,西北五省区出口目前仍基本上依赖于资源密集型的工矿产品、农副牧土特产品以及劳动密集型服装、轻纺产品。这类低附加值、低技术含量的初级产品,仍占西北五省区出口商品的主导地位。这些产品主要是硅铁、锌矿砂、煤炭、碳化硅、棉纱、棉布、肠衣、罐头、脱水蔬菜、甘草、虫草、枸杞、山羊绒、羊毛衫、手编地毯、纸张、化工原料、服装、劳保手套等。

2001 年中国博士后"环境与资源"学术研讨会上指出,"中国的经济增长、出口创汇,往往还停留在以消耗本国资源为代价的层面"。在"千方百计扩大出口,赚取外汇"的思想指导下,我国依靠大量自然和社会资源的投入,取得诸多世界市场占有率第一,与此同时也带来相当严峻的环境问题。一个典型的例子就是我国的发菜出口。20 世纪 80 年代初开始,上百万外地人涌入内蒙古地区挖取发菜出口赚钱。1982—1993 年,我国出口发菜近 800 吨,创汇 3000 多万美元,但同时引发了对草原的严重破坏,1266.7×10 000 平方公里中近 1/5 的内蒙古大草原遭受了严重的破坏,连锁反应之一就是防止风沙入侵北京的第一道绿色屏障受到了损害。这使得早在 1991 年就被内罗毕国际会议列为"沙漠化"边缘城市的北京面临着更大的威胁。我国产品在号称世界第一时,却不知付出了多少沉重的环境代价。目前,中国是世界上第一大焦炭生产国与出口国,产量占世界生产总量的 45%,出口量占世界贸易量的 60%。然而,中国作为焦炭第一大国,却是以消耗不可再生资源、牺牲环境为沉重代价的。中国号称"羊绒衫出口第一大国",却没有多少人注意到,4 只公山羊 1 年的绒毛产量加在一起,才能织就 1 件羊绒衫。这意味着"羊绒衫大国"光环的背后,却是中国在付出草场连年载畜量超载、植被逐年衰退的代价。我国是世界第一大食用菌生产国,是世界香菇的发源地,香菇产量占世界总产量的 80% 以上。而我国的香菇出口是以破坏性的资源消耗所换取的。每栽培 1250 袋香菇,约消耗杂木 1 立方米,而在香菇生产发展较快的地方,木材积蓄量正在急剧下降。我国的家具出口占世界总出口量的 10%,居全球第一,而家具也是以消耗大量木材为代价的……

除了资源型产品出口造成的环境问题，出口生产中也存在严重的环境污染。其中，既有我国一些外向型乡镇企业盲目发展高污染产品出口造成的环境问题，也包括一些发达国家转移的高污染性产品给我国带来的环境破坏。据了解，我国炼焦技术装备水平不及发达国家，对炼焦副产品加工利用落后，造成严重的资源浪费与环境污染，同时由于焦炭价格持续上涨，没有任何污染处理措施的小土焦生产升温，2003 年全国土焦生产仍有 4555 万吨。

除了我国外贸出口造成的环境问题，我国对危险废物进口[①]的环境问题也异常严峻。我国每年都从国外进口废金属、废纸等废旧物资。一些国内外不法商人钻我国进口废旧物质监管不严的空子，相互勾结，向国内运送有害、有毒的废物和生活垃圾，导致了洋垃圾入境的恶劣事件。如 1993 年 10 月南京 1288 吨韩国化学废物进口案震惊全国；1994 年海关查获了至少 7 起非法进口危险废物案，进口量高达近万吨；1995 年前八个月海关查获至少 12 起 3000 多吨非法进口的危险货物。由于我国环保标准太低，进口“洋垃圾”增长速度很快。据统计，我国 1999 年进口 99 万吨，2000 年则增加到了 1750 万吨。国内一些不法分子见利忘义，根本不考虑消费者和国家的利益，偷运“洋垃圾”入境，从中渔利[②]。目前，全球每年生产的危险有毒废物约 3.4 亿吨，大多生产于发达国家。我国废弃物主要来自发达国家和新兴工业化国家和地区，尤其来自美国、日本和我国香港地区。

（三）吸引外资与环境问题

关于外国直接投资对东道国环境影响争论的焦点主要是集中在是否存在“污染倾销地”问题。一些学者分析认为发展中国家为了吸引外资，将竞争性地采取放松的环境管制，竞争的结果将导致环境越宽松的国家，能吸引到越多的外资，由此发展中国家将成为发达国家企业的“污染倾销地”。而另一些学者则指出这仅是一种纯理论分析，在现实中并不存在严重的污染倾销地问题。根据一些学者的研究，如 Gray（1997）的研究表明，不但污染企业在选址时回避环境管制严格的地区，所有的企业包括并不直接接受环境管制影响的清洁工业也是如此，这说明影响企业选址的因素有很多。Albrecht（1998）的研究也证实，美国对外投资中对清洁产业的投资增长得比较快，而在美国吸引的外资中对污染产业的投资增长得也比较快，美国似乎在“进口”而不是“出口”污染产业。发展中国家接受的外来投资是否集中于对环境有污染的产业呢？对墨西哥、委内瑞拉、哥斯达黎加和摩洛哥 4 个国家在 20 世纪 80 年代吸引外资情况进行研究后证明，没有发现有力的证据可以说明这些国家的外来投资倾向于污染产业。

虽然对外直接投资并不一定等同于“污染倾销”，但历史上，发达国家对外直

① 废弃物贸易是指废弃物从一个国家出口到另一个国家，进行最后的处置或回收。

② 武阳．面对绿色壁垒，我们做点什么．http://www.goldentianjin.net.cn

接投资而带来发展中国家"污染倾销"的问题却是不争的事实。20 世纪 50、60 年代,西方发达国家进行的大规模产业结构调整,许多高污染的产业如大量化工行业相继转移到发展中国家,这些高污染行业一方面的确是促进了发展中国家经济的增长,但同时也给发展中国家带来了难以估量的消极影响。比如在印度,美国一家公司污染物泄漏,造成了成百上千人的死亡,同时数十万人受到其直接或间接的影响,这成为世界上轰动一时的重大危机事件。澳大利亚是铁矿石、炼焦煤富余的国家,然而它却并不在本土大力发展钢铁、焦炭行业,就其原因正是出于对环境成本和可持续发展的考虑。正是由于环境成本居高不下,加之严厉的环境政策,不少发达国家的焦化厂已被迫关闭,世界焦炭生产与污染负荷不少已转移到了中国。

事实上,环境对外国直接投资的影响程度与产业和企业投资策略有紧密的联系。不同企业投资策略对环境的敏感度是不一样的。因此,研究环境与投资关系,首先要明确跨国公司的投资策略。综合而言,跨国公司的海外投资主要有以下几大投资策略:第一,寻求市场的外国直接投资。许多外国投资者在寻求销售到海外市场的机会。这些投资者可能会被他们所投资国家国内市场的销售潜力所吸引。而那些巨大而且正在成长的市场(如中国)因此会是最具吸引力的。寻求进入当地市场新途径的外国直接投资不大可能对已增加的环境成本特别敏感。第二,寻求生产平台的外国直接投资。一些投资者特别为地区出口市场而建立海外设施,以提供生产与销售的平台,在英国与墨西哥提供欧洲与北美市场销售平台的日本汽车制造厂就是一个典型。这种形式的外国直接投资很可能也不会对增加了的环境成本特别敏感。第三,寻求资源的外国直接投资。一些投资者在海外活动旨在有机会得到其本国市场没有的重要资源。在其他情况下,尽管本国可能有这些资源,投资者更看中建立海外设施成本更低这一前景。对这种类型的海外投资者,低价的自然资源永远是一种吸引力。对这一类型中的许多投资者,产出量相对没有什么区别,因此,微小价格差异会造成市场占有率的巨大变化,对这种产业的投资可能因此格外受到环境成本差异的影响。考虑到其自然资源领域生产的大幅度资本密集性,一个国家可能得到微乎其微的"溢出利益",却负担着大量外部成本。因此,从长远来看,稀有资源的分配不当可能使这个国家比没有得到投资还更为贫困。在自然资源领域的外国直接投资对环境的可持续性造成了明显的威胁。不论投资国家还是接受投资的国家,推动外国直接投资都不应鼓励其集中资金于自然资源领域。

可见,通过诸如提高国家收入及增加技术成本,"寻求市场"或"寻求平台"的外国直接投资可能会产生更多积极的环境效应;而资源寻求型的外国直接投资则往往会产生消极的环境效应,对生态系统产生破坏作用。由此,完全认同"污染倾销地"思想而全盘排斥外资引入或忽视"污染倾销地"而不加控制地吸引外资都是不合理的。因此,发展中国家要积极鼓励那些"寻求市场"或"寻求平台"型的国外企业到国内投资,这类投资能以最小的环境代价促进发展中国家经济的可持续发展;对单纯资源寻求型的外国直接投资则要采取严格的限制,这类投资带来的环境问题甚至可能超过了其所获得的经济效益。

（四）中国吸引外资中的“污染倾销地”问题

改革开放以来,引进外资成为我国发展经济、实现出口创汇的重要途径。由于长期以来我国引进外资及进口等环节中的环境条款还不完善,对国外进口产品和外商投资企业的环境保护要求不严,对外国产品和污染密集型企业的进入管制较为宽松,尤其一些地方政府及领导盲目追求招商引资的“政绩”,只重视吸引外资的数量对该地区出口创汇的作用,而不关心招商引资成本,中国成为“污染倾销地”问题突出。改革开放以来,一些外资大量投资我国污染密集型产业。污染密集产业(Pollution-Intensive Industries,PIIs)是指在生产过程中若不加以治理就会直接或间接地产生大量污染物的产业。这些污染物对人类和动植物的生命或健康有害,造成环境不断恶化,影响生态质量;另外,在生产过程中,工人的安全和健康受到威胁或明显受到影响,一些产业因产生严重污染,被称为严重污染密集产业(MPIIs)。20 世纪 80 年代以来,港澳地区的化工、电镀、冶金、制革、漂染等污染严重的行业几乎整体转移到我国内地;一些发达国家和地区的企业也将对环境有损害的污染产业向我国转移。

据 1995 年第三次工业普查资料,对全部三资工业企业和生产单位的分析发现,外商投资于污染密集产业的企业有 16 998 家,工业总产值 4153 亿元,从业人数 295.5 万人,分别占全国工业企业相应指标的 0.23%、5.05% 和 2.01%,占三资企业相应指标的 30% 左右;其中,投资于严重污染密集产业的企业有 7487 家,工业总产值 1984 亿元,从业人数 118.6 万,分别占全国的 0.10%、2.41% 和 0.81%,占三资企业相应指标的 13% 左右,但其占污染密集产业中相应指标的 40% 以上,这说明污染密集产业特别是严重污染密集产业是外商投资的重要产业。投资者主要来自于新加坡、韩国、美国、日本和欧洲的一些国家和我国香港、台湾、澳门地区,且主要以中小型企业为主。从地区分布来看,投资主要分布于东南沿海地区。广东占项目数的 32.44% 和投资总额的 42.28%;江苏分别为 22.65% 和 19.85%;山东占 5.61% 和 6.49%;浙江则为 4.07% 和 5.27%。

此外,一些外商将国外淘汰、严重污染环境、禁止使用的产品及相应的技术和设备通过投资方式转移到中国。还有一些外商将一些受国际环保协议约束的产业向我国转移。例如,一些投资者利用发达国家与发展中国家淘汰时间的差距,以直接投资方式将消耗臭氧层物质(ODS)的生产和消费转移到发展中缔约国①。其中,有不少来自于发达国家和新兴工业化国家和地区的投资者将消耗臭氧层物生

① 1985 年,二十多个国家签署了《保护臭氧层维也纳公约》。1990 年 6 月,《关于消耗臭氧层物质的蒙特利尔议定书的修正案》正式生效,我国政府于 1991 年 6 月 19 日宣布加入经过修正的蒙特利尔议定书。但这一议定书存在明显缺陷,它对非缔约国通过投资方式向第五条款缔约国转移消耗臭氧层物质的生产和消费没有采取任何防止措施。

产和消费转移到中国。据不完全统计,1985—1996年间,这一类外商投资企业累计有1004家,外商投资额高达21.8亿美元。其中,清洗、制冷和泡沫是这一类外商投资较集中的产业,这三个产业共占这一类企业总数的95.7%和外资总额的98.03%。

以上的事例和数据表明,改革开放以后,中国在对外贸易和吸引外资的发展过程中已经造成了种种的环境隐患问题。环保意识淡薄,环保法律不健全,一味以创汇为目的,使我国经济发展一直在走一条"高消耗、高增长"的数量型扩展道路。这种以资源的高消耗和对环境的高污染为代价的经济发展路径,虽然从短期来看,促进了中国经济高速增长,但从长期上看,却成为了中国经济实现可持续发展的制约。为此,转变我国经济增长方式,实施可持续发展战略,已成为我国对外开放进程中的必然选择。

(五)加入WTO对我国环境可能产生的影响

加入WTO可能对我国环境质量、环境管理和环境标准产生影响。首先,从环境质量看,市场的开放下我国贸易结构和贸易量的变化将导致我国经济结构的巨大变化,而经济结构的变化将导致环境的变化。依据国务院发展研究中心李善同等的研究报告①,中国制造业产品"入世"后增长幅度不大,约比不"入世"高5%,而产品结构变动较大,重工业产品比重下降,轻工业比重上升。对环境的影响,污染总水平因规模效果的影响将提高5%,由于重工业产品的污染密集度大于轻工业,前者的下降和后者的上升,将降低制造业平均污染密度,中国制造业污染总水平可能下降4%。"入世"后,技术效果的作用将继续加强,所以制造业平均污染密度将下降。三个效果的比较,总体而言,"入世"后,结构变化和技术引进对环境影响的正效果大于规模变化对环境影响的负效果。其次,从环境管理看,加入WTO后,全面的市场开放将使得我国的环境管理部门面临越来越多的新课题。为了更好地进行环境管理,环境管理部门必须更好地借鉴国外的先进经验,与国际接轨,进行环境的规范化、系统化管理。中国的环境管理标准可能将重新修订,向发达国家标准逼近。虽然WTO倡导自由贸易,但是环境作为一种主要的非关税贸易壁垒手段仍然被广泛使用。因此,这将迫使中国不得不重新考虑自己的环境质量标准体系,尽可能与发达国家接轨,以减少交易成本,突破"绿色贸易壁垒"的限制,避免在对外贸易中处于劣势。最后,从环保标准看,加入WTO后,中国的环境标准将逐步与国际标准接轨。这包括产品的环境标准、企业环境管理标准、地方的环境质量标准和排放标准等。随着我国环境标准逐步与国际标准接轨,将有利于我国在国际贸易中占据主动地位,有利于我国的出口贸易,严格的环境措施还有可能使产

① 李善同,瞿凡,徐林.加入世界贸易组织对中国经济的影响.余永定等.中国入世产业研究报告.北京:社会科学出版社,2000.76

品打入国际市场，给企业营销带来新的市场机遇。

与此同时，我们还应看到的客观事实是：WTO的环境规则难以协调发达国家和发展中国家的矛盾，也就是说，规则中并没有真正实现可持续发展中的各区域利益公平分配原则。其深层次的原因是发达国家与发展中国家在经济、社会、科技方面存在巨大差距。WTO规则没能很好地体现处理发展中国家环境问题的“共同但有区别的责任”原则。比如，环境管理体系和国际环境标准监察制度都是按照发达国家的情况制定的，而没有考虑到不同国家之间由于经济发展水平的差异导致环境保护力度不同的客观情况。对我国以及其他发展中国家而言，这无疑会构成以环境保护为名的、有法律依据的产品出口限制。因此，如何在逆境中寻求发展，对我国未来对外贸易提出了一个严峻的挑战。但毋庸置疑的是，只有贸易和环境和谐发展、相互支持才能增加整个社会的福利。

三、可持续发展理念下的对外开放策略

朱镕基2002年9月3日在南非约翰内斯堡可持续发展世界首脑会议上发言，阐明了中国政府促进可持续发展的四点主张：深化对可持续发展的认识；实现可持续发展要靠各国共同努力；加强可持续发展中的科技合作；营造有利于可持续发展的国际经济环境。由此，我国可持续的对外开放发展战略应以可持续发展为中心，通过依靠科技进步、强化管理及促进国际合作，实现经济效益、生态效益和社会效益三者的协调统一。

（一）树立对外开放新的指导思想

首先，我们应明确的是，可持续发展的核心是发展，这是正确认识和理解可持续发展的关键。中国是发展中国家，经济发展中出现的人口、资源、环境问题必须及时获得解决，用停滞、限制发展的消极观点来谋求可持续发展不符合我国国情。因此，用可持续理念作为对外开发的指导思想，最根本的目的在于：以更全面、完善的发展理念，来解决我国对外贸易前进过程中遇到的新问题，使我国对外开放工作的质量和正确发展方向得以保障，并且符合国际贸易所呈现出的新态势和新要求。其次，对外开放和生态环境保护是中国的两项基本国策，两者可以相辅相成、相互促进。也只有当贸易和环境和谐发展、相互支持时，整个社会的福利才会得以增加，所以在对外开放和环境保护中应切实贯彻可持续发展理念。总之，我国应以追求对外贸易、经济社会效益、生态环境效益相统一的可持续发展效益为中心，努力寻求可持续发展的外贸、外资和环境政策的协调统一，促使对外开放的各个方面与环境保护相协调；充分利用对外开放创造新的贸易和投资机会，并努力减少对外开放对生态环境的消极影响。

（二）制定可持续的进出口策略和引进外资策略

随着全球经济社会的不断发展，人们的价值观和消费行为都发生了深刻的变

化。关注环境保护、爱护大自然和消费绿色健康食品的消费心理已逐步形成，绿色产品的消费将成为国际贸易的主导潮流，我们要顺应这一潮流，进行出口产业、产品结构的调整，靠打“绿色”牌，赢得国际市场发展空间。因此，可持续的出口策略需要树立“环境竞争力”意识，把保证环境质量作为提高出口产品竞争力的重要方面。首先，要积极引导、大力开发有益于环境和人类健康的绿色产品，发展绿色产业，同时要加快建立和完善自己的绿色产品技术标准、认证和检测体系，积极推动ISO9000、ISO14000的质量和环境标准化进程，加强对出口产品生产的技术、工艺、设计和包装按照“绿色化”要求进行改造，确保绿色产品的质量，促进绿色产品向规范化方向发展；其次，在生产管理方面，促使企业大力推行清洁生产，实施环境标志产品制度，树立绿色营销观念，从而提高我国产品在国际市场上的竞争能力，冲破“绿色贸易壁垒”；最后，还要努力培育新的出口增长点，建立与可持续发展相适应的出口商品结构，同时出口结构调整与优化需要和国家的产业结构调整与优化相结合，积极开发、引进环境友好技术，降低能源和原材料消耗，降低出口产品的污染密集度，由此提高我国出口产品的环境竞争力。

另外，对我国可持续发展的进口策略而言，应积极鼓励引进有利于环境的技术和设备，坚决禁止严重污染环境产品包括危险废物和国外淘汰的严重污染环境的技术和设备的进口，加强进口商品检验和检疫力度，阻止发达国家将污染严重的生产项目、设备向我国转移，防止危害人民及动植物安全的产品进入中国市场，为此我们应充分利用正当的“绿色贸易壁垒”，建立适应我国可持续发展的绿色壁垒体系。比如，对涉及到危险废物的外商直接投资坚决不洽谈、不引进，对外商投资项目的审查实行环境问题“一票否决”制度，加强中国出入境检验检疫标志的认证制度等，从而有效地抵御国外产品对国内环境的破坏，保护人民的生命健康，维护国家生态环境安全。

吸引外资时必须考虑环境保护的要求。我国吸引外资应与可持续发展实现良性循环。一方面，以可持续发展理论为指导，进一步调整外商投资领域的产业与地区导向，制定鼓励、限制、严格限制、禁止外商投资产业和项目。应积极鼓励外商投资到具有重大影响的可促进可持续发展的领域，如能源、交通、通信、科技、农业等关键领域，培养我国的可持续发展能力。积极引进清洁生产技术，鼓励外资投资于环保产业。另一方面，要积极引导跨国公司为促进中国可持续发展服务。技术是制约可持续发展的重要因素，通过技术进步，使自然资源得到合理、有效利用，新能源得到合理开发，成为各国提高可持续发展的重要途径。跨国公司拥有先进的技术。我们要积极鼓励跨国公司采取母国环境标准，鼓励其帮助中国合资经营伙伴和供货商提高环境管理水平。同时，我国还应积极与跨国公司进行技术性战略联盟。技术性战略联盟有助于我们从低层次的技术合作走向更高层次的技术合作；从单向的技术、资金的吸纳逐步转向双向、多向的水平式知识和技术交流。

（三）建立贸易、外资和环境的有效协调机制，强化环境管理

可持续发展需要贸易、投资和环境的协调统一。环境规则为实现贸易和投资可持续发展提供了保证，贸易和投资的发展又为环境规则的进一步完善和发展提供了可能。建立贸易政策、外资政策与环境政策的协调是实现可持续发展的重要保障。

为了使政府决策中能充分考虑到贸易与环境的协调，需要在国家部委以及中央和地方政府之间，特别是商务部和环保以及质检部门之间建立有效的协调机制，在国家环保总局和商务部等相关部门之间设立部长级协调小组。同时，国家环保总局应当同商务部、农业部、质检局、商检局、海关等部门开展深入研究，联合行动，统一协调促进贸易与保护环境之间的各种关系，对重大的贸易决策应实施环境影响评价制度，以便在贸易政策制定中纳入国家环境安全和可持续发展原则，利用贸易手段促进环境保护。此外，还可以加强行业协会的作用，促使更多的企业加入保护生态环境的行列。

对外开放方面的法律法规应考虑环境保护的因素，同时在考虑国情的情况下努力与国际规范接轨。对地方环境政策法规和标准中，与 WTO 规则不相符的部分应进行必要的调整。在签订和修改双边和多边贸易、投资协议时应认真考虑环境保护问题，制定专门的环保条款。在完善环境法规的同时，应体现对国际环境保护协议中所承诺的义务，并应积极考虑成本内在化问题。针对国际上日益提高的各类环境标准和措施，我们应以积极的态度立足于做好国内的环保工作，加强各种环境制度的建立和完善，提高环境标准，使之逐步与国际接轨。同时，为了保护我国的生态环境及人民、动植物安全和健康，防止国外污染企业及受禁物质向我国转移，有效保护国内的相关产业，应在符合 WTO 规则的范围内建立我国自己的绿色保障体系。我国绿色保障体系应通过强制性和自愿性环境措施对国外产品及技术进口、投资等进行风险管理。

（四）加强国际合作，提高我国可持续发展能力

可持续发展是国际社会共同关注的问题，需要各国超越文化和意识形态等方面的差异，采取协调合作的行动。推进可持续发展的国际合作是中国改革开放的重要组成部分，并将有效促进中国改革开放的深入。

作为 WTO 新成员，中国应承担起在全球可持续发展过程中的大国责任，代表发展中国家的利益在 WTO 环境议题谈判中发挥积极作用，积极参与新一轮 WTO 谈判中有关环境规则的制定。在新一轮贸易与环境的谈判中，我国应重点推动那些有利于促进发展中国家经济发展的议题，加强与发展中成员的合作，积极维护发展中成员的合法权益。我们应努力促使新一轮谈判充分考虑发展中国家相关产业的发展水平，在开放的程度和速度上给予特殊处理，保证发展中成员的全面和有效参与，促进发达国家和发展中国家利益的平衡，特别是发展中国家的经济发展。新

一轮谈判应当强化实施 WTO 已有的原则,而不应当以环境保护为借口无限扩张 WTO 的权力。在以尊重国家主权、反对超越主权、禁止以任何目的实施贸易制裁和保证遵守国内政策或规定等问题上形成明确的立场后,各国需要确保这些立场来指导 WTO 规则的制定。

我国还应积极参与国际环境公约和多边环境协议(MEAs)的谈判,加强与各国特别是发达国家,有关环境保护方面的交流和协作。对于任何以环保为借口的贸易歧视,我国将依据 WTO 中有关规则,通过外交途径与有关国家谈判、协调或向有关国际组织提出申述,甚至采取报复行动,以维护自身合法权益,为企业提供有利的国际竞争环境。同时,我国在国际谈判中一定要以国内具体调查研究的成果或结论为依据,国内政策的制定也要充分利用国际规则带来的机遇,这就要求谈判人员与技术支持人员的充分交流与密切配合,从而使谈判最终取得成功,国家利益得以保护,经济与贸易得以可持续发展。

另外,在可持续发展理念下的对外开放进程中我们还应处理好以下三类关系:其一,认真处理好引进外资和民族品牌的创建问题。我们有不少企业在引进外资组建中外合资或中外合作企业时,将有几十年品牌文化积淀的企业也合并掉了,这实质上是国家无形资产的流失。要知道在产品本身日益同质化的大市场环境下,能成为企业可持续竞争能力的要素就是具有文化内涵的品牌,因此,要把创建民族知名商标,作为我国立于国际贸易环境下不败之地的战略来考虑。其二,正确处理出口和"内需型"产业的协调发展问题。我国是一个有着 13 亿人口的大国,在鼓励优先发展出口产业的同时,绝不能忽视"内需型"产业的成长,以避免经济过度对外依赖而造成的经济基础脆弱性。其三,协调对外开放与保障国家能源安全,特别是石油安全的关系。目前,我国已成为石油消费大国,就 2002 年的数据来看,我国石油进口依赖率已达 31.3%;另外,国际石油价格仍在不断攀升,2005 年 8 月 29 日创下 70.85 美元一桶的天价纪录。在这种情况下,解决石油安全[①]问题,是我国经济可持续发展的一个重要保障。石油供应中断或短缺主要来自于国际市场,进而传导于国内市场。因此,居安思危,通过对此次国际油价暴涨的经验教训总结,从战略发展高度看,国家应制定保障石油供应的长远规划,并建立一套石油贸易体系和战略储备体系;同时,还应加强国际交流与合作,借鉴和吸收国际上先进的节能政策、管理方法和规范标准,从而达到坚持对外开放与适度保护相结合,以确保我国能源安全和可持续发展。

① 所谓石油安全,是指国家具备预防石油供应中断以及石油短缺、价格暴涨等情况的承受能力。

第十六章
和平崛起与共同发展

新中国建立以来，我国的经济建设取得了举世瞩目的成就，实现了人民生活的温饱，独立建立了完整的工业体系。实施经济体制改革和对外开放二十多年来，我国经济发展迅速，经济总量已居世界前列，综合国力不断提升。2003 年，中央又向世界表明了中国"和平崛起"的决心。

在当前国际经济一体化和世界经济全球化不断发展的国际形势下，在"和平与发展"的时代主题下，中国的和平崛起是可能的，中国经济的健康快速增长对世界也是必要的。中国的和平崛起，要追求的是与各国实现共同发展。

改革开放二十多年来，在和平的国际环境中，我国经济快速发展，至今仍保持着良好的发展势头，光明前景不容置疑，这为我国的和平崛起奠定了良好的基础，也是和平崛起的内在动力。20 世纪 80 年代以来，新技术革命带来的科技的飞速发展和跨国公司的大发展，大大促进了经济全球化的发展，使各国经济联系日益加强，经贸往来更加频繁，生产要素的国际流动显著增强，这使得我国可以从国际市场上方便地获得发展所需的外部资源，我国的产品也可以凭借其竞争优势远销世界市场。我国是社会主义国家，我国的崛起，不会也不需要像殖民时代的大国崛起那样，要凭借残酷的殖民手段和野蛮的战争来掠夺外部资源和占领世界市场，和平崛起是有其实现途径的，是可能的。

另外，不仅要素的国际流动和发展迅速的国际贸易，还有跨国公司所主导的日益深化的国际分工、大量的金融交易活动，都将生产和劳动的社会性在世界范围内充分展现开来。一国经济的发展有赖于他国经济的发展，一国的经济问题通过各种渠道也能够迅速地传播到别的国家。因此，在各国经济发展相互联系、互相依赖的关系不断加深的条件下，中国的崛起不仅不会威胁别国的利益，反而有利于其他国家经济的发展。中国经济保持健康快速增长，对世界经济来说，具有积极的促进作用。

在一个相互联系、相互依赖关系不断加深的世界上，一荣俱荣，一损俱损，国际合作要比国际摩擦更有意义。国际区域经济一体化的发展，西方七国首脑会议的召开，各种双边、多边国际经济组织的建立，都表明各国已经认识到国际合作的重要性和必然性，共同发展是一国经济发展主题中应有之意。事实上，中国二十多年来经济的高速度发展，即便不算火车头，也对世界经济的发展做出了巨大的贡献。

出口贸易是中国经济发展的一个重要的动力。但同时,中国大致相当于出口的巨额进口,也有力地促进了其他国家就业机会的增长和经济规模的扩张。萧条的世界不利于中国经济的增长,萧条的中国同样不利于世界经济的增长。

一、和平崛起的坚实基础:我国经济发展的良好状况和前景

第二次世界大战以后,虽然局部战争不断,但国际形势总体上是趋于缓和的。在新中国成立后的前30年里,尽管有外国的政治、军事、经济和技术封锁,中国还是遇到了一个战后相对和平稳定的发展时期,主要依靠自己的力量建立起了一个较为完整、独立的工业体系和国民经济体系,解决了世界上人口最多的国家的温饱问题,军事实力也大大增强。我国的外部环境也逐渐缓和:50年代敌对势力铁板一块,60年代西方链条中法国这一环出现缺口,70年代初尼克松访华,至70年代末原敌视中国的国家大多承认中华人民共和国,并与中国建立外交关系,为中国经济发展进入一个较长的时期奠定了基础。中国主要通过自己经济、军事实力的增长和外交努力,赢得了世界的尊重和一个发展经济的国际和平环境。

关于世界大体和平的趋势,邓小平同志有着深刻的认识。"邓小平从上世纪80年代起始终在观察世界和平的可持续性,特别注重对时代特征、时代主题的判断,因为中国和平崛起的前景最终是由'和平与发展'的时代主题所决定的。他经过反复研究,得出的结论是:'世界和平力量的增长超过战争力量的增长'。在较长时间内不发生大规模战争是有可能的,维护世界和平是有希望的。""中国可以争取相当长一段时间的和平。"①这是中国争取和平崛起的外部环境。

1978年我国实行改革开放政策以来,国民经济焕发了生机,进入高速增长时期。这首先表现在经济总量的快速增长上。1978年,我国的国内生产总值为3624.1亿元人民币,2004年达到136 875.9亿元人民币,实现了二十多年平均9.4%的高增长。2005年,我国按可比价计算的国内生产总值增长率又达到了9.9%。2000年与1980年相比,国内生产总值增加5倍以上,在人口增加3亿的情况下,实现了人均国内生产总值翻两番的目标。主要产品产量也大幅增加,1999年,谷物、肉类、棉花、钢煤、水泥、化肥和电视机等产量居世界首位,原油、发电量分别从1978年居世界第八位和第七位上升到第五位和第二位。自2001年起,我国国内生产总值排在美、日、德、法和英之后,经济总量已经跃居世界第六位。

我国经济发展的成就,还体现在人民生活水平的大幅提高。1979—2004年,我国人均国内生产总值由379元上升到10 561元;2003年,我国人均国内生产总值突破了1000美元。居民消费水平指数以1978年为100,2004年上升到585.4,城镇居民恩格尔系数由57.5%下降到37.7%,农村居民恩格尔系数由67.7%下降

① 黄仁伟. 邓小平关于中国和平发展道路的战略思考. 毛泽东邓小平理论研究,2004(8)

到 47.2%，20 世纪末基本实现了小康。

改革开放以来，我国工业化有了很大发展，向中级阶段推进。2004 年，在国内生产总值中，第一、二、三次产业的贡献率分别为 9.2%、61.8%、29%，其中工业为 56%。与 1978 年相比，农产品产量虽然迅速增加，但在国内生产总值中的比重明显下降。第三产业迅速发展，现代服务业正在兴起，2004 年从事第三产业的人数占经济活动总人口的比重达到 30.6%。我国已经建立了比较完整的工业体系，制造业能力比较强大，有一定的科技水平，能够为国民经济提供相当部分的技术装备。在我国的出口贸易构成中，初级产品所占比重由 1980 年的 50.3% 下降到 2004 年的 6.8%，工业制成品比重由 49.7% 上升到 93.2%。对外加工贸易的比重占整个出口贸易的一半左右。

另外，我国对外贸易和对外经济联系也得到快速发展。1978—2004 年，进出口额由 206.4 亿美元增加到 11 545.5 亿美元，居世界第三位。2005 年全年进出口总额达到 1.4 万亿美元。2003 年，我国外贸依存度达到 60%。截至 2004 年底，我国实际累计利用外商直接投资超过 5621 亿美元，批准外商投资企业 50 多万个，其中全球 500 强中的 450 家跨国公司已进入中国。据统计，外资工业产值占中国工业总产值的比重已从 1992 年的 7% 上升到 2002 年的 33%；外资企业税收占我国工商税收的比重已从 4% 增加到 20.5%；外资在中国固定资产投资中的比重已从 7.5% 提高到 10.1%；外资企业创造了 2000 多万个就业机会。人民币实现了经常项目和部分资本项目可兑换，汇率保持基本稳定，外汇储备由改革开放之初的 8.4 亿美元增加到 2005 年 12 月底的 8188.72 亿美元，自 1996 年起居世界第二位。人民币在周边国家和地区被称为“硬通货”。2001 年，我国加入了世界贸易组织。

二十多年来，经济建设取得这样的成就，为我国持续地和平崛起奠定了坚实的基础。我国经济如此快的增长速度，其动力和影响因素是什么？今后我国是否还能够保持这样的增长势头？2000 年前后，国内外学者对此进行了诸多研究，发现二十多年来投资增加和经济体制改革对我国这些年来的经济建设起到了主要的推动作用。

改革开放以来，较高的投入率有力地支撑了我国的经济发展。社科院数量经济与技术经济研究所所长汪同三说，在制定“八五”计划的时候，国家计委指出，固定资产投资达到国民生产总值的 30% 左右比较合适。但实际的情况时，每年都在 30% 以上，接近 40%。有的学者认为，“在资本、劳动力和人力资本几个投入要素中，惟一对经济增长的加速起拉动作用的，是资本投入的增长”，它对经济增长的贡献是“一个多百分点”[①]；有的学者甚至认为，资本投入对产出增加的贡献高达 70%

① 王小鲁．中国经济增长的可持续性．天则经济研究所网站

左右①。

经济体制改革对我国的经济发展也起到了重要的推动作用。改革以来,大量的农村剩余劳动力从农业中解放出来,先是乡镇企业大大发展,现在私营经济在我国的经济总量中占了主要成分。我国的第二、三产业得以快速发展,工业的发展使我国度过了短缺经济时代,进入到工业化中级阶段,这是劳动力从边际产出较低的部门向边际产出较高的部门流动所释放出来的巨大能量。国家使市场在资源配置中发挥基础性作用,国有企业改革大力推进,宏观调控体系初步建立,这些改革措施都使以前制约经济发展的因素得以消除,经济得以快速增长。

展望今后几十年,我国经济将继续在这些因素的影响下,保持较高的发展速度。今后,我国还将保持一个较高的储蓄率,对经济增长的投入起到保证作用。我国经济体制改革也还有很大的空间,比如,实行金融体制的改革,建立对中小企业有效的金融支持机制,引导和规范民间资本的运用,也将有力地刺激我国经济增长。

克鲁格曼曾经批评过东亚国家都是依靠较高的投入刺激经济增长,这种效应带有短期性。我国也存在这样的问题,长期来看,在经济体制改革的效力完全释放之后,我国还能保持经济的快速发展吗?答案是肯定的,应该看到的是,我国还有很大的发展潜力。

首先,我国居民的收入和消费水平还处于一个较低的水平,消费需求的增长还有很大的空间。1998 年,我国人均 GNP 为 750 美元,居世界 149 位。2003 年,虽然我国人均 GDP 突破了 1000 美元,但是还是排在世界 100 名之外,只有世界人均 GDP 的 1/5。② 可见,人民生活水平还有待提高。伴随着经济增长,逐渐升级的消费需求将不断涌现。加之我国有 13 亿人口,未来还会增加到 15 亿,尚有广阔的市场潜力有待开发,这将成为我国经济增长的有力拉动力量,使我国在经济总量已经处于较高水平的情况下,仍能保持发展潜力。

其次,我国存在较明显的地区和城乡发展差异,后进地区的发展将会对经济增长提供广阔的需求空间。我国中东部地区和西部地区的发展存在着较大的差距,东部部分城市的地区人均国内生产总值已经达到中等发达国家水平,而广大的西部还有待开发,东北等重工业基地发展乏力,“三农”问题还在制约着整个国民经济的发展。近年来,党中央先后提出了西部大开发战略和振兴东北老工业基地战略,并越来越重视“三农”问题的解决。在十六届三中全会上,党中央又提出“五个统筹”,要“统筹城乡发展、统筹区域发展、统筹经济社会发展、统筹人与自然和谐

① 梁昭. 国家经济持续增长的主要因素分析. 世界经济,2000(7);王文博,陈昌兵,徐海燕. 包含制度因素的中国经济增长模型及实证分析. 统计研究,2002(5)

② 李德水. GDP 总量略增 中国人均 GDP 排名仍在 100 位之后. http://news.china.com

发展、统筹国内发展和对外开放”。这些战略都将成为经济发展的拉动力。

最后,城市化进程的推进。工业化和城市化是相互影响、相互推进的。我国的工业水平已经有了一定的提高,制造业和加工工业发展迅速,工业制成品出口世界各地,大型跨国公司纷纷在中国建立生产基地,第二产业从业人员在劳动力人口中占有相当比重。在工业化水平提高的基础上,社会经济的发展呼唤着城市化水平的提高。改变以往城乡分割的管理体制,促进城市化的发展,让进城打工的农民工能真正在城市“扎住脚”是经济发展的需要。这其中对城市基础设施的建设、进城农民消费水平的提高,都将在较长时期内对经济发展起到有力的推动作用。

因此,我国的经济发展,还将在一个较长的时期内保持良好的势头。国内外众多的研究机构也纷纷做出预期,认为在今后 20 年内,我国将保持一个较高的经济增长率。可见,对于我国的崛起,在国内的经济状况上,我们具备了一定的基础。但是,由于我国经济在经历了一个快速的粗放式增长之后,已经积累了一些内部的结构性矛盾,比如贫富差距加大、社会保障体制还不够完善等。这些矛盾的化解,需要经济持续快速发展和经济增长方式的转变。经济状况的恶化可能会引起这些结构性矛盾的激化,对经济发展产生不利的负面影响。因而中国的崛起,还需要继续依托外部和平有利的政治环境,争取长时期的发展。

二、和平崛起的可能性:经济全球化

近代以来,世界强国的崛起都是通过自身经济政治实力的快速积累和对外的扩张与掠夺实现的。

16 世纪以来,新兴的资本主义国家在向全球扩张,把全世界都纳入资本主义的世界体系的过程中,意大利、荷兰、西班牙、英国、法国、德国、日本、美国先后成为世界霸权。新的挑战国家都是通过战争与不断的对外扩张来取代旧的霸权国家。英国在对外争夺殖民地的过程中,对西班牙和荷兰、法国进行了长期的战争;法国在拿破仑时期使整个欧洲陷于战火;德国在崛起的过程中发动了两次世界大战;日本在 19 世纪末 20 世纪初的崛起也是建立在对亚洲国家的野蛮侵略基础上的;美国的崛起也得益于战争。

为此,外国许多势力认为中国不可能实现和平崛起,中国在崛起中和崛起后,可能会实行扩张政策,对他国造成威胁。面对着中国的实力的不断增强,国外不时出现各种对中国崛起的防范与担忧的心态,兴起各种版本的“中国威胁论”。总起来说,“中国威胁论”主要集中在五个方面,即“中国军事威胁论”、“中国经济威胁论”、“中国生态威胁论”、“中国意识形态威胁论”、“中国文明威胁论”。可以看出,这些观点主要是担心中国的经济发展有损自身利益,担心中国综合实力增强以后通过军事手段实行扩张。

其实,“中国威胁论”是没有任何依据的。历史上通过战争实现崛起,有其时

代局限性。资本主义向全球扩张时期,世界市场还没有达到现在如此发达的程度,国际间的经济联系还不够强。资本主义生产无法摆脱其根本矛盾,即社会生产的无限扩大与广大人民群众的需求相对缩小之间的矛盾。为了克服国内市场的局限,同时尽可能利用廉价的资源和劳动力,资本主义国家纷纷实行对外扩张,占领殖民地。殖民地的多少、殖民地自然资源和劳动力的多寡,在很大程度上影响着宗主国经济的发展。因此,各国对殖民地的争夺也就是对好的经济发展前景的争夺,争夺殖民地的战争也就司空见惯了。到第一次世界大战前期,资本主义完成了向全球的扩张。当资本主义各国出现力量对比的变化,霸权更替时,就必然伴随着战争和殖民地的重新分配。两次世界大战的爆发,可以说都是资本主义国家在对外扩张中所积累的矛盾的大爆发。

第二次世界大战后的国际经济和政治环境发生了很大的变化。和平的政治经济环境和经济全球化的发展使中国可以充分地利用国外广阔的市场和丰富的资源,服务于自身的发展。中国既无可能也无必要效仿历史上的殖民主义国家和帝国主义国家去欺负、掠夺其他国家。

政治上,国际局势越来越趋于缓和,“和平与发展”成为时代的主题,国家间的关系逐渐趋于民主。在经济上,各国之间的对外经济交往不断加强,对外贸易的范围和数额不断扩展,国际分工有了很大发展,生产要素的跨国流动增强。自由贸易在发达国家的推动下成为世界性潮流。自 1947 年关贸总协定成立以来,到现在的世界贸易组织,各国已经进行了九个回合的贸易谈判,发达国家和发展中国家的平均关税水平都有大幅度的下降。1948 年到 1980 年的 32 年间,世界贸易增长了 7.2 倍。现在,世界贸易总额又由 1980 年的 2.4 万亿美元增长到 2004 年的 18.1 万亿美元。① 服务贸易也获得很快发展。据世界银行的统计,1992 年世界出口贸易总额和进口贸易总额分别占世界国民生产总值比重的 15% 左右, 2001 年这一比重分别提高到接近 30%。世界上的经济大国无一例外都是贸易大国。随着贸易的发展,各国金融自由化、国际化大大发展,国际金融和资本市场迅速扩大,国际分工向着细致和深入方向发展。进入 20 世纪 80 年代以来,以上各方面因素的作用,加上新科技革命和跨国公司的推动,使经济全球化的迹象越来越明显。

经济全球化是指“世界范围的经济高速融合,亦即世界范围各国成长中的经济通过正在增长的大量与多样的商品劳务的广泛输送,国际资金的流动,技术被更快捷、更广泛地传播,从而形成的相互依赖现象,其表现为贸易、直接资本流动和转让”。② 与经济全球化相联系的另一个概念是“国际经济一体化”,指各国经济发展之间相互联系、相互依赖不断加深的过程,经济全球化是国际经济一体化长期发展

① 世界贸易组织.2004 年世界贸易发展与 2005 年展望.2005

② 国际货币基金组织.世界经济展望.1997

的结果。

经济全球化是要素通过其国际流动而在世界范围内优化配置的过程，是资本在全球范围内的运动和扩张，也是“社会资本再生产过程在全球范围内的扩展”。[①]之所以这样说，是因为国际经济一体化虽然是在各国对外经济联系特别是对外贸易的发展的基础上发展起来的，但后来，随着国际垄断资本力量的不断加强，国际直接投资越来越主导着国际经济一体化的发展。

国际垄断资本的发展以20世纪80年代初为界经历了两个明显不同的阶段：之前，国际直接投资主要表现为美国垄断资本的全球扩张行为，所谓要素的国际流动实际上主要是美国越来越多的资本流向世界各地。日本、西欧第二次世界大战后忙于恢复经济，对外直接投资的发展要晚得多，后来由于政府干预，通过一系列的兼并活动，公司规模渐大，经济实力渐强，其对外直接投资才逐渐发展起来，至80年代初，美欧相互直接投资额大致持平，即出现了交叉投资的局面。但即使这时，国际直接投资还主要是发达国家相互之间的投资和发达国家对发展中国家的投资。正是这一点，决定了资本国际化的本质和国际经济关系的性质是资本主义的扩张。

经济全球化的到来还有一个重要原因，这就是80年代初的新技术革命的爆发。以微电子技术为中心的新技术革命解决了资本奔走于世界各地的交通问题、通讯问题、生产的指挥组织问题、企业的经营管理问题等等，否则，全球配置资源将是一场灾难。因此，国际经济一体化是经济全球化的基础，经济全球化是国际经济一体化发展的必然结果；反过来，经济全球化的发展，大大加深了各国之间相互联系、相互依赖的关系。但应该注意，这种相互联系、相互依赖不是一种均衡的关系，更多的是发展中国家依赖于发达国家，这很像普雷维什所说的中心与外围之间的关系。由此，也导致了在经济全球化过程中，国家间的贫富分化越来越严重。

对外直接投资之所以能够极大地促进生产要素在世界范围内的优化配置，是因为对外直接投资要“在国外谋求对生产资料的控制，进行国际化生产”[②]，“要获取和保留控制权”，“不仅涉及货币资本的转移，还涉及技术、管理和组织技能、企业文化的传播，涉及企业进入他国的能力”[③]。这使对外直接投资产生的巨型跨国公司能够对国家施加影响，促进签订国家间合作协议，加强国际经济合作；大型跨国公司利用其全球化经营战略、严密的组织和科学的管理，把东道国经济不同程度地纳入其经济活动之中；“为数众多的巨型跨国公司所编织成的企业内部一体化巨网又相互交织，对全球资源的配置、全球市场的开拓、全球经济格局的变化”[④]起着

① 李琮．当代国际垄断——巨型跨国公司综论．上海：上海财经大学出版社，2002．433

② 李琮．当代国际垄断——巨型跨国公司综论．上海：上海财经大学出版社，2002．7

③ 李琮．当代国际垄断——巨型跨国公司综论．上海：上海财经大学出版社，2002．10

④ 李琮．当代国际垄断——巨型跨国公司综论．上海：上海财经大学出版社，2002．461

重要的作用。当今国际直接投资产生的巨型跨国公司有非常大的规模和实力，对世界经济的影响能力也非常强。“目前世界总产值的大约1/3由跨国公司占有，其中9/10以上都是由少数巨型跨国公司，即所谓‘10亿美元俱乐部’成员所控制”，“一些大型跨国公司的经济规模超过了许多国家，包括许多中小发达国家和大多数发展中国家”。①

在这样的国际经济环境下，我国完全可以通过发展对外贸易和引进外国直接投资，充分地利用国外资源，服务于自身的经济建设。改革开放二十多年来，我国的进口总额从1978年的108.9亿美元上升到2004年的5612.3亿美元，其中包括价值1172.67亿美元的初级产品和4439.62亿美元的工业制成品。从2000年开始，我国进口贸易年均增幅为30%，全球排名上升到第三位。2004年，我国货物和服务进口占国内生产总值的比重已经达到34%。在初级产品中包括大量的自然资源如石油、铁矿石、粗铜、纸浆、农产品等等，在工业制成品中占较大比重的是机械及运输设备、轻纺产品、橡胶制品、矿业产品、化学品及有关产品。商务部日前发布的一份研究报告显示，随着我国进口规模的不断扩大，进口在提升我国国际地位、推动国民经济增长、促进国内经济结构调整、保证资源性商品供应、促进国际经贸交流等方面显示出越来越重要的作用。

另外，二十多年来，我国利用外资也取得了长足的进步。由于我国国内政治稳定，经济发展势头良好，劳动力优势明显，多年来，我国一直都是对外商直接投资最有吸引力的国家。并且最近一些年份，我国已经成为世界上吸引外资最多的国家。如前所述，截至2004年底，中国实际累计利用外商直接投资超过5621亿美元，批准外商投资企业50多万个，其中全球500强中的450家跨国公司已进入中国。据统计，外资工业产值占中国工业总产值的比重已从1992年的7%上升到2002年的33%；外资企业税收占中国工商税收的比重已从4%增加到20.5%；外资在中国固定资产投资中的比重已从7.5%提高到10.1%；外资企业创造了2000多万个就业机会。在世界性的工业分工中，我国在东亚的“雁形阵列”里，也占有自身特殊的位置。这些外资企业和大型跨国公司进入我国，客观上起到了补充我国资金缺口，引进先进的生产技术和管理经验，提高我国制造业水平的作用。总体来说，我国的经济增长还处于主要靠资本投入拉动的阶段，资金比较匮乏。因此，在今后继续有效地利用外资，将会对我国的经济发展起到很大的促进作用。

由此可见，在经济全球化发展的未来，我国可以和平地通过国际市场利用发展所需的各项资源和资金，满足自身需要。中国的和平崛起，是可能的。第二次世界大战后，日本、欧盟和“亚洲四小龙”及台湾地区的崛起，既说明了和平崛起的可能性，也为中国的和平崛起起到了很好的榜样作用。另外，应该看到的是，在二十多

① 李琮．当代国际垄断——巨型跨国公司综论．上海：上海财经大学出版社，2002．37

年来的经济发展过程中，中国已经和亚洲、美国和欧洲国家形成了紧密的经济联系。在这种情况下，健康稳定增长的中国经济，对世界各国经济的发展，都是有好处的；中国经济如果出现问题，将会严重影响到各国的经济健康。中国的和平崛起，对世界也是必要的。

三、和平崛起的必要性：发展中的中国在世界经济中的重要地位

经过二十多年的经济发展，我国与美、日、欧和东南亚国家等世界上经济发展充满活力的地区都建立了十分密切的经济联系，相互之间经贸往来数额巨大，资金来往频繁。经济全球化的发展使各国经济都纳入了一个相互联系的整体。

首先，中国经济和对外贸易的发展，对世界各国都形成了有力的带动作用。如前所述，我国目前的对外贸易总额在美德之后居于世界第三位。欧洲、美国、日本是中国目前最大的贸易伙伴。我国目前也是世界上吸引外资最多的国家，大多数大跨国公司都进入了中国，其中许多都建立了生产基地。

在我国对外贸易中，美国是最大的顺差来源国，2002 年，中国对美国的贸易顺差达到 2000 亿美元。中国制造业产品之所以在国际市场上具有一定竞争力，主要是与发达国家的工业行业比，其工业水平整体上较低，因为具有劳动力密集的低成本优势而获得一定市场份额。虽然我国的制造业由于技术进步，工业产品竞争力迅速增强，越来越多的产品影响国际市场，200 多种产品产量已居世界第一，但与发达经济体相比，其产品仍居价值链的竞争性环节而非垄断环节。故中美经济贸易具有互补性，美国消费者获得了大量中国生产的价廉物美的商品，而中国制造业劳动者年收入还不到美国同类劳动力年收入的 1/30。另外，截至 2004 年底，中国积累的 8000 多亿美元的外汇储备，不少都用于投资美国的政府债券，为美国经济发展提供了资金支持。

在中国对日本和东南亚的贸易中，中国处于逆差地位，并且进口数额不断增长，对这些国家的经济发展起到了很大的拉动作用。以我国进口对日本经济发展贡献为例，按日方统计，最近三年日本对外出口分别增长了 105 亿、541 亿、957 亿美元，而吸纳这部分新增出口最多的是中国内地，三年分别达到 88 亿、174 亿、167 亿美元，分别占新增出口的 83%、32%、17%，连续三年成为拉动日本出口增长的最大动力。2005 年我国自东盟进口 750 亿美元，比上年增长 19.1%，而 2004 年和 2003 年的增幅分别为 33.1% 和 51.7%。2005 年我国对东盟出现贸易逆差 196.3 亿美元，并且 2001 年以来的三年期间，全球新增进口最多的是中国，达到 5386 亿美元，这表明中国在这三年里为全球各国提供了规模最大的新增市场，是名副其实的全球经济增长“引擎”。这种拉动作用不但体现在发展中国家，也体现在部分发达国家。我国进口相对于国内生产总值的比率已由 2001 年的 21% 上升到 2004 年的 34%，一般贸易进口相对于 GDP 的比率也相应地由 10% 提高到 15%，表明我国

对外开放程度进一步提高,进口参与国民经济的程度明显加深。进口相对于出口的比率也由2001年的92%提高到2004年的95%,表明我国进出口贸易更加趋向于平衡;加工贸易进口相对于加工贸易出口的比率也由64%上升到68%,加工贸易中进口直接参与出口的程度有所上升,也说明进口推动出口增长的作用在加深。中国经济结构出现的这种变化说明中国经济的增长将对世界经济产生更加明显的拉动作用。

其次,由于中国经济发展势头良好,国内政治稳定,市场潜力巨大,为世界其他国家提供了良好的投资场所,成为世界上对外商直接投资最有吸引力的国家。如前所述,截至2004年底,中国实际累计利用外商直接投资超过5621亿美元,批准外商投资企业50多万个,其中全球500强中的450家跨国公司已进入中国。仅2004年,我国就吸收外商直接投资606亿美元,吸收外商其他投资34亿美元。其中,来自北美的外商直接投资有近50亿美元,来自亚洲的有376亿美元,来自欧洲的也有近50亿美元。这些投资,极大地增强了我国同世界其他国家的经济联系,也是我国同其他国家共同的利益所在。

另外,经济全球化的发展所表现出来的另一个重要特点是,各国经济相互影响、相互依赖明显加深,由于要素的国际流动、国际分工的深化和世界市场规模的扩大,各国通过世界商品市场在消费领域、生产领域并且通过国际金融市场在投资领域、借贷领域形成了纵横交错的密切联系。这些联系不仅决定着各个国民经济发展之间那种相互联系、彼此依赖的关系,而且也容易将一国国民经济中的非均衡问题传递到另一个国家中,甚至是经贸往来并不十分紧密的国家。比如1997年亚洲金融危机中,危机自泰国起源,迅速蔓延到马来西亚、印度尼西亚、新加坡、韩国、日本等国家,对这些国家造成了严重的损失。有的国际关系学者甚至把金融危机作为一种新的非安全因素来对待。在这样的情况下,中国维持经济的稳定增长,对世界经济来说更加必要。中国在亚洲金融危机中的表现也有力地说明了强大的中国对世界是有利的。

各国之间的经济联系错综复杂,但主要是通过贸易和资本流动两条渠道进行联系的。一国的出口,就是他国的进口;一国的贸易赤字,就是他国的贸易盈余;一国的资本流出,就是他国的资本流入。就非均衡的国际传导而言,也主要是通过这两条渠道进行的。一国在总产出或支出方面的变动,可以通过对外贸易渠道影响到对外国商品的需求。比如,如果一国的主要伙伴国发生了经济危机,其主要症状是生产急剧下降所引起的大规模失业和国民收入的减少,最终导致伙伴国进口需求下降。那么,必然的结果就是,本国出口将受阻,生产出口产品的部门不得不缩减生产。进而,向生产出口产品部门提供生产设备和原材料的非出口产业部门也将随之缩减生产,整个国家的生产下滑,失业大量增加,国民收入减少;如果情况很严重,本国最终也会爆发经济危机。这样,外国的生产下降就传导到了本国。一般情况下,国际经济非均衡传导,首先影响一国的开放部门,然后借助于产业链传播开去,逐步波及到非开放部门。同样,现在国际金融市场高度发达,国际资金流动数额巨大,通过金融渠道,一国的非均衡问题也可以很容易地传导到其他国家。

在经济全球化的今天,各国应当注意经济政策的相互协调,谋求共同发展。回顾历史,各国经历了一个从各行其是、转嫁危机,结果都殃及自身,到积极参与国际经济协调发展的过程。

在第二次世界大战前的金本位时期,各国不注意经济政策的相互协调,在经济大危机时期,又竞相采用转嫁危机以邻为壑的措施,结果使各国都付出了惨重的代价。金本位制下,本来存在一些可以自动调节各国国际收支平衡的有利机制,黄金流动引起的物价变动,影响本国对外国和外国对本国的商品需求,自动帮助实现经济内外均衡。中央银行的主要任务是通过银根的调节,在黄金与通货之间维持官方的平价关系。但"赤字国家遵守这个规则的动力比盈余国家强烈的多"。"然而,由于盈余国家并不总是采取措施限制黄金流入","那些赤字国家担负起所有的国家实现国际收支平衡的重任",这就恶化了国际收支协调问题。"赤字国家为了能在有限的黄金供给中分一杯羹,可能会采取过度紧缩的货币政策以至于一方面危害到国内的就业状况,另一方面却在增加储备方面仍无多大起色。"①这种情况甚至成为大危机发生的直接诱因。1929 年,美国、法国经济高涨,两国的国际收支盈余使自己积累了大量的流入黄金,至 1932 年,两国已持有世界作为货币的黄金的 70%。其他实行金本位制的国家只有出售国内资产来争取保存它们正不断减少的黄金储备。这样就形成了世界性的货币紧缩,加上 10 月美国纽约股市崩溃的冲击,使世界经济陷入大衰退。②

在大危机中,面对世界经济的低迷和生产的下降,严重依赖国外市场的各国纷纷采取以邻为壑的政策,加大限制外国商品进口和争夺国际市场的竞争力度。英国为保护本国市场,从 1932 年起彻底放弃自由贸易政策,大幅提高进口商品的税率,实行货币贬值以刺激出口,加强对殖民地和自治领的控制和剥夺,以巩固英帝国市场。③ 美国在 1930 年也制定了斯穆特—霍利关税条例,对海外就业造成了很大的损害。各国竞相提高贸易壁垒,相互报复,这使得刺激出口的政策效力很快就被抵消了。④ 同时,世界需求的缩小,也使各国的出口大幅度下降。英国的出口贸

---

① 保罗·克鲁格曼,茅瑞斯·奥伯斯法尔德. 国际经济学. 第四版. 北京:中国人民大学出版社,1998. 498

② 保罗·克鲁格曼,茅瑞斯·奥伯斯法尔德. 国际经济学. 第四版. 北京:中国人民大学出版社,1998. 502

③ 樊亢,宋则行. 主要资本主义国家经济简史. 北京:人民出版社,1973. 111

④ 樊亢,宋则行. 主要资本主义国家经济简史. 北京:人民出版社,1973. 111

易量下降了50%,1931年出现1亿英镑的赤字。[①] 美国在世界出口贸易中的比重也削弱了,对英帝国贸易显著减少,在欧洲、拉丁美洲、亚洲市场上被德国和日本不断排挤。[②] 法国的工业基础较为薄弱,在世界市场上也被不断排挤,在世界贸易总额中的比重不断下降。[③]

在那一时期,各国为了自身的利益疯狂向外扩张,同时为使自身摆脱困境,不考虑经济政策对他国的影响和后果,国家之间缺少经济政策的相互协调,结果使各国都备受其苦。各国在大危机期间采取的专家型贸易政策"使全球经济付出了巨大代价,并且放慢了各国从危机中复苏的速度","如果实行更加自由的贸易,并且国际间的合作能够保证在不牺牲内部平衡的前提下实现外部平衡和金融稳定,那么所有国家的境遇都有可能得到改善"。[④]

第二次世界大战以后,各国吸取了1929—1933年经济大危机期间的教训,认识到了加强经济协调合作的重要性,各种形式的协调合作不断发展。为保持汇率的稳定,避免各国货币竞相贬值的再次发生,以美国为主导建立了布雷顿森林体系,实现了美元与黄金挂钩、其他国家货币汇率与美元挂钩。这一体系保证了第二次世界大战后经济贸易的恢复和发展,也体现了加强国际间经济协调合作的重要性意义。在此后的半个多世纪中,国际组织、国家间会晤磋商、经济一体化组织等都为各国经济协调搭建了良好的平台,增强了各国在面临滞胀、石油危机、发展中国家债务危机等共同的难题时的政策协调。

在布雷顿森林体系下,成立了一系列的国际组织,比如国际货币基金组织、世界银行、国际开发协会、国际金融公司、经济合作与发展组织、关税与贸易总协定等。这些国际组织多属专业性组织,在自身涉及的领域,为推动国际贸易和国际金融的发展,做出了巨大贡献,也促进了各国的经济交往和政策协调。

国际关税和贸易总协定从1947年建立以来,经过不断发展完善,成为世界性组织,现在的世界贸易组织拥有150个成员国,发动了九轮关税和贸易谈判,把发达国家工业品关税的平均税率由当初的40%降低至5%左右,大大促进了自由贸易的发展。国际货币基金组织是布雷顿森林体系下的常设机构,负责在布雷顿森林体系下认定和掌握出现"根本性失衡"的国家的货币的汇率调整,并充当各国中央银行的最后贷款人,向实行紧缩的货币或财政政策影响国内就业的国家提供贷款以帮助其渡过难关。布雷顿森林体系瓦解以后,其各国最后贷款人的作用依然在发挥,曾为墨西哥、印度尼西亚、韩国等处于金融危机中的国家提供过援助。世

---

① 樊亢,宋则行. 主要资本主义国家经济简史. 北京:人民出版社,1973. 110

② 樊亢,宋则行. 主要资本主义国家经济简史. 北京:人民出版社,1973. 111

③ 樊亢,宋则行. 主要资本主义国家经济简史. 北京:人民出版社,1973. 111

④ 保罗·克鲁格曼,茅瑞斯·奥伯斯法尔德. 国际经济学. 第四版. 北京:中国人民大学出版社,1998. 502

界银行主要为成员国政府提供发展所需的长期低息贷款。

总起来说，这些国际组织在发展的过程中，在各自的章程指导下为各国提供了一个相互交流和协调的平台，也越来越民主化，大小国家越来越平等，中小国家和发展中国家的利益越来越受到重视。

在肯定这些国际组织的积极作用的同时，我们也应当认识到，在当今民族国家作为主要实体的国际社会，这些国际组织在运作中也出现了影响力、约束力不够强等情况。在一定程度上，这些国际组织受到大国力量和意识形态支配，为大国利益和旧的国际经济秩序服务，其作用受到了很大的局限。比如马来西亚在1997年亚洲金融危机中向国际货币基金组织请求援助，但国际货币基金组织受西方自由主义经济观的支配，要求马来西亚要坚持资本账户的开放，才给予其贷款。而后来经济学家纷纷认为经济实力不够强大的国家开放金融市场是相当危险的。基于自由主义的思想，国际货币基金组织开出的药方往往导致危机国的经济严重衰退。

1973年，由于美国经济实力的相对下降，无力继续适应布雷顿森林体系的需要，这个体系最终瓦解。紧接着，资本主义世界笼罩在石油危机和“滞胀”的困扰之中，进入了第二次世界大战后最严重的一次经济困难。

在布雷顿森林体系下，由于美元是“锚货币”，其他货币有义务维持与美元的固定比价，因此，只有美国有运用货币政策调节经济的自由，而且美国的通货膨胀能够传导到其他国家。60年代末，美国出现通货膨胀，随即通过布雷顿森林体系使其他资本主义国家也出现了通货膨胀。进入70年代，“石油危机”发生，国际油价大幅上涨，严重依赖石油进口的主要资本主义国家出现严重的通货膨胀。同时，进口石油的成本上升又减少了对其他部门的需求从而使社会生产大幅下降，失业上升，这就构成了“滞胀”。

从1973年到1975年，资本主义世界工业生产下降了8.1%，主要资本主义国家的生产都有两位数的下降，失业人数也大为增加。但1973—1975年，英国消费物价指数却上升了43.9%，日本上升了32.5%，法国上升了19.1%，美国上升了15.3%，原西德上升了11.1%。[①] 在此后的十多年中，主要资本主义国家都陷入了对通货膨胀的恐惧之中，普遍存在只要采取扩张性政策，各国的通胀就会上升。各国为了抑制通货膨胀，只能坚持采用紧缩性政策，使经济增长陷于停滞，失业率居高不下。甚至进入20世纪90年代后，有的国家还没有完全从“滞胀”的阴影中摆脱出来。

这一时期，主要资本主义国家受到石油危机的普遍影响，通胀的上升和宏观经济情况的变化逐渐趋于同步。这表明，紧密的国际经济联系使滞涨危机能够在发达国家之间相互传染。面对这次经济危机，各国没有像20世纪30年代那样各行

① 樊亢，宋则行．主要资本主义国家经济简史．北京：人民出版社，1973．45

其是,以邻为壑,而是采取了相互协调、互相合作的做法,通过对宏观经济政策的调整,避免了更加严重的经济危机的爆发。

第二次世界大战后,西方主要发达资本主义国家组织了首脑会议、财长会议等磋商机制,对主要资本主义国家的经济问题,如货币政策、财政政策、汇率政策等进行了协调,取得了一定的成果。针对"滞胀"等严重问题的困扰,1975 年开始,西方七国首脑会议每年召开。70 年代的西方七国首脑会议把抑制全球性的通货膨胀作为主要的协调方向,各国都采用了紧缩性政策抑制通货膨胀。针对通货膨胀进行的国际协调在 20 世纪 80 年代和 90 年代一直在进行,后来也成为欧洲货币体系在运行中的重要政策内容。另外,各国通过协调还制定了一些相互带动、走出衰退的策略。在 1977 年的伦敦会议上,制定了以美国、联邦德国和日本三个经济大国作为带动整个西方经济回升的"火车头"策略,并规定了当年三国的经济增长指标。1978 年波恩会议则制定了"共同协调刺激经济回升的政策",也就是所谓同舟共济的"护航队"策略。在西方七国、八国首脑会议及其他方式的国际协调中,各国还就世界能源价格和生产、协同降低高利率、联合干预外汇市场等内容进行了广泛的协调,这也成为国家间解决摩擦与冲突的有效机制,对恢复和维护各国的对外均衡做出了努力。

针对布雷顿森林体系解体以后,各国汇率制度的多样性和汇率的浮动造成的混乱状态,西方国家制定了很多方案,共同干预外汇市场,稳定和调节主要货币的汇率水平,使之符合宏观经济政策的需要。1981 年和 1982 年,西方七国在首脑会议上都做出了减小汇率波动、降低高利率的决定。20 世纪 70 年代以后,美国作为世界经济的"火车头",采取了扩张性政策。80 年代美国宏观经济政策的实施,导致了美国的高利率和美元的大幅升值。这导致了美国国内贸易保护主义的抬头和非获益部门的反对。西方五国 1985 年在纽约的普拉扎会议上,做出了联合干预外汇市场使美元贬值的决定;在广场会议上,又联合干预日元升值,对西方国家的经济状况产生了深远的影响。除了干预汇率水平外,为抑制汇率的过度波动,西方各国在 1987 年以后还制定了一系列未公开的汇率目标区方案,设立了彼此间汇率水平的目标区域,并保证通过外汇市场来使汇率水平维持在目标区域中。虽然这些汇率目标区方案之后经过了很多的变动,有人说各国政府之所以不肯公开这些方案就是为了掩盖政府多次调整汇率的失败,①但是,不可否认的是,各国确实为稳定汇率做出了很大努力。

进入 20 世纪 80 年代以来,发展中国家的债务危机成为困扰世界各国政策制定者们的棘手问题,威胁到发达国家的经济安全稳定。而这一问题的缓解,也是基

① 保罗·克鲁格曼,茅瑞斯·奥伯斯法尔德. 国际经济学. 第四版. 北京:中国人民大学出版社,1998. 546

于发达国家和发展中国家的共同协调。

历史上，许多发展中国家由于缺乏经济发展需要的资金，长期形成了对外国资金的过分依赖。第二次世界大战结束以来，发展中国家的债务主要是以政府贷款、短期信贷贸易、外国直接投资的形式大量借入的。20世纪70年代的两次石油危机发生期间，由于石油价格的大幅上涨，石油输出国获得了大量的经常项目盈余和资金收入。非石油输出国的发展中国家面对石油价格上涨带来的衰退，则使用扩张性政策刺激经济，从而形成了长期的巨额赤字，需要大量举借外债。而石油输出国不愿意直接承担借贷的风险，将资金存入发达国家的银行，再贷给发展中国家，发达国家的商业银行成为拉美发展中国家的主要债权人。这样，许多发展中国家过快地从发达国家借入了大量的外债，超过了其经济增长的承受能力。

进入20世纪80年代，各国为治理高通货膨胀所采取的紧缩性政策，使世界经济陷入了第二次世界大战后以来最严重的衰退时期。美元大幅升值，使得通过美元计价和浮动汇率的贷款合同举借了大量外债的发展中国家承担了空前的债务负担，并且重新举借外债的成本大大提高。世界经济低迷，发展中国家工业基础薄弱，主要出口农产品和原材料，出口产品需求下降，在美元升值的进一步作用下，这些初级产品的价格在1981年和1982年大幅大跌，创汇能力大大下降。有的国家又出现经济发展的战略失误，在很大程度上丧失了偿债能力，从而出现“债务危机”。墨西哥、巴西等南美和非洲的二十几个国家先后宣布，到期债务不能偿还。

由于债权人主要是发达国家大大小小数量众多的商业银行，发展中国家的大量到期外债不能偿还，在一定程度上威胁到了这些商业银行的生存，甚至可能会引起一连串的波及许多国家的银行倒闭，出现席卷全球的金融危机和世界经济的大衰退，①从而对发达国家的经济安全和世界经济的稳定都形成了威胁。“发展中国家的债务危机如同把债务国与债权银行同拴在一辆装满炸药且引信正在吱吱作响的马车上。”②

出于对以上状况的担心，发展中国家和发达国家都做出了政策调整，以缓解债务危机。发展中国家纷纷调整发展战略和宏观经济政策，大幅度削减进口，削减政府赤字，推行紧缩政策，调低本币币值以刺激出口。同时，受石油价格回落的影响，债务最重的巴西和墨西哥等国在随后几年出现了对外盈余。美国政府也出面采取了一系列抢救措施，一方面，通过预付石油贷款和提供农产品购买信贷向墨西哥提供20亿美元的资金，并与国际清算银行一起安排了10亿美元的紧急贷款；另一方面，出面说服债权银行同意墨西哥拖延三个月偿还到期债务本息。这些措施不仅

---

① 保罗·克鲁格曼，茅瑞斯·奥伯斯法尔德．国际经济学．第四版．北京：中国人民大学出版社，1998．646

② 张蕴岭．世界经济中的相互依赖关系．北京：经济科学出版社，1989．448

使墨西哥有了可供周转的资金,也稳定了国际金融市场的局势,对于免除一场有可能引起国际金融市场的国际金融危机起到了重要作用。在此后的债务危机处理过程中,债权国政府和债权银行在延、缓、减免债务方面采取了不少积极的协调与合作措施。美国政府于1989年实行了"布雷迪计划",协调了商业银行做出对发展中国家减免部分债务的努力,通过国际货币基金组织和世界银行继续提供资金,促进了发展中国家债券在二级市场上的转让。20世纪90年代初,发展中国家的债务危机得以缓解,这在一定程度上稳定了拉美国家的政治形势,促进了其经济的恢复,但发展中国家的债务危机并未从根本上得到消除。

此外,各级各类的区域经济一体化组织也在国际经济协调中扮演着越来越重要的作用。区域经济一体化通常表现为同一地区的各国,相互建立和发展密切的经济贸易合作关系,进而各国根据自愿的原则和本地区的实际情况,签订一定的贸易协定,建立本地区经济一体化组织,从而形成相对固定的、制度化的一体化经济区。这些一体化组织按其一体化程度的高低,分为自由贸易区、关税同盟、共同市场、经济共同体、经济货币联盟五个等级。目前,世界上出现经济一体化组织的地区主要有:欧洲、亚太地区、东南亚、南亚、中东、非洲、拉丁美洲、北美。这些地区出现的区域经济一体化组织的规模有大有小,实力有强有弱,一体化的程度有高有低。但是,这些区域经济一体化组织都是在同一地区经贸联系紧密的国家之间,通过一体化组织,在区域内产生贸易创造,把区域外贸易转移到区域内等作用,加强区域内国家的经济联系和整体的经济实力以及抗外部冲击的能力。

在区域经济一体化组织发展升级的过程中,要伴随着国家间关税、外贸、财政、货币等内外政策的相互协调,甚至国家调控经济的权力和部分国家主权的让渡。欧洲联盟是当前区域经济一体化组织中一体化程度最高的经济与货币联盟,它的发展过程,集中体现了欧盟成员国经济政策的相互协调。在建立了经济与货币联盟之后,加入欧元区的国家甚至完全把货币政策的自主权让渡给统一的欧洲中央银行。

欧盟建立经济和货币联盟的实践,为其他区域经济一体化组织提供了榜样。欧盟实力的增强,大大改变了世界格局。它的崛起,也成为第二次世界大战后和平崛起的典范,体现出区域经济合作与协调的巨大作用。

综上所述,第二次世界大战后,国际经济协调是不断发展的,其作用也是不断增强的。在资本主义国家面对石油危机、"滞胀"、发展中国家债务危机等共同面临的问题时,各国无不是通过相互协调才渡过难关的。在经济全球化时代,各国之间的经济联系要比第二次世界大战前密切得多,而且越来越密切,经济问题更容易从一国传递到另一国。如果没有这些协调经济政策的努力,再次爆发像20世纪30年代那样的大危机,是完全有可能的。因此,今天,在经济发展问题上,各国政府惟有采取合作而非对抗的态度才是上策。

随着国际经济的发展,各国又共同面临着许多新的挑战,其中突出的一例,就是频繁发生的金融危机。随着国际金融市场的发展、货币的可兑换增强和金融管制的放松,国际金融市场上游资的数量越来越大。这些游资在投机逐利的过程中,对存在宏观经济状况存在内外失衡、积累了大量短期借贷的国家的货币进行投机,对这些国家的经济状况构成了越来越猛烈的外部冲击。近年来,大规模的金融危机爆发的越来越频繁。

早在布雷顿森林体系瓦解之前,外汇市场上的投机就已经构成促成货币汇率调整的力量。进入80年代以来,类似的针对货币的投机越来越多。1992年,加入欧洲货币体系的英镑受到投机,被迫退出欧洲货币体系;1995年,墨西哥和阿根廷发生金融危机;1997年,亚洲金融危机爆发;1998年俄罗斯爆发金融危机,委内瑞拉和巴西市场出现波动;2002年,阿根廷发生货币危机,被迫放弃货币局制。其中,1997年亚洲金融危机的波及面最广,破坏性也最大。

有学者对东南亚金融危机做出了这样的解释①:东南亚等国借入了大量的短期债务,短期债务的流入,没有增加国内生产,只会推动经济泡沫。在危机中,外资会急速的撤逃,对汇率形成压力。亚洲金融危机中,短期外债水平较高的国家,受到的冲击就较严重;短期外债水平不高的国家,受到的冲击较小,或者不受影响。“一方面对内对外彻底实现金融自由化,另一方面实行僵化的固定汇率,这种组合对发展中国家显然是一场灾难。”②

在类似的金融危机中,危机传染的机制除了相邻国家紧密的贸易和金融联系外,明显的另一个传导机制是国际投资者的心理因素。当泰铢贬值时,马来西亚经济状况处于和泰国相似的情况:双逆差,有经济泡沫……马来西亚的债权人会担心马来西亚产生同样的危机,为了保全资产,他会选择撤资。这会使金融系统信用扩张的作用反用,使信贷收缩。当债务人纷纷这样做时,就会导致马来西亚的信用严重收缩和银行倒闭,经济受到冲击。而在金融危机中,这一机制的作用越来越明显地表现在宏观经济状况相似的国家身上,即使这些国家不在同一地区,也没有很密切的经贸往来。比如1998年俄罗斯的金融危机对委内瑞拉和巴西产生影响而引起市场波动,这就使得金融危机的发生规律难以准确把握,防范也不容易。

值得一提的是,金融危机不仅会影响亚洲和拉美的发展中国家,对世界上相对发达的国家也一样很有威胁。在欧洲货币体系运行期间,各国实行汇率联合浮动,曾经遭受了很多次针对联合浮动的投机攻击,曾使英国、意大利等国退出过欧洲货币体系。

---

① [英]保罗·赫斯特,格雷厄姆·汤普森.质疑全球化——国际经济与治理的可能性.北京:社会科学文献出版社,2002. 176

② [英]保罗·赫斯特,格雷厄姆·汤普森.质疑全球化——国际经济与治理的可能性.北京:社会科学文献出版社,2002. 187

在亚洲金融危机中，亚洲国家或地区纷纷通过大幅货币贬值以自保，或希望将损失减到最小程度。然而，中国政府在此时却做出了颇不寻常的重大决策，保持人民币汇率稳定，在很大程度上缓和了金融风暴的蔓延，减轻了东亚国家或地区经济压力，同时中国尽其所能对有关国家提供经济援助，使东亚国家很快度过了金融危机。经过此举，中国在亚洲的地位得到极大提高，也获得了亚洲国家的充分信任，中国成为一个可信赖的国家，是一个负责任的国家，是亚洲国家的朋友而不是敌人。

此外，世界各国还面临着诸如世界贫富分化加剧、世界环境问题、新能源开发与利用等人类发展所共同面临的难题。我国实力的增强，使我国越来越像世界中的"一极"。在国际经济事务中，我国无论是经济规模还是通过与主要国家构建共同利益而形成的影响力，都使我国成为举足轻重的国家。无法想像，一个经济规模居世界第六位的国家，在世界经济协调中不会占有重要的地位。因此，各主要国家应当更加重视中国的作用，重视与中国加强经济协调合作。一个健康稳定增长的中国经济，对世界都是十分必要的。相反，若中国经济出现大的问题，则我国不仅不能发挥"火车头"的作用，而且会通过与各国建立起来的紧密的经济联系，把经济问题传导到其他国家，从而危及其他国家的经济健康。当今世界，各国是一个一损俱损、一荣共荣的整体，中国的和平崛起对世界是十分必要的。可以看到，西方国家也越来越重视中国等大的发展中国家的作用。自2003年开始，西方八国首脑会议就开始邀请中国、巴西等大的发展中国家在不同程度上与会，以便倾听它们的声音。

四、中国要和世界共同发展

改革开放二十多年来，中国的经济建设取得了很大的成就，同世界各国建立了十分密切的经济联系，对世界经济的影响与日俱增。在经济全球化进程日益加快的情况下，各国相互联系、相互协调以谋求共同发展已成为迫切需要。在这一过程中，不能缺少中国的声音。正如前面所述，我国的和平崛起，有内在的动力，有外部的可能性，更有其必要性。胡锦涛主席在韩国出席APEC会议期间发表演讲说，各种文明之间，各个国家之间，应该本着"开放的思维实现共赢"。这表达了中国要与世界共同发展的迫切愿望和坚定信心。

我国是社会主义国家，不会像历史上的西方列强那样通过对外的战争来实现崛起。经济全球化为我国的和平崛起提供了良好的机会。正如著名学者郑必坚所说："中国实行改革开放25年来，已经开创出一条适合中国国情又适合时代特征的战略道路。这就是：在同经济全球化相联系而不是相脱离的进程中独立自主地建设中国特色社会主义，这样一条和平崛起新道路。”①

我们可以看到，近年来，我国同西方国家一道，在国际经济协调、国际经济组织建设、国际经济一体化等方面做了许多工作，都是以积极务实的态度，融入到世界格局中去，为世界经济的健康发展，发挥着越来越重要的作用。

2001 年，我国加入了世界贸易组织。我国还积极参与亚太地区的区域经济一体化进程，与东盟保持着“10 + 1”、“10 + 3”等良好的沟通机制。我国在亚太经合组织中，也保持活跃。2010 年将建成中国—东盟自由贸易区。在东南亚及周边地区，人民币的地位不断增强并被普遍接受。我国在联合国、上海合作组织等国际政治组织和其他方面的国际组织中，都以积极的姿态，以活跃的身影发挥着良好的作用。2005 年 7 月，面对国外强大的人民币升值压力，在保证人民币币值稳定和国家宏观经济状况健康的情况下，我国已经将人民币的汇率进行了小幅升值，并且开始进行人民币汇率形成机制改革。这说明，我国正在积极地融入已有的国际格局，加强和西方国家关于重大共同利益的协调，并充分利用各种国家政治和经济组织，服务于自身发展。

从 1840 年以来，中国国力疲弱，受尽了西方列强的欺凌。而今，中国的和平崛起，只不过是为了争取同世界其他国家与民族一样发展的权利，为了与世界上所有的国家共同分享世界经济进步的利益。中国为崛起不会发动战争，中国崛起之后也不会走上扩张的道路。温家宝总理在哈佛大学发表题为《把目光投向中国》的演讲说：“中华民族历来酷爱和平”。建国后，我国也是“和平共处五项原则”的最早倡导国之一，在这一原则下，我国才与为数众多的国家发展了友好关系和经济关系，为我国的经济发展争取了和平有利的外部环境。

中国崛起之后，必将以强盛的经济实力，有力地带动全球经济的发展，维护世界经济的稳定。同时，我国也将为建立新的国际政治经济新秩序而努力，促进与发展中国家的互帮互助，追求共同发展。自建国以来，我国一直同第三世界国家保持着良好的互帮互助关系，对非洲等地区为数众多的发展中国家进行了无私的发展援助。在许多国际组织中，中国都是作为广大发展中国家的代表而出现的。中国实力的增强，必将会对第三世界国家的发展起到更大的帮助作用，追求各国的共同发展。十六大报告中写到：“我们主张顺应历史潮流，维护全人类的共同利益。我们愿与国际社会共同努力，积极促进世界多极化，推动多种力量和谐并存，保持国际社会的稳定；积极促进经济全球化朝着有利于实现共同繁荣的方向发展，趋利避害，使各国特别是发展中国家都从中受益。”“我们将继续增强同第三世界的团结和合作，增进相互理解和信任，加强相互帮助和支持，拓宽合作领域，提高合作效果。”

---

① 中国网，http://www.china.org.cn。

近来,国际上对中国国家实力的增长非常重视,出现了关于中国综合国力排名的不同争论。有的学者认为中国已经是一个超级大国;有人认为,中国的综合实力虽然在1998年已经超过日本,位居世界第二,但尚未达到超级大国的水平;有人认为,中国的综合国力排名仍位于世界第六,小于日本和俄罗斯;著名学者阎学通从实力等级常识的角度,从政治、经济、军事实力方面,判断"中国综合实力地位的排序已经是世界第二,但与美国的实力地位还不是相同等级。"①而美国学者乔舒亚·库珀·雷默提出了"北京共识"的概念,引起了国内外的广泛关注。

但是,我们应该清醒地认识到,我们的国家和人民还不够富裕,中国农村尚有3000万贫困人口,我国的人均经济指标在世界上还处于非常落后的位置。中国的崛起,还有很长的路要走。

正如胡鞍钢所说:"中国发展的成功就是世界发展的成功;反之,中国发展的失败就是世界发展的失败。中国只能成功不能失败,不仅我们自己而且全世界都不能允许中国发展失败。"②

---

① 阎学通. 中国崛起的实力地位. 国际政治科学,2005(2)

② 胡鞍钢. 关于中国发展模式的思考. 天津社会科学,2005(4)

参考文献

1. 马克思恩格斯全集．第3卷．北京：人民出版社，1960
2. 马克思恩格斯全集．第1、3、4、12、19、22卷．北京：人民出版社，1972
3. 马克思恩格斯全集．第129卷．北京：人民出版社，1977
4. 马克思恩格斯选集．第1、2、3、4卷．北京：人民出版社，1995
5. 马克思．剩余价值学说史．第3卷．北京：人民出版社，1978
6. 资本论．第1、2、3卷．北京：人民出版社，1975
7. 列宁全集．第22卷．北京：人民出版社，1958
8. 列宁全集．第4、38、43卷．北京：人民出版社，1986
9. 斯大林全集．第9卷．北京：人民出版社，1954
10. 斯大林文选（上、下）．北京：人民出版社，1962
11. 亚当·斯密．国民财富的性质和原因的研究．北京：商务印书馆，1974
12. 大卫·李嘉图．政治经济学及赋税原理．北京：商务印书馆，1976
13. 布鲁诺·S. 弗雷．国际政治经济学．重庆：重庆出版社，1987
14. 罗伯特·吉尔平．国际关系政治经济学．北京：经济科学出版社，1989
15. 劳尔·普雷维什．外围资本主义——危机与改造．北京：商务印书馆，1990
16. 汉斯·J. 摩根索．国家间政治——为权力与和平而斗争．北京：中国人民公安大学出版社，1990
17. 瑟罗．二十一世纪的角逐——行将到来的日欧美经济战．北京：社会科学文献出版社，1992
18. 迈克尔·波特．国家竞争优势．北京：天下文化出版股份有限公司，1996
19. 迈克尔·波特．竞争优势．北京：华夏出版社，1997
20. 弗里德里希·李斯特．政治经济学的国民体系．北京：商务印书馆，1997
21. 特奥托尼奥·多斯桑托斯．帝国主义与依附．北京：社会科学文献出版，1999
22. 萨米尔·阿明．不平等的发展——论外围资本主义的社会形态．北京：商务印书馆，2000
23. 保罗·克鲁格曼．国际经济学．北京：清华大学出版社，2001

24. 亚当·斯密. 国民财富的性质和原因的研究(上卷). 北京:商务印书馆,2003

25. 拉尔夫·戈莫里,威廉·鲍莫尔. 全球贸易和国家利益冲突. 北京:中信出版社,2003

26. 劳尔·普雷维什. 外围资本主义——危机与改造. 北京:商务印书馆,1990

27. 保罗·克鲁格曼,茅瑞斯·奥伯斯法尔德. 国际经济学. 第四版. 北京:中国人民大学出版社,1998

28. 约翰·霍奇森,马克·哈罗德. 国际经济学. 济南:山东人民出版社,1989

29. 保罗·赫斯特,格雷厄姆·汤普森. 质疑全球化——国际经济与治理的可能性. 北京:社会科学文献出版社,2002

30. 萨缪尔森. 经济学. 第十六版. 北京:华夏出版社. 1999

31. 樊亢,宋则行等. 主要资本主义国家经济简史. 北京:人民出版社,1973

32. 邓小平文选. 1~3卷. 北京:人民出版社,1993,1994

33. 三中全会以来——重要文献选编(上、下). 北京:人民出版社,1982

34. 姚曾荫. 国际贸易概论. 北京:人民出版社,1987

35. 吴易风. 英国古典经济理论. 北京:商务印书馆,1988

36. 仇启华. 世界经济学(上册). 北京:中共中央党校出版社,1989

37. 褚葆一,张幼文. 世界经济学原理. 北京:中国财政经济出版社,1989

38. 王伟民. 中国开放经济论. 广州:中山大学出版社,1991

39. 陈亚温. 国际经济关系的理论和实证分析. 长沙:湖南出版社,1991

40. 陈岱孙,厉以宁. 国际金融学说史. 北京:中国金融出版社,1991

41. 朱立南. 国际资本论. 北京:中国人民大学出版社,1992

42. 李梦岩,姜怀洋. 当代世界政治经济和国际关系概论. 北京:中国财政经济出版社,1992

43. 美国世界能源研究所. 世界资源手册(1992—1993). 北京:中国环境科学出版社,1993

44. 朱立南. 世界经济运行机制. 北京:中国人民大学出版社,1993

45. 陈彪如等. 国际经济学. 上海:华东师范大学出版社,1993

46. 毛泽东外交文选. 北京:中央文献出版社,世界知识出版社,1994

47. 裴坚章. 中华人民共和国外交史(1949—1956). 北京:世界知识出版社,1994

48. 中共中央文件选编. 北京:中央党校出版社,1994

49. 宋则行,樊亢. 世界经济史(上卷). 北京:经济科学出版社,1995

50. 何泽荣,邹宏元. 国际金融原理. 成都:西南财经大学出版社,1995

51. 唐永胜．当代国际资本——中国对外开放的国际环境．大连:辽宁人民出版社, 1995

52. 季崇威．论中国对外开放的战略和政策．北京:社会科学出版社,1995

53. 张幼文．价值增值论——国际经济分析的价值理论．上海:上海社会科学院出版社, 1995

54. 中央财经领导小组办公室．邓小平经济理论(摘编)．北京:中国经济出版社,1996

55. 联合国跨国公司中心与投资司．世界投资报告．1996

56. 刘靖华．霸权的兴衰．北京:中国经济出版社,1997

57. 陈同仇,薛荣久．国际贸易．北京:对外经济贸易大学出版社,1997

58. 世界环境与发展委员会．我们共同的未来．长春:吉林人民出版社, 1997

59. 华民．国际经济学．上海:复旦大学出版社, 1998

60. 张二震,马野青．国际贸易学．南京:南京大学出版社,1998

61. 罗伯特·赖克．国家的作用——21世纪的资本主义前景．上海:上海译文出版社,1998

62. 张亦春,王先庆．国际投机资本与金融动荡．北京:中国金融出版社, 1998

63. 谢康等．超越国界:全球化中的跨国公司．北京:高等教育出版社,上海:上海社会科学院出版社, 1999

64. 张幼文等．世界经济一体化的历程．北京:学林出版社, 1999

65. 许少强．外汇理论与政策．上海:上海财经大学出版社,1999

66. 黎青平．毛泽东邓小平与对外开放．北京:中共中央党校出版社,1999

67. 杨圣明．中国对外经贸理论前沿．北京:社会科学文献出版社, 1999

68. 宋新宁,陈岳．国际政治经济学概论．北京:中国人民大学出版社, 1999

69. 冼国明,陈漓高．中国对外开放与经济发展．北京:经济科学出版社, 1999

70. 张幼文．面向世界:中国对外开放的战略选择．北京:高等教育出版社,上海:上海社会科学院出版社,1999

71. 刘赛力．中国对外经济关系．北京:中国经济出版社, 1999

72. 冼国明,陈漓高．中国对外开放与经济发展．北京:经济科学出版社, 1999

73. 谭崇台．发展经济学．太原:山西经济出版社,2000

74. 杨小凯,张永生．新兴古典经济学和超边际分析．北京:中国人民大学出版社,2000

75. 江小鹃．大型跨国公司投资:对中国产业结构、技术进步和经济国际化的

影响．载王洛林．中国外商投资报告——大型跨国公司在中国的投资．北京:中国财政经济出版社,2000

76. 李善同,瞿凡,徐林．加入世界贸易组织对中国经济的影响．余永定等．中国入世产业研究报告．北京:社会科学出版社,2000

77. 洪银兴．发展经济学与中国经济发展．北京:高等教育出版社,2001

78. 陶文达．发展经济学．成都:四川人民出版社,2001

79. 刘向东．邓小平对外开放理论的实践．北京:中国对外经济贸易出版社,2001

80. 葛顺奇．跨国公司技术战略与发展中国家技术模式选择．北京:中国经济出版社,2001

81. 孙桂平．全球化背景下的世界经济贸易研究．石家庄:河北大学出版社,2001

82. 陈漓高．经济全球化与中国的对外开放．北京:经济科学出版社,2001

83. 王雨本．WTO 之外的国际经济组织．北京:人民法院出版社, 2002

84. 吕春成．战略性贸易政策研究．北京:中国财政经济出版社,2002

85. 任治君．国际经济学．成都:西南财经大学出版社,2002

86. 谈世中,王耀媛,江时学等．经济全球化与发展中国家．北京:社会科学文献出版社,2002

87. 中国社会科学院世界经济研究中心．全球化与 21 世纪．北京:社会科学文献出版社,2002

88. 李琮．当代国际垄断——巨型跨国公司综论．上海:上海财经大学出版社, 2002

89. 江小涓．中国的外资经济——对增长、结构升级和竞争力的贡献．北京:中国人民大学出版社,2002

90. 陈飞翔,蔡茂森等．开放效率论．上海:同济大学出版社,2002

91. 范爱军．经济全球化利益风险论．北京:经济科学出版社,2002

92. 刘力,许民．入世后的中国外资政策．北京:中国社会出版社, 2002

93. 邓敏．WTO 框架下中国实现进出口管理目标的路径选择．海峡两岸管理学研讨会首届年会论文集,2002

94. 杨柳勇．国际收支结构研究．北京:中国金融出版社,2003

95. 王长胜．中国与世界经济发展报告．北京:社会科学文献出版社,2003

96. 杜厚文,朱立南．世界经济学．北京:中国人民大学出版社,2003

97. 张二震等．贸易投资一体化与中国的战略．北京:人民出版社,2004

98. 郑必坚,张伯里．当代世界经济．第二版．北京:中共中央党校出版社, 2003

99. 安辉．现代金融危机生成机理与国际传导机制研究．北京:经济科学出版社,2003

100. 张幼文．当代国家优势——要素培育与全球规划．上海:上海远东出版社,2003

101. 叶自成．中国大战略．北京:中国社会科学出版社,2003

102. 陈宪等．国际经济学教程．上海:立信会计出版社,2003

103. 张小济．中国对外开放的前沿问题．北京:中国发展出版社, 2003

104. 王洛林,余永定．世界经济形势分析与预测．北京:社会科学文献出版社,2004

105. 刘诗白．马克思主义政治经济学原理．成都:西南财经大学出版社,2004

106. 熊性美,戴金平等．当代国际经济与国际经济学主流．大连:东北财经大学出版社,2004

107. 左海聪．国际贸易法．北京:法律出版社, 2004

108. 刘光灿．中国资本项目对外开放研究．北京:中国金融出版社,2004

109. 冷溶,汪作玲．邓小平年谱(上、下)．北京:中央文献出版社,2004

110. 赵可铭．邓小平发展理论史纲．北京:人民出版社,2004

111. 江西元,夏立平．中国和平崛起．北京:中国社会科学出版社,2004

112. 黄卫平,彭刚．国际经济学教程．北京:中国人民大学出版社,2004

113. 刘国平,范新宇．国际垄断资本主义时代——世界经济与政治的最新发展．北京:经济科学出版社,2004

114. 李安方．跨国公司 R&D 全球化——理论、效应与中国的对策研究．北京:人民出版社,2004

115. 刘国平,范新宇．国际垄断资本主义时代——世界经济与政治的最新发展．北京:经济科学出版社, 2004

116. 中共中央关于制定国民经济和社会发展第十一个五年规划的建议．北京:人民出版社,2005

117. 李琮．经济全球化新论．北京:中国社会科学出版社, 2005

118. 霍伟东．中国——东盟自由贸易区研究．成都:西南财经大学出版社,2005

119. 程民选,霍伟东．建立亚洲经济共同体需要新思维．太原:山西人民出版社,第三届“亚洲经济共同体”高峰国际学术会议太原论坛 2005 论文集,2005(9)

120. 林爱文．资源环境与可持续发展．武汉:武汉大学出版社, 2005

121. 张幼文,徐明棋等．经济强国——中国和平崛起的趋势与目标．北京:人民出版社,2004

122. 黄平,崔之元．中国与全球化:华盛顿共识还是北京共识．北京: 社会科

学文献出版社,2005

123. 朱立南．我国对外开放度的评估与合理目标．国际贸易,1995(3)

124. 张磊,袁国良．论战略性贸易政策的产业基础．国际经贸探索,1997(4)

125. 曲如晓．经济开放度指标新探．经济学家,1997(5)

126. 刘力．比较优势原则的若干否定之否定．国际经贸探索,1998(1)

127. 李羽中．我国对外开放程度的度量与比较．经济研究,1998(1)

128. 吴园一．中国经济开放度选择及指标体系．财经研究,1998(1)

129. 曾垂龙．论对外开放与可持续发展战略．世界经济文汇,1999(2)

130. 孟夏．发展中国家开放经济的度量与特点．南开经济研究,1999(2)

131. 薛汉伟．从马克思的世界历史观到邓小平的对外开放观．社会科学论坛,1999(7)

132. 符正平．比较优势与竞争优势的比较分析．国际贸易问题,1999(8)

133. 李心丹．中国经济的对外开放度研究．财贸经济,1999(8)

134. 傅浩．经济开放度提高对宏观调控的影响．复旦学报(社会科学版),2000(1)

135. 林琳．两缺口理论对中国经济发展的启示——论合理利用外债的重要性及对策．岱宗学刊,2000(2)

136. 马峰成．经典作家的全球化思想与当代全球化趋势．社会科学战线,2000(2)

137. 谭影慧．论对外开放度的度量．上海大学学报(社会科学版),2000(4)

138. 刘能凯．比较优势、绝对优势与经济发展．贵州财经学院学报 ,2000(6)

139. 梁昭．国家经济持续增长的主要因素分析．世界经济,2000(7)

140. 陈耀庭．90 年代中国经济开放度和国际化研究．世界经济于政治,2000(8)

141. 杨玉生．西方马克思主义者与非马克思主义者经济全球化思想评介．经济学动态,2000(9)

142. 杨小凯,张永生．新贸易理论、比较利益理论及其经验研究的新成果:文献综述．经济学季刊,2001(1)

143. 姜宝山．试论技术革命对国际分工的影响．中国流通经济,2001(2)

144. 刘朝明．对外开放的度量方法与模型分析．财经科学,2001(2)

145. 董国辉．普雷维什命题:历史与现实．拉丁美洲研究,2001(3)

146. 闫钢,林铭芳．经济全球化浪潮下中国的对策选择．理论学习,2001(3)

147. 张有国等．区域开放度与经济增长的实证分析．北方工业大学学报,2001(3)

148. 刘民乐．经济全球化对我国的影响及其对策．运城高等专科学校学报,

2001(4)

149. 王小春．中国资本账户开放度研究．上海经济研究,2001(4)

150. 董德志．关于我国外资政策目标的重新定位与思考．国际贸易问题,2001(4)

151. 王文龙．国际分工中的比较利益原则．学术探索,2001(6)

152. 金孝龙．经济国际化程度的综合测评体系研究．外国经济与管理,2001(8)

153. 黄繁华．“入世”前夕我国经济开放度特征及变化趋势分析．学术月刊,2001(10)

154. 张二震,马野青．贸易投资一体化与当代国际贸易理论的创新．福建论坛,2002(1)

155. 唐淑云．生产全球化内在矛盾与风险及其对策．零陵师范高等专科学校学报,2002(1)

156. 薛敬孝,张蕾．20 世纪科技发展对国际贸易的影响．太平洋学报,2002(1)

157. 邹薇．论竞争力的源泉:从外生比较优势到内生比较优势．武汉大学学报,2002(1)

158. 杨华．发展中国家参与经济全球化进程的对策思考．工业技术经济,2002(2)

159. 许坚．经济全球化条件下中国在国际分工中的定位．世界经济与政治论坛,2002(2)

160. 兰宜生．对外开放度与地区经济增长的实证分析．统计研究,2002(2)

161. 俞悦．略谈经济全球化与中国经济国际化．新疆教育学院,2002(3)

162. 张亚斌,周琛影．再论比较优势与竞争优势．国际经贸探索,2002(3)

163. 杨军生．中国应对经济全球化的政策选择．经营与管理,2002(3)

164. 王必达．区域开放程度与区域经济增长速度．贵州工业大学学报(社会科学版),2002(3)

165. 潘明策,汪卫鸿．加入 WTO 与提升中国产业竞争力．新疆财经,2002(4)

166. 华民．“入世”后中国如何参与国际分工．世界经济与政治,2002(4)

167. 汤凌霄．国际贸易理论在中国现阶段的适应性．求索,2002(4)

168. 张蕴如．中国服务业的开放度与竞争力分析．国际经济合作,2002(4)

169. 伞锋．试论我国三大地区的对外开放度．国际贸易问题,2002(4)

170. 李荣林．国际贸易与直接投资的关系:文献综述．世界经济，2002(4)

171. 彭俊平．经济全球化背景下国际分工的政治意义及其启示．哈尔滨市委

党校学报,2002(5)

172. 刘厚俊,朱向阳．经济全球化与不平衡发展．南京社会科学,2002(5)

173. 徐建龙．全球化对我国经济的影响与对策．学习论坛,2002(5)

174. 王明琴．发展中国家在经济全球化的战略选择及法律保护．工业技术经济,2002(5)

175. 崔战利．对李嘉图贸易模型普适性的质疑——兼论按比较成本分工的充分条件．南京政治学院学报,2002(5)

176. 陈恢忠．二国一切条件相等前提下的国际分工与国际贸易．WTO 与经济全球化理论月刊,2002(5)

177. 郭根龙．我国金融业开放度估计及过渡期内的政策取向探索．生产力研究,2002(5)

178. 闫浩．长江三角洲经济开放度比较与评价．上海经济研究,2002(5)

179. 王文博,陈昌兵．包含制度因素的中国经济增长模型及实证分析．统计研究, 2002(5)

180. 王春来,蒋国平．也谈中国应对经济全球化的政策选择——与杨军生先生商榷．经营与管理,2002(6)

181. 潘悦．在全球化产业链条中加速升级换代——我国加工贸易的产业升级状况分析．中国工业经济,2002(6)

182. 华民．20 世纪末国际分工格局的变化．经济研究参考,2002(7)

183. 张幼文．知识经济的生产要素及其国际分布．中国工业经济,2002(8)

184. 陶艳珍．相对比较优势的理性思考．价格月刊,2002(8)

185. 张经旭．西方国际贸易理论对我国对外贸易的启示．钦州师范高等专科学校学报,2002(9)

186. 李晓峰,雷家骕．知识经济下的国际分工及其衡量指标分析．国际技术经济研究,2002(10)

187. 应健,张国林．经济开放度及其度量方法研究．财经问题研究,2002(10)

188. 王欣．经济全球化对发展中国家的消极影响及其抉择．现代财经,2002(11)

189. 王晓英．国际贸易理论发展的思考．山西财经大学学报,2002(11)

190. 王和兴．南北间国际分工向水平方向发展．世界经济与政治,2002(12)

191. 赵俏姿,孙文涛．绝对优势论在国际贸易中的普遍规律性．上海电力学院学报,2002(12)

192. 欧定余．知识经济下国际分工发展的新趋势与我国产业结构优化．商业研究,2002(12)

193. 张二震,安礼伟. 国际分工新特点与我国参与国际分工的新思路. 经济理论与经济管理,2002(12)

194. 蒋国洲,陈立泰,李优树. 比较优势与产业国际竞争力. 社会科学家,2003(1)

195. 张定胜,杨小凯. 具有内生比较优势的李嘉图模型和贸易政策分析. 世界经济文汇,2003(1)

196. 李敏,郭曼. 贸易增长的"贫困化"陷阱和比较优势的悖论. 经济体制改革,2003(1)

197. 杨惠芳. 试论技术壁垒对国际贸易的影响及对策. 商业研究,2003(1)

198. 李建军. 加入 WTO 后中国经济开放度变化分析. 国际商务研究,2003(1)

199. 郎平. 贸易与环境问题. 世界经济与政治,2003(1)

200. 陈敬. 经济全球化条件下中国在国际分工格局中的定位——对外贸易视角的实证分析. 世界经济与政治论坛,2003(2)

201. 陈敬. 经济全球化条件下中国在国际分工格局中的定位——对外贸易视角的实证分析. 世界经济与政治论坛,2003(2)

202. 魏浩. 贸易投资一体化与当代国际贸易理论的创新. 首都经济贸易大学学报,2003(2)

203. 刘红. 国际分工理论与日本贸易模式的选择. 日本研究,2003(2)

204. 王英,刘思峰. 中国经济增长与对外开放度的灰色关联分析. 对外经贸实务,2003(2)

205. 包群等. 贸易开放度与经济增长:理论及中国的经验研究. 世界经济,2003(2)

206. 何璋,覃东海. 开放程度与收入分配不平等问题. 世界经济,2003(2)

207. 祝年贵. 西方发展经济学的外资利用理论评析. 天府新论, 2003(3)

208. 金芳. 国际分工的深化趋势及其对中国国际分工地位的影响. 世界经济研究,2003(2)

209. 吴总建,聂思泉,向辉. 对新兴古典经济学与传统贸易理论的比较. 研究理论与改革,2003(3)

210. 陈洁蓓,张二震. 从分歧到融合——国际贸易与投资理论的发展趋势综述. 南京社会科学,2003(3)

211. 樊增强. 发达国家跨国公司的全球性扩张与我国的应对策略. 国际关系学院学报,2003(3)

212. 张尧. 科技开放度综合评价方法及应用. 东北大学学报(社会科学版),2003(3)

213. 余静宜．增强竞争优势是战略性贸易政策的关键．内蒙古电大学刊，2003(4)

214. 陈赤平,路瑶,洪银兴．融入全球化分工合作体系增强企业国际竞争力．教学与研究,2003(4)

215. 李琪,王晔．经济全球化与中国的前景产业导向．经济学,2003(4)

216. 代永华．比较竞争优势与中国产业的国际定位．财经科学,2003(4)

217. 吕春成．全球化条件下国际分工机制的递变趋势．财贸经济,2003(4)

218. 曹新．国际贸易理论与国际价值理论研究．社会科学辑刊,2003(4)

219. 刘文革．发展中国家对发达国家产业内贸易分析．中国流通经济,2003(4)

220. 任治君．购买力平价理论的科学基础．海派经济学(第一辑)．上海:上海财经大学出版社,2003(4)

221. 罗静．加入WTO后我国产业结构发展方向的选择．云南财经学院学报，2003(5)

222. 张远鹏．论国际分工的新发展．世界经济与政治论坛,2003(5)

223. 张一鸣．论服务业开放度的度量．江苏商论,2003(5)

224. 谢守红．中国各省区对外开放度比较研究．地理科学进展,2003(5)

225. 方国斌．我国各地区对外开放度研究．山西统计,2003(5)

226. 周宇．驳人民币汇率升值论．世界经济研究, 2003(5)

227. 王亚平．中国参与国际分工的趋势展望．开放潮,2003(6)

228. 许统生,何正霞．珠江三角洲经济增长经济开放度的实证分析．统计与预测,2003(6)

229. 王敏．对比较优势的再认识．学术探索,2003(6)

230. 外国直接投资大量流入对我国国际收支的影响分析．上海金融, 2003(7)

231. 陈勇．学习"国际分工"理论增强国际经营能力．北方经贸,2003(8)

232. 吕春成．战略贸易理论评析．山西高等学校社会科学学报,2003(9)

233. 朱华友,赵琪,丁四保．外部规模经济与国际贸易区域化及其对中国的启示．世界地理研究,2003(9)

234. 樊勇明．全球化与国际行为主体多元化——兼论国际关系中的非政府组织．世界经济研究,2003(9)

235. 冯石岗,贾建梅．经济全球化与中国的选择．石家庄经济学院学报,2003(10)

236. 林建红,徐元康．比较优势战略在我国经济发展中不适应性研究．国际贸易问题,2003(10)

237. 霍建国．运用比较优势获取竞争优势——借鉴国家竞争优势理论调整我国外贸发展思路．国际贸易,2003(10)

238. 董宝珠．新增长理论对国际贸易的新诠释．科技进步与对策,2003(11)

239. 王莉．电子商务对国际贸易的影响．山东经济,2003(11)

240. 宋耀,张伟．中国金融服务贸易开放度评价．安徽大学学报(哲学社会科学版),2003(11)

241. 中川信义,张开玫,任力．国际价值论的若干理论问题．经济学动态,2003(11)

242. 姜桂石,贾淑荣．经济全球化进程及新阶段的特点．内蒙古民族大学学报,2003(12)

243. 崔浩．比较优势理论研究新进展．经济学动态,2003(12)

244. 张玉卿．健全法律体系为对外开放保驾护航．国际商报,2003(12)

245. 金碚．在新形势下实行更有效的对外开放战略．首都经济贸易大学学报,2004(1)

246. 邓小华,李慧．亚当·斯密的优势原理和国际贸易理论．安徽大学学报,2004(1)

247. 姜琰,马士新．跨国公司发展的新趋势与我国的产业选择．天津师范大学学报,2004(1)

248. 郭燕青,王红梅．后进国的赶超与技术发展战略．吉林师范大学学报,2004(1)

249. 张立光,史有华等．贸易开放度对经济增长的长期均衡效应．财经科学,2004(1)

250. 张谊浩,王胜英．国际贸易与对外直接投资相互关系的实证分析——给予我国数据的 Granger 非因果检验．国际贸易问题,2004(1)

251. 罗慧,霍有光．可持续发展理论综述．西北农林科技大学学报(社会科学版),2004(1)

252. 何康民．关于应对和参与经济全球化的思考．中国农业银行武汉培训学院学报,2004(2)

253. 朱文晖．中国国际贸易地位的上升与国际分工方式的转变．教学与研究,2004(2)

254. 张亚斌,易先忠．交易效率、专业化分工与跨国并购．财经科学,2004(2)

255. 潘沁．基于动态技术差异的国际分工理论及对中国的国际分工地位的启示．世界科技研究与发展,2004(2)

256. 吴振宇,沈利生．中国对外贸易对 GDP 贡献的经验分析．世界经济,

2004(2)

257. 刘贵华,袁峰. 电子商务带来国际贸易革命. 辽宁省交通高等专科学校学报,2004(3)

258. 张静. 21世纪初期国际政治格局及其斗争的特点. 重庆交通学院学报(社科版), 2004(3)

259. 何枫,陈荣. 经济开放度对中国经济效率的影响:基于跨省数据的实证分析. 数量经济技术经济研究,2004(3)

260. 马智利,王银彩. 长江三角洲经济开放度评析. 现代经济探讨,2004(3)

261. 中国社会科学院第四届国际问题论坛观点综述. 国际经济评论,2004(3)~(4)

262. 赵春明. 任重道远:中国对外直接投资的现状和发展前景. 世界经济,2004(3)

263. 傅钧文. 外贸依存度国际比较与中国外贸的结构型风险分析. 世界经济研究,2004(4)

264. 郭妍,张立光. 我国经济开放度的度量及其与经济增长的实证分析. 统计研究,2004(4)

265. 薛继安,陈飞翔. 衡量货币市场开放度的指标选择及实证检验. 金融教学与研究,2004(4)

266. 任治君. 经济全球化对世界市场价格决定的影响. 经济学家,2004(4)

267. 罗汉等. 经济开放度与地区经济发展的相关分析. 湖南大学学报(社会科学版),2004(5)

268. 任治君. 落后国家的干预偏好. 广东商学院学报, 2004(5)

269. 李琮. 经济全球化的波动和前景. 世界经济与政治论坛, 2004(5)

270. 陈雨露,周晴. 资本项目开放度和实际利差分析. 金融研究,2004(7)

271. 黄仁伟. 邓小平关于中国和平发展道路的战略思考. 毛泽东邓小平理论研究, 2004(8)

272. 邓敏. 我国当前外汇储备形势下的外资政策目标调整. 国际贸易问题,2004(9)

273. 李厚刚. 中国证券市场开放度的博弈模型. 经济论坛,2004(9)

274. 饶华等. 我国"走出去"战略下对外直接投资与对外贸易的关系分析. 经济问题探索,2005(1)

275. 王玉婧. 中的可持续发展理念与中国外贸可持续发展. 江西财经大学学报, 2005(1)

276. 熊启泉,杨十二. 重新审视进口在经济增长中的作用——基于中国的实证研究. 国际贸易问题, 2005(2)

277. 张燕文. 可持续发展思路下的我国对外开放策略探讨. 经济纵横, 2005(2)

278. 张如庆. 中国对外直接投资与对外贸易的关系分析. 世界经济研究, 2005(3)

279. 胡鞍钢. 关于中国发展模式的思考. 天津社会科学, 2005(4)

280. 国务院发展研究中心课题组. 营造良好的外部环境——"十一五"计划期间我国发展的外部环境与对外开放的战略任务. 国际贸易, 2005(5)

281. 王兴,彭艳睿. 长江经济带经济开放度评析. 对外经贸实务,2005(6)

282. 李家玉. 国际产业转移趋势与我国的对策. 国际经济合作, 2005(8)

283. 谭会萍,田森. 环境与贸易:可持续发展中的博弈与融合. 经济问题探索, 2005(8)

284. 李玉举. 从 NAFTA 看贸易转移效应. 国际商报, 2005(9)

285. 长海. 反规避调查被频繁使用我国如何应对. 国际商报, 2005(9)

286. 李锦,王必达. 国际贸易理论的新发展:一个文献综述. 兰州商学院学报, 2005(12)

287. 我国多数企业没有申请专利没有自己的商标. 国际商报,2006-01-13

288. 加工贸易转型升级亟待"对症下药". 人民网,2006-01-13

289. 巨额外汇储备引发理财难题. 国际商报,2006-01-21

290. 李玉举. 怎样看待"十一五"期间中国外贸增长趋势. 国际商报,2006-02-06

291. Robert Cox. *Production power and world order*. New York: Columbia University Press, 1987

292. Aseem Prakash and Jeffrey A. Hart eds. *Globalization and governance*. First published by Routledge London, 1999

293. David A. Smith, Dorothy J. Solinger and Steven C. Topik eds. *States and sovereignty in the global economy*. First published by Routledge London, 1999

294. Joseph Nye, Jr.. *Redefining the national interest*. Foreign Affairs, Vol. 78, No. 4, July/August 1999

295. Robert A. Mundell. *International trade and factor mobility*. American Economic Review, June 1957

296. Raymond Vernon. *International investment and international trade in the product cycle*. Quarterly Journal of Economics, 1966

297. Buckley, P. J. and M. Casson. *The optimal timing of a foreign direct investment*. Economic Journal, Vol. 91, 1981

298. Andrew Schmitz and Peter Helmberger. *Factor mobility and international*

trade: the case of complementarity. American Economic Review, Vol. 60, 1970

299. James R. Markusen and Lars E. O. Svensson. *Trade in goods and factors with international differences in technology*. International Economic Review, Vol. 26, No. 1, 1985

300. Agdish N. Bhagwati, Elias Dinopoulos and Kar-yiu Wong. *Quid pro quo foreign investment*. American Economic Review, May 1992

301. Robert E. Lipsey and Merle Yahr Weiss. *Foreign production and exports of manufacturing industries*. Review of Economics and Statistics, Nov81, Vol. 63, Issue 4, 1981

302. Chau, Nancy C. and Raci Kanbur. *The race to the bottom from the bottom*. Cornell University Department of Applied Economics and Management Photocopy, 2000

303 . 中国商务部网站, http://www. mofcom. gov. cn

304. 中国海关总署网站, http://business. sohu. com

后 记

终于定稿了,我们似乎没有必要对这本书所研究的问题再说什么,但我们仍然想在这里重复编者序中说过的一些话。20世纪70年代末80年初有可能成为第二次世界大战后世界经济发展史分期中的一个重要时点。80年代经济全球化进程开始以来,世界经济和国际经济关系发生了很大变化,国民经济的运行环境也不同于以往,这迫切需要我们去研究,事实上也有许多人在进行研究。但重要的不是研究,鉴于传统理论解释乏力,因此,重要的是方法和理论的创新,以新的视角来观察我们这个世界。我们希望与有志于此的人们一道朝着这个方向继续努力。

单独依靠我们自己来完成这项研究是不可能的。我们首先要感谢西南财经大学"211"工程相关机构和领导的大力支持,感谢子项目领导的具体指导,感谢经济学院所有领导和老师们的真诚关切。我们的研究是站在别人的肩头上进行的,因此,我们还要衷心感谢那些先驱者,是他们,给了我们无形的帮助。

本书由任治君主编。现将参与研究并撰写各章的作者列表于后:

编者序　任治君

第一章　罗　英　谢洪燕

第二章　侯德芳

第三章　杨惠玲

第四章　任治君　梁　霞　肖　磊

第五章　任治君　邓　莹

第六章　陈丽丽

第七章　任治君　肖　磊

第八章　寇亚明

第九章　谢凤燕

第十章　霍伟东

第十一章　任治君　刘海超　谢洪燕

第十二章　任治君

第十三章　邓　敏　汪三琴　刘　翔

第十四章　邓　敏　王　清　谢　慧

第十五章　陈丽丽

第十六章　任治君　张义龙

最后,我们要特别感谢谢洪燕,她为本书的定稿做出了许多默默无闻的贡献:参与各章的修改,全书的总纂和编排。她的奉献精神令人感动。

任治君

2006 年 5 月 25 日

图书在版编目(CIP)数据

对外经济关系论/任治群主编．—成都：西南财经大学出版社，2006.10
ISBN 7-81088-541-3

Ⅰ.对... Ⅱ.任... Ⅲ.国际经济关系:中外关系—研究 Ⅳ.F125

中国版本图书馆 CIP 数据核字(2006) 第 067405 号

对外经济关系论

任治君　主编

责任编辑:叶茜
封面设计:杨红鹰
责任印制:杨斌

出版发行:	西南财经大学出版社(四川省成都市光华村街 55 号)
网　　址:	http://www.xcpress.net
电子邮件:	xcpress@mail.sc.cninfo.net
邮政编码:	610074
电　　话:	028-87353785　87352368
印　　刷:	四川森林印务有限责任公司
成品尺寸:	170mm×240mm
印　　张:	26
字　　数:	500 千字
版　　次:	2006 年 10 月第 1 版
印　　次:	2006 年 10 月第 1 次印刷
印　　数:	1—3000 册
书　　号:	ISBN 7-81088-541-3/F·469
定　　价:	39.80 元